utb 1332

Eine Arbeitsgemeinschaft der Verlage

W. Bertelsmann Verlag · Bielefeld
Böhlau Verlag · Wien · Köln · Weimar
Verlag Barbara Budrich · Opladen · Toronto
facultas · Wien
Wilhelm Fink · Paderborn
A. Francke Verlag · Tübingen
Haupt Verlag · Bern
Verlag Julius Klinkhardt · Bad Heilbrunn
Mohr Siebeck · Tübingen
Ernst Reinhardt Verlag · München
Ferdinand Schöningh · Paderborn
Eugen Ulmer Verlag · Stuttgart
UVK Verlagsgesellschaft · Konstanz, mit UVK/Lucius · München
Vandenhoeck & Ruprecht · Göttingen
Waxmann · Münster · New York

HORST GRÜNDER

Geschichte der deutschen Kolonien

7., aktualisierte und erweiterte Auflage

FERDINAND SCHÖNINGH

Der Autor:
Dr. Horst Gründer, Jg. 1939, Professor für Neuere und Neueste sowie Außereuropäische Geschichte an der Westfälischen Wilhelms-Universität in Münster, seit 2004 im Ruhestand. Bücher, Aufsätze und Artikel zur politischen und sozialen Geschichte der Neuzeit unter besonderer Berücksichtigung der Kolonial- und Überseegeschichte. Wichtigste Werke: „Christliche Mission und deutscher Imperialismus. Eine politische Geschichte ihrer Beziehungen während der deutschen Kolonialzeit (1884-1914)" (Paderborn 1982); „Welteroberung und Christentum. Ein Handbuch zur Geschichte der Neuzeit" (Gütersloh 1992); „Eine Geschichte der europäischen Expansion. Von Entdeckern und Eroberern zum Kolonialismus" (Stuttgart bzw. Darmstadt 2003); „...da und dort ein junges Deutschland gründen. Rassismus, Kolonien und kolonialer Gedanke vom 16. bis zum 20. Jahrhundert" (3. Aufl. 2006); Christliche Heilsbotschaft und weltliche Macht. Studien zum Verhältnis von Mission und Kolonialismus. Gesammelte Aufsätze, Münster 2004; Deutsche Kolonien. Traum und Trauma (zus. mit Gisela Graichen), 4. Aufl. 2005; 5. Aufl. 2007 (TB).

Umschlagabbildung:
Askari beim Übungsschießen, ca. 1906/1918, Foto: Walther Dobbertin,
Bundesarchiv 105-DOA 3049

Online-Angebote oder elektronische Ausgaben sind erhältlich unter **www.utb-shop.de**

Bibliografische Information der Deutschen Nationalbibliothek

Die Deutsche Nationalbibliothek verzeichnet diese Publikation in der Deutschen Nationalbibliografie; detaillierte bibliografische Daten sind im Internet über http://dnb.d-nb.de abrufbar.

7., aktualisierte und erweiterte Auflage 2018

Internet: www.schoeningh.de

Printed in Germany.
Herstellung: Brill Deutschland GmbH, Paderborn
Einbandgestaltung: Atelier Reichert, Stuttgart

UTB-Band-Nr: 1332
ISBN 978-3-8252-4972-4

Inhaltsverzeichnis

Vorbemerkung zur ersten Auflage

Die deutsche Kolonialgeschichte war nur kurz: Sie endete im Ersten Weltkrieg ebenso abrupt, wie sie Mitte der 1880er Jahre unter Bismarck begonnen hatte. Für die betroffenen Völker ist sie jedoch – im Rahmen des gesamten westlichen Imperialismus – in vielfacher Beziehung nicht folgenlos geblieben. Hundert Jahre nach dem Erwerb der ersten deutschen Kolonie scheint es daher angebracht, eine kritische Bestandsaufnahme der deutschen Kolonialvergangenheit auf der Grundlage des gegenwärtigen Forschungsstandes zu versuchen. Das vorliegende Studienbuch hat aus diesem Grunde zwei Schwerpunkte: die Kolonialbewegung und Kolonialpolitik im Gefüge der Innen- und Außenpolitik des Deutschen Kaiserreiches und die Ausübung und Auswirkung der deutschen Kolonialherrschaft in den deutschen „Schutzgebieten" in Afrika, Ostasien und im Pazifik. Da der begrenzte Raum dem Verfasser Beschränkungen auferlegte, ist der Darstellung und den knapp gehaltenen Anmerkungen eine umfassendere Bibliographie angefügt. Sie diente nicht nur den eigenen Studien als Voraussetzung, sondern ist auch als Hilfe für eine weitere oder in einzelnen Aspekten vertiefende Beschäftigung mit der abgehandelten Problematik gedacht.

An dieser Stelle sei es mir erlaubt, mich für das konstruktive Mitlesen des Manuskripts bzw. der Korrekturen zu bedanken. Dieser Dank gilt Dr. Jochen-Christoph Kaiser, Dr. Thomas Kleinknecht und Klaus Lieb sowie meinen Mitarbeitern Michael Fröhlich und Andreas Wollasch, die auch bei der Erstellung der Kartenentwürfe und des Registers mitgewirkt haben. Gezeichnet wurden die Karten von Thomas Karling und Ursula Dey.

Münster i. W., 24. April 1984 *Horst Gründer*

Vorbemerkung zur sechsten Auflage

Die vorliegende Neuauflage erscheint nicht nur in einem neuen Format, sondern hat auch einige inhaltliche Veränderungen erfahren. Text und Anmerkungen sind zwar ebenfalls mehrfach verändert oder ergänzt worden, neu hinzu gekommen ist dagegen das VII. Kapitel, das zusammenfassend die deutsche „Herrschaftsideologie" und ihre „koloniale" Umsetzung behandelt. Hinzu gefügt sind zudem über 30 Abbildungen und 36 Dokumente, die, dem Zweck des Studienbuchs entsprechend, der Verdeutlichung und Veranschaulichung dienen. Die indigene Perspektive wurde dabei – soweit möglich – besonders berücksichtigt. Die seit der ersten Auflage stark erweiterte Ergänzungsbibliographie verdeutlicht, dass die deutsche Kolonialgeschichte inzwischen zu einem insgesamt recht gut erforschten Thema geworden ist.

Münster i. W., im Oktober 2011 *Horst Gründer*

Vorbemerkung zur 7. Auflage

Nach der grundlegenden Neubearbeitung der 6. Auflage enthält die 7. Auflage im Wesentlichen nur eine ergänzende Bibliographie zu der seit 2012 erschienenen Literatur. Auch die Aufmachung hat sich erfreulicher Weise geändert. Mit Freude übergebe ich die neue Auflage dem interessierten Leser.

Münster i. W., 24. Oktober 2017 *Horst Gründer*

Abkürzungen

AA	Auswärtiges Amt
DHPG	Deutsche Handels- und Plantagengesellschaft
DKG	Deutsche Kolonialgesellschaft
DKGSWA	Deutsche Kolonialgesellschaft für Südwestafrika
DOAG	Deutsch-Ostafrikanische Gesellschaft
DSWA	Deutsch-Südwestafrika
Fs.	Festschrift
GfdK	Gesellschaft für deutsche Kolonisation
GP	Große Politik der Europäischen Kabinette 1871 bis 1914. Sammlung der Akten des Auswärtigen Amtes
Hg.	Herausgeber
KORAG	Koloniale Reichsarbeitsgemeinschaft
Masch.	maschinenschriftlich
MEW	Marx – Engels Werke
OHL	Oberste Heeresleitung
Sten.Ber.	Stenographische Berichte über die Verhandlungen des Reichstags
WAPV	Westafrikanische Pflanzungsgesellschaft Victoria

Einleitung

Die deutsche Kolonialgeschichte hat im Geschichtsbewusstsein der Deutschen und in der deutschen Geschichtsschreibung nach 1945 zunächst eine eher nebengeordnete und beiläufige Rolle gespielt. Das mag sowohl aus der Kurzlebigkeit des deutschen Kolonialreiches resultieren, das nur exakt dreißig Jahre effektiven Bestand hatte (1884-1914), als auch aus der relativen Folgenlosigkeit dieser historischen Erfahrung für das politisch-historische Bewusstsein in Deutschland. Dass das Deutsche Reich 1919 im Versailles Friedensvertrag seine Kolonien in Afrika und in der Südsee sowie sein „Pachtgebiet" Kiautschou in China definitiv verloren hatte, wurde nicht zuletzt deshalb geradezu erleichtert registriert, weil Deutschland zumindest für die im Dekolonisationsprozess evident werdende imperialistische Vergangenheit Europas und für die anschließend mit Vehemenz einsetzende Diskussion um die Probleme von „Ausbeutung" und „Unterentwicklung" nur indirekt die Verantwortung zu tragen schien. Im Übrigen ließen und lassen sich bis heute die Beziehungen Deutschlands zu seinen ehemaligen Kolonien weitgehend ohne Belastung durch die eigene koloniale Vergangenheit gestalten.

Dagegen stellt die koloniale Erfahrung für die Betroffenen einen wesentlich tieferen Einschnitt in ihre Geschichte und in ihre Kultur dar als für die ehemaligen Kolonialeroberer. Für die Völker Afrikas, Asiens und Ozeaniens, die erstmals mit europäischem Herrschaftswillen und europäischem zivilisatorischen Sendungsbewusstsein in Berührung kamen, bedeutete die „schmerzliche" Erfahrung des westlichen Imperialismus einerseits einen radikalen Bruch mit ihrer Vergangenheit und kulturhistorischen Identität, andererseits der Ausgangspunkt für einen letztlich wohl unvermeidbaren sozialen und kulturellen Wandel und eine neue, „nationale" Identitätsfindung. Dass der durch den Kolonialismus verursachte „Stoß in die Moderne" mit tiefreichenden soziokulturellen Krisen und materiellen Verlusten einherging – wer wollte dies bezweifeln? Dennoch würde eine Kolonialhistorie zu kurz greifen, wenn sie die Geschichte der europäischen – und damit auch der deutschen – Kolonialherrschaft als *reine* Ausbeutungsgeschichte schreiben würde. So hat schon der Schweizer Kolonialhistoriker Rudolf von Albertini in seinem Standardwerk zur „Europäischen Kolonialherrschaft 1880-1940" im einzelnen dargelegt, „dass gerade im Kontext der ‚kolonialen Situation' nicht nur Wachstum, sondern auch Entwicklung stattfand und koloniale Herrschaft einen Modernisierungsprozess, wie immer man ihn definieren mag, ausgelöst hat"[1]. Albertinis große Studie bildete zugleich den Wendepunkt in dem zu Beginn der 70er Jahre einsetzenden Prozess, der den Umbruch von der eurozentrisch-triumphalistischen „Überseegeschichte" zu einer (Kolonial-)Geschichte markiert, „die den kolonialen Einfluss auf die vorkoloniale Gesellschaft untersucht und deren Kon-

[1] Zürich 1976, [3]1987, 13.

frontation mit der europäischen Macht und Zivilisation in den Vordergrund rückt"[2].

Den Perspektivenwechsel in der Betrachtungsweise des kolonialen Prozesses spiegeln auch die folgenden, „peripherieorientierten" Imperialismustheorien gegenüber den klassischen Imperialismustheorien wider, die ausnahmslos „endogene" Theorien waren, insofern als sie die Ursachen imperialistischer Expansion ausschließlich in den inneren Problemen der westlichen Industriestaaten suchten[3]. Als die wohl radikalste Version einer „endogenen Theorie" kann in diesem Zusammenhang die erstmals von H.-U. Wehler in dieser Konsequenz formulierte Theorie des „Sozialimperialismus" (Imperialismus als ein probates Ablenkungsmittel von sozialen und ökonomischen Schwierigkeiten) gelten, die er in seinem Werk „Bismarck und der Imperialismus" ausführlicher zu begründen versucht hat[4]. Von einem biographischen Ansatz her hat auch K. J. Bade in einer Studie über den Expansionspublizisten und Kolonialpolitiker Friedrich Fabri die Geschichte von organisierter Kolonialbewegung, Kolonialpolitik und Kolonialwirtschaft in Deutschland dargestellt[5]. Die Arbeiten von Wehler und Bade können als die wichtigsten Untersuchungen zu den sozialökonomischen, politischen und ideologischen Bestimmungsfaktoren des Kolonialimperialismus im kaiserlichen Deutschland angesehen werden.

Einen zweiten Schwerpunkt in der Beschäftigung mit dem kurzzeitigen deutschen kolonialen Engagement bildeten die Feldforschungen zu den deutschen Kolonialgebieten, wobei zunächst macht- und wirtschaftspolitische Fragen im Vordergrund des Interesses standen[6]. Um 1970 erschienen beinahe gleichzeitig die Arbeiten von H. Bley zu Deutsch-Südwestafrika, R. Tetzlaff und D. Bald zu Deutsch-Ostafrika sowie von K. Hausen und A. Wirz zu Kamerun[7]. Sie wurden für Togo durch die Darstellungen von A. J. Knoll (1978), P. Sebald (1988) und R. Erbar (1991) ergänzt, während T. von Trotha (1994) das Beispiel Togo für eine

---

2 Ebd., 9.

3 Vgl. hierzu W. J. Mommsen, Imperialismustheorien. Ein Überblick über die neueren Imperialismusinterpretationen, Göttingen ³1987.

4 München ⁴1976.

5 Friedrich Fabri und der Imperialismus in der Bismarckzeit. Revolution – Depression – Expansion, Freiburg i. Br. ²1984.

6 Dazu die Forschungsberichte von J. Dülffer, Deutsche Kolonialherrschaft in Afrika, Neue Politische Literatur 26 (1981), 458-473; und K. J. Bade, Imperialismusforschung und Kolonialhistorie, Geschichte und Gesellschaft 9 (1983), 138-150.

7 H. Bley, Kolonialherrschaft und Sozialstruktur in Deutsch-Südwestafrika 1894-1914, Hamburg 1968; R. Tetzlaff, Koloniale Entwicklung und Ausbeutung. Wirtschafts- und Sozialgeschichte Deutsch-Ostafrikas 1885-1914, Berlin 1970; D. Bald, Deutsch-Ostafrika 1900-1914. Eine Studie über Verwaltung, Interessengruppen und wirtschaftliche Erschließung, München 1970; K. Hausen, Deutsche Kolonialherrschaft in Afrika. Wirtschaftsinteressen und Kolonialverwaltung in Kamerun vor 1914, Freiburg i. Br. 1970; A. Wirz, Vom Sklavenhandel zum kolonialen Handel. Wirtschaftsräume und Wirtschaftsformen in Kamerun vor 1914, Freiburg i. Br. 1972; knappe Zusammenfassung für die deutsche Kolonialexpansion in Afrika: A. Wirz, Die deutschen Kolonien in Afrika, in: R v. Albertini, Europäische Kolonialherrschaft, 302-327.

soziologische Theorie zu exogener Herrschaft und der Institutionalisierung von kolonialer Verwaltung benutzte[8]. Für Kamerun und Deutsch-Ostafrika sind nach dem Zentenarium (1984/85) der deutschen Kolonialinaugurierung die Arbeiten von A Eckert (1992, 1999) bzw. J. Koponen (1995) erschienen, während H. Drechsler Studien (1984, 1995) zu Deutsch-Südwestafrika vorgelegt hat[9]. Zu China sind zu den älteren monographischen Darstellungen von H. Stoecker (1958), J. E. Schrecker (1971) und U. Ratenhof (1987) nach dem Zentenarium (1997/98) der Annexion des „Pachtgebietes" Kiautschou ein von H.-M. Hinz und C. Lind herausgegebener Katalog (1998) und der von H. J. Hiery und H.-M. Hinz besorgte Sammelband über die Tagungsergebnisse eines deutsch-chinesischen Symposiums im Juni 1998 zu „Alltagsleben und Kulturaustausch" in Qingdao erschienen[10]. Beide Bände werden inzwischen durch zwei Monographien ergänzt, zum einen von K. Mühlhahn über „Herrschaft und Widerstand in der ‚Musterkolonie' Kiautschou" (2000) und zum anderen von A. S. Biener (2001)[11]. Unentbehrlich ist auch die von M. Leutner edierte Quellensammlung (1997)[12]. Was die ebenso lange Zeit vernachlässigten deutschen Südseebesitzungen betrifft, so sind ältere Arbeiten wie die von P. M. Kennedy (1974), P. J. Hempenstall (1978) und S. Firth (1982) inzwischen durch die

---

8 A. J. Knoll, Togo under Imperial Germany 1884-1914. A Case Study in Colonial Rule, Stanford, Cal., 1978; P. Sebald, Togo 1884-1914. Eine Geschichte der deutschen „Musterkolonie" auf der Grundlage amtlicher Quellen. Berlin (O) 1988; R. Erbar, Ein „Platz an der Sonne"? Die Verwaltungs- und Wirtschaftsgeschichte der deutschen Kolonie Togo 1884-1914, Stuttgart 1991; T. v. Trotha, Koloniale Herrschaft. Zur soziologischen Theorie der Staatsentstehung am Beispiel des „Schutzgebietes Togo", Tübingen 1994.

9 A. Eckert, Die Duala und die Kolonialmächte. Eine Untersuchung zu Widerstand, Protest und Protonationalismus in Kamerun vor dem Zweiten Weltkrieg, Münster 1992; ders., Grundbesitz, Landkonflikte und kolonialer Wandel. Douala 1880 bis 1960, Stuttgart 1999; J. Koponen, Development for Exploitation. German colonial policies in Mainland Tanzania, 1884-1914, Helsinki-Hamburg 1995; H. Drechsler, Aufstände in Südwestafrika. Der Kampf der Herero und Nama 1904 bis 1907 gegen die deutsche Kolonialherrschaft, Berlin (O) 1984; ders., Südwestafrika unter deutscher Kolonialherrschaft. Die großen Land- und Minengesellschaften, Stuttgart 1995; danach u. a. U. Kaulich, Die Geschichte der ehemaligen Kolonie Deutsch-Südwestafrika (1884-1914), Frankfurt a. M. ²2003; J. Zimmerer, Deutsche Herrschaft über Afrikaner. „Südwest" 1905-1915, Münster-Hamburg ³2004.

10 H. Stoecker, Deutschland und China im 19. Jahrhundert. Das Eindringen des deutschen Kapitalismus, Berlin (O) 1958; J. E. Schrecker, Imperialism and Chinese Nationalism. Germany in Shantung, Cambridge, Mass., 1971; U. Ratenhof, Die Chinapolitik des Deutschen Reiches 1871-1945. Wirtschaft, Rüstung, Militär, Boppard 1987; H. Hinz – M.-Ch. Lind (Hg.), Tsingtau. Ein Kapitel deutscher Kolonialgeschichte in China 1897-1914, Katalog Deutsches Historisches Museum Berlin 1998; H. J. Hiery – H.-M. Hinz (Hg.), Alltagsleben und Kulturaustausch: Deutsche und Chinesen in Tsingtau 1897-1914, Berlin 1999.

11 K. Mühlhahn, Herrschaft und Widerstand in der „Musterkolonie" Kiautschou. Interaktionen zwischen China und Deutschland, 1897-1914, München 2000; A. S. Biener, Das deutsche Pachtgebiet Tsingtau in Schantung, 1897-1914. Institutioneller Wandel durch Kolonisierung, Bonn 2001.

12 M. Leutner (Hg.), „Musterkolonie Kiautschou": Expansion des Deutschen Reiches in China. Deutsch-chinesische Beziehungen 1897-1914. Quellensammlung, München 1997.

Studien von H. J. Hiery übertroffen[13]. Namentlich sein „Handbuch" (2001) zur deutschen Südsee dürfte auf lange Zeit ein Standardwerk bleiben[14].

Für den Kolonialrevisionismus nach 1918 liegen zahlreiche Arbeiten vor, grundlegend bleibt jedoch weiterhin das große Werk von K. Hildebrand (1969)[15]. Zur Rolle der christlichen Missionen im Gefüge des deutschen Kolonialimperialismus sind zu dem von K. J. Bade (1982) herausgegebenen Sammelband und der umfassenderen systematischen Untersuchung des Verfassers (1982) eine Fülle weiterer, vor allem regionaler Studien hinzu gekommen[16]. Zur Medizin im deutschen Kolonialkomplex liegen mehrere Einzelstudien sowie ein Hauptwerk von W. U. Eckart vor[17]. Sie stehen bereits im Zusammenhang mit dem *cultural turn,* der auch die Kolonial- und Überseegeschichte erfasst hat, mitunter firmierend unter der Bezeichnung „*Postcolonial Studies*". Nicht mehr primär Herrschaft und Wirtschaft stehen im Vordergrund des Interesses, sondern die Binnensicht von Kolonialismus und Imperialismus, was gleichzeitig den Blick zurück auf die kolonialen Metropolen lenkt. Themen wie Rassismus und Exotismus, Kultur(en)begegnung und Fremdensicht (Imagologie), Raumerfahrung und Kolonien als Experimentierräume sowie neu entdeckte Nachbardisziplinen wie die Literatur-, Medizin-, Geschlechter- und Kunstgeschichte sind vorherrschend geworden gegenüber dem peripherieorientierten *impact on the spot*[18]. Weniger die Kolonisierten als vielmehr die Kolonisierenden, ihre Wünsche, Hoffnungen, Wahrnehmungen, Erwartungen, aber auch Ängste und Traumata im Hinblick auf die koloniale Zwangsglobalisierung bestimmen denn auch den Inhalt des von Birthe Kundrus herausgegebenen Sammelbandes „Phantasiereiche" (2003)[19]. Ihre Habilitationsschrift über „Moderne Imperialisten" (2003) folgt am Beispiel der Siedlungskolonie Deutsch-Südwest

---

13 P. J. Hempenstall, Pacific Islanders under German Rule. A Study of the Meaning of Colonial Resistance, Canberra 1978; S. Firth, New Guinea under the Germans, Melbourne 1982; P. M. Kennedy, The Samoan Tangle: A Study in Anglo-German-American Relations, 1878-1900, Dublin 1974; H. J. Hiery, Das Deutsche Reich in der Südsee (1900-1921). Eine Annäherung an die Erfahrungen verschiedener Kulturen, Göttingen 1995.

14 H. J. Hiery (Hg.), Die deutsche Südsee 1884-1914. Ein Handbuch, Paderborn 2001, ^{2}2003; dazu auch der Bildband von H. J. Hiery (Bilder aus der deutschen Südsee. Fotografien 1884-1914, Paderborn 2005).

15 K. Hildebrand, Vom Reich zum Weltreich. Hitler, NSDAP und koloniale Frage 1919-1945. München 1969.

16 K. J. Bade (Hg.), Imperialismus und Kolonialmission. Kaiserliches Deutschland und koloniales Imperium, Wiesbaden 1982; H. Gründer, Christliche Mission und deutscher Imperialismus. Eine politische Geschichte ihrer Beziehungen während der deutschen Kolonialzeit (1884-1914) unter besonderer Berücksichtigung Afrikas und Chinas, Paderborn 1982.

17 W. U. Eckart, Medizin und Kolonialimperialismus: Deutschland 1884-1945, Paderborn 1996.

18 Jüngster Forschungsbericht: U. Lindner, Plätze an der Sonne? Die Geschichtsschreibung auf dem Weg in die deutschen Kolonien, Archiv für Sozialgeschichte 48 (2008), 487-510.

19 B. Kundrus (Hg.), Phantasiereiche. Zur Kulturgeschichte des deutschen Kolonialismus, Frankfurt a. M. 2003; vgl. auch A. Honold – O. Simons (Hg.), Kolonialismus als Kultur. Literatur, Medien, Wissenschaft in der deutschen Gründerzeit des Fremden, Tübingen 2002; E. Djomo, Imperiale Kulturbegegnung als Identitätsstiftungsprozess. Studien zu Literatur, Kolonialität und Postkolonialität, St. Ingbert 2011.

ebenfalls diesem wechselseitigen „Kulturreflex" von Kolonie und Metropole[20]. In den größeren Zusammenhang des kolonialen Rassismus gehört auch die Quellensammlung des Verfassers, die den deutschen Kolonialgedanken sowie die herrschaftsideologischen und kolonialrassistischen Implikationen des deutschen Kolonialismus vom 16. Jahrhundert bis zu seinem definitiven politischen Ende Anfang 1943 dokumentiert[21]. Breitere Aufmerksamkeit hat die deutsche Kolonialgeschichte schließlich im Zusammenhang mit dem „Herero-Nama-Aufstand" von 1904/07 erfahren, wobei ältere Thesen vom „ersten deutschen Völkermord" und – im Sinne von Hannah Arendt – zur „Kontinuität" von Kolonialismus und Faschismus kontrovers diskutiert wurden und werden[22]. Angesichts der Einbettung der deutschen Kolonialgeschichte in einen über fünf Jahrhunderte währenden komplexen Prozess frühneuzeitlicher Expansion, der die Kontinuität sowie die Einheit der westlichen Kolonialgeschichte unterstreicht, spricht indes wenig dafür, im Hinblick auf das deutsche „Kolonialabenteuer" neue „Kontinuitätsthesen" oder gar einen erneuten „deutschen (kolonialen) Sonderweg" zu konstruieren[23]. Diese Einheit und Kontinuität des neuzeitlichen europäischen Kolonialismus gilt letztlich auch für die westlichen rassischen und rassistischen Vorstellungen und Konzepte, die gemeinsamer Bestandteil der westlichen Expansionsgeschichte waren. Auch die Eskalation von Machtmissbrauch in den deutschen afrikanischen Kolonien hatte Parallelen in den Gewaltexzessen anderer Kolonialmächte. Das deutsche Kolonialzeitalter war somit nicht nur eine historische Episode, sondern vielmehr Teil eines welthistorischen Vorgangs, in dem Kolonialismus und Imperialismus die eine Welt mehr oder weniger gewaltsam zusammenfügten[24].

---

[20] B. Kundrus, Moderne Imperialisten. Das Kaiserreich im Spiegel seiner Kolonien, Köln 2003.

[21] H. Gründer, „...da und dort ein junges Deutschland gründen. Rassismus, Kolonien und kolonialer Gedanke vom 16. bis zum 20. Jahrhundert, München 1999, ³2006 (dtv 30713); als weiterer Quellenband jetzt A. J. Knoll – H. J. Hiery (Hg.), The German Colonial Experience. Select Documents on German Rule in Africa, China, and the Pacific 1884-1914, University Press of America 2010.

[22] So v.a. J. Zimmerer – J. Zeller (Hg.), Völkermord in Deutsch-Südwestafrika. Der Kolonialkrieg (1904-1908) in Namibia und seine Folgen, Berlin 2003.

[23] Dazu H. Gründer, Genozid oder Zwangsmodernisierung? Der moderne Kolonialismus in universalgeschichtlicher Perspektive, in: Genozid und Moderne, Bd.1: Strukturen kollektiver Gewalt im 20. Jahrhundert, hg. v. M. Dabag und K. Platt, Opladen 1998, 135-151; ders., Deutscher Kolonialismus – zwischen deutschem Sonderweg und europäischer Globalisierung, Jahrbuch für Europäische Überseegeschichte 10 (2010), 146-161; zur „Genozid-Debatte" zwischen „Waterberg" und „Auschwitz" jetzt differenziert: German Colonialism. Race, The Holocaust, and Postwar Germany, ed. by V. Langbehn and M. Salama, New York 2011.

[24] Zu einer historischen Neubewertung des modernen Kolonialismus vgl. die Studie von R. Wendt, Vom Kolonialismus zur Globalisierung. Europa und die Welt seit 1500, Paderborn 2007; zur Begriffsdefinition J. Osterhammel, Kolonialismus. Geschichte, Formen, Folgen, München ⁶2009; T. v. Trotha, Was war Kolonialismus? Einige zusammenfassende Befunde zur Soziologie und Geschichte des Kolonialismus und der Kolonialherrschaft, Saeculum 55 (2004), 49-95.

I. Zur Vorgeschichte

Die deutsche Kolonialexpansion in den achtziger Jahren und ihre Fortsetzung in der „Weltpolitik“ seit den neunziger Jahren sind eingebettet in jenen Prozess kolonialer Globalisierung, dessen neuzeitlicher Beginn gemeinhin mit den Fahrten der Portugiesen und Spanier angesetzt wird. Allerdings sind im 16. und 17. Jahrhundert die Bemühungen um die Begründung deutscher Kolonialgebiete in der „Neuen Welt“ im Gefolge der spanisch-portugiesischen Conquista – trotz des nicht unerheblichen Anteils deutscher Entdecker, Wissenschaftler, Forscher, Missionare, Händler und Handelshäuser (Welser in Venezuela, deutsche Indienfahrer im Dienst der Portugiesen) – für die Unternehmer und damit für die deutsche Kolonialgeschichte ergebnislos geblieben. Der „Aufruf zur Gründung deutscher Überseekolonien“ in Südamerika des bayerischen merkantilistischen Finanzmanns und Polyhistors Johann Joachim Becher aus dem Jahre 1657 („Wohlan denn, dapffere Teutschen, machet, daß man in der Mapp [Karte] neben neu Spanien, neu Franckreich, neu Engelland, auch ins künfftige neu Teutschland finde!“) blieb ebenso ohne Resonanz wie sein Versuch im Jahre 1675 fehlschlug, im Auftrage Bayerns von den Holländern die Kolonie Neu-Amsterdam (das spätere New York) zu erwerben.[1] Nicht viel erfolgreicher gestalteten sich die Kolonialpläne und Kolonialgründungen des 18. Jahrhunderts.

Vergessen ist allerdings gemeinhin, daß der Nachbar und Schwager des Großen Kurfürsten, der Herzog Jakob von Kurland, eine Zeitlang die Insel Tobago, die südlichste der kleinen Antillen, und in Westafrika Landstriche in Gambia und die Andreas-Insel besaß und die Österreicher kurzzeitig Kolonien in der Delagoa-Bai (Süd-Mosambik) und auf den Nikobaren in Besitz hatten. Der Reichsgraf Kasimir von Hanau, Herrscher über ein Besitztum von 44 Quadratmeilen am unteren Main, besaß seit 1669 für einige Jahre ein Gebiet von 3 000 Quadratmeilen an der Nordostküste Südamerikas (im späteren Französisch-Guayana). Dagegen ist der Nachwelt noch am ehesten jenes im Geiste des Merkantilismus betriebene und von holländischem Einfluss zeugende Unternehmen des Großen Kurfürsten bekannt, das am 1. Januar 1683 mit der Gründung von „Groß-Friedrichsburg“ an der westafrikanischen Küste (im heutigen Ghana) einen ersten Höhepunkt erreichte. Nach der Gründung weiterer Forts (Accada 1684, Takoradi 1685) und der Niederlassung der Brandenburger an der mauretanischen Küste auf der Insel Arguin, die die Holländer 1687 nach einem französischen Angriff aufgegeben hatten, erreichte der Große Kurfürst von den Dänen die Abtretung eines Teils der Antillen-Insel St. Thomas, was ihn in die Lage versetzte, am transatlantischen „Dreiecks-Handel“ zwischen Europa, Afrika und Amerika teilzunehmen. Circa 20 000 afrikanische Sklaven dürften im Zeitraum von etwa dreissig Jahren auf brandenburgischen Schif-

[1] Vgl. P. E. Schramm, Deutschland und Übersee. Der deutsche Handel mit den anderen Kontinenten, insbesondere Afrika, von Karl V. bis zu Bismarck, Braunschweig 1950, hier: 15, 29, 31ff.

fen in die Neue Welt gelangt sein, bei Todesraten von 10 Prozent. Da sich Brandenburg-Preußen jedoch außerstande sah, seine überseeischen Besitzungen und Unternehmungen wirksam gegenüber den großen seefahrenden Nationen zu schützen, verkaufte Friedrich Wilhelm I. die afrikanischen Besitzungen 1717 „für 7200 Dukaten und 12 Mohren“ an die Holländer, während die Dänen Preußens Anteil an der westindischen Insel St. Thomas einschließlich der Faktorei 1731 kurzweg beschlagnahmten.

Abb. 1: Tauschhandel an der afrikanischen Küste unweit von Groß-Friedrichsburg. Federzeichnung von Rutger van Langervelt, um 1690.

Friedrich Wilhelms Sohn, Friedrich II., zeigte sich kaum mehr interessiert an kolonialen Unternehmungen, obgleich er sich an der 1751 in Emden mit einem Kapital von 270 000 Talern gegründeten Asiatisch-Chinesischen Handelsgesellschaft beteiligt hatte. Eine Eingabe des weitgereisten Handelskapitäns Joachim Nettelbeck, des späteren Verteidigers von Kolberg, eine preußische Pflanzungskolonie zum Anbau von „Zucker, Kaffee und anderen Kolonialwaren" im nördlichen Südamerika zu begründen und gegebenenfalls zur Lösung der „Arbeiterfrage" die Wiederinbesitznahme der „Kolonien" des Großen Kurfürsten an der Küste von Westafrika ins Auge zu fassen, ließ der König unbeantwortet.[2] Die militärischen Notwendigkeiten angesichts der exponierten Lage Preußens hatten Vorrang vor dem Erwerb überseeischen Kolonialbesitzes. Die Klage des altdeutsch-national orientierten Historikers Justus Möser, dass die Nachkommen jener Männer, die einst die Hanse errichtet hatten, nunmehr „Austern fangen, Zitronen aus Spanien holen und Bier aus England einführen"[3], wirft indes ein bezeichnendes Licht auf die Stimmung bestimmter „bürgerlicher" Kreise, wenn auch das heraufziehende Zeitalter physiokratischer Ideen die Neigung zu kolonialen Projekten und Programmen weiter vermindert haben dürfte.

Unter den Erfahrungen der Kontinentalsperre Napoleons reiften zwar noch einmal koloniale Gedanken und Pläne heran, wie jene weitere große Denkschrift Nettelbecks aus dem Jahre 1815, die nicht nur den Wunsch nach einer Pflanzungskolonie traditioneller Art aussprach, sondern bereits das nationale Motiv erkennen ließ, die Gewinne aus Transport und Umsatz der Kolonialwaren dem eigenen Land und der eigenen Volkswirtschaft zugutekommen zu lassen. Den Durchbruch zu einer „nationalen" Argumentation für deutsche Kolonien brachten aber erst die 1840er Jahre. Erst jetzt brach ein Zeitalter planmäßiger deutscher Kolonialversuche und Kolonialgründungen an. Handelsinteresse und die Furcht, die eigene Nation komme bei einer fortschreitenden Aufteilung der Welt zu kurz, ließen in der Presse der 1840er Jahre eine Welle kolonialer Begeisterung aufbrechen. Vornehmlich liberale Bürgerliche plädierten für den deutschen Anspruch auf „Seegeltung" und die Notwendigkeit einer starken Flotte sowie großer deutscher Kolonien in Übersee. Man sprach u.a. davon, die Türkei zu „beerben", andere wollten ein „Neudeutschland" in Südamerika oder in Afrika errichten. In Nordamerika dachte man an den Kauf von Teilen Kanadas oder Mexikos.

Die amerikanisch-mexikanischen Spannungen bildeten auch den Anlass für den 1842 in Biebrich von adeligen Offizieren gegründeten und unter dem fördernden Protektorat souveräner Fürsten, Standesherren und Edelleuten stehenden „Verein deutscher Fürsten, Grafen und Herren zum Schutze deutscher Auswanderer in Texas".[4] Dieser „Mainzer Adels-" oder „Texasverein", wie ihn eine lebhaft interessierte Öffentlichkeit kurz nannte, versuchte, die infolge unorganisierter Massenauswanderungen entstandenen Missstände durch den planmäßigen Ankauf von

2 Vgl. Th. Sommerlad, Der deutsche Kolonialgedanke und sein Werden im 19. Jahrhundert, Halle a. S. 1918, 14ff.

3 J. Mösers Sämtliche Werke, Bd. 4, Oldenburg, Berlin 1943, 218.

4 Vgl. H. Gollwitzer, Die Standesherren. Die politische und gesellschaftliche Stellung der Mediatisierten 1815-1918. Ein Beitrag zur deutschen Sozialgeschichte, Göttingen ²1964, 328-332; H. Winkel, Der Texasverein. Ein Beitrag zur Geschichte der deutschen Auswanderung im 19. Jahrhundert, Vierteljahrsschrift für Sozial- und Wirtschaftsgeschichte 55 (1968), 348-372.

Ländereien und deren Besiedlung im damals selbständigen Texas zu beseitigen. Hintergrund dieser bereits in burschenschaftlichen Kreisen der Studentenbewegung diskutierten Bestrebungen war die Hoffnung, in Texas ein deutsches und womöglich sogar ein unabhängiges Gemeinwesen zu etablieren. Das aus patriotischen, sozialpolitischen, standespolitischen und geschäftlichen Beweggründen unternommene Werk endete indes in einem Fiasko. Unzureichendes Kapital, Unerfahrenheit und Gutgläubigkeit der verantwortlichen Männer, die mehrfach auf Spekulanten hereinfielen, mangelnde Organisation und Verwaltung und wahrscheinlich auch schwindendes Interesse an einer deutschen Ansiedlung nach dem Anschluss von Texas an die Union 1845 führten zum Zusammenbruch. Enttäuschte Rückkehrer – fast die Hälfte der 7 380 Auswanderer des Mainzer Adelsvereins starben an Hunger und Seuchen – wiesen auf das adelige Unternehmen als „Warnungsbeispiel für Auswanderungslustige“ hin, während der „Texas-Verein“ selbst wegen der hohen Verschuldung, deren Tilgung ihn bald ausschließlich beschäftigte, sich erst 1893 auflösen konnte.

Als ein wesentlich seriöseres Unterfangen präsentierte sich dagegen das Projekt einer „Deutschen Antipoden-Colonie“ aus dem Jahre 1841/42, hinter dem eine Gruppe Hamburger Reeder, Schiffseigner und Kaufleute unter der Leitung des Senatssyndikus Karl Sieveking stand.[5] Anfang 1841 hatte Sieveking (1787-1847) begonnen, seine lang gereiften Pläne für eine „deutsche Colonisations-Gesellschaft“ zu verwirklichen, wobei neben den nationalpolitischen Motiven natürlich die Aussicht der hanseatischen Werften auf den Bau einer „Kolonisationsflotte“ eine gewichtige Rolle mitspielte. Schließlich schien sich die Gelegenheit zu bieten, von der Londoner New Zealand Company, einer Grundstücks- und Spekulationsgesellschaft, für 10 000 Pfund Sterling die neuseeländischen Chatham-Inseln zu erwerben, die der Stadt Hamburg auf dem Globus genau gegenüberliegen. Auf diesen „von der Natur vorbestimmten“ Inseln (Antipoden) plante Sieveking ein Ansiedlungsgebiet für deutsche Auswanderer.

Zugleich dachte er auch an einen möglichen Stützpunkt im Stillen Ozean für eine deutsche Marine. Die wirtschaftliche Grundlage des Unternehmens basierte auf Gedanken des sogenannten Wakefieldschen Systems, d.h. die Gesellschaft garantierte den auswandernden Arbeitern freie Überfahrt, während sie die Kosten für Antransport, Organisation der Kolonisation, Infrastrukturmaßnahmen vor Ort und nicht zuletzt ihren Dividenden-Anspruch aus dem Erlös spekulativer Landverkäufe decken wollte. Ebenfalls sollten die aristokratischen Prinzipien der Hamburger Verfassung – „Erbgesessenheit“ und Besitz – auch für die Mitgliedschaft in der zukünftigen Bürgerschaft von Warekauri (wie der einheimische Name der Insel lautete) gelten, während besitzlose Einwanderer zwar

[5] H. Sieveking, Hamburger Kolonisationspläne 1840-1842, Preußische Jahrbücher 86 (1896), 149-170; vgl. H. Washausen, Hamburg und die Kolonialpolitik des Deutschen Reiches 1880-1890, Hamburg 1968, 12-15; W. Ustorf, Die deutsche Antipoden-Colonie. Ein patriotischer Traum aus dem Hamburger Vormärz, in: Entwicklungspolitische Korrespondenz (Hg.), Deutscher Kolonialismus. Materialien zur Hundertjahrfeier 1984, Hamburg 1983, 23-34.

reale Aussichten auf eigenen Landbesitz erhalten, aber vorerst einige Jahre im Status von Lohnabhängigkeit gehalten werden sollten. Als die britische Regierung jedoch die New Zealand Company wissen ließ, dass sie im Rahmen der erhaltenen „Charter" weder zum Kauf noch zum Verkauf der zur königlichen Kolonie Neuseeland gehörenden Chatham-Inseln berechtigt gewesen sei, brach das auch beim Aktienverkauf nicht reüssierende Projekt zusammen. Das gescheiterte Unternehmen veranlasste schließlich einen Hamburger Lokalpoeten unter dem Motto „God save the *Sieve*king" zu einem satirischen Hymnus, der mit dem Refrain endete:

„Schon brüllen Hamburgs Rammer Gottverdauri!
Wy goat mit Froo un Kind nach Warekauri!"

Neben den gescheiterten Projekten des „Texas-Vereins" und der „Antipoden-Kolonie" Sievekings stehen andere, mehr oder weniger erfolgreiche Kolonisationsversuche, die der weitverbreiteten Kolonisationsstimmung der 1840er Jahre entsprachen. In Frankfurt a.M., Leipzig und Dresden entstanden 1848 Kolonialvereine, denen sich weitere in Darmstadt, Wiesbaden, Hanau, Hamburg, Karlsruhe und Stuttgart anschlossen. Sie haben vor allem in Zentral- und Südamerika Kolonialland erworben und teilweise kolonisatorischen Erfolg erzielt. So gründete der „Colonisations-Verein von 1849 in Hamburg", der als Aktiengesellschaft ins Leben trat, im Küstengebiet der brasilianischen Provinz Santa Catarina die Kolonie „Dona Francisca", die bis zum Jahre 1868 ca. 8000 Kolonisten aufnahm. Aber auch in der weiter südlich gelegenen Provinz Rio Grande do Sul entstand eine ganze Reihe florierender deutscher Niederlassungen. Südbrasilien und die La Plata-Länder standen im Mittelpunkt deutscher Auswanderungspläne, überseeischer Handelsbestrebungen und erster „Weltmacht"-Träume. Hier in Südamerika erschienen die Erhaltung des Deutschtums sowie eine Verbindung mit dem Mutterland, wenn auch in lockerer Form, leichter möglich als im assimilationskräftigeren Norden. Dennoch vermochte das national-politische Argument die deutsche Auswanderung ebenso wenig von Nordamerika nach Südamerika umzulenken, wie die aus dem gleichen Motiv propagierte Siedlung entlang der Donau, auf der Balkanhalbinsel und im Nahen Osten bis nach Mesopotamien Erfolg hatte.

Unter dem Aspekt der Erhaltung des Deutschtums waren bereits zu Beginn der vierziger Jahre erstmals konkrete Vorschläge zu einer deutschen Besiedlung Palästinas und einer Vorherrschaft in dieser Region aufgetaucht. Der preußische Militär-Berater in der Türkei, Helmuth Graf von Moltke, vertrat in den Jahren von 1841-1844 in den Beilagen der renommierten „Augsburger Allgemeinen Zeitung" die Ansicht, dass die durch europäische Hilfe zurückgewonnenen Gebiete Syrien und Palästina in Wirklichkeit als „Geschenke" der Europäer an den Sultan anzusehen seien, die folglich am besten vor einer erneuten kriegerischen Verwicklung bewahrt werden konnten, indem Palästina als Pufferstaat zwischen Syrien und Ägypten in ein christliches Staatswesen unter einem deutschen Fürsten verwandelt würde .[6]

Der namhafteste Verfechter einer deutschen Auswanderung in die Gebiete entlang der Donau und darüber hinaus in den Nahen Osten, ebenfalls noch in den vierziger Jahren, war der Nationalökonom und Publizist Friedrich List. Im Zuge der Industrialisierung mit ihren gewaltigen Fortschritten in Technik, Handel und Verkehr erschien ihm in seinen visionären Großraumvorstellungen Deutschland nicht nur als eine bedeutende mitteleuropäische, sondern auch überseeische Großmacht. Siedlungskolonien in gemäßigten Zonen sollten zur Unterbringung des Bevölkerungs- und Kapitalüberschusses dienen, und Tropenkolonien waren von ihm als Bezugsquellen für Rohstoffe und als Absatzmärkte deutscher Fabrikwaren gedacht. Im Anschluss an die Handelspolitik des von ihm begründeten „Zollvereins“ (1834) erwartete er daher nicht nur eine Erweiterung des Handels mit Amerika und die Schaffung einer deutschen Handels- und Kriegsflotte, sondern ebenfalls eine großartige und großzügige deutsche Kolonisation in Übersee. Nicht ganz zu Unrecht hat man in ihm den „ersten großen Welt- und Kolonialpolitiker Deutschlands“ sehen wollen.[7]

Im Anschluss an List bedeuteten auch für seinen Fachkollegen Wilhelm Roscher die deutschen Auswanderer nach Amerika, Russland und Australien einen Verlust für das deutsche Vaterland, wohingegen er in den Siedlungsgebieten des Donauraumes, der Türkei und des mittleren Ostens die natürliche Achse deutscher Ausbreitung sah.[8]

Auffallend an dieser vormärzlichen Publizistik ist, dass sie von jenen Kreisen des liberalen Besitz- und Bildungsbürgertums und der Demokraten getragen wurde, die auch die Generation der 1848er Revolutionäre bildeten. So rief Richard Wagner, den die Kolonialidee sein ganzes Leben lang nicht mehr losließ, am 15. Juni 1848 im demokratischen Vaterlandsverein zu Dresden begeistert und von der überragenden Kolonisationsfähigkeit der Deutschen überzeugt aus: „Nun wollen wir in Schiffen über das Meer fahren, da und dort ein junges Deutschland gründen. Wir wollen es besser machen als die Spanier, denen die neue Welt ein pfäffisches Schlächterhaus, anders als die Engländer, denen sie ein Krämerkasten wurde. Wir wollen es deutsch und herrlich machen.“[9] Im Kreise der sogenannten Achtundvierziger sind die Pläne zur Gründung deutscher Kolonien fortan nicht mehr zur Ruhe gekommen (vgl. Dok. 1).

---

6 H. v. Moltke, Gesammelte Schriften und Denkwürdigkeiten, Berlin 1892, Bd. II, 279-320, bes. 284f.

7 L. Sevin, Die Entwicklung von Friedrich Lists kolonial- und weltpolitischen Ideen bis zum Plane einer deutsch-englischen Allianz 1846, Jahrbuch für Gesetzgebung, Verwaltung und Volkswirtschaft im Deutschen Reich (Schmollers Jahrbuch) 33 (1909), 1673-1715, hier: 1673; vgl. H. Gollwitzer, Geschichte des weltpolitischen Denkens, Bd. I: Vom Zeitalter der Entdeckungen bis zum Beginn des Imperialismus, Göttingen 1972, 510-528.

8 W. Roscher, Kolonien, Kolonialpolitik und Auswanderung, 1. Aufl. 1848, überarb. Aufl. Hamburg 1885 (in Zusammenarbeit mit Robert Jannasch). – Ein bezeichnendes Beispiel für das Wiederaufleben der kolonialen Gedanken der „1848“er nach 1880 .

9 Zit. n. Th. Sommerlad, Der deutsche Kolonialgedanke und sein Werden im 19. Jahrhundert, 48.

Dok. 1: „Deutsche Auswanderung und Colonieen" – Promemoria von Dr. Ernst Dieffenbach, vorgelegt der Deutschen Nationalversammlung in Frankfurt, 1848

Soll Deutschland in Bezug auf Auswanderung eine richtige nationale Politik einschlagen, soll es auf der See mächtig werden, so bedarf es einer *Auswanderung* nach *eignen Colonien*, die unter dem Schutz und der Garantie des einigen Deutschlands stehen.
Nur durch eigne Colonieen wird dieser Zweck erreicht, nicht durch Zerstreuung der Auswanderer über die ganze Welt hin. Denn erst Colonieen gewähren uns die Theilnahme am Welthandel, die Ausbreitung unserer Schiffahrt, die Verpflanzung deutscher Sitte und Wissenschaft in die fernsten Länder, dadurch Hebung und Kräftigung unseres eigenen Nationalgefühls, wenn Deutschland mit Stolz auf Nationen blicken kann, die von ihm entsprungen sind. Die germanische Rasse ist von jeher durch ihre ureigne körperliche und geistige Kraft die Trägerin der Civilisation gewesen, sie hat ihre Herrschaft über die Welt verbreitet und mit derselben die Grundsätze wahrer bürgerlicher Freiheit, gute Gesetze und Einrichtungen, geläuterte Religionsbegriffe, ächte Humanität! Deutschland, die fruchtbare Mutter germanischer Völker hat nur indirect an dieser großen Mission Theil genommen, der Strom, der von ihm ausging, hat wohl Einöden befruchtet und Wüsten in blühende Gärten verwandelt, aber die Rückwirkung des neuen Lebens auf den alten Körper war abgeschnitten, wenn nicht gar feindselig – eine Folge der inneren Ohnmacht und Zerrissenheit von den Zeiten der Religionskriege an. [...]
Wo sollen wir also colonisiren? Da alle die wünschbaren Länder in den Händen anderer Mächte sind, so können wir nur durch Kauf und Vertrag uns festsetzen, und wir glauben nicht, daß dieß Schwierigkeiten haben wird. [...]
Von allen diesen Orten [Argentinien, Chiloé, Neuseeland, Australien, Tasmanien] würde ich für den Anfang der Argentinischen Republik den Vorzug geben wegen der Leichtigkeit der Verbindung mit Europa, der Wohlfeilheit des Landes, der inneren Möglichkeit für die Colonie, sich organisch zu entwickeln und zu erstarken, wegen des Vorhandenseins eines Marktes für Producte deutscher Industrie und von Rohproducten zum Austausch.
Sollte eine hohe Versammlung inmitten der bedeutungsvollen Aufgabe, die sie für das Vaterland lösen soll, der für unsere socialen Zustände so wichtigen und so sehr vernachlässigten Auswanderung ihre Aufmerksamkeit widmen können, sollte sie in der Gründung von Colonieen, wie sie für uns möglich sind, ein Mittel erblicken, das Gefühl, daß wir nur Eine Nation sind, zu beleben und zu stärken, das bei unsern überall in der Welt zerstreuten Landsleuten geschwundene Vertrauen auf die Wirklichkeit unseres nationalen Bewußtseins wieder herzustellen, und den deutschen Namen bei dem Auslande zu Ehren zu bringen, – sollte sie darin einen Weg sehen, den Leiden und Gefahren des Pauperismus und des Proletariats auf eine naturgemäße Weise vorzubeugen und sie zu lindern, so dürfte die Ernennung eines Ausschusses aus ihrer Mitte und dessen alsbaldige Wirksamkeit sich von selbst empfehlen, da die Vorarbeiten in den Ländern, in denen die Niederlassungen gegründet werden sollen, die Unterhandlungen mit ihren Regierungen über die Territorialrechte, mit den Besitzern über die Erlangung des Eigenthums eine geraume Zeit erfordern, und namentlich allem Andern eine gründliche Untersuchung durch erfahrene und Vertrauen verdienende Männer an Ort und Stelle vorangehen müßte.

Quelle: Der deutsche Auswanderer. Centralblatt der deutschen Auswanderung und Kolonisirung, 2. Jg. (1848), Nr. 23, 355-358.

Aus der gleichen nationalen Aufbruchstimmung stammte auch das Flottenprogramm der Paulskirche, das ein gewichtiges Anliegen des Bürgertums darstellte. Zwar sind Flottenpläne im Rahmen einer deutschen Überseeausbreitung dann namentlich durch den Prinzen Adalbert von Preußen vertreten worden, der zukünftig als Hauptverfechter einer *preußischen* Kolonial- und Stützpunktpolitik in Übersee galt. In erster Linie waren es aber bürgerliche Liberale und Radikale, die in der vormärzlichen Publizistik und während der 1848er Revolution auf eine baldige deutsche Weltgeltung hofften, ohne in einen verbalen Imperialismus zu verfallen. Geht man davon aus, dass auch die Kolonialbewegung der achtziger Jahre, wie diejenige des Vormärz und der Revolution von 1848, eine „bürgerliche" Bewegung war, und bringt man das Scheitern der achtundvierziger Revolution mit der Verspätung des deutschen Kolonialismus in Zusammenhang, so spricht manches dafür, dass eine deutsche Kolonial- und Überseepolitik bereits in den vierziger Jahren – wie in Frankreich und vor allem in England – eingesetzt hätte, wenn diese nicht durch die agrarisch-konservative Reaktion verhindert worden wäre. Denn die Konservativen, die die Macht behielten, besaßen an überseeischer Politik nur ein geringes oder gar kein Interesse. Mit anderen Worten: „Wäre das Deutschlandproblem schon 1848 bereinigt worden, so hätten die imperialistischen Stimmungen schon damals gute Aussichten gehabt, konkretisiert zu werden" (H. Fenske).[10]

Allerdings – und hier sind gewisse Einschränkungen an der obigen These vorzunehmen – wäre von Seiten der Kolonialfreunde die Argumentation der Freihändler zu überwinden gewesen, die im Interesse einer „internationalen Arbeitsteilung" und unter Verweis auf den Abfall der amerikanischen Kolonien jede Kolonialpolitik und Kolonisation ablehnten. Die in den fünfziger und sechziger Jahren auftauchenden Kolonialprojekte fanden daher zurückhaltenderen Widerhall, ohne dass sie an Zahlenmäßigkeit verloren hätten. Immer wieder, namentlich unter dem Einfluss der preußischen Handelsexpedition von 1860/61 nach Siam, China und Japan, stand Formosa als Basis eines deutschen Kolonialreiches zur Diskussion. 1866 machten Deutsche in Australien dem preußischen Handelsministerium den Vorschlag, Papua auf Neuguinea zu annektieren. 1867 wurde das Augenmerk der Deutschen zum wiederholten Male auf die Nikobaren gelenkt. Taiwan, Neuguinea, Madagaskar, die Sulu-Inseln sowie immer wieder Inseln im Pazifik und Kolonialgebiete in Afrika und Südamerika tauchten als potentielle Kolonialfelder, Flottenstationen und nicht zuletzt Strafkolonien in der Diskussion auf.

1870/71 verlieh der deutsch-französische Krieg im Zuge nationaler Kompensationsforderungen deutschen Kolonialplänen einen zusätzlichen Auftrieb. Bereits vor den Friedensverhandlungen stand französischer Kolonialbesitz als Kriegsentschädigung zur Diskussion. Hanseatische Kaufleute forderten ebenso wie Militär-, insbesondere Marinekreise, die Reichsregierung auf, als Kriegsziele von Frankreich die Abtretung Cochinchinas mit der Hauptstadt Saigon zu fordern. Bismarcks

[10] Imperialistische Tendenzen in Deutschland vor 1866. Auswanderung, überseeische Bestrebungen, Weltmachtträume, Historisches Jahrbuch 97/98 (1978), 336-383, hier: 382.

Stellungnahme zu diesen Plänen ist bekannt: „Ich will auch gar keine Kolonien. Die sind bloß zu Versorgungsposten gut (...) diese Kolonialgeschichte wäre für uns genauso wie der seidne Zobelpelz in polnischen Adelsfamilien, die keine Hemden haben."[11] Trotz dieser klaren Absage lebte die koloniale Projektemacherei ebenso fort wie die allgemeine Grundstimmung einer Notwendigkeit deutscher ökonomischer Expansion und überseeischer territorialer Besitzerweiterung, um allerdings erst in einem veränderten politisch-sozialen Klima die Züge einer zielstrebigen Kolonialagitation und sich formierenden Kolonialbewegung anzunehmen.

11 M. Busch, Tagebuchblätter, Bd. II, Leipzig 1902, 157.

II. Frühe Kolonialagitation und Anfänge der Kolonialbewegung

Der Beginn der deutschen Kolonialexpansion in der Mitte der 1880er Jahre fiel in ein krisenhaftes Übergangs- und Durchgangszeitalter. Die durch die industrielle Revolution mobilisierte Gesellschaft befand sich in einem wirtschaftlichen, sozialen und geistigen Umbruchprozess. Aus dieser Umbruchsituation resultierten wiederum jene Antinomien von Rationalismus und starken irrationalen Elementen, die die geistige Kultur der Zeit beherrschten. Rationalismus und Irrationalismus mischten sich folglich auch in der imperialistischen Expansionspropaganda, was dazu führte, dass in Wirklichkeit sozial oder sozialpsychologisch deutbare Motive unter dem Deckmantel der Wissenschaftlichkeit präsentiert und diskutiert wurden. Imperialismus und in seinem Gefolge Kolonialismus und Expansionismus beruhten aber keineswegs nur auf rationalem Kalkül und bewusster Planung, wie dies vornehmlich die marxistische Kritik gemeint hat, sondern vielmehr zu ebenso großen Anteilen auf Abenteuerlust, Entdeckerdrang und Eroberungswillen. Die Dynamik der ausgangs des 19. Jahrhunderts vielfach mobilisierten Gesellschaft drängte schließlich – in Fortsetzung und zugleich als Klimax der Jahrhunderte langen Bewegung der Entdeckungen und der Kolonisierung fremder Erdteile – die Staaten über die natürlichen Grenzen Europas hinaus, wobei der Imperialismus das Ventil für die inneren Veränderungen und Umwandlungen der Epoche darstellte bzw. die politische Form, in der die industrielle Revolution von Europa aus die ganze Welt erfasste (Theodor Schieder). Dass sich in diesem Zusammenhang das Deutsche Reich, seit den 1860er Jahren in der Durchbruchsphase der Industriellen Revolution und 1870/71 zum Nationalstaat vereint, diesem epochalen Expansionsprozess hätte entziehen und innerhalb Europas – auch angesichts der Kolonialpolitik kleinerer Staaten wie beispielsweise Belgien, Portugal und Italien – koloniale Abstinenz üben können, erscheint für den Historiker ebenso wenig schlüssig wie es für die überwiegende Mehrzahl der Zeitgenossen denkbar oder gar vernunftgerecht war. Allerdings zeichnet gerade dieser um Aufholen und um Sicherung eines „Platzes an der Sonne" bemühte deutsche Kolonialexpansionismus nicht zum wenigsten dafür verantwortlich, dass ihm in stärkerem Maße als bei den etablierten Kolonialmächten Züge von „Improvisation" und „Torschlusspanik" (K. J. Bade), in der kolonialen Praxis aber auch von Überheblichkeit und erstrebtem „Perfektionismus" anhafteten.

1. Die Argumente der Kolonialdiskussion

Eines der wichtigsten Elemente der Krisenstimmung der späten 1870er und frühen 1880er Jahre, aus denen die deutsche Kolonialagitation ihre Argumente bezog, resultierte aus dem anhaltenden *Wachstum der Bevölkerung* im Gefolge der Industriellen Revolution mit ihren Verbesserungen für Gesundheit und Lebensqualität. Allein in den letzten beiden Jahrzehnten des 19. Jahrhunderts wuchs die Reichsbevölkerung (ohne Elsaß-Lothringen) um fast 25% von rd. 45 Millionen auf rd. 56 Millionen an. Ursache für diese gewaltige Bevölkerungsexplosion war nicht zuletzt das Auseinanderdriften von Sterbe- und Geburtenkurve im Kernprozess der so genannten demographischen Transition, des Übergangs „von der agrarisch-frühindustriellen Bevölkerungsweise mit ihren hohen und stark schwankenden Sterbe- und Geburtenkurven zur industriellen Bevölkerungsweise mit ihren auf niedrigem Niveau schwankenden Kurven von Geburt und Tod".[1] Da sich in der Kernphase der demographischen Transition die Schere von Sterbe- und Geburtenkurven am weitesten öffnet und das im Vergleich zur Bewegung der Sterbekurve phasenverschoben einsetzende Absinken der Geburtenkurve für das zeitgenössische Erlebnis erst in den beiden Vorkriegsjahrzehnten sichtbar abzeichnete, musste in den 1870er und 1880er Jahren der alte malthusianische Alptraum vom tendenziellen Anwachsen der Bevölkerung in geometrischer Progression und der nur in arithmetrischer Progression sich ausweitenden Ernährungsbasis erneut kollektive Ängste mit eschatologischen Dimensionen wecken. Der Bevölkerungsdruck, der auf den Arbeitsmarkt durchschlug, entlud sich denn auch in der jetzt nahezu ausschließlich wirtschaftlich und sozial und nicht mehr politisch motivierten Auswanderung, die in der dritten Auswanderungswelle von 1880/1893 ihr säkulares Maximum erreichte. Unter „Überproduktion" verstand man daher nicht zum wenigsten, wie z.B. der nationalliberale Historiker Heinrich von Treitschke, die „Überproduktion an Menschen".[2]

Die Bevölkerungs- und Auswanderungsfrage spielte demgemäß eine zentrale Rolle in der Kolonialpropaganda und Expansionsagitation, wobei die entsprechenden Parolen „Ackerbau-" und „Siedlungskolonien" hießen. In erster Linie schienen sich Gebiete in Südamerika und im nahen und mittleren Osten anzubieten, aber auch Afrika rückte zunehmend in den kolonialpolitischen Blickwinkel. Mit der Reichsgründung erhielten zudem die nationalpolitischen Implikationen, die bereits die Kolonialagitation im Vormärz ausgezeichnet hatten, erhöhten Stellenwert. Denn die bisherige Auswanderung, die zu 95% in die Vereinigten Staaten ging – zwischen 1880 und 1890 sind nur 1200 Deutsche nach Afrika ausgewandert – wurde als schwerwiegender Verlust nationaler Energien empfunden, als ein Aderlass, der das Reich wertvoller Substanz beraube. Eingehende statistische Untersuchungen wurden darüber angestellt, welche Summen der Staat für die Auswanderer vor ihrer Abreise aufgebracht habe und welch hoher Prozentsatz deutschen Volksvermögens und deutscher Volksenergien alljährlich durch die Emigration verloren

[1] Vgl. hierzu und zum folgenden Unterkapitel K. J. Bade, Die deutsche Kolonialexpansion in Afrika: Ausgangssituation und Ergebnis, in: W. Fürnrohr (Hg.), Afrika im Geschichtsunterricht europäischer Länder, 13-47, hier: 13.

[2] Die ersten Versuche deutscher Kolonialpolitik (27.11.1884), in: ders., Aufsätze, Reden und Briefe, hg. v. K. M. Schiller, Meersburg 1929, 4. Bd., 670ff. – Am berühmtesten wurde Caprivis Diktum: „... wir müssen exportieren: entweder wir exportieren Waren, oder wir exportieren Menschen" (Sten. Ber. 118, 3307).

Haus- und Taschenbibliothek für Amerika-Auswanderer.
Zweiter Band.
Nützliches
Reisebuch
für Amerika.
Unentbehrliches Taschenbuch für Auswanderer nach Amerika, das über alle amerikanischen Verhältnisse, Reiserouten, Ansiedlung, Rechtsverhältnisse, Erwerb, Geld, Länderei-Käufe, Anbau, Handel und Gewerbe u. s. w. die genaueste Auskunft und Belehrung gibt.

Nach eigenen Erfahrungen und den besten Quellen bearbeitet von
Hans Rau in New-York.
Vierte verbesserte Auflage.
Mit 1 Karte von Amerika und Abbildungen der amerik. Gold- u. Silbermünzen.
Druck und Verlag der J. Ebner'schen Buchhandlung in Ulm

Abb. 2: Titelblatt eines bekannten Amerika-Auswandererführers von Hans Rau, 1. Auflage um 1850

gehe. Anstatt dass dieses finanzielle und nationale „Kapital" anderen Konkurrenznationen zugute komme, wie vor allem den USA, sollte die Auswanderung in deutsche Siedlungskolonien gelenkt werden. In der notwendig erscheinenden und zugleich als nationaler Verlust empfundenen Auswanderung lag daher vor allem der Ansatzpunkt für eine deutsche Kolonialbewegung.

Die Auswanderung als Argument für den Erwerb von Kolonien hat in der zeitgenössischen Diskussion deshalb auch ganz unzweideutig bis in die 1890er Jahre eine zentrale, jedenfalls bedeutendere Rolle gespielt als das Argument des Waren- und Kapitalexports. Sehr zu Recht haben darum neuere Darstellungen die größere Bedeutung der Auswanderung gerade für den mittelständischen Expansionismus (einschließlich der Landbevölkerung) betont. Das Auswanderungsargument stand sowohl bei den Vätern der deutschen Kolonialpropaganda als auch in den Programmen der expansionistischen Interessenverbände zunächst an erster Stelle.

Zunehmendes Gewicht gewannen dann aber die *wirtschaftspolitischen* Argumente, die ihren Nährboden in dem sich abzeichnenden Umbruch vom „Agrarstaat mit starker Industrie zum Industriestaat mit starker agrarischer Basis“ (K. J. Bade) besaßen. 1889 überschnitten sich die absinkende Kurve der landwirtschaftlichen mit der steigenden Kurve der industriellen Wertschöpfungsanteile, ebenso wie sich 1904 die Kurven landwirtschaftlicher und industrieller Beschäftigtenanteile kreuzten, d.h. zwischen 1889 und 1904 wandelte sich das Deutsche Reich definitiv vom Agrar- zum Industriestaat. Dieser Prozess war gleichzeitig begleitet von anhaltenden oder sich wiederholenden Krisenerscheinungen sowohl im Bereich der Landwirtschaft (strukturelle Agrarkrise seit 1876) als auch in der Industrie.[3]

Von den Zeitgenossen sind allerdings diese Krisen in Landwirtschaft und Industrie sowie die gesamte Übergangssituation im Wirtschaftsleben als Überproduktions- und Absatzkrise verstanden worden, deren Heilungschancen allein in einer Exportoffensive in weltweitem Maßstab und in der Erschließung neuer Rohstoffquellen und Absatzmärkte gesehen wurden. Dem Drängen von Landwirtschaft und Teilen der Industrie nach Schutzzöllen einerseits und der Sicherung von Absatzmärkten andererseits entsprachen daher in der kolonialen Agitation Schlagworte wie „Handelskolonien“ bzw. „Plantagen-“ und „Bergbaukolonien“. Während die eigentlichen Ursachen der strukturellen Krisen weitgehend unbekannt blieben, erwiesen sich die pseudowissenschaftlichen Argumente, deren sich bezeichnenderweise nationalökonomische Halbgebildete in der Kolonialdiskussion bedienten, als primär psychologisch verursacht. Schon die Tatsache, dass zwar Deutschland 1879 zum Schutzzoll überging, das koloniale Frankreich erst 1892, England als Kolonialmacht *par excellence* aber beim Freihandel blieb, zeigt, dass der Zusammenhang zwischen Schutzzöllen und formellem Expansionismus kein gesetzmäßiger war und eher den jeweils politisch-gesellschaftlichen Bedingungen entsprach.

Allerdings ist in der frühen Kolonialdiskussion die auf Protektion bedachte Landwirtschaft vorerst kein direkter Verfechter kolonialer Expansion gewesen. Für die ostelbischen Junker etwa lagen Kolonien vorerst im wahrsten Sinne außerhalb ihres Horizonts. Hinter dem Export von Spirituosen nach Afrika (gut drei Fünftel des deutschen Afrika-Handels), der nahezu ausschließlich von Hamburg aus ging und der dem Interesse der „Kartoffelsprit“ und Weizen produzierenden Ostelbier gedient haben soll (H. Stoecker, H.-U. Wehler), standen bis zum Beginn der neunziger Jahre in Wirklichkeit allein die freihändlerischen Interessen der Hamburger Spiritus-Fabrikanten und Exportfirmen und nicht ein auf Kolonial*erwerb* gerichtetes Solidarkartell von Schnapshändlern und ostelbischen Junkern.[4] Dagegen ha-

3 K. J. Bade, Transnationale Migration und Arbeitsmarkt im Kaiserreich: Vom Agrarstaat mit starker Industrie zum Industriestaat mit starker agrarischer Basis, in: T. Pierenkemper / R. Tilly (Hg.), Historische Arbeitsmarktforschung, Göttingen 1982, 182-211; vgl. H. Rosenberg, Große Depression und Bismarckzeit: Wirtschaftsablauf, Gesellschaft und Politik in Mitteleuropa, Berlin 1967; H.-U. Wehler, Bismarck und der Imperialismus, 39-111.

4 1876 hatte Friedrich Engels in seinem Aufsatz „Preußischer Schnaps im deutschen Reichstag“ bemerkt: „Kartoffelsprit ist für Preußen das, was Eisen und Baumwollen-Waren für England

ben sich die Agrarier aus politischen Gründen wiederholt mit schutzzöllnerischen Interessen der Industrie solidarisch erklärt und auf diese Weise indirekt die Kolonialbewegung gefördert. Im Einzelnen mochten sie sich auch den genannten psychologischen Motiven der auf Sicherung überseeischer Rohstoffquellen und Absatzmärkte gerichteten Kolonialpropaganda nicht zu entziehen. Freilich musste sich die Kolonialargumentation für den Export von Waren und Kapital nicht notwendig auf formellen Kolonialbesitz richten und hatte insbesondere die traditionellen freihändlerischen Argumente gegen sich.

Noch stärker hat indessen die im Zusammenhang mit den wirtschaftspolitischen Schwierigkeiten und dem demographischen Druck stehende *soziale* Frage das psychologische Klima für die Kolonialagitation – als „Ventil“ für den „Überdruck“ an Menschen, Waren und Kapital – bereitet. Zeitgenössische Beobachter unterschiedlichster politischer Herkunft (Fabri, Ketteler, Liebknecht usw.) haben die „soziale Frage“ als die „eigentliche“ oder „zentrale“ Frage des 19. Jahrhunderts bezeichnet. Seitdem mit den Reformen zu Beginn des 19. Jahrhunderts der wirtschaftliche Liberalismus zum Bewegungsgesetz des preußischen Staates geworden war und sich auf dem Schlachtfelde gegen die Schwarzenberg-Bruckschen Modelle eines österreichisch-dominierten, mitteleuropäischen Schutzzollraumes behauptet hatte, stand der moderne Industriestaat preußischer Provenienz unangefochten an der Spitze wirtschaftlicher Progressivität in Mitteleuropa.

Diese Entwicklung entsprach zweifellos den politischen und wirtschaftlichen Vorstellungen des Bürgertums. Ohnehin hatte die Furcht vor der sozialen Revolution durch die Bedrohung „von unten“ bzw. durch einen zu weit getriebenen politischen Wandel bereits 1848 große Teile des Bürgertums aus der eigenen Emanzipationsbewegung ausscheren und Anschluss an die traditionellen Führungsschichten suchen lassen. Die Reichsgründung 1870/71 hat dann dem deutschen Bürgertum in Gestalt des Bismarck-Reiches den politischen Rahmen bereit gestellt, in dem es sich wirtschaftlich frei entfalten konnte. Da Bismarck nicht nur erkannt hatte, dass Preußen allein innerhalb der deutschen Nation als europäische Großmacht weiter existieren konnte, sondern ebenso, dass hierzu eine innenpolitische Teilung der Macht vonnöten war (L. Gall), hat sich das liberale Besitz- und

sind, der Artikel, der es auf dem Weltmarkt repräsentiert.“ Ihm folgend haben der DDR-Historiker Stoecker und H.-U. Wehler direkte Beziehungen zwischen den Hamburger Spiritus-Händlern und den ostelbischen Junkern hergestellt und ihre Interessen-Solidarität auch für die Kolonialagitation in Anspruch genommen. Tatsächlich war das Profitstreben der Hamburger Exportfirmen, die den billigeren russischen Kartoffelspiritus dem preußischen Schnaps vorzogen, *gegen* die Interessen der ostelbischen Junker gerichtet. Beide waren auch primär nicht an der Kolonialbewegung beteiligt. Das änderte sich für die ostelbischen (Groß-)Grundbesitzer erst nach 1885, als ihr Kartoffelschnaps, dessen Produktion sie aufgrund der Agrarkrise in den siebziger Jahren infolge des billigeren russischen und amerikanisches Getreides aufgenommen hatten, durch den russischen Spiritus auch vom europäischen Markt (Spanien stand seit 1883 mit beinahe 50% an der Spitze) verdrängt wurde und erhöhte subventionistische Exportprämien den Blick auf die Kolonien richteten.

Bildungsbürgertum um so bereitwilliger auf das „Bündnis“ mit den konservativ-großagrarischen Führungseliten eingelassen.

Eine Bedrohung dieser Verbindung schien nur von der sich zwar wirtschaftlich allmählich verbessernden, aber gesellschaftlich nicht integrierten Arbeiterschaft auszugehen, die ihren Anspruch auf politische Teilhabe zunehmend selbstbewusster anmeldete. Da sich sowohl die „Peitsche“ der Sozialistengesetze als auch das „Zuckerbrot“ der Sozialgesetzgebung letztlich als unwirksam erwiesen, boten sich auch in dieser Beziehung Kolonien als Ausweg für den Export des „revolutionären Zündstoffes“ (E. v. Weber) an. Vorschläge und Projekte von der „organisierten“ Auswanderung sozial unruhiger Elemente in abseits gelegene „Siedlungskolonien“ bis zur Deportation politischer Agitatoren in so genannte Verbrecherkolonien nach dem Vorbild Englands in Australien und Russlands in Sibirien gehörten daher immer wieder zu dem Arsenal kolonialpropagandistischer Argumente. Dass es sich hierbei um eine Verdrängung politisch auszutragender Konflikte handelte und die Kolonialfrage als Instrument politisch-sozialer „Ablenkung“ von inneren Schwierigkeiten diente, ist allerdings – insbesondere von den Betroffenen – durchaus erkannt worden. Am schärfsten hat auf diese Zusammenhänge bereits am 4. März 1885 Wilhelm Liebknecht (SPD) im Reichstag hingewiesen und die Kolonialfrage als „Export der sozialen Frage“ bezeichnet (Dok.2).

Dok. 2: Kolonialpolitik als „Export der sozialen Frage" – Wilhelm Liebknecht (SPD) am 4. März 1885 im Reichstag

Wir stehen gegenwärtig unter dem Zeichen der Sozialreform; auf allen Gebieten Sozialreform. Diejenige Frage, welche in der letzten Zeit am meisten Staub aufgeworfen hat, die Kolonialfrage, ist ebenfalls nur ein Teil der Sozialreform. [...]

Man hat gerade die Kolonialfrage mit besonderem Eifer von dem Boden nüchterner Erwägung auf den des Chauvinismus, des Patriotismus, des nationalen Enthusiasmus hinüberzuführen gesucht. Das kann nur verwirren. Fragen wir uns ruhig: Was wird mit der sogenannten Kolonialpolitik denn eigentlich bezweckt? Wenn wir auf den Grund gehen, so wird als der Zweck hingestellt: der Überproduktion und der Übervölkerung zu steuern. Aber was ist denn Überproduktion, und was ist Übervölkerung? Das sind ja doch sehr relative Begriffe. Ist Deutschland etwa übervölkert? Gerade die dichtest bevölkerten Gegenden in Deutschland liefern für die Auswanderung das geringste Kontingent, die dünnest bevölkerten liefern das stärkste.

Und was heißt Überproduktion? Wird etwa in Deutschland mehr produziert, als wir brauchen? Ist nicht die ungeheure Mehrzahl unserer Bevölkerung in der Lage, sehr viel zu brauchen? Sind alle Bedürfnisse befriedigt? Da kommen wir dann sofort zu dem eigentlichen Kern des Übels: Die Überproduktion, der wir steuern wollen, besteht in Wirklichkeit nicht; wenigstens nicht in der Form, wie behauptet wird.

Das gleiche gilt von der Überbevölkerung. Deutschland ist noch lange nicht übervölkert; bei vernünftiger sozialer Organisation, bei zweckmäßiger Organisation der Industriearbeit und bei wissenschaftlichem Betriebe des Ackerbaus könnte Deutschland eine weit größere Bevölkerung ernähren, als dies heutzutage der Fall ist. Die „Übervölkerung" liegt eben darin, daß wir mangelhafte soziale und wirtschaftliche Einrichtungen haben.

Und gerade so ist es mit der Überproduktion. Da klagen unsere Fabrikanten, daß ihre Produkte keinen Absatz finden. Ja, meine Herren, warum haben sie keinen Absatz? Weil das Volk nicht kaufen kann [...] mit dem Nationalreichtum geht Hand in Hand die Massenarmut, und weil in dem Maße, wie der Nationalreichtum und die Produktion sich vermehrt [sic], die Massenarmut zunimmt, haben wir das furchtbare Mißverhältnis, daß auf der einen Seite riesig produziert wird und auf der anderen Seite die Konsumtionsfähigkeit schwindet. Das ist das soziale Problem, das ist das Übel, welches beseitigt werden muß. Und wird etwa durch die Kolonialpolitik etwas nach dieser Richtung erreicht? Nein, meine Herren, Sie exportieren einfach die soziale Frage. Sie zaubern vor die Augen des Volks eine Art Fata Morgana auf dem Sande und auf den Sümpfen Afrikas. [...]
Darum fällt es mir jedoch durchaus nicht ein, meine Herren, das gegenwärtige Wettrennen nach Kolonien, an welchem fast alle Kulturnationen sich beteiligen, irgendwie unbegreiflich zu finden. Die bürgerliche Gesellschaft sieht sich am Ende ihres Lateins. Das Mißverhältnis zwischen Produktion und Konsumtion, auf das ich vorhin hinwies, macht sich überall geltend; überall haben wir die Massenarmut. Und weil man im Innern die Waren nicht loswerden kann, will man nach außen hin sich Märkte verschaffen. Aus diesen selben Gründen hat England schon vor dreißig Jahren die Chinesische Mauer eingeschossen, um sein Opium zu verkaufen; und heute sind alle Nationen auf dieser Suche nach ausländischen Märkten. Aber, meine Herren, erreicht man etwa das Ziel? Das Beispiel Englands beweist am besten, daß dieses nicht der Fall ist. Das gegenwärtige Kolonialwettrennen möchte ich bezeichnen als den Totentanz der heutigen bürgerlichen Gesellschaft, die ihre letzten Karten ausgespielt hat und ihren Bankrott proklamiert. Im Lande selbst kann allein die soziale Frage gelöst werden, niemals durch Kolonialpolitik in der *Ferne*.

Quelle: Stenographische Berichte über die Verhandlungen des Reichstags, Bd. 81, Berlin 1885, 1539-1541.

Es wäre jedoch verfehlt, die Kolonialagitation und Kolonialbewegung seit den ausgehenden 1870er Jahren ausschließlich auf wirtschaftliche, soziale oder gar sozialimperialistische Ursachen zu reduzieren. *Nationalpolitische* und *nationalpsychologische* Motive stehen gleichrangig neben den wirtschafts- und sozialgeschichtlichen Argumenten und sind keineswegs nur eine Funktion derselben. Dass sich das Deutsche Reich 1870/71 endlich als macht- und wirtschaftspolitisch effizienter „Nationalstaat" etablierte, bedeutete die Realisierung der seit Beginn des 19. Jahrhunderts latent vorhandenen nationalen Identitätssehnsüchte. Erst der nationale Staat schien die als notwendig erachteten Voraussetzungen für die „Nachahmung" erfolgreicher imperialistischer und kolonisierender Nationen zu schaffen, wobei vor allem die neidvoll bewunderten Engländer das erstrebte Vorbild abgaben. Die kolonialagitatorischen Wendungen, Deutschland müsse sich ein „deutsches Indien" in Afrika oder ein „deutsches Hongkong" in China schaffen, weisen nicht zum wenigsten auf diesen Nachahmungseffekt.

Noch direkter hat es die agilste und zugleich problematischste Erscheinung unter den deutschen Kolonialpropagandisten und späteren Kolonialkonquistadoren, Carl Peters, formuliert. Er sah in der „Eroberung weiter Länderstrecken" den sichersten Weg für die „deutsche Art", es den Engländern gleich zu tun:

„Es bestand in den achtziger Jahren ganz entschieden ein Kontrast zwischen der politischen Machtstellung des Reiches und der persönlichen Stellung so vieler deutscher Individuen unter fremden Völkern. Der deutsche Name, trotz Goethe und Sedan, hat keineswegs einen stolzen Klang auf der Erde. Wenn ich mich in der Geschichte und in der Gegenwart umsah, fand ich durchweg, dass die große wirtschaftliche Welteroberung, also eine weitsichtige Kolonialpolitik, von jeher auch das beste Mittel für die Erziehung eines Volkstums gewesen war und ist. Wenn man ein egoistisches Moment in diesem Motiv für meine kolonialpolitische Tätigkeit suchen will, so mag man es darin finden, dass ich es satt hatte, unter die Parias gerechnet zu werden, und dass ich einem Herrenvolk anzugehören wünschte. Ich legte keinen besonderen Wert darauf, für den Rest meines Lebens als Kompliment zu vernehmen: ‚You are exactly like an Englishman!'"[5]

Aber nicht nur für den hitzköpfigen Kolonialpionier Carl Peters war es selbstverständlich, dass mit dem nationalen Einigungswerk und der wachsenden Reputation des Reiches der Übergang von der nationalen Selbstbeschränkung zur kolonialen und schließlich imperialistischen „Weltpolitik" notwendig folgen musste. Am prägnantesten hat diese Aufgabe „vor der Geschichte" der wohl bedeutendste und einflussreichste deutsche Soziologe, Max Weber, 1895 in seiner viel zitierten Freiburger Antrittsvorlesung formuliert: „Wir müssen begreifen, dass die Einigung Deutschlands ein Jugendstreich war, den die Nation auf ihre alten Tage beging und seiner Kostspieligkeit halber besser unterlassen hätte, wenn sie der Abschluss und nicht der Ausgangspunkt einer deutschen Weltmachtpolitik sein sollte"[6]. Dieser Anspruch auf Weltmachtpolitik entsprang keineswegs erst der wilhelminischen Zeit; denn schon zuvor hatte es in einem der weit verbreiten Aufrufe der Kolonialbewegung aus dem Wahljahr 1881 geheißen: „Überseeische Politik allein vermag auch den Grund zu legen zu einer Weltmacht Deutschlands!"[7] Die bisherige, als minderwertig erachtete Stellung Deutschlands unter den großen Mächten, schon wegen des Fehlens von überseeischem Besitz, und die nach der Nationalstaatsbildung verlangte machtpolitische Gleichbehandlung und koloniale Gleichstellung haben ganz wesentlich die nationalistische Komponente der Kolonialagitation verschärft. Nicht zuletzt aus dieser historisch bedingten „Verspätung" der deutschen Nation dürfte das im Vergleich zu den etablierten Kolonialmächten größere Gewicht des nationalpolitischen Faktors in der deutschen Kolonialagitation abzuleiten sein.

Ohnehin standen dem überschäumenden, nationalen Kraftgefühl der Zeit tiefreichende Ängste gegenüber, wie das Zeitalter des Hochimperialismus überhaupt durch die Wechselwirkung und Wechselbeziehung von kollektiven Furchtsyndromen und naiv-aggressivem Kraftbewusstsein und Überlegenheitsgefühl gekennzeichnet ist. Gerade die Doppelgesichtigkeit in der deutschen Kolonialpropaganda

---

5 C. Peters, Gesammelte Schriften, 3 Bde., München 1943, I, 450.

6 Gesammelte Politische Schriften, Tübingen [3]1971, 23.

7 W. Hübbe-Schleiden, „Motive zu einer überseeischen Politik Deutschlands", Kölnische Zeitung Nr. 214 vom 4.8.1881, wiederabgedruckt in ders., Warum Weltmacht? Der Sinn unserer Kolonialpolitik, Hamburg 1906, 35-42; auch K. J. Bade, Friedrich Fabri, 147-149.

und Expansionsagitation: ihre optimistisch-machtpolitische Fundierung, ihr Bewusstsein der eigenen kulturellen Überlegenheit und des weltpolitischen Mitsprache*rechts* auf der einen und das Gefühl der bisherigen machtpolitischen Minderwertigkeit und des Zukurzgekommenseins auf der anderen Seite, sprechen für die herausragende Bedeutung kollektiver psychologischer Faktoren.

In das Konkurrenzmotiv, das sich in Formulierungen wie dem notwendigen kolonialen Engagement als der „letzten Chance" im kolonialen Aufteilungskampf niederschlug oder in der steten Sorge artikulierte, bei eben diesem Verteilungskampf „zu spät (bzw. zu kurz) zu kommen", mischten sich wie bei anderen Nationen *sozialdarwinistische* Motive, denen zufolge der organische Überlebenskampf in den Bereich der Nationen und Staaten übertragen wurde („*survival of the fittest*"). Die Aufgabe der Zukunft, nämlich Gebiete abzustecken, damit einst „unsere Söhne und Enkel als Angehörige eines Herrenvolkes über die Erde schreiten", wie es der Verleger der nationalliberalen Magdeburgischen Zeitung, Robert Faber, später einmal formulieren sollte[8], wurde bereits frühzeitig als Generationen überschreitende Verpflichtung gegenüber den eigenen Volksangehörigen empfunden. Sicherlich: Sozialdarwinismus ist auch Rechtfertigungsideologie gewesen, Rechtfertigungsideologie für kapitalistischen Konkurrenzkampf, für imperiale Expansion, für rassisches Überlegenheitsgefühl, für die Legitimierung der bevorzugten Stellung des eigenen Volkes („Herrenvolk"), für unternehmerischen Absolutismus und für die Ablehnung jeder Sozialpolitik. Dennoch erscheint es einseitig, Sozialdarwinismus einzig als Manipulationsinstrument herrschender Schichten oder als Rechtfertigungssystem des bürgerlichen Kapitalismus hinzustellen.[9] Dafür waren die Zeitgenossen viel zu sehr von der Richtigkeit der von Darwin ausgehenden Grundthesen überzeugt. Die Anschauungen vom Überleben des Stärkeren, von der Teilung der Welt in „lebende" und „sterbende", in niedergehende und aufstrebende Nationen, von der Alternative „Weltmacht oder Untergang", Wachsen oder Verkümmern, alle diese Varianten sozialdarwinistischer Axiomatik beherrschten den intellektuellen Naturwissenschaftler ebenso wie den gemeinen Mann.

Nicht selten traten diese sozialdarwinistischen Argumente freilich in einem sendungsideologischen oder kulturmissionarischen Gewand auf („Am deutschen Wesen soll die Welt genesen"), wobei dem „deutschen Gedanken in der Welt" (P. Rohrbach) gegenüber der „formalen" westlichen Zivilisationsbotschaft mehr „Geistigkeit" und „Tiefe" anhaften sollte. Jedenfalls stand es für Staatssekretär Bülow, der seit 1897 prononciert das Programm einer deutschen „Weltpolitik" vertrat, in Amalgamierung all dieser psychologischen Triebkräfte und nationalen Faktoren unabdingbar fest, wie er am 11.12.1899 im Reichstag ausführte, dass, „wenn die Engländer von einem ‚Greater Britain' reden, wenn die Franzosen spre-

---

[8] Nach H. Gründer, Christliche Mission und deutscher Imperialismus, 110.

[9] So H.-U. Wehler, Sozialdarwinismus im expandierenden Industriestaat, in: Deutschland in der Weltpolitik des 19. und 20. Jahrhunderts. Fs. Fritz Fischer zum 65. Geburtstag, hg. v. I. Geiss – B. J. Wendt, Düsseldorf 1973, 133-142.

chen von einer ‚Nouvelle France', wenn die Russen sich Asien erschließen", die Deutschen „Anspruch auf ein größeres Deutschland" hatten.[10]

Die deutsche Kolonialagitation resultierte folglich aus einem Bündel von Motiven, wobei sozialökonomische, nationalideologische, sozialdarwinistische und kulturmissionarisch-sendungsideologische Argumente nebeneinander standen. Zu den unterschiedlichsten Motivationen gehörten daher ebenso diffuse Bedrohungsvorstellungen, verursacht sowohl durch konjunkturelle Wachstumsschwankungen und die strukturelle Agrarkrise als auch durch das rasche Bevölkerungswachstum und die gesellschaftlichen Strukturveränderungen insgesamt, wie die Kolonialbewegung andererseits dem Prestigebedürfnis breiter Bevölkerungskreise entsprach und deren nationale und soziale Identifikationsprobleme erleichterte.

2. Führende Kolonialpropagandisten: F. Fabri, W. Hübbe-Schleiden, E. von Weber

Gegen Ende der 1870er Jahre setzte die öffentliche Diskussion über die Notwendigkeit einer deutschen überseeischen Expansion und Kolonialpolitik vehement ein. Obgleich sich die Debatte in einem breiten Umfeld bewegte, lassen sich doch drei markante Persönlichkeiten aus der frühen Expansionspublizistik herausheben, die das gesamte Arsenal der kolonialpolitischen Ideologie und kolonialagitatorischen Argumentation vorformuliert und quasi systematisiert haben: Friedrich Fabri, Wilhelm Hübbe-Schleiden und Ernst von Weber.

Als „Vater der deutschen Kolonialbewegung" gilt nach zeitgenössischem und heutigem Urteil gemeinhin der Missionsleiter, Expansionspublizist sowie Kolonial- und Sozialpolitiker *Friedrich Fabri* (1824-1891), von dessen Schriften wohl die stärkste kolonialpropagandistische Wirkung ausgegangen ist.

Fabri entstammte einer fränkischen Pfarrersfamilie, wirkte seit 1848 als Würzburger Stadtvikar, Religionslehrer und Gefängnisgeistlicher und übernahm 1851 eine Patronatspfarrei in der Nähe von Kissingen. 1857 erhielt er eine Berufung auf den Posten des leitenden Inspektors der Rheinischen Mission in Barmen. Mehr als ein Vierteljahrhundert stand er an der Spitze der größten deutschen Missionsgesellschaft, bevor seine kolonialpropagandistische Betriebsamkeit mit der umlaufenden Rede von „Fabris Misswirtschaft" – steigende Verschuldung der Mission und Zusammenbruch der von ihm 1869 gegründeten „Missions-Handels-Gesellschaft" – ihn zum Abschied vom Barmer Missionshaus zwang. Er widmete sich desto intensiver seiner einzigartigen Stellung im Management der organisierten Kolonialbewegung, seiner Rolle als Vertrauensmann Bismarcks in kolonialen Fragen und nicht zuletzt seiner Berater- und Vermittlerfunktion zwischen Reichsregierung, kommerziellen Interessen und Missionsgesellschaften.[11]

[10] Sten. Ber. 168, 3293.

[11] Zu Fabri, aber auch zu den im Folgenden behandelten Kolonialpropagandisten Wilhelm Hübbe-Schleiden und Ernst von Weber, vgl. die materialreiche Studie von K. J. Bade, Friedrich Fabri und der Imperialismus in der Bismarckzeit. Revolution – Depression – Expansion, Freiburg i. Br. 1975.

Abb. 3: Friedrich Fabri (1824-1891), Missionsleiter und führender deutscher Kolonialpropagandist

Das ausgeprägte Krisenbewusstsein, das die richtungweisende Grundstimmung von Fabris Denken bildete, besaß seinen Ausgangspunkt in dem Erlebnis der Revolution von 1848, hinter der er das Gespenst der irreligiösen und anarchischen Sozialrevolution des Vierten Standes lauern sah. Fortan bestimmte die Suche nach einer konservativen, sozialdefensiven „Lösung der großen sozialen Frage" sein politisches Denken und Handeln. Standen seine christlich-konservativen Lösungsvorschläge zunächst noch unter dem Einfluss des Gemeinschaftsideals der Erweckungsbewegung und dem Rettungsgedanken der Inneren Mission, so trat durch die Erfahrungen in der veränderten Atmosphäre des Wupper-Tals mit seinen sozialökonomischen Problemen am Ende des frühen Industriekapitalismus – „Alles ist (hier) Kirche und Handel, Mission und Eisenbahn, Bibel und Dampfmaschine" (K. I. Nitzsch) – der ökonomische Aspekt der „sozialen Frage" beherrschend in den Vordergrund.

Als eine „politisch-ökonomische Betrachtung" war auch seine Aufsehen erregende und in Massenauflage verbreitete Broschüre „Bedarf Deutschland der Colonien?" (1879) gedacht, mit der er der Expansionsdiskussion in einer weiteren Öffentlichkeit zum Durchbruch verhalf und in der er ein Kompendium zugkräftiger Argumente für die anhebende Kolonialdiskussion bot. In Überbevölkerung, Überproduktion und Kapitalüberschuss glaubte Fabri die eigentlichen Ursachen der wirtschaftlichen und gesellschaftlichen Krisenerscheinungen des Kaiserreichs erkannt zu haben und propagierte deswegen „als allumfassende Krisentherapie die Exportoffensive an Waren, Kapital und Menschen" (K. J. Bade).

Ausgangspunkt der Argumentation Fabris war die als „sozialpolitische Notwendigkeit" bezeichnete „Massenauswanderung" infolge des wachsenden Bevölkerungsdrucks und der mit diesem komplexen Prozess zusammenhängenden Zunahme des Pauperismus. Wegen der nationalen und ökonomischen Wechselwirkung mit dem Mutterland („Expansion und Repulsion") ergab sich für ihn gleichzeitig die Notwendigkeit, die deutsche Auswanderung in eigene Kolonien zu lenken. In diesem Zusammenhang wies er auf die ökonomische Bedeutung von „Siedlungskolonien" – wegen des Austausches kolonialer Produkte gegen die Industrieerzeugnisse des Mutterlandes – sowie auf den wirtschaftlichen und nationalen Wert von tropischen „Handelskolonien" hin. Letztere schienen ihm wegen des klimatisch bedingten ständigen Zu- und Rückflusses vor allem mittlerer und höherer Schichten der Bevölkerung (Kaufleute, Beamte, Militärs, Techniker, Gewerbetreibende, Geistliche, Missionare, Lehrer, Forscher) die sicherste Gewähr dafür zu bieten, dass dieser Personenkreis „mit mehr oder minder reichem Erwerb" in die Heimat zurückkehrte. Zum weiteren waren Kolonien als innenpolitische Krisenhilfe („Sicherheitsventil") gegen die revolutionäre Sozialdemokratie gedacht, wobei sie für die „Mehrzahl der Irregeleiteten" als ein „neues Hoffnungsbild" erscheinen sollten, während er für die „Grimmigen" unter ihnen, die weiterhin an ihren revolutionären Idealen festhalten wollten, als ultima ratio „Verbrecherkolonien" empfahl (Dok. 3).

Dok. 3: Frühimperialistische Krisenideologie und Expansionspropaganda – Friedrich Fabri: Bedarf Deutschland der Colonien? 1879

Doch indem wir die außerordentliche Bedeutung unserer deutschen Auswanderung nachdrücklich betonen, haben wir hier eigentlich die Folge besprochen, ohne zuvor die sie bewirkende Ursache beleuchtet zu haben. Diese aber liegt wesentlich in der *rapiden Zunahme der Bevölkerung Deutschlands.*[...]
Aber nehmen wir statt 80 nur gegen 65 Millionen für das Jahr 1900 an, so erweckt auch diese Wahrscheinlichkeit bedenkliche Aussichten. Denn selbst diese Annahme führt doch wohl mit unaufhaltbarer Folgerichtigkeit zu folgendem Prognostikon: steigende Einfuhr von Getreide und Vieh, weil die deutsche landwirthschaftliche Produktion den eigenen Bedarf immer weniger zu decken vermag; infolgedessen steigende Theuerung der Lebensmittel und damit aller Preise; dazu stetiges Herabsinken des Arbeitslohnes, wegen alljährlich sich vermehrenden Angebotes von Arbeitskräften; Schwächung der industriellen und gewerblichen Produktion wegen zunehmender Schwächung des National-Vermögens, d.h. zunehmender Unmöglichkeit zu sparen und infolgedessen auch sinkender Kaufkraft, oder mit einem Worte: *rapides Wachsthum des Pauperismus und der socialen Noth.* Ist es zu viel gesagt, wenn wir behaupten: hier liegt die Grundwurzel unseres socialen Nothstandes, und alle Versuche zur sogenannten Lösung der socialen Frage, die nicht hier energisch einsetzen, müssen

jeden genügenden Erfolges verfehlen? [...] So bedürfen wir notwendig noch eines weiteren [über die Steigerung der landwirtschaftlichen und industriellen Produktion hinausgehenden] Weges: der Auswanderung. Ja wir müssen sagen: *die Organisation einer starken deutschen Auswanderung ist zu einer Lebensbedingung des Deutschen Reiches geworden.* [...] Was heißt aber Leitung, Organisation unserer Auswanderung? Da man derselben unmöglich ihre Ziele vorschreiben kann, so besagt diese Forderung nichts anderes, als: wo möglich unter deutscher Flagge in überseeischen Ländern unserer Auswanderung die Bedingungen schaffen, unter welchen sie nicht nur wirthschaftlich gedeihen, sondern unter Wahrung ihrer Sprache und Nationalität auch in reger nationaler und ökonomischer Wechselwirkung mit dem Mutterlande verbleiben kann. Mit anderen Worten: die verständnisvolle und energische Inangriffnahme einer wirklichen Colonial-Politik ist das einzig wirksame Mittel, die deutsche Auswanderung aus einem Kräfteabfluß in einen wirthschaftlichen wie politischen Kräfte-Zufluß zu verwandeln. [...]
Unter den wirthschaftlichen Gründen, welche das Aufkommen und die rasche, mächtige Ausbreitung der *Social-Demokratie* bei uns reichlich gefördert haben, steht neben unserer ungesund schnell entwickelten Industrie mit ihrem Gefolge von Krisen, von Ueberproduktion und Arbeitslosigkeit die rasche Bevölkerungs-Zunahme (besonders in den Industrie-Bezirken) gewiß mit vorne an. Freilich sind die wirthschaftlichen Gründe längst nicht die einzigen, ja heute nicht einmal die vornehmsten für das Entstehen und die Entwicklung der socialdemokratischen Bewegung. Wie überall im Leben der Menschheit, sind auch hier die moralischen Faktoren, die an den wirthschaftlichen ihre Grundlage suchen und finden, die eigentlich entscheidenden. [...] Sollte nun die Colonialfrage, resp. eine Organisation und Leitung der deutschen Auswanderung, nicht auch nach dieser Richtung bedeutungsvoll wirken können? Ja, müßte sie dies nicht thun? Ist unsere Social-Demokratie nicht das geworden, was sie ist, gerade in der Zeit, in welcher mit dem Beginn unserer wirthschaftlichen Krisis die vorhandene Ueberbevölkerung sich nachdrücklich fühlbar zu machen begann? Ich meine aber nicht bloß die Auswanderung, als eine Art Sicherheitsventil. Viel höher schätze ich zunächst den psychologischen Eindruck, den eine gut geleitete, in größerem Style ausgeführte und in ihren Erfolgen günstige Auswanderung auf die Einbildungskraft – deren große Bedeutung in allen Gebieten des Denkens und Strebens meist viel zu wenig erkannt wird – unseres Volkes bald in weiten Kreisen erwecken würde. Wenn auch wohl nicht bei den Grimmigen, so doch bei der Mehrzahl der mehr Irregeleiteten und wirklich sich gedrückt Fühlenden würde solche Auswanderung ein neues, nicht unerreichbares Hoffnungsbild erwecken, und schon damit wäre der um sich fressenden Unzufriedenheit eine Schranke gesetzt. [...] Es ist im neuen Reiche Vieles bereits so verbittert, von unfruchtbarem Parteihader versäuert und vergiftet, daß die Eröffnung einer neuen, verheißungsvollen Bahn nationaler Entwicklung wohl auf vieles wie befreiend, weil den Volksgeist nach neuen Seiten mächtig anregend, zu wirken vermöchte. Auch das wäre erfreulich und ein Gewinn. Gewichtiger freilich noch ist die Erwägung, daß ein Volk, das auf die Höhe politischer Macht-Entwicklung geführt ist, nur so lange seine geschichtliche Stellung mit Erfolg behaupten kann, als es sich *als Träger einer Cultur-Mission* erkennt und beweist. Dies ist zugleich der einzige Weg, der auch Bestand und Wachstum des nationalen Wohlstandes, die nothwendige Grundlage dauernder Macht-Entfaltung, verbürgt. Die Zeiten, in denen Deutschland fast nur durch intellektu-

elle und literarische Thätigkeit an den Aufgaben unseres Jahrhunderts mitgearbeitet hat, sind vorüber. Wir sind politisch und sind auch mächtig geworden. Aber die politische Macht, wo sie als Selbstzweck in den Vordergrund der Strebungen einer Nation sich drängt, führt zur Härte, ja zur Barbarei, wenn sie nicht den ideellen, den sittlichen wie ökonomischen Cultur-Aufgaben ihrer Zeit zu dienen bereit und willig ist.

Quelle: Friedrich Fabri, Bedarf Deutschland der Colonien? Eine politisch-ökonomische Betrachtung, Gotha 1879, 18, 20 f., 24., 26 f., 29, 31-33, 83-85, 106 f.

Export der „sozialen Frage" durch gelenkte Auswanderung der von ihr Betroffenen in Siedlungskolonien, die gleichzeitig als Absatzgebiete der industriellen Überproduktion dienen sollten, und gegebenenfalls Deportation derjenigen Kräfte der sich sozial emanzipierenden Arbeiterschaft, die an ihren systemverändernden Absichten festhielten – das war die inhaltliche Alternative der Fabrischen „Sozialpolitik" einer überseeischen Expansion. Schließlich hat Fabri die Kolonialpolitik noch als nationalen Integrationsfaktor in der offensiven Funktion einer deutschen „Kulturmission" definiert, die er wiederum als „Lebensfrage" sowohl für die nationale und geistige Entwicklung Deutschlands als auch in der machtpolitischen Auseinandersetzung mit konkurrierenden Nationen betrachtete.

Im selben Jahr wie Fabris Broschüre erschien unter dem Titel „Ethiopien" ein weiteres kolonialpropagandistisches Werk, das den Hamburger Juristen und ehemaligen Attaché des deutschen Generalkonsulats in London, *Wilhelm Hübbe-Schleiden* (1846-1916), zum Verfasser hatte.

Der promovierte Jurist Hübbe-Schleiden war nach dem Krieg von 1870/71 aus dem diplomatischen Dienst ausgeschieden und hatte verschiedene europäische Länder bereist. Von 1875 bis 1877 lebte er als Kaufmann und Besitzer einer kleinen Handelsgesellschaft in Westäquatorialafrika. Nach kurzer Anwaltstätigkeit in Hamburg wandte er sich 1878 der Kolonialschriftstellerei zu. In „Ethiopien" – unter diesem Namen verstand Hübbe-Schleiden aus ethnographischen Gründen das westliche Äquatorialafrika und nicht das ostafrikanische Äthiopien – verarbeitete er in essayistischer Form seine unmittelbaren Erfahrungen in Übersee.

Mit diesen „Studien über Westafrika", seinem kolonialschriftstellerischen Erstlingswerk, schaltete sich Hübbe-Schleiden sogleich wirkungsvoll in die Expansionsdiskussion ein. Sein gesellschaftspolitisches Verständnis, das in extremer Weise von Wirtschaftsfragen geprägt war, gipfelte in der Quintessenz des Buches: „Eine Ausdehnung unseres Wirtschaftsgebietes ist das Einzige, was unser Volk vor der *Versumpfung* retten kann".[12]

Bereits in der Titelfolge seiner Veröffentlichungen kristallisierte sich das zunehmende Gewicht eines deutschen Weltmachttraumes heraus.[13] In seiner kulturhis-

[12] Ethiopien. Studien über West-Afrika, Hamburg 1879, 386 (Hervorhebung im Original).

[13] „Überseeische Politik" (1881); „Weltwirtschaft" (1882); „Deutsche Welt-Hegemonie" (1890); „Warum Weltmacht? Der Sinn unserer Kolonialpolitik" (1906); vgl. K. J. Bade, Friedrich Fabri, 416.

torischen Studie „Ethiopien" suchte er allerdings noch nach realistischen Möglichkeiten für eine deutsche Marktausweitung in Afrika. Diese Notwendigkeit wurde nur beiläufig mit gesellschaftlichen Problemen begründet, sondern lag vorwiegend in der Absicht einer Belebung der nationalen Wirtschaft, wobei Hübbe-Schleiden vordringlich auf die Interdependenz von Industrieproduktion und Außenhandel verwies. Im Wesentlichen sah sein wirtschaftliches Kolonialprogramm eine überseeische Expansion durch die Ausfuhr überschüssigen Kapitals und durch Importproduktion vor – also die Gründung und Ausweitung überseeischer Handelsgesellschaften und Produktionsunternehmen. Hinsichtlich der Rolle des Staates gab der Hamburger dem Freihandelsexpansionismus vorerst noch den Vorrang vor kolonialem Erwerb, änderte aber seine Meinung schon bald.

In der an Kolonialfragen interessierten Öffentlichkeit ist Hübbe-Schleidens „Ethiopien" mit Begeisterung aufgenommen worden. Friedrich Fabri suchte sofort Kontakt zu dem Hamburger Anwalt und bemühte sich seither, diesen materiell und ideell zu fördern. In seinen weiteren Schriften und Vorträgen ging Hübbe-Schleiden dann daran, seine wirtschaftsexpansiven Argumente zu einer „Theorie von der Produktivität der Kulturkräfte" zusammen zu fassen und kapitalkräftigen Kreisen näher zu bringen. In diesem Zusammenhang wurden von ihm die „tropische Kultivation" und die „subtropische Kolonisation" als „Grundbegriffe der Weltwirtschaft" in die Expansionsdiskussion eingeführt. Da eine Kolonisation im tropischen Afrika weder möglich noch wünschenswert sei, andererseits eine „Kultivation", d.h. die „Kultur Afrikas" durch die „Erziehung der Neger zur Arbeit" zu entwickeln, bei dem kommerziellen „Unternehmungsgeist der europäischen Rasse" bestens aufgehoben sei, versprach seine „Theorie von der Produktivität der Kulturkräfte" mit seinen Eingangsvariablen „Negerarbeit", „weißem" Kapital und Management als unzweifelhaftes Ergebnis: Zivilisation und „Kultur" für die Afrikaner, Reichtum und Importproduktion für die Europäer.[14] Dieser theoretische Ansatz ist von der Kolonialpropaganda aufgenommen und weiter entwickelt worden.

In seinen anschließenden Schriften hat sich Hübbe-Schleiden die bekannten, weitgehend von Fabri übernommenen sozialen Krisenargumente zu eigen gemacht, wobei sich die schrillen nationalen Begleittöne seiner nunmehr auf aktive Kolonialpolitik zielenden Expansionsagitation zunehmend auf eine aggressivere deutsche „Weltpolitik" richteten. England wandelte sich in seinen späteren Publikationen deshalb auch vom vielbewunderten Vorbild – 1878 wäre er laut Tagebucheintragung noch am liebsten Engländer geworden[15] – zum größten Rivalen Deutschlands, wie er ohnehin (wie andere vor und nach ihm) die Ansicht des französischen Nationalökonomen und Kolonialpropagandisten Paul Leroy-Beaulieu übernommen hatte, dass die „herrschendste" Nation des 20. Jahrhunderts diejenige sein werde, welche am meisten kolonisiere.[16]

14 Überseeische Politik. Eine Culturwissenschaftliche Studie mit Zahlenbildern, Hamburg 1881; vgl. die Grafik bei K. J. Bade, Friedrich Fabri, 102.

15 K. J. Bade, Friedrich Fabri, 415.

16 Überseeische Politik, 77; vgl. P. Leroy-Beaulieu, De la colonisation chez les peuples modernes, Paris 1874, ^{4}1891, 839f.

Selbst die Missionsarbeit hat er als eine kulturelle Funktion des christlichen europäischen Staates definiert, die deshalb in den eigenen Kolonien zu geschehen habe. Ohnedies beruhten Hübbe-Schleidens Vorstellungen von einer deutschen Weltmacht nicht allein auf einer von erfolgreicher Wirtschaftsexpansion getragenen Machtpolitik, sondern ebenfalls auf der Überzeugung von der besonderen deutschen Kulturmission. Die kulturellen Aspekte seiner Kolonialtheorie haben schließlich nach der Jahrhundertwende in dem aus der machtpolitischen Defensive geborenen Programm deutscher „Weltpolitik als Kulturmission" ihre Fortsetzung gefunden.

Weniger von kulturpolitischen Zielen als vielmehr von der sozialimperialistischen Krisenstrategie war dagegen die Kolonialpropaganda des radikalsten Theoretikers eines antirevolutionären „Exports der sozialen Frage", *Ernst von Weber* (1830-1902), bestimmt. Auch für Weber, einen vermögenden, weit gereisten sächsischen Rittergutsbesitzer, der sich einige Jahre in Afrika aufgehalten hatte, nahm die „Überbevölkerung" vor der „Überproduktion" die beherrschende Stelle in seinem kolonialagitatorischen Gedankengerüst ein. Noch drastischer als Fabri propagierte er eine staatlich gesteuerte Auswanderung als „Massenexport des revolutionären Zündstoffes", worunter er die „alljährlich immer zahlreicher und gefährlicher werdenden Proletariermassen" verstand. „Werden", so führte er am 29. April 1879 vor dem „Centralverein für Handelsgeographie und Förderung deutscher Interessen im Auslande" aus, „nicht sowohl für unseren alljährlich so ungeheuer(e)n Bevölkerungszuwachs wie für die Überproduktion der deutschen Arbeit regelmäßige weite Abzugskanäle geschaffen, so treiben wir mit Riesenschritten einer Revolution entgegen, die dem Nationalwohlstande auf lange Zeit die tiefsten Wunden schlagen wird". Als konkrete Ziele empfahl er nicht nur die Gründung eines „Neu Deutschland" in Südafrika, sondern auch die „Anlage nationaldeutscher Colonien in Südamerika".[17]

Weder Ernst von Weber noch Fabri oder Hübbe-Schleiden waren ausgesprochene Wirtschaftsfachleute. Ihre Thesen entsprangen nicht der Kenntnis von Wirtschaftsabläufen oder demographischer Entwicklung, sondern waren das Ergebnis einer unmittelbar erlebten sozialökonomischen Krise, deren Ursachen allerdings weder allgemein bekannt waren noch in ihrem Verlauf hinreichend prognostiziert werden konnten. Die mit dem Anspruch auf Wissenschaftlichkeit erstellten Voraussagen erwiesen sich denn auch in der Regel als ungenau oder falsch. Entscheidender waren indessen für die Kolonialpropagandisten sowie ihre Zeitgenossen das unmittelbare Erlebnis einer krisenhaften Zeit und ihre daraus resultierenden subjektiven sozialen und politischen Ängste. „Pauperismus" und „Sozialdemokratie" suchten sie daher mit der „Gegenutopie" bzw. „Abwehrideologie" deutscher Kolonien zu begegnen, ebenso wie diese – im Sinne eines „prophylaktischen Imperi-

[17] Die Erweiterung des deutschen Wirtschaftsgebietes und die Grundlegung zu überseeischen deutschen Staaten. Ein dringendes Bedürfnis unserer wirtschaftlichen Notlage, Leipzig 1879, 7, 50f., 57, 61.

alismus" – als Sicherung der nationalen „Wohlfahrt" zukünftiger Generationen galten. Jedenfalls schien die Kolonialfrage für das Deutsche Reich eine „Lebensfrage" geworden zu sein oder – wie es Heinrich von Treitschke 1884 ausdrückte: „Für ein Volk, das (wie Deutschland) an einer beständigen Überproduktion leidet und Jahr für Jahr an 200 000 seiner Kinder in die Fremde sendet, wird die Kolonisation zur Daseinsfrage".[18]

3. Die organisierte Kolonialbewegung

Als Keimzelle der ausgangs der 1870er Jahre entstehenden Kolonialvereine kann man die geographischen Gesellschaften ansehen, die durch das neue Zeitalter der Entdeckungs- und Forschungsreisen seit den 1860er Jahren, vor allem in das Innere Afrikas, entstanden waren. Der Beitrag, den – teilweise in englischen oder belgischen Diensten stehende – deutsche Wissenschaftler zur geographischen Erforschung Afrikas, Asiens und Ozeaniens lieferten (z.B. Heinrich Barth, Nachtigal, Lenz, Schweinfurth, Rebmann, Krapf, Rohlfs, v. François, v. Wissmann), ist durchaus beachtlich. Von Beginn an hat man daher in den geographischen Gesellschaften, die sich neben der Forschungsförderung und -finanzierung schon immer mit Problemen der Auswanderung und Kolonisation beschäftigten, die „Vorarbeit" der „Pioniere der Forschung" für den deutschen Kaufmann und den deutschen Aussiedler hervorgehoben. Dieser Zusammenhang lag beispielsweise auch für die alljährlich mit Reichsmitteln von 100 000 Mark zur Unterstützung der deutschen Afrikaforschung subventionierte „Deutsche Afrikanische Gesellschaft", die sich 1878 mit der „Deutschen Gesellschaft zur Erforschung Äquatorial-Afrikas" zur „Afrikanischen Gesellschaft in Deutschland" zusammenschloss, auf der Hand.

So sollte der am 9. Oktober 1878 in Berlin auf Initiative des Nationalökonomen Robert Jannasch, eines Schülers von Wilhelm Roscher, im Verein mit einigen anderen Nationalökonomen, Geographen, Redakteuren, Geschäftsleuten und Forschungsreisenden gegründete *„Centralverein für Handelsgeographie und Förderung deutscher Interessen"* ursprünglich „Centralverein für Handelsgeographie, Auswanderung und Kolonialpolitik" heißen.[19] Demgemäß nahm der Verein auch eine Mittelstellung zwischen Geographischer Gesellschaft und Auswanderungs- und Kolonialverein ein, wobei das anfänglich vorherrschende Auswanderungsargument allmählich von der Propaganda für Exportförderung und Gewinnung neuer Absatz-

---

[18] Die ersten Versuche deutscher Kolonialpolitik (27. Nov. 1884), in: ders., Aufsätze, Reden und Briefe, hg. v. K. M. Schiller, Meersburg 1929, 4. Bd., 670.

[19] Zur organisierten Kolonialbewegung: H.-U. Wehler, Bismarck und der Imperialismus, 158-168; K. J. Bade, Friedrich Fabri, bes. 102ff., 136ff., 287ff.; E. Bendikat, Organisierte Kolonialbewegung in der Bismark-Ära, Brazzaville-Heidelberg 1984; zur Bedeutung der Geographie für die Entwicklung und den Ausbau des deutschen Kolonialreiches vgl. F.-J. Schulte-Althoff, Studien zur politischen Wissenschaftsgeschichte der deutschen Geographie im Zeitalter des Imperialismus, Paderborn 1971.

märkte in den Hintergrund gedrängt wurde. Seinen Bestrebungen, die der „Centralverein" mit den bekannten ökonomischen („Überproduktion"), gesellschaftspolitischen sowie nationalideologischen Argumenten seit 1879 in seinen beiden Zeitschriften „Export" und „Geographische Nachrichten für Welthandel und Volkswirtschaft" vertrat, sollten ein „Deutsches Handelsgeographisches Museum" (1882), eine „Deutsche Exportbank" (1884) und ein „Deutsches Exportbüro" (1884) dienen, letzteres für handelsgeographische Recherchen, Auswanderungsfragen und Exportinteressenten. Zweigvereine entstanden in Barmen, Chemnitz, Dresden, Düsseldorf, Freiburg i. Br., Jena, Kassel, Marburg und Stuttgart. Bedeutend unter ihnen waren nur der „Verein für Handelsgeographie und Kolonialpolitik" in Leipzig unter dem Direktor des dortigen statistischen Büros und späteren Vorsitzenden des „Alldeutschen Verbandes", Ernst Hasse, sowie der „Münchener Verein zum Schutze deutscher Interessen im Ausland" unter dem Geographen Friedrich Ratzel. Überwiegend vertrat der „Centralverein" die Interessen der exportinteressierten kleinen und mittleren Fertigwarenindustrie des Rheinlandes, Süddeutschlands, Sachsens, Thüringens sowie der norddeutschen Reedereien. Allerdings waren in ihm gegenüber den unmittelbar angesprochenen Geschäftsleuten die dem Bildungsbürgertum zugehörigen Berufsgruppen bei weitem überrepräsentiert.

Das galt weniger für den ein Jahr nach dem „Centralverein" unter maßgeblicher Mitwirkung von Friedrich Fabri entstandenen *„Westdeutschen Verein für Kolonisation und Export"* (1879), in dem namhafte Vertreter der rheinisch-westfälischen Großindustrie und des Großhandels vertreten waren. Die Sozialstruktur seines Mitgliederstandes endete an der unteren Grenze des gehobenen Mittelstandes. Der Kölner Großindustrielle Eugen Langen stand als Vorsitzender an der Spitze, und der Hamburger Hübbe-Schleiden fungierte vorübergehend als Schriftführer. Der „Westdeutsche Verein" war einer der frühesten Versuche zur Organisation der kolonialen Propaganda und darf als erste koloniale Vereinsgründung in Deutschland bezeichnet werden.

In der Folgezeit schossen Vereine mit kolonialagitatorischen und kolonialpropagandistischen Zielen vor allem in den Industriezentren und Gewerbelandschaften geradezu wie Pilze aus dem Boden. Auch in Zeitschriften und Zeitungen formierte sich eine publizistische Fronde mit der Forderung nach einer offensiveren Handelspolitik. Zu den publizistisch bedeutendsten Kolonialpropagandisten zählte seit Anfang der 1880er Jahre beispielsweise der weit gereiste Journalist und Kolonialpionier Hugo Zöller (1852 bis 1933), der sein koloniales Credo in vielgelesenen Büchern sowie in der einflussreichen, nationalliberal-konservativen „Kölnischen Zeitung" vertrat, dem führenden Blatt der kolonialwirtschaftlich orientierten Publizistik.

An die Spitze der kleineren und mittleren Kolonialorganisationen trat 1882 der *„Deutsche Kolonialverein"*. Den Anstoß zur Gründung gab der mecklenburgische Freiherr Hermann von Maltzan, der nach längeren Reisen in Afrika im Frühjahr 1882 in der „Augsburger Allgemeinen Zeitung" und an anderen Stellen wegen der „wachsenden Überproduktion" Handelskolonien als eine „Lebensfrage für Deutschland" bezeichnet hatte. Zu dem engeren Gremium der Gründungsinitiatoren gehörten ferner Fürst Hermann zu Hohenlohe-Langenburg, Reichstagsabgeordneter der „Deutschen Reichspartei" und erster Präsident des „Vereins", der Saarindustrielle Frhr. von Stumm-Halberg und der Bankier Guido Henckel von Donnersmark. Hinzu traten weitere führende Persönlichkeiten aus der Politik, der westdeutschen, saarländischen und schlesischen Industrie, dem Handel, Reeder und Großhandelsunternehmer der Hansestädte, Vertreter des Bankwesens sowie Angehörige städtischer Magistrate. Johannes Miquel, Oberbürgermeister der Stadt Frankfurt a. M. und späterer preußischer Finanzminister, ist eine der Schlüsselfiguren des vom Kolonialverein repräsentierten großbürgerlichen Flügels der deutschen Kolonialbewegung gewesen. Unter den Mitgliedern insgesamt überwogen in den ersten drei Jahren allerdings mittlere Unternehmer, Kaufleute und vor allem Angehörige des Bildungsbürgertums.

Nach der Mitgliederliste vom 31. März 1883 zählte der „Deutsche Kolonialverein" insgesamt 1 891 Mitglieder, von denen 1 468 beruflich erfassbar waren. Das „Sozialprofil" ergibt folgendes Bild: 811 Firmen (Unternehmer, Kaufleute, leitende Angestellte oder in corpore), 10 Schwerindustrielle, 43 Banken (Mitgliedschaft der Inhaber, Direktoren oder in corpore), 213 Wissenschaftler, Künstler, Rechtsanwälte, Ärzte, Ingenieure und 172 höhere Beamte. Demgegenüber stand mit 2% (gegenüber 74%) eine kleine Gruppe aus dem unteren Bürgertum mit 32 Handwerkern, kleineren Gewerbetreibenden und unteren Angestellten.[20]

Bis 1884 hatte sich die Zahl der Vereinsmitglieder auf 9 000 in 43 Zweigvereinen erhöht. Der „Kolonialverein" verstand sich in erster Linie als ein Propagandainstrument für die Belebung des kolonialen Gedankens, wenn er auch die konkrete Einrichtung von Handelsstationen als Ausgangspunkt für größere Unternehmungen ins Auge fasste bzw. diskutierte.

Dok. 4: Die Anfänge der organisierten Kolonialbewegung – Der Aufruf der „Gesellschaft für deutsche Kolonisation" (Verfasser: Carl Peters), 3. April 1884

Deutsche Kolonisation.

Die deutsche Nation ist bei der Verteilung der Erde, wie sie vom Ausgang des 15. Jahrhunderts bis auf unsere Tage hin stattgefunden hat, leer ausgegangen. Alle übrigen Kulturvölker Europas besitzen auch außerhalb unseres Erdteils Stätten, wo ihre Sprache und Art feste Wurzel fassen und sich entfalten kann. Der deutsche Auswanderer, sobald er die Grenzen des Reiches hinter sich gelassen hat, ist ein Fremdling auf ausländischem Grund und Boden. Das Deutsche Reich, groß und stark durch die mit Blut errungene Einheit, steht da als die führende Macht auf dem Kontinent von Europa: seine Söhne in der Fremde müssen sich überall Nationen einfügen, welche der unsrigen entweder gleichgültig oder geradezu feindlich gegenüberstehen. Der große Strom deutscher Auswanderung taucht seit Jahrhunderten in fremde Rassen ein, um in ihnen zu verschwinden. Das Deutschtum außerhalb Europas verfällt fortdauernd nationalem Untergang.

[20] K. J. Bade, Friedrich Fabri, 179.

In dieser, für den Nationalstolz so schmerzlichen Tatsache liegt ein ungeheurer wirtschaftlicher Nachteil für unser Volk! Alljährlich geht die Kraft von etwa 200.000 Deutschen unserem Vaterland verloren! Diese Kraftmasse strömt meistens unmittelbar in das Lager unserer wirtschaftlichen Konkurrenten ab und vermehrt die Stärke unserer Gegner. Der deutsche Import von Produkten tropischer Zonen geht von ausländischen Niederlassungen aus, wodurch jährlich viele Millionen deutschen Kapitals an fremde Nationen verlorengehen! Der deutsche Export ist abhängig von der Willkür fremdländischer Zollpolitik. Ein unter allen Umständen sicherer Absatzmarkt fehlt unserer Industrie, weil eigene Kolonien unserem Volke fehlen.
Um diesem nationalen Mißstande abzuhelfen, dazu bedarf es praktischen und tatkräftigen Handelns.
Von diesem Gesichtspunkte ausgehend, ist in Berlin eine Gesellschaft zusammengetreten, welche die praktische Inangriffnahme solchen Handelns als ihr Ziel sich gestellt hat. Die Gesellschaft für deutsche Kolonisation will in entschlossener und durchgreifender Weise die Ausführung von sorgfältig erwogenen Kolonisationsprojekten selbst in die Hand nehmen und somit ergänzend den Bestrebungen von Vereinigungen ähnlicher Tendenzen zur Seite treten.

Als ihre Aufgabe stellt sie sich in besonderem:
1. Beschaffung eines entsprechenden Kolonisationskapitals.
2. Auffindung und Erwerbung geeigneter Kolonisationsdistrikte.
3. Hinlenkung der deutschen Auswanderung in diese Gebiete.

Durchdrungen von der Überzeugung, daß mit der energischen Inangriffnahme dieser großen nationalen Aufgabe nicht länger gezögert werden darf, wagen wir es, mit der Bitte vor das deutsche Volk zu treten, die Bestrebungen unserer Gesellschaft tatkräftig zu fördern! Die deutsche Nation hat wiederholt bewiesen, daß sie bereit ist, für allgemein-patriotische Unternehmungen Opfer zu bringen: sie möge auch der Lösung dieser großen geschichtlichen Aufgabe ihre Beteiligung in tatkräftiger Weise zuwenden.
Jeder Deutsche, dem ein Herz für die Größe und die Ehre der Nation schlägt, ist aufgefordert, unserer Gesellschaft beizutreten. Es gilt, das Versäumnis von Jahrhunderten gutzumachen; der Welt zu beweisen, daß das deutsche Volk mit der alten Reichsherrlichkeit auch den alten deutsch-nationalen Geist der Väter überkommen hat!

Quelle: Deutsche Kolonialpolitik in Dokumenten. Gedanken und Gestalten aus den letzten fünfzig Jahren. Herausgegeben und eingeleitet von Dr. Ernst Gerhard Jacob, Leipzig 1938, 85-87.

Dagegen war die am 28.3.1884 von Carl Peters und seinem Fördererkreis gegründete „*Gesellschaft für deutsche Kolonisation*" von vornherein mit der Zielsetzung an die Öffentlichkeit getreten, sich lediglich mit „praktischer Kolonisation" zu befassen und sobald als möglich diese Absicht in die Tat umzusetzen (Dok. 4). Während der „Kolonialverein" in seiner Sozialstruktur das gehobene Besitz- und Bildungsbürgertum repräsentierte, waren in der mittelständischen „Gesellschaft für deutsche Kolonisation" überwiegend kleine Gewerbetreibende, Offiziere, untere Beamte und kleinere und mittlere Kaufleute vertreten. An ihrer Spitze standen jüngere „Abenteurer" wie eben Carl Peters und seine Freunde, der Gutsbesitzer und kaiserliche Kammerherr Felix Graf Behr-Bandelin und sein späterer Begleiter auf der ersten Usagara-Expedition, der Jurist Carl Jühlke. In ihrem „antikapitalistischen" Ressentiment suchte die „Gesellschaft", die in hartnäckiger Rivalität zum „Kolonialverein" stand, durch die Ausgabe von Anteilscheinen bis herab auf die Höhe von 50,– Mark selbst Kleininteressenten anzusprechen. Sie rückte auch die im Mittelstand attraktivere Auswanderungsfrage in den Vordergrund ihrer Vereinspropaganda. Insgesamt vertrat man in der „Gesellschaft" einen radikalen Nationalismus und extremen Expansionismus bei gleichzeitigem vulgären Antisozialismus sowie einen pseudowissenschaftlichen axiomatischen Sozialdarwinismus und antisemitisch ausgerichteten Rassismus.

Als sich nach der kolonialeuphorischen Phase von 1884/85 eine wachsende koloniale Desillusionierung breit machte, schlossen sich Ende 1887 die *praktische* „Gesellschaft für deutsche Kolonisation" und der *theoretische* „Deutsche Kolonialverein" zur *„Deutschen Kolonialgesellschaft"* als neuem Dachverband der organisierten Kolonialbewegung – mit der Wochenzeitschrift „Deutsche Kolonialzeitung" als zentralem Sprachrohr – zusammen (offizieller Gründungstag 1. Januar 1888). In der Sozialstruktur des Mitgliederbestandes präsentierte sich diese koloniale *pressure group* des zweiten Kaiserreiches als eine Organisation mit einer Spitzengruppe professioneller Überseeinteressen und einer breiten Basis im gehobenen Mittelstand. Der Schwerpunkt ihrer regionalen „Abteilungen" lag bezeichnenderweise in den Kleinstädten vornehmlich der hochindustrialisierten Gebiete und der agrarisch-industriewirtschaftlichen Mischzonen des Reiches. Die Mitgliederzahl wuchs – bei starker Fluktuation und teilweise sogar Stagnation – bis zum Ersten Weltkrieg von 14 838 (Dezember 1887) auf etwas mehr als 42 000 Mitglieder an.

Auffällig an der sozialen Zusammensetzung der kolonialen Interessenverbände ist zunächst die starke Repräsentanz nichtkapitalwirtschaftlich gebundener Gesellschaftsschichten, nämlich des Bildungsbürgertums bzw. der Beamtenschaft. Sie spiegeln das gleiche mittelständisch-bürgerliche Milieu, wie es das Sozialprofil der Expansionspublizisten auswies, wenn sie auch an der Spitze oder im Vorstand von zumeist adeligen Honoratioren repräsentiert wurden.

4. Hanseaten und „Finanzkapital"

Die von den Kolonialpropagandisten für den Erwerb von Kolonien vorgebrachten Argumente – Lösung der Auswandererfrage sowie Gewinnung von Rohstoff- und Absatzmärkten – trafen dagegen bei den Hanseaten im Allgemeinen auf geringen Widerhall. Mit der Hoffnung auf Handelsgewinne nach Jahrzehnten oder gar erst für spätere Generationen ließen sich vor der definitiven Etablierung von deutschen Kolonien kaum Kaufleute – weder in Hamburg noch in Bremen – für das koloniale Abenteuer gewinnen. Nicht nur, dass das Handelskapital im Allgemeinen einer längeren Festlegung widerstrebte; nicht nur, dass die spezifisch handelspolitischen Argumente der Kolonialdiskussion für die Kaufleute wenig einsichtig waren; auch die politischen Auswirkungen in Übersee selbst, wo die nationale Abgrenzung ähnliche Konsequenzen bei den übrigen Handel treibenden, zur See zumeist mächtigeren Konkurrenten zur Folge gehabt hätte, sprachen gegen abgegrenzte Schutzgebiete. Bis in die Mitte der achtziger Jahre blieben daher die überwiegende Mehrheit der hanseatischen Kaufleute und der mit ihnen verbundenen Bankhäuser entschiedene Anhänger des Freihandels und Gegner von Kolonien.

Dass die im Überseegeschäft tätigen Händler seit Beginn ihrer Unternehmungen immer wieder Hilfs- und Schutzgesuche an ihre Regierungen bzw. die Reichsregierung gerichtet hatten, spricht im Übrigen nicht notwendig für ihr konkretes Interesse an formellem Kolonialerwerb. Der indirekte Schutz des Reichs war zwar jederzeit erwünscht, aber man wollte gegenüber jeder staatlichen Abhängigkeit lieber die Unannehmlichkeiten und Fährnisse der Auseinandersetzung mit einheimischen Potentaten auf sich nehmen, „als sich von den deutschen Beamten in den Topf gucken und jeden ein- oder ausgehenden Warenballen sorgfältig zählen und aufzeichnen zu lassen“, wie es noch 1899 in einem anonym verfassten Aufsatz eines mit den überseeischen Handelsverhältnissen bestens vertrauten Hanseaten hieß.[21] Schon vor der Kolonialbesitznahme sahen zahlreiche Hamburger Afrikakaufleute eine staatliche Kontrolle ihres Spiritus-, Waffen- und Pulverhandels voraus, der – wie erwähnt – bis zu drei Fünfteln des hanseatischen Exports nach Afrika ausmachte. Durch den Branntweinexport, vornehmlich in die westafrikanischen Kolonien Togo und Kamerun, war es den deutschen Kaufleuten überhaupt erst gelungen, im Afrika-Geschäft eine feste Position zu gewinnen. Auch der deutsche Waffen- und Pulverhandel nach Afrika war seit Anfang der achtziger Jahre ein bedeutender Handelssektor der Hanseaten. Da die Afrika-Kaufleute gerade in Bezug auf diese Produkte, also Branntwein, Waffen, Schießpulver, eine Beaufsichtigung und möglicherweise Beeinträchtigung ihres Handels fürchten mussten, entsprang ihre Reserve gegenüber Kolonialerwerbungen nicht zuletzt diesen nüchternen geschäftlichen Überlegungen.

Während man in Bremen ohnehin von den Kolonialbestrebungen weitgehend unberührt geblieben war und die Kolonialbewegung dort auch keinen bedeutenden Boden gewinnen konnte, traten in Hamburg einige Übersee-Kaufleute, die als „Privatkolonisatoren“ in Westafrika und in der Südsee zum Plantagenbau übergegangen waren, also Kapitalien fest angelegt hatten, vom Freihandelsexpansionismus ins „koloniale Lager“ über. Diese Handelsunternehmen besaßen ein Interesse daran, dass ihre Besitzungen in Übersee nicht unter die Schutzherrschaft einer fremden Macht fielen, die möglicherweise ihre Investitionen und ihren Handel beeinträchtigt hätte. Zu ihnen gehörten die Leiter der großen Handelsfirmen wie C. Woermann, Jantzen & Thormälen und Gottlieb L. Gaiser in Westafrika, Johann Cesar Godeffroy & Sohn sowie Hernsheim & Co. in der Südsee.

[21] Zit. n. H. Washausen, Hamburg und die Kolonialpolitik des Deutschen Reiches 1880-1890, Hamburg 1968, 183; vgl. zum Folgenden auch K. J. Bade, Die deutsche Kolonialexpansion in Afrika, 20.

Abb. 4: Deutsche Alkoholwerbung

Als ihr maßgeblicher Sprecher trat der Inhaber des bedeutendsten Hamburger Westafrika-Hauses „C. Woermann" und größte Privatreeder der Welt, Adolph Woermann, auf. Adolph Woermann, der den westafrikanischen Handel weitgehend dominierte und der sich mit seinen Bank- und Versicherungsgeschäften, Reederei Unternehmungen und sonstigen Aktivitäten eine überragende Position nicht nur in der norddeutschen Wirtschaft, sondern auch in der Politik – u.a. als nationalliberaler Abgeordneter im Reichstag – verschafft hatte, gelang es schließlich, die Hamburger Handelskammer zu einem Abgehen von ihrer Jahrzehnte alten freihändlerischen Tradition zu bewegen. Die Ursachen und Motive dieses Gesinnungswandels lagen aber nicht nur in den allseits fühlbaren Begleitumständen der krisenhaften achtziger Jahre begründet. Sie standen ebenfalls in engem Zusammenhang mit politischen Bedrohungen deutscher Wirtschaftsinteressen in Westafrika, die durch das Sierra-Leone-Abkommen vom 28. Juni 1882, das im März 1883 veröffentlicht wurde und in dem sich England und Frankreich gegenseitig gleiche Rechte in ihren Kolonien garantierten, sowie durch die beabsichtigte Interessenaufteilung im Kongo, die schließlich zur Berliner Westafrika-Konferenz 1884/85 unter Leitung Bismarcks führte, Auftrieb erhalten hatten (Dok. 5).

Dok. 5: Handelsexpansion und nationaler Schutz – Denkschrift der Hamburger Handelskammer vom 6. Juli 1883

Hamburg, den 6. Juli 1883

In dem Schreiben der Königlich preußischen Gesandtschaft hierselbst vom 16. April d. J. ist anläßlich des zwischen England und Frankreich geschlossenen Vertrages über die Grenzregulierung der beiderseitigen Kolonien an der Sierra Leone-Küste, – in welchem jene Staaten sich gleichzeitig zusichern, ihre beiderseitigen Angehörigen in allen ihren Kolonien an der Westküste Afrikas auf gleichem Fuße zu behandeln, – die Frage erhoben worden, ob, bezw. welche Wünsche der am Verkehr mit Westafrika beteiligte hanseatische Handelsstand bezüglich seines Schutzes und seiner Vertretung durch das Reich hege. In Erledigung des ihr bezüglich jenes Schreibens gewordenen Auftrages hat die Handelskammer sich verpflichtet gefühlt, bei der großen Bedeutung, welche das genannte Gebiet für den deutschen und speziell den Hamburgischen Handel besitzt, sowie in Rücksicht auf die wichtigen Vorgänge, welche sich gerade jetzt dort zutragen, sich über die bezüglichen Wünsche des Handelsstandes eingehend zu unterrichten, und sie gestattet sich, dieselben nachstehend ausführlich darzulegen. [...]

Was speziell das Interesse Deutschlands an dem westafrikanischen Handel betrifft, so ist es ein Mehrfaches. Einerseits gehen viele deutsche Waren – namentlich gedruckte und buntgewebte Baumwollenwaren, halbwollene und wollene Waren, Schießpulver, Glasperlen, Nürnberger Waren, Spirituosen, Steinsalz, Kochsalz, Eisen- und Messingwaren, Steinzeug –, und zwar nicht nur für deutsche, sondern auch für englische, französische etc. Häuser, über Hamburg nach Westafrika, was sowohl für die deutsche Reederei, als auch für den Hamburger Zwischenhandel und besonders für die deutsche Industrie von großem Nutzen ist. Andererseits haben [sic] eine verhältnismäßig große Zahl deutscher Firmen eigene Niederlassungen an der Westküste Afrikas, so daß ein nicht unbedeutender Teil des dortigen Handels in deutschen Händen liegt. [...]

Seitdem sowohl der Ogowe wie der Kongo die Aufmerksamkeit verschiedener Völker auf sich gezogen haben, insbesondere seitdem der französische Forscher de Brazza von seinen verschiedenen Entdeckungsreisen am oberen Ogowe und am Kongo nach Paris zurückgekehrt ist, und in französischen Zeitungen und durch öffentliche Vorträge die Franzosen darauf hingewiesen hat, daß bisher keine einzige französische Firma in dieser französischen Kolonie etabliert sei, hat die Kolonialregierung Gaboons eine andere Haltung angenommen, indem sie den deutschen und englischen Firmen ernste Schwierigkeiten in den Weg gelegt hat. [...]

Berücksichtigt man die große Bedeutung, welche die Kongo-Mündung und deren Umgebungen bei dem Umfange des Gebietes dieses Stromes und bei der nach allen Berichten großen Dichtigkeit der dort lebenden Bevölkerung erlangen muß, sobald die Schwierigkeiten des Zuganges zum Inneren überwunden sind, wozu jetzt bekanntlich unter [Henry M.] Stanley's Leitung die energischsten Anstrengungen gemacht werden, so wird man nicht verkennen können, wie äußerst nachteilig es für den Handel der anderen Nationen sein würde, wenn die ganze Südwestküste von Gaboon bis Mossamedes in die Hände der Portugiesen und Franzosen gelangte. [...]

Alle eingeborenen Negerstämme werden von einem Häuptling (Chief, King, oder wie er sich sonst nennen mag) beherrscht, welcher unumschränkte Macht hat, seinen Untertanen den Handel überhaupt, oder mit diesem oder jenem Kaufmann zu verbieten. Daher muß der fremde Kaufmann, bevor er den Handel beginnen kann, mit dem Häuptling einen Vertrag abschließen, in welchem dieser dem Kaufmann Schutz und Sicherheit für sein Eigentum zusagt, meistens auch die Haftung für seine Untertanen übernimmt, und in welchem andererseits dem Häuptling Abgaben (Geschenke) zugesichert werden. Wünscht nun ein Häuptling Extrageschenke zu erlangen, und glaubt er es ungestraft tun zu können, so verbietet er seinem Stamme, mit der betreffenden Firma Handel zu treiben, ihr Produkte zu bringen etc. Jeder Negerhäuptling weiß aber, daß der Engländer, welcher so behandelt wird, in der Lage ist, in kürzester Frist ein Kriegsschiff zur Stelle zu schaffen und die Aufrechterhaltung des geschlossenen Vertrages zu erzwingen. Den Deutschen steht ein gleich energischer Schutz nicht zur Seite. Die Häuptlinge wissen nichts von der Macht und dem Willen Deutschlands, seine Angehörigen zu schützen, und erlauben sich ihnen gegenüber daher die größten Willkürlichkeiten und Erpressungen. Dafür wurden in der stattgehaltenen Besprechung aus den verschiedensten Gegenden zahlreiche Beispiele angeführt.

Es ist aber nicht allein dieser stets bereite Schutz ihrer Kriegsschiffe, welcher den englischen und auch den französischen Kaufleuten eine begünstigte Stellung vor den Deutschen gewährt; er wird verstärkt und ergänzt durch das Bestehen zahlreicher Verträge dieser Länder mit eingeborenen Häuptlingen. [...]

Im Anschluß an die vorstehend wiedergegebenen Wünsche, und namentlich an den der Erwerbung Fernando Po's als deutsche Flottenstation, befürworteten endlich die in der mehrerwähnten Besprechung anwesenden Vertreter westafrikanischer Firmen lebhaft die Erwerbung eines Küstenstrichs am Festlande zur Begründung einer deutschen Handelskolonie, und sie empfahlen hierfür als besonders geeignet die Fernando Po gegenüberliegende [Küste]. [...]

Die Handelskammer schließt sich den im Vorstehenden mitgeteilten Wünschen der am westafrikanischen Handel beteiligten Firmen an und befürwortet ihrerseits lebhaft deren Berücksichtigung, namentlich auch in Bezug auf die Erwerbung einer Flottenstation und eines Küstenstriches zur Gründung einer Handelskolonie.

Die Handelskammer.

An
die Deputation für Handel und Schiffahrt
hierselbst.

Quelle: Stenographische Berichte über die Verhandlungen des Reichstags, Bd. 83, Berlin 1885, 116-122 (Auszug); die kursiv gesetzte Passage findet sich nur im Original der Denkschrift (Staatsarchiv Hamburg: Senat, Cl. VI Nr. 15, Vol. 6, Fasz. 4).

Indem Woermann auf die wenig konkreten nationalen oder sozialpsychologischen Argumente der Kolonialbewegung weitgehend verzichtete – die dennoch in Einzelfällen ihre Wirkung taten – und in geschickter Weise nur die kommerziellen Gesichtspunkte für einige Übersee-Kaufleute verdeutlichte, vermochte er eine Mehrheit in der skeptisch bleibenden Handelskammer für die Unterstützung der kolonialpolitischen Initiativen zu erhalten. Es ist allerdings zu betonen, dass diese sowohl im Fall der Samoa-Vorlage von 1880 als auch bei den westafrikanischen Kolonialgründungen 1884 von der Reichsregierung, nicht von der Handelskammer oder dem Senat ausgingen. Die Mehrheit des Hamburger Senats blieb bis 1890 grundsätzlich gegen Kolonien eingestellt. Wenn man Vorlagen im Zusammenhang mit der Kolonialpolitik zustimmte, geschah dies eher aus politischer Rücksicht gegenüber dem Reichskanzler oder stand im Zusammenhang mit der Stellung Hamburgs im Reich, als dass man die prinzipiellen Bedenken gegen eine staatliche koloniale Schutzpolitik aufgegeben hätte. Erst *nachdem* das Reich Kolonien erworben hatte und sich in der zweiten Hälfte der neunziger Jahre eine gewisse Ordnung und Sicherheit in den Kolonien abzeichnete, schwand die anfängliche Skepsis, gehörten doch gerade nach der Konsolidierungsphase der Schutzgebiete die Überseehändler und das mit ihnen verbundene Bankkapital zu den Hauptnutznießern der deutschen Kolonialpolitik.[22]

Während sich im Überseehandel so zumindest Verschiebungen in der kolonialpolitischen Haltung abzeichneten und durchaus einflussreiche Gruppen inzwischen für Kolonialerwerb eintraten, verhielt sich das Bankkapital weiterhin zurückhaltend. Die Gründe lagen naturgemäß zum ersten in der geringen Erfahrung des großen Kapitals in Deutschland mit dem Überseegeschäft. Hinzu kam, dass rasche Gewinne auf dem unsicheren Kolonialmarkt selten zu realisieren waren. Allenfalls waren es einzelne Vertreter dieser von Hobson, Hilferding und Lenin als treibende Kraft im imperialistischen Prozess charakterisierten „Finanzoligarchie“, die ihren Einfluss für einen Kolonialerwerb geltend zu machen suchten. In diesem Zusammenhang ist beispielsweise auf Adolph von Hansemanns Berliner Disconto-Gesellschaft mit ihren Südsee-Interessen (Samoa, Neuguinea) hinzuweisen. Zum weiteren zeigte es sich – und sollte im Verfolg der deutschen „Weltpolitik“ noch mehrfach evident werden –, dass, im Vergleich mit dem englischen und französischen Kapital, die deutsche Kapitaldecke für die erfahrungsgemäß erheblichen Investitionen bei Überseeprojekten äußerst dünn war. Ohnehin dachten – nicht nur – die deutschen Bankiers und ihre Klienten primär in den Maßstäben des internationalen kapitalistischen Systems und hielten daher die Zusammenarbeit von Kapitalinteressen der verschiedensten Länder prinzipiell für vorteilhafter. In dieser Haltung mussten sie sich um so mehr bestärkt fühlen, als zu Beginn der deutschen Kolonialphase ja keineswegs geklärt war, ob die Schutzerklärungen der Jahre 1884/85 bereits definitiv in die Richtung formell-direkter Kolonialherrschaft wiesen oder ob sich Bismarcks Zielvorstellungen verwirklichen ließen, „weniger in der Form der Annektierung von überseeischen Provinzen an das Deutsche Reich vorzugehen als in der Form von Gewährung von Freibriefen nach Gestalt der englischen Royal Charters“, wie er noch am 26. Juni 1884 über den Schutz des deutschen Handels im Reichstag ausführte.[23] Solange aber noch keine genügenden politischen Sicherheitsgarantien für jenen risikoreichen überseeischen Kapitalexport bestanden, verhielt sich das Bankkapital jedenfalls abwartend und galt nicht als einer der Protagonisten für den Kolonialerwerb. Eine allmähliche Änderung der antikolo-

[22] Vgl. H. Washausen, Hamburg und die Kolonialpolitik des Deutschen Reiches; E. Böhm, Überseehandel und Flottenbau. Hanseatische Kaufmannschaft und deutsche Seerüstung 1879-1902, Düsseldorf 1972.

[23] Sten. Ber. 76, 1062. – Siehe Dok. 6.

nialen Einstellung des deutschen Finanzkapitals ist erst nach der Kolonialkrise von 1904-1907 festzustellen.

Daher kann keine Rede davon sein, dass Finanzinteressen die Entscheidungen der deutschen Politiker diktiert hätten. Der deutsche Imperialismus im Allgemeinen und die deutsche Kolonialbewegung im Besonderen lassen sich nicht, wie dies die Darstellung vom George F. W. Hallgarten („Imperialismus vor 1914") nahe legt, auf die persönliche Verflechtung zwischen Politikern und der Geschäftswelt einseitig reduzieren. Zugegebenermaßen hat es diese Verbindungen gegeben; aber als Ganzes wird man den „inneren Ring der finanziellen Manipulatoren und Spekulatoren" (Tom Kemp) kaum als Universalschlüssel für Imperialismus und Kolonialismus anführen können. Auch in Deutschland reichten die Privatkontakte führender Finanziers oder Industrieller zur Bürokratie, zu Regierungsmitgliedern oder zum Monarchen nicht aus, um ökonomischer und kapitalistischer Partialinteressen halber kolonialistische Aktivitäten durchzusetzen.

Wenn sich allerdings Großfinanziers und Industriekapitäne in der Regel keine Illusionen über die Rentabilität von formellen Kolonien machten und auch nach dem deutschen Kolonialerwerb immer wieder von der politischen Führung gedrängt werden mussten, sich stärker für Afrika oder die Südsee zu interessieren, so haben ihre kühlen Kalkulationen sie doch nicht davon abgehalten, in nationalistischen Verbänden für eine deutsche „Großmacht-" und „Weltpolitik" einzutreten. Ihre relativ starke Beteiligung an der frühen Kolonialbewegung ist daher weder im Sinne einer Vorstellung vom allein interessengerichteten *„homo oeconomicus"* zu interpretieren, noch können ihre Motive von dem gemeinsamen Bewusstsein jener Gruppen und Schichten getrennt werden, die sich selbst als die eigentliche Nation verstanden („staatstragende Elemente") und die gemeinsam von dem politischen und sozialen Erlebnishorizont seit der Industriellen Revolution und der Reichsgründung von 1870/71 geprägt waren. „Als Angehörige des Bürgertums hatten aber auch die Unternehmer dessen spezifische, ideologisch artikulierte Identitätsprobleme und (Sozialisten-)Ängste" (P. Hampe).[24] Nur so lässt sich erklären, dass die Kolonialbewegung nicht ausgesprochen schichtenspezifisch fundiert gewesen ist und dass die gesellschaftliche Breite des kolonialistischen bzw. imperialistischen Konsenses vom Aristokraten und Finanzmagnaten über den ausgesprochenen Bildungsbürger bis zum Kleinbürger reichte.

Diese kollektiven Erfahrungen und Erlebnisse breiter Schichten – so wird man im Hinblick auf die Ursachen für die 1879 erstmals kulminierende und dann 1884/85 zum partiellen Erfolg führende Kolonialagitation und Kolonialbewegung zusammenfassen können – standen sowohl mit dem nationalen Hochgefühl in der Folge der Reichsgründung 1870/71 in Zusammenhang als auch mit einer sich verbreitenden Krisenstimmung. Diese Krisenstimmung resultierte offensichtlich aus den bedrückenden Schlüssen, die breitere Bevölkerungskreise aus dem raschen

[24] Die ökonomische Imperialismustheorie. Kritische Untersuchungen, München 1976, 355, vgl. 297f., 331ff.

Bevölkerungswachstum, der strukturellen Agrarkrise und den konjunkturellen Wachstumsstörungen sowie aus den gesellschaftlichen Strukturveränderungen zogen. Das Anwachsen der Sozialdemokratie im Zuge der „durchbrechenden" Industrialisierung führte diese „staatstragenden" Kräfte wiederum in einer negativen Koalition zusammen, indem sie von der Kolonialpolitik nicht nur eine Besserung der wirtschaftlichen Lage, sondern auch eine Reduzierung der ihrer Ansicht nach das gesellschaftliche System bedrohenden Spannungen erhofften. So gesehen artikulierten sich im „Kolonialrausch" der beginnenden 1880er Jahre sowohl die subjektiven Existenzängste unterschiedlicher sozialer Schichten sowie die Machterhaltungsbestrebungen gesellschaftlich und ökonomisch führender oder privilegierter Gruppen als auch das Prestige- und Identitätsbedürfnis breiterer Bevölkerungskreise mit dem imperialen Nationalstaat.

III. Bismarck und die Kolonien

Die Entscheidung, dass Deutschland nach Jahren der Kolonialabstinenz dennoch im Frühsommer 1884 in die Reihe der europäischen Kolonialmächte eintrat, geht im letzten auf die Person des politisch verantwortlichen Reichskanzlers, Otto von Bismarck, zurück. Zwar haben die Agitatoren und Propagandisten von Kolonien und eine im Anwachsen begriffene, jedoch keineswegs als „nationale Bewegung" zu bezeichnende Kolonialbewegung den Boden bereitet und den „Impuls aus der Nation" gegeben, ohne den Bismarck es immer abgelehnt hatte, sich mit der Kolonialfrage überhaupt ernstlich zu beschäftigen.[1] Aber erst sein Entschluss stellt den definitiven Umschlagpunkt vom informell-indirekten Freihandelsexpansionismus seit den 1860er Jahren zum direkt-formellen Kolonialbesitz dar.

Die Frage stellt sich daher, warum sich Bismarck gerade 1884 auf eine offizielle Kolonialexpansion einließ, nachdem er doch nicht nur stets behauptet hatte, das Reich sei territorial „saturiert", sondern auch nie einen Zweifel daran gelassen hatte, wie er über Kolonien dachte. Selbst als ihm die französische Regierung im Zuge des 1870er Krieges wertvollen Kolonialbesitz, nämlich Cochinchina, angeboten hatte, um Elsaß-Lothringen zu retten, hatte Bismarck geantwortet: „O! O! Cochinchina! Das ist aber ein sehr fetter Brocken für uns; wir sind aber noch nicht reich genug, um uns den Luxus von Kolonien leisten zu können".[2] 1881 meinte er: „So lange ich Reichskanzler bin, treiben wir keine Kolonialpolitik. Wir haben eine Flotte, die nicht fahren kann ... und wir dürfen keine verwundbaren Punkte in fernen Weltteilen haben, die den Franzosen als Beute zufallen, sobald es losgeht".[3] Nicht anders reagierte er noch 1883, als er an Caprivi, damals Chef der Admiralität, die Frage richtete: „Ich höre, Sie sind gegen Kolonien?" und auf dessen bejahende Antwort versicherte: „Ich auch".[4] Es besteht also kein Anlass, an dieser mehrfach bezeugten Grundeinstellung gegenüber aktiver Kolonialpolitik zu zweifeln.

Die Deutungsversuche für Bismarcks angeblichen „Umschwung" in seiner kolonialen Gesinnung sind denn auch bisher nicht zur Ruhe gekommen, wobei so extrem divergierende Positionen vertreten worden sind wie einerseits die ältere These, dass Bismarcks Kolonialpolitik nicht eigentlich gewollt gewesen sei und nur dem Druck der Öffentlichkeit nachgegeben habe (F. Meinecke, H. Oncken), auf der anderen Seite die Meinung, er habe schon immer auf eine Möglichkeit zur Expansion gewartet (M. E. Townsend, H. A. Turner).[5] Darüber hinaus sind immer

---

1 Das Auswanderungsargument scheidet allerdings als direkter Antriebsfaktor für Bismarck aus.

2 Die Gesammelten Werke (Friedrichsruher Ausgabe), Bd. VII, Berlin 1924, 382 (24.10.1870).

3 H. v. Poschinger (Hg.), Bismarck und die Parlamentarier, Bd. III, Breslau 1896, 54.

4 Zit. n. W. Richter, Bismarck, Frankfurt a. M. 1962, 432.

5 Ein Überblick über die Meinungen der Forschung bei H. Pogge von Strandmann – Alison Smith, The German Empire in Africa and British Perspectives: A Historiographical Essay, in: P. Gifford – Wm. R. Louis, Britain and Germany in Africa. Imperial Rivalry and Colonial Rule, New Haven – London 1967, bes. 714-717, sowie H.-U. Wehler, Bismarck, 412-423.

wieder personalistische Erklärungen herangezogen worden, wobei die persönliche Verflechtung zwischen Großkapital und Regierungsmitgliedern auf die Abhängigkeit des Staatsapparates von finanzoligarchischen Interessen verweisen sollen. Dies gilt sowohl für den Hinweis auf den maßgeblichen Einfluss des kolonialbegeisterten Fachreferenten für koloniale Fragen im Auswärtigen Amt, Heinrich von Kusserow, den Schwager des Geschäftsinhabers der Berliner Diskonto-Gesellschaft Adolph von Hansemann und Enkel des Kölner Bankiers Oppenheim, auf Bismarck (G. W. F. Hallgarten), als auch für die entscheidende Rolle, die Adolph Woermann und seinen Überseeinteressen beigemessen wird.

Die im zuletzt genannten Zusammenhang angeführten Woermann-Initiativen besitzen allerdings insofern einen realistischen Hintergrund, als sie auf die vorerwähnten englisch-französischen sowie englisch-portugiesischen wirtschaftlich-kolonialen Abmachungen über Gebiete in West-Afrika verwiesen, die auch den handelspolitischen und wirtschaftsexpansiven Intentionen Bismarcks zuwider liefen. Das Vordringen anderer Kolonialmächte mit ihren Schutz-, Differential- und Prohibitivzöllen und Abgrenzungen unter dem Vorwand eines *„preclusive imperialism"* mussten auch bei Bismarck den Eindruck vertiefen, dass sich die Freihandelsepoche ihrem Ende zuneigte und gesteigerte Konkurrenz und protektionistische Methoden selbst in Übersee bevor standen. Es war ohnehin die Zeit, in der er sich nach der Übernahme des preußischen Handelsministeriums (1880) lebhafter für die Hebung der Ausfuhr und die Förderung überseeischer Interessen im Sinne einer staatlich geförderten Außenhandelspolitik einsetzte. Die Furcht vor einer Benachteiligung des gesamten deutschen Westafrikahandels dürfte daher als „Initialzündung" (H.-U. Wehler) gewirkt haben, dass er 1884, wenn auch widerstrebend, den „Reichsschutz" über deutsche Interessengebiete in Afrika und in der Südsee zu formalisieren begann.

Andererseits wäre es unrealistisch anzunehmen, dass Bismarck von einer aktiven Kolonialpolitik kurz- oder mittelfristig gesamtwirtschaftlich spürbare Absatzeffekte erhofft hätte. Er hat sich nie sonderliche Illusionen über die wirtschaftliche Bedeutung von Kolonien gemacht, die durch einen schon Anfang Dezember 1884 von Reichskommissar Nachtigal erhaltenen, desillusionierenden Bericht über die wirtschaftlichen Aussichten des südwestafrikanischen Schutzgebietes – der bezeichnender Weise geheim gehalten wurde – zusätzliche Nahrung erhalten haben mochten. Dennoch wird man die ökonomischen Motive für Bismarcks langfristige Absichten, gesicherte Absatzmärkte zu schaffen – und sei es im bekannten Sinne eines prophylaktischen Imperialismus – nicht außer Betracht lassen können. Die Dokumente, in denen er sich – wenn überhaupt – auf positive Aspekte von Kolonialbesitz bezieht, beschäftigen sich nahezu ausschließlich mit deren wirtschaftlichem Nutzen, wobei naturgemäß neben den erhofften Rückwirkungen auf gesicherte Absatzmärkte für die deutsche Industrie und das deutsche Kapital soziale Erwartungen im Hinblick auf Arbeitsplätze, Löhne und die Zufriedenheit der Arbeiter standen. „Dass Bismarck, die Kolonialpropagandisten und Geschäftsleute an beide Werte gedacht haben, besonders in einer Zeit der Wirtschaftskrise, sollte uns nicht wundern" (O.

Pflanze).[6] Die Frage stellt sich allerdings, ob Bismarck über die ökonomische Ebene hinaus ging und Kolonien im Sinne eines defensiven „Sozialimperialismus"-Modells als „Blitzableiter" zum Abbau innenpolitischer Spannungen und als Stabilisierungsfaktor für herrschende konservativ-reaktionäre Eliten gegenüber sozialemanzipatorischen Kräften verwendet hat. In dieser weit gefassten Ausprägung ist jedenfalls die „Sozialimperialismus"-These als ein allumfassendes Modell der Herrschaftstechnik Bismarcks von H.-U. Wehler vertreten worden.[7]

Gegenüber dem universalen „Sozialimperialismus"-Modell sind darüber hinaus Deutungsversuche diskutiert worden, die zwar auch von einer Instrumentalisierung der Kolonialfrage durch Bismarck ausgehen, die sich aber auf die konkrete außen- und innenpolitische Situation der mittachtziger Jahre beziehen. Eine gewisse Aufmerksamkeit findet in diesem Zusammenhang immer noch die erstmals von E. Eyck (1941/44) vertretene These, dass der Übergang zu einer aktiven Kolonialpolitik vor dem Hintergrund der dem Reichskanzler und seinem Werk drohenden Gefahr durch ein deutsches „Kabinett Gladstone" gesehen werden müsse.[8] Gemeint war damit die Übernahme der Herrschaft durch den Kronprinzen Friedrich Wilhelm und seine Gemahlin Victoria, die Tochter der Queen, nachdem zu Beginn der achtziger Jahre allgemein mit dem baldigen Tode des greisen Kaisers Wilhelm I. gerechnet wurde. In diesem Falle war die Entlassung des Reichskanzlers durch den Thronfolger und die anschließende Einführung des parlamentarischen Systems sowie einer liberalen, außenpolitisch an England orientierten Prinzipienpolitik äußerst wahrscheinlich. Bismarcks Kolonialpolitik sei daher auf einen Konflikt mit England angelegt gewesen, um sowohl einem englischen Einfluss auf den Kronprinzen vorzubeugen als auch die Linksliberalen zu bekämpfen. Eine Stütze findet diese These nicht nur in einer diesbezüglichen Äußerung Bismarcks gegenüber dem Zaren in Skierniewice im September 1884[9], sondern ebenfalls in einer Bemerkung Herbert von Bismarcks gegenüber dem deutschen Botschafter in Petersburg v. Schweinitz nach dem Sturz des Kanzlers im März 1890: „Als wir in die Kolonialpolitik hineingingen, mussten wir auf eine lange Regierungszeit des Kronprinzen gefasst sein, während welcher der englische Einfluss dominieren würde. Um diesem vorzubeugen, musste die Kolonialpolitik eingeleitet werden, welche volkstümlich ist und in jedem Augenblick Konflikte mit England herbeiführen kann".[10] Die Bismarcksche Kolonialpolitik wäre nach dieser Deutung also in ihrem Ursprung „antibritisch" gewesen und hätte insgesamt dem außenpolitischen Ziel des Reichs-

[6] O. Pflanze, Bismarcks Herrschaftstechnik als Problem der gegenwärtigen Historiographie, Historische Zeitschrift 234 (1982), 592.

[7] Der Wirtschaftshistoriker Hansjoachim Henning hat anhand einer Analyse der gesamtvolkswirtschaftlichen Entwicklung aufzuzeigen versucht, dass Bismarcks Ausgreifen nach Afrika weder ein wirtschaftliches Krisenmanagement war, noch der Versuch, soziale Spannungen nach außen abzulenken (Bismarcks Kolonialpolitik – Export einer Krise? in: K. E. Born [Hg.], Gegenwartsprobleme der Wirtschaft und der Wirtschaftswissenschaft, Tübingen 1978, 53-83).

[8] Mit offener Wertung A. Hillgruber, Bismarcks Außenpolitik, Freiburg 1972, 170.

[9] W. Richter, Bismarck, 438 A. 112.

[10] Zit. n. ebd., 438.

kanzlers dienen sollen, die deutsche Politik *gegen* England festzulegen, um auf diese Weise seine Nachfolger zu zwingen, die Verbindung zu Russland nicht abreißen zu lassen, die ein Grundstein seines außenpolitischen Gebäudes darstellte[11].

Bismarcks *innen*politisches Ziel habe in diesem Zusammenhang also darin bestanden, den in Hofkreisen und im Reichstag an Boden gewinnenden Linksliberalen den möglichen politischen Rückhalt zu entziehen. Im Zusammenhang mit dieser These ist allerdings von anderer Seite das Augenmerk eher auf die Nationalliberalen gerichtet worden: Bismarck sei es darum gegangen, diese Kolonialpartei *par excellence* wieder fester an sich zu binden, nachdem sich 1880 Teile nach links abgespalten hatten („Liberale Vereinigung") und sich die Nationalliberale Partei möglicherweise zu Konzessionen bereit gefunden hätte, um diese Sezessionisten wieder an die Partei heranzuführen (H. Herzfeld, 1938). Dieser Deutung ist nun wiederum entgegen gehalten worden, dass Bismarck nicht die Nationalliberalen umworben habe, sondern das Zentrum. Der Nationalliberalen sei er sicher gewesen, während er mit der Gewinnung des Zentrums auf eine Verbreiterung der konservativen Basis seiner Politik hingearbeitet habe (H. Henning, 1978).

Diesen primär innenpolitisch motivierten Gründen, die alle ein „Körnchen Wahrheit" enthalten, ohne letztlich eine hinreichende Erklärung für Bismarcks aktive Kolonialpolitik zu liefern, ist immer wieder entgegen gestellt worden, dass die entscheidenden Motive für sein politisches Handeln stets im außenpolitischen Bereich gelegen hätten. Schon früh hat man deshalb auf die außenpolitisch günstige Konstellation hingewiesen, die Bismarcks Kolonialpolitik beeinflusst habe. In der Tat liegt hier eine *conditio sine qua non* für seine kolonialpolitischen Aktivitäten von 1884/85. In Afghanistan spitzten sich die russisch-englischen Rivalitäten gefährlich zu, so dass man in England bereits den Ausbruch eines Krieges um Indien befürchtete. Seit dem Zerfall des bisherigen Kondominats 1882 befand sich England zudem mit Frankreich im offenen Streit um Ägypten. Jedenfalls bildete Englands prekäre Situation in Ägypten und im Sudan – im Januar 1885 sollte die Welt das in ganz Europa Bestürzung hervor rufende Schauspiel von der Niedermachung der englischen Expeditionstruppe unter Gordon Pasha vor Karthum durch die Mahdisten erleben – ein bequemes Druckmittel für die deutsche Englandpolitik. Staatssekretär Herbert v. Bismarck nannte im September 1884 den „Zankapfel Ägypten ... für unsere Politik geradezu ein Geschenk des Himmels".[12] Auch in der europäischen Politik fiel das Bismarcksche Abenteuer des Kolonialimperialismus in eine Zeit relativer Ruhe. Die Kolonien konnten daher ohne größere Rückwirkungen für die deutschen außenpolitischen Beziehungen in Besitz genommen werden.

---

11 Zur „Kronprinzenthese": Axel T. G Riehl, Der „Tanz um den Äquator". Bismarcks antienglische Kolonialpolitik und die Erwartung des Thronwechsels in Deutschland 1883 bis 1885, Berlin 1993; auf Gund der Vorarbeiten von Riehl jetzt W. Baumgart (Hg.), Bismarck und der deutsche Kolonialerwerb 1883-1885. Eine Quellensammlung, Berlin 2011.

12 W. Bußmann (Hg.), Staatssekretär Graf Herbert von Bismarck. Aus seiner politischen Privatkorrespondenz, Göttingen 1964, 259.

Die in direkter Abhängigkeit von Bismarcks Modell des europäischen Gleichgewichts stehende außenpolitische Lage des Reichs hat somit den Kolonialerwerb ganz maßgeblich erleichtert. In diesem Zusammenhang ist schon früh auf Bismarcks Absicht hingewiesen worden, durch den Erwerb von Kolonien die notwendige Grundlage für eine koloniale Entente mit Frankreich zu schaffen, um die französischen Revanchegedanken von der „offenen Wunde in den Vogesen" (Elsaß-Lothringen) abzulenken (A. J. P. Taylor, 1938). Seit Beginn der achtziger Jahre war in verschiedenen Zusammenhängen bei Bismarck immer wieder der Gedanke aufgetaucht, mit Frankreich über eine Begünstigung im kolonialen Bereich zu einem Ausgleich zu kommen. „Unser Verständigungsgebiet mit Frankreich erstreckt sich von Guinea bis nach Belgien hinan und deckt alle romanischen Länder", hieß es in einem Erlass an den Pariser Botschafter, den Fürsten Hohenlohe, von Anfang April 1880, und zu Beginn des Jahres 1884 wünschte er in einem Privatgespräch „den Franzosen Siege in Tongkin und Madagaskar. Das befriedige ihre Eitelkeit und hielte sie von der Revanche ab".[13]

Lothar Gall geht sogar noch einen Schritt weiter, indem er Bismarcks außenpolitische Wendung gegen England und seine Annäherungspolitik an Frankreich auf dem Wege über eine deutsch-französische Kolonialallianz in einem engen Zusammenhang sieht. Ansatzpunkt ist ihm eine Unterredung Bismarcks mit dem Berliner Botschafter Frankreichs, de Courcel, von Ende September 1884, in der der Reichskanzler die Idee des „europäischen Gleichgewichts" in die Welt des 18. Jahrhunderts verwiesen, es dagegen als nicht antiquiert bezeichnet habe, von einem „Gleichgewicht der Meere", einem globalen Gleichgewicht zu sprechen. Um derartiges zu erreichen, müsse man freilich dazu gelangen, dass England „sich an die Idee gewöhne, dass eine französisch-deutsche Allianz nichts Unmögliches sei".[14] In dieser Vorstellung wird nach Gall ein unter Umständen von Bismarck anvisiertes Zukunftsziel deutlich: Über den zu schwachen Zweibund hinaus zu einer „Art kontinentaler Blockbildung" gegen die starken Flügelmächte (England, Russland) zu gelangen. Sie sollte, wenn es sich irgendwie verwirklichen ließ, in letzter Konsequenz auch Frankreich mit einbeziehen, es jedenfalls daran hindern, sich mit England zu verbinden.

Spätestens mit dem Sturz Ferrys in Frankreich Ende März 1885 und dem neu hervortretenden, mittelständisch motivierten französischen Nationalismus mussten sich diese globalen Visionen Bismarcks jedoch als illusorisch erweisen. Frühere Interpreten haben daher gegenüber der These einer langfristig angelegten antibritischen Politik Bismarcks ihren vorübergehenden Charakter betont. Die Kolonien seien demzufolge eher Kompensationsobjekte gewesen, um England durch späteres Entgegenkommen an den Dreibund heran zu zwingen (P. Kluke, 1953; W. Richter, 1962). Die Bedeutung der deutsch-britischen Beziehungen für die deutsche Kolonialpolitik wird noch dadurch unterstrichen, dass die größere Bewe-

---

[13] Zit. n. L. Gall, Bismarck. Der weiße Revolutionär, Berlin 1980, 620.

[14] Ebd.

gungsfreiheit Englands nach 1885 Bismarck zu erhöhter Nachgiebigkeit in Afrika veranlasste. Er gab jetzt den Beziehungen zu England eindeutig Vorrang vor seiner Kolonialpolitik. Ein gutes Verhältnis zu England und Salisburys Verbleiben im Amt, mit dem er bestens kooperierte, hielt er für „hundertmal mehr wert ... als das gesamte Ostafrika" oder als „zwanzig Sumpfkolonien in Afrika". Carl Peters' Aktivitäten in Uganda bezeichnete er geradezu als „kriminell" und forderte den englischen Premier auf, dessen Treiben in Ostafrika notfalls mit Waffengewalt ein Ende zu bereiten.[15] Diese Unterordnung der deutschen Kolonialpolitik unter die Beziehungen zu England gipfelte schließlich in dem Helgoland-Sansibar-Abkommen von 1890, das noch von Bismarck vorbereitet worden war und in dem Ansprüche auf afrikanischen Boden, der den mehrfachen Umfang des Deutschen Reiches besaß, für ein winziges Eiland in der Nordsee bzw. – wie es in der Terminologie der Kolonialenthusiasten hieß – „Königreiche" (Uganda, Witu, Sansibar) für eine „Badewanne" aufgegeben wurden.

Ohne Zweifel ist der außenpolitische Kontext, d.h. das Modell eines europäischen Gleichgewichts, wie es Bismarck in seinem berühmten Kissinger Diktat vom 15. Juni 1877 entworfen hatte, für den Reichskanzler stets der Bezugspunkt geblieben, der seine kolonialpolitischen Aktivitäten bestimmte. So gesehen begünstigte die außenpolitische Schönwetterlage eine überdies von weiten Kreisen geforderte Kolonialexpansion ganz erheblich. Allerdings vermag der Zeitpunkt relativer Ruhe in der europäischen Politik das *aktive* Moment in Bismarcks Übergang zum formellen Kolonialerwerb nicht hinreichend zu erklären. Daher wird man einen weiteren Aspekt in Betracht ziehen müssen: die Festigung der persönlichen Position des Reichskanzlers durch austauschbare Strategien. In seinem Jahrzehnte langen Kampf um sein innenpolitisches Überleben hat sich Bismarck in verschiedenen Situationen unterschiedlicher Mittel bedient – warum nicht jetzt der *en vogue* befindlichen Kolonialfrage? In einem Erlass vom 25.1.1885 an den deutschen Botschafter in London, Graf Münster, hat er – freilich mit Blick auf England – die Kolonialfrage „schon aus Gründen der inneren Politik" als eine „Lebensfrage" für die Reichsregierung bezeichnet: „Die öffentliche Meinung legt gegenwärtig in Deutschland ein so starkes Gewicht auf die Kolonialpolitik, dass die Stellung der Regierung im Innern von dem Gelingen derselben wesentlich abhängt".[16] Die Kolonialfrage bot sich folglich auch als ein Mittel zur Festigung der eigenen Position an. Sie war demnach ein Experiment unter vielen, zu dem das momentane „Kolonialfieber" die Voraussetzungen schuf. Ganz konkret bezog sich dieses „Experiment" auf die anstehenden Reichstagswahlen vom Herbst 1884 (28. Oktober), als Bismarck mit Kolonialparolen die „regierungsfreundlichen" Parteien gegenüber der bürgerlichen Linken und den Sozialdemokraten, die beide Kolonialgegner waren, zu stärken beabsichtigte. Offenherzig äußerte er sich im September 1884 gegenüber einem seiner engsten Mitarbeiter im Auswärtigen Amt, Boetti-

---

[15] Zitate n. H.-U. Wehler, Bismarck, 364-366.

[16] Die Große Politik der Europäischen Kabinette 1871-1914 (GP), Bd. IV, Berlin 1927, Nr. 758.

cher: „Die ganze Kolonialgeschichte ist ja Schwindel, aber wir brauchen sie für die Wahlen".[17]

Die von der Kolonialpolitik beherrschten Wahlen brachten indes keineswegs den erhofften Erfolg.[18] Das temporär zu wahltaktischen Zwecken benutzte Kolonialthema war daher auch kaum geeignet, Bismarck zu einer Fortsetzung des kolonialen Experiments, etwa gar unter erheblichen außenpolitischen Risiken, zu veranlassen. Nach 1885 wollte er denn auch nichts mehr mit dem „Kolonialschwindel" zu tun haben. Während des ostafrikanischen Aufstandes 1888/89 und des Konfliktes um Samoa, wo infolge des energischen Durchgreifens des vom *„furor consularis"* (Bismarck) befallenen deutschen Konsuls blutige Konflikte aufgebrochen waren, verwünschte er Samoa und Ostafrika und gedachte die Kolonien der Admiralität zu übergeben.[19] Dann bot er sie dem italienischen Ministerpräsidenten Crispi zum Kauf an, der aber dankend ablehnte und sich sogleich mit einer entsprechenden Gegenofferte revanchierte. Im Herbst 1889 trug er dem Hamburgischen Senat die Verwaltung der Kolonien an. Dem Hamburger Bürgermeister Versmann gegenüber bezeichnete er es als sein „Gewerbe ..., Europa den Frieden zu erhalten; wenn ich das tue, bin ich bezahlt. Mit anderen Kleinigkeiten kann ich mich nicht mehr abgeben ... Kurz, das Auswärtige Amt wird die Kolonialsachen los oder es wird mich los". Wenn der Handel kein Interesse an den Kolonien zeige, gebe man sie am besten auf, so wie es der Große Kurfürst auch getan habe.[20]

Dok. 6: Die Strategie pragmatischer Kolonialpolitik – Reichskanzler Otto von Bismarck am 26. Juni 1884 im Reichstag

Was die Kolonialfrage im engeren Sinne anlangt, so wiederhole ich die Genesis derselben, wie ich sie damals angegeben habe. Wir sind zuerst durch die Unternehmung hanseatischer Kaufleute, verbunden mit Terrainankäufen und gefolgt von Anträgen auf Reichsschutz, dazu veranlaßt worden, die Frage, ob wir diesen Reichsschutz in dem gewünschten Maße versprechen könnten, einer näheren Prüfung zu unterziehen. Ich wiederhole, daß ich gegen Kolonien – ich will sagen, nach dem System, wie die meisten im vorigen Jahrhundert waren, was man jetzt das französische System nennen könnte –, gegen Kolonien, die als Unterlage ein Stück Land schaffen und dann Auswanderer herbeizuziehen suchen, Beamte anstellen und Garnisonen errichten –, daß ich meine frühere Abneigung gegen diese Art Kolonisation, die für andere Länder nützlich sein mag, für uns aber nicht ausführbar ist, heute noch nicht aufgegeben habe.

17 Die geheimen Papiere Friedrich von Holsteins, Bd. II: Tagebuchblätter, Göttingen 1957, 174. – Vgl. F. Engels an E. Bernstein am 13.9.1884: „Übrigens hat Bismarck mit dem Kolonialschwindel einen famosen Wahlcoup gemacht. Darauf fällt der Philister hinein, ohne Gnade und massenhaft" (MEW, Bd. 36, 207).

18 Vgl. gegenüber dem von H.-U. Wehler konstatierten Erfolg (Bismarck, 474-480) die Bemerkungen zur Wahl von W. Baumgart, Eine neue Imperialismustheorie? Bemerkungen zu dem Buche von Hans-Ulrich Wehler über Bismarcks Imperialismus, Militärgeschichtliche Mitteilungen 2/71, 200 A.8.

19 R. Frhr. Lucius von Ballhausen, Bismarck-Erinnerungen, Stuttgart/Berlin 1920, 500f.

20 H. Washausen, Hamburg und die Kolonialpolitik, 127-134; H.-U. Wehler, Bismarck, 408-411.

Ich glaube, daß man Kolonialprojekte nicht künstlich schaffen kann, und alle Beispiele, die der Herr Abgeordnete [Ludwig] Bamberger in der Kommission als abschreckend anführte, waren darauf zurückzuführen, daß dieser falsche Weg eingeschlagen war, daß man gewissermaßen einen Hafen hatte bauen wollen, wo noch kein Verkehr war, eine Stadt hatte bauen wollen, wo noch die Bewohner fehlten, wo dieselben erst künstlich herbeigezogen werden sollten.

Etwas ganz anderes ist die Frage, ob es zweckmäßig, und zweitens, ob es die Pflicht des Deutschen Reiches ist, denjenigen seiner Untertanen, die solchen Unternehmungen im Vertrauen auf des Reiches Schutz sich hingeben, diesen Reichsschutz zu gewähren und ihnen gewisse Beihilfen in ihren Kolonialbestrebungen zu leisten, um denjenigen Gebilden, die aus den überschüssigen Säften des gesamten deutschen Körpers naturgemäß herauswachsen, in fremden Ländern Pflege und Schutz angedeihen zu lassen. Und das bejahe ich, allerdings mit weniger Sicherheit vom Standpunkte der Zweckmäßigkeit – ich kann nicht voraussehen, was daraus wird –, aber mit unbedingter Sicherheit vom Standpunkte der staatlichen Pflicht. (Sehr richtig! rechts.)

Ich kann mich dem nicht entziehen. Ich bin mit einem gewissen Zögern an die Sache herangetreten und habe mich gefragt: Womit könnte ich es rechtfertigen, wenn ich diesen hanseatischen Unternehmern, über deren Mut – ich habe die Herren persönlich gesprochen –, über deren Schneidigkeit, über deren Begeisterung für ihre Aufgabe ich mich herzlich gefreut habe – ich sage: womit könnte ich es rechtfertigen, wenn ich ihnen sagen wollte: Das ist alles sehr schön, aber das Deutsche Reich ist dazu nicht stark genug, es würde das Übelwollen anderer Staaten auf sich ziehen, es würde, wie Herr Dr. Bamberger sehr richtig schilderte, in unangenehme Berührung mit anderen kommen, es würde „Nasenstüber" (Hört, hört! rechts) bekommen, für die es keine Vergeltung hätte, dazu ist unsere Flotte nicht stark genug! – Alles das hat Dr. Bamberger in der Kommission vorgetragen. Aber ich muß sagen, daß ich als erster Kanzler des neugeschaffenen Reichs doch eine gewisse Schüchternheit empfand, eine Abneigung, mich so auszusprechen, und selbst wenn ich an diese unsere Schwäche und Unfähigkeit geglaubt hätte, ich würde mich geniert haben, den Hilfesuchenden offen zu sagen: Wir sind zu arm, wir sind zu schwach (Bravo! rechts), wir sind zu furchtsam, für euren Anschluß an das Reich euch Hilfe vom Reich zu gewähren. (Bravo! rechts.)

Ich habe nicht den Mut gehabt, diese Bankerotterklärung der deutschen Nation auf überseeische Unternehmungen den Unternehmern gegenüber als Reichskanzler auszusprechen. Wohl aber habe ich mich sehr sorgfältig bemüht, ausfindig zu machen, ob wir nicht in unberechtigter Weise in wohlerworbene ältere Rechte anderer Nationen eingriffen, und die Bemühungen, mich darüber zu vergewissern, haben mehr als ein halbes Jahr Zeit erfordert. Sie werden mir wohl erlassen, das auseinanderzusetzen, weil es ohne Kritik nicht abginge. [...]

Es ist sodann von dem Herrn Abgeordneten [Eugen] Richter darauf hingewiesen, daß unsere Kolonialunternehmungen ganz außerordentlich kostspielig und unseren notleidenden Reichsschatz in eine noch schlimmere Lage bringen würden als jetzt. Es ist das allerdings richtig, wenn wir, wie das früher bei ähnlichen Versuchen geschehen ist, damit anfangen wollten, eine Anzahl von oberen und unteren Beamten dorthin zu schicken und zunächst eine Garnison dorthin zu legen, Kasernen, Häfen und Forts zu bauen. Das ist aber nicht entfernt unsere Absicht, wenigstens die meinige nicht. Meine von Seiner Majestät dem Kaiser gebilligte Absicht ist, die Verantwortlichkeit für die

materielle Entwicklung der Kolonie ebenso wie ihr Entstehen der Tätigkeit und dem Unternehmungsgeiste unserer seefahrenden und handeltreibenden Mitbürger zu überlassen und weniger in der Form der Annektierung von überseeischen Provinzen an das Deutsche Reich vorzugehen als in der Form von Gewährung von Freibriefen nach Gestalt der englischen Royal charters, im Anschluß an die ruhmreiche Laufbahn, welche die englische Kaufmannschaft bei Gründung der Ostindischen Kompagnie zurückgelegt hat, und (Hört, hört! rechts) den Interessenten der Kolonie zugleich das Regieren derselben im wesentlichen zu überlassen und ihnen nur die Möglichkeit europäischer Jurisdiktion für Europäer und desjenigen Schutzes zu gewähren, den wir ohne stehende Garnison dort leisten können.
Ich denke mir also, daß man dann entweder unter dem Namen eines Konsuls oder eines Residenten bei einer derartigen Kolonie einen Vertreter der Autorität des Reiches haben wird, der Klagen entgegenzunehmen hätte, und daß irgendeines unserer See- und Handelsgerichte – sei es in Bremen oder Hamburg oder wo sonst – die Streitigkeiten entscheiden wird, die im Gefolge der kaufmännischen Unternehmungen entstehen könnten.
Unsere Absicht ist, nicht Provinzen zu gründen, sondern kaufmännische Unternehmungen, aber in der höchsten Entwicklung, auch solche, die sich eine Souveränität, eine schließlich dem Deutschen Reich lehnbar bleibende, unter seiner Protektion stehende kaufmännische Souveränität erwerben, zu schützen in ihrer freien Entwicklung sowohl gegen die Angriffe aus der unmittelbaren Nachbarschaft als auch gegen Bedrückung und Schädigung von seiten anderer europäischer Mächte. Im übrigen hoffen wir, daß der Baum durch die Tätigkeit der Gärtner, die ihn pflanzen, auch im ganzen gedeihen wird, und wenn er es nicht tut, so ist die Pflanze eine verfehlte, und es trifft der Schade weniger das Reich, denn die Kosten sind nicht bedeutend, die wir verlangen, sondern die Unternehmer, die sich in ihren Unternehmungen vergriffen haben. Das ist der Unterschied: bei dem System, welches ich das französische nannte, will die Staatsregierung jedesmal beurteilen, ob das Unternehmen ein richtiges ist und ein Gedeihen in Aussicht stellt; bei diesem System überlassen wir dem Handel, dem Privatmann die Wahl, und wenn wir sehen, daß der Baum Wurzel schlägt, anwächst und gedeiht und den Schutz des Reiches anruft, so stehen wir ihm bei, und ich sehe auch nicht ein, wie wir ihm das rechtmäßig versagen können.

Quelle: Bismarck, Die gesammelten Werke, Reden, bearb. v. Wilhelm Schüssler, Bd. 12: 1878-1885, Berlin 1929, 479-482.

Diese Aussage weist noch einmal auf die ursprünglich allein maßgebliche Absicht Bismarcks in Bezug auf „Kolonialerwerb“ hin: Die „Schutzgebiete“ – ein eigens von ihm erfundenes Wort, um die überseeischen Territorien nicht „Kolonien“ nennen zu müssen – möglichst weitgehend der Eigenverantwortlichkeit der kommerziellen Überseeinteressen zu überlassen (Dok. 6). Bereits seit seiner Amtsübernahme 1862 hatte er aktive Überseepolitik zur Förderung des industriewirtschaftlichen Außenhandels betrieben und – nicht nur in Ostasien – eine Politik der „offenen Tür“ verfolgt. Als Reichskanzler setzte er eine expansive Außenhandelspolitik in Zusammenarbeit mit den Liberalen fort, wobei die Methoden der englischen und amerikanischen Handelspolitik sein leitendes Vorbild blieben („*the flag follows the trade*"). Am 28. November 1885 hat er sich erneut im Reichstag darüber ausgesprochen, wie er sich die Verwaltung der Kolonien denke: Sein Ziel sei „der regierende Kaufmann und nicht der regierende Bureaukrat in jenen Gegenden, nicht der regierende Militär und der preußische Beamte; – unsere Geheimen Räte und versorgungsberechtigten Unteroffiziere sind ganz vortrefflich bei uns; aber dort in den kolonialen Gebieten erwarte ich von den Hanseaten, die draußen gewesen sind, mehr (...) Mein Ziel ist die Regierung kaufmännischer Gesellschaften, über denen nur die Aufsicht und der Schutz des Reiches und des Kaisers zu schweben hat".[21] An diesen Vorstellungen eines freihändlerischen kommerziellen Expansionismus und einer *Laisser-faire*-Überseepolitik hielt er bis zu seinem Abgang im Prinzip fest. So gesehen gab es 1884/85 keinen grundlegenden Gesinnungswandel, d.h. einen Bruch mit seinen bisherigen Vorstellungen und Zielen oder gar eine „plötzliche" Begeisterung für Kolonien. Die finanziellen Belastungen formell-staatlicher kolonialer Gebietserwerbungen blieben Bismarck stets ebenso bewusst, wie er vor allem seine europazentrische Außenpolitik vor den Zwängen und Risiken eines kolonialpolitischen Engagements in weltpolitischem Maßstab zu bewahren suchte; gehörte es doch zu seiner Strategie, innereuropäische Spannungen an der Peripherie auszubalancieren, wobei sich sein machtpolitisches Konzept um so erfolgreicher erwies, je weniger das Reich selbst in diesen Konfliktzonen engagiert oder interessiert war. Am treffendsten kommt dieser Sachverhalt in jener berühmten Bemerkung des Reichskanzlers vom 5. Dezember 1888 gegenüber dem deutschen Afrikaforscher Eugen Wolf zum Ausdruck, die zugleich vor dem Hintergrund einer gegenüber 1884/85 wieder stärkeren Gefährdung des Reiches auf dem Kontinent gesehen werden muss. Wolf hatte Bismarck die Notwendigkeit einer Expedition zur Befreiung des deutschen Afrikareisenden und Gouverneurs der ägyptischen Äquatorialprovinz, Emin Pascha, dargelegt: „Wir könnten dort eine deutsche Interessensphäre gründen; die Stanley-Expedition verfolge gewiss nicht nur philanthropische Zwecke". Darauf hatte ihm Bismarck entgegnet: „Schicke ich einen preußischen Leutnant da hinein, so muss ich u.U. ihm noch mehrere nachschicken, um ihn herauszuholen. Das führt uns zu weit. Die englische Interessensphäre geht bis zu den Quellen des Nils, und das Risiko ist mir zu groß. *Ihre* Karte von Afrika ist ja sehr schön, aber meine Karte von Afrika liegt hier in Europa. Hier liegt Russland, und hier" – nach links deutend – „liegt Frankreich und wir sind in der Mitte; das ist *meine* Karte von Afrika".[22]

Die Kolonien mussten schließlich die Mitsprachemöglichkeiten des Reichstags in der Außenpolitik erhöhen – eine Domäne, die Bismarck nicht nur aus außenpolitischen Gründen, sondern auch aus innenpolitischen Motiven für sich allein beanspruchte.[23] Alle Forderungen einer Erweiterung des deutschen Kolonialbesitzes hat er deshalb rigoros abgelehnt. Angesichts dieser außen- und innenpolitischen

[21] Sten. Ber. 86, 117.

[22] E. Wolf, Vom Fürsten Bismarck und seinem Haus, Berlin 1904, 15.

[23] „Kolonialerwerb wäre nur Vergrößerung des parlamentarischen Exerzierplatzes", wie er Anfang 1883 Kommerzienrat Baare erläuterte, als dieser wieder einmal einen Plan zur Erwerbung

Motive, aber auch der Tatsache, dass Bismarck, ebenso wie der größte Teil der deutschen Wirtschaft und Finanzwelt, die wirtschaftliche Bedeutung der Kolonien stets äußerst gering geschätzt hat – er dachte ganz nüchtern in Begriffen von Gewinn und Verlust und reagierte schnell, wenn der Verlust den Gewinn überstieg –, besteht wenig Anlass, die bisherige Forschung über Bismarcks Kolonialpolitik grundlegend zu revidieren. Abschließend wird man daher wohl mit George Hallgartens später Feststellung konstatieren können: „Als Gesamterscheinung betrachtet, war Bismarck weit eher ein Hemmschuh, ja ein Opfer, als ein Förderer imperialistischer Politik“[24]

Die Folgen seines vorübergehenden kolonialpolitischen Engagements konnten freilich nicht mehr rückgängig gemacht werden. Sowohl aus nationalen und internationalen Prestigegründen als auch aufgrund der sich in den Kolonien entfaltenden eigengesetzlichen Schubkraft gab es für den Reichskanzler keinen Weg mehr zurück zu dem kolonialpolitischen Zustand vor 1884. Hatte zu diesem Zeitpunkt vielleicht noch eine realisierbare Alternative für Bismarck bestanden, auf das koloniale Abenteuer zu verzichten – nach 1884/85 war ihm kaum noch die Möglichkeit gegeben, seinen aus der Situation geborenen Schritt zu revidieren. Auch in dieser Beziehung bewahrheitete sich seine eigene grundlegende Erkenntnis, dass der Staatsmann das Staatsschiff allenfalls „im Strom der Zeit“ lenken, aber nicht *gegen* den Strom steuern könne.

Formosas vortrug (zit. n. E. G. Jacob, Deutsche Kolonialpolitik in Dokumenten, Leipzig 1938, 14).

[24] War Bismarck ein Imperialist? Die Außenpolitik des Reichsgründers im Lichte der Gegenwart, Geschichte in Wissenschaft und Unterricht 22 (1971), 264.

IV. Die Kolonialfrage im Spektrum der politischen Parteien

Bei einem Überblick über die Haltung der Parteien im Kaiserreich zur Kolonialpolitik wird man zunächst feststellen müssen, dass keine politische Gruppierung von vornherein und einheitlich in der Begründung und hinsichtlich der Art und Weise deutscher überseeischer Expansion festgelegt gewesen ist. Selbst Parteien, die am stärksten für ein deutsches koloniales Engagement eingetreten sind wie die Freikonservativen und die Nationalliberalen, waren nicht in ihrer Gesamtheit prokolonial eingestellt. Das Spektrum reichte noch bis nach der Jahrhundertwende von direkter Ablehnung (linker Flügel der Sozialdemokratie) über einen weithin informell-freihändlerisch bestimmten Imperialismus bis zu einem radikal-rassistischen Siedlungskolonialismus. Weitgehend war die Zustimmung zur kolonialen Expansion auch taktisch bestimmt und von kompensatorischen politischen Forderungen abhängig.

Dies gilt insbesondere für die *Deutsch-Konservative Partei*, die stärkste konservative Partei des Zweiten Kaiserreichs, die sich auf preußischen Adel und Großgrundbesitz, protestantische Geistlichkeit und Beamtentum stützte und die zunächst eine zwiespältige bis ablehnende Haltung gegenüber der Kolonialpolitik einnahm. Ebenso wie die ostelbischen Gutsbesitzer, die innerparteilich die Vorherrschaft ausübten, das konservative Heer gegenüber der „gräßlichen Flotte" – als ein weiteres Zeichen für die Umwandlung Deutschlands zum Industriestaat – bevorzugten, besaß bei diesen eher kontinental geprägten Agrarkonservativen die Ostexpansion Vorrang vor überseeischen Kolonien. Allenfalls ein reichsdeutscher Nationalismus, als Überhöhung und Fortsetzung des traditionellen preußischen Machtstaatsgedankens begriffen, führte bei Teilen dieser hochkonservativen Partei zu einem aggressiv-militanten Imperialismus.

Unter dem Druck der Agrarkrise und vor die Notwendigkeit gestellt, breitere mittelständische Schichten zur Durchsetzung agrar-konservativer Interessen anzusprechen, wandelten sich jedoch das Selbstverständnis der Partei und ihre Einstellung gegenüber der Expansionspolitik. An die Stelle des traditionell unverkennbaren Misstrauens gegenüber kapitalistischer Überseepolitik im Zuge einer latenten Industriestaatsfeindschaft trat ein nationalistischer und rassistischer Konservativismus (1893 Gründung des radikalen „Bundes der Landwirte"). Die Agrarier versöhnten sich nunmehr mit der „Weltpolitik", freilich nicht, ohne ihren Preis zu verlangen: „sie ließen die Industrieentwicklung schließlich zu und bewilligten die Flotte, aber sie verlangten als Kompensation eine großartige Entschädigung in Gestalt der Zölle" (E. Kehr).[1] Hinzu kam, dass seit den neunziger Jahren für die

[1] Schlachtflottenbau und Parteipolitik, 1894-1901. Versuch eines Querschnitts durch die innenpolitischen, sozialen und ideologischen Voraussetzungen des deutschen Imperialismus, Berlin 1930, Nachdruck Vaduz 1965, 262.

ostelbischen Agrarier der Weizen- und Kartoffelmarkt (Spiritus) in Europa endgültig verloren ging, so dass sich in Übersee neue potentielle Absatzgebiete aufzutun schienen. Schließlich artikulierte die Partei mit ihrem Vorstoß in ein (klein-)bürgerliches Wählerreservoir mittelständische Siedlerinteressen, die sich in der kolonialideologischen Debatte lautstark in der Auseinandersetzung mit den hochkapitalistischen Handels- und Konzessionsgesellschaften niederschlugen.

Diese Vertretung von mittelständischen Siedlerinteressen gegen die Konzessionsgesellschaften übernahm die *Reichs- und Freikonservative Partei* erst in den späten neunziger Jahren und nach der Jahrhundertwende in ihr Programm, als sich diese vornehmliche Interessenvertretung von Großindustrie, Hochfinanz, Großgrundbesitz und Diplomatie („Botschafterpartei") aufgrund einer zunehmenden parlamentarischen Auszehrung verstärkt um eine breitere Wählerbasis bemühte. Zwar traten die hochadelig-großbürgerlichen deutschen Whigs normalerweise für einen ökonomischen Expansionismus und für privates koloniales Engagement ein. Als Partei Bismarck *„sans phrase"* musste sie jedoch nach dem Erwerb der ersten deutschen Kolonien 1884/85 notwendigerweise das Bismarcksche „Experiment" unterstützen. Führende Persönlichkeiten der Kolonialbewegung und wohl die meisten der Großfinanziers der deutschen Kolonialgesellschaften hatten ihre politische Heimat in der Freikonservativen Partei. Ihre Beteiligung an kolonialen Unternehmungen lag nicht immer in persönlicher Überzeugung oder erhofftem kaufmännischen Gewinn, sondern trug „mehr den Charakter einer Gefälligkeit gegen herrschende Strömungen der öffentlichen Meinung und amtliche Einflüsse", wie es in einem für die Presse bestimmten und von Bismarck redigierten Regierungsmemorandum vom Juni 1889 hieß.[2] Das beste Beispiel für diese gleichzeitige Distanz zum Kolonialismus und politisch motivierte gelegentliche „Gefälligkeiten" gegenüber Bismarck stellt zweifelsohne Gerson von Bleichröder dar, Privatbankier des Kanzlers, erster preußischer Jude, der ohne Beitritt zum Christentum geadelt wurde, und vor allem vielfacher „Kronzeuge" marxistisch-materialistischer Geschichtsschreibung für die Führungsrolle des Finanzkapitals in der Kolonialpolitik.[3] Insgesamt verfocht die Reichs- und Freikonservative Partei jedoch aus primär nationalen Gründen – während bei den Deutsch-Konservativen Krisenargumente vorherrschten – in der Außenpolitik eine expansionistische Linie mit Schwerpunkt in den Bereichen des Kolonialismus, der Flottenrüstung und der Ostsiedlung.

In dieser außenpolitischen Linie unterschied sie sich nur wenig von der *Nationalliberalen Partei,* die allenfalls innenpolitisch einen freiheitlicheren Kurs vertrat. Diese Partei des vor allem protestantisch geprägten Besitz- und Bildungsbürgertums wird man als die Kolonialpartei *par excellence* bezeichnen können, obgleich bis zur Jahrhundertwende der linke, freihändlerisch eingestellte Flügel der Partei (Schenk v. Stauffenberg, Forckenbeck) formellem Kolonialerwerb distanziert gegenüberstand. Jedenfalls hat die Partei mit einiger Konsequenz die Kolonialpolitik

---

2 F. Stern, Gold und Eisen. Bismarck und sein Bankier Bleichröder, Frankfurt a. M. 1978, 482f.

3 Vgl. ebd., 482-530.

der 1880er Jahre unterstützt bzw. am energischsten gegenüber der Reichsregierung gefordert und durchweg für die Kolonialvorlagen gestimmt. Der Organisationsgrad ihrer Mitglieder in den nationalen Verbänden – so auch in der Deutschen Kolonialgesellschaft und in anderen kolonialen Vereinen und Interessengruppen – war dementsprechend überdurchschnittlich hoch. Nicht zufällig spielten überragende Vertreter der Nationalliberalen wie Bennigsen und Miquel eine führende Rolle in der Deutschen Kolonialgesellschaft.

Dok. 7: „Endlich, endlich!" – Der Historiker Heinrich von Treitschke über die machtstaatliche Notwendigkeit deutscher Kolonialpolitik, 27. November 1884

Durch die Besiedelungen der fernen Weltteile gewinnt [...] die Geschichte Europas einen neuen reicheren Inhalt, und mit vollem Rechte verlangt die Nation, daß Deutschland in diesem großen Wettbewerbe der Völker nicht zurückstehen dürfe. Sie sieht sich nicht bloß in ihrem politischen Ehrgeiz gekränkt, wenn sie ihre Stellung in der transatlantischen Welt betrachtet; sie empfindet auch eine sittliche Beschämung, da sie sich gestehen muß, daß wir Deutschen zu den großen kosmopolitischen Arbeiten des modernen Völkerverkehrs bisher nur sehr wenig beigetragen haben. Die Begründung des Weltpostvereins [1874] und die Teilnahme an der Erbauung der Gotthardbahn [eröffnet 1882] – das sind nahezu unsere einzigen Verdienste auf diesem Gebiete, und wie schrumpfen sie zusammen neben den Taten der englischen Kolonialpolitik, ja selbst neben dem Wirken eines Franzosen Ferdinand von Lesseps!
Das Gefühl der Scham drückt umso schwerer, weil wir uns sagen dürfen, daß die Deutschen an kolonisatorischer Begabung keiner anderen Nation nachstehen. Unser Volk hat einst in den Ländern rechts der Elbe die größte und fruchtbarste Kolonisation vollführt, welche der europäische Boden seit den Tagen des Römerreiches gesehen; denn hier gelang es, den natürlichen Gegensatz von Kolonie und Mutterland so gänzlich zu verwischen, daß diese Pflanzungslande der Kern unserer neuen Staatenbildung wurden und seit Luthers Tagen auch an dem geistigen Schaffen der Nation als ebenbürtige Genossen der älteren Stämme teilnehmen konnten. Mehr denn zwei Jahrhunderte behauptete Deutschland, allein durch die Tatkraft seines freien Bürgertums, die Herrschaft auf den Meeren des Nordens. Durch seine Handelskolonien wurden die schlummernden Kräfte Skandinaviens für den Weltverkehr erweckt; und wahrlich nicht durch die Schuld unserer Väter, sondern durch ein unentrinnbares tragisches Verhängnis ging die Herrlichkeit der Hansa zugrunde, zur selben Zeit, da unsere alten Schicksalsgenossen, die Italiener, die Meeresherrschaft im Süden verloren. Denn jeder Zeit und jedem Volke ist ein letztes Maß des Könnens gesetzt. Es war unmöglich, daß die beiden Nationen, welche durch die Renaissance und die Reformation der modernen Kultur die Bahn brachen, in dem nämlichen Augenblicke, da ihnen die Entdeckung der neuen Welt alle gewohnten Handelswege verschüttete, auch sogleich hätten die Kraft finden sollen, mit den Welteroberungsfahrten der Spanier und Portugiesen den Wettbewerb aufzunehmen.
Eine Schuld, eine schwere Unterlassungssünde haben die Deutschen erst später auf sich geladen: in der langen öden Friedenszeit, welche dem Schmalkaldischen Kriege [1546/47] folgte. Damals eröffnete sich den deutschen Protestanten die sichere Aussicht, die verlorene Meeresherrschaft zurückzugewinnen, wenn sie mit den stamm-

verwandten Glaubensgenossen in den Niederlanden sich verbündeten. Doch in dieser schimpflichen Epoche unserer neuen Geschichte standen die beiden Nationalfehler, welche uns noch heute so oft die wirtschaftliche Tatkraft lähmen, doktrinärer Idealismus und behäbige Genußsucht, in üppiger Blüte. Die Nation verkam in theologischem Gezänk und in der rohen Völlerei eines faulen Friedens. Sie überließ es den Holländern, die Herrschaft der Spanier zu brechen, und nachher den Briten, die holländischen Sieger zu überwinden. Jedermann weiß, wie furchtbar die Sünden jener Friedensjahre durch den greuelvollen Untergang unserer alten Kultur bestraft wurden. In den harten zwei Jahrhunderten nachher, da wir uns mühsam die Herrschaft im eigenen Hause zurückerobern mußten, verbot sich jeder Versuch deutscher Kolonialpolitik von selbst. Die genialen atlantischen Pläne des Großen Kurfürsten eilten der Zeit weit voraus; sie mußten scheitern, ein feudales Ackerbauland ohne ozeanische Küste konnte einen entlegenen Kolonialbesitz auf die Dauer unmöglich behaupten. [...]
Wie wunderbar hat sich seitdem die Gesinnung unseres Volkes verwandelt. Mit anderen Ansprüchen als vordem schauen wir heute in die Welt hinaus, zumal die Deutschen im Auslande, die den Segen des neuen Reiches noch weit lebhafter als wir daheim empfinden. Die unruhige Gärung der letzten fünf Jahre hat uns neben der Zersetzung der alten Parteien, neben einer Fülle wüster Gehässigkeit und undankbaren Tadels doch auch manche heilsame Selbstkritik gebracht: wir sind aufmerksam geworden auf unsere Schwächen und beginnen zu fühlen, wieviel uns noch fehlt, um die Stellung einer großen Nation würdig auszufüllen. Ohne jede Förderung von oben her, frei aus dem Volke heraus, gleich einem Naturlaut, erhob sich während dieser jüngsten Jahre der Ruf nach deutschen Kolonien, ebenso nachdrücklich und ebenso zukunftssicher wie vormals der Ruf nach der deutschen Flotte. Seit F. Fabri die Debatte eröffnete, ist eine ganze Literatur über die Kolonialfrage entstanden. Soeben läßt Wilhelm Roscher sein treffliches Werk über Kolonien und Kolonialpolitik, das zuerst im Jahre 1848, noch von wenigen verstanden, die Blicke der deutschen Gelehrtenwelt auf diese großen Zukunftsfragen zu lenken versuchte, in verbesserter Ausgabe erscheinen, und R. Jannasch hat einen lehrreichen neuen Abschnitt über „Die deutschen Aufgaben in der Gegenwart" hinzugefügt.[1] Im Verlaufe dieser Debatten entdeckten die Deutschen mit freudiger Überraschung, daß wir noch außerhalb der Kreise des Beamtentums eine stattliche Zahl praktischer politischer Talente besitzen, die uns über die zunehmende Verödung und Verarmung unseres parlamentarischen Lebens trösten kann: durch die langjährige Arbeit unserer tapferen Reisenden, Missionare, Kaufleute ist der erste Versuch deutscher Kolonialpolitik vorbereitet und ermöglicht worden. Nur darum erregten Deutschlands unscheinbare Erwerbungen an der afrikanischen Küste weithin in der Welt so großes Aufsehen, weil jedermann wußte, daß sie nicht, wie einst jene Ansiedlungsversuche Kurbrandenburgs, dem kühnen Einfall eines großen Kopfes entstammten, sondern, daß eine ganze Nation sie mit einem freundlichen „Endlich, endlich!" begrüßte.

---

1 F. Fabri, Bedarf Deutschland der Kolonien? 3. Aufl. Gotha 1884. W. Roscher und R. Jannasch, Kolonien, Kolonialpolitik und Auswanderung, 3. Aufl. Leipzig 1884 (Anm. im Orig.).

Quelle: Heinrich von Treitschke, Aufsätze, Reden und Briefe, Bd. 4: Schriften und Reden zur Zeitgeschichte II, hg. v. Dr. Karl Martin Schiller, Meersburg 1929, 667-670.

Mit abnehmender Attraktivität der Partei für bestimmte, das liberale Element stärker betonende Wählerschichten und infolge innenpolitischer Niederlagen übernahm die Kolonialpolitik für die Partei dann zunehmend die Funktion einer nationalen Integrationsparole und Modernisierungsideologie, nachdem sich der deutsche Liberalismus schon immer eng mit der nationalen Idee verbunden gefühlt hatte.

> „Wenn uns irgend etwas die Zugkraft ersetzen soll, die wir früher als Partei des nationalen Gewissens hatten", formulierte Gustav Stresemann in einer Denkschrift von 1908 die Rolle der Nationalliberalen Partei als „Speerspitze imperialistischer Agitation", „so ist es die Betätigung in allen denjenigen Fragen, welche jetzt im Zeitalter der Weltwirtschaft die denkenden Kreise des Volkes und namentlich die Kreise der Jugend und der nachfolgenden Generation bewegen. In Fragen der Kolonien, der Flotte und einer scharfen auswärtigen Politik müssen wir unbedingt die Führung übernehmen, damit wir die weiten Kreise, die im Flottenverein und in Kolonialgesellschaften organisiert sind, und die besonnenen Teile des alldeutschen Verbandes für uns gewinnen. Es gibt unter den liberalen Berufen Hunderttausende, die an sich außerhalb der wirtschaftlichen Gegensätze stehen und nicht daran interessiert sind, ob der Zoll 10 Mark oder 5 Mark beträgt, die sich aber nach einer angesehenen, streng nationalen Partei sehnen... Die Erhaltung der weltwirtschaftlichen Stellung des Deutschen Reiches ist eine von Zufallsstimmungen unabhängige dauernde Parole, die uns begeisterte Anhänger sichern wird, während wir auf dem Gebiete der wirtschaftlichen Fragen als Mittelpartei auch für die Zukunft mit den größten Schwierigkeiten werden rechnen müssen".[4]

Während sich in dieser politischen Handlungsmaxime Stresemanns in erster Linie der „realpolitische" Imperialismus der Nationalliberalen manifestierte, hinter dem zum einen das Bedürfnis stand, „vor dem Winde der imperialistischen Zeitströmung zu segeln", zum anderen sich konkrete ökonomische und sozialimperialistische Interessen verbargen, kam die Forderung nach einer starken und zielbewussten deutschen Kolonial- und „Weltpolitik" auch den Hoffnungen jener sogenannten liberalen Imperialisten wie Max Weber (vgl. seine vorerwähnte Freiburger Antrittsrede) und „Jungliberalen" wie Friedrich Naumann (s. unten) entgegen, die in einer erfolgreichen Expansionspolitik in Übersee die Voraussetzungen für eine Reformpolitik im Innern sahen und deshalb für eine Verbindung von Imperialismus und Demokratie eintraten.[5] Während hinsichtlich der Notwendigkeit und Konsequenz einer aus nationalen, ökonomischen, kultur- und sozialimperialistischen Gründen betriebenen Kolonialpolitik kaum Zweifel bestanden und die Partei das koloniale und imperiale Betätigungsfeld nahezu mit Ausschließlichkeitsanspruch für sich reklamierte, standen sich innerhalb der Partei die Vertreter einer großkapitalistischen Konzessionspolitik und mittelständisch-nationalistische Siedlerinteressen, wie sie der Alldeutsche Verband vertrat, oft unversöhnlich gegenüber.

---

4 Zit. n. W. Mommsen, Imperialismus. Seine geistigen, politischen und wirtschaftlichen Grundlagen, Hamburg 1977, 137f.

5 Vgl. W. Mommsen, Wandlungen der liberalen Idee im Zeitalter des Imperialismus, in: K. Holl – G. List (Hg.), Liberalismus und imperialistischer Staat. Der Imperialismus als Problem liberaler Parteien in Deutschland 1890-1914, Göttingen 1975, 109-147.

Nicht so eindeutig wie im Hinblick auf die Nationalliberalen lässt sich die Haltung des katholischen *Zentrums* zur Kolonialpolitik festlegen. Immerhin war die Samoa-Vorlage von 1880 u.a. am Zentrum gescheitert. Außerdem existierte eine äußerst zurückhaltende „antikapitalistische“ Richtung im Zentrum (z.B. August Reichensperger), wie es überhaupt an einer starken Lobby mit ausgeprägt materiellen Interessen in Übersee mangelte. Andererseits haben die üblichen kolonialpropagandistischen Motive der Zeit – Überproduktion und Überbevölkerung – ihre Wirkung im Zentrum nicht verfehlt. Windthorst hatte bereits 1884/85 gegenüber Bismarck und im Reichstag zugestanden, dass die Kolonien willkommene Absatzgebiete für die heimische Überproduktion darstellen könnten, und 1894 wies Prinz Arenberg auf dem Kölner Katholikentag unter lebhaftem „Bravo“ seine Zuhörer auch auf den „volkswirtschaftlichen“ Vorteil hin, in den Kolonien „dem Überschuss unserer nationalen Produktion neuen Absatz und dem Überfluss an nationalen Kräften neue Verwendungsgebiete zu eröffnen“. Noch 1912, als Deutschland längst aufgehört hatte, ein Auswandererland zu sein, propagierten Erzberger und der Adelige Freiherr von Dalwigk die deutschen Kolonien als ideales Bauernland „für strenggläubige christliche Siedler“ (gegenüber dem Übergewicht protestantischer Farmer).[6] Aber insgesamt hat man im Zentrum, vor allem mit Blick auf die inzwischen erworbenen Kolonien, diese weder unter dem Aspekt der Auswanderung noch unter dem der Lösung deutscher Exportprobleme als bedeutend angesehen. Selbst der Rückzug aus den Kolonialgebieten oder zumindest aus Teilen ist in Zentrumskreisen gelegentlich erwogen worden.

Dennoch hat im Zentrum eine grundsätzliche Ablehnung der Kolonialpolitik niemals bestanden, trotz der mehr kontinentalen Denkweise und nicht unerheblicher Bedenken gegenüber einzelnen Methoden und Zielen sowie dem Ausmaß der Kolonialpolitik.[7] Bereits während der ersten Kolonialerwerbungen 1884 schlug die Parteipresse eher positive Töne an, sei es auch nur, um gegenüber den „Monopolisten nationaler Gesinnung“ (so die „Germania“) und angesichts der als „national“ deklarierten Kolonialunternehmungen die eigene nationale Zuverlässigkeit unter Beweis zu stellen und Inferioritätsgefühle, die aus dem vermeintlichen oder tatsächlichen Untermieterverhältnis im „protestantischen“ Kaiserreich entsprangen, zu kompensieren. Ohne Zweifel spielten dagegen wirtschaftliche Interessen auf Grund der „Sozialpyramide“ der Partei, die vom konservativen Adel an der Spitze über alte und neue mittelständische Schichten bis zur breiten Basis antiklassenkämpferisch eingestellter Industriearbeiter und Kleinbauern reichte, keine zentrale Rolle. Der Prozess der Zustimmung ist im Zentrum bis 1888/89 sicherlich nur langsam, z.T. sogar mit Rückschlägen verlaufen. Doch bestand zwischen den „unabweislichen“ christlichen Verpflichtungen, die die Kolonialpolitik mit sich brach-

[6] Belege nach H. Gründer, Christliche Mission und deutscher Imperialismus, 83.

[7] Vgl. schon die Aussage Windthorsts vom 28.11.1885: „Für vernünftige Kolonisation sind wir, werden wir sein und werden wir auch Opfer bringen, aber für Aventuren nicht“ (K. Bachem, Vorgeschichte, Geschichte und Politik der deutschen Zentrumspartei ..., Bd. VI, Köln 1929, 331).

te, und einer allzu abenteuerlichen und kostspieligen Kolonialpolitik ein politisch-taktisch nutzbarer Spielraum. Wo immer daher vom Zentrum die Zustimmung zu kolonialen Fragen erwartet wurde, verlangte es kirchen- und kulturpolitische Konzessionen („*do ut des*").

Entscheidend für eine aktive Unterstützung der kolonialen Regierungspolitik, die nur für die Zeit des „Bülow-Blocks" (1907-09) kurzfristig unterbrochen wurde, sollte dann der „Aspekt der Missionierung der Eingeborenenbevölkerung" (R. Morsey) werden, der wiederum in engem Zusammenhang mit dem Prozess der fortschreitenden Integration des politischen Katholizismus in den imperialen Machtstaat nach dem Abbau des Kulturkampfes stand. Religiös-kulturelle und humanitäre Motive waren somit die primären Ansatzpunkte der Partei für eine mögliche koloniale Mitarbeit, wobei die kulturpolitischen Interessen die innen- (Abbau des Kulturkampfes) und kolonialpolitischen Ziele („christliche" Kolonialpolitik) in gleicher Weise berührten.

Jene „christliche Kolonialpolitik" bewirkte auch die Zustimmung des Zentrums zur Kolonialvorlage von 1888/89, durch die der Reichstag die Mittel zur Niederwerfung des ersten großen ostafrikanischen Aufstandes bereit stellen sollte und die in Parallele zur groß angelegten Antisklavereikampagne des französischen Kardinals Lavigerie zu sehen ist, die auch im katholischen Volksteil Deutschlands eine breite Volksbewegung gegen die Sklaverei erzeugt hatte. Wenn die Zentrumsführer auch den Zusammenhang zwischen den (Regierungs-)Plänen zur Niederwerfung des ostafrikanischen Aufstandes und der Antisklavereibewegung sehr wohl durchschauten, hatten sie doch nichts dagegen, wie es Windthorst ausdrückte, wenn mit den Mitteln, die zur Bekämpfung des Sklavenhandels und der Sklaverei vorgesehen seien, zugleich die „Ehre", das „Prestige" und die „deutschen Interessen" gewahrt würden. Ein Verlust Ostafrikas entsprach zudem nicht der Auffassung der Zentrumsvertreter von der zivilisatorischen und missionarischen Aufgabe des christlichen Europa in Afrika.[8]

Mit der Antisklavereikampagne erreichte der Weg der deutschen Katholiken vom Kulturkampf in den Nationalstaat des Kaiserreiches den augenfälligen Umschlagpunkt. Denn über die Antisklavereibewegung fand der deutsche Katholizismus zur Kolonialpolitik – als „christliche Verpflichtung" –, über diese wiederum zur Identifizierung mit dem imperialistischen nationalen Machtstaat. Im Rheinland hatte sich zudem ein kolonialfreundlicher Flügel herausgebildet. Exponent dieser Gruppe war Wilhelm von und zu Hoensbroech, von seinen Zentrumsgenossen „Wilhelmus Africanus" apostrophiert und mit einer Einlage von 90 000 Mark an der „Deutsch-Ostafrikanischen Gesellschaft" beteiligt. Der rheinische Reichsgraf und Großagrarier, der noch von 1883-1893 Mitglied des Zentrums gewesen war, vertrat einen imperialistischen und innenpolitisch aggressiven Nationalismus. Er sollte später an der Spitze jener kleinen Gruppe von rheinischen, westfälischen und schlesischen konservativ-liberalen „Nationalkatholiken" bzw. „Dernburg-Katholiken" treten

8 Vgl. H. Gründer, „Gott will es" – Eine Kreuzzugsbewegung. am Ende des 19. Jahrhunderts, Geschichte in Wissenschaft und Unterricht 28 (1977), 210-224.

– vornehmlich Adelige, höhere Beamte und Vertreter des katholischen Großbürgertums –, die in der unter kolonialen Vorzeichen stehenden Wahl von 1907 („Hottentottenwahlen“) den Zentrumskandidaten nicht nur eigene „nationalkatholische“ Kandidaten gegenüberstellten, sondern sich außen- und gesellschaftspolitisch nahezu völlig mit der „Weltmacht“- und Gesellschaftspolitik Bülows identifizierten.[9]

Aber auch im rechten Flügel des Zentrums hatte sich bereits eine kolonialbegeisterte Gruppe gebildet, die in enger Bindung zur organisierten Kolonialbewegung stand. Der Gründungsaufruf des deutschen Kolonialvereins war u.a. von dem Freiherrn Heereman von Zuydwyk, westfälischer Rittergutsbesitzer, Mitbegründer der Zentrumsfraktion und 1882-1890 ihr Vorsitzender im preußischen Abgeordnetenhaus, unterschrieben worden; er saß im Vorstand sowohl des Kolonialvereins als auch der Deutschen Kolonialgesellschaft (DKG). Der konservativ-hocharistokratische Prinz Franz von Arenberg, zwischen 1890 und 1905 Bindeglied zwischen Zentrum und Regierung in Kolonialfragen sowie entscheidender Vermittler bei der Zulassung katholischer Missionen, war ebenso einer der stellvertretenden Vorsitzenden (seit 1892) der DKG wie sein standesherrlicher Genosse Fürst Alois zu Löwenstein, langjähriger Katholikentags-Präsident. Im Übrigen war der „demokratische“ Flügel im Zentrum keineswegs minder kolonialbegeistert. Überdies sprach das Missionsmotiv Kreise für die Kolonialidee an, die ansonsten kaum zu mobilisieren gewesen wären wie z.B. die christliche Landbevölkerung. Die schließliche Zustimmung des Zentrums sowohl zur ostafrikanischen Vorlage von 1888/89 als auch zu der außen- und innenpolitisch eine zentrale Bedeutung einnehmenden Flottenvorlage im Frühjahr 1898, die man im Sommer 1897 noch abgelehnt hatte, ist allein vor diesem Hintergrund – am 1. November 1897 waren zwei katholische Missionare in China ermordet worden – zureichend erklärbar. Die Partei besaß keine grundlegenden „weltanschaulichen“ Vorbehalte gegenüber dem kolonialen Engagement, sondern allenfalls im Einzelfall Bedenken politischer, wirtschaftlicher oder moralischer Art. Ihren Beifall fand daher vor allem der gemäßigte koloniale Kurs Caprivis, der außerdem mit seiner berühmten Forderung vom Zusammengehen von „Flinte und ... Bibel“ dem Zentrum Verständnis für die humanitär-christlichen Belange der Kolonialpolitik signalisierte. Insgesamt gesehen trug das Zentrum die Kolonialpolitik mit, ohne sie – wie die Nationalliberalen – übermäßig zu forcieren.

Dok. 8: Mission und Kolonialismus – Der Missionswissenschaftler Joseph Schmidlin über das „Bündnis“ von Mission und Kolonisation, 1913

Die Kolonialära der siebziger und achtziger Jahre bedeutete zugleich einen neuen Einschnitt und Markstein in der Missionsgeschichte, besonders der deutschen. Auf den Schwingen der Kolonialbewegung zog neuer Missionssinn in die Heimat und neuer Missionserfolg in die Kolonien ein. Bald folgte der Missionar dem Kolonisten, bald der Kolonist dem Missionar, bald bemächtigten sich beide zu gleicher Zeit des

[9] Vgl. H. Gründer, Rechtskatholizismus im Kaiserreich und in der Weimarer Republik, Westfälische Zeitschrift 134 (1984), 107-155.

neu abgesteckten Arbeitsfeldes, mag auch in Einzelfällen der eine sich vom anderen eher abgestoßen als angezogen gefühlt haben.
So sind [...] die Beziehungen und Berührungen zwischen missionarischen und kolonialen Bestrebungen und Unternehmungen gewachsen und werden wohl auch weiter wachsen, je mehr sich beide Faktoren ausdehnen; denn immer kräftiger und klarer, das sehen wir namentlich an den Verhandlungen der deutschen Kolonialkongresse [1902, 1905, 1910], bricht sich in Missions- wie in Kolonialkreisen die Überzeugung Bahn, daß Mission und Kolonisation zwei gegebene Größen sind, die bei aller Verschiedenheit keine Gegensätze darstellen, aber auch nicht vornehm aneinander vorübergehen dürfen, sondern miteinander rechnen und aufeinander Rücksicht nehmen, ja Hand in Hand arbeiten müssen, wenn ein gedeihliches und bleibendes Resultat erzielt werden soll. Wie die beiden großen sozialen Autoritäten Staat und Kirche in der Heimat, so und noch viel stärker sollen sich in den Schutzgebieten Mission und Kolonialpolitik stützen und ergänzen; denn was die Kolonien für den Staat, das und mehr noch sind die Missionen für die Kirche. [...]
Durch ihre kulturelle Tätigkeit namentlich wird die katholische Mission nicht nur zu einer Kulturträgerin ersten Ranges, sondern auch zu einer hervorragenden Mitarbeiterin und Bundesgenossin der kolonialen Bestrebungen, was um so höher anzuschlagen ist, als die Regierung sich auf dem Kolonialgebiet viel stärker als in der Heimat auf private Mitwirkung und Initiative angewiesen sieht. Zunächst sammelt sich die Mission unbezahlbare Verdienste auf dem wirtschaftlichen Gebiet [...]. Einen unschätzbaren Kolonialwert schließt ferner die von den Missionen unternommene und mit Erfolg durchgeführte Erziehung der Eingeborenen zur Arbeit ein [...]. Dann kommen die enormen Leistungen auf dem Schulgebiet, durch welche die Kultur in das heranwachsende Geschlecht hineingetragen und der Regierung wie den Kolonisten die Hauptsorge um die Schule abgenommen wird. Weiter die wissenschaftliche und literarische Missionstätigkeit, welche nicht selten auch der Kolonialverwaltung und Kolonialpolitik als Pfadfinderin und Wegebereiterin dient. Endlich die missionarische Liebestätigkeit, die sowohl von den Missionaren und Missionsschwestern als auch von den zahlreichen karitativen Missionsanstalten getragen wird und der staatlichen Wohlfahrtspflege ebenfalls eine große Arbeits- und Kostenlast zum Wohl der Kolonien abnimmt.
Was aber am wichtigsten ist, die Mission ist in erster Linie befähigt und berufen, die Eingeborenen in ihrer individuellen wie sozialen Haltung seelisch umzugestalten und auf ein höheres sittlich-religiöses Niveau zu erheben, sie vor allem instand zu setzen, die durch unsere europäische Zivilisation ihnen übermittelten höheren Güter und Bedürfnisse, das verfeinerte Lebensglück und den verfeinerten Lebensgenuß ohne Schaden sich anzueignen und zu genießen.
[...] Die Mission ist es, die unsere Kolonien geistig erobert und innerlich assimiliert, soweit eine solche Assimilation in Anbetracht der tiefgreifenden Verschiedenheiten überhaupt durchführbar ist. Der Staat vermag die Schutzgebiete sich wohl äußerlich an- und einzugliedern; das tiefere Ziel der Kolonialpolitik, die innere Kolonisation, muß ihm die Mission vollbringen helfen. Durch Strafen und Gesetze kann der Staat den physischen Gehorsam erzwingen, die seelische Unterwürfigkeit und Anhänglichkeit der Eingeborenen bringt die Mission zustande. Wir dürfen daher den kürzlich [6.3.1913] vom Kolonialstaatssekretär Dr. Solf im Reichstag ausgesprochenen Satz „Kolonisieren ist Missionieren" umkehren in „Missionieren ist Kolonisieren".

Quelle: Joseph Schmidlin, Die katholischen Missionen in den deutschen Schutzgebieten, Münster i.W. 1913, 262-264, 276-278.

Als ein „Hemmschuh" direkt-formeller Expansion betätigten sich dagegen in der kolonialen Erwerbsphase und weit darüber hinaus die *Linksliberalen.* Sie waren ursprünglich die eigentlichen Gegner des deutschen Kolonialismus. Unter der Führung Eugen Richters votierten sie in den achtziger und neunziger Jahren vehement gegen ein Überseeimperium, weil sie es ökonomisch für ineffektiv hielten und in einem „Wettlauf" um den Besitz überseeischer Territorien nur die Ursache internationaler Konflikte sahen, die sich für den Freihandel nachteilig auswirken mussten. Zwar sind mitunter moralische Gesichtspunkte in die linksliberale Argumentation eingeflossen, aber der entscheidende Faktor für die Haltung der Linksliberalen in der Kolonialfrage blieb der ökonomische Aspekt. „*We want trade and not dominion*" – dieser wiederholt in England und in den Vereinigten Staaten formulierte Kerngedanke des freihändlerischen Expansionismus ist von den deutschen Linksliberalen übernommen und von Ludwig Bamberger am 26. Juni 1884 im Reichstag als Programm formuliert worden.[10] Die Opposition nach anfänglicher Übereinstimmung mit Bismarcks Zielen setzte in dem Moment ein, als die offizielle Politik vom bloßen Schutz von Handelsinteressen zur Etablierung eines Kolonialsystems mit eigenen Beamten und ständiger Anwesenheit von Militär überging.

Ökonomische Erwägungen spielten auch die Hauptrolle, wenn Linksliberale zunächst gelegentlich und bedingt, dann immer stärker aus ihrer anfänglichen Ablehnung oder Reserve kolonialpolitischen Fragen gegenüber heraustraten. Das galt z.B. für Vorlagen, die Kosten deckende Kolonien wie Togo oder Projekte betrafen, die sowohl als Basis für freihändlerischen Expansionismus galten als auch einen kulturmissionarischen Effekt in Übersee erwarten ließen, wie man dies von dem „Pachtgebiet" Kiautschou erhoffte. Die Freisinnigen haben daher selbst unter Eugen Richter den Kolonialetat für Togo und Kiautschou gutgeheißen, wobei Richter seine manchesterlich motivierte imperialpolitische Einstellung in der Kiautschou-Angelegenheit wie folgt begründete: „Ja, meine Herren, was hätten wir überhaupt für ein Interesse daran, die Chinesen zu beherrschen? Wir wollen an ihnen bloß Geld verdienen, weiter gar nichts. Nur die wirtschaftlichen Interessen kommen ihnen gegenüber in Frage".[11] Nach 1907 hat die Majorität der Linksliberalen die deutsche Kolonialpolitik im Prinzip unterstützt („Bülow-Block"), wenngleich sich aus ihren Reihen schließlich der kleine linksbürgerliche Kern der Pazifisten und Antiimperialisten herausschälte, der die deutsche Kolonialpolitik konsequent ablehnte. Bis zu diesem Zeitpunkt hatte sich im Linksliberalismus immer deutlicher der Übergang von der anfangs ablehnenden Einstellung zur Kolonialpolitik über eine gemäßigte Opposition zum formellen Imperialismus abgezeichnet, über dessen Akzeptanz oder Nicht-Akzeptanz es nicht zuletzt zu den vielen Parteispaltungen kam.

Entsprechend ihrer lokalen Beschränkung auf Süddeutschland, ihrer antipreußisch-partikularistischen Tradition und ihrer Verwurzelung in kleinbürgerlichen

---

10 Sten. Ber. 76, 1066.

11 Nach I. S. Lorenz, Eugen Richter. Der entschiedene Liberalismus in wilhelminischer Zeit 1871-1906, Husum 1980, 103.

Abb. 5: Rückseite des SPD-Flugblatts „Zu den Stichwahlen" der sogenannten „Hottentottenwahlen" von 1907

bis mittelständischen Schichten hatte sich die *Deutsche Volkspartei* am längsten gegenüber dem Kolonialismus und Imperialismus als immun erwiesen.[12] Obgleich in ihren Reihen Vertreter des bürgerlich-demokratischen Pazifismus wie Ludwig Quidde standen und sie die deutsche Kolonial- und Flottenpolitik von Anfang an bekämpfte, begann die Partei doch im Zusammenhang der Fusionsbestrebungen mit dem Linksliberalismus den deutschen Imperialismus bzw. Kolonialismus zu tolerieren. Die Notwendigkeit, aus der Ghettosituation der süddeutschen bürgerlichen Demokratie heraus zu gelangen, sowie die Erfordernisse, die sich aus den wachsenden Exportinteressen des süddeutschen Handels- und Industriebürgertums ergaben, führten schließlich dazu, dass sich die Partei – die in ihrem Reichstagsabgeordneten Christian Storz einen überzeugten kolonialpolitischen Sprecher besaß – 1906/07 bereit fand, die erforderlichen Mittel für den Kolonialkrieg in Südwestafrika zu bewilligen. Ihre anschließende Mitarbeit im „Bülow-Block" war u.a. die Folge dieses Schrittes.

---

12 Vgl. hierzu und zum Folgenden K. Holl, Krieg und Frieden und die liberalen Parteien, in: K. Holl – G. List (Hg.), Liberalismus und imperialistischer Staat, 72-88, hier: 74-80.

Noch früher als die süddeutschen Demokraten hatte die *Freisinnige Volkspartei,* 1893 als Zerfallsprodukt der „Deutschen Freisinnigen Partei" entstanden, ihre grundsätzliche antikoloniale Politik aufgegeben. Unter der autokratischen Führung Eugen Richters bewahrte die Partei zunächst noch ihre Oppositionshaltung gegenüber Kolonialpolitik, Flottenrüstung und Heeresvermehrung. Spätestens seit den ersten Jahren des 20. Jahrhunderts schlugen aber auch bei ihr ökonomische Interessen ihrer Anhängerschaft – kleinere und mittlere Unternehmer neben freiberuflichen Intellektuellen und Handwerkern – durch, und entschiedene Befürworter einer deutschen Teilhabe an imperialistischer Politik gewannen an Boden (R. Eickhoff, E. Müller-Meiningen). Die von ihrem prononcierten Wirtschaftsliberalismus bestimmte ablehnende Haltung der Partei gegenüber kolonialer Betätigung Deutschlands, die zusätzlich aus der Kritik an inhumanen Methoden der Kolonialherrschaft und der unrationellen kolonialen Verwaltungspraxis erwuchs, machte allmählich einer bedingten Bejahung der Kolonialpolitik Platz. Diese neue Linie wurde bereits in der Zustimmung zum Erwerb von Kiautschou (noch durch Eugen Richter) offenbar und setzte sich dann fort in der eingeschränkten Unterstützung des Kolonialkrieges in Südwestafrika. Nicht zuletzt durch die Einrichtung eines selbständigen Reichskolonialamtes, „von dem sich die Partei eine wirksame, reibungs- und geräuschlosere Ausnutzung des Kolonialbesitzes versprach", und die Übernahme dieses Amtes durch den linksliberalen Bankdirektor Dernburg fand sich die Partei zum Eintritt in den „Bülow-Block" bereit.

Früher und entschiedener noch als die Freisinnige Volkspartei hatte die *Freisinnige Vereinigung,* ebenfalls 1893 aus der Spaltung der Deutschen Freisinnigen Partei hervorgegangen, jedoch die Tradition der Liberalen Vereinigung (als Linksabspaltung von den Nationalliberalen) fortsetzend, den Schritt zu Imperialismus und Kolonialismus vollzogen. Obwohl die Partei auf dem gleichen manchesterliberalen Grund stand wie die Partei Eugen Richters, zeichnete sich von vornherein eine positivere Wertschätzung der Kolonien ab. Diese Entwicklung besaß ihre Ursache nicht allein in den in dieser linksliberalen Partei stark vertretenen Übersee-, Schifffahrts-, Werft- und Bankinteressen (Georg von Siemens, Karl Mommsen), sondern lag auch in den instrumentellen und demonstrativen, auf breitere Wählerschichten zielenden innenpolitischen Absichten von Teilen der ehemaligen Deutschfreisinnigen begründet, mit der Unterstützung des gemäßigt expansiven und militärpolitischen Caprivischen Kurses konservative großagrarisch-junkerliche Einflüsse zurück zu drängen und eine verfassungspolitische Modernisierung zu ermöglichen. Zwar scheiterte dieses Konzept mit dem Sturz Caprivis, erhielt aber durch die Quasifusion mit dem *Nationalsozialen Verein* Friedrich Naumanns (1903) eine innerparteiliche Stärkung, zugleich allerdings auch eine verschärfte imperialistische Komponente.

Diese 1896 durch den liberalprotestantischen Pfarrer in Verbindung mit Max Weber, Hellmut von Gerlach, Paul Göhre, Adolf Damaschke u.a. gegründete bildungsbürgerliche Partei, die eine Synthese von Liberalismus, Nationalismus und Sozialismus versuchte, hat am eindeutigsten im Linksliberalismus das Bekenntnis zum Imperialismus formuliert. Ihr Konzept lief auf die politische Integration der

Arbeitermassen (unter einem hohenzollernschen Volkskaisertum) in den bestehenden Staat sowie auf einen demokratischen Ausbau der staatlichen Institutionen durch eine machtstaatlich-expansive Politik im Sinne deutscher „Weltgeltung“ hinaus („Politik der Macht nach außen und der Reform nach innen“). Mit Naumanns zustimmend-ergänzender „Interpretation“ der sogenannten Hunnenrede Wilhelms II. bei der Verabschiedung der nach Kiautschou abgehenden Truppen – deswegen von den Sozialdemokraten als „Hunnenpastor“ tituliert –, die nichts weniger als einen deutschen Vernichtungskrieg in China implizierte, sowie Paul Rohrbachs Äußerungen zum Verhältnis von Weißen und Eingeborenen im Allgemeinen und seinen konkreten Vorschlägen im Herero-Nama-Krieg 1904/07 erreichte das militante Vokabular der Nationalsozialen in machtpolitischen und militärischen Fragen bisweilen bereits die Grenze protofaschistischer Sprache und Vorstellungen, wie sich überhaupt die sozialdarwinistische Tönung „nationalsozialer“ Argumentation nach außen vielfach nur noch wenig von der alldeutschen Agitation unterschied.

So blieb innerhalb des weiten Spektrums des Linksliberalismus, das sich 1910 in der Fortschrittlichen Volkspartei sammelte, nur noch die 1908 gegründete, aus der Freisinnigen Volkspartei nach links abgesplitterte *Demokratische Vereinigung*, die mit aller Konsequenz ein antikoloniales Programm vertrat. Unter den bürgerlichen Parteien gab es keine Gruppierung, die sich so eindeutig auf die programmatische Seite von Antiimperialismus, Antimilitarismus und Pazifismus festlegte, wie diese letzte Bastion des bürgerlichen Radikalismus. Wie isoliert und ohne Rückhalt diese linksliberale Partei unter Führung Theodor Barths, Hellmut von Gerlachs und Rudolf Breitscheids allerdings war, zeigte sich bei der Reichstagswahl von 1912, der einzigen, an der sich die Partei beteiligte: Sie erhielt 29 400 Stimmen und kein einziges Mandat.

Neben dieser kleinen Gruppe linksbürgerlicher Kolonialkritiker hat nur die *Sozialdemokratie* mit einer gewissen Konsequenz an ihrer ablehnenden Haltung gegenüber der Kolonialpolitik festgehalten, obgleich sich auch in dieser Partei im Zuge des Revisionismus seit den 1890er Jahren ein Gesinnungswandel anbahnte und nach 1907 die Bandbreite sozialdemokratischer Auffassungen von weitgehender Ablehnung über eine bedingte Billigung bis zu grundsätzlicher Bejahung der Kolonialpolitik reichte. Teile der Arbeiterschaft, vornehmlich der alten lasalleanisch-„staatssozialistischen“ Richtung, sind aber schon 1884/85 von der Kolonialbegeisterung ergriffen worden. Insgesamt hat die SPD jedoch zunächst die Kolonialpolitik als Mittel zur Existenzverlängerung des Kapitalismus betrachtet und sie im Zusammenhang mit ihrer grundsätzlichen Ablehnung des preußisch-deutschen Staates und der Opposition gegen das „System“ des Zweiten Kaiserreichs bekämpft, wenngleich diese Angriffe gegen die „kapitalistische“ Seite der Kolonialpolitik oftmals „bei aller verbalen Heftigkeit mehr allgemein und formelhaft – gleichsam sozialistische Pflichtübungen –“ blieben.[13]

---

13 Chr. Schröder, Sozialismus und Imperialismus. Die Auseinandersetzung der deutschen Sozialdemokratie mit dem Imperialismusproblem und der „Weltpolitik“ vor 1914, Teil I, Hannover 1968, 167.

Da die marxistische Doktrin allerdings kein ausgesprochen antikoloniales Argumentationsschema bot, Marx und Engels sogar dem Kolonialismus *auch* eine positive, modernisierende Wirkung zugestanden hatten[14], griffen die Sozialdemokraten weitgehend auf Gedanken zurück, die von sozialistischen, liberalen und selbst konservativen Theoretikern in der ersten Hälfte des 19. Jahrhunderts angestellt worden waren. Sie gingen in wirtschaftlicher Hinsicht auf die bekannte Unterkonsumtionstheorie und die Kapitalüberschusstheorie zurück, wobei die in diesem Zusammenhang bereits bei dem englischen Radikalen Gibbon Wakefield auftauchende sozialimperialistische Komponente eine besondere Rolle spielte. Die „sozialen" Argumente der Kolonialpropaganda zu entlarven, war daher ein Schwerpunkt der sozialdemokratischen Agitation. So hat Wilhelm Liebknecht am 4. März 1885 in einer berühmten Reichstagsrede die zentralen kolonialpropagandistischen Argumente der „Überbevölkerung" und „Überproduktion" als „relative Begriffe" bezeichnet, die Kolonialpolitik als „Export der sozialen Frage" definiert und als „Heilung" eine Ausweitung des inneren Marktes durch eine Erhöhung der Konsumtionsfähigkeit der arbeitenden Bevölkerung gefordert (vgl. Dok. 2). Ebenso haben die Sozialdemokraten die linksliberalen Vorwürfe gegen Kolonialpolitik als inhumane Ausbeutung und Verschwendung von Steuergeldern für einzelne (Kapital-)Interessen aufgegriffen, wie etwa Bebel – im Anschluss an Bamberger – am 26.1.1889 im Reichstag in seiner Charakterisierung der „kapitalistischen" DOAG und seiner grundsätzlichen Kritik an jeder Kolonialpolitik (Dok. 9). Moralische, humanitäre und Rentabilitätsgesichtspunkte sowie der alte linksliberale Standpunkt, dass Kolonien Hindernisse einer freien ökonomischen Entfaltung darstellten, bestimmten daher zunächst die Kolonialkritik der Sozialdemokratie, bevor sie eine systematische marxistische antiimperialistische Theorie aufbaute (R. Hilferding, R. Luxemburg).

Dok. 9: „Gold, Gold und wieder nur Gold" – August Bebel (SPD) über das „Wesen aller Kolonialpolitik" am 26. Januar 1889 im Reichstag

Im Grunde genommen ist das Wesen aller Kolonialpolitik die Ausbeutung einer fremden Bevölkerung in der höchsten Potenz. Wo immer wir die Geschichte der Kolonialpolitik in den letzten drei Jahrhunderten aufschlagen, überall begegnen wir Gewalttätigkeiten und der Unterdrückung der betreffenden Völkerschaften, die nicht selten schließlich mit deren vollständiger Ausrottung endet. Und das treibende Motiv ist immer, Gold, Gold und wieder nur Gold zu erwerben. Und um die Ausbeutung der afrikanischen Bevölkerung im vollen Umfange und möglichst ungestört betreiben zu können, sollen aus den Taschen des Reichs, aus den Taschen der Steuerzahler Millionen verwendet werden, soll die Ostafrikanische Gesellschaft mit den Mitteln des

[14] Vgl. K. Marx, Die künftigen Ergebnisse der britischen Herrschaft in Indien, in: Karl Marx – Friedrich Engels, Werke, Bd. 9, Berlin (O)1960, 220-226; dazu S. Avineri (Hg.), Karl Marx on Colonialism and Modernization, New York 1969; V. G. Kiernan, Marxism and Imperialism, London 1974.

Reichs unterstützt werden, damit ihr das Ausbeutegeschäft gesichert wird. Daß wir von unserem Standpunkt aus als Gegner jeder Unterdrückung nicht die Hand dazu bieten, werden Sie begreifen.
Ich gehe weiter und sage, daß sogar im Falle einer kolonialen Bearbeitung der ostafrikanischen Ländereien, wie sie unter die deutsche Schutzherrschaft gestellt sind, durch eine europäische oder deutsche Kolonialgesellschaft für die Einwohner der betreffenden Länder nicht einmal irgend ein Vorteil erwächst. Die Sitten und Gewohnheiten der betreffenden Bevölkerung, auch wenn sie sich in Sklaverei befindet, unterscheiden sich zum Teil recht günstig von denjenigen in europäischen Ländern. Wir haben erst in den letzten Tagen aus einem Vortrage, den Dr. Hans Mayer [richtig: Meyer], auch ein Afrikareisender, in Dresden gehalten hat, gehört, daß eigentlich die Lage der Sklaven in den inneren afrikanischen Bezirken unter ihren Sklavenhaltern vielfach eine weit bessere sei, als die unserer deutschen, unserer europäischen Arbeiter. Es ist unter anderem in diesem Vortrage erwähnt worden, daß die afrikanischen Sklaven wöchentlich zwei Feiertage bekämen. Meine Herren, wenn der deutsche Arbeiter eine solche Forderung aufstellen würde, dann wollte ich einmal den Sturm der Entrüstung sehen, der sich in den weitesten Kreisen der Unternehmer erheben würde. Ferner ist es Tatsache, daß die Arbeit bei uns in Deutschland eine angestrengtere ist als die, welche die Sklavenhalter ihren Sklaven zumuten, und daß die tägliche Arbeitszeit durchschnittlich eine geringere ist, als sie deutsche Arbeiter in Deutschland im Dienste ihrer Unternehmer vollziehen müssen. Nun aber hat die Erfahrung und die Geschichte aller Kolonien gelehrt, daß, sobald Europäer – und es ist ja stets nur die Unternehmerklasse, die dabei in Frage kommt – in fremdem Lande Boden fassen und das Land nach den verschiedensten Richtungen nach Möglichkeit ausbeuten, die schlechten Sitten, Gewohnheiten und Gebräuche der Europäer eingebürgert werden. Diese allein finden Anwendung gegenüber der eingeborenen Bevölkerung und werden noch aufs äußerste übertrieben. Die Arbeitszeit wird alsdann überall eine unmenschlich lange, die Behandlung der eingeborenen Bevölkerung erfolgt ohne die geringste Rücksicht auf ihr materielles und physisches Wohl. Das ist ganz erklärlich. Der Arbeiter ist selbst in den Augen vieler unserer zivilisierten europäischen Unternehmer eigentlich nur ein Werkzeug, ein Arbeitsmittel, das nach Möglichkeit ausgenutzt werden muß. Dieses gilt noch in viel höherem Maße von den tiefer stehenden Rassen, die man als inferior betrachtet, und gegen die instinktiv eine gewisse Verachtung und ein großer Haß vorhanden ist. Man gewöhnt sich zu leicht, in dem Schwarzen einen Menschen inferiorer Rasse zu sehen, gegen den man sich alles erlauben dürfe, gegenüber dem es in der Behandlung gar keine andere Grenze gebe als die des eigenen persönlichen Nutzens, des größten Vorteils für den Unternehmer. Als Folge dieser Auffassung sehen wir, daß allüberall, wo die Europäer in solche Kolonialgebiete eindringen, und wo stets die Bevölkerung im ganzen sich auf einer niedrigeren Kulturstufe befindet, diese brutal egoistischen Maximen Platz greifen und fortgesetzt zu Empörungen und Revolten gegen die Unternehmer führen, genau so, wie wir dies bereits bei der kurzen Verwaltungsprobe der Ostafrikanischen Gesellschaft in den deutschen Schutzgebieten in Ostafrika erlebt haben. Es gibt keine einzige Kolonialmacht in Europa, die bis in die allerneueste Zeit, sogar bis in unsere Tage hinein, nicht mehr oder weniger mit Empörungen ihrer unterdrückten fremdländischen Bevölkerungen zu kämpfen gehabt hat.

Quelle: Stenographische Berichte über die Verhandlungen des Reichstags, Bd. 105, Berlin 1889, 628.

Pragmatische Gesichtspunkte standen indes von Anfang an zur Debatte. Bei der Diskussion um die Dampfersubventionsvorlage, die 1884 im Reichstag eingebracht wurde und die die Errichtung von Postdampferlinien nach Ostasien, Australien und Afrika vorsah, plädierte eine Mehrheit in der Fraktion zunächst für die Annahme, bevor der Druck von der Basis dazu führte, dass die Afrika- und Samoa-Linie wegen ihres Zusammenhangs mit der Kolonialpolitik abgelehnt wurde, während die ostasiatische und australische Linie unter der Bedingung – die im Reichstag keine Zustimmung fand – unterstützt werden sollte, dass auf den Linien nur neue, auf deutschen Werften gebaute Schiffe fahren dürften.[15]

Verringerung der Arbeitslosigkeit bzw. Gewinnung von Arbeitsplätzen durch den Bau von Schiffen sowie eine Absatzsteigerung auf den auswärtigen Märkten waren Gesichtspunkte, die auch fernerhin nicht außer Betracht blieben. Hinzu kam schon in dieser frühen Diskussion die Beachtung eines zivilisatorischen Moments, indem auf die Kultur fördernde Wirkung wirtschaftlicher Expansion verwiesen wurde. Und schließlich tauchte erstmals der rein pragmatische Gesichtspunkt auf, dass die sozialdemokratische Fraktion ja nicht in ständiger Opposition verharren könne. Alle diese „Zweckmäßigkeitserwägungen" sind dann in die Argumentation des „Revisionismus" eingeflossen, der zudem das marxistische Dogma vom notwendigen und bevorstehenden Zusammenbruch der kapitalistischen Gesellschaftsordnung in Frage stellte. Kolonialbesitz wurde nunmehr nicht schlechthin abgelehnt, sondern die Kolonialpolitik durchaus befürwortet, wenn sie unter freihändlerischen und humanen Bedingungen vor sich ging. Wie wenig prinzipiell ablehnend beachtliche Teile der Sozialdemokratie inzwischen der Kolonialpolitik gegenüber eingestellt waren, zeigten beispielsweise die Angriffe auf die „deutsche Kolonialbürokratie" und den „deutschen Kolonialmilitarismus", denen als positive Beispiele die Situation in den englischen Kolonien gegenüber gestellt wurde.[16] Die Betonung solcher Kritikpunkte, die sich in erster Linie gegen die Methoden („Hänge-" und „Prügelkultur"), nicht aber gegen die Kolonialpolitik schlechthin richteten, nahm nach der Jahrhundertwende ständig zu.

Einzelne Sozialdemokraten, namentlich im Umkreis der „Sozialistischen Monatshefte", haben sogar die These von der ökonomischen Notwendigkeit und dem Gemeinnutz der Kolonien geteilt. So hielt Richard Calwer im Interesse des ganzen deutschen Volkes Kolonien als Rohstoffquellen und Absatzmärkte für geradezu unentbehrlich, während nach seiner Auffassung der sozialdemokratische Standpunkt in der Kolonialpolitik nur den anderen Staaten Vorteile brachte. Ludwig Quessel ging vom „Interesse des weißen Proletariats" aus, dem zufolge auch die Eingeborenen der tropischen Kolonien Steuern zu zahlen und „Gebrauchswerte für das weiße Proletariat" zu erzeugen hätten. Gerhard Hildebrand schließlich, der zuvor Naumanns Nationalsozialem Verein angehört hatte, war von vornherein überzeugt, dass der eigene Wohlstand auf den Tri-

---

[15] Chr. Schröder, Sozialismus und Imperialismus, 125-136.

[16] Vgl. Ed. Bernstein, Sozialdemokratie und Imperialismus, Sozialistische Monatshefte 4 (1900), 238-251; ders., Der Socialismus und die Kolonialfrage, ebd., 549-562.

buten fremder Völker basiere. Als er daher einen gemeinsamen europäischen Kolonialismus propagierte und für eine Unterordnung des Klassenkampfes unter die Kolonialfrage optierte, führte diese kolonialchauvinistische Haltung allerdings 1912 (mit 4:3 Stimmen des SPD-Schiedsgerichts) zu seinem Parteiausschluss.[17]

Aber nicht nur im rechten Flügel der Partei schwenkte man auf die Linie der „bürgerlichen" Kolonialdiskussion ein. Die Topoi vom Kolonialismus als Kampf höherer mit niederen Kulturen sowie die weithin akzeptierte Anschauung von der Notwendigkeit von Rohstoffbasen und Absatzmärkten in Übersee gewannen in breiten Teilen der SPD immer stärker an Boden. Auch in der Kolonialfrage vermochte sich die Partei nicht der „normativen Kraft des Faktischen" zu entziehen. Diese Entwicklung ist sowohl im Zusammenhang des allgemeinen Nationalisierungs- und Anpassungsprozesses und des sich immer mehr durchsetzenden „Praktizismus" (nicht zuletzt ein Generationsproblem) als auch vor dem Hintergrund einer veränderten, reformwilligen Kolonialpolitik nach 1907 zu sehen. Selbst die paternalistische Idee einer Erziehung der „rückständigen" Eingeborenen und rassistische Theorien waren innerhalb der Partei nicht mehr fremd.[18] Wie stark dieser reformistisch-praktizistische Flügel inzwischen geworden war, dokumentiert am besten die Tatsache, dass Gustav Noske, „heimlicher Kolonialfreund" und sogar in bürgerlichen Kreisen als „Kolonialminister" nicht undenkbar, seinen Konkurrenten Ledebour als Sprecher und Spezialisten der Fraktion in Kolonialfragen in den Hintergrund drängen konnte.[19] Selbst Bebel hielt auf dem Essener Parteitag 1907 an seiner zuvor (1.12.1906) im Reichstag geäußerten Meinung fest, Kolonialpolitik sei „an und für sich kein Verbrechen", ja Kolonialpolitik zu treiben könne „unter Umständen eine Kulturtat sein; es kommt nur darauf an, *wie* die Kolonialpolitik getrieben wird".[20] 1903 hat er sogar im Hinblick auf das Kiautschou-Unternehmen, das die Sozialdemokratie nicht wegen des Versuchs einer kommerziellen Expansion verwarf, sondern aufgrund des gewaltsamen Vorgehens, eingeräumt: „Ich muss bekennen, ich habe im Gegensatz zu meiner sonstigen Auffassung der bisherigen deutschen Kolonialpolitik geglaubt, dass in Kiautschou vielleicht etwas zu machen sei".[21] Im Ersten Weltkrieg trat die Sozialdemokratie offen für Kolonien ein, und nachdem Noske noch kurz vor Kriegsende (24.10.1918) einen Anteil Deutschlands an Afrika reklamiert hatte, gehörte auch die Rückforderung der Kolonien sowie der Kampf gegen die „Kolonialschuldlüge" zunächst noch zum politischen Bekenntnis der SPD nach der Niederlage Deutschlands von 1918.

17 Vgl. A. Ascher, Imperialists within German Social Democracy prior to 1914, Journal of Central European Affairs 20 (1961), 397-422.

18 Vgl. M. Nishikawa, Zivilisierung der Kolonien oder Kolonisierung durch Zivilisation? Die Sozialisten und die Kolonialfrage im Zeitalter des Imperialismus, in: J. Radkau – I. Geiss (Hg.), Imperialismus im 20. Jahrhundert, München 1976, 87-112.

19 Vgl. Chr. Schröder, Gustav Noske und die Kolonialpolitik des Deutschen Kaiserreichs, Berlin/Bonn 1979.

20 Protokoll über die Verhandlungen des Parteitags der Sozialdemokratischen Partei Deutschlands, abgehalten in Essen 1907, Berlin 1907, 132 (Hervorhebung im Original).

21 Sten. Ber. 197, 40 (10.12.1903).

V. Auf dem Weg zum deutschen Kolonialreich

1. Tastende Expansion und Erwerb der Kolonien

Mit den 1870er Jahren richteten sich die Blicke der deutschen Kolonialpublizistik neben Lateinamerika, Ostasien und dem Nahen Osten, den bis dahin bevorzugten Gebieten einer deutschen Expansionspropaganda, mehr und mehr auf Afrika. Nachdem Forschungsreisende wie Gerhard Rohlfs und Afrikabesucher wie Ernst von Weber und Wilhelm Hübbe-Schleiden die Aufmerksamkeit auf Afrika gelenkt und in ihren utopisch-illusionären Hoffnungen auf einen potentiellen afrikanischen Großmarkt von einem „deutschen Indien“ oder gar einem „Weltreich“, „reicher und wertvoller“ als Indien, gesprochen hatten, festigte sich der aus der deutsch-englischen Rivalität geborene Anspruch auf ein „deutsches Indien“ in Afrika zu einem zentralen Topos der deutschen Expansionspublizistik.[1] Der natürliche Ansatzpunkt für diese Bestrebungen schien West-Afrika zu sein, da die westafrikanische Küste das bevorzugte Ziel für den hanseatischen Überseehandel darstellte und dieser sich in dem Küstenbereich zwischen Sierra Leone und Gabun einen hervorragenden Platz unter den konkurrierenden Nationen geschaffen hatte.

Dennoch wurde *Südwestafrika* im April 1884 zum ersten deutschen „Schutzgebiet“. Bis zu diesem Zeitpunkt waren in dieser verhältnismäßig wenig attraktiven Region neben Walfängern und Guanosammlern, die in der Walfischbai und in Angra Pequena ihre Stationen hatten, seit zweiundvierzig Jahren Sendboten der Rheinischen Missionsgesellschaft tätig. Unruhen und Kämpfe im Nama- und Hereroland hatten die von Friedrich Fabri geleitete Mission seit 1868 zu wiederholten Schutzgesuchen an die britische und die preußisch-deutsche Regierung veranlasst. Ging es Fabri Ende der sechziger Jahre zunächst nur um einen Stützpunkt an der Walfischbai, so festigte sich bei ihm Ende der siebziger Jahre immer mehr der Gedanke einer formell-kolonialen Expansion Preußen-Deutschlands in Südwestafrika. Seit Juni 1880 brachte er erneut seine Vorstellungen in eindringlichen Gesuchen an das Auswärtige Amt vor, ohne allerdings bei Bismarck Gehör zu finden.

Mehr Erfolg mit seinen Bitten um „Reichsschutz“ sollte dagegen der Bremer Tabakwarenhändler F. A. E. Lüderitz haben, der seit einiger Zeit im Westafrikahandel tätig war und der bei seinen Waffengeschäften im südwestlichen Afrika die britischen Einfuhrzölle zu umgehen suchte (Dok. 10).

---

[1] Beste Darstellung zu diesem Unterkapitel und ihr weitgehend folgend: H.-U. Wehler, Bismarck und der Imperialismus, 194-407.

Dok. 10: Handelsinteressen und koloniale Expansion – Eingabe des Bremer Kaufmanns Adolf Lüderitz an das Auswärtige Amt vom 23. November 1882

Hohes Kaiserliches auswärtiges Amt!
Ich beehre mich meinen verbindlichsten Dank für den mir so rasch gewordenen Bescheid vom 19. des Monates, auf meine Eingabe vom 16. ej. [desselben Monats] auszusprechen und erlaube mir ganz ergebenst zu erwidern, daß ich nicht zweifle, der Senat werde auf geneigte Anfrage von Seiten hohen Amtes in befriedigender Weise die gewünschte Auskunft erteilen.
Sodann gestatte ich mir, hinsichtlich der am Schlusse des geehrten Schreibens vom 19. des Monates angedeuteten Fragen, das Folgende zu bemerken.
Das von mir ins Auge gefaßte Land liegt zwischen dem großen und dem kleinen Fischflusse, also zwischen dem 26° und 29° südl. Breite.
Einen günstigen Landungsplatz muß mein Kapitän, welcher diese Küste, von Kapstadt bis Possession-Island, bereits befahren hat, aussuchen.
Von den besten Buchten haben die Engländer leider bereits Besitz ergriffen, und so muß ich eben mit einer irgend passenden Landungsstelle zufrieden sein.
Das Land ist auf einige Meilen, von der Küste in das Innere, sandig und steril, und zwar bis zu den Hügelreihen, welche auf ungefähr zehn englische Meilen Abstand von der Küste, parallel mit dieser laufen.
Hinter diesen Hügeln beginnt fruchtbares Land. Die Eigentümer desselben sind Namaquas, von deren Häuptlingen ich das Besitzrecht erwerben werde.
Ich nehme die hier fertig zum Aufstellen gemachten Gebäude für die Faktorei an Bord und lasse sie an einem günstigen Platze in der Nähe der Küste durch meine Leute aufstellen.
Von dieser Faktorei aus lasse ich dann Reisen mit Ochsenwagen ins Innere unternehmen, um meine Importwaren gegen Landesprodukte umzutauschen.
Mein Bevollmächtigter, welcher die Kapkolonie bereits geschäftlich, von King-Williams-Town aus, bereiste, wird diese Reisen in das Innere persönlich leiten. Zwei andere Commis [Handlungsgehilfen] verwalten, mit Hilfe der nötigen Arbeiter, inzwischen die Faktorei, und verkaufen von dort aus.
Wenn die Boers [Buren] und Eingeborenen erst wissen, daß sie, ohne den hohen englischen Importzoll bezahlen zu müssen, von meiner Faktorei gute Waren beziehen können, so werden sie bald selbst dorthin kommen und ihre Waren umtauschen.
Es ist eine bekannte Tatsache, daß Manufaktur- und teilweise Eisenwaren von England aus billiger nach Afrika geliefert werden können, als wie von Deutschland aus; ganz abgesehen davon, daß die Fracht von Bremen oder Hamburg teurer kommt wie von Liverpool.
Mein Bestreben geht dahin, deutsche Waren, unter deutschem Etikett von meiner Faktorei aus einzuführen.
Wollte ich diese nun in einem, von den Engländern bereits besetzten Hafen (z.B. Walfish Bay, Spencer Bay, Angra Pequena[1]), landen, so hätte ich an Importzöllen zu bezahlen:

Für Gewehre per Lauf	1 £
für Revolver p Stück	10 sh
für Spirituosen, Bier usw.	9 sh per Gallon

für Zigarren p Pfd.	3 sh 6 d
für Tabak p Pfd.	1 sh 6 d
für Pulver p Pfd.	2 sh 6 d
für Manufakturwaren	5% vom Werte und 10% Aufschlag darauf.

Da bei dem großen Wildreichtume Gewehre und Munition sehr gesuchte Artikel sind, so nimmt mein Schiff davon z.B. mit:
2 000 früher hannoversche Gewehre
1 000 früher österreichische Hinterlader
1 000 preußische Zündnadelgewehre
300 Revolver
Allein für diesen kleinen Teil der Ladung hätte ich also 4 150 £ sterl. oder ungefähr 83 000 Mark Zoll in barem Gelde bei Landung in einem, von den Engländern besetzten, Hafen zu bezahlen. Außerdem müßte ich dann noch einen Erlaubnisschein zum Waffenhandel kaufen, dessen Erlangung für Ausländer schwierig ist. Daß ich daher vorziehe mir einen eigenen Hafen in freiem Lande auszusuchen, wo ich ohne englische Importzölle und Erlaubnisscheine meine Waren verkaufen kann, ist wohl erklärlich.
Würde ich mich nun, ohne den Schutz der deutschen Flagge, an der Küste niederlassen, so würden mir die benachbarten Engländer bald genug das Handwerk legen. Sie würden einfach das Land für England in Besitz nehmen, wie sie es an der Goldküste, wo ich in Lagos ebenfalls eine Faktorei habe, getan haben, und ein wahrscheinlich bedeutendes Absatzgebiet für deutsche Industrie ginge wieder verloren.
Mit welchem Vertrauen ich dieses Geschäft anfasse, wolle Ein hohes Amt daraus ersehen, daß ich ungefähr 150 000 Mark zum Beginne daran wende, welche zum weitaus größten Teile, den deutschen Industriellen zu Gute kommen, da ich, wie schon erwähnt, fast ausschließlich deutsche Waren gekauft habe.
Außerdem habe ich den betreffenden Fabrikanten Order erteilt, keine englischen, sondern deutsche Etiketten auf ihre Waren zu setzen, um von vornherein dieselben als deutsches Fabrikat einzuführen.
Wie ich ferner höre, sollen die im Namaqua-Lande liegenden Berge teilweise reich an Kupfer und Silber sein. Ich nehme deshalb vielleicht einen Geologen mit hinaus, um dieses zu erforschen.
Sollte sich dann ergeben, daß es der Mühe lohnte, auch auf den Gewinn von Erzen zu arbeiten, so würde ich bei dem gesunden Klima schon Arbeiter aus Deutschland heranzuziehen wissen, um Minen anzulegen und auszubeuten.
Jedenfalls muß ich aber, ehe ich ein derartiges größeres Unternehmen beginne, im festen Besitze passenden Landes sein, und dazu kann ich nur gelangen, wenn ich den Schutz der deutschen Flagge genieße, um welchen ich hierdurch wiederholt ergebenst bitte.
In baldiger Erwartung eines, hoffentlich günstigen, Bescheides, habe ich die Ehre zu verharren.

[1] Das Eigentumsrecht an Angra Pequena war damals noch ungeklärt.

Quelle: Die Erschließung von Deutsch-Südwest-Afrika durch Adolf Lüderitz. Akten, Briefe und Denkschriften, herausgegeben von C.A. Lüderitz (Abhandlungen und Vorträge, hg. v. der Wittheit zu Bremen 16/1), Oldenburg 1945, 14-16.

> Adolf Lüderitz (1834-1886) hatte nach dem Besuch der Handelsschule und dreijähriger Lehrzeit in einem Bremer Handelshaus in Mexiko Anstellung gefunden und sich ebendort nach dem finanziellen Zusammenbruch dieses Unternehmens als Rancher versucht. 1859 trat er in das väterliche Tabakgeschäft ein. Die Ehe mit einer reichen Bremerin machte ihn finanziell unabhängig. Nach dem Tod des Vaters (1878) übernahm er die Leitung der Firma, erwarb ein Landgut und führte ein Leben „halb als Tabakhändler und halb als Gutsherr". Schließlich wandte er sich wegen des drohenden Tabakmonopols überseeischen Unternehmungen zu und konnte bereits im Frühjahr 1882 den Hauptanteil einer Handelsniederlassung in Lagos (Goldküste) erwerben. Im Mai 1883 schloss sein Bevollmächtigter Heinrich Vogelsang mit dem Namakapitän Joseph Frederiks in Bethanien einen Vertrag, durch den die Bucht von Angra Pequena (Lüderitz-Bucht mit dem heutigen Lüderitz) mit Umgebung für hundert Pfund Sterling und 200 Gewehre an Lüderitz abgetreten wurde. Im August 1883 folgte ein weiterer Vertrag, durch den er für 500 Pfund und sechzig englische Gewehre die Küste von der Mündung des Oranjeflusses bis zum 26° südl. Br. und 20 Meilen landeinwärts erhielt. Nachdem Lüderitz wiederholt vergeblich bei der Reichsregierung um den Schutz seiner Erwerbungen nachgesucht hatte, bedeutete die Erklärung des Reichsschutzes über seine Erwerbungen vom 24. April 1884, die im Zusammenhang mit der Westafrikamission des Reichskommissars Nachtigal stand, den definitiven Schritt zu einer deutschen Kolonialpolitik?[2]

In der Folgezeit schickte Lüderitz mehrere Expeditionen aus, die einerseits weitere Kaufverträge mit Häuptlingen abschließen und zum anderen nach nutzbaren Rohstoff-Lagerstätten forschen sollten. Insgesamt erwarb er ein Gebiet von 580 000 km^2 mit ca. 200 000 Einwohnern, das sich vom portugiesischen Kunene bis zum kapholländischen Oranje mit Ausschluss der englischen Walfischbai erstreckte. Da seine Unternehmungen in Süd(west)afrika inzwischen sein kleines Betriebskapital und sein Privatvermögen aufgezehrt hatten und sich seine Erwartungen rascher Gold- und Diamantenfunde nicht erfüllten, stand er bald vor dem finanziellen Ruin. Schließlich musste er „seine Kolonie" für 300 000 Mark in bar und 200 000 Mark an Anteilscheinen an die neugegründete „Deutsche Kolonialgesellschaft für Südwestafrika" (DKGSWA) verkaufen. Schon zuvor war sein weiter gehender, von Ernst v. Weber beeinflusster Plan, seinen südwestafrikanischen Besitz quer durch Südafrika unter Einschluss der burischen Transvaal-Republik bis zur Santa-Lucia-Bai an der Ostküste zu einer großen transkontinentalen südafrikanischen Siedlungskolonie – zur Aufnahme des deutschen Auswanderer*stromes* – auszudehnen, an Bismarcks ablehnender Haltung sowie am Widerstand Englands (das Zugeständnisse in Kamerun und Neuguinea machte) gescheitert. Wahrscheinlich am 24. Oktober 1886 ertrank Lüderitz mit seinem Begleiter auf einer Forschungsfahrt in der Mündung des Oranjeflusses.

Ebenso zerschlugen sich Bismarcks Charter-Illusionen, die er im Sinne seiner freihändlerischen Expansionsauffassung an die am 30. April 1885 mit ganzen 800 000 Mark Kapitalvermögen – und dies auch nur aus politischer Gefälligkeit

---

[2] Vgl. H. Gründer, Adolf Lüderitz, in: Neue Deutsche Biographie, Bd. 15, München 1987, 452f.

ihm gegenüber – gegründete DKGSWA knüpfte, angesichts des Desinteresses der Gesellschaft an der Ausübung von Hoheitsrechten mit finanziellen Risiken. Bereits im Mai 1885 traf Reichskommissar Dr. Heinrich Göring (der Vater des „Reichsmarschalls“) in Südwestafrika ein, und Anfang 1887 konnte sich Bismarck nicht mehr dem Gedanken verschließen, Südwestafrika als staatliche Verwaltungskolonie zu übernehmen. Nachrichten über angebliche Goldfunde intensivierten zwar noch einmal das Interesse der Gesellschaft an der Erteilung einer Charter zusätzlich zu den bestehenden Korporationsrechten. Aber als im Herbst 1888 wegen der Unzufriedenheit der Hereros mit der Behandlung durch die Deutschen Unruhen im Damaraland ausbrachen, die sich ein englischer *„merchant adventurer“* überdies für seine eigenen Pläne zunutze machte, floh Reichskommissar Göring mitsamt den Vertretern der DKGSWA in die englische Walfischbucht.

Obgleich Bismarck über den fehlenden Unternehmungsgeist des deutschen „Kapitals“ maßlos enttäuscht war und mit dem Gedanken spielte, „das ganze Land zu abandonnieren“ bzw. es in einem Kolonialausgleich mit England (der 1890 zum Helgoland-Sansibar-Abkommen führen sollte) gegen die Nordsee-Insel einzutauschen, sah er sich doch angesichts der zunehmenden Kritik der Kolonial-Chauvinisten und der Gefahr für seine innenpolitische Stellung im Zusammenhang mit dem „Kartell“ von 1887 gezwungen, eine als Forschungsexpedition getarnte Schutztruppe – vorerst nur zwei Dutzend Mann unter Hauptmann Curt von François – in die „Kolonie“ zu schicken. Das war nach der Entsendung des Reichskommissars 1885 der zweite, entscheidende Schritt auf dem Weg zur Etablierung einer formell-direkten Territorialherrschaft. Da England inzwischen für sein eilig errichtetes Betschuana-Protektorat, das die Lüderitzschen Erwerbungen von den Zentralgebieten Südafrikas, vor allem von der Transvaal-Republik unter Präsident Krüger, abriegeln sollte, den 22. Längengrad als Grenze zugesagt hatte – die auch bis 1918 anerkannt blieb –, war die Grenzfrage im Osten weitgehend geklärt. Mit dem deutsch-englischen Kolonialausgleich von 1890 kam nur der sogenannte Caprivizipfel hinzu, der die Kolonie im äußersten Nordosten unmittelbar mit dem in seiner Verkehrsbedeutung überschätzten Sambesi verband.

Noch früher als in Südwestafrika sah sich das Reich gezwungen, in *Kamerun* den Reichsschutz zu institutionalisieren. Bereits in den 1870er Jahren hatten hanseatische Handelshäuser an der westafrikanischen Küste neben den englischen Firmen eine führende Position erworben. Das Handelshaus C. Woermann, seit 1880 unter seinem Geschäftsinhaber Adolph Woermann, dem Prototyp des hanseatischen Kaufmanns, besaß zwischen Liberia und Gabun unstreitig eine überragende Stellung, und diese Spitzenstellung nahmen Kolonialpropagandisten wie Hübbe-Schleiden und Rohlfs zum Anlass, in ihrer Argumentation für eine deutsche Festsetzung in Westafrika den beliebten Indienvergleich heranzuziehen.

Bis 1884 besaß die Firma C. Woermann in Liberia 7, im Kamerungebiet 5, an der Küste südlich des Kongo 12 Faktoreien, die von eigenen Segelschiffen und Dampfern versorgt wurden. Der Reingewinn aus dem Gabunhandel belief sich z.B. 1882 auf 271 852 Mark. Im Jahr 1883 führte Woermann allein für 750 000 Mark Rohprodukte nach

Deutschland ein. An seinen Warensendungen nach Kamerun waren in Deutschland 300 Lieferanten und Fabrikanten beteiligt. Neben Woermann konnte vor allem die Firma Jantzen & Thormälen (seit 1874) ihren Geschäftsumfang beträchtlich erweitern. 1884 besaß sie Faktoreien in Kamerun und acht Filialen zwischen Batanga und Ogowe. Zusammen mit Woermann, der ein Viertel des Kamerunhandels an sich gezogen hatte, beherrschten Jantzen & Thormälen, ehemalige Woermann-Handelsagenten, den Kamerunhandel. Die Gewinne der hanseatischen Firmen waren zunächst außergewöhnlich hoch, da die billigen Exportwaren (Spirituosen, Waffen, Schießpulver, Salz, Tand) gegen hochbegehrte koloniale Produkte auf den europäischen Märkten teuer abgesetzt werden konnten. Bei einzelnen Produkten wie z.B. dem Palmöl betrug die Netto-Gewinnspanne in diesen Jahren bis zu 50 Prozent.

Die Befürchtungen der hanseatischen Überseehändler und die ihrer Verbündeten im Auswärtigen Amt wegen einer Bedrohung deutscher Wirtschaftsinteressen in Westafrika, und zwar sowohl durch französische Aktivitäten unter Pierre S. de Brazza in Äquatorialafrika und von Dahomey aus, als auch durch englisch-französische (Grenz)Absprachen hinsichtlich des englischen Sierra Leone und des französischen Senegambien (Sierra-Leone-Konvention vom 28. 6. 1882) sowie eines englisch-portugiesischen Zusammenspiels im Gebiet der Kongomündung, aber wohl auch die Absicht einer Aufbrechung des Zwischenhandelsmonopols der Du-

Abb.6: Reichskommissar Dr. Gustav Nachtigal hisst am 14. Juli 1884 die deutsche Flagge in Kamerun. Nach einer Skizze von Leutnant z. S. Mandt.

ala führten schließlich zu den erwähnten Vorstellungen Woermanns in Berlin. Bei diesem Schritt kamen den Westafrikahändlern einige Duala-Große, vor allem aus dem Clan der Bell und Akwa, zu Hilfe, die in Konkurrenz zu englisch orientierten Häuptlingen standen. Wenige Tage bevor der englische Konsul Hewett („*the too late consul*“) doch noch das Gebiet um Victoria annektieren und ein das Nigerdelta und die Kamerunküste umfassendes Protektorat errichten konnte, übernahm das Reich durch seinen Sonderbeauftragten „Reichskommissar“ Dr. Nachtigal die Schutzherrschaft über das Gebiet am Kamerun (14.7.1884).

Freilich sollte Nachtigal, der zuvor, am 5. und 6. Juli, „zur Sicherstellung des nicht unbeträchtlichen deutschen Handels“ besonders der Firma Wölber & Brohm das *Togogebiet* bei Bagida und Lome ohne besondere Instruktionen unter kaiserlichen Schutz gestellt hatte (Dok. 11), keine deutsche „Souveränität“ über die erworbenen Gebiete erklären. Während ihm die Engländer zwischen Ambasbai und Rio del Rey ohnehin zuvor kamen, zog der Reichskommissar nach dem 14. Juli zwischen Bimbia und Kap St. John mehrfach die deutsche Flagge auf und bestätigte die von deutschen Kaufleuten vorgelegten Verträge. Da sich inzwischen an der westafrikanischen Küste eine verwirrende Gemengelage von englischen, französischen, deutschen, portugiesischen und spanischen Kolonien, Protektoraten, „Schutzgebieten“ und Stützpunkten ergeben hatte, folgten eine Reihe kolonialer Grenzabsprachen. Sie verliefen im Schatten der Kolonialentente Bismarcks mit den Franzosen weitgehend komplikationslos, wohingegen es mit England immer wieder zu Friktionen kam.

Dok. 11: Die deutsche Etablierung in Togo – Vertrag zwischen Reichskommissar Dr. Gustav Nachtigal und dem König von Togo, Mlapa, vom 5. Juli 1884

Bagida, den 5. Juli 1884
Der Generalkonsul des Deutschen Reichs, Dr. Gustav Nachtigal, im Namen seiner Majestät des Deutschen Kaisers, und Mlapa, König von Togo, vertreten für sich, seine Erben und seine Häuptlinge durch Plakko, Träger des Stockes des Königs Mlapa, haben folgendes Übereinkommen getroffen:
§ 1. König Mlapa von Togo, geleitet von dem Wunsch, den legitimen Handel, welcher sich hauptsächlich in den Händen deutscher Kaufleute befindet, zu beschützen und den deutschen Kaufleuten volle Sicherheit des Lebens und Eigentums zu gewähren, bittet um den Schutz Seiner Majestät des Deutschen Kaisers, damit er in den Stand gesetzt werde, die Unabhängigkeit seines an der Westküste von Afrika, von der Ostgrenze von Porto Seguro bis zur Westgrenze von Lome oder Bey Beach, sich erstreckenden Gebietes zu bewahren. Seine Majestät der Kaiser gewährt seinen Schutz unter Vorbehalt aller gesetzmäßigen Rechte Dritter.
§ 2. König Mlapa wird keinen Teil seines Landes mit Souveränitätsrechten an irgendeine fremde Macht oder Person abtreten, noch wird er Verträge mit fremden Mächten ohne vorherige Einwilligung Seiner Majestät des Deutschen Kaisers eingehen.
§ 3. König Mlapa gewährt allen deutschen Untertanen und Schutzgenossen, welche in seinem Lande wohnen, Schutz und freien Handel und will anderen Nationen niemals mehr Erleichterungen, Begünstigungen oder Schutz gewähren, als den deutschen

Untertanen eingeräumt werden. König Mlapa wird ohne vorherige Zustimmung Seiner Majestät des Deutschen Kaisers keine anderen Zölle und Abgaben als die bis jetzt üblichen erheben, nämlich 1 Shilling für jede Tonne Palmkerne, 1 Shilling für jedes Faß Palmöl, welche an die Häuptlinge des betreffenden Ortes zu zahlen sind.
§ 4. Seine Majestät der Deutsche Kaiser wird alle früheren Handelsverträge zwischen König Mlapa und anderen respektieren und wird in keiner Weise den in König Mlapas Land bestehenden freien Handel belasten.
§ 5. Seine Majestät der Deutsche Kaiser wird in die Art und Weise der Zollerhebung, welche bis jetzt von König Mlapa und seinen Häuptlingen befolgt ist, nicht eingreifen.
§ 6. Die vertragschließenden Parteien behalten sich künftige Vereinbarungen über die Gegenstände und Fragen von gegenseitigem Interesse, welche nicht in diesem Vertrage eingeschlossen sind, vor.
§ 7. Dieser Vertrag wird vorbehaltlich der Ratifikation durch die deutsche Regierung sogleich in Kraft treten.
Zu Urkund dessen haben wir in Gegenwart der unterzeichneten Zeugen unsere Unterschriften hierunter vollzogen

S.J.J. Garber[1]	(als Dolmetscher)	Chief Plakko	+ sein Zeichen
J.B.A. Ahjevon[2]	(als Dolmetscher)	Chief Adey of Lome or Bey	+
H. Randad		Coodaycee	+
Josua Leuze		Hadji, 2nd Chief or Bey	+
Mandt, Leutnant zur See		Okloo	+
Dr. Max Buchner		Nukoo	+
Dr. G. Nachtigal		King Garsa of Bagida	+

1 Die offizielle deutsche Lesart des Namens war Gacher
2 Die offizielle deutsche Lesart des Namens war Ahpevor

Quelle: Peter Sebald, Togo 1884-1914. Eine Geschichte der deutschen „Musterkolonie" auf der Grundlage amtlicher Quellen, Berlin (O) 1988, 43 f.

Im Norden und Nordwesten prallten deutsche und britische Interessen direkt aufeinander. Die Rücksicht Englands auf seine bedrängte Situation in Ägypten, im Sudan und in Mittelasien sowie Bismarcks Politik des diplomatischen Ausgleichs führten jedoch zu einer allmählichen Verständigung. So gaben die Engländer im Mai 1885 ihre „Rechte" bis zum Rio del Rey und teilweise auch im Kameruner Hinterland auf, Bismarck verzichtete auf eine Ausdehnung bis Calabar, das mit dem Cross River außer dem Niger den wichtigsten Zugang zum Benuëgebiet beherrschte – ein Gebiet, das der „Deutsche Kolonialverein" durch den Afrikareisenden Eduard Flegel unbedingt gewinnen wollte. Das gesamte Handelsgebiet am Niger und Benuë fiel durch Bismarcks Billigung einer nordöstlich bis Yola verlaufenden Demarkationslinie Mitte 1886 in die englische Interessensphäre, während der Kanzler schon zuvor die „Erwerbung" des Mahinlandes zwischen Lagos und Benin durch die Hamburger Firma G. L. Gaiser, als „Keil" in das englische Gebiet zwischen Lagos und Kamerun vorgesehen und als direkter Weg nach dem oberen Niger gedacht, als „Kompensationsobjekt" in die Verhandlungen mit den Engländern eingebracht hatte. Nur in der Ambasbucht verzögerte sich ein Kolonialausgleich über Jahre, weil sich englische Händler und Missionare in Victoria und Duala weigerten, die Herrschaft der Deutschen hinzunehmen. Admiral von Knorr, der ein deutsches Kommandounternehmen gegen noch widerstrebende Duala-Häuptlinge leitete und im Dezember 1884 die Stadt Bonaberi bombardierte, führte den Widerstand der dortigen Eingeborenen „allein auf englische Anstiftung" zurück. Erst als die englische Regierung die Abtretung der von ihr auch nach der Überlassung Kameruns an Deutschland im Dezember 1885 weiterhin beanspruchten Ambasbucht von einer befriedigenden Geldentschädigung an die englischen Baptisten abhängig machte – sie übernahm ein von der Regierung vorgeschobener privater Geldgeber sowie die Basler Mission –, konnte das Reich 1887 diese englische Enklave an ihr Territorium in Kamerun angliedern.

Nicht nur die ersten Beispiele einer deutschen Kanonenbootdiplomatie gegen aufständische Duala, auch das Scheitern des von Bismarck erstrebten Schutzbriefsystems machten es von vornherein notwendig, nach Togo und Kamerun Reichsbeamte zu senden. Da sich das nur auf Bismarcks unnachgiebiges Drängen hin im Oktober 1884 zustande gekommene – und wegen interner Streitigkeiten bereits im Dezember 1886 zerfallende – „Westafrika-Syndikat", dem Hamburger Firmen unter Adolph Woermanns Vorsitz angehörten, weigerte, „hoheitliche" Verantwortung zu übernehmen – „Von dem Syndikat wird man Gutachten und Mitteilungen erwarten können, sonst nichts"[3] –, traf als Nachfolger des kaiserlichen Kommissars Dr. Max Buchner bereits im Juli 1885 der frühere Landrat Frhr. Julius v. Soden als erster Gouverneur von Kamerun und vorübergehender Kommissar für Togo in Kamerun ein.

Dass erst zu diesem Zeitpunkt *Ostafrika* verstärkt in den Blickpunkt einer an Kolonien interessierten Öffentlichkeit und der inzwischen staatlich aktivierten deutschen Überseepolitik geriet, hing sicherlich mit dem Umstand zusammen, dass die dortigen deutschen Interessenten, die großen Hamburger Handelshäuser O'Swald & Co. und Hansing & Co. auf Sansibar, bislang keinen Anlass gesehen hatten, Berlin um den Schutz des Reiches zu bitten. Wenn auch bereits am 27.9.1884 der Afrikareisende Gerhard Rohlfs zum „Schutz des deutschen Handels" von Bismarck in den Staatsdienst übernommen und zum Generalkonsul in Sansibar ernannt worden war, hing dies doch in erster Linie mit einer grundsätzlichen Intensivierung der ostafrikanischen Handelspolitik und nicht mit konkreten „territorialen" Absichten des Kanzlers zusammen. Diese waren erst das Ziel von Carl Peters und seinen Freunden, die im Auftrag der „Gesellschaft für deutsche Kolonisation" (GfdK) in einem gewagten Konquistadorenzug parallel, aber unabhängig von der Rohlfsschen Mission die Grundlage für die spätere Kolonie „Deutsch-Ostafrika" schufen.

Der niedersächsische Pastorensohn Carl Peters (1856-1918) hatte 1879 als 24jähriger in Geschichte promoviert und sich seit seinem Studium mit Habilitationsplänen getragen.

---

[3] Zit. n. H.-U. Wehler, Bismarck, 324.

Im November 1880 legte er das Oberlehrerexamen in den Fächern Geographie und Geschichte ab. Das beneidet-bewunderte Vorbild des britischen Empire sowie die Übernahme des Gedankenguts der radikaleren Strömungen der britischen Kolonialideologie während eines über zweijährigen Aufenthaltes bei einem vermögenden Onkel in London gaben dann den Anstoß zu seinen kolonialen Ambitionen und Kolonialplänen. Im neugegründeten „Konservativen-Klub" in Berlin, in dem er stets „in Kanonen(-Hosen), Sporen und mit Hetzpeitsche" auftrat, traf er Gleichgesinnte, mit denen er im März 1884 die GfdK gründete. Die Motive für sein kolonial-politisches Engagement und seine kolonialerobernden Aktivitäten lagen zum einen in der Absicht, dem neuen deutschen Nationalstaat durch koloniale Expansion ein großes Zukunftsziel vor Augen zu stellen, d.h. die deutsche Kolonialexpansion gleichsam als die überseeische Fortsetzung der deutschen Einheitsbewegung zu betrachten, zum anderen in der Befriedigung eines unbezähmbaren Ehrgeizes und fast pathologischen Geltungsbedürfnisses, während mitschwingende wirtschaftliche Motive (Auswanderung, Absatzgebiete) diesen beiden Beweggründen untergeordnet blieben. So schrieb er seiner Mutter im September 1884 über seine hochfliegenden Afrikapläne: „Ich werde durch diesen Coup nicht nur meine ganze Zukunft in großartige Bahnen bringen (...) ich tue auch eine große vaterländische Tat und grabe meinen Namen ein für alle Mal in die deutsche Geschichte ein", und seiner Schwester teilte er wenig später mit, dass er im Begriff sei, „mir persönlich ein Reich nach meinem Geschmack zu erwerben", „ein gewaltiges deutsches Kolonialreich, welches vom Njassa (Sambesi) bis an den Nil reicht und den Kongostaat in kurzer Zeit überholen wird". In seiner aggressiven Kolonialpolitik gab es nur eine Devise: „die rücksichtslose und entschlossene Bereicherung des eigenen Volkes auf anderer schwächerer Völker Unkosten".[4] Demgemäß vertrat er einen rigiden Herrenstandpunkt sowie einen kleinbürgerlichen Nationalismus und rassistischen Sozialdarwinismus. Er gehörte zu den Gründern des „Allgemeinen Deutschen Verbandes", einer Vorläuferorganisation des „Alldeutschen Verbandes". Der „Fall Peters" – er hatte Ende 1891 als „Kais. Kommissar" für das Kilimandscharo-Gebiet aus persönlichen Motiven einen Afrikaner und eine Afrikanerin (seine Konkubine) hinrichten lassen – führte schließlich zur Entlassung aus dem Reichsdienst. 1905 erhielt er jedoch auf dem Gnadenwege von Kaiser Wilhelm II. den Titel eines Reichskommissars a.D. zurück. Die Nationalsozialisten sahen in ihm das national-heroische Vorbild eines „Herrenmenschen", und ihr Chefhistoriker W. Frank edierte seine Werke und plante eine Peters-Biographie.[5]

Carl Peters veranlasste auch die kleine Expedition, die aus ihm, dem Grafen Joachim v. Pfeil und Carl Jühlke, dem Sohn des Berliner Hofgartendirektors, sowie dem Kaufmann Otto bestand, das von der GfdK anvisierte Zielgebiet im Hinterland von Mossamedes in Portugiesisch-Angola heimlich zu wechseln und, beraten von E. v. Weber und angeregt durch die Livingstone-Berichte von Stanley, im September 1884 im Küstenhinterland gegenüber Sansibar Erwerbungen zu versuchen. Innerhalb weniger Wochen schloss er gegen geringfügige Geschenke und wertlose Versprechen mit den lokalen Herrschern in Usagara „Verträge" und erwarb ein Gebiet von insgesamt 140 000 km^2 (vgl. Dok. 12). Nach Berlin zurückgekehrt, bat

4 Zitate nach ebd., 333, 337f.

5 Neueste grundlegende Peters-Biographie: A. Perras, Carl Peters and German Imperialism 1856-1918. A Political Biography, Oxford 2004.

er am 5. Februar 1885 in einem formellen Antrag um Reichsschutz für seine „Besitzungen“, mit denen er den „Keim für ein deutsches Indien“ in Ostafrika gelegt zu haben vermeinte.

Dok. 12: Vorgehen beim Kolonialerwerb – Carl Peters in Ostafrika, 1884/85

Nahten wir uns einem Kral, wo ein Kontrakt zu machen war, so pflegte ich mit dem Dolmetscher und denjenigen von meinen Leuten zusammen zu marschieren, welche irgend etwas von dem betreffenden Herrscher, seinem Charakter, seinen Schicksalen, seinem Besitzstand mitteilen konnten. Wir hielten uns dichter zusammen als an anderen Tagen, und der Einzug in den Kral geschah mit einer Art von Pomp. Waren Araber in der Nähe, von denen wir Gegenintrigen erwarteten, so ließ ich unsere Leute auf gut Glück ihre Büchsen abfeuern, um die „Kanaillen" einzuschüchtern. Ich selbst hatte mir, um den Sultanen ebenbürtiger zu erscheinen, eine Reihe von Fahnen mitgenommen, die ich aufziehen ließ, wo dies am Platz schien. Außerdem waren Gerüchte von meiner Macht und meinem Einfluß in Umlauf gesetzt, und schließlich hatte ich mir meine Haare glatt herunterscheren lassen und sah nun aus, da ich auch meinen Bart anders trug, wie ein alter, ehrwürdiger Mann.
Zogen wir in den Kral ein, so begaben Jühlke und ich uns zu Seiner Hoheit und fragten, was sonst nie geschah, ob er gestatte, daß auch wir unser Lager aufschlügen. In Mbusine bei Mbuela knüpften wir sofort ein recht kordiales Verhältnis an, indem wir den Sultan zwischen uns auf ein Lager (Kitanda) nahmen, von beiden Seiten unsere Arme um ihn schlagend. Wir taten dann einen Trunk guten Grogs und brachten Seine Hoheit von vornherein in die vergnüglichste Stimmung. Als Graf Pfeil erschien, meinter er, das sei ja schon ein recht vielversprechender Anblick. Alsdann wurden die Ehrengeschenke ausgetauscht, und wir zogen uns zum Mittagessen in unser Lager zurück. Nach dem Essen machte uns der Sultan seinen Gegenbesuch, wobei wir ihn mit süßem Kaffee traktierten. Alsbald begannen dann auch die diplomatischen Verhandlungen, und auf Grund derselben wurde der Kontrakt abgeschlossen.
War dies geschehen, so wurden die Fahnen, wenn's ging, auf einer die Umgegend beherrschenden Höhe gehißt, der Vertrag im deutschen Text von Dr. Jühlke verlesen, ich hielt eine kurze Ansprache, wodurch ich die Besitzergreifung als solche vornahm, die mit einem Hoch auf Se. Majestät den Deutschen Kaiser endete, und drei Salven, von uns und den Dienern abgegeben, demonstrierten den Schwarzen ad oculos [vor Augen], was sie im Fall einer Kontraktbrüchigkeit zu erwarten hätten. Man wird sich nicht leicht vorstellen, welchen Eindruck der ganze Vorgang auf die Neger zu machen pflegte. In das Hoch auf den Kaiser stimmten sie kreischend und springend, die Sultane voran, mit ein; bei den Salven wichen sie scheu zurück.

Quelle: Carl Peters, Gesammelte Schriften, Erster Band, München 1943, 302.

Da Peters nicht nur zusagte, mit einer zukünftigen Charter-Gesellschaft „nach dem Vorbild der Ostindischen Kompanie“, der kurz darauf gegründeten „Deutsch-Ostafrikanischen Gesellschaft“ (DOAG), Bismarcks Vorstellungen von einem kaufmännischen Regime entgegen zu kommen, sondern auch geschickt eine Verbindung dieser geplanten Gesellschaft mit den bereits bestehenden und im Auswärtigen Amt beobachteten Interessen in Sansibar andeutete, erhielt die GfdK schon am 27. Februar 1885 einen kaiserlichen Schutzbrief. Ende Februar wurde die vorgesehene DOAG unter Führung von C. Peters zunächst als offene Handelsgesellschaft gegründet, dann jedoch in eine Kommanditgesellschaft umgewandelt. Nach dem Eintritt des Elberfelder Bankiers Carl v. d. Heydt als Kommanditist mit einer Einlage von 100 000 Mark sowie einer privaten 500 000 Mark-Beteiligung Wilhelms I. begann allerdings der Einfluss von Peters und der anderen kleinbürgerlichen „Gründer" zu schwinden.

In der Folgezeit schloss C. Peters auf mehreren Expeditionen „Schutzverträge" mit weiteren Herrschern in Ostafrika und etablierte ein Handelsstützpunktsystem, wohingegen von Bismarcks Plänen eines Ostafrika-Syndikats, einer Verbindung der DOAG mit den Firmen O'Swald und Hansing, nichts übrigblieb. Im Zuge des „Aufstands der Küstenleute" von 1888/89 („Araber-Aufstand"), verursacht durch das wirtschaftliche Vordringen der DOAG in Konkurrenz mit dem arabischen und arabisierten Zwischenhandel, aber auch durch das brutale Auftreten der Handelsagenten gegenüber der eingeborenen Bevölkerung, sah sich der Kanzler sogar gezwungen, unter dem Vorwand der Bekämpfung des Sklavenhandels eine Expeditionstruppe unter Reichskommissar Hermann v. Wissmann zur Unterwerfung der Aufständischen nach Ostafrika zu schicken. Damit setzte auch in diesem „Schutzgebiet" zwangsläufig der Wandel vom Schutzbriefsystem zur direkten Reichskolonialverwaltung ein – eine Entwicklung, die Bismarck immer zu verhindern gesucht hatte. Einem Verkauf der DOAG-Rechte an England, dessentwegen Peters ebenso wie zuvor Lüderitz hinsichtlich seiner südwestafrikanischen „Besitzungen" bereits ernsthaft verhandelt hatte, konnte die Reichsregierung aus inneren und äußeren Prestigegründen nicht zustimmen. Die bislang mit Hoheitsrechten ausgestattete Gesellschaft, die bis zu diesem Zeitpunkt und noch lange darüber hinaus keine Gewinne ausschütten konnte, wandelte sich am 1. Juli 1891 in eine reine Handelsgesellschaft.

Als am 14. Februar 1891 der bisherige Gouverneur von Kamerun, Julius v. Soden, zum ersten Gouverneur Deutsch-Ostafrikas ernannt wurde, näherten sich auch die umstrittenen Grenzfragen in Ostafrika einer weitgehenden Regelung. In Ägypten, im Sudan und an der afghanischen Grenze hart bedrängt, besaß die englische Regierung zu wenig außenpolitischen Spielraum, um den deutschen Vorstellungen nachdrücklich entgegen zu treten, während Bismarck umgekehrt nur über die „törichten Jingos" spottete, die England in Ostafrika völlig ausschließen wollten. Bereits am 29. Oktober 1886 war es durch einen Notenaustausch zu einem deutsch-englischen Ostafrika-Abkommen gekommen, in dem beide Mächte dem Sultan seinen Inselbesitz und einen zehn Meilen tiefen, ununterbrochenen Küstenstreifen vom portugiesischen Kap Delgado bis hinauf nach Kipini nördlich des Tanaflusses garantiert hatten. Den Deutschen wurde das Gebiet zwischen dem Rovuma bis hin zum Njassa-See im Süden und im Norden entlang einer Linie bis zum Victoria-See zuerkannt, wobei das zwischen der DOAG und der „British East Africa Company" umstrittene Kilimandscharo-Gebiet Deutschland erhielt. Bis auf die offen gebliebene Westgrenze umfasste dieses Territorium genau das Schutzgebiet seit dem Helgoland-Sansibar-Vertrag vom 1. Juli 1890.

In diesem Vertrag verzichtete Deutschland auch endgültig auf alle noch möglicherweise bestehenden Ansprüche auf Witu, Somaliland und Uganda. Schon 1867 hatte der Sultan von *Witu*, das nördlich der deutschen Schutzgebietsgrenze im Küstengebiet zwischen Mombasa und Jubamündung lag, durch Vermittlung des Afrikareisenden Richard Brenner um ein preußisches Protektorat gebeten, das indessen in Berlin gar nicht ernstlich diskutiert wurde. Erst die Reisenden Clemens und Gustav Denhardt, die 1878/79 am Tanafluss Forschungen getrieben hatten und nach ihrer Rückkehr die „Tana-Gesellschaft" zur Betreibung von Handel und Gewerbe im sogenannten Suaheli-Sultanat (Witu-Tana-Gebiet) begründeten, schlossen im April 1885 mit dem Sultan einen Vertrag über ein Stück Land und baten die Reichsregierung um Schutz für ihre Erwerbung. Ihre Propaganda für die schließlich nach großen Schwierigkeiten im Dezember 1887 unter Beteiligung der üblichen Geldgeber zustande gekommene „Deutsche Witu-Gesellschaft" erwies sich jedoch als wenig erfolgreich: In den ersten anderthalb Jahren verdiente die Gesellschaft nicht mehr als ganze 4 120 Mark. Wenige Monate, nachdem die DOAG das Witu-Gebiet im Austausch gegen Anteilscheine ihrer Gesellschaft übernommen hatte, schied das Witu-Tana-Gebiet mit dem Helgoland-Sansibar-Vertrag aus der deutschen Interessensphäre aus. Das gleiche galt für die Verträge, die DOAG-Agenten seit 1886 an der *Somaliküste* geschlossen hatten, die aber ebenfalls bis 1890 ohne wirtschaftliche Bedeutung geblieben waren.

Schwierigkeiten über den Zeitpunkt des Kolonialausgleichs mit England über das Jahr 1890 hinaus ergaben sich nur hinsichtlich der im deutsch-englischen Abkommen von 1886 offen gebliebenen Westgrenze. Sie wurden durch die ehrgeizigen Expansionspläne der deutschen Kolonialinteressenten im Zusammenhang mit der Suche und Rettung des ehemaligen Gouverneurs der ägyptischen Äquatorialprovinz, Mehmed Emin Pascha, eines deutschen Staatsbürgers namens Eduard Schnitzer, zusätzlich verschärft. Parallel zu der im englischen Auftrag gestarteten Expedition des zu jener Zeit berühmtesten Afrikaforschers Henry Morton Stanley hatte sich nämlich im Juni 1888 ein deutsches „Emin-Pascha-Komitee" gebildet, hinter dem die DOAG, die Deutsche Kolonialgesellschaft, Kolonialunternehmer und Kolonialpropagandisten standen, die den mit der Rettungsaktion betrauten Carl Peters beauftragten, Möglichkeiten deutscher Ausbreitung und Einflussnahme im Hinterland von Ostafrika zu sondieren und einen deutschen „Griff nach dem Nil" vorzubereiten. Das entsprach Peters' eigenen Vorstellungen von einem „deutschen Indien" in Ostafrika, welches sich von der Somaliküste bis Mosambik, von Daressalam bis zum Kongostaat und zum oberen Nil erstrecken sollte. Mitte Februar 1890 versah sogar die deutsche Kolonialregierung Emin Pascha, der nach der „Befreiung" durch Stanley in deutsche Dienste getreten war, mit der Weisung, englischen Ambitionen gegenüber die deutschen Interessen südlich des und entlang dem Victoria-Nyanza sowie in dem noch nicht einer „Interessensphäre" zugesprochenen Gebiet zwi-

Abb. 7: Carl Peters (rechts) und Emin Pascha in Mpuapua (heute Mpapua), Sommer 1890

schen dem Tanganyika-See und dem Victoria-Nyanza bis zum Muta Nzige (Edward-See) und Albert-Nyanza zu sichern.

Mit dem Helgoland-Sansibar-Abkommen erlosch zwar das offizielle Interesse des Reichs an *Uganda*, es bedeutete indes noch keineswegs das Ende des Subimperialismus der „*men on the spot*"; sahen Peters und Emin Pascha doch in Uganda und im südlichen Sudan ein wichtiges Teilstück ihres von Ost nach West (Kamerun) projektierten deutschen „Mittel-Afrika". Erst das machtpolitische Übergewicht der Engländer in Uganda – Carl Peters hatte am 27.2.1890 einen Handelsvertrag mit dem Kabaka von Buganda, Mwanga (1884-1897), geschlossen, war dann aber vor dem nachrückenden Agenten der British East Africa Company geflohen – und Bismarcks schroffe Desavouierung des „kriminellen Unternehmens" der Kolonialkonquistadoren beendeten das Uganda-Abenteuer, freilich nicht die Spekulationen der an einer Erweiterung des deutsch-ostafrikanischen Gebietes interessierten deutschen Kolonialpartei. Wegen der deutschen Konzessionen im Nordwesten räumte Salisbury den Deutschen bereitwillig die erstrebte Grenze mit dem Kongostaat ein, wenn das Reich auch Jahre später auf der Kivu-Mfumbiro-Konferenz (1910) noch auf die begehrte Kwidschi-Insel im Kivu-See zugunsten Belgiens verzichten musste. Die bisher gepachtete Küste wurde gegen eine Entschädigungssumme von 4 Millionen Mark an den Sultan der DOAG überlassen, Sansibar zum englischen Protektorat erklärt, die „Kolonie" Helgoland dagegen von England an das Reich abgetreten.

Neben den Gebieten in Afrika gehörte schon seit Ende der 1860er Jahre, wenn auch nicht in der gleichen publizistischen Breite, die pazifische Inselwelt zu den bevorzugten Objekten kolonialer Projektemacherei. Seit den ausgehenden 1850er Jahren hatten sich hanseatische Firmen in größerem Umfang an der Handelsoffensive in den Pazifik beteiligt und dort in den folgenden beiden Jahrzehnten eine hervorragende, sogar dominierende Stellung erobert. Das Vordringen anderer Staaten – sei es der Engländer 1874 auf den Fidschi-Inseln, sei es der Amerikaner 1875 auf Hawaii, vor allem jedoch der australische „Subimperialismus" – verstärkte in Berlin die Bereitschaft zur politischen Unterstützung dieses Handels, der beträchtliche Zuwachsraten zu verzeichnen hatte. Dieses Interesse manifestierte sich in einer Reihe von „Handelsverträgen", die deutsche Seeoffiziere zum Nutzen hanseatischer Handelsfirmen mit Eingeborenenhäuptlingen schlossen.

Das Zentrum der deutschen Handelsentwicklung lag eindeutig in der polynesischen Inselwelt. 1877 befanden sich 87% des Exports von und 79% des Imports nach Samoa und Tonga in deutschen Händen.[6] Im Kerngebiet Polynesiens hatte das bedeutendste Südseeunternehmen in der vorkolonialen Phase, das Hamburger Handelshaus Johann Cesar Godeffroy & Sohn, Nachfahren französischer Hugenotten, die bereits im Handel mit Lateinamerika erfolgreich tätig gewesen waren, quasi eine Monopolstellung erlangt. Seit 1856 baute die Firma von Valparaiso aus ein regelrechtes Handelsimperium mit Schwerpunkt in Apia auf Samoa auf, das sich in einem weitmaschigen Netz von den Gesellschaftsinseln über die Fidschi-Inseln bis zu den Karolinen- und Palauinseln erstreckte und umfangreiche Kokosnuss- und Baumwollpflanzungen umfasste (1879 beschäftigte sie 1 210 Arbeiter auf 4 337 *acres* Plantagenland). Über 100 größere und kleinere Segelschiffe konnte die Firma als Sammelschiffe von Tahiti bis zu den Marianen einsetzen. Einfuhrartikel waren Textilien, Eisenwaren und Waffen mit Munition, Exportwaren nach Europa Kokosöl, Kopra, Baumwolle, Perlmutt, Trepang und Schildpatt. Der Hauptvertreter der Firma in Polynesien, Theodor Weber, fungierte in Apia zugleich als deutscher Konsul. 1876 schloss er einen Handelsvertrag mit den Tonga-Inseln, 1879 im Verbund mit Engländern und Amerikanern mit Samoa, der die gemeinsame wirtschaftliche Erschließung der Inseln sicherte.

Im selben Jahr 1879 geriet das Haus Godeffroy jedoch auf Grund unkluger Spekulationen, die es mit den hohen Gewinnen aus dem Südseehandel unternommen hatte, in Zahlungsschwierigkeiten, nachdem die private Firma bereits ein Jahr zuvor in die „Deutsche Handels- und Plantagen-Gesellschaft" (DHPG) umgewandelt worden war. Da zu einem Zeitpunkt, als sich sowohl die Handelsbeziehungen zu Samoa vertraglich gefestigt hatten als auch die Marine in den Besitz eines Stützpunktes auf Samoa gelangt war, die Anteile der Gesellschaft in die Hände englischer

6 S. G. Firth, German Firms in the Pacific Islands, 1857-1914, in: J. A. Moses – P. M. Kennedy (Hg.), Germany in the Pacific and Far East, 1870-1914, St. Lucia, Qld., 1977, 7.

Gläubiger zu gelangen drohten, war Bismarck bereit, die Firma mit Reichsmitteln zu unterstützen. Nicht der – auch vorhandene – Einfluss der Godeffroys auf die Berliner Politik bestimmte daher den Entschluss des Kanzlers, sondern weitgefächerte wirtschaftspolitische Interessen, zu denen zusätzlich zu dem bereits vorhandenen bedeutenden (Über-)Gewicht des deutschen Seehandels die Argumente der „(handels-)strategischen" Lage der Samoainseln zählten, die noch durch den projektierten Panamakanal an Bedeutung in beiderlei Hinsicht zu gewinnen schienen. Für die Kolonialpropagandisten und die Kolonialenthusiasten spielte dagegen neben der Vision eines „konsumtions- und zahlungsfähigen Marktes" im Pazifik und in Australien die „politische Ehre der deutschen Nation" die erste Rolle, während die Anhänger des Wirtschaftsliberalismus in der „*Samoa-Vorlage*" nur den Auftakt für erste koloniale Experimente sahen. Freihändlerische Linksliberale im Verein mit dem Zentrum sowie 144 abwesende Reichstagsabgeordnete bei Zustimmung durch die Frei- und Deutschkonservativen und den rechten Flügel der Nationalliberalen (112 : 128) brachten dann auch die Vorlage am 27. April 1880 zu Fall. Diese „Niederlage" Bismarcks, der allerdings keinen „Kolonialerwerb" im Sinn gehabt hatte, sondern eine unmittelbare Unterstützung des Außenhandels mit Reichsmitteln wollte, dürfte freilich dazu beigetragen haben, dass er künftig in „kolonialen" Fragen noch vorsichtiger taktierte. Die DHPG gesundete unterdessen infolge der Stützung dieses in der Substanz gesunden Handelsunternehmens durch ein Bankenkonsortium unter der Führung Adolph v. Hansemanns sowie Gerson v. Bleichröders, Bismarcks Privatbankier.

Hansemanns erfolgreiches handelspolitisches Engagement in Polynesien veranlasste ihn nunmehr, sein Augenmerk auch auf die größte melanesische Insel, nämlich *Neuguinea*, zu richten, die nach ihrer Entdeckung 1526 weitgehend in Vergessenheit geraten war und erst in der zweiten Hälfte des 19. Jahrhunderts wieder Anziehungspunkt für europäische Händler wurde. In dieser Absicht mag ihn sein Schwager Kusserow im Auswärtigen Amt bestärkt haben; beschäftigte sich der Kolonialreferent Bismarcks doch zu jener Zeit so engagiert mit der Rolle Deutschlands in der Südsee, dass man dieses Gebiet in der Wilhelmstraße bereits „Kusserowien" apostrophierte. Zusammen mit Bleichröder und weiteren Großfinanziers bildete Hansemann 1882 ein „Neuguinea-Konsortium", das seine Bestrebungen auf den Erwerb des nordöstlichen Teils der Insel richtete, nachdem die kolonialen Ansprüche der Australier auf den Südteil der Insel als vorrangig anerkannt wurden. Als die britische Regierung schließlich in Anbetracht der „deutschen Kolonisationspläne" unter dem Druck des Partikularimperialismus seines weißen Dominions die gesamte Osthälfte Neuguineas unter britisches Protektorat stellte (6.8.1884), beeilte sich das Konsortium, nun seinerseits in dem anvisierten Zielgebiet von Nordost-Neuguinea und auf der neubritannischen Inselgruppe *faits accomplis* zu schaffen. Mitbestimmt war diese Eile durch die Abwerbung von einheimischen „Arbeitern" durch die australischen Kolonien, die damit den deutschen Plantagenarbeitsmarkt von den dringend benötigten Arbeitskräften zu entblößen drohten. Im Herbst 1884 schloss der Forschungsagent des Neuguinea-Konsortiums, Dr.

Otto Finsch, mehrere Erwerbungsverträge in diesem Bereich ab, durch die sich die Berliner Gesellschaft ein Gebiet von mehr als 200 000 km² sicherte. Nachdem diese Erwerbungen den gleichen kaiserlichen Schutz wie die afrikanischen Investitionen der Hansestädte zugesichert bekommen hatten, erhielt auch der deutsche Generalkonsul in Sydney, v. Oertzen, den Befehl, an der Nordostküste von Neuguinea und über dem Archipel von Neu-Britannien die deutsche Flagge zu hissen. Kurz zuvor hatte Gladstone erklärt, der von England gegenüber Australien versprochene Schutz beschränke sich nur auf den Südteil der Insel. Im November und Dezember 1884 zog Finsch an verschiedenen Stellen Nordost-Neuguineas, auf Neu-Britannien und auf umliegenden Inseln die deutsche Fahne auf.

Ohne Schwierigkeiten gelangten dagegen im November die „unbestritten herrenlosen" mikronesischen Marshall-, Providence- und Browninseln in die deutsche Schutzsphäre, nachdem Robertson & Hernsheim sowie die DHPG seit Jahresbeginn um die Proklamation der deutschen Schutzherrschaft gebeten hatten. Die von beiden Firmen gebildete *„Jaluit-Gesellschaft"*, die bis 1906 diese Inseln verwaltete – die einzige Charter-Gesellschaft, die über die Jahrhundertwende hinaus aushielt –, war wirtschaftlich höchst erfolgreich.[7]

Während am 23. Dezember die deutschen Auslandsmissionen erfuhren, dass Neu-Britannien und das nordöstliche Neuguinea unter den „Schutz" des Kaisers gestellt waren, weigerte sich Bismarck in seinen Verhandlungen mit England, ebenso wie er in Südwestafrika die „afrikanische Monroe-Doktrin" Englands zurückgewiesen hatte, ein „Naturrecht der Australier auf Neuguinea und die anderen unabhängigen Inselgebiete der Südsee" anzuerkennen. Anfang 1885 gerieten die Verhandlungen jedoch auf ein ruhigeres Gleis, so dass im April 1885 der Nordosten Neuguineas zusammen mit Neu-Britannien als das „pazifische" Schutzgebiet des Reichs von England anerkannt wurde. Am 6.4.1886 grenzten schließlich England und Deutschland ihre beiderseitigen Interessensphären endgültig ab, wobei neben dem anerkannten Besitz von Nordost-Neuguinea (Kaiser-Wilhelmsland) und dem Archipel von Neu-Britannien (seit dem 19. Mai 1885 offiziell Bismarck-Archipel mit den Inseln Neu-Hannover, Neu-Mecklenburg, Neu-Lauenburg und Neu-Pommern) die westlichen Salomonen mit den Eilanden von Buka, Bougainville, Choiseul und Isabella im deutschen Eigentum verblieben.

Bereits im Frühjahr 1885 hatte Hansemann sein „Konsortium" in die *„Neuguinea-Kompanie"* umgewandelt. An der Spitze der Gesellschaft standen weitere namhafte Vertreter des Großkapitals und des Großhandels wie Oppenheim, Hammacher, Guido Henckel von Donnersmarck, Fürst Kraft zu Hohenlohe-Öhringen, Fürst Hatzfeldt-Trachenberg, Graf Stolberg-Wernigerode, der Herzog von Ujest, W. v. Siemens und Adolph Woermann. Nachdem sich die auf Neu-Britannien tätige Hamburger Firma Robertson & Hernsheim der „Kompanie" mehr oder weniger gezwungen angeschlossen hatte, erhielt diese mit dem „Schutzbrief" vom 17. Mai 1885 die Hoheitsrechte auf Neuguinea und dem Bismarck-Archipel sowie am 13.

7 Vgl. W. Treue, Die Jaluit-Gesellschaft, Tradition 7 (1962), 107-123..

Dezember 1886 noch für die ihrem Schutzgebiet zugewonnenen Inseln der Salomon-Gruppe. Danach hatte das Tätigkeitsgebiet der Gesellschaft eine Ausdehnung von ca. 240 000 km² erreicht.[8]

Mit der Zuerkennung der Rechte der Landeshoheit wurde die Kompanie zu einem autonomen Selbstverwaltungskörper mit quasi souveränen Hoheitsrechten. Ihre Vorstellungen liefen darauf hinaus, das Land zu erforschen, Stationen zu errichten und eine Schiffsverbindung mit Australien herzustellen. Als ihre einzige Aufgabe sah sie die Einrichtung einer Verwaltung sowie Bodenspekulationen an, während Handel und Plantagenwirtschaft in den Händen von „Tausenden" deutscher Emigranten liegen sollten. Die Realität sah indessen völlig anders aus: Die Gesellschaft ging stetig dem Zusammenbruch entgegen. Die Gründe für ihr Scheitern waren vielfältiger Art. Neben äußeren Bedingungen wie dem unverträglichen Klima und einer Reihe von Naturkatastrophen, die aber auch andere Firmen betrafen, lagen sie vor allem in einer falschen Pflanzungsstrategie, in der überformalisierten Verwaltung, versuchte Hansemann doch, „Neuguinea von seinem Schreibtisch aus in Berlin zu verwalten, als ob es sich um ein Rittergut in der Mark Brandenburg handelte"[9], sowie in einem ausgesprochenen Missmanagement. Entscheidend dürfte jedoch die durch das rassenideologische Kolonisationsverständnis der Gesellschaft bedingte Unfähigkeit gewesen sein, Beziehungen zu den Eingeborenen herzustellen, wenngleich die zahlreichen Idiome Neuguineas die Verständigung und das Fehlen von Häuptlingen als Mittler den Kontakt erschwerten. Das völlige Scheitern einer „Arbeiterrekrutierung" einschließlich des Versuchs, auswärtige Arbeitskräfte (Javaner, Chinesen) zu importieren, ließen die Gesellschaft schon bald nach einer Entlastung von den Verwaltungskosten drängen. Im Mai 1889 übernahm das Reich vorübergehend bis zum September 1892 die Verwaltung des Schutzgebiets, aber die Kosten musste die Kompanie weiterhin tragen. Als sie 1893 bereits 7 Millionen Mark investiert und nur Verluste aufzuweisen hatte, ging im April 1895 die Verwaltung des Bismarck-Archipels – der einzige gewinnbringende Ort der Gesellschaft – und am 1. April 1899 das Kaiser-Wilhelmsland endgültig an das Reich über. Für ihre „Pionierarbeit" erhielt die Gesellschaft allerdings 4 Millionen Mark und 50 000 ha Land als Ablösung ihrer hoheitlichen Rechte – was freilich nichts anderes hieß, als dass das Reich für die Unkostenseite des „unprofitablen Imperialismus" der Neuguinea-Kompanie einstehen musste.

Im selben Jahr 1899, als das Reich die Verwaltung in den Erwerbungen der Südsee – bis auf die Besitzungen der Jaluit-Gesellschaft – übernahm, konnten auch zwei andere Interessengebiete endgültig zu seinem pazifischen Schutzgebiet hinzu erworben werden: die Karolinen und Samoa. Die *Karolinen-*, die zusammen mit den Marianen- und Palau-Inseln von Spanien für 25 Millionen Pesetas nach dem verlorenen Krieg gegen Amerika (das die Insel Guam behielt) verkauft werden muss-

[8] Vgl. S. G. Firth, The New Guinea Company, 1885-1899: a case of unprofitable imperialism, Historical Studies 15 (1972), 361-377.

[9] H. Schnee, Als letzter Gouverneur in Deutsch-Ostafrika. Erinnerungen, Heidelberg 1964, 26.

ten, hatten bereits im Zusammenhang mit den übrigen Südsee-Erwerbungen 1884/85 die deutsche Kolonialpolitik beschäftigt. Nachdem das Berliner Auswärtige Amt Mitte der 1870er Jahre im Verein mit dem Foreign Office exklusive spanische Zollrechte auf der Inselgruppe mit Erfolg zurück gewiesen hatte, bat genau 10 Jahre später (Jan. 1885) die Hamburger Firma Robertson & Hernsheim, die inzwischen ein Handelsmonopol auf den Karolinen besaß, wegen der englisch-australischen Konkurrenz um eine Ausdehnung des Reichsschutzes auf die Karolinen. Auch in diesem Fall fand sich ein Befürworter dieser Pläne im Auswärtigen Amt, der Legationsrat Krauel, der als Konsul in Australien gewirkt hatte und der die Karolinen-Angelegenheit so engagiert betrieb, dass man im Amt statt von den Karolinen nur von den „Krauelinen“ sprach. Da die Karolinen in den deutsch-britischen Verhandlungen zur deutschen Interessensphäre geschlagen wurden und Spanien bislang kein sonderliches Interesse an den von ihm entdeckten Inseln („*Carolinas*“ nach Karl II. von Spanien) gezeigt hatte, trug Bismarck keine Bedenken, die deutsche Flagge durch das Kriegsschiff „Iltis“ auf den Palau- und Karolinen-Inseln hissen zu lassen. Als jedoch die Karolinenfrage von einer nationalistischen Öffentlichkeit in Spanien hochgespielt wurde und die politischen und vor allem für Deutschland höchst vorteilhaften wirtschaftlichen deutsch-spanischen Beziehungen ernstlich gefährdete, war Bismarck der Meinung, dass die Karolinenangelegenheit keine „Kolonialfrage“ mehr sei, sondern eine politische: „die Karolinen sind Nebensache und die Beziehungen zu Spanien Hauptsache“[10]. Geschickt lancierte er das von Papst Leo XIII. ausgesprochene Karolinenurteil vom 22.10.1885, das den Deutschen volle Handels- und Niederlassungsfreiheit auf den Karolinen sowie das Recht zur Errichtung einer Kohlenbunkerstation sicherte und dessen innenpolitischer Effekt zusätzlich auf eine Schwächung der Windthorstschen „katholischen Demokratie“ zielte.

Parallel zu dem Streit um die Karolinen 1885 steuerten die englisch-amerikanisch-deutschen Interessen um *Samoa* einer Auseinandersetzung zu, nachdem bis dahin das politische Gleichgewicht – bei einem wirtschaftlichen Übergewicht der reorganisierten DHPG – durch die Herrschaft der drei Konsuln ausbalanciert worden war. Die Kämpfe rivalisierender Königsfamilien (Tupua, Malietoa) nutzten übereifrige deutsche Konsuln zur Parteinahme für die eine Seite (Tamasese Tupua), wohingegen englische und amerikanische Vertreter dessen Gegenspieler (Malietoa Laupepa) unterstützten.[11] Bismarck, von formellen Herrschaftsansprüchen auf die Samoainseln weit entfernt und über die „Exzesse“ des „*morbus consularis*“ aufge-

[10] Zit. n. H.-U. Wehler, Bismarck, 403.

[11] Zur inneren Entwicklung Samoas und zur Verschärfung der traditionellen samoanischen Parteibildungen durch die europäische Penetration, in der die samoanischen Faktionen jedoch keineswegs die Handlanger ihrer europäischen Protektoren waren und durchaus egoistische Ziele verfolgten, vgl. die ausgezeichnete Studie von R. P. Gilson, Samoa 1830 to 1900: The Politics of a Multi-Cultural Community, Melbourne 1970; ferner P. M. Kennedy, The Samoan Tangle: A Study in Anglo-German-American Relations 1878-1900, Dublin, New York, St. Lucia, Qld., 1974.

Abb. 8: Karikatur zum Karolinen-„Schiedsspruch" Papst Leo XIII.

bracht, rief die Konsuln zwar wiederholt zu einer zurückhaltenderen Politik auf, konnte aber – nach dem gescheiterten Versuch einer Konferenz über Samoa im Sommer 1887 in Washington – nicht verhindern, dass sich der deutsche Vertreter ganz hinter Tamasese stellte, diesem einen deutschen (Militär-)Berater beigab und in einem Gewaltstreich Malietoa Laupepa kurzerhand nach Kamerun deportierte. Daraufhin sammelte sich die Oppositionspartei unter dem Tamasese-Rivalen Mataafa, der Ende 1888 zunächst Sieger blieb, dann aber nach der offenen Erklärung des Kriegsrechts durch den seine Anweisungen missachtenden Konsul von deutschen Marineinfanteristen gefangen gesetzt wurde. Als die Amerikaner jetzt daran gingen, unter der Devise der *„open door"* ihre pazifische Machtstellung zu behaupten und Kriegsschiffe in die Südsee auslaufen ließen, schlug Bismarck erneut eine Konferenz vor. Diese Berliner Konferenz (April-Juni 1889) sah als einzigen Ausweg aus der verfahrenen Situation eine von den drei interessierten Mächten gemeinsam ausgeübte Regierungsgewalt an. Sie wahrte die Fiktion einer autonomen samoanischen Königsherrschaft, setzte jedoch an die Stelle des diskreditierten konsularischen Regiments eine reorganisierte Munizipalverwaltung in Apia mit einem Präsidenten an der Spitze, der auf die gleiche Weise wie der Oberrichter (als Appellationsinstanz in nichtnationalen und Schiedsrichter in Thronfolgefragen) von Deutschland, Amerika und England gemeinsam bestimmt wurde. Dieses Tridominium funktionierte mehr schlecht als recht bis 1899, um dann in einer deutsch-amerikanischen Interessenteilung zu enden. Während die Engländer zum Ausgleich für die Aufgabe ihrer Rechte – unter dem Druck des Burenkrieges – den größten Teil der Salomon-Inseln (mit Ausnahme von Bougainville und Buka) und der Tonga-Inseln erhielten, teilten Amerika und Deutschland Samoa, wobei das Reich mit Upolu und Savaii den größeren Anteil in Besitz nehmen konnte.

Fast zwei Jahre, bevor der Samoa-Vertrag stipuliert wurde (14.11. bzw. 2.12.1899), hatte Deutschland schließlich noch „sein Kolonialgebiet" in Ostasien – *Kiautschou* – erworben. Schon frühzeitig mit der „Öffnung" Chinas durch die Engländer im Opiumkrieg (1840-42) formierte sich das deutsche Interesse an einer ökonomischen Expansion im Fernen Osten. So kommentierte Friedrich List die Nachricht vom Friedensschluss nach dem Opiumkrieg mit der Bemerkung: „Der Friede von Nanking ist ein großes Ereignis für den Welthandel, ein größeres vielleicht, wenigstens was die augenblicklichen Folgen betrifft, als die Entdeckung von Amerika."[12] Die Fata Morgana eines chinesischen „Marktes" von 600 Millionen Menschen – wahrscheinlich waren es um diese Zeit um die 400 Millionen – beschäftigte nicht nur ihn, sondern ebenso die Vorstellungen der an deutscher wirtschaftlicher Expansion interessierten Beobachter. Noch in den vierziger Jahren ließen sich die in Hamburg ansässigen Firmen Carlowitz & Co. und Siemssen & Co. in China nieder, die bis zum Weltkrieg eine führende Stellung im Fernen Osten innehatten. Um 1848 gab es in Ostindien und China bereits 64 deutsche Firmen.

Als England und Frankreich in den Tientsiner Verträgen (1858) die Öffnung weiterer elf Häfen für ihren Handel, Schifffahrtsrecht auf dem Yangtse sowie das Recht durchsetzten, diplomatische Vertreter in Peking zu akkreditieren, fürchtete Preußen nunmehr ernsthaft, den Anschluss in China zu verpassen. Die erste „Weltwirtschaftskrise" von 1857-1859 hatte zudem in mehreren Industriestaaten zu einer latenten Überproduktion geführt, wodurch auch der Zollverein in eine Außenhandelskrise geriet und neue Absatzmärkte suchte. Hinzu kam, dass Preußen im Zuge der „neuen Ära" seine Position im Kampf um die Vormachtstellung in Deutschland gegenüber Österreich auszubauen beabsichtigte. 1859 brach deshalb eine preußische Expedition unter der Führung des Grafen Friedrich Eulenburg (ein Onkel Philipp Eulenburgs, des Intimus von Wilhelm II.) in den Fernen Osten auf, in der Absicht, für Deutschland die gleichen Rechte und Privilegien zu erwerben, die zuvor von Japan und China unter starkem Druck dem britischen Reich, Frankreich, Russland und den Vereinigten Staaten gewährt worden waren. Der Vertrag von Tientsin vom 2. September 1861, den Preußen in seinem eigenen Namen und im Namen von weiteren Zollvereinsmitgliedern sowie der Großherzogtümer Mecklenburg-Schwerin und Mecklenburg-Strelitz, der Hansestädte Lübeck, Hamburg und Bremen unterzeichnete, war infolgedessen mehr oder weniger eine Kopie der bisherigen Verträge Englands und Frankreichs mit China. Er gewährte den deutschen Staaten die Rechte der meistbegünstigten Nation, aber nur Preußen das Recht der diplomatischen Vertretung in Peking. In den 60er und 70er Jahren tauchten dann wiederholt Projekte interessierter Kreise Deutschlands auf, einen territorialen Stützpunkt an der chinesischen Küste oder in unmittelbarer Nähe Chinas (Taiwan) in Besitz zu nehmen.

12 Friedrich List, Der englische Friedensschluß mit China und die deutschen Handelsinteressen, in: Schriften – Reden – Aufsätze, hg. v. E. v. Beckerath u.a., 10 Bde., Berlin 1927-1936, VII, 242.

Dok. 13: Forschungsreise und imperiales Programm – Der Geograph Ferdinand Freiherr von Richthofen über Kiautschou als „Eingangspforte" nach China, 1882

Wenn schon unter den gegenwärtigen Verhältnissen centrale Lage und günstiges Terrain für Verkehrsstrassen ganz und gar auf der Seite von Kiau-tshóu sind, so treten die Nachtheile von Tshifu in ein schärferes Licht, wenn wir die Chancen der zukünftigen Entwickelung in Betracht ziehen. Ein maritimer Ansatzpunkt für ein Eisenbahnnetz in Nord-China wird sich im Lauf der Zeit als dringende Nothwendigkeit herausstellen. Es kann kaum einem Zweifel unterliegen, dass Tshönn-kiang-fu, wegen seiner Lage an der Grenze der Strömungen von Ebbe und Fluth im Yang-tsze, einst einen solchen bilden wird. Aber daneben wird ein anderer gesucht werden, welcher möglichst nahe an guten Steinkohlengebieten liegt und zugleich bequeme Verbindung mit den nördlichen Theilen der Grossen Ebene gestattet. Diesen Bedingungen entspricht allein Kiau-tshóu. Es ist zwar vielfach von einer künftigen Eisenbahn gesprochen worden, welche Tshifu mit Tsi-nan-fu verbinden solle. Allein das Terrain ist in der ersten Strecke dieser Linie ausserordentlich ungünstig; die Bahn müsste über jenes System von Wellenbergen und Wellenthälern, deren Höhendifferenzen in steter Wiederholung mehrere hundert Fuss betragen, quer hinwegführen. Von Kiau-tshóu hingegen ist der Boden so günstig gestaltet, dass die Differenz der Kosten eines Schienenweges von diesem Ort nach Wéi-hsiën und eines andern von Tshifu nach demselben Platz allein hinreichen würde, um die Linie bis jenseits Tsi-nan-fu zu verlängern und die ganze Reihe der wichtigen Kohlenfelder an der Nordgrenze des Gebirgslandes in Verbindung mit Kiau-tshóu zu bringen. Zu der billigen Herstellung einer Bahn nach ungemein volkreichen und productiven Gebieten würde somit die Versorgung des Betriebes mit ausgezeichnetem und billigem Brennmaterial kommen, und zugleich könnte letzteres an dem Hafenplatz der Dampfschiffahrt und verschiedenen in deren Gefolge sich entwickelnden Industrien zugeführt werden. Eine Verbindung mit Tsi-nan-fu würde aber nur der Anfang eines viel weiter verbreiteten Eisenbahnnetzes sein, das in erster Linie eine Verlängerung nach dem übervölkerten Honan im Westen und Peking im Norden suchen würde, da letzteres im Winter seine Zufuhren nur zu Lande erhalten kann. Neben dem ausgedehnten Binnenverkehr, den jede Eisenbahn in China mit sich bringen wird, würde die Kohle von Shantung Millionen von Consumenten zugeführt werden. Es würde der Baumwolle, dem Eisen und anderen Producten des Nordens ein leichter Ausweg und den Importen ein billiger Zugang zu einigen der wichtigsten Gebiete verschafft werden.

In der Eröffnung des Hafens von Kiau-tshóu und in der Herstellung der genannten Verbindungen liegt die Zukunft der reichen Kohlenfelder von Shantung. Die in Tshifu angelegten Capitalien würden dadurch allerdings grossentheils verloren werden. Aber die Vortheile einer fremden Niederlassung in Kiau-tshóu sind, wenn wir über die engen Grenzen der Gegenwart hinwegsehen, so gross, dass dieser Nachtheil im Verhältniss verschwindend klein ist. Ist auch die Hebung von China in materieller, intellectueller und industrieller Hinsicht den Interessen Europa's, wie es scheint, direct zuwiderlaufend, so wird sie sich doch mit zwingender Nothwendigkeit vollziehen, und angesichts dessen haben sich die fremden Mächte die grösstmöglichen Vortheile bei dem bevorstehenden Aufschwung zu sichern.

Quelle: Ferdinand Frhr. von Richthofen, China. Ergebnisse eigener Reisen und darauf gegründeter Studien, 2. Bd., Berlin 1882, 265 f.

Unmittelbar nach der Rückkehr der Ostasien-Expedition nach Deutschland war auch in Marinekreisen die Forderung nach der Aufstellung eines preußischen oder deutschen Geschwaders in ostasiatischen Gewässern erhoben worden. Im Dezember 1868 verfasste der Geograph und Geologe Ferdinand von Richthofen eine Denkschrift über die Erwerbung der Insel Schusan unweit Shanghai als „norddeutsche Marinestation und Hafenkolonie" und ließ sie durch das deutsche Generalkonsulat Bismarck übersenden. Richthofen durchquerte zwischen 1868 und 1872 nicht weniger als 13 von den damals 18 Provinzen Chinas auf insgesamt 7 Reisen. Dabei hatte er vor allem die Ausbeutung günstig gelegener Kohlefelder und die ungeheueren Möglichkeiten vor Augen, die sich für den Eisenbahnbau in China ergaben. Nach seiner Rückkehr Anfang 1873 entfaltete er eine rege publizistische Tätigkeit. Er hat zum ersten Mal in Deutschland die Aufmerksamkeit auf die Kiautschou-Bucht gelenkt (Dok. 13), während von Seeoffizieren, Diplomaten und Geographen seit den 1860er Jahren immer wieder andere Gebiete als „Kolonien" oder Handels- und Marinestützpunkte vorgeschlagen wurden. Der Erwerb eines Marinestützpunktes wäre indessen das äußerste gewesen, was Bismarck angestrebt hätte. Er setzte auch in Ostasien in erster Linie auf die „Solidarität europäischer Interessen". Aus politischen Gründen lag ihm ebenso wenig an einer Verschlechterung der deutsch-chinesischen Beziehungen, ging er doch davon aus – ähnlich wie im Orient und in Afrika –, dass in einem möglichen europäischen Konflikt eine Allianz mit den Chinesen potentielle Gegner außerhalb des europäischen Schlachtfeldes zu binden vermochte.

Die eher zurückhaltende Politik des Reiches änderte sich 1890 nach Bismarcks Abgang. Nationalistische und handelspolitisch ausgerichtete Kreise hatten bereits Ende der achtziger Jahre eine Wende der Politik in China gefordert. Im Februar 1889 gründete ein deutsches Bankenkonsortium die Deutsch-Asiatische Bank. In der Tat besaß, wenn überhaupt die Ausfuhr in die deutschen Kolonien bzw. halbkolonialen Gebiete irgendwie ins Gewicht fiel, allenfalls der deutsche Export nach China eine nennenswerte Bedeutung. Bis Anfang der neunziger Jahre stieg er auf ca. 1% des deutschen Außenhandels an. Damit übertraf er alle anderen Kolonien Deutschlands in Afrika und im Pazifik zusammen genommen. Mitte der neunziger Jahre gab es 361 britische, 92 deutsche, je 31 amerikanische und französische und 13 russische Firmen. Am Chinahandel war England mit 64,8% beteiligt, Deutschland mit 7,2%, alle anderen Staaten lagen darunter. Hauptausfuhrprodukte waren Indigo, Anilin und andere Teerfarbstoffe, Wolltuche, Nähnadeln und vor allem Waffen.[13]

Ansatz für eine nunmehr aktivere Politik auch von Seiten des Auswärtigen Amtes waren die alarmierenden Berichte des deutschen Gesandten in Peking, Max von Brandt, über eine verstärkte und zunehmend erfolgreichere Politik Frankreichs in

[13] W. Stingl, Der Ferne Osten in der deutschen Politik vor dem Ersten Weltkrieg (1902-1914), Frankfurt a. M. 1978, 122 A. 381, 141ff.- Zu den besonderen Krupp-Aktivitäten auf dem chinesischen Markt: Chunxiao Jing, Mit Barbaren gegen Barbaren. Die chinesische Selbststärkungsbewegung und das deutsche Rüstungsgeschäft im späten 19. Jahrhundert, Münster 2002.

China. Obwohl der französische Handel in China, verglichen mit dem Englands und Deutschlands, nur gering war, glaubte der Referent in der handelspolitischen Abteilung des Auswärtigen Amtes, Raschdau, doch, dass das Bismarcksche Gebot der Zurückhaltung auf Grund der geänderten Umstände aufgegeben werden müsste. Als Ansatzpunkt empfahl er die „Missionsfrage"; denn ebenso wie Frankreich mit ihr als „Hauptmittel" arbeite, sei der Schutz der Missionare ein Punkt, „wo wir mit gutem Recht und ohne viel Aufsehen ansetzen können, um die unsere Interessen gefährdende französisch-chinesische Intimität zu stören". Es ging bei dieser Missionsfrage um die Nationalisierung des Schutzes der Missionen, der bis dahin, zumindest was die katholischen Missionare betraf, allein in den Händen Frankreichs gelegen hatte.[14] Das sogenannte Katholikenprotektorat war für Frankreich immer ein wichtiges und probates Mittel gewesen, eigene politische und wirtschaftliche Interessen unter dem Deckmantel dieses Schutzrechts gegenüber China durchzusetzen. Der Nationalismus der deutschen Missionare machte es dann der Reichsregierung möglich, im Jahre 1890 das französische Protektorat zu durchbrechen und ihren eigenen Interessen Geltung zu verschaffen. Wie sehr darüber hinaus einflussreiche Kreise im Auswärtigen Amt nach der Entlassung Bismarcks auf eine grundsätzliche Wende der deutschen Politik in ganz Ostasien abzielten, geht aus einer Aufzeichnung des genannten Raschdau vom 13.7.1891 hervor, in der er betonte, dass in Zukunft die gegensätzlichen Interessen der europäischen Mächte in Japan und China mehr zu betonen seien als die gemeinsamen. Vor allem wollte er den französisch-chinesischen Gegensatz zum Nutzen Deutschlands ausspielen. In der Ostasienpolitik zeichnete sich so als erstes der Durchbruch von der traditionellen europazentrischen Gleichgewichtspolitik Bismarcks zur deutschen Weltmachtpolitik ab.

Die Missionsfrage spielte dann für die deutsche Politik in China insofern noch einmal eine entscheidende Rolle, als die Reichsregierung 1897 die Ermordung zweier deutscher Missionare zu dem lange gesuchten Vorwand benutzen konnte, einen Stützpunkt in China zu erwerben. Während das Deutsche Reich Kiautschou mit einer 50 km tiefen deutschen Einflusszone für 99 Jahre „pachtete" und Eisenbahn- und Bergbaurechte in seinem „Interessengebiet" Shantung erwarb, erhielten im selben Jahr Russland Port Arthur und Dairen sowie Bahnbaurechte in der Mandschurei, England erwarb Wei-hai-wei (Shantung) und Frankreich Kuang-chou-wan (Kwantung). Damit hatte der *„scramble for China"* seinen vorläufigen Höhepunkt erreicht. Jede der an diesem Wettlauf beteiligten Nationen suchte sich ihre „Einflusssphäre" abzustecken. In Deutschland ließen die Hoffnungen auf den chinesischen Absatz- und Rohstoffmarkt Afrika und alle anderen deutschen Kolonien in den Hintergrund treten. Kiautschou bzw. die deutsche „Interessensphäre" Shantung sollte nunmehr zum „Sprungbrett" für den gesamten deutschen Ostasienhan-

[14] Zur Bedeutung der Religions- und Kultusprotektorate vgl. H. Gründer, Religionsprotektorate und europäische Mächterivalitäten im Zeitalter des Imperialismus, Geschichte in Wissenschaft und Unterricht 34 (1983), 416-433 (das vorangegangene Zitat ebd., 420).

del werden. Und auch in der deutschen Öffentlichkeit war die Pachtung, außer bei einem Teil der Sozialdemokraten und den Agrarkonservativen, überaus populär. „Vorangetrieben, rationalisiert, am Leben erhalten und systematisiert“ hatte die Stützpunktpolitik allerdings zuerst und vor allem die Reichsmarine.[15] Für die Handlungsweise der Reichsregierung war indessen weder allein dieses spezifische Marine-Engagement maßgeblich, erst recht nicht die Absicht, im Wege der sogenannten Miquelschen „Sammlungspolitik“ innere Spannungen durch eine spektakuläre Aktion in Übersee nach außen „abzulenken“ (V. Berghahn), sondern in erster Linie das Bestreben, einen Fuß in die Tür zum – überschätzten – China-Markt zu setzen.

2. Visionen eines größeren Kolonialreiches

An deutschen Plänen, den realen Kolonialbesitz zu erweitern, hat es in der Zukunft nicht gefehlt. Der Schwerpunkt dieser „Kolonialprojekte“ lag zweifellos in Afrika. Hier betrafen die kolonialen Spekulationen in erster Linie Gebiete im mittleren Afrika, wenn auch im Norden vor allem Marokko stets ein Zielgebiet alldeutscher Kolonialpropaganda blieb.

Marokko als „Absatzmarkt“ war durch deutsche Kaufleute bereits in den 1860er Jahren entdeckt worden. Seit 1877 befürwortete der Afrikareisende G. Rohlfs, dass Deutschland in Nord-Afrika, insbesondere in Marokko, Kolonien erwerben solle, und 1882 forderte er sogar eine direkte „Eroberung“. Neben den systematischen Anstrengungen interessierter Kreise des deutschen Handels-, Schifffahrts- und Industriekapitals seit den achtziger Jahren, in Marokko handelspolitisch Fuß zu fassen (1890 deutsch-marokkanischer Handelsvertrag), betrachteten die Alldeutschen seit den neunziger Jahren vor allem das südliche und westliche Marokko als ein bevorzugtes Objekt ihrer Siedlungspropaganda. Joachim Graf Pfeil, Peters-Begleiter in Ostafrika und Vorstandsmitglied sowohl der Deutschen Kolonialgesellschaft als auch des Alldeutschen Verbandes, sowie der alldeutsche Theobald Fischer, der als Professor der Geographie bald als bedeutendste deutsche Autorität in allem galt, was Marokko betraf, bereisten zwischen 1897 und 1901 mehrfach Marokko und priesen anschließend Westmarokko als ideales Gelände für die Ansiedlung deutscher Farmer. Auftrieb erhielten diese Erwartungen der Alldeutschen jeweils im Zusammenhang mit den Marokko-Krisen (1905, 1911), in deren Gefolge die alldeutschen Blätter in lärmenden Kampagnen für eine Aufteilung des Scherifischen Reiches eintraten, wobei Deutschland seinen Anspruch auf Westmarokko richten sollte (Dok. 14).[16] Marokko blieb indes für die offizielle (Welt-)Politik und

[15] W. Stingl, Der Ferne Osten, 130.

[16] Teilweise auf Anregung des Staatssekretärs des Auswärtigen Kiderlen-Wächter verfaßte Heinrich Claß, Vorsitzender des Alldeutschen Verbandes, Anfang Juli 1911 seine bekannte Flugschrift „Westmarokko deutsch“, um für eine Annexion dieses Gebietes Stimmung zu machen.

die an den – überschätzten – Erzreichtümern interessierte Montanindustrie (mit Ausnahme der Gebrüder Mannesmann) ein Gegenstand der *„open door"*-Politik und des Verlangens nach gleichberechtigter Behandlung, während Bismarck seinerzeit in der Marokko-Politik nur eine Komponente seiner Europapolitik gegenüber Frankreich gesehen hatte.

Dok. 14: „Westmarokko deutsch" oder „Abrechnung" mit Frankreich – Heinrich Class, Vorsitzender des Alldeutschen Verbandes, in einer Flugschrift von Anfang Juli 1911

Wenn das Deutsche Reich sich um Marokko bemüht, so geschieht es aus zwingenden Gründen wegen der Zukunft unseres Volkes – nicht um eine „Prestige-Politik" zu betreiben, wie sie in Frankreich gang und gäbe ist, auch nicht um unsere erfreulichen und jedenfalls sehr ausdehnungsfähigen Handelsinteressen zu wahren. *Der treibende Anlaß ist die oben dargelegte Notwendigkeit, für unseren Bevölkerungsüberschuß ein Gebiet zu sichern, in dem die abfließenden Volksgenossen als Deutsche unserm Vaterlande erhalten bleiben.* Dieser Notwendigkeit kann eine tropische Kolonie nicht dienen – solcher haben wir genug, und wir lehnen den tropischen Kongo dankend ab; daß ein oder mehrere Häfen dem gedachten Zwecke nicht genügen, braucht gar nicht erörtert zu werden. [...]

Inwiefern soll eine deutsche Kolonie Westmarokko England gefährlich sein?

Wir verfolgen doch dort im Wesentlichen wirtschaftliche Ziele: die Gewinnung eines geeigneten Siedlungsgebietes, das gleichzeitig unserer schweren Industrie Erze liefern soll, in dem wir Baumwolle erzeugen wollen, das zum Absatzmarkt unserer heimischen Erzeugnisse entwickelt werden soll. [...]

Es ist klar, daß die englische Furcht vor einer Störung des Gleichgewichts zur See gar nicht ernst zu nehmen ist – *sie ist nur ein Vorwand* und soll eine neue Hemmung unserer kolonialen Entwicklung begründen, wie wir sie von England gewohnt sind seit dem Tage, wo Bismarck uns die ersten Gebiete über See gewonnen hat.

Aber England darf nicht darüber im unklaren gelassen werden, daß die deutsche Geduld auch ein Ende haben kann, daß sie ganz gewiß ein Ende haben wird, wenn man unser Vaterland an dem Erwerb einer Kolonie verhindern will, die unser Volk zur Sicherung seiner Zukunft gebraucht.

Jedenfalls wird Frankreich, wenn es sich, für seinen wahren und dauernden Vorteil blind, von England zu englischen Zwecken mißbrauchen lassen will, darüber nicht im Zweifel sein können, daß das Deutsche Reich gegebenenfalls sich zuerst an das benachbarte Frankreich halten wird. [...]

Und allen denen, die eine lange Fortdauer des Friedens wünschen, sei gesagt, daß das Deutsche Reich, jetzt 40 Jahre lang seine Friedensliebe beweisend, nur einen Anlaß zum Angriffskriege haben kann, *dann, wenn seine Grenzen* zu eng geworden sind und wir Land haben müssen für unsere Volkszahl; wenn unser Landhunger dann nicht befriedigt wird, müßte das Schwert helfen. Not bricht Eisen. *Wer uns heute dazu hilft, in Marokko ein Siedlungsgebiet für unseren Bevölkerungs-Überschuß zu bereiten und auszubauen, schafft die sicherste Gewähr dafür, daß in absehbarer Zeit die Welt vom deutschen Volke keinen Angriffskrieg zu befürchten hat.*

Quelle: Heinrich Class, Westmarokko deutsch, München 1911, 21, 28 f.

Sein Grundgedanke, bei der Umwandlung der „Halbkolonie" Marokko in ein Protektorat durch Frankreich von diesem „angemessene" Kompensationen zu verlangen, blieb schließlich auch in der Agadir-Krise 1911 einziges konkretes Ergebnis. Für deutsche Zugeständnisse in Marokko trat Frankreich ein 295 000 km^2 großes, an Kamerun grenzendes Territorium an Deutschland ab („Neukamerun"), während Frankreich gleichzeitig den sogenannten Entenschnabel (12 000 km^2) an der Nordostspitze Kameruns erhielt. Einen erwogenen „Tausch" der einzigen sich finanziell selbst tragenden Kolonie Togo gegen ein größeres Gebiet im Kongo musste die Reichsregierung nach den Protesten des Kolonialstaatssekretärs Lindequist, der Togo-Händler und der christlichen Missionen in Togo allerdings fallen lassen. So stellte die erhaltene „Kompensation" nur ein verhältnismäßig geringes Zugeständnis dar gegenüber den eigentlichen Zielen des verantwortlichen Initiators der „Panthersprung"-Aktion, des um persönliche Profilierung bemühten neuen Staatssekretärs im Auswärtigen Amt Kiderlen-Wächter: Die Erweiterung des deutschen Kolonialbesitzes durch die gesamte französische Kongo-Kolonie als ein Schritt zur Verwirklichung der seit den 1890er Jahren von den Alldeutschen erträumten großen Kolonie *„Deutsch-Mittelafrika"*. Diese sollte nach den Vorstellungen Kiderlens nicht nur Kamerun, den französischen Kongo und Deutsch-Ostafrika zusammenschließen, sondern durch eine Vereinbarung über Belgisch-Kongo und Portugiesisch-Angola auch Deutsch-Südwestafrika mit diesem deutschen mittelafrikanischen Großreich verbinden.[17]

Vorstellungen von einem im mittleren Afrika zu schaffenden kolonialen Großreich als „ein deutsches Indien in Afrika" (W. Hübbe-Schleiden, 1882) tauchten bereits in der Propaganda für deutsche Kolonien in der ersten Hälfte der achtziger Jahre auf. Der protestantische Pfarrer und Missionsgründer M. Ittameier aus Reichenschwand träumte in Verbindung mit seiner Missionsunternehmung zwischen Kilimandscharo und Tana unter den Wakamba von einem deutschen äquatorialen „Mittelafrika", das sich von Kamerun und Adamaua im Westen bis zum Gallaland im Osten erstrecken und zugleich als ein Riegel vor die mohammedanischen Reiche im Norden schieben sollte. Ittameier, in enger Verbindung mit der DOAG, beeinflusste mit seinem „ceterum censeo" der Gewinnung des äußerst günstig gelegenen Hafenplatzes Mombasa wiederum Carl Peters in seinen Mittelafrika-Konzeptionen. Peters und seine Anhänger planten ein „deutsches Indien" in Afrika, das von den Nilquellen bis an den Sambesi reichen sollte. Emin Pascha schwebte der Gedanke vor, Kamerun und Ostafrika durch eine Landbrücke zu verbinden, um ähnlich wie in der Konzeption von C. Peters einen Sperrriegel vor die britischen Kap-Kairo-Pläne zu legen.

Von den gleichen Überlegungen ging der Vorsitzende des Alldeutschen Verbandes, Ernst Hasse, im Reichstag aus, als er im Februar 1894 die Forderung nach einem

[17] E. Jäckh (Hg.), Kiderlen-Wächter, der Staatsmann und Mensch. Briefwechsel und Nachlaß, Stuttgart 1924, Bd. II, 224; vgl. E. Oncken, Panthersprung nach Agadir. Die deutsche Politik während der zweiten Marokkokrise, Düsseldorf 1981; B. Wedi-Pascha, Die deutsche Mittelafrika-Politik 1871-1914, Pfaffenweiler 1992.

afrikanischen Großreich stellte. Im Zusammenhang mit diesen, ständig von kolonialchauvinistischen Kreisen betriebenen Plänen, die vorerst auf eine Aufteilung der Kolonialbesitzungen der (finanz-)schwächeren Mächte Belgien und Portugal zielten, richtete der Alldeutsche Verband z.B. am 25. März 1895 eine Eingabe an den Reichstag, in der es hieß:

> „Der vorteilhafteste Ausgang der Liquidation des Kongostaats würde unseres Erachtens darin bestehen, dass der nördliche Teil des Kongostaates an Frankreich, der südliche an Deutschland abgetreten würde. Damit wäre den großbritannischen, auf ein ‚Afrika britisch vom Kap bis zum Nil' gerichteten Bestrebungen endgültig ein Riegel vorgeschoben und es wäre unter weiterer Voraussetzung der Liquidation der portugiesischen Besitzungen in Afrika die Möglichkeit gegeben, in letzter Stunde die früher leider versäumte Gelegenheit wahrzunehmen, eine Verbindung zwischen den deutschen Besitzungen in Ostafrika und Westafrika bzw. Südwestafrika herzustellen und damit Deutschland die ihm gebührende Stellung in Südafrika zu sichern".[18]

Aber erst in der Hochphase der Weltpolitik unternahm das Reich mit dem deutsch-englischen Geheimvertrag über die Aufteilung der portugiesischen Kolonien (1898) wieder einen diplomatischen Vorstoß zur Verstärkung des deutschen Einflusses in Zentralafrika. Das deutsche Interesse richtete sich auf den nördlichen Teil von Mosambik mit der Sambesi-Schire-Grenze sowie den südlichen, an Deutsch-Südwest angrenzenden Teil von Angola bis Benguela, zum mindesten jedoch auf die Provinz Mossamedes.[19] Entscheidend für diesen Vertrag mit England war indes nicht eine Erweiterung des Kolonialbesitzes in Afrika, sondern finanzpolitische Aspekte und vor allem außenpolitische Ziele standen im Vordergrund der Erwägungen. Diese außenpolitischen Ziele bezogen sich auf eine Annäherung an England, um die eigentlichen deutschen imperialistischen Interessen, die informelle Durchdringung Ostasiens und des Vorderen Orients, nicht durch einen Konflikt mit der stärksten Seemacht der Welt zu gefährden.

Politischen Interessen wurden in diesem Zusammenhang auch die deutschen „kolonialen" Absichten in *Südafrika,* vornehmlich hinsichtlich des burischen Transvaal-Staates, geopfert. Hatte Adolf Lüderitz noch die Vision eines südafrikanischen Großreiches vom Atlantik bis zum Indischen Ozean unter Einschluss der Buren-Republiken gehegt, so wurden nunmehr die bis dahin als Verbündete gesuchten burischen Nationalisten ebenso fallengelassen wie die Ambitionen auf die umstrittene Delagoa-Bai zugunsten einer deutsch-britischen Verständigung aufgegeben. Südafrika blieb nur noch ein Interessengebiet für eine deutsche ökonomische Betätigung, während Pläne einer territorial-kolonialen Abrundung in Südafrika auf die Randbereiche einer „sentimentalen Sympathie" für die „niederdeutschen Stammesbrüder" – wie es in der alldeutschen Terminologie hieß – beschränkt blieben.

---

[18] Zit. n. H. Loth, Kolonialismus und „Humanitätsintervention". Kritische Untersuchungen der Politik Deutschlands gegenüber dem Kongostaat (1884-1908), Berlin 1966, 82 (mit grammatikalischer Korrektur im Text).

[19] GP 14, 1, Nr. 3818.

VI. Jahrg. — Nr. 38, Ausgabe A Preis 10 Pf

Kolonie und Heimat

Unabhängige koloniale Wochenschrift

Organ des Frauenbundes der Deutschen Kolonialgesellschaft

Nachdruck des Inhalts nur nach besonderer Vereinbarung gestattet.

Dem Kaiser!

Dein Tag wird nicht nur in Berlin
Und nur im Reich begangen!
Wo immer Deine Schiffe zieh'n,
Soll heut Dein Name prangen!

Der soll heut stolz und überall
Klingen vor allen Nationen!
Dein Name ist wie ein fester Wall;
Darunter läßt's gut sich wohnen!

Von vielen Stämmen in mancherlei Tracht,
In vielen Farben und Zungen
Wird heute Dir ein Hoch gebracht
Und Dein Kaiserlied gesungen!

M. M.

Abb. 9: Die Völker der deutschen Kolonien huldigen Wilhelm II. anlässlich des Kaisergeburtstags 1913.

Dagegen lebten Vorstellungen von einem deutschen „Mittelafrika" – einem zusammenhängenden Kolonialreich, das die deutschen Kolonien Deutsch-Ostafrika, Kamerun und Deutsch-Südwestafrika sowie Teile der portugiesischen Kolonien Angola und Mosambik, Französisch-Äquatorialafrika und den belgischen Kongo umfassen sollte – auch späterhin weiter. Ende 1911 / Anfang 1912 suchte beispielsweise die freikonservative „Post" in einer Artikelserie unter dem Titel „Mittelafrika deutsch!" der stagnierenden Kolonialpolitik ein neues nationales Ziel mit diesem Programm zu geben.[20] Während des Ersten Weltkrieges wurde „Mittelafrika" als koloniale Entsprechung zu dem kontinentalen Kriegsziel „Mitteleuropa" in die deutschen Kriegszielprogramme mit einbezogen (vgl.unten Kap. VIII). Allerdings waren es bis dahin entweder die unmittelbar an Afrika interessierte Koloniallobby (einzelne Handelshäuser und Konzessionsgesellschaften) oder alldeutsche Kolonialträumer, nicht jedoch die Industriellen, die ein afrikanisches Kolonialprogramm vertraten. Ebenso wenig teilten die Verantwortlichen in der Regierung die Hoffnung der Kolonialenthusiasten, in Afrika ein zweites „Indien" zu finden. Konkrete handels- und vor allem außenpolitische Erwägungen spielten für sie die Hauptrolle. Primäres Ziel war, soweit direkte Interessen betroffen waren, in Mittelafrika das Prinzip der „offenen Tür" zu gewährleisten.

Nach dem Scheitern der deutschen Marokko-Politik diente „Mittelafrika" indes einer einflussreichen Gruppe deutscher Politiker und Wirtschaftsinteressenten auch als Mittel der Verständigung mit England. Anstelle einer Rivalität in der Flotten- und Wahlkampfpolitik plädierten sie unter der Devise „deutsche Weltpolitik und kein Krieg" für eine Verständigung und einen deutsch-englischen Kolonialinteressenausgleich in Afrika.[21] Die Hoffnungen richteten sich auf deutscher Seite auf den belgischen Kongo und die portugiesischen Kolonien. Zu dieser Gruppe gehörten in Deutschland die liberalen Imperialisten des Auswärtigen Amtes und des Reichskolonialamtes sowie die Kreise aus dem Wirtschaftsleben, die primär an der Vermeidung eines Krieges mit England interessiert waren: das international verflochtene Großkapital, die Exportindustrie, insbesondere die Textilindustrie und die chemische Industrie, Teile der Schwerindustrie, z.B. Haniel, der mehr nach England als nach Deutschland lieferte, der Außenhandel und die Reedereien, so der Direktor der Hapag, Albert Ballin. Exponenten dieser Richtung waren der Londoner Botschafter Metternich, der Botschaftsrat Kühlmann in London, der Gesandte in Lissabon, Rosen, und Kolonialstaatssekretär Solf.

---

[20] Vgl. Mittelafrika deutsch! (E. von Liebert, Ziele deutscher Kolonialpolitik), Die Post Nr. 7 vom 5.1.1911; abgedruckt in: H. Gründer, „...da und dort ein junges Deutschland gründen", Dok. 64.

[21] Vgl. v. a. R. v. Kühlmann an Bethmann Hollweg, 8.1.1912, in: GP 31, Nr. 11 345; H. Gollwitzer, Geschichte des weltpolitischen Denkens II, 246f. – Die unter maßgeblicher Mitarbeit von R. v. Kühlmann von dem Journalisten Hans Plehn verfaßte, anonym erschienene Schrift „Deutsche Weltpolitik und kein Krieg" (1913) richtete sich schon im Titel gegen das bekannte Pronunciamento einer offensiven deutschen Weltpolitik „Deutschland und der nächste Krieg" (1912) des Generals und Militärschriftstellers Friedrich von Bernhardi.

Immerhin gelangten diese Pläne zur Verwirklichung eines großen geschlossenen deutschen Kolonialreiches in Mittelafrika vom Atlantischen bis zum Indischen Ozean bis zu einem vom englischen Außenminister Grey und dem deutschen Botschafter in London, Lichnowsky, im Oktober 1913 paraphierten Abkommen über die Aufteilung zunächst der portugiesischen Kolonien, das erheblich über den Angola-Vertrag von 1898 hinaus ging. Beinahe das gesamte Angola und nördliche Mosambik sollten in deutschen Besitz gelangen, was Deutschland gegenüber dem Umfang des bestehenden Kolonialbesitzes in Afrika von 2,66 Millionen km^2 einen Gebietszugewinn von 1,6 Millionen km^2 eingebracht hätte. Und auch hinsichtlich der Aufteilung des belgischen Kongo zeichnete sich eine zumindest informelle Einigung zwischen beiden Mächten ab, während der von den Briten verlangte Preis für die deutschen Wünsche nach Sansibar – Urundi – zu hoch erschien. Meinungsverschiedenheiten über taktische und inhaltliche Einzelfragen sowie jeweilige innen- und außenpolitische Rücksichtnahmen zögerten einen definitiven deutsch-englischen Ausgleich jedoch bis in die Julikrise hinaus. Außerdem war Wilhelm II. keineswegs bereit, für das „Wahngebilde eines afrikanischen Kolonialreiches" die Flottenrüstung einzuschränken. Für Bethmann Hollweg, der ein politisches Übereinkommen mit England zustande bringen wollte, gleichzeitig aber eine aus der Kampfstimmung geborene Flottennovelle zu verabschieden hatte, kam diese Aufgabe der „Quadratur des Kreises" gleich.[22]

Zusammenfassend zum deutschen Mittelafrikaprogramm lässt sich sagen, dass es in erster Linie nicht ökonomisch begründet war. Abgesehen von den Plänen und Träumen einiger Kolonialenthusiasten, die im Aufbau des afrikanischen Kolonialreiches einen Akt von weltpolitischer Bedeutung sahen, aber von den tatsächlichen ökonomischen und politischen Möglichkeiten eines Afrika-Imperiums oft nur vage Vorstellungen besaßen, bestimmten vor allem außenpolitische Gesichtspunkte die deutsche Mittelafrika-Politik. Ihr Ziel war es, über ein Afrika-Abkommen zu einer politischen Einigung entweder mit Frankreich oder mit England zu gelangen. Die Hoffnung, durch ein Abkommen über Afrika einen Keil in die *Entente cordiale* zu treiben, erwies sich jedoch als Illusion. Darüber hinaus besaß die deutsche Afrika-Politik keine sonderliche innenpolitische Fundamentierung. Die deutsche Industrie und die deutschen Banken folgten nicht dem Aufruf, sich in jenem Afrika zu engagieren, das die Reichsleitung als deutsches Expansionsgebiet betrachtete. Selbst Katanga, das „Ruhrgebiet" Afrikas, fand kein besonderes Interesse des deutschen Kapitals. Da die Bagdadbahn zudem fast alle Energien des deutschen Kapitalmarktes für imperiale Unternehmungen verschlang, war ohnedies an eine aktive Afrikapolitik nach der Jahrhundertwende nicht zu denken.

Allerdings sind Kolonialvorhaben im Zusammenhang mit dem informell-ökonomischen Imperialismus wie der vorerwähnten Bagdadbahn immer wieder diskutiert worden. In den achtziger Jahren wurde die Kolonisation im *Nahen Osten,* vornehmlich in Palästina, sogar vorübergehend zu einem zentralen Projekt der

22 C. Müller-Burbach, Die deutschen Mittelafrikapläne bis 1914, in: ergebnisse 1, Hamburg 1978, 103f.

Agitation des Deutschen Kolonialvereins bzw. der Deutschen Kolonialgesellschaft. Eine deutsche „kontinentale" Kolonialpolitik über die Balkanhalbinsel hinaus in den Nahen Osten besaß insbesondere bei deutschen Zentrumspolitikern und den Anhängern der alten großdeutschen Tradition eine gewisse Sympathie. Konkrete kolonisatorische Vorstellungen gingen jedoch über die zwangsläufig durch die deutsch-türkische Partnerschaft gesetzten Grenzen hinaus und standen im Gegensatz zur offiziellen „Berlin-Bagdad"-Politik. Dies galt sowohl für die vielfältigen dilettantischen Kolonisationsprojekte, die von alldeutscher, adelig-konservativer und christlich-nationaler Seite im Anschluss an die Palästina-Reise Wilhelms II. (1898) propagiert und teilweise aktiv gefördert wurden, als auch für die von Alldeutschen gehegten Absichten, entlang der Bagdadbahn-Trasse „Zehntausende oder gar Hunderttausende unserer Bauern auf osmanisches Territorium übersiedeln zu lassen".[23] Solche Ideen, wie sie z.B. der Alldeutsche Albert Ritter in seiner vielgelesenen Broschüre „Berlin-Bagdad" (Dok. 15) vertrat (17. Aufl. 1916), wurden von den Vertretern einer politisch-ökonomisch orientierten „Weltpolitik" wie Paul Rohrbach heftig bekämpft.

Dok. 15: Die „Achse" Berlin-Bagdad – Alldeutsche Siedlungspläne für den Nahen Osten, 1913

Die entscheidende Stelle unserer politischen Lage ist der Südosten[1], die Abschneidung des Balkanweges bedeutet für Mitteleuropa die Blockade und die Aushungerung, wenn uns nicht das Unwahrscheinliche gelingt: die englische Flotte niederzuringen. [...]
Wohl würde Mesopotamien kein eigentliches Bauernland, aber Raum für solches ist auf dem übrigen Boden Vorderasiens genug, der, ohne Arabien, nur 15 Millionen Bewohner zählt; während er wohl einmal die sechsfache Zahl ernähren wird. *Sollen das Asiaten sein, Menschen der gelben oder gar der schwarzen Rasse? Ist es nicht eine Sache Europas, daß der Weiße dieses Land noch rechtzeitig in die Hand nimmt, damit die Grenze der Rassen nach Osten und nicht nach Westen bis an den Bosporus gerückt wird. Ist es nicht ein Verbrechen am Europäertum, wenn England lieber Hindus, Kulis und Fellachen in das Zweistromland einführen will, als daß es den Deutschen einen Anteil an der Erde gönnt?* [...]
Berlin-Bagdad, das wäre die Losung und das Ziel; viele, viele haben das Wort schon aufgenommen, Männer aller Parteien, aber es sollte wie ein Sturmruf durch die ganze Nation gehen, damit sie endlich ein festes Ziel hat und weiß, was sie wollen und tun soll. *Es ist ja der Friede, der süße Friede, der uns so teuer ist, den diese Losung bringt.* Kann die *friedliche* Einigung, *der Zusammenschluß des Deutschen Reiches, Österreichs, der nördlichen Balkanstaaten und der Türkei* zu einem politischen und wirtschaftlichen Bund führen, und gelingt dieses Werk, so werden Europas Völker sich

[23] Zit. n. H. Gollwitzer, Geschichte des weltpolitischen Denkens II, 49; vgl. H. Gründer, Die Kaiserfahrt Wilhelms II. ins Heilige Land 1898. Aspekte deutscher Palästinapolitik im Zeitalter des Imperialismus, in: Weltpolitik – Europagedanke – Regionalismus, hg. v. H. Dollinger – H. Gründer – A. Hanschmidt, Münster 1982, 363-388.

nicht mehr zerfleischen, die deutsche Macht ist unangreifbar. [...] Da Rußland, England und Frankreich es lediglich auf deren Auszehrung abgesehen haben, muß die Türkei das Anerbieten dieser führenden Hand durch Mitteleuropa als das letzte Mittel zur Rettung unter allen Bedingungen annehmen. Unter dem Titel eines gleichwertigen Bundesgenossen würde sie angegliedert, ihr ganzes Gebiet aber der deutschen Arbeit offen, ihre militärische Macht Mitteleuropa zur Verfügung stehen, das ihrerseits [sic] der Türkei Schutz gewährt. [...]
Bauern-Neuland, ein großes Wirtschaftsgebiet, Rettung des Deutschtums in der Donaumonarchie, Rettung der Donaumonarchie selbst, Einigung des Gesamtdeutschtums, offene Türe im Südosten und freien Weg für das Deutschtum auf seinen alten Pfaden, Schutz den nichtslawischen Südostvölkern vor dem Panslawismus – kurzum Berlin-Bagdad, das Wort, das alles in sich birgt, das ist unsere Losung.
Ihre endgültige Vernichtung hieße nichts anderes, als daß wir Deutsche in alle Zukunft Ambos sind und die andern der Hammer.
An der Durchführung der Aufgabe Berlin-Bagdad hängt das Schicksal unserer Rasse. *Verfehlen wir sie, so gibt es kein Wohnland mehr in der Welt, das der Teutone als Herr betreten kann, unser Los bleibt es dann, Kulturdünger zu sein.*

---

1 Zu dieser Einsicht war schon Windthorst gelangt, ebenso Viktor Aimé Huber, Konstantin Frantz u.a. W. Lochmiller betitelte neuestens eine gehaltvolle Schrift „Unsere Zukunft liegt auf dem Balkan!“ (Anm. im Orig.)

Quelle: K. von Winterstetten [d.i. Albert Ritter], Berlin-Bagdad. Neue Ziele mitteleuropäischer Politik, München 1913, ⁸1914, 32, 62, 68 f.

Die Anhänger einer wirtschaftlich bestimmten *pénétration pacifique* lehnten auch die auf *Südamerika* gerichteten Annexionspläne alldeutscher Heißsporne ab, die in Fortsetzung der Auswanderungsargumentation seit den 1840er Jahren von der „staatsbildenden Kraft“ des Deutschtums ausgingen und durch eine gelenkte Auswanderung vor allem in den Süden Brasiliens (Rio Grande do Sul) und in die La-Plata-Länder die Voraussetzungen für eine „germanische Großkolonisation“ schaffen wollten. Im Hinblick auf die politischen Implikationen solcher kolonialer Begehrlichkeiten meinte Robert Jannasch auf dem Kolonialkongress 1902:

> „Leider existieren ja bei uns in Deutschland Leute (...), welche meinen, leichten Kaufs in Südamerika politische Annexionsgelüste befriedigen zu können. Diese Ansichten müssten auf das Allerentschiedenste bekämpft werden (...) Wir vermögen in Südamerika niemals politisch soviel zu gewinnen, als wir handelspolitisch verlieren können!“[24]

Dass Annexionserwägungen in Südamerika aber Eingang in offizielle Kreise gefunden hatten, geht z.B. aus den Überlegungen hervor, die der deutsche Gesandte in Brasilien, Le Maistre, darüber anstellte, wie man

> „aus Südbrasilien, und namentlich aus der Provinz Rio Grande do Sul allmählich ein deutsches Territorium (machen könne), ein brasilianisches Neudeutschland, das bei dem

---

24 Verhandlungen des Deutschen Kolonialkongresses 1902 zu Berlin, Berlin 1903, 592.

Abb. 10: Das deutsche Kaiserpaar bei der Fahrt durch die Ehrenpforte der Juden in Jerusalem (1898).

> zu erwartenden Auseinanderfall des brasilianischen Reiches dann naturgemäß zu Deutschland heimfallen würde, von demselben als bereits fertige Kolonie nur einfach würde eingezogen werden können".[25]

Bismarck hat auf solche und ähnliche Spekulationen nur mit der Bemerkung reagiert: „Was hätten wir von der? Eher Feindschaft wie sonst was"[26], und auch die offizielle Politik nach ihm hat solcherart kolonialer Projektemacherei ablehnend gegenübergestanden, schon um das aus solchen Entwürfen erwachsene Schlagwort von der „deutschen Gefahr" (*„perigo almao"*) zu desavouieren. Das deutsche Engagement in Südamerika ging nicht über eine wirtschafts- und militärpolitische Betätigung hinaus.

---

[25] Zit. n. J. Hell, Die Politik des Deutschen Reiches zur Umwandlung Südbrasiliens in ein überseeisches Neudeutschland (1890-1914), Phil Diss. (Masch.) Rostock 1966, 66.

[26] O. Stolberg-Wernigerode, Deutschland und die Vereinigten Staaten im Zeitalter Bismarcks, Berlin-Leipzig 1933, 209.

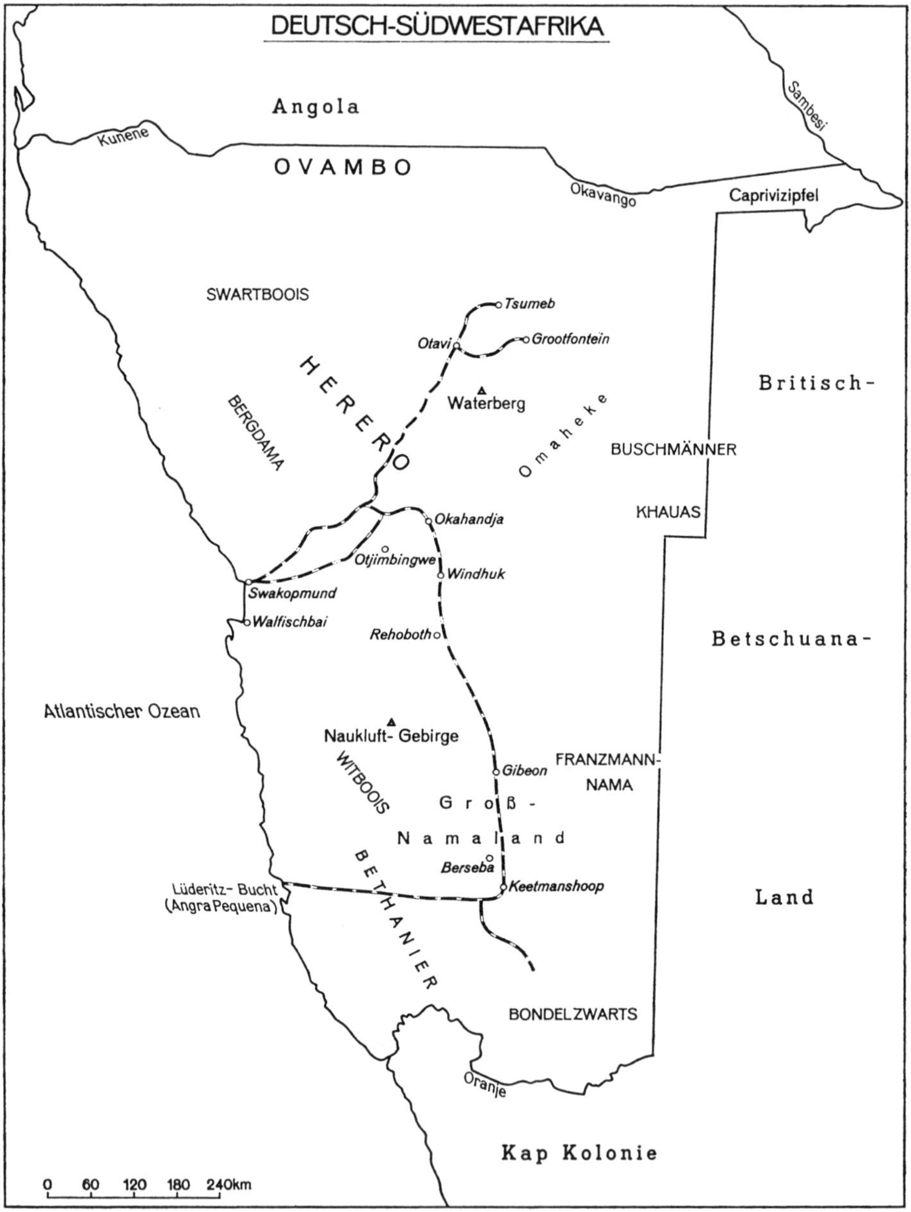
DEUTSCH-SÜDWESTAFRIKA
Angola
Kunene
OVAMBO
Sambesi
Okavango
Caprivizipfel
SWARTBOOIS
Tsumeb
Otavi
Grootfontein
HERERO
BERGDAMA
Waterberg
Omaheke
Britisch-
BUSCHMÄNNER
KHAUAS
Okahandja
Otjimbingwe
Windhuk
Swakopmund
Walfischbai
Rehoboth
Betschuana-
Atlantischer Ozean
Naukluft- Gebirge
WITBOOIS
Gibeon
FRANZMANN-
NAMA
Groß-
Namaland
BETHANIER
Berseba
Keetmanshoop
Lüderitz- Bucht
(Angra Pequena)
Land
BONDELZWARTS
Oranje
Kap Kolonie
0 60 120 180 240km

VI. Das deutsche Kolonialreich

1. Deutsch-Südwestafrika

Die Kolonialgeschichte Südwestafrikas beginnt mit einer für die hohen Erwartungen, die eine kolonialbegeisterte Öffentlichkeit und einzelne direkt interessierte Gruppen wie u.a. die Rheinische Mission in diese an Umfang zweitgrößte deutsche Kolonie gesetzt hatten, deprimierenden Phase. Nachdem das Lüderitzsche Abenteuer schnell gescheitert war, wurde bald ersichtlich, dass das „Schutzgebiet" weder ein Vorfeld für ein weiteres Vordringen nach Innerafrika werden konnte, noch dass auf absehbare Zeit das Land selbst für einen Gewinn bringenden Abbau von Mineralien in Frage kam. Kapitalkräftige Investoren sind daher auf Jahrzehnte nicht von der Lüderitzschen „Sandbüchse" angezogen worden. Auch die deutsche Kolonialregierung zeigte nach den Schutzerklärungen zunächst wenig Interesse, ihre „Herrschaft" umfassender zu stabilisieren und zu institutionalisieren.

Erst Reichskanzler Caprivi legte sich unter dem Drängen der Kolonialinteressierten im Reichstag auf den „Besitz" Südwestafrikas fest und erteilte allen früheren Plänen, das Gebiet als wertlos aufzugeben oder als kolonialpolitisches Kompensationsobjekt einzubringen, eine Absage. Zugleich entschied er sich für die endgültige Pazifikation der Kolonie, die bis zu diesem Zeitpunkt nur sehr bedingt als ein deutsches „Kolonialgebiet" gelten konnte. Zwar klärten die Abkommen mit Portugal und England (1886, 1890) zumindest weitgehend die Grenzfragen. Aber in dem von diesen Grenzregelungen umschlossenen Gebiet bestanden nur zum Teil „Schutzverträge"; so lehnte der überwiegende Teil der Nama-Stämme Vertragsabschlüsse ab, weil das deutsche Landfriedensgebot diesen kriegerischen Halbnomaden ihre Existenzgrundlage beschnitt, und die letzten Verträge mit den Ovambo, der größten Ethnie im Norden des Landes, konnten gar erst 1908 geschlossen werden. Die Machtverhältnisse wurden überdies durch den fortschwelenden oder neu anhebenden Widerstand der Häuptlinge bestimmt, der sich freilich aufgrund der präkolonialen Rivalitäten nicht zu einem gemeinsamen Widerstand formieren konnte. Im Gegenteil sollten – im Sinne der Robinsonschen Kollaborationsthese[1] – die internen Konflikte und Machtkämpfe zwischen rivalisierenden Stammesgruppen, vornehmlich zwischen den Nama- und Orlam-Stämmen auf der einen und den Herero-Stämmen auf der anderen Seite, die Etablierung der Kolonialherrschaft erleichtern und später den Widerstand in der „kolonialen Situation" zersplittern.

So hatten die Bantu sprechenden Hirtenstämme der Herero 1885 den Schutzvertrag gerade deshalb akzeptiert, weil sie in den Deutschen wirkungsvolle Ver-

---

1 Vgl. R. Robinson, Non-European foundations of European imperialism: sketch for a theory of collaboration, in: Studies in the theory of imperialism, ed. by R. Owen & B. Sutcliffe, London 1972, 117-142.

bündete gegen die auf eine Vormachtstellung gerichteten Absichten der christlich beeinflussten, aus dem Kapholländischen vor dem Druck burischer Siedler und der englischen Verwaltung eingewanderten Nama bzw. Orlam (2. Einwanderungswelle im 19. Jahrhundert) sahen. Als sich diese Erwartungen nicht erfüllten, kündigten sie 1888 enttäuscht die deutsche „Schutzherrschaft“ auf, nahmen sie indessen 1890 wieder an, freilich nicht in erster Linie, weil sich die deutsche Schutztruppe verstärkt hatte. Der entscheidende Grund für die Aufgabe des Widerstandes lag vielmehr in der wachsenden Bedrohung der Herero durch die Großmachtpläne des Nama-Kapitäns Hendrik Witbooi von Gibeon.

Für Samuel Maharero (1854-1923), der nach dem Tode (27.10.1890) seines Vaters (Kamaherero) aufgrund einer Familienintrige die Herrschaft usurpiert hatte[2], ging es überdies um die Festigung seiner internen Machtstellung durch „Zusammenarbeit“ mit den Deutschen, mit deren Hilfe er zugleich die absolute Oberherrschaft über die Herero erringen wollte; befand sich doch der Prozess der Herausbildung einer Oberhäuptlingsschaft noch in Ansätzen, die durch die staatlichen Organisationsvorstellungen der Europäer weitere Anstöße erhielten. Vertreter einer noch jungen Oberhäuptlingsherrschaft wie Samuel Maharero haben daher, als Rückhalt gegenüber ihren Rivalen, in besonderem Maße eine Bereitschaft zur Kollaboration gezeigt, was sich wiederum für die Verbündetensuche Hendriks als nachteilig erwies.

Der christlich getaufte Hendrik Witbooi (ca. 1830-1905) betrachtete sich seinerseits als Führer aller Nama und Orlam und rechtfertigte seine politischen Ambitionen mit einer christlich verbrämten göttlichen Berufung. Als der kriegserfahrene Kapitän der Witbooi-Nama, der mit europäischen Schusswaffen ausgerüstet war und den Vorteil genauer Landeskenntnis besaß, schließlich unter dem Eindruck der deutschen Vorstöße die Initiative zu einer Beendigung der Jahrzehnte langen Kriege zwischen Herero und Nama ergriff (später wandte er sich auch an die Engländer), wurde in Berlin nunmehr eine Herrschaftssicherung „ohne Blutvergießen“ ins Auge gefasst und zur Lösung dieser Aufgabe der Kriegsschullehrer Major Leutwein, Protégé des kolonialpolitisch einflussreichen Oberst Liebert, ausersehen.

Der neue Landeshauptmann bzw. Gouverneur (1894-1905) suchte die Rivalitäten zwischen den Stämmen und Stammesgruppen sowohl mit militärischen als auch mit diplomatischen Mitteln zu beenden, wobei er sich jenes althergebrachten strategischen „*Divide et impera*“-Prinzips bediente, wie er es beim Studium der englischen Kolonialgeschichte kennengelernt hatte. Als Grundzug des „Systems Leutwein“ bestimmte es die erste Phase der deutschen Kolonialgeschichte in Südwestafrika bis zum Herero-Nama-Aufstand. Sein gemäßigtes, nur wenig von kolonialpolitischen Begriffen beeinflusstes Programm beruhte auf Vorstellungen, die von mittelalterlichen Vorbildern ausgingen und eine deutsche Oberherrschaft auf der Basis eines allgemeinen Landfriedens mit seiner Rechtssicherheit als Grundlage jeder modernen europäischen

2 Zur Korrektur der immer wieder vertretenen These (u.a H. Drechsler), die Deutschen bzw. die Missionare hätten anstelle des eigentlich erbberechtigten Nachfolgers ihren Kandidaten Samuel Maharero durchgebracht, vgl. Th. Sundermeier, Die Mbanderu. Studien zu ihrer Geschichte und Kultur, St. Augustin 1977, 41ff., 104ff.

Abb. 11: Hendrik Witbooi (links) und Samuel Maharero

Privatwirtschaft anstrebte. Der Effizienzgedanke der Kolonialpolitik („Das Endziel jeder Kolonisation ist, von allem idealen und humanen Beiwerk entkleidet, schließlich doch nur ein Geschäft") sollte sich dabei nach Leutweins Vorstellungen aufs engste mit dem Organisationsprinzip des modernen Staates verbinden, wobei sich die Häuptlinge (vorerst) unter Beibehaltung, ja Stärkung ihrer internen Machtstellung an die deutsche Oberherrschaft „gewöhnen" und im Bedarfsfall „Heeresfolge" – als wichtiges Symbol der Loyalität gegenüber der deutschen Herrschaft – leisten sollten. Demgemäß wurden die Häuptlinge „im Namen" des Kaisers verpflichtet, in dessen Land (!) für „Ruhe" und „Ordnung" zu sorgen; dabei wurde ihnen als materielle Kompensation für ihre „politischen" oder gebietsmäßigen Verluste eine jährliche Rente ausgesetzt. Jedenfalls wollte Leutwein verhindern, dass Aufstände in Deutschland als „Krieg" oder gar „Rassenkampf" gedeutet und mit Vernichtung geahndet würden, wie es dann 1904/05 geschah und seine Ablösung zur Folge hatte.[3]

[3] Zum „System Leutwein" sowie insgesamt zur Kolonialgeschichte Südwestafrikas noch immer grundlegend: H. Bley, Kolonialherrschaft und Sozialstruktur in Deutsch-Südwestafrika 1894-1914, Hamburg 1968; ferner U. Kaulich, Die Geschichte der ehemaligen Kolonie Deutsch-Südwestafrika (1884-1914), Frankfurt a. M. [2]2003; dazu mit neuem Ansatz: B. Kundrus, Moderne Imperialisten. Das Kaiserreich im Spiegel seiner Kolonien, Köln 2003 (im Mittelpunkt steht DSWA). – Das Leutwein-Zitat aus ders., Elf Jahre Gouverneur in Deutsch-Südwestafrika, Berlin 1906, 541.

Das staatliche Gewaltmonopol suchte Leutwein auch konsequent in der Auseinandersetzung mit Hendrik Witbooi durchzusetzen, wobei zunächst Aktionen gegen die Khauas-Nama im Osten des Landes und die Franzmann-Nama unter dem Häuptling Simon Kopper den Nama-Kapitän isolieren sollten; gleichzeitig stellten sie eine exemplarische und außerordentlich weitreichende Demonstration des deutschen Hoheitsanspruchs und Pazifizierungsverlangens dar (Hinrichtung der Stammesführer). Die Auseinandersetzung mit Hendrik selbst war begleitet von einem Briefwechsel zwischen dem Nama-Kapitän und Leutwein, in dem es um die grundsätzliche Berechtigung der deutschen Forderung nach Unterwerfung ging. Da Hendrik durch die Missionare nicht nur Bibelkenntnisse besaß, sondern auch mit christlichen Theorien legitimer Herrschaft vertraut war, suchte er seinen Willen zur Unabhängigkeit, in bildhafter Rhetorik, mit europäisch-christlichen Staatsvorstellungen zu begründen. Dies zwang die deutsche Seite von vornherein, die „Argumente" der Machtpolitik und der territorialen Einheit Südwestafrikas dem Herrschaftsanspruch des Häuptlings gegenüber zu stellen. Schließlich brach Leutwein den im Wesentlichen aus militärisch-taktischen Gründen begonnenen und aufrecht erhaltenen Briefwechsel mit der Bemerkung ab: „Dass Du Dich dem Deutschen Reiche nicht unterwerfen willst, ist keine Sünde und keine Schuld, aber es ist gefährlich für den Bestand des deutschen Schutzgebietes"[4] (Dok. 16). Als Hendrik Witbooi nach seiner militärischen Niederlage im Naukluft-Gebirge seine Bereitschaft zu bedingter Unterwerfung unter die deutsche Oberherrschaft wissen ließ, entschied sich Leutwein gegen den erheblichen Widerstand von Kolonialkreisen in Deutschland und der Siedler in Südwestafrika für eine politische Lösung des Konflikts. Das entsprach durchaus seiner Politik der Diagonalen, „in dem Verhalten gegen Eingeborene den richtigen Mittelweg zwischen Nachsicht und Strenge zu finden". Hendrik Witbooi wurde nicht hingerichtet, wie es die Siedler forderten, und der Stamm wurde nicht, wie es später mit den Khauas und Swartboois geschah, aufgelöst. Selbst die Waffen wurden ihm belassen, allerdings hatte er sich außerhalb des Gebirges in Gibeon unter der Kontrolle einer Garnison auf „Kronland" niederzulassen.

Dok. 16: Kolonialeroberung, Recht und Macht – Ein Briefwechsel zwischen dem Namakapitän Hendrik Witbooi und Gouverneur Theodor Leutwein, 1894

Hendrik Witbooi an Theodor Leutwein, 17. August 1894

Naauklof, den 18. August 1894[1]

Mein lieber Hochedler Herr Leutwein, Major!
Sie sagen ferner, daß es Ihnen leid tut, daß ich den Schutz des Deutschen Kaisers nicht anerkennen will und daß Sie mir dies als Schuld anrechnen und mich mit Waffengewalt strafen wollen. Dies beantworte ich so: Ich habe den Deutschen Kaiser in meinem Leben noch nicht gesehen, deshalb habe ich ihn auch noch nicht erzürnt mit

[4] Zum gesamten Briefwechsel: Hendrik Witbooi, Afrika den Afrikanern! Aufzeichnungen eines Nama-Häuptlings aus der Zeit der deutschen Eroberung Südwestafrikas 1884-1894, hg. v. W. Reinhard, Berlin 1982.

Worten oder Taten. Gott, der Herr hat verschiedene Königreiche auf die Welt gesetzt, und deshalb weiß und glaube ich, daß es keine Sünde und kein Verbrechen ist, daß ich als selbständiger Häuptling meines Landes und Volkes bleiben will, und wenn Sie mich wegen meiner Selbständigkeit über mein Land und ohne Schuld töten wollen, so ist das auch keine Schande und kein Schade, denn dann sterbe ich ehrlich über mein Eigentum. Es ist wahrlich keine Schuld, daß ich Ihnen nicht stehen will, denn ich habe wahrhaftig keine Schuld an all den Sachen, welche Sie mir in Ihrem Briefe als Verbrechen vorgetragen haben und welche Sie als Gründe gebrauchen, um über mich ein Todesurteil zu sprechen. Denn das sind Ihre eigenen Gedanken, die Sie zu Ihrem Vorteil ausgesonnen haben, die Sie selber ausgedacht haben, um vor der Welt die Ehre, das Recht und die Wahrheit auf Ihrer Seite zu haben. Aber ich sage Ihnen, lieber Freund, ich bin wahrhaftig frei und ruhig in meinen Gedanken, weil ich weiß, daß ich wahrhaftig unschuldig bin. Aber Sie sagen Macht hat Recht, und nach Ihren Worten handeln Sie mit mir, weil Sie mächtig in Waffen und allen Bequemlichkeiten sind, darin stimme ich überein, daß Sie wirklich mächtig sind und daß ich nichts gegen Sie bin. Aber, lieber Freund, Sie kommen zu mir mit Waffengewalt und haben mir erklärt, daß Sie mich beschießen wollen. So denke ich diesmal auch, wieder zu schießen, nicht in meinem Namen, nicht in meiner Kraft, sondern in dem Namen des Herrn und in Seiner Kraft, und mit Seiner Hilfe werde ich mich wehren. Weiter sagen Sie auch, daß Sie unschuldig sind an diesem Blutvergießen, welches nun geschehen soll, und daß Sie die Schuld auf mich legen; aber das ist unmöglich, daß Sie so denken können, da ich Ihnen gesagt habe, daß ich Ihnen den Frieden geboten habe und daß durch mich kein Blutvergießen geschehen soll. So liegt die Rechenschaft über das unschuldige Blut, das vergossen werden soll von meinen Leuten und von Ihren Leuten, nicht auf mir, denn ich bin nicht der Urheber dieses Krieges. Ich ersuche Sie, lieber Freund, nochmals! Nehmen Sie den wahren und aufrichtigen Frieden, den ich Ihnen geboten habe und lassen Sie mich stehen in Ruhe. Gehen Sie zurück. Nehmen Sie Ihren Krieg zurück, gehen Sie von mir weg, dies ist mein ernstliches Ersuchen an Sie. Zum Schluß grüßt Sie

Ihr Freund und Kapitän

gez. Hendrik Witbooi

Theodor Leutwein an Hendrik Witbooi, 21. August 1894

Auf Deinen letzten Brief vom 17. d.M. antworte ich folgendes: Daß Du Dich dem Deutschen Reiche nicht unterwerfen willst, ist keine Sünde und keine Schuld, aber es ist gefährlich für den Bestand des deutschen Schutzgebietes.

Also, mein lieber Kapitän, sind alle weiteren Briefe, in denen Du mir Deine Unterwerfung nicht anbietest, nutzlos.

Ich hoffe indessen, daß Du mit mir darin einverstanden bist, daß wir den Krieg, der bei Deiner Hartnäckigkeit leider nicht zu vermeiden ist, menschlich führen, und hoffe ferner, daß derselbe kurz sein werde.

Ferner bin ich gern bereit, Dir auch während des Krieges jede Aufklärung zu geben, die Du wünschst, da ich dann hoffen kann, daß nicht mehr Blut vergossen wird, als durchaus notwendig ist.

gez. Leutwein

---

* muß wohl 17. August 1894 heißen (s. die Antwort Leutweins im folgenden Brief)

Quelle: Theodor Leutwein, Elf Jahre Gouverneur in Deutsch-Südwestafrika, Berlin 1906, S. 42-44.

Hendrik Witbooi hat schon im Januar 1895 einige seiner Leute an einer „Strafexpedition" gegen die Khauas teilnehmen lassen und sich bald darauf nicht nur zur unbedingten Heeresfolge verpflichtet, sondern die bisherige Hegemonialpolitik gleichsam unter veränderten Vorzeichen fortgesetzt: In mehreren Aufständen und sogar in den militärisch entscheidenden ersten neun Monaten des Hererokrieges 1904 haben sich die Witboois wirkungsvoll an der Machtsicherung und -stabilisierung der deutschen Kolonialherrschaft beteiligt.

Dieser Aufgabe der Herrschaftsstabilisierung war auch ein anderer „Verbündeter" der Kolonialregierung mit Erfolg nachgekommen: die seit Jahrzehnten im Lande arbeitende Rheinische Mission. Getreu ihren europäischen Normen und Denkvorstellungen erstrebten sie „geordnete Verhältnisse", die ihnen den Aufbau von Gemeinden und eine enge Kooperation von „Staat" und Kirche ermöglichten. Die anhebende deutsche Kolonialexpansion fand daher nicht nur Zustimmung bei den Missionaren vor Ort und von Seiten der Missionsleitung in der Heimat, die Festsetzung der Deutschen in Südwestafrika wurde von der Missionsgesellschaft durch ihre vielfältigen Vermittlungsdienste und Vorschläge zur Behandlung und Gewinnung der Eingeborenen auch entscheidend gefördert. Bis 1897 hat die Mission somit zu einem ganz beträchtlichen Teil dazu beigetragen, dass aus der losen Schutzherrschaft des Reichs ein weitgehend stabilisiertes Kolonialregime wurde. Die leitenden Kolonialbeamten haben später geurteilt, dass „ohne die Pionierarbeit der Missionare (...) die Besitzergreifung des Landes ein völlig illusorischer Akt auf dem Papier gewesen" wäre (von François) und dass „es im wesentlichen die Missionare (waren), die durch ihr Eingreifen die Entscheidung für Deutschland (gegen England, H. G.) herbeigeführt" und später die „nominelle Schutzherrschaft in eine tatsächliche" umgewandelt hätten (Leutwein).[5]

Die Mission ist es dann allerdings gewesen, die nach der Pazifizierung der Kolonie auf den fortschreitenden Prozess der Stammesauflösung und die zunehmende Resignation bei den Einheimischen verwiesen hat und in – freundlich, aber ausweichend beantworteten – Eingaben an das Auswärtige Amt für die Rechte der Eingeborenen eingetreten ist. Diese Krise im sozialen und kulturellen Leben der Herero wurde besonders evident nach der großen *Rinderpest* von 1897. Durch Abwehrmaßnahmen gelang es nur auf übersichtlichen Stationsplätzen, zwischen 50 und 80% des geimpften Viehbestandes bei Ansiedlern und Herero zu retten. Vom nicht geimpften Vieh fielen nahezu 95% der Seuche zum Opfer. Begleitet war die Rinderpest von einer schweren Malaria-Epidemie im vor allem politisch wichtigen mittleren Hereroland, so dass es an manchen Plätzen nur noch 8-10% Gesunde gab. Es folgten ein Heuschreckeneinfall und eine Dürreperiode.

Die Folgen dieser Katastrophen waren sowohl in ökonomischer als auch in sozialer Beziehung verheerend. H. Bley spricht geradezu von einer „kulturellen Krise der Herero". Denn in der präkolonialen Viehwirtschaft Südwestafrikas stellte

---

[5] Zur Rolle der Mission in Südwestafrika vgl. H. Gründer, Christliche Mission und deutscher Imperialismus, 115-135, hier: 118.

das Vieh primär keinen Marktwert dar, sondern signalisierte die politische Macht und das Sozialprestige seines Besitzers, der es „auf unverkäuflichem Boden mit unumschränkter Bewegungsfreiheit“ (K. J. Bade) als lebendes Kapital hielt. Insofern ging das rationale wirtschaftliche Denken der Weißen, die in den großen Rinderherden der Herero einen verfügbaren Viehüberfluss sahen und nach europäischen bodenrechtlichen Vorstellungen die Weidefläche eingrenzen bzw. in „Kronland“ verwandeln wollten, an der präkolonialen afrikanischen Wirtschaftsordnung vorbei. Auch Leutwein, dessen kolonialpolitische Vorstellungen sich auf eine Aussöhnung der Afrikaner mit ihren „neuen Herren“ richteten, dessen kolonialwirtschaftliches Programm aber auf eine Reduktion ihres Stammeslandes sowie ihres Viehbesitzes zugunsten der Europäer zielte, verkannte den engen Zusammenhang zwischen Viehreichtum, sozialem Prestige und politischer Macht in der Herero-Gesellschaft.

Die Zerstörung der Herden war daher für die Herero mehr als ein wirtschaftlicher Verlust, weil die Vernichtung des Viehbestandes ihre politisch-kulturelle Selbstsicherheit in Mitleidenschaft zog. Hatte der Rinderreichtum bisher verhindert, dass sich die Herero „zum Arbeiten bequemten“, so suchten sie nunmehr erstmals bei Europäern um Lohnarbeit nach. Gleichzeitig war das faktische Marktmonopol der Herero gebrochen, das diese, trotz der Abneigung, Vieh zu verkaufen, besessen hatten. Dies kam wiederum den weißen Farmern zugute; denn durch die Verluste der Herero und die zum Wiederaufbau der Herden selbst auferlegte Verkaufssperre – erstmals wandten sich die Herero zur Überbrückung der Notzeit wieder dem Gartenbau zu – stiegen die Rinderpreise auf dem südafrikanischen Absatzmarkt. Jetzt erst wurde die Rinderzucht für die Siedler profitabel. Die Zahl der Weißen stieg von 539 im Jahre 1891 über 2 025 (unter ihnen 1 500 Deutsche) im Jahre 1896 auf mehr als 4 500 im Jahre 1904, allerdings darunter neben Farmern auch Regierungsbeamte, Schutztruppler, Missionare und Händler.

Auch im Hinblick auf ihren Landbedarf kam die Existenzgefährdung der Herero den Siedlern zugute. Zum ersten Mal gerieten die Herero in wirtschaftliche Abhängigkeit und sahen sich gezwungen, ihr Land als Geschäftsobjekt zu betrachten. Eine ruinöse Landpolitik des Oberhäuptlings erleichterte zudem den Erwerb von Grundbesitz – vielfach mitten im Stammesgebiet. Andere gewinnsüchtige Häuptlinge veräußerten ebenfalls Land aus ihrem Restbesitz, der sich auf knappe zwei Fünftel des gesamten Bodens von Südwestafrika reduziert hatte; die anderen drei Fünftel waren „Kronland“ oder an Land- und Bergbaugesellschaften sowie an Siedler vergeben. Darüber hinaus hatte der Stamm, zumeist in Form von Landverkauf, für die Schulden aufzukommen, die Einzelne aufgrund der Überredungskünste der Händler gemacht hatten. Die Verordnung vom Jahre 1903, wonach Schulden nicht mehr durch Stammes-, sondern nur noch durch Individualbesitz abgedeckt werden konnten und die Verjährungsfrist von Krediten auf ein Jahr festgesetzt wurde, hatte, abgesehen davon, dass sie zu spät kam, zunächst den gegenteiligen Effekt: Die Händler trieben, um keine Verluste zu erleiden, die noch ausstehenden Schulden mit aller Gewalt ein.

Schließlich begünstigten die zunehmende Verarmung und die Erschütterung der traditionellen Wirtschaftsweise die Bereitschaft der Herero-Großleute, in größerem Umfang Stammesangehörige als Lohnarbeiter zu gestellen, nachdem die Farmer zuvor völlig von deren gutem Willen abhängig gewesen waren. Überhaupt herrschte bis zur Katastrophe von 1897 ein weitgehend gleichberechtigter, kaum rassisch eingefärbter Verkehr zwischen den Kolonialeroberern und den Großleuten und Kapitänen mit ihrer großen Verwandtschaft. Nunmehr geriet das bisherige soziale Gleichgewicht in den Stammesgebieten ins Wanken. Erst nach der Erschütterung von 1897 wurden Misshandlungen, Mord und Vergewaltigungen an Häuptlingsfamilien ohne sofortige Kriegserklärung hingenommen. Eine gelegentliche, aber regelmäßige Abwanderung verschiedener Herero-Gruppen nach Britisch-Betschuanaland setzte ein.

Dieser Prozess der zunehmenden politisch-gesellschaftlichen Zerstörung der Häuptlingsmacht und die voranschreitende „Proletarisierung" ihrer Untertanen ging einher mit einer wachsenden Rechtsunsicherheit der Schwarzen und einer im Steigen begriffenen rassistischen Ideologisierung der auch politisch sich stärker artikulierenden Siedlerschicht. Immer wieder kam es zu eklatanten Missachtungen des Rechts und zu groben Misshandlungen von Eingeborenen bei gleichzeitiger Einseitigkeit der Kolonialjustiz. Leutwein hat aus seiner Amtszeit eine bezeichnende Übersicht der Ahndung von Kapitalverbrechen in der Kolonie erstellt, der zufolge 7 Weiße durch die Handlungen Eingeborener zu Tode kamen, wobei insgesamt 15 Todesurteile und eine Freiheitsstrafe ausgesprochen wurden, während bei den 5 gerichtlich geahndeten Tötungen von Schwarzen Gefängnisstrafen zwischen drei Monaten und drei Jahren verhängt wurden.[6]

Die Prügelstrafe gehörte ohnehin zum selbstverständlichen und als „unverzichtbar" erklärten Straf- und Züchtigungsmittel. Am schutzlosesten waren die außerhalb des Stammesverbandes bei Weißen beschäftigten Schwarzen, während Misshandlungen von Angehörigen der Großleute bis 1904, da als Politikum betrachtet, nur in Einzelfällen vorkamen. Auch Leutwein hat aus „pragmatischen" Gründen die Prügelstrafe verteidigt. Es wäre allerdings, wie H. Bley betont, „ein Fehlschluss, eine ungehemmte Willkür im Verhältnis zwischen Deutschen und Afrikanern anzunehmen, solange der Schutz des Stammes auch für den einzelnen wirksam blieb".[7] *Noch* waren die Siedler keine absoluten „Herren", wie es in weiten Teilen ihren Absichten entsprach und ihrem sozialdarwinistischen Axiom von der kulturellen Dominanz der „Kulturvölker" und der Vernichtung der „Naturvölker" zugrunde lag. Die Verwirklichung dieses Ziels sollte erst das Ergebnis des Herero-Nama-Aufstandes von 1904/07 sein.

Die soziale und politische Diskriminierung der Schwarzen, insbesondere die totale Rechtsunsicherheit, dürften auch den Hauptgrund für diesen größten Aufstand in der deutschen Kolonialgeschichte bilden, weniger die direkte Landfrage.

---

[6] Elf Jahre Gouverneur, 431.

[7] Kolonialherrschaft und Sozialstruktur, 128.

Ohnedies konnte bis zu diesem Zeitpunkt von einer planmäßigen deutschen Siedlungsoffensive kaum die Rede sein. Bis 1903 waren daher auch erst 10% (36 000 km^2) des für die europäische Besiedlung vorgesehenen Stammeslandes (75%, während 25% für Reservate vorbehalten bleiben sollten) verkauft. Es beschränkte sich in der Regel auf das für eine rentable Betriebsführung geeignete Land in der Umgebung Windhuks und entlang der Bahnstrecke Windhuk-Swakopmund, deren Fertigstellung 1902 mit einer großen Landwirtschaftsausstellung als Symbol des Fortschritts der Kolonie eröffnet wurde. Jedenfalls erscheint es nach den Forschungen von H. Bley zweifelhaft, ob der Umfang der wirtschaftlichen Entwicklung groß genug war, um eine davon direkt beeinflusste Explosion wie die des Herero-Aufstandes zu erklären.[8] Es gab 1905 noch keine akute Landnot der Herero. Dagegen wurden offenbar die Reservatsplanungen – es kam vorerst nur zur Bildung von zwei Reservaten, einem im Namaland und einem im Hereroland (Otjimbingwe) – als Beginn einer gewaltsamen Enteignung verstanden, wie überhaupt der symbolischen Bedeutung einzelner Fakten und Faktoren eine zentrale Bedeutung zukommt. Ausschlaggebend für den Zeitpunkt des Ausbruchs war jedenfalls die Tatsache, dass die Schutztruppe aus dem Hereroland abgezogen war, während die Deutschen das Erlahmen des Widerstandsgeistes der Herero seit 1897 als endgültige Pazifizierung gedeutet hatten.

Sowohl die zunehmende „Herrenpolitik“ der weißen Siedler, ihre brutale Rücksichtslosigkeit und ihre rohen Sitten, als auch die allgemein wachsende Rechtsunsicherheit sind daher wohl die ersten Ursachen für die große Erhebung der Herero und anschließend der Nama gewesen, die das Reich zu seinem ersten und einzigen „Krieg“ zwischen 1870 und 1914 zwang. Als weiterer entscheidender Grund dürfte die Ausbeutung durch die betrügerischen Geschäftspraktiken der Händler zu nennen sein, die den Schwarzen zunächst Kredite aufdrängten und danach rücksichtslos ihre Schulden eintrieben. Das Händlerunwesen bezeichnete auch Samuel Maharero, der seine Machtstellung als Oberhäuptling der Herero dank der Einkünfte aus Landverkäufen gefestigt hatte und nunmehr die Führung der Erhebung übernahm, neben der allgemeinen Rechtlosigkeit in seiner Antwort auf die Anfrage Leutweins nach dem Anlass des Krieges als einen Hauptgrund.[9] In dem Kommentar eines Herero-Christen nach Beendigung der Kämpfe, der zugleich deutlich macht, dass der Krieg gewissermaßen „in der Luft lag“, sind diese und andere Gründe ungeschminkt wiedergegeben (Dok. 17). Unmittelbarer Anlass des Aufstandes waren jedoch Morddrohungen eines Oberleutnants an Samuel Maharero, wie es dieser auch in seinem Brief an Leutwein angibt.[10]

---

8 Ebd., 173ff.

9 Der komplette Text der Antwort S. Mahareros vom 6. 3.1904 ist abgedruckt in: H. Gründer, „...da und dort ein junges Deutschland gründen“, Dok. 47a.

10 Siehe die vorangegangene Anm.

Dok. 17: Die Ursachen des Aufstandes – Die Stimme eines Herero-Christen zum Aufstand, 1907

Der Krieg ist von ganz kleinen Dingen gekommen, und hätte nicht [zu] kommen brauchen. Einmal waren es die ‚Stuurmann' [Kaufleute] mit ihrem schrecklichen Wucher und eigenmächtigem, gewaltsamen Eintreiben. Für 1 sh Schuld wollten sie nach Jahresfrist 5 sh und für 1 L [Pfund] nach 12 Monaten 5 L Zinsen haben, und wer nicht zahlen wollte oder konnte, den verfolgten und plagten sie. Dann ist es der Branntwein gewesen, der die Leute schlecht und gewissenlos gemacht hat. Wenn jemand trinkt, dann ist es ihm gleich, was er tut. Aber das schlimmste Übel ist, was viel böses Blut und Streit hervorgerufen hat, die Vergewaltigung unserer Frauen durch Weiße. Manche Männer sind totgeschossen [worden] wie Hunde, wenn sie sich weigerten, ihre Frauen und Töchter preiszugeben und drohten, sie mit der Waffe in der Hand zu verteidigen. Wären solche Dinge nicht geschehen, wäre kein Krieg gekommen, aber er ist bei solchen Vergewaltigungen ausgebrochen. Er war mit einem Male da, und da war kein Halten mehr, jeder rächte sich, und es war, als sei kein Verstand mehr unter den Massen.

Quelle: Missionar Joh. Neitz, Die Herero betreffend. Reise zu Samuel Herero, 8.11.1907, Archiv der Vereinigten Evangelischen Mission Wuppertal: A/k 5.

Völlig überrascht standen die Deutschen der Erhebung gegenüber, die in der zweiten Januarwoche 1904 begann. 123 deutsche Männer, Ansiedler und Soldaten der Stationsbesatzungen wurden in einem Überraschungsschlag getötet, die Eisenbahnlinie Windhuk-Swakopmund an mehreren Stellen zerstört und die Telegraphenverbindungen unterbrochen. Bis zum Juni griffen die Herero die z.T. unbeweglichen und unerfahrenen deutschen Truppenkolonnen in oft erfolgreichen Vorstößen an. Da eine erste Verstärkung aus Deutschland von 800 Mann weder zahlenmäßig noch hinsichtlich der Ausrüstung und ihres taktischen Verhaltens gegen die kampfentschlossenen, landeskundigen Afrikaner etwas auszurichten vermochte, behaupteten die deutschen Truppen nur die Verbindungslinien im Hereroland, reparierten die Bahn und sicherten Ortschaften. Schließlich gelang es der Strategie Leutweins, dass sich die Hauptmasse der Herero am Waterberg festsetzte, wo sie nach dem Kommandowechsel im Oberbefehl der Schutztruppe von Generalleutnant Lothar v. Trotha in einer Kesselschlacht (11.8.1904) vernichtet bzw. an der Durchbruchstelle in die wasserarme Omaheke getrieben wurden. In der prosaischen Sprache des Generalstabswerks wird diese „militärische" Aktion wie folgt beschrieben:

> „Diese kühne Unternehmung zeigt die rücksichtslose Energie der deutschen Führung bei der Verfolgung des geschlagenen Feindes in glänzendem Lichte. Keine Mühen, keine Entbehrungen wurden gescheut, um dem Feinde den letzten Rest seiner Widerstandskraft zu rauben; wie ein halb zu Tode gehetztes Wild war er von Wasserstelle zu Wasserstelle gescheucht, bis er schließlich willenlos ein Opfer der Natur seines eigenen

> Landes wurde. Die wasserlose Omaheke sollte vollenden, was die deutschen Waffen begonnen hatten: Die Vernichtung des Hererovolkes".[11]

Erst als die Herero als Machtfaktor des organisierten Aufstandes ausgeschieden waren, griffen im Oktober 1904 die Nama in die Kämpfe ein, wahrscheinlich als Folge der Kriegshysterie der Deutschen, die gedroht hatten, mit allen Schwarzen wie mit den Herero zu verfahren und alle Stämme zu entwaffnen und aufzulösen.[12] Nachdem Hendrik Witbooi am 25.10.1905 gefallen war, übernahm eine Reihe von Unterführern aus den Nama-Stämmen die Guerillaführung, wie z.B. Cornelius aus dem Stamm der Bethanier, Jacob Morenga und Johannes Christian aus dem Stamm der Bondelzwarts und der Häuptling der Franzmann-Nama, Simon Kopper. Obwohl die Rheinische Mission den Namaführer Abram Morris zur Niederlegung der Waffen bewegen und Pater Malinowski von den Marienberger Oblaten Weihnachten 1906 die Bondelzwarts zur Aufgabe überreden konnte, schwelte der Aufstand fort. Erst am 31. März 1907 wurde der Kriegszustand in Südwestafrika aufgehoben, obgleich Simon Kopper noch bis in den März 1908 hinein vom englischen Gebiet aus einen Bandenkrieg führte, den er erst aufgab, als ihm über die englische Polizei eine deutsche Rente angeboten wurde. Im Nama- und Hereroland hatten sich nur die Rehobother, Teile der Bergdama, der Bethanier und Bondelzwarts sowie Leute aus Berseba und Keetmanshoop, z.T. unter dem Einfluss der Mission, nicht an den Kämpfen beteiligt.

Das Ergebnis der „Vernichtungsstrategie" Trothas sowie der anschließenden Kriegsgefangenenbehandlung – in den Lagern kamen noch einmal 7 700, gut 45%, um – war, dass von geschätzten 60-80 000 Herero nach der Volkszählung von 1911 nur noch 15 130 lebten, d.h. zwischen 75 und 80% des Stammes waren umgekommen. Nicht sehr viel günstiger sah die blutige Bilanz für die Nama aus. Von den etwa 20 000 Angehörigen der verschiedenen Stämme lebten noch knapp die Hälfte (9 781). Die von den Deutschen identifizierten Häuptlinge und Großleute wurden als Schuldige am Aufstand hingerichtet. 25% der überlebenden Nama und Herero wurden überdies in fremde Landesteile deportiert. Selbst die Mission vermochte mit ihren Bitten für eine weitgehende Amnestie bzw. Umwandlung der Todesstrafen in Zwangsarbeit nicht durchzudringen, wenn auch unter ihrer Leitung vier große Sammellager eingerichtet wurden. Es gelang ihr schließlich bis 1912, zumindest die Deportation der Witbooier rückgängig zu machen, die von der Kolonialregierung ohne Gerichtsverfahren nach Kamerun verschickt worden waren und von denen bis 1912 über ein Drittel infolge des ungewohnten Klimas und der schlechten Versorgung starben. Die Massentaufen nach 1907 waren dagegen weniger die Manifestation eines plötzlich erwachten religiösen Gefühls als vielmehr,

[11] Nach H. Bley, Kolonialherrschaft und Sozialstruktur, 203; allgemein G. Krüger, Kriegsbewältigung und Geschichtsbewußtsein. Realität, Deutung und Verarbeitung des deutschen Kolonialkriegs in Namibia 1904-1907, Göttingen 1999; M. Brehl, Vernichtung der Herero. Diskurse der Gewalt in der deutschen Kolonialliteratur, Paderborn 2007.

[12] Der Einfluß des „äthiopistischen Propheten" Stuurmann aus der Kap-Provinz war sekundär.

Abb. 12: Gefangene Herero

über den Entschluss zu überleben hinaus, der Ausdruck einer „nationalen“ Sammlungsbewegung. Der Aufstand von 1904/07 wurde deshalb auch von den Afrikanern zunehmend als nationaler Freiheitskrieg interpretiert; bis heute wallfahren Nama zur Gedenkstätte für Hendrik Witbooi bei Vaalgras, während Herero jährlich den „Maharerotag“ in Okahandja begehen („*oturupa*“)[13].

Auf deutscher Seite hatte der erste Krieg des wilhelminischen Deutschland den Einsatz von über 14 000 Soldaten erzwungen, von denen etwa 1500 durch Kampfhandlungen oder Krankheiten den Tod fanden. Überdies kostete die Niederwerfung des Aufstandes rund 585 Millionen Mark an Kolonialanleihen. Fünfmal musste der Generalstab den Oberbefehlshaber auswechseln. Nach der Ablösung Leutweins setzte Generalleutnant v. Trotha, „bewährter“ Kolonialoffizier in Ostafrika bei der Niederwerfung des Hehe-Aufstandes und während der Boxerwirren in China, seine Militärdiktatur und radikale Vernichtungsstrategie durch, in deren Zusammenhang er am 2. Oktober 1904 seine berühmt-berüchtigte Proklamation an die Herero richtete, die ihnen eine gnadenlose Ausrottung androhte (Dok. 18).

[13] Vgl. dazu Jekura Kavari u. a., Die *oturupa,* in: Namibia – Deutschland. Eine geteilte Geschichte, hg.v. L. Förster u. a., Köln 2004, 154-163.

Dok. 18: Der Schießbefehl des Generals von Trotha vom 2. Oktober 1904

Abschrift. Osombo-Windhuk, 2.10.04
Kommando der Schutztruppe.
J. Nr. 3737
Ich der große General der Deutschen Soldaten sende diesen Brief an das Volk der Herero.
Die Herero sind nicht mehr Deutsche Untertanen. Sie haben gemordet und gestohlen, haben verwundeten Soldaten Ohren und Nasen und andere Körperteile abgeschnitten und wollen jetzt aus Feigheit nicht mehr kämpfen. Ich sage dem Volk: Jeder der einen der Kapitäne an eine meiner Stationen als Gefangenen abliefert, erhält tausend Mark, wer Samuel Maherero bringt, erhält fünftausend Mark. Das Volk der Herero muß jedoch das Land verlassen. Wenn das Volk dies nicht tut, so werde ich es mit dem Groot Rohr[1] dazu zwingen.
Innerhalb der Deutschen Grenze wird jeder Herero mit oder ohne Gewehr, mit oder ohne Vieh erschossen, ich nehme keine Weiber und keine Kinder mehr auf, treibe sie zu ihrem Volke zurück oder lasse auch auf sie schießen.
Dies sind meine Worte an das Volk der Herero.

Der große General des mächtigen Deutschen Kaisers.

Dieser Erlaß ist bei den Appells den Truppen mitzuteilen mit dem Hinzufügen, daß auch der Truppe, die einen der Kapitäne fängt, die entsprechende Belohnung zu teil wird, und daß das Schießen auf Weiber und Kinder so zu verstehen ist, daß über sie hinweggeschossen wird, um sie zum Laufen zu zwingen. Ich nehme mit Bestimmtheit an, daß dieser Erlaß dazu führen wird, keine männliche Gefangene mehr zu machen, aber nicht zu Grausamkeiten gegen Weiber und Kinder ausartet. Diese werden schon fortlaufen, wenn zweimal über sie hinweggeschossen wird. Die Truppe wird sich des guten Rufes der Deutschen Soldaten bewußt bleiben.

Der Kommandeur.
gez. v. Trotha
Generalleutnant.

[1] (kapholländisch) Geschütz, Kanone

Quelle: Bundesarchiv Berlin: R 1001/2089, Bl.7.

Dieser Genozid-Befehl Trothas wurde jedoch von Wilhelm II. dahingehend geändert, dass alle sich freiwillig stellenden Herero bis auf die Anführer und „Mörder“ am Leben bleiben sollten. Auch sein Ketten-Befehl, d.h. dass alle sich ergebenden Herero Arbeitsdienst an der Kette leisten sollten, wurde von Reichskanzler Bülow aufgehoben. Allerdings schieden mit der Niederschlagung der Aufstände und der totalen Pazifizierung der Kolonie die Stammesverbände als politischer Machtfaktor aus, so dass sich mit Ausnahme des Ovambolandes und des Caprivizipfels sowie des Landes der – nicht am Aufstand beteiligten – Rehobother Bastards und Berseba-Nama ganz Südwestafrika in der Verfügungsgewalt der Deutschen befand. Alles Stammesvermögen und das Land wurden von der Regierung konfisziert – wobei man sich die französische Sequestrationsverordnung für Algerien von 1845 zur Vorlage nahm – und die Stammesorganisation bis auf wenige Reste aufgelöst. Nicht mehr als zehn Eingeborenenfamilien oder einzelne eingeborene Arbeiter durften unter der Aufsicht des jeweiligen Besitzers der Grundstücke auf sogenannten Privatwerften wohnen – mit einem (empfohlenen) „hygienischen" Sicherheitsabstand von (optimal) 1 km vom Farmhaus –, während in den von der Kolonialverwaltung bestimmten „öffentlichen Werften" in der Regel etwa 1 000 Eingeborene lebten. Um darüber hinaus die politische Unselbständigkeit und wirtschaftliche Abhängigkeit der Schwarzen für alle Zukunft zu sichern, war ihnen der Besitz von (Klein-)Vieh und Land nur noch in einem begrenzten Umfang gestattet und von der Genehmigung der Kolonialverwaltung abhängig. Die Schwarzen wurden zum Abschluss eines Arbeitsvertrages mit den weißen Kolonisten gezwungen und hatten über das bestehende Arbeitsverhältnis einen Pass zu führen. Arbeitszwang, Dienstbuch und Passpflicht unterwarfen den Eingeborenen einem System gesetzlicher Überwachungs- und Kontrollmaßnahmen und degradierten ihn zum besitzlosen Lohnarbeiter, während die Herrschaft der Weißen bis zu persönlicher Polizeigewalt Wirklichkeit geworden war. „Eingeborenenpolitik" wurde nach 1907 ausschließlich zur „Arbeiterpolitik".[14]

Vorwiegend der Sicherung eines Reservoirs billiger Arbeitskräfte und nicht direkter Herrschaftsausübung und wirtschaftlicher Ausbeutung galt auch das Interesse der deutschen Kolonialbehörden am Amboland und Caprivizipfel. Durch kontrollierte und indirekte Kolonisierung sollten die Ovambo und Bewohner des Caprivizipfels – nach damaligen Schätzungen etwa 100 000 Afrikaner–, die bis dahin noch kaum mit der kolonialen Präsenz der Deutschen in Berührung gekommen waren, an die deutsche Anwesenheit und Herrschaft gewöhnt werden. Zutrittsverbote und Handelsbeschränkungen, die gleichzeitig von Portugiesisch-Angola ausgingen, führten denn auch zu einem wirtschaftlichen Niedergang dieser Viehzucht und Ackerbau treibenden Bauern und zwangen sie indirekt, sich als Wanderarbeiter bei den Deutschen zu verdingen.

Im Maße der weitgehenden Erfassung sowie politischen und wirtschaftlichen Entmachtung der außerhalb des Nordens der Kolonie nahezu rechtlos gewordenen Afrikaner – das Verbot von Land-, Großvieh- und Feuerwaffenbesitz und im Zusammenhang damit die drastische Einschränkung des Jagdrechts sowie die Aberkennung der Rechtsfähigkeit und Erklärung der Unmündigkeit in Rechtsgeschäften verwehrte ihnen jede Chance einer selbständigen Existenz – radikalisierte sich das Sozialverhalten der europäischen und deutschen Siedler, die nunmehr auch gegenüber dem Kolonialstaat ihr „politisches" Mitspracherecht zu erweitern suchten; hatte sich die „Europäisierung" der Kolonie doch zunächst – anders als im übrigen Südafrika – in politischer und juristischer Abhängigkeit von der Kolonialverwaltung vollzogen, die vor allem im „System Leutwein" die Prärogative des

[14] Hierzu und zum Folgenden vgl die nur als Mag.-Arbeit vorliegende Studie von J. G. Müller, Die deutsche Eingeborenenpolitik in Südwestafrika, 1905-1915, Augsburg 1984; sowie J. Zimmerer, Deutsche Herrschaft über Afrikaner. Staatlicher Machtanspruch und Wirklichkeit im kolonialen Namibia, Hamburg 2001.

Kolonialstaates betonte und auf der „Häuptlingspolitik" basierte. Die Zerstörung der althergebrachten Sozial- und Rechtsstruktur der Afrikaner und die totale politische und sozialökonomische Umschichtung in Südwestafrika hatte allerdings schon Leutwein vorausgesehen, wenn er auch vorerst keine Lösung für die „Häuptlingsfrage" sah. So gehörte eine am Weltmarkt orientierte Viehzucht zu seinem wirtschaftlichen Programm, und zwar in der Form von europäischen Großfarmen (ca. 5 000-10 000 ha) und unter Vermeidung eines „verkafferten" Kleinbauerntums. Demgegenüber ist von seinem Nachfolger v. Lindequist und führenden Kolonialverwaltungsbeamten wie Golinelli und später Hintrager eine konsequente Siedlungspolitik befürwortet und unterstützt worden, nachdem sich die Häuptlingsfrage mit dem Herero-Nama-Krieg nicht mehr stellte.

Lindequist förderte seit 1906 den Politisierungsprozess der Ansiedler, indem er den Berufsständen das Präsentationsrecht für den Gouvernementsrat zuerkannte, dessen Mitglieder der Gouverneur zu ernennen hatte. Parallel hierzu verlief der Kampf der Farmer um den Vorrang vor der übrigen weißen Bevölkerung. Auch in ihrer Auseinandersetzung mit der einflussreichen Rheinischen Mission, deren „gute Dienste" Reichskanzler Bülow in der Aufstandsphase angenommen hatte und die als einzige für einen teilweisen Schutz der Schwarzen vor der Willkür der Weißen eintrat, z.B. in ihrem Protest gegen das seit 1905 erlassene Mischehenverbot (vgl. Dok. 19)[15], manifestierte sich ihr radikales „Pulver- und Blei"-Programm sowie ihr uneingeschränkter sozialer Herrschaftsanspruch.

Dok. 19: „... meine Frau, die fast weiß ist" – Eingabe des Farmers Carl Becker zur Annullierung seiner Ehe mit einer Rehobother Bastardfrau vom 1. September 1909

Abschrift.

Vaalgras, den 1. September 1909

Ew. Exzellenz!
beehre ich mich nachstehend erneut meine Bitte um Wiederverleihung meiner bürgerlichen Ehrenrechte zu unterbreiten. Ich bin überzeugt, dass Ew. Exzellenz, wenn Sie wohlwollend und gerecht über meine Ausführungen nachdenken, nicht zögern werden, meiner Bitte zu entsprechen.
Durch den § 17 f der Gemeindeverordnung[1] wird mir als Mann einer Bastardfrau[2] das Wahlrecht entzogen. Der § 17 f ist aus dem Gedanken geboren: Südwestafrika ist weißen Mannes Land; [d]agegen will ich als weisser Mann nichts sagen, denn der weisse Mann hat jetzt die Macht und die letzte Quelle des Rechts ist die Gewalt. Beim Verfolg der Preussischen Geschichte findet man aber, dass dieser Staat bei seinen vielen Annexionen im Einzelnen stets mit grösster Schonung und Achtung des historisch Gewordenen verfuhr. Und er wusste warum! Ich glaube, die Anwendung dieses bewährten Prinzips wird sich auch hier empfehlen. Meine Ehe ist durch Mithilfe der sittlichen und rechtlichen Faktoren des Staates zustande gekommen, bevor der § 17 f

[15] Vgl. zur „Rassenmischehe" sowie generell zum Rassismus nicht zuletzt in Deutsch-Südwestafrika unten Kap. VII.

erschien. Es ist meine feste Überzeugung: Ich kann nicht durch einen rückwirkenden § entrechtet werden.
Die Folgen des § 17 f sind für mich geradezu niederschmetternd.
Für meine 5 Kinder, wovon 2 in Deutschland [leben], zahle ich jährlich 5000 M Erziehungskosten. Ein Mann mit gleicher Kinderzahl, aber rein weisser Frau, erhält von der Regierung als Beitrag zu den Erziehungskosten jährlich 1500 M in Form von Pensionsbeihilfen. Ich habe nichts.
Will ich eine Farm, eine Baustelle oder eine Lizenz haben, so wird mir das auf Grund § 17 f verweigert. Baue ich einen Damm, so tue ich das auf eigene Kosten, während andere Leute Beihilfe bekommen.
Komme ich mit meiner Frau, die fast weiss ist (ein Bild meiner Familie liegt bei) und sich in sittlicher und intellektueller Beziehung getrost mit jeder reinweissen Frau im Schutzgebiet messen kann, so kann ich auf Unannehmlichkeiten gefasst sein.
Das alles geschieht mir, obwohl ich 13 000 ha Farmland musterhaft in Ordnung habe, obwohl ich die damit verbundenen Lasten trage, obwohl ich die Steuern und Abgaben, die ein Haushalt von 8 Weissen und 40 Eingeborenen mit sich bringt, willig auf mich nehme. Das ist der Dank dafür, dass ich als alter Schutztruppler mit dazu beigetragen habe, dieses Land für Deutschland zu erwerben und zu sichern. Und warum geschieht mir das? Weil ich es nicht so gemacht habe wie viele (ich kann Namen nennen)! die hier im Lande mit eingeborenen Weibern gelebt und Kinder in die Welt gesetzt haben. Nachher sind sie ihrer Wege gegangen und sind heute teils in Ansehen und Würde, teils Lumpen; *aber alle üben ungehindert ihr Wahlrecht aus.*
„Den schlechten Mann muss man verachten, der nie bedenkt, was er vollbringt" sagt der Dichter. Ew. Exzellenz. Ich will kein schlechter Mann sein. Ich will wissen, für wen ich arbeite. Werden meine Kinder, die alle deutsch erzogen werden, meine Erben sein, werden meine Jungens Soldat werden und später ihr Wahlrecht ausüben?
Das sind die Fragen, die ich mit ja beantwortet sehen muss, wenn mir nicht alle Lebensfreude und Lust zum Arbeiten schwinden soll.
Keine Macht der Welt soll mich trotzdem zwingen, mich von meiner Frau, die mir bisher (12 Jahre) eine wahrhafte Lebensgefährtin gewesen ist, zu trennen. -
Bleiben mir meine bürgerlichen Rechte versagt und wird meine Ehe nicht als rechtmässig anerkannt, so muss damit meine Freude und das Interesse an diesem Lande, dem ich jahrelang meine besten Kräfte geopfert habe, erlöschen. Darum Ew. Exzellenz, bitte ich Sie nochmals dringend, sprechen Sie das erlösende Wort für mich. Stellen sie bitte die eingehendsten Ermittlungen an über mich und meine Frau, ja ich beehre mich, Ew. Exzellenz einzuladen, hierher zu kommen, um mit eigenen Augen zu sehen, dass meine Wirtschaft nicht rückständig ist. Sie werden auch hier sehen, dass Sie mir meine Ehre wiedergeben können, ohne jemand zu schädigen, ohne Sich und der Regierung etwas zu vergeben. Sie würden damit nur eine rechtliche Handlung Ihres Herrn Vorgängers bestätigen und somit dem Recht zu seinem Recht verhelfen.
Einer gütigen Antwort[3] entgegensehend zeichne

Hochachtungsvoll!
gez. Carl Becker
Farmer

---

[1] Das 1905 für Deutsch-Südwestafrika erlassene Mischehenverbot wurde 1908 in die Selbstverwaltungsverordnung der Kolonie, die den deutschen Siedlern eine eingeschränkte Selbst-

bestimmung und die Wahl eines Landesrates gewährte, als § 17 übernommen. Beide Ehepartner und ihre Nachkommen verloren automatisch die bürgerlichen Ehrenrechte und damit auch das Wahlrecht. Betroffen waren 30 Familien, deren Männer Frauen aus der Ethnie der Rehobother Bastards (s. die folgende Anm.) geheiratet hatten.

2 Rehobother Bastards (afrikaans *Bastaards*), Mischlingsvolk aus der Verbindung von weißen Einwanderern, v.a. Buren, mit Namafrauen im Gebiet um Rehoboth. Die Rehobother Bastards hatten sich nicht am Aufstand beteiligt.

3 Das Reichskolonialamt in Berlin entschied sich für den Gnadenweg. Zukünftig sollte der Gouverneur ermächtigt sein, „in solchen Fällen, wo die mit einer Eingeborenen geführte Ehe eine besondere Anerkennung vom moralischen Standpunkt zuläßt und nach der ganzen Lebensführung der in Betracht kommenden Familie die Würdigkeit des Hausvaters, mit öffentlichen Rechten betraut zu werden, außer jedem Zweifel steht, nachträglich die Verleihung der Wählbarkeit auszusprechen". Die Ermächtigung sollte restriktiv gehandhabt werden.

Quelle: Bundesarchiv Berlin: R1001/2058, Bl. 193-194.

Die totalitären Aspekte der Menschenbehandlung in Südwestafrika finden ihren evidenten Ausdruck in dem 1907 erschienenen Buch „Kolonialwirtschaft" von Paul Rohrbach, der zeitweilig als Ansiedlungskommissar in der Kolonie tätig war. In ihm forderte der ursprüngliche Theologe nicht nur den „grundsätzliche(n) Ausschluss jedes Schreib- und Leseunterrichts, der zum Verständnis einer europäischen Schriftsprache führen könnte", sondern bezeichnete es auch als die zentrale Aufgabe der deutschen Kolonialpolitik in Südwestafrika, den Herero „nach Möglichkeit seines Volkstums und seiner nationalen Eigentümlichkeiten zu entkleiden und ihn mit den anderen Eingeborenen allmählich zu einer einzigen farbigen Arbeiterklasse zu verschmelzen".[16] In derartigen Aussagen zu einer völligen Aufhebung der nationalen Identität der Schwarzafrikaner sowie in der praktizierten Politik der „Zivilisierung" der Eingeborenen mit der Nilpferdpeitsche durch die Siedler ist die Schwelle zu „totalitärem" Denken ohne Zweifel überschritten. Insofern sind die Verhältnisse in der „Siedlungskolonie" Südwestafrika noch am ehesten ein Beleg für die These Hannah Arendts, dass sich bereits in der Kolonialpolitik in Afrika „Elemente und Ursprünge totaler Herrschaft" abzeichneten.[17]

Dennoch ist ein alle Eingeborenen erfassendes Kontrollsystem nicht erreicht worden. Die Passgesetze versagten schon angesichts des riesigen Gebietes mit seinen unkontrollierbaren Regionen und Grenzen, und Siedler beschäftigten Eingeborene ohne Passmarke, um bürokratischen Formalitäten auszuweichen und eine eventuelle Eingeborenensteuer zu sparen. Allmählich wurde den Afrikanern auf Antrag auch wieder die Erlaubnis zur Großviehhaltung erteilt. In den großen städtischen Werften fand eine teilweise Wiederherstellung der alten Stammesstrukturen statt, die sich aber erst in den 20er Jahren unter südafrikanischer Herrschaft stärker ausprägten. Auch die Missionskirchen bildeten einen sozialen Rahmen, der

16 Kolonialwirtschaft, VIII, 285f.

17 Wiesbaden 1962, bes. 304ff., 335ff.

den Schwarzen gewisse Möglichkeiten gesellschaftlicher Reorganisation bot. So gesehen besaßen die Kolonialherren weder einen unbegrenzten Handlungsspielraum noch konnten sie ungehindert ihre Vorstellungen verwirklichen.

Andererseits fanden aber auch die im Reich während der „Ära Dernburg" entwickelten Vorstellungen einer zugleich rationalen und humaneren Eingeborenenpolitik in Südwestafrika keinen Widerhall. Die von den Siedlern radikal und kompromisslos geforderte Politik der endgültigen Sicherung der deutschen Herrschaft, die infolge der Erfahrungen des Herero-Nama-Aufstandes geradezu traumatische Züge annahm, behinderte selbst die Versuche eines vorsichtigen Reformkurses von Seiten des Gouvernements nach 1910. Diese ersten Ansätze einer staatlichen Fürsorgepolitik standen freilich in engem Zusammenhang mit der Problematik des Arbeitermangels. Denn obgleich die männliche afrikanische Bevölkerung bereits zu 90% im Dienst der Europäer stand (gut 20 000 der registrierten 22 300 Männer bei einer von der Verwaltung geschätzten Gesamtbevölkerung von 65 000 Afrikanern außerhalb des Ambolandes), herrschte weiterhin ein dringender Bedarf an Arbeitskräften, dem auch die Ovamboarbeiter (hauptsächlich in den Kupferminen von Tsumeb und auf den Diamantfeldern bei Lüderitzbucht beschäftigt) und die für den Eisenbahnbau geworbenen südafrikanischen Arbeiter („Kapboys") nicht abzuhelfen vermochten. Überdies führte die Verwaltung die Stagnation der Geburtenrate und die hohe Kindersterblichkeit auf die harte Fronarbeit auch der Frauen und Kinder im Dienste der Weißen zurück. Diese Stagnation der Bevölkerungszahl, die den Arbeitermangel verschärfte und damit den wirtschaftlichen Bestand der Kolonie gefährdete, war mithin die primäre Ursache kolonialstaatlicher Fürsorgemaßnahmen. Sie bestanden in einer Kontrolle der Kolonialverwaltung über das Anwerbeverfahren und in Vorschriften zur ärztlichen und sanitären Betreuung der schwarzen Lohnarbeiter. In der Praxis resultierte aus diesen Bestimmungen des kolonialen „Fürsorgestaates", finanziert u.a. durch die seit 1910 einsetzende teilweise Eingeborenenbesteuerung, jedoch kaum ein effektiver Arbeiterschutz. Das verhinderten schon die Siedler, deren Bestrebungen sich einzig auf die Ausbeutung der schwarzen Arbeitskraft richteten.

Trotz dieses „billigen" Arbeiterreservoirs entwickelten sich die Farmbetriebe jedoch nicht immer notwendigerweise zu ertragreichen Wirtschaftseinheiten. Während einzelne Farmen wegen der Schuldenlast aufgegeben werden mussten oder den Besitzer wechselten, prosperierten andere, insbesondere, wenn sie in günstiger Gegend eine rationelle extensive Viehwirtschaft aufnehmen oder sich auf die 1907 eingeführte, später bedeutsame Zucht von Karakulschafen (Persianerfelle) oder Straußen bzw. den Wein- oder Obstbau spezialisieren konnten. Dagegen nahm der Abbau von Erzen und Mineralien, neben der Viehzucht zu den wichtigsten Wirtschaftszweigen des Landes gehörend, erst nach der deutschen Kolonialzeit einen größeren Umfang an. Bis zur Erschließung neuer Kupferlager 1907 und der Entdeckung von Diamanten 1908 war keine der acht Konzessionsgesellschaften (hinter denen hauptsächlich englisches, kaum deutsches Kapital stand) in der Lage, Dividende auszuschütten. Danach zeichneten sich jedoch für einzelne Konzessionsgesellschaften wie die DKGSWA z.T. beträchtliche Gewinne ab (1910 64% Dividende). Von 1908-1913 wurden in Südwestafrika 4,9 Millionen Karat Diamanten im Wert von rund 52 Millionen Mark gefördert. Die nach dem 1906 beendeten Bau der Otavibahn mögliche Förderung von Kupfer (Otaviminen von Tsumeb) wurde bis 1913 auf 70 000 t gesteigert, was. z.B. für 1913 einem Verkaufswert von 7 929 000 Mark entsprach. Von der Ausfuhr Südwestafrikas – Diamanten, Kupfer, Vieh, Häute, Felle, Wolle, Mohair, Straußenfedern –, die 1913 wertmäßig 70 302 830 Mark betrug, fiel der Hauptanteil auf Diamanten und Kupfer (66 839 000 Mark).[18] In den Jahren 1909 bis 1913 machte das Diamantengeschäft, an dem der Kolonialstaat durch Ausfuhrzoll und Besteuerung beteiligt war, zwei Drittel aller Schutzgebietseinnahmen aus.

Für den Handel der Metropole war Südwestafrika im Vergleich zu den anderen Kolonien die bedeutsamste Kolonie (zwischen $^2/_3$ und $^3/_4$ des Exports bzw. Imports), obwohl sie längst nicht die Erwartungen der Kolonialinvestoren erfüllte. Für das Reich war und blieb die Kolonie dagegen, nicht zuletzt aufgrund der hohen Militär- und Verwaltungskosten und der relativ früh in Angriff genommenen Eisenbahninvestitionen – von allen Kolonien das weitest reichende Eisenbahnnetz – ein reines Verlustgeschäft. Beispielsweise standen im Kolonialhaushalt für Südwestafrika von 1910 den Ausgaben von 32 Mill. Mark nur Einnahmen aus Zöllen und Steuern von 13,6 Mill. Mark gegenüber. Die ohnedies begrenzte Aufnahmefähigkeit für weiße Siedler zeichnete sich bereits vor dem Verlust der Kolonie ab (seit 1909), wenn auch mehr als die Hälfte der Kolonialdeutschen in Südwestafrika lebte. Im 1. Weltkrieg schließlich musste sich die kleine Schutztruppe von ca. 5 000 Aktiven und Reservisten bereits am 9. Juli 1915 „bei km 500 der Otavibahn“ den überlegenen südafrikanischen Unionstruppen unter General Louis Botha (ca. 60 000 Mann) ergeben, nachdem die erträumte Vereinigung mit den Buren gegen die Engländer („Spaziergang nach Kapstadt“) sich schnell als Illusion herausstellte.

2. Togo

In Togo hatten Händler und Missionare ebenfalls lange vor der deutschen Schutzerklärung den Boden für europäische Wertvorstellungen und das Vordringen einer weißen Herrschaft bereitet, wenn auch die Entwicklung in diesem „Schutzgebiet“ geradezu konträr zu der Etablierung einer weißen Siedlungskolonie in Südwestafrika verlief. 1847 begann die zunächst in Hamburg, dann in Bremen beheimatete Norddeutsche Mission ihre westafrikanische Tätigkeit unter den Ewe an der Goldküste und in West-Togo, hatte indes immer wieder schwere Rückschläge durch das tropische Klima hinzunehmen. Sie bereitete dem Bremer Handel den Weg, indem sie

[18] Alle Angaben nach O. Hintrager, Südwestafrika in der Deutschen Zeit, München 1955, 115, 177f.; vgl. H. Drechsler, Südwestafrika unter deutscher Kolonialherrschaft. Die großen Land- und Minengesellschaften, 1885-1914, Stuttgart 1995.

Abb. 13: Schüler der Missions-Station Ho, in Formation angetreten

„die scheuen Bewohner der Sklavenküste zutraulich gemacht und (...) vor allem den Kaufleuten das eingeborene Personal gestellt und ausgebildet" hatte, wie es ihr späterer Missionsinspektor Martin Schlunk 1912 formulierte.[19] Die Jahrzehnte lange Erfahrung der Bremer Missionare im Ewe-Gebiet war nach der Kolonialnahme eine wertvolle Hilfe für die neuen Kolonialherren. Diedrich Westermanns Vollendung des J. B. Schlegelschen „Schlüssels zur Ewesprache" (1857) und seine Grammatik von 1907, ebenso wie die Forschungen des Missionars Jakob Spieth zur Ewe-Kultur, boten nicht nur Sprach- und Orientierungshilfen für Mission und Kolonialverwaltung, sondern stellten auch den Beginn einer Schriftlichkeit der Eingeborenenkultur in diesem Gebiet dar und trugen zu den Voraussetzungen der Entwicklung eines nationalen Bewusstseins der Ewe bei. Der bedeutenden Rolle der Missionen – die Katholiken kamen 1892 hinzu – war es ebenfalls zu verdanken, dass in Togo (ausschließlich der Nordbezirke) ein verhältnismäßig hoher kolonialer Bildungsstand durch die 342 Missionsschulen erreicht wurde und praktische Fertigkeiten bei den Einheimischen grundgelegt wurden. Togo lag 1914 mit einer Scholarisationsquote von 1,4% im modernen Schulwesen in Westafrika an der Spitze. Als die deutsche Schutzherrschaft in Togo proklamiert wurde, existierte im Missionsgebiet bereits eine nennenswerte Gruppe von Alphabeten und Absolventen der Mittelschule.

19 Die Norddeutsche Mission in Togo, 2 Bde., Bremen 1910/12, II, 159.

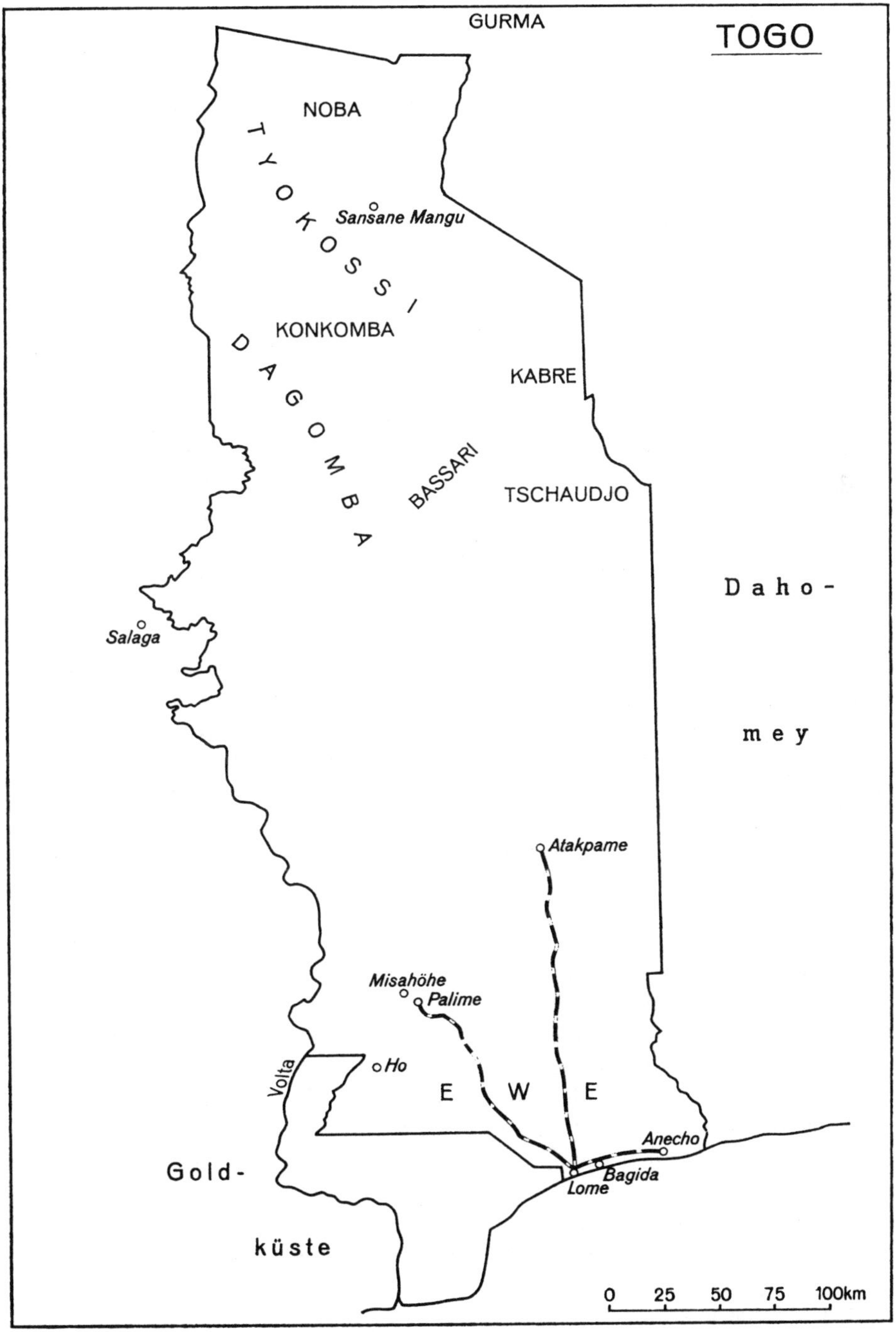
TOGO
GURMA
NOBA
TYOKOSSI
Sansane Mangu
KONKOMBA
DAGOMBA
KABRE
BASSARI
TSCHAUDJO
Dahomey
Salaga
Atakpame
Misahöhe
Palime
Ho
Volta
E W E
Anecho
Bagida
Lome
Gold-
küste
0 25 50 75 100km

Engste Verbindung hatte die Norddeutsche Mission zur Bremer Kaufmannsfamilie Vietor, die 1857 den Togohandel eröffnet hatte. Auch der bekannteste der Vietors, J. K. Vietor, entstammte diesem Unternehmen. Er lebte von 1884-1896 selbst in Togo, beteiligte sich niemals am lukrativen Alkoholhandel und beschäftigte als „christlicher Kaufmann" in seinen Faktoreien nur freiwillige und verhältnismäßig gut bezahlte Arbeiter (daher in Westafrika als „fromme Firma" bekannt)[20].

Togos Attraktivität für die Händler beruhte auf dem Umstand, dass es die „Oase des Freihandels" zwischen dem monarchisch-autoritär regierten Dahomey und der englischen Goldküste war. Als Kolonie war das Gebiet von vornherein als Handelsgebiet angelegt: Rohprodukte der traditionellen afrikanischen Sammel- und Agrarwirtschaft, vor allem Palmenprodukte, wurden von Trägern an die Küste gebracht und gegen europäische Waren umgeschlagen. Die Händler zogen es vor, im Küstengebiet zu bleiben, selbst nachdem große Landstriche Mitteltogos annektiert worden waren. Die Berliner Politik betrachtete Togo in den ersten zehn Jahren vor allem als Durchgangsgebiet zum Niger-Becken. Auch das Klima erlaubte keine „Besiedlung" der Kolonie; es haben sich nie mehr als dreihundertfünfzig Weiße in diesem deutschen Schutzgebiet aufgehalten.

Dass die Togolesen, vornehmlich die im Süden vorherrschende Ethnie der Ewe, lange vor 1884 missionarischen Einflüssen und den Kontakten mit europäischen Händlern unterlagen, mag ihre Haltung mit beeinflusst haben, dem kolonialherrschaftlichen Vordringen der Deutschen nicht in einem solchen Umfang, wie es in den anderen Kolonien geschah, mit Gewalt zu begegnen. Die Pazifikation im Küstenbereich geschah durch Verträge mit den Oberhäuptlingen, die diesen Jahresrenten sicherten und ihnen weitgehende Machtbefugnisse beließen. Zur „Erfüllung ihrer Pflichten" gehörten die Förderung des Handels, die Schlichtung von Rechtsfällen, der Wegebau und die Aufrechterhaltung der öffentlichen Ordnung. Der „Erschließung" des Hinterlandes mit dem Ziel der Erreichung des Niger dienten sogenannte Togo-Hinterland-Expeditionen, die durch Stationsgründungen den deutschen Einflussbereich weiter ausdehnten. Nach einer Vielzahl von Grenzstreitigkeiten, Verzichtserklärungen, Abkommen und Verträgen mit England (im Westen) und Frankreich (im Osten) mussten in abschließenden Kolonialgrenzverträgen mit den Franzosen (1897) und den Engländern (1899, 1901/02) freilich die Wunschträume eines deutschen Kolonialreichs am Niger ebenso aufgegeben werden wie die Hoffnungen auf das wichtige Handelszentrum Salaga und das Volta-Dreieck, d.h. die Küstenstrecke bis zur Voltamündung. So blieb ein schmaler Küstenstrich von etwa 50 km Breite mit einem 550 km langen Hinterlandstreifen. Dieses Gebiet umfasste 87 200 km^2 mit einer Bevölkerung von nahezu 1 Mill. Menschen.

Brachte die Festsetzung der Deutschen an der Küste keine größeren Schwierigkeiten mit sich, so erwies sich die Pazifikation im Norden bei den muslimischen

[20] Zu J. K. Vietor auch unten Kap. VII.

Dagomba und Tyokossi-Häuptlingen und bei den paleonigritischen Völkern (Konkomba, Kabre) als erheblich schwieriger. Die Tyokossi unterwarfen sich schließlich und leisteten fortan unter ihrem König Adjanda den Deutschen ebenso Gefolgschaft wie der muselmanisch-cotokolische Souverän von Tschaudjo, nachdem die Dagomba bereits am 4.12.1896 in einem größeren Gefecht (100 Soldaten und 200 Träger gegen 7 000 Dagomba-Krieger) besiegt worden waren. 1897/98 wurden die Konkomba befriedet. Von 25 zwischen 1897 und 1900 durchgeführten Polizeiaktionen bezogen sich 8 auf die Kabre, fünf auf die Noba, Gurma und Natchaba, drei auf die Bassari, Dagomba und auf die Gemeinschaften des Dorfes Tschaudjo. Im Norden der Kolonie bevorzugte die deutsche Kolonialherrschaft daraufhin die weniger aufwendige Form der *indirect rule*. Bis zum Ende der deutschen Kolonialherrschaft durften diese Nordbezirke von Deutschen, die nicht der Kolonialverwaltung angehörten, nur mit besonderer Genehmigung betreten werden.

Nach diesem primären Widerstand in den ersten fünfzehn Jahren der deutschen Kolonialherrschaft erlebte Togo jedoch eine wesentlich ruhigere Entwicklung als die anderen deutschen Kolonien. Das Schutzgebiet erfuhr keine den Aufständen in Südwest-Afrika und Deutsch-Ostafrika vergleichbaren Erhebungen, und auch von ständigen Unruhen, wie in Kamerun, blieb es weitgehend verschont. Togos Ruf als „Musterkolonie" entstand allerdings weniger aus dieser relativen Ruhe oder gar einer milderen Eingeborenenbehandlung – obwohl nur wenige Fälle brutaler Eingeborenenmisshandlung bekannt geworden sind, wie beispielsweise jener Tod eines Unterhäuptlings, der 1902 unter Gouverneur Horn an den Folgen einer Auspeitschung starb[21] –, als vielmehr aufgrund des ausbalancierten Etats der Kolonie. Togo war als einzige Kolonie unabhängig von Reichszuschüssen, wenn auch bis 1899 Unterstützungen aus dem wissenschaftlichen Zwecken dienenden Afrikafonds hinzu kamen. Haupteinnahmen waren und blieben die Zölle bei verhältnismäßig geringen Ausgaben für Verwaltung, Pensionen und Militäraktionen. Obgleich 1904 der moderate Importtarif von 4% auf 10% angehoben wurde und die Zölle auch künftig weiter stiegen, gingen die Zolleinnahmen (1902 z.B. 91%) doch bis 1914 ständig zurück (knapp über 50%). Wenn Gouverneur und Kolonialverwaltung dennoch 1913 voll Stolz auf Einnahmen von 4 057 136 Mark verweisen konnten, während auf der Ausgabenseite nur 3 593 636 Mark standen, so hing dies damit zusammen, dass man neue Einnahmequellen hatte erschließen können. Hierzu gehörten vor allem direkte Steuern: seit 1907 eine allgemeine Kopfsteuer von 12 Tagen Arbeit im Jahr respektive 6 Mark in bar sowie ein nach oben gestaffelter Einkommenstarif bei Verdiensten über 400 Mark bzw. 600 Mark ab 1914. Die Einnahmen aus diesen direkten Steuern stiegen von 57 000 Mark (1907) bis auf 853 000 Mark (1912) an. Die Steuerkarten wurden von den Häuptlingen überwacht, die dafür mit 4% an den Steuereinnahmen beteiligt waren. Aus den Gerichtsgebühren und Polizeistrafen kamen zusätzliche Einnahmen (z.B. 1913 44 450 Mark), was

[21] Sten. Ber. 216, 2148.

immerhin ein Indiz für die rigide Handhabung der Rechtsordnung und der Verwaltungsvorschriften sein dürfte.[22]

Weitere Einnahmen stammten, neben verzinsten Rücklagen aus früheren Jahren, aus den jährlichen Taxen der Export- und Importfirmen, die seit 1899 800 Mark für die Hauptniederlassung und 400 Mark für jede Zweigniederlassung betrugen (zeitweilig auf 1 000 bzw. 500 Mark angehoben). Togo besaß auch einen Exporttarif, der jedoch hauptsächlich regulative Funktion hatte, um wichtige Nahrungsmittel wie Vieh und Korn im Land zu behalten. Für den Norden ersetzte ein Karawanenzoll an der Grenze zum Süden den Zolltarif.

Einen bedeutenden Posten stellten ferner die Einnahmen aus den Eisenbahnen und einer 1904 fertig gestellten Landungsbrücke in Lome dar. 1905 wurde die kurze Linie Lome-Anecho an der Küste („Kokosnuss-Linie") eröffnet, 1907 die 119 km lange Linie Lome-Palime („Kaffee- und Kakao-Linie") und 1911 die 167 km lange Linie Lome-Atakpame („Baumwoll-Linie"), die Togos Hauptbaumwollanbaugebiet mit der Küste verband. Die für 6 Monate angeworbenen Kontraktarbeiter erhielten bei einem 9 Stunden-Tag 75 Pfg. Lohn abzüglich 25 Pfg. für die Verpflegung (etwa der Stundenverdienst eines deutschen Arbeiters). Obgleich bei der Hinterlandbahn nach Atakpame ein Arbeitskommissar und ein Arzt für die nahezu 2 000 Arbeiter eingesetzt worden waren, lag die Sterblichkeitsrate enorm hoch (336 Arbeiter). Als diese Zahlen bekannt wurden, flohen viele potentielle Arbeiter zur Goldküste. Auch der Lohn von 75 Pfg. war niedriger als in Dahomey und an der Goldküste, abgesehen davon, dass die Plantagengesellschaften in der Regel noch weniger zahlten.

Dok. 20: „Arbeit ohne Unterlaß" – Erinnerungen des Konkomba-Häuptlings Yendjè Dalaré von Nawaré/Nord-Togo an die deutsche Kolonialzeit, 1980

Oh ja! Ja, ja, ich kannte die „Djama" [Deutschen]. Sie waren lange vor den „Fransi" [Franzosen] gekommen. Die „Djama" waren die ersten Weißen, die den Boden des Konkomba-Landes betraten. (...) Ich war zu jener Zeit bereits ein junger Mann. Ein Heranwachsender. Ich wußte bereits, wie man den Boden bearbeitet. Wir bearbeiteten gemeinsam die Felder unserer Eltern, meine Kameraden und ich. Und niemand half mir, meinen Bereich fertigzustellen. Ich war also kein kleiner Junge mehr![1] [...] Die Deutschen hatten die Konkomba-Bevölkerung einer harten Zwangsarbeit unterworfen. Arbeiten, die zwölf Tage für jede Arbeiter-Gruppe dauerten. Nach den zwölf Tagen kamen andere Gruppen, um uns abzulösen. Und so weiter. (...) Neben der harten Arbeit beim Straßen- und Brückenbau galt es, schwere Lasten bis nach Bassar und Sokodé

[22] Hierzu und zum Folgenden v. a. A. J. Knoll, Togo under Imperial Germany 1884-1914. A Case Study in Colonial Rule, Stanford, Cal, 1978, 71-86, 124ff.; ferner P. Sebald, Togo 1884-1914. Eine Geschichte der deutschen „Musterkolonie" auf der Grundlage amtlicher Quellen, Berlin (O) 1988; R. Erbar, Ein „Platz an der Sonne"? Die Verwaltungs- und Wirtschaftsgeschichte der deutschen Kolonie Togo 1884-1914, Stuttgart 1991; B. Zurstrassen, „Ein Stück deutscher Erde schaffen". Koloniale Beamte in Togo 1884-1914, Frankfurt a. M. 2008.

zu tragen. Baumwollsäcke und anderes Gepäck der Weißen. Nach dem Ende der festgesetzten Frist von zwölf Tagen wurde einem ein Stück Papier oder eine kleine Aluminiummarke ausgehändigt. Das war die „Steuerbescheinigung". (...) Man mußte schon hart arbeiten, um seine „Steuerbescheinigung" zu erhalten. Denn ohne „Steuerbescheinigung" bekamst du ständig Ärger von seiten der Soldaten der Weißen. Man mußte deshalb immer seine „Steuerbescheinigung" mit sich tragen. Viele zogen daher eine Schnur durch ihre „Steuerbescheinigung", um sie um den Hals zu tragen. Auf diese Weise waren sie sicher, diese nicht zu verlieren. Aber man mußte seine „Steuerbescheinigung" jedes Jahr erneuern. Und die „Djama" schickten ständig Soldaten, um Arbeiter zu rekrutieren. [...]
Wissen Sie, die „Djama" waren sehr hart! Sie ließen dich ohne Unterbrechung arbeiten. Sie ließen die Menschen auf die Wege und Straßen von Bassar, von Sokodé und von Agbadou (in den Bergen von Fazao) bringen, um die „Bayari" [Steuerarbeit] abzuleisten. Ha, ha! Wissen Sie, die „Bayari": eine Arbeit ohne Pause. Wenn du dich bücktest, um Erde auszuheben oder mit der Kreuzhacke zu arbeiten, hattest du kein Recht, dich wiederaufzurichten. Es war nicht erlaubt innezuhalten, um ein wenig durchzuatmen. Das war die „Bayari": „man richtet sich nicht auf, man verschnauft nicht". (...) Wer auch nur innehielt und sich eine Sekunde aufrichtete, erhielt von den rüden Wachsoldaten eine unbarmherzige Bastonnade. (...) Einige Leute starben davon! (...) Während der Arbeiten sangen die Konkomba-Leute „Bayari", zum einen, um die Moral aufrechtzuerhalten, zum anderen, um die Weißen und ihre Soldaten zu verhöhnen, die den Sinn dieser Spottlieder nicht verstanden. [...]
Ich habe die „Djama" gut gekannt. Dieser Weiße war sehr stark! Es war sehr schwierig, ja unmöglich, sich seinen Gesetzen zu entziehen. Um die Wahrheit zu sagen: diejenigen, die es schafften, etwa durch Flucht, sich den harten, von den „Djama" auferlegten Arbeiten zu entziehen, diese gewannen dadurch wahrlich nichts: die Soldaten kamen und konfiszierten all ihr Gut und trugen es weg (Schafe, Ziegen, Hühner und Perlhühner, Yams, Hirse und Bohnen, usw.). Ein Soldat hatte mir eines Tages aufgetragen, einen großen Käfig mit Hühnern und Perlhühnern für ihn in das benachbarte Dorf zu tragen. Von den armen Bauern der Region geraubtes Geflügel. (...) Ich konnte mich nicht weigern, noch auf dem Weg flüchten: er verfolgte mich mit seinem Gewehr! (...) Das waren grausame Leute, diese Soldaten. Sie machten auf ihrem Durchmarsch alles dem Erdboden gleich. Sie können sich nicht vorstellen, mein Freund, wie das zu jener Zeit damals war!

---

[1] Das Interview fand am 13. Dezember 1980 in Bassar statt. Der Informant war ca. 85 Jahre alt.

Quelle: Dadja Halla-Kaua Simtaro, Le Togo-„Musterkolonie". Souvenirs de l'Allemagne dans la Société Togolaise, 3 Bde., Aix-en-Provence 1983, III, S.722-725.

Dass der Import, vor allem zwischen 1901 und 1910, den Export überstieg, hing in erster Linie mit den großen Investitionen dieser kleinen Kolonie zusammen. Mit seinem sparsamen 4 Mill. Mark-Budget war Togo überdies in der Lage, 7% für Hospitäler etc. und Schulen zu investieren. (Die heutige Infrastruktur Togos, einschließlich der ausgebauten und z.T. mit Fahrradwegen versehenen Straßen – 1911: 1 215 km –, stammt weitgehend aus deutscher Zeit.) Die jährlichen Schwankungen der Einnahmen resultierten dagegen hauptsächlich aus den sporadisch angehobenen Steuern für Branntwein, denen die Händler dadurch zuvor zu kommen suchten, dass sie größere Mengen vor dem Inkrafttreten des höheren Tarifs importierten.

1904 erreichte die Branntweineinfuhr mit 16 229 hl ihren höchsten Wert, was über 25% des Gesamtimports in die Kolonie entsprach. Danach sank sie zwar aufgrund gestiegener Zolltarife, machte auch prozentual nur noch zwischen 6 und 8% des Gesamtimports aus, stieg jedoch mengenmäßig nach einem Rückgang 1905 auf 4 398 hl bis 1911 erneut auf 12 346 hl an. Ähnliche Verhältnisse herrschten in Kamerun (1894 mit 16 813 hl Höchstwert). „Das ganze Leben hier ist gewissermaßen von Branntwein durchtränkt", schrieb 1889 ein Basler Missionar aus Kamerun.[23] In einer Reihe von Eingaben wandten sich die beiden in den westafrikanischen Kolonien tätigen Missionsgesellschaften, die Norddeutsche und die Basler Mission, an die Reichsregierung (1885, 1896/97, 1908) und richteten Petitionen an den Reichstag. Vor allem trat der Bremer Missionsinspektor F. M. Zahn als engagierter Publizist und Agitationsredner hervor, und seine Auseinandersetzung mit Adolph Woermann, dem Hauptvertreter der Branntweinexporteure und Präsidenten des Westafrika-Syndikats, entwickelte sich zu einem hitzigen publizistischen Streit vor einer breiteren Öffentlichkeit. Mit seinem Material versorgte Zahn auch den konservativen Abgeordneten Adolf Stoecker, der am 14. Mai 1889 im Reichstag die Branntweinfrage mit dem Opiumhandel und der Sklavereifrage verglich und den – fast einstimmig angenommenen – Antrag einbrachte, dem Handel mit Spirituosen in den deutschen Kolonien durch Verbot oder Einschränkungen wirksam zu begegnen.

Einen Bundesgenossen fanden die beiden protestantischen Missionen in dem kleinen Kreis der nicht am Branntweinexport partizipierenden Afrika-Händler, an ihrer Spitze J. K. Vietor. Diese Gruppe war sowohl christlich als auch interessenpolitisch motiviert: In der Akkulturation der afrikanischen Bevölkerung an ein „bürgerliches" Leben sahen ihre Vertreter die besten Chancen für das Heranwachsen kaufkräftiger Kunden. Der Alkohol zerstörte dagegen nach ihrer Auffassung die Grundlage eines auf gegenseitigen Austausch gerichteten Handels. Die Koalition von Mission und liberalem Handel erwies sich jedoch als nicht stark genug in der Auseinandersetzung mit dem „Spirituskartell". Woermann war nicht bereit, „aus Liebe zu den Negern, die doch noch nicht so lange unsere Brüder sind, einen großen Geschäftszweig (zu) unterbinden".[24] Er verteidigte, nicht ohne die sozialimperialistische Variante zu vergessen, den Alkoholexport als ökonomischen und politischen Wegbereiter für den gesamten deutschen Handel in West-Afrika.

Immerhin erreichten die Vorstellungen der Missionare und der Togohändler, dass die übliche Austeilung von Branntwein als Teil der Löhnung an die Regierungsarbeiter eingestellt wurde (1896). 1909 verbot Gouverneur Zech die Einfuhr von

---

[23] Nach H. Gründer, Christliche Mission und deutscher Imperialismus. 353; vgl. A. J. Knoll, Togo, 117-122.

[24] Sten. Ber. 86, 647.

Alkohol in die Nordbezirke Togos, wahrscheinlich aber wohl eher im Interesse der reibungslosen Erschließung dieser teilweise islamisierten Gebiete. Seit dem gleichen Zeitpunkt bedurfte der gewerbsmäßige Handel und Ausschank in der gesamten Kolonie einer behördlichen Genehmigung. Als wirkungslos erwies sich dagegen die Regulation durch die Zollpolitik, auf die die Mission gesetzt hatte. Zwar anerkannte die Kolonialregierung im Hinblick auf eine wirtschaftlich gesunde Entwicklung immer mehr die Berechtigung des Missionsstandpunktes. Aber der Blick auf die Nachbarkolonien verhinderte jede wirksame Erhöhung des Zolls, und selbst die mäßigen Anhebungen der Zollsätze (1905 von 48 Pfg. auf 64 Pfg., schließlich auf 80 Pfg.) hatten jeweils nur für eine kurze Zeit eine verminderte Einfuhr zur Folge, weil die subventionistischen Exportprämien für den Spiritus sofort wieder die beabsichtigte Wirkung der Zollmaßnahmen paralysierten.

Die gleiche Zweckkoalition aus Missions- und Handelsinteressen ergab sich in der Landfrage, die das zentrale Problem der deutschen Kolonialpolitik in Togo darstellte. 1896/97 setzte die „*mise en valeur*" der Kolonie ein. Graf Hugo Sholto Douglas, Bergwerksbesitzer, internationaler Finanzier und Freund des Kaisers, erwarb durch seinen Vertreter in Togo, Friedrich Hupfeld, für billiges Geld 40 000 ha fruchtbares und dicht besiedeltes Land im Bezirk Misahöhe. 1902 ging es in den Besitz der von Hupfeld gegründeten „Deutschen Togo-Gesellschaft" über, der größten Kolonial(kapital)gesellschaft in Togo, nachdem sich Douglas zuvor mit Julius Scharlach, Adolph Woermann u.a. an der Bildung der „Gesellschaft Süd-Kamerun" mit einer Gesamteinlage von 3 Mill. Mark beteiligt hatte. Obgleich Gouverneur Köhler (1895-1902) die Fragwürdigkeit der von Hupfeld vorgelegten Verträge erkannte und zehn der achtzehn als rechtsungültig zurückwies, anerkannte das Auswärtige Amt doch alle Abschlüsse.

Die Inwertsetzung der Kolonie führte notwendigerweise zu einer Verschärfung der Eingeborenenpolitik und zur Abwanderung von Teilen der Bevölkerung in die benachbarten englischen Gebiete. Im April 1901 wandten sich beispielsweise die Ho-Leute in einer längeren Petition an die Bezirksverwaltung in Misahöhe und beschwerten sich darüber, dass die Regierung ihre Versprechungen eines milden und gerechten Regiments nicht erfüllte. Anlass war die Aufforderung der Verwaltung an die Schwarzen, Wege anzulegen und im Jahre 12 Tage Steuerarbeit zu leisten oder 6 Mark an die Regierungskasse zu zahlen. Um dieses Geld zu verdienen, mussten sich die Eingeborenen auf den Plantagen der Pflanzungsgesellschaften verdingen. Zur gleichen Zeit wurden auf Anforderung der Pflanzer Arbeiter für die europäischen Plantagen von den Bezirksämtern „gestellt". Eingriffe der Verwaltung in die Agrarmethoden der Eingeborenen kamen hinzu.

Mitbedingt durch konkurrierende Ansprüche auf ein Stück Land im Dorf Nyongbo, aber auch aus der Erkenntnis, dass die Anforderungen der Verwaltung und die Arbeiterrekrutierung die Subsistenzwirtschaft der Eingeborenen gefährdeten und ein an religiöser Unterweisung desinteressiertes Arbeiterproletariat schufen, beschloss die Bremer Mission, die Geschäftspraktiken der Kapitalgesellschaften, die den eingeborenen Bauern die Existenzgrundlage entzogen, an die

Abb. 14: Togolesische Honoratioren empfangen Kolonial-Staatssekretär Wilhelm Solf in Lome 1913

Öffentlichkeit zu bringen. Die Vertretung nach außen übernahm der maßgebliche Gönner der Mission, J. K. Vietor, der im Namen der kleineren Togoer Handelsfirmen gegen die monopolistischen Landansprüche der Togo-Gesellschaft protestierte (22.12.1902, 11.2.1903). Dem Vorgehen schloss sich die „Kommission für die Bodenfrage“ der Deutschen Kolonialgesellschaft an, so dass sich eine Zweckkoalition aus liberalen Handelskreisen, einer ihnen nahestehenden Mission und mittelständisch-konservativ-nationalistischen Gruppen gegen die großkapitalistischen Gesellschaften ergab. Der Streit drehte sich letztlich um die Frage, ob Volkskulturen – als gesunde Basis für Handel und Mission – oder Plantagenkulturen als Grundlage der kolonialen Entwicklung dienen sollten. Während Handel und Mission für die „Stärkung und Hebung eines freien Bauernstandes“ plädierten, um die wirtschaftliche Selbständigkeit der Eingeborenen zu gewährleisten, führte das Hupfeldsche Konzept zu einem europäischen Plantagensystem mit einem eingeborenen Arbeiterproletariat.

Die Folge der Offenlegung der riesigen Spekulationsgewinne der deutschen Togo-Gesellschaft aus dem Verkauf von Land im Bereich der geplanten Bahnlinie von Lome nach Palime, für die der Reichstag die Mittel zu bewilligen hatte, war die Einsetzung einer Landkommission. Sie deckte rechtswidrige Praktiken beim

Zustandekommen der Verträge auf: Den Eingeborenen hatte man vorgetäuscht, sie verhandelten mit der Regierung; man hatte sie in Unkenntnis über das wahre Ausmaß der Verträge gelassen; und die Tauschartikel, zumeist Schnaps, entsprachen nicht annähernd dem Wert des Landes. Das Ergebnis dieser Untersuchung war, dass im September 1910 der Landbesitz der Togo-Gesellschaft auf 17 663 ha reduziert wurde. Diese Maßnahme bedeutete zwar – wegen anderweitiger Entschädigungen – keine Niederlage für die Gesellschaft, trug aber dazu bei, dass in Togo die einheimische Kleinproduktion nicht von der Plantagenkultur erdrückt und die überkommene Sozialstruktur nicht zerstört wurde.[25]

Die Landreform von 1910, die weitgehend die Erbpacht an die Stelle des Kaufs von Boden setzte und die Besitzrechte der Togolesen sicherte – Land konnte nicht mehr ohne weiteres als „herrenlos" erklärt werden, insbesondere wenn ein Togolese, assistiert von einem „Eingeborenenvogt", Besitzrechte nachzuweisen vermochte –, war zum größten Teil das Werk eines der fähigsten Kolonialbeamten der deutschen Kolonialzeit, des katholischen bayerischen Grafen Julius v. Zech (stellv. Gouverneur 1903-1905, Gouverneur 1905-1910).[26] Er verhinderte nicht nur, dass Togo ein Konzessionsgebiet der deutschen Togo-Gesellschaft wurde, sondern er beharrte auch darauf, dass die togolesischen Bauern unterschiedliche Kulturen anbauten. Mit dieser weitsichtigen Politik der Diversifikation bewahrte er die Togolesen davor, von zufälligen Schwankungen des Weltmarktes abhängig zu werden. Außerdem förderte Zech die Bildung der Eingeborenen und ihre technischen Fähigkeiten (via Mission) und initiierte Entwicklungsprogramme im agrarischen, forst- und landwirtschaftlichen Bereich (Kleintierfarmen). Schließlich suchte der pragmatisch-aufgeklärte Gouverneur die indigenen Rechtsbeziehungen in der Kolonie zu kodifizieren und ein Eingeborenenrecht vorzubereiten. Gleichzeitig war diese Maßnahme als ein Versuch gedacht, deutsches Zivil- und Strafrecht mit dem Gewohnheitsrecht der Eingeborenen zu verbinden. Für die Hauptstadt (seit 1897) Lome plante er eine Stadtverwaltung, die die Händler, Pflanzer und schwarzen Eliten (Afro-Brasilianer v.a.) in die Verantwortung für die Stadt mit einschließen sollte.

Diese Liberalisierung der Herrschaft setzten seine Nachfolger Brückner und der Herzog von Mecklenburg (seit Juni 1912) jedoch nicht fort. Als Staatssekretär Solf im Oktober 1913 die Kolonie visitierte (Abb. 14), suchten ihm die Führer der Afrikaner eine Beschwerdeliste vorzulegen, in der sowohl die Beseitigung der schwersten Übel (wie Rechtsunsicherheit und die exzessive Prügelstrafe) angemahnt als auch die Senkung des progressiven Steuersatzes für die besser verdienenden Afrikaner erbeten wurde (Dok. 21).

---

25 A. J. Knoll, Togo, 134-137.

26 Vgl. W. D. Smith, Julius Graf Zech auf Neuhofen (1868-1914), in: L. H. Gann – P. Duignan (Hg.), African Proconsuls. European Governors in Africa, Stanford, Cal., 1978, 473-491.

Dok. 21: Die deutsche „Musterkolonie"? – Eingabe der Einwohner von Lome an Kolonialstaatssekretär Wilhelm Solf, 12. Oktober 1913

An Seine Exellenz
den Staatssekretär des Reichs-Kolonialamts
Herrn Dr. Solf, Berlin
z.Zt. HIER

Lome, den 12. Oktober 1913

Eingabe der Eingeborenen von Lome.
Wir, die Eingeborenen von Lome beehren uns Ew. Exellenz herzlichst Willkommen heissen zu dürfen.
Ew. Exellenz wollen versichert sein, dass wir diesen hohen Besuch als eine grosse Ehre uns anrechnen. Anllässlich dessen, erlauben wir uns Ew. Excellenz Nachstehendes untertänigst zur hochgeneigten Berücksichtigung zu unterbreiten:
1. Bessere Organisation des Rechtswesens.
2. Beseitigung der Kettenhaft und der Prügelstrafe.
3. Bessere Gefängnisordnung.
4. Zulassung einer Vertretung der Eingeborenen in die Gouvernementsratssitzung.
5. Einführung eines allgemeinen Landesgesetzbuches.
6. Ermässigung der Steuer.
7. Frei-Handel für die Eingeborenen.

Punkt 1. Bessere Organisation des Rechtswesens.
Dieser Punkt bezieht sich hauptsächlich auf Rechtsstreit zwischen Europaer und Eingeborenen. Rechtsstreitigkeiten zwischen Europaern und Eingeborenen werden vielfach so derart gerichtet, dass der Eingeborene stets der Verlierende ist; und wird mit unangemessener Strafe belegt. Es ist leider sehr oft vorgekommen, dass der Eingeborene beim Nichtgrüssen eines unbekannten Europaers von diesem einfach tätlich angegriffen wird; ist der betreffende Europaer ein Beamter, so wird der Unglückliche ohne weiteres und ohne Rücksicht auf die Bildung zur Züchtigung auf das Bezirksamt oder die Station geführt. Ferner macht der angegriffene Eingeborene Gebrauch von der Selbstverteidigung einem Europaer gegenüber, so wird dieser noch obendrein zu Unrecht mit ungewöhnlich hoher Strafe belegt. Gleichzeitig bitten wir um Zulassung von Zuhörern zu den Gerichtsverhandlungen.

Punkt 2. Beseitigung der Kettenhaft und Prügelstrafe.
Was die Kettenhaft anbelangt, halten wir solche für nicht notwendig. In so einer christlichen Stadt wie Lome, die bereits auf eine gewisse Stufe der Kultur gestiegen ist, ist grundsätzlich das Anketten der Gefangenen unangebracht. Wir halten es für eine spielende Leichtigkeit für eine so große Macht wie das deutsche Reich, das mit kaum paar hundert Soldaten das ganze Schutzgebiet in Frieden und Ordnung hält, solche Sträflinge ohne Ketten in Sicherheit zu halten. Die Prügelstrafe bitten wir ebenfalls abzuschaffen. Hierzu bitten wir zu bemerken, dass die Bewohner der Nachbarkolonien uns zu unserer grössten Beschämung Kinder der Kette und des Prügels nennen.

[Punkt 3 ist nicht ausgeführt, HG]

Punkt 4. Zulassung einer Vertretung der Eingeborenen in die Gouvernementsratssitzungen.

Es ist bisher leider unterlassen worden, die Eingeborenen zur Vertretung ihrer Interessen in die Gouvernementsratssitzungen zu zulassen. Dies ist angesichts des jetzigen Kulturstandes der Eingeborenen dringend notwendig.

Punkt 5. Baldige Einführung eines allgemeinen Landesgesetzbuches.
Die Einführung eines solchen in Anbetracht des Alters des Schutzgebiets ist nunmehr unentbehrlich.

Punkt 6. Ermässigung der Steuer.
Die bisherigen Steuersätze sind für unser noch in der Wirtschaft rückständiges Schutzgebiet unerträglich. Wir bitten daher Ew. Exellenz ganz untertänigst, dieselbe allgemein auf M. 6.-[1] herabzusetzen lassen zu wollen.
Wir beziehen uns auf den niedrigen Steuersatz der Eingeborenen in Kamerun.

Punkt 7. Freihandel der Eingeborenen im Schutzgebiet.
Wir die Eingeborenen von Togo sind von jeher grösstenteils Handelsleute. In den früheren Zeiten haben wir grossen Handels-Verkehr mit Europaern zum Nutzen unseres Landes unterhalten. Seit Einführung der Firmensteuer wurde dieser Verkehr derart eingeschränkt, dass man heute noch keinen selbständigen eingeborenen Kaufmann mehr findet.
Zum weiteren Gedeihen des Schutzgebiets erachten wir es für zweckentsprechend, den Eingeborenen Freihandel, abgesehen von Zollgefällen, zu gewähren.

Auf Grund dieser Ausführungen richten wir die recht dringende Bitte an Ew. Exellenz ganz gehorsamst untertänigst diese Eingabe in wohlwollende Erwägung ziehen und das Weitere veranlassen zu wollen.
Ew. Exellenz ganz untertänigst

für die Eingeborenen Lomes:
O. Olympio
Theo W. Tamakloe
John Alf Byll
Th. Assah
etc etc etc

Vorstehende Eingabe in die Landessprache übertragen, von den Unterzeichneten genehmigt und unterschrieben. Schreiber W. Mensah.

[1] In Lome und Anecho bestand ein Steuersystem von 12 verschiedenen Steuerklassen, beginnend mit 6 Mark für die Steuerklasse I und endend mit 180 Mark für die Steuerklasse XII.

Quelle: Bundesarchiv Berlin: R 1001/4308, Bl.149-150.

Wenn diese Gravamina auch keine unmittelbaren Folgen nach sich zogen – es ist ungewiss, ob Solf die Denkschrift überhaupt erhalten hat –, so blieb doch immerhin gewährleistet, dass trotz des Vorhandenseins großer Kapitalgesellschaften in Togo diese nicht wie in Kamerun in der Lage waren, das wirtschaftliche Leben der Kolonie zu dominieren. Der Besitz bzw. die Pachtung von Land durch die aus der

Togo-Gesellschaft hervorgegangenen Großbetriebe machte 1912 insgesamt 11 368 ha aus, von denen nur 1 342 ha (11,8%) tatsächlich bewirtschaftet, wovon wiederum nur 435,5 ha ertragfähig waren. Die von der Gesellschaft bezahlten Dividenden waren nie übermäßig hoch (zwischen 2,5 und 7,5%) und setzten erst relativ spät ein. Die Exportzahlen gingen vor dem Krieg sogar teilweise zurück.

Hauptausfuhrprodukte Togos blieben Palmöl und Palmkerne (1911 75,7%), aber auch in diesem Fall war der Zuwachs nicht dramatisch, was z.T. mit den Verarbeitungsmethoden zusammenhing.[27] Von 1891 bis 1910 stieg beispielsweise der Palmöl-Export von 3 500 t (Wert 1 183 000 Mark) auf 3 800 t und der Palmkern-Export von 7 641 t (Wert 1 531 000 Mark) auf 8 200 t. Auch die hochgespannten Erwartungen, die man, um von der Markt beherrschenden amerikanischen Baumwolle unabhängig zu werden, an teure Investitionen für den Baumwoll-Anbau knüpfte (unter Einschaltung von Mitarbeitern des von Booker T. Washington begründeten *Tuskegee Institute*), erfüllten sich nicht. Im Vergleich zur Baumwollproduktion Deutsch-Ostafrikas blieben Togos Anstrengungen weit zurück. (1910 kamen erst insgesamt 14% des gesamten Baumwoll-Imports aus deutschen Kolonien.) Die togolesische Baumwolle war außerdem auf dem internationalen Markt nur sehr bedingt wettbewerbsfähig.

Ebenfalls war die Kautschuk-Produktion auf europäischen Plantagen kein wichtiger Faktor für den Export. Diesen Sektor beherrschten nicht nur die Afro-Brasilianer (d'Almeida, Ajavon, Creppy) und die eingeborenen Sammler, auch der Preisverfall auf dem Weltmarkt seit 1905 trug wenig zur Tätigung risikoreicher Investitionen bei. Der schon eher lukrative Kakao-Anbau, von togolesischen Wanderarbeitern aus der Goldküste nach Togo gebracht, befand sich überwiegend (im Bezirk Misahöhe z.B. zu 86%) in togolesischer Hand. Ebenso wie Palmprodukte, Baumwolle und Kautschuk hauptsächlich aus indigener Produktion stammten, verhielt es sich mit Getreide, Kaffee und Kokosnüssen. Die Togolesen nutzten etwa den Eisenbahnbau, um Getreide entlang der Strecke anzubauen und an die Arbeiter zu verkaufen. Hinsichtlich Anpassung an den Weltmarkt lernten sie schnell. Als 1909 die Getreidepreise unter 102 Mark pro Tonne fielen, weigerten sie sich, zu diesem niedrigen Preis zu verkaufen; sie hielten die Produkte zurück oder Marktfrauen und Zwischenhändler wichen nach Dahomey aus, was sich zwischen 1908 und 1911 in einem Exportverlust von 2 Mill. Mark niederschlug. 1913 musste Getreide sogar eingeführt werden, weil sich die Togolesen dem Anbau einträglicherer Palm-Produkte zugewandt hatten. Auch der Niedergang des Weltpreises für Kaffee in den 1890er Jahren schränkte einen weiteren Ausbau der Produktion ein, während die Togolesen schon 1899 über das Doppelte an Kaffeebäumen gegenüber den deutschen Kaffeepflanzungen besaßen. Die Kopra-Pflanzungen der Afro-Brasilianer, vor allem die Octaviano Olympios (der Onkel des späteren ersten

[27] Zur wirtschaftlichen Entwicklung vgl. M. B. K. Darkoh, Togoland under the Germans: Thirty Years of Economic Development (1884 to 1914), Part I, Nigerian Geographical Journal 10 (1967), 107-122; A. J. Knoll, Togo, 137-159; J. Erbar, „Ein Platz an der Sonne"? 110-172.

Präsidenten der Republik Togo), übertrafen mit ihrer Produktion die Deutschen um das Dreifache.

Insgesamt erwiesen sich die einheimischen Produzenten als durchaus ebenbürtig im Vergleich mit ihren weißen Konkurrenten. Einsichtige europäische Händler wie J. K. Vietor, die die deutschen Chancen für eine intensive Entwicklung der Kolonie primär in der Förderung einheimischer Kulturen sahen, haben immer wieder bedauert, dass die Kolonialregierung nicht mit billigen Krediten für die Schwarzen deren Eigenproduktion und Initiative stärker förderte. Trotz dieser Hemmnisse hat die Kolonialregierung, nicht zuletzt aufgrund der enttäuschenden Erfahrungen mit der weißen Plantagenkultur, doch mehr und mehr eine eingeborene *cash crop*-Produktion, von der zu Beginn der deutschen Kolonialära nur bedingt die Rede sein konnte, gefördert. Die Eingeborenenwirtschaft blieb (auch künftig) ein Eckpfeiler der Wirtschaftsstruktur Togos.

Hinsichtlich ihres wirtschaftlichen Werts für das Reich blieb Togo an zweitletzter Stelle – vor Neuguinea. Togo trug nur mit 7,8% des gesamten Kolonialhandels und mit 8,9% des afrikanischen Handels zum Kolonialimport des Mutterlandes bei. Dennoch war die Kolonie – fiskalisch betrachtet – kein „Verlustgeschäft". In gewisser Weise hat sie – als einzige – dem „merkantilistischen" Prinzip Bismarcks Rechnung getragen. Die Konzessionsgesellschaften haben aufs Ganze gesehen die Entwicklung der Kolonie nicht hemmen können. Zechs aufgeklärt-fortschrittliche Landreformpolitik verhinderte vielmehr nicht nur eine Entwicklung, wie sie sich unter v. Puttkamer in Kamerun abzeichnete, sondern wohl auch gewaltsame Eruptionen, wie sie in Südwestafrika und in Deutsch-Ostafrika vorkamen. Immerhin kam die Kolonie mit einer Polizeitruppe von 560 Mann aus. Auch in der internen Verwaltung waren relativ viele Togolesen beschäftigt. Während im Norden indirekte Herrschaftsformen die indigenen Herrschaftsstrukturen ohnedies nur äußerst geringfügig veränderten – und damit freilich auch jeden sozialen Wandel ausschlossen –, verstanden es die Togolesen im Süden, den zwangsläufigen sozialen, politischen und ökonomischen Wandel zumindest teilweise zu ihrem Vorteil zu nutzen. Die deutsche Kolonialherrschaft in Togo, die bereits am 25. August 1914 ohne größeren Widerstand mit der Kapitulation der Polizeitruppe endete, während sich Engländer und Franzosen über die Teilung der Kolonie in einem Geheimvertrag (1916) einigten, hat jedenfalls keine nachwirkenden Ressentiments auf Seiten der Togolesen hinterlassen.

3. Kamerun

Ebenso wie in Togo blieb in Kamerun die deutsche Schutzherrschaft im ersten Jahrzehnt überwiegend auf das Küstengebiet begrenzt. Ihren Weisungen entsprechend, beschränkten sich die Gouverneure v. Soden (1885-1891) und v. Zimmerer (1891-1895) vornehmlich auf die Wahrung der deutschen Handelsinteressen (C. Woermann, Jantzen & Thormälen), was indes gleichzeitig die wachsende Durchbrechung des Zwischenhandelsmonopols der küstennahen Gesellschaften (Duala) mit militärischer Gewalt bedeutete[28]. Von vornherein war nicht an die Gründung einer Siedlungskolonie gedacht, da Westafrika als eine der ungesündesten Regionen der Erde galt („*White Man's Grave*"). Von den sechzig zwischen 1886 und 1896 nach Kamerun entsandten Missionaren starben nicht weniger als 30% an Tropenkrankheiten (Malaria). Erst nach Anwendung der Chininprophylaxe nahm die hohe Sterblichkeit ab. Dennoch konzentrierten sich die Europäer weitgehend auf die Küstenplätze und Wirtschaftszentren Duala, Kribi und Jaunde, die „Beamtenstadt" Buea am Kamerunberg, wohin Gouverneur v. Puttkamer 1901 des besseren Klimas wegen seinen im wilhelminischen Kolonialstil erbauten Amtssitz verlegte, außerdem auf die wichtigen Inlandstationen Jaunde und Edea. Die größte Berufsgruppe bildeten stets die Kaufleute und Angestellten der Handelshäuser, gefolgt von dem – wachsenden – Militär- und Verwaltungsapparat sowie den Missionaren. Später stellten die Angestellten der Plantagengesellschaften eine weitere wichtige Gruppe der nichtafrikanischen Bevölkerung (1913: 1871 Weiße).

Trotz der Berliner Anweisungen sind vor 1895 vereinzelte „Expeditionen" in das Hinterland vorgedrungen. Namentlich der „Subimperialismus" einzelner Kolonialpioniere wie des 26jährigen Forschers Eugen Zintgraff, der in Überschreitung seiner Kompetenzen ins Gebiet der Bali vordrang und unter Ausnutzung zweier rivalisierender Zentren die Bali unter deutsches Protektorat brachte (1891), stand in direktem Widerspruch zur offiziellen Berliner Politik. Die Bitte um einen Verwaltungsposten und eine Handelsstation als Vorteil gegenüber dem gegnerischen Stadt-Staat Mankon war freilich von dem Bali-Häuptling ausgegangen. 1892/93 unterwarf der Gerichtsassessor Wehlan mit äußerster Härte die Bakoko und Mabea, wodurch den Deutschen die ersten Einbrüche in das Südwestkameruner Hinterland gelangen.

Mit diesen und weiteren Aktionen Wehlans, vor allem jedoch mit der Politik seines Vorgesetzten, des Kanzlers (Chef der Verwaltung) und stellv. Gouverneurs Leist, stand zugleich einer der Aufsehen erregendsten Kolonialskandale der deutschen Kolonialgeschichte (neben dem „Fall Peters") in Verbindung. Der herrschsüchtige, wegen seiner Verfehlungen und unerlaubten Rechtsmethoden (Folterungen) berüchtigte Kanzler Leist hatte während der interimistischen Vertretung des Kameruner Gouverneurs Eugen v. Zimmerer mehrere dahomeyische Frauen entblößt vor den Augen ihrer Männer auspeitschen lassen, obgleich er damit gegen bestehende Rechtsvorschriften verstieß (Dok. 22). Diese Frauen gehörten zu den 370 Männern und Frauen, die der Dahomey-König Behanzin im Sommer 1891 als „Sklaven" an die kamerunische Regierung verkauft hatte. Ein Teil dieser Dahomey-Leute fand in der neugebildeten Polizeitruppe der Kolonie Verwendung. Da das Gouvernement für jeden Mann 320 Mark und für jede Frau 280 Mark bezahlt hatte, kleidete und ernährte es die Leute zwar, enthielt ihnen jedoch, als „Entschä-

28 Vgl. A. Eckert, Die Duala und die Kolonialmächte. Eine Untersuchung zu Widerstand, Protest und Protonationalismus in Kamerun vor dem Zweiten Weltkrieg, Münster 1992.

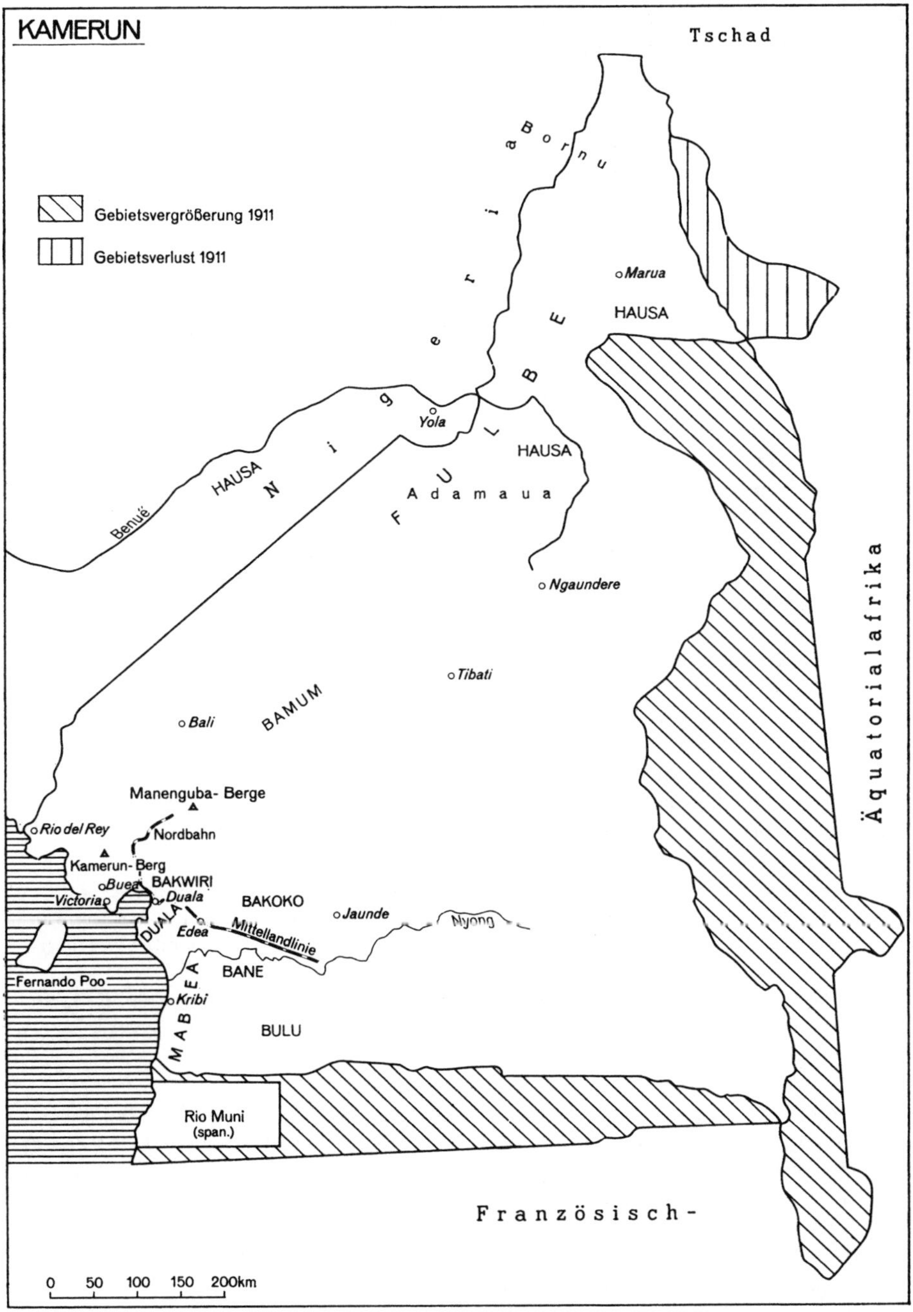
KAMERUN
Tschad
Gebietsvergrößerung 1911
Gebietsverlust 1911
Bornu
Nigeria
Marua
HAUSA
FULBE
Yola
HAUSA
HAUSA
Adamaua
Benuë
Ngaundere
Tibati
Bali
BAMUM
Äquatorialafrika
Manenguba- Berge
Rio del Rey
Nordbahn
Kamerun- Berg
Buea
BAKWIRI
Victoria
Duala
BAKOKO
Jaunde
DUALA
Edea
Mittellandlinie
Nyong
BANE
Fernando Poo
Kribi
MABEA
BULU
Rio Muni
(span.)
Französisch-
0 50 100 150 200km

digung" für den Kaufpreis, jeden Lohn vor. Auch die Frauen erhielten keine Entlohnung und mussten auf den Regierungsplantagen hart arbeiten. Diese ungerechte Behandlung führte zu Erbitterung und passivem Widerstand auf Seiten der Dahomey-Leute, worauf die Verwaltung verstärkt zu repressiven Maßnahmen griff. Die Auspeitschung der Frauen stellte den Gipfelpunkt der Eskalation dar und führte zur Revolte von 96 Dahomey-Leuten, darunter 43 Frauen (15.12.1893).

Dok. 22: Die „Fälle" Leist und Wehlan, 1893/96 – Anonyme Tagebuchblätter eines in Kamerun lebenden Deutschen

Am 13.III.93. Ich erfahre interessante Einzelheiten über den Bakoko-Aufstand. In den Berichten befinden sich zahlreiche Ungenauigkeiten. Herr Assessor Wehlan, welcher die Expedition führte, soll beim Niederbrennen der Dörfer faktisch befohlen haben, einigen alten Weibern die Hälse abzuschneiden; Männer konnte er nicht gefangen nehmen. Statt der im betreffenden Bericht erwähnten 150 Gefangenen sollen es deren nur 12-15 gewesen sein. Matt, verwundet, halb verschmachtet, zerschlagen und geschunden wurden diese – meist alte Frauen, Greise und Kinder – an Land geschafft und unter Schlägen und Stößen in Ketten zum Gefängnis geführt. Drei sollen am Fuße des Flaggenmastes, unter der wehenden, deutschen Reichsfahne, vor Hunger gestorben sein.
Die in diesem „Feldzuge" gemachten Gefangenen, soweit sie eben noch vorhanden sind, leisten jetzt Zwangsarbeit beim Hafenbau. Sie sterben aber alle weg, größtenteils wohl infolge der veränderten Lebensweise.
Am 17.III.93. Aus dem unter Führung des Assessors Wehlan unternommenen sogenannten „Bakokofeldzuge" erfahre ich heute wieder verschiedene Einzelheiten. Es soll wirklich grauenhaft gewesen sein. Die Gefangenen sind tagelang in der glühendsten Hitze auf dem Schiffe („*Soden*") an die Reelings derartig festgeschnürt worden, daß in die blutrünstigen und aufgeschwollenen Glieder Würmer sich eingenistet hatten. Und diese Qual tagelang in der Tropenhitze und ohne jede Labung! Als dann die armen Gefangenen dem Verschmachten nahe waren, wurden sie einfach wie wilde Tiere niedergeschossen.
Die amtlichen Berichte, die natürlich von den Führern derartiger Expeditionen aufgesetzt werden, rühmen dann einen solchen Feldzug als eine der größten Heldentaten des Jahrhunderts. Nun ja! Papier ist geduldig, und niemand weiß oder bringt es an die Öffentlichkeit, was im dunklen Weltteil gefrevelt und verbrochen wird.
Und selbst wenn es in solchem Berichte heißt, daß einem Manne, der einen Fluchtversuch machte, sofort der Kopf vom Rumpf getrennt wurde, so läßt auch das schon tief genug blicken. [...]
Am 4.V.93. Gerichtstag, abgehalten von Assessor Wehlan!
Ich werde einige Beispiele zur Illustration der hiesigen Rechtsverhältnisse anführen.
Eine Frau (Schwarze) verklagt ihren Mann, weil er sie schlecht behandle. Ohne irgend welche Beweisaufnahme und Zeugenverhör wird der Mann zu 50 Hieben verurteilt und die Strafe sogleich vollstreckt.
Ein Schwarzer, Aug. Bell, ist beschuldigt, eine Uhr gestohlen zu haben. Er wird vorgeführt. Das erste, was ihm vorgehalten wird, ist: es gibt nur zweierlei Wege, entweder, er gesteht, er habe den in Frage stehenden Diebstahl begangen, oder er bekommt 50 Hiebe. Bell sagt aus: „Nein, ich habe die Uhr nicht gestohlen." Sofort wird er abgeführt

und erhält 50 Hiebe mit der Rhinozerospeitsche. Wieder vorgeführt, gesteht er auf weiteres Befragen, daß er die Uhr gestohlen habe. Er wird darauf zu 6 Jahren (schreibe und sage sechs Jahren) Gefängnis, 100 Mk. Geldstrafe und 15 Hieben am ersten Sonnabend jeden Monats verurteilt.
Aug. Bell soll während jener vorerwähnten Verhandlung ca. 80 Hiebe bekommen haben, sowohl dafür, daß er nicht gleich eingestand, daß er die Uhr gestohlen hätte, als auch wenn er, bei der Niederschrift des Protokolls, die verlangten Antworten nachsprechend, stotterte. Was aber 80 Hiebe an einem Nachmittag zu bedeuten haben, das kann nur der in vollem Umfange ermessen, der jemals einer derartigen Prozedur beigewohnt hat. Ein rohes, gehacktes Beefsteak ist nichts dagegen! -
Ein weiterer Fall! Herr Assessor Wehlan vermutet, daß sein Boy ihm Zigarren gestohlen habe. Auf Grund dieser *Vermutung* wird der Boy von *ihm* zu 20 Hieben verurteilt. So geschehen im Jahre 1893 in Deutsch-Afrika! [...]
Am 28.VI.93. Urlaubsantritt des Gouverneurs! Die Leitung der Geschäfte übernimmt Kanzler Leist. [...]
Am 30.X.93. [...] Wie ich heute Morgen erfuhr (Dr. Plehn äußerte es gegen Leutnant Haering in meinem Zimmer), hat Kanzler Leist gestern Abend Weiber aus dem Gefängnis zum Tanzen holen lassen, aber nach beendigtem Tanz nicht alle zurückgeschickt. Wenn Leist wüßte, was für Ärgernis er hierdurch bei Weißen und Schwarzen erregte, er würde zum mindesten vorsichtiger handeln. Aber trotzend auf seine Machtstellung in der Kolonie hält er eine Rücksichtnahme nicht mehr für nötig. Es ist bedauerlich, wenn ein sonst so befähigter Mann durch solche Geschichten das Ansehen des Reiches in den Kolonien untergräbt. [...]
Das war der denkwürdige 15. und 16. Dezember 1893. Eine Empörung nicht der eingeborenen Kameruner, sondern der eignen Leute! Aber es konnte nicht ausbleiben. Die Folgen der Mißregierung der Herren Assessor Wehlan und Leist kamen jetzt zum Vorschein. Kanzler Leist war schon lange unbeliebt, überall, bei den Beamten, den Kaufleuten und den Schwarzen. Die Form der Regierung war quasi Despotie.
So hatte es diesem Herrn auch am 15. nachmittags gegen 5 Uhr gefallen, die Weiber der schwarzen Soldaten öffentlich peitschen zu lassen, weil sie ihm zu wenig gearbeitet hatten. Während die Soldaten zum Zuschauen in Reih und Glied angetreten waren, erhielten ihre Weiber jedes 10 Hiebe mit der Flußpferdpeitsche, und Herr Leist stand dabei und sah der Exekution zu. Weithin tonte das Geschrei und Geheul der Gezüchtigten. Es läßt sich denken, daß die Wut der Soldaten durch all dieses aufs Höchste gestiegen war, und der lang verhaltene Grimm darüber, daß sie keinen Lohn, sondern vom Gouverneur nur Schläge kriegten – so hatten sie sich wiederholt geäußert – kam endlich zum explosiven Ausbruch. Am Abend desselben Tages gegen 7 Uhr erbrachen sie die Munitionskammer und bemächtigten sich aller Munition sowie der vier Geschütze. Unteroffizier Steinecke, der zur Zeit krank im Hospital lag, eilte auf den Lärm herbei, meinend, es handle sich um einige Betrunkene; er wurde aber von den Soldaten mit den Worten zurückgewiesen: go back, you are sick, we want kill only the governor!

Es war also von Anfang an nur auf Leist abgesehen. Auch aus späteren Äußerungen ging dasselbe hervor. So hat denn das öffentliche Durchpeitschen der Soldatenweiber den Anstoß zum Soldatenaufstand gegeben, der so verhängnisvoll für die Kolonie Kamerun geworden ist.

Quelle: Anonym [d.i. Dr. Wilhelm Vallentin], Tagebuchblätter eines in Kamerun lebenden Deutschen, Neue deutsche Rundschau, Jg. 5 (1894), 1. Halbband, Berlin 1894, S. 336-351.

Eine Woche lang hielt diese kleine Gruppe das Regierungsgebäude besetzt, nachdem sie einen deutschen Regierungsrat getötet hatte. Erst nach dem Einsatz eines Kanonenbootes konnte der Aufstand, dem sich die Duala – durch den Zwischenhandel an guten Beziehungen zu den Deutschen interessiert – nicht anschließen wollten, überwunden werden.

Während die Öffentlichkeit in Deutschland mit Empörung auf das brutale Vorgehen Leists reagierte und die Reichsregierung, schon wegen ihres angeschlagenen Prestiges, eine Untersuchung anordnete, brachte der Urteilsspruch der Disziplinarkammer des Potsdamer Gerichts Leist nur eine Strafversetzung unter Belassung von 80% seiner Bezüge ein. Der außerordentlich milde Schuldspruch löste weitreichende Entrüstung aus, die das Auswärtige Amt veranlasste, Berufung gegen das Urteil einzulegen. Daraufhin wurde Leist in einem zweiten Verfahren seines Postens enthoben und aus dem Staatsdienst entlassen. Dagegen wurde der gleichfalls einer Disziplinaruntersuchung unterstellte Gerichtsassessor Wehlan, wegen seiner erwähnten rohen „Strafexpeditionen“ und Verhörmethoden berüchtigt, nur mit einer Geldstrafe und Strafversetzung belegt. 1906/07 wurden schließlich im Reichstag und in den Zeitungen Anklagen gegen die Kolonialoffiziere Scheunemann und Hans Dominik laut, die jedoch ebenfalls keine energischen Schritte der Kolonialregierung gegen die namentlich in Kamerun immer wieder vorkommenden Ausschreitungen und Eigenmächtigkeiten von Schutztruppenangehörigen sowie Kolonialbeamten nach sich zogen, abgesehen von der Absetzung v. Puttkamers.

Mit Gouverneur Jesco v. Puttkamer (1895-1907), Sohn des hochkonservativen preußischen Innenministers der achtziger Jahre, begann die systematische Ausdehnung der deutschen Herrschaft[29]. Allerdings brauchte die 1894 aus der Polizeitruppe (1891) gebildete „Schutztruppe“ (1900 40 Offiziere, 53 Unteroffiziere und 900 afrikanische Söldner) Jahre, um die Bakoko, Jaunde, Bane und Bulu, letztere in fast zweijährigen Gefechten (Sept. 1899 bis Frühjahr 1901), sowie weitere Volksstämme zu befrieden und die deutsche Herrschaft in Südkamerun zu sichern. Seit 1899 (bis 1903) wurden durch die Demonstration militärischer Macht und durch Vernichtungsexpeditionen „widerspenstige“ Dörfer in Südostkamerun der deutschen Herrschaft „botmäßig gemacht“. Der Erschließung der umfangreichen Gebiete Nord- und Nordostkameruns waren zwar Forschungsreisen durch Barth, Vogel, Rohlfs, Nachtigal und vor allem Eduard Robert Flegel vorausgegangen, der bereits 1882/83 im Auftrage der Deutschen Afrikanischen Gesellschaft und 1885 für den Deutschen Kolonialverein bis zu den Quellen des Benuë bzw. nach Adamaua vorgedrungen war; übte doch das Emirat Adamaua in jenen Jahren wegen seines angenommenen Reichtums (Elfenbein), seiner autokratisch-feudalen Staatsordnung und der „Rasse“ seiner Menschen auf alle europäischen Kolonialmächte eine eigenartige Faszination aus. Aber die nachfolgenden Expeditionen, auf das Gebiet zwischen Niger und Benuë gerichtet, brachten Anfang der neunziger Jahre nur be-

[29] Vgl. dazu F. Hoffmann, Okkupation und Militärverwaltung in Kamerun. Etablierung und Institutionalisierung des kolonialen Gewaltmonopols, 2 Teile, Göttingen 2006.

grenzte Erfolge. Obgleich die Deutschen 1893 mit den Engländern und 1894 mit den Franzosen ihre Grenzen absteckten, wodurch Deutschland den „Entenschnabel“ als Zugang zum Tschadsee sowie den größten Teil von Adamaua und den kleineren Teil des Sultanats Bornu erhielt, war die Kolonialverwaltung zur Besetzung dieser im Stile kolonialdiplomatischer Konvenienz erhaltenen Gebiete zunächst nicht imstande. Erst nach und nach wurden – unter dem Druck kolonialchauvinistischer Gruppen im Zuge von Samoa-Krise und China-Intervention – die islamisierten Fulbestaaten Adamauas und die kleineren, von den Fulbe unabhängigen Völker unterworfen, wobei der Subimperialismus der Kolonialoffiziere im ausgesprochenen Gegensatz zum Willen des Gouverneurs stand.

1899 begann die Eroberung des bedeutenden Fulbestaates Tibati mit Hilfe des Lamido von Ngaundere. Die wichtigste Entscheidung in Südadamaua fiel im September/November 1901, als nachfolgend englische und deutsche Kolonialtruppen das aus mehreren Tausend gepanzerter Reiter und Speerträger bestehende Heer des Emirs von Yola besiegten. Eine neuerliche Niederlage der Fulbe bei Marua (20.1.1902), diesmal durch deutsche Truppen unter Oberleutnant Hans Dominik, entschied auch über das Schicksal Nordadamauas, da sich nun in dieser Region die meisten der von den Fulbe abhängigen Herrscher unterwarfen. Yola verblieb hingegen den Briten. Das Gebiet südlich des Tschadsees wurde im selben Jahr durch eine größere Expedition unterworfen.

In den unterjochten Staaten und Gebieten wurden umgehend kollaborationsbereite Herrscher eingesetzt, die den zu „Residenten“ ernannten Schutztruppenoffizieren unmittelbar unterstanden. Der von ihnen erhobene „Tribut“ wurde in Naturalien und Geld (1914 200 000 Mark) geliefert. Wegen der überhöhten Forderungen an einzelne Bevölkerungsteile durch die Fulbe-Machthaber wurde vom April 1914 an eine Kopfsteuer erhoben, an der die Lamibe/Sultane (15%), deren Würdenträger (5%) und die Dorfhäuptlinge (5%) beteiligt wurden. Der Resident hatte jedoch keinerlei Rechte, in die innere Verwaltung des Landes und die Jurisdiktion ihrer Herrscher einzugreifen. So blieb die Einflussnahme der Kolonialverwaltung in diesen nordöstlichen und östlichen Regionen Kameruns gering und beschränkte sich auf die in mohammedanischen Gebieten wie dem benachbarten Nordnigeria erfolgreich praktizierte Herrschaftsmethode der *indirect rule* (vor allem auch billiger als das System direkter Verwaltung). Andererseits erwiesen sich die im Grunde nur bedingt abhängigen Sultane, die unter dem Schutzmantel der deutschen Herrschaft ihren eigenen Subimperialismus trieben wie die Fulbe-Lamidate gegenüber den bisher unabhängig gebliebenen segmentären und nicht islamisierten Gesellschaften, als feste Stütze der deutschen Kolonialherrschaft bis zum Ersten Weltkrieg. Dagegen kam es – entgegen landläufiger Meinung – während der großen Aufstände in Südwest-Afrika und Deutsch-Ostafrika zwischen 1904/07 auch in Kamerun, vor allem im Südosten, zu Unruhen.

Wirtschaftlich brachten Adamaua und Nordkamerun dem Reich so gut wie keinen Nutzen, da es in diesen Bereichen kaum mineralische und pflanzliche Reichtümer gab, deren Ab- bzw. Anbau gelohnt hätte. Diese Entwicklung stand freilich in diametralem Gegensatz zur Meinung der Adamaua-Enthusiasten, die hier im „Herzen Afrikas“ neue Konsumentenmassen und neue Märkte finden zu können glaubten. Vielmehr bedeutete die teilweise Umorientierung des Hausa-Handels – die Haus(s)a waren ein vorwiegend als Händler lebendes, von den hamitischen Fulbe unterworfenes, islamisiertes negrides Mischvolk – von seinen traditionellen Gravitationszentren (Sudan, Nordafrika) nach Süden und in die von der deutschen Kolonialverwaltung kontrollierten Gebiete sogar eine gewisse Konkurrenz. Da die Hausa-Händler nicht nur die einzelnen Produkte in kleineren Mengen als die Europäer anboten und auf diese Weise den Afrikanern entgegen kamen, sondern auch infolge der geringen Handelsdistanz und des Einkaufs bei den preisgünstigeren englischen Faktoreien im benachbarten Nigeria ihre Waren billiger verkaufen konnten, sie sich außerdem nicht an die Trägerverordnung hielten und u.a. Sklaven als Träger einsetzten, vermochten sie mit ihren Niederlassungen – kleine Wirtschaftszentren, vergleichbar den ersten europäischen Faktoreien in den Küstengebieten Westafrikas – zu einem wichtigen Faktor in der Kolonialwirtschaft zu werden. Zum einen belieferten sie die europäischen Faktoreien mit dem begehrten Kautschuk und Elfenbein. Während sie den Kautschuk in der Regel von anderen Afrikanern aufkauften, waren sie selbst die besten und eifrigsten Elefantenjäger. 1907 begannen sie, Großvieh und selbst Pferde, die sie von den Viehzüchtern im nordwestlichen Grasland und in Adamaua aufgekauft hatten, in die Küstenbezirke und Kautschukgebiete Südostkameruns zu bringen, wo die Tiere gegen Kautschuk eingetauscht wurden. Dieser wiederum wurde gegen Waren, später nur gegen Geld an die europäischen Faktoreien verkauft, so dass sich für die Hausa ein lukrativer Dreieckshandel entwickelte, der von den europäischen Kaufleuten zunächst mit Argwohn und Achtung zugleich betrachtet wurde („Juden Afrikas“), dann jedoch zunehmend als direkte Konkurrenz des europäischen Handels empfunden wurde. Doch blieb es bei einer Besteuerung von 25 Mark pro Handelserlaubnis seit 1905, da die Hausa-Händler andererseits bei den begrenzten Verkehrsmitteln für die Versorgung der Hauptanbaugebiete unentbehrlich waren und – begrenzte – Bedürfnisse (Textilien) im Inland weckten.

So konzentrierte sich die deutsche kolonialwirtschaftliche Tätigkeit in erster Linie auf die vulkanischen und daher fruchtbaren Hänge des Kamerunberges und die Südbezirke, d.h. die Ressourcen des Waldlandes. In diesem Fall erwies sich der Kolonialhandel mit tropischen Produkten jedoch als vergleichsweise beachtlich. In den meisten Jahren zwischen 1896 und 1905 stand Kamerun an der Spitze der deutschen Kolonien hinsichtlich seines Exports von Kolonialwaren. 1913 wurden Landesprodukte im Wert von 29,152 Mill. Mark ausgeführt.[30] Der Großteil der Exporte wurde im Rahmen der traditionellen afrikanischen Wirtschaft getätigt, d.h. Kamerun blieb bis zum Ersten Weltkrieg eine *„économie de traite“*. Das Handels-

---

30 Zu den Grundzügen der deutschen Kolonialwirtschaft in Kamerun A. Wirz, Vom Sklavenhandel zum Kolonialhandel. Wirtschaftsräume und Wirtschaftsformen in Kamerun vor 1914, Zürich 1972, 20-35, hier: 27.

kapital nahm daher in Kamerun eine vorrangige Bedeutung ein; erbrachte es im übrigen doch ohne größere Investitionen schnell hohe Gewinne, die „repatriiert" werden konnten, während sich Plantagenunternehmen bei hohen Anfangskosten erst nach Jahren rentierten. Der Anteil der europäischen Plantagenproduktion, die die kolonialpolitische Diskussion lebhaft bewegte, blieb demgegenüber prozentual gering.

Die führende Position unter den kolonialwirtschaftlichen Produkten Kameruns nahm der Kautschuk ein, der nach 1903 die Exportstatistik dominierte (1910 55,6%). Der steile Aufschwung des Kameruner Kautschukhandels profitierte von der steigenden Nachfrage am Weltmarkt durch den hohen Bedarf der Elektroindustrie (zu Isolierzwecken) sowie der Fahrrad- und Automobilindustrie, der die traditionellen Kautschuk-Exportländer (v.a. Brasilien) nicht mehr nachkommen konnten. Neben Elfenbein stellte Kautschuk das einzige Produkt der afrikanischen Wirtschaft dar, das trotz der teuren Trägertransporte aus den vielfach weit entlegenen Produktionsgebieten eine hohe Rendite abwarf. Da man also nicht auf eine moderne Infrastruktur angewiesen war, lagen hier u.a. langfristige Folgen für die wirtschaftliche Entwicklung Kameruns begründet. 49 Firmen mit 280 europäischen Angestellten, d.i. fast ein Viertel der nichtafrikanischen Bevölkerung Kameruns,

Abb. 15: Lastenträger auf der Straße Kribi-Jaunde

mehrere Tausend afrikanische Händler und ca. 20 000-30 000 Träger beteiligten sich an diesem „Geschäft" mit dem „Schwarzen Gold". Bereits vor dem Ersten Weltkrieg zeichnete sich jedoch durch das Überangebot besseren Kautschuks, namentlich aus Ostasien, eine rückläufige Tendenz im Kautschukhandel ab, so dass noch vor Kriegsbeginn der Südkameruner Kautschukhandel zu stagnieren begann.

Dagegen zeigte der Kakaoanbau eine stetige Aufwärtsentwicklung. Entfielen 1891 erst 0,7% der Gesamtexporte aus Kamerun auf Kakao, so erreichte er nach der Jahrhundertwende ca. ein Fünftel der kolonialwirtschaftlichen Produkte. Der Kakaoanbau übertraf den aller anderen deutschen Kolonien bei weitem (7 673 ha gegenüber 1 937 ha in Samoa, Neuguinea, Togo und Ostafrika), wenn er auch den Bedarf der Metropole nicht annähernd decken konnte. In der Kakaoproduktion besaßen die europäischen Plantagen eindeutig (1912 mit 87,7%) die Führung. Damit sind die Kakaoexporte zugleich ein Indikator für die zumindest regionale strukturelle Veränderung der Wirtschaft unter der kolonialen Herrschaft. Vor dem Ersten Weltkrieg brachte überdies eine kleine, aber zunehmende Anzahl afrikanischer Produzenten Kakao auf den Markt – einzige *cash crop* Kameruns.

Neben Kautschuk und Kakao blieben die in Westafrika klassischen Produkte wichtig wie Palmöl (für Kerzen, Reifen, Schmiermittel) und Palmkerne, neben der Seifen- und Kerzenfabrikation bedeutend bei der Herstellung pflanzlicher Margarine und, aus den Rückständen dieses Verarbeitungsprozesses, als Kraftfutter für Vieh. Während das Palmöl, das zu Beginn der 90er Jahre die Exportliste angeführt hatte, an Bedeutung verlor (1913 6,8%), versechsfachte sich der Palmkernexport zwischen 1891 und 1913 (ebenfalls um ein Fünftel des Gesamtexports). Eine wichtige, wenn auch durch das Angebot begrenzte Rolle spielte schließlich anfangs noch das Elfenbein, dessen Export aber bis 1913 auf 2,7% abfiel. Andere Exportprodukte wie Hölzer (1913 3,1%), Kolanüsse, Vieh, Häute, Tabak, Bananen und Erzeugnisse afrikanischen Gewerbes machten nur geringe Prozente der Exportzahlen aus. Der Kaffeeanbau, auf den man in den ersten Jahren große Hoffnungen gesetzt hatte, wurde ein Misserfolg. Die Teekultur blieb unrentabel, und enttäuschend verliefen auch die Bemühungen um den Aufbau einer Tabakkultur.

Insgesamt ist für die deutsche Kolonialherrschaft in Kamerun bei steigendem Handelsvolumen eine entwicklungspolitische Stagnation zu beobachten. Denn die Nachfrage richtete sich nahezu ausschließlich auf die bereits im Rahmen der traditionellen afrikanischen Wirtschaften extensiv genutzten Ressourcen, die in der Regel nur eingesammelt zu werden brauchten (Kautschuk, Palmkerne). Zudem wurden fast nur die natürlichen Quellen der Küstengebiete und des unmittelbaren Küstenhinterlandes ausgebeutet, während die erhofften „großen Märkte" im Innern – abgesehen zunächst noch vom Elfenbein – so gut wie keine Bedeutung besaßen.

Vermochte diese regionale Beschränkung des Handels und der Plantagenproduktion das rapide Ansteigen der Exportkurve im letzten Drittel der deutschen Kolonialära kaum einzugrenzen, blieb die Handelsbilanz doch bis zum Ersten Weltkrieg passiv. Von Anfang an standen den Exporten tropischer Produkte wertmäßig größere Importe europäischer Konsum- und Investitionsgüter und Geld gegenüber. Bis Ende der 90er Jahre war – wie im Falle Togos – neben Waffen der minderwertige, auf der Grundlage von Kartoffelsprit hergestellte Branntwein der entscheidende Import- und Tauschartikel der deutschen Handelsfirmen, bevor Stoffe, Textilien aller Art, Eisen- und Metallwaren, Tabak, Salz und Lebensmittel (Reis) an seine Stelle traten. Zwar zeichneten die restriktiven Maßnahmen der Verwaltung (Zölle, Verkaufsbeschränkungen) für die rückläufige Tendenz der Branntwein- und Waffenimporte verantwortlich. Aber im Gefolge der Plantagengründungen und infrastruktureller Maßnahmen (forcierter Eisenbahnbau nach 1905) erhöhten sich naturgemäß die Importe. Allerdings zeigten das wachsende Steueraufkommen – u.a. durch die direkte Besteuerung der Eingeborenen (1908) außer im Tribute leistenden islamischen Norden – und der sinkende Anteil der Zölle an den Regierungseinnahmen, dass sich die Kolonie zunehmend unabhängiger von der Metropole zu machen begann. Mit 48 Mill. Mark an Reichszuschüssen erhielt sie ohnehin weit weniger an staatlicher Subvention als Deutsch-Ostafrika und Deutsch-Südwestafrika. „Nationalökonomisch relevant wurde Kamerun jedoch bis 1914 weder als Absatzmarkt noch als Rohstofflieferant und Zielgebiet für den Kapitalexport" (K. Hausen).

Wurde die einheimische gewerbliche Produktion durch die Konkurrenz der aus Europa importierten Waren bis zu einem gewissen, aber geringen Grade zurückgedrängt, so dass sich Eingeborene entweder zur Umsiedlung gedrängt oder zur Aufnahme einer Trägertätigkeit für Handelsfirmen gezwungen sahen, so erwies sich das Vordringen des europäischen Plantagenbaus für die soziale Entwicklung und die indigenen Besitz- und Bodenverhältnisse in der Kolonie als weitaus folgenreicher. Zwar konnte die europäische Plantagenwirtschaft – wie erwähnt – die indigene Wirtschaftsproduktion nicht verdrängen; sie war jedoch, im Vergleich zu Togo, von einer wesentlich größeren Bedeutung.

1895 hatte nach der anfänglichen spekulativen Phase die systematische *„mise en valeur"* durch die großen Kapitalgesellschaften am Kamerunberg eingesetzt, einem Terrain, das bei Kriegsbeginn 1914 das umfangreichste zusammenhängende Pflanzungsgebiet Westafrikas bildete, in dem gleichzeitig die zahlenmäßig größte Lohnarbeitergruppe in dieser Region Afrikas beschäftigt war. Im Januar 1897 leitete die wichtigste der großen Pflanzungsgesellschaften in Kamerun, die „Westafrikanische Pflanzungsgesellschaft Victoria" (WAPV), mit einem Anfangskapital von 2,5 Mill. Mark und einer Konzession für 20 000 ha (1904) besten Bodens im Wohngebiet der Bakwiri, die spektakuläre Entwicklung der Plantagengesellschaften ein. Diese Kapitalgesellschaft war hauptsächlich auf Kakao spezialisiert. Sie beschäftigte 1913 20 europäische sowie 2 000 afrikanische Arbeitskräfte. Bis zu diesem Zeitpunkt hatte sie ihr Einlagekapital auf 3 Mill. Mark erhöht und konnte eine Dividende von 20% ausschütten. Zwar lagen die anderen Gesellschaften mit ihren Gewinnbeteiligungen z.T. deutlich niedriger; dennoch dürften insgesamt die Pflanzungsgesellschaften, in deren Besitz sich im selben Jahr 115 147 ha des Bodens befanden, davon 28 225 ha (25,4%) in der Ausbeutung, für ihre Anteilseigner ein ertragreiches Geschäft –

Abb. 16: Afrikanischer Lehrer der Küstenstation der Pallottiner mit Familie

wenn auch nicht mit „Höchstprofiten“ (A. Rüger) – dargestellt haben. Am Kamerunberg befanden sich sogar mehr als zwei Drittel (über 90 000 ha) im Besitz von drei „Großen“ (WAPV, Westafrikanische Pflanzungsgesellschaft Bibundi, Kamerun-Land- und Plantagengesellschaft).

Die Kehrseite dieses „Geschäftes“ war die völlige Enteignung der Bevölkerung in diesem Gebiet und ihre zunehmende Proletarisierung (allein am Kamerunberg zählte man 1899 bereits 4 000 Arbeiter). Gouverneur v. Puttkamer, selbst Aktionär der WAPV, versuchte nicht einmal, wie Leutwein in Südwestafrika und Rechenberg in Ostafrika, einen billigen Interessenausgleich zwischen Weißen und Schwarzen zu finden, sondern ließ am 15. Juni 1896 per Verordnung alles „herrenlose Land“ als „Kronland“ deklarieren und beschränkte den lebensnotwendigen Besitz jeder schwarzen Familie auf weniger als 2 ha. Die kleinen Pflanzer hielt er fern und protegierte nach portugiesischem Vorbild die kapitalstarken Pflanzungsgesellschaften.

Da die Pflanzungsgesellschaften am liebsten auch die am Kamerunberg vorherrschende Basler Mission von ihren Gebieten entfernt hätten, formierte sich zunächst von dieser Seite her der Protest, dem sich der „Ausschuss der deutschen evangelischen Mission“ anschloss (1898).[31] Die Kritik an der Puttkamerschen Plantagenpolitik beruhte jedoch nicht nur auf dem direkten Interesse der Mission an der „Landfrage“ wegen ihres eigenen Landbesitzes und ihrer Projekte für Außenstati-

[31] Vgl., auch für das Folgende H. Gründer, Christliche Mission und deutscher Imperialismus, 142ff., hier: 143.

onen und Schulen, sondern basierte ganz wesentlich auf ihren gesellschafts-, sozial- und wirtschaftspolitischen Grundsätzen; intendierten sie letztlich doch die Entwicklung eines freien, leistungsfähigen Bauern- und Handwerkerstandes, in dem sie eine bessere Wurzel für die Entwicklung des Christentums sahen als in einer proletarisierten und radikalisierten Plantagenarbeiterschaft. Der zur Berichterstattung aufgeforderte Puttkamer bagatellisierte jedoch die Vorwürfe wegen der Eingeborenenbehandlung, rechtfertigte das Zurückdrängen der Schwarzen als „das Los der Naturvölker“ und wies die Beschwerde der Mission gegen die Einschränkung ihrer Bewegungsfreiheit als „ungerechtfertigt“ zurück. Immerhin vermochte diese einen Teilerfolg zu verbuchen: Auf ihr weiteres insistierendes Drängen wurde in die neue Konzession der „Gesellschaft Nordwest-Kamerun“ vom 31.7.1899 die Bestimmung eingefügt, wonach die Gesellschaft das in ihrem Eigentum befindliche Land, soweit es zu Kirchen-, Missions- und Schulzwecken und zu sonstigen gemeinnützigen Anlagen verwendet werden sollte, unentgeltlich an den Landesfiskus von Kamerun abzutreten hatte. Außerdem hatte diese reine Konzessionsgesellschaft in ihrem über 90 000 km^2 großen Gebiet die Freiheit des Handels zu garantieren und innerhalb von 10 Jahren mindestens 3 Mill. Mark zu investieren. Zusätzlich wurde die Konzession auf 50 Jahre begrenzt. Die Gesellschaft war jedoch nicht nur wirtschaftlich erfolglos, sondern verlor auch ihre Konzession 1910, weil sie ihre Pflichten hinsichtlich des Baus von Straßen und Wegen nicht erfüllte. Dagegen konnte die bereits 1898 mit deutschem und belgischem Kapital begründete „Gesellschaft Südkamerun“ – 1905 erhielt sie 1,5 Mill. ha Land im Kautschuk reichen Südosten Kameruns zu Eigentum! –, weitgehend ohne staatliche Auflagen (außer einem 10%igen Gewinnanteil), durch die steigenden Kautschukpreise auf dem Weltmarkt und die Nachrichten über den Kautschukreichtum der Wälder Südostkameruns Millionengewinne an der Börse einstreichen. Sie trieb im Südosten der Kolonie reinen Raubbau.

Ein neuer Gewaltstreich der Plantagengesellschaften gegen die Bevölkerung war dann die zwangsweise Zusammenlegung der Dörfer der Eingeborenen am Kamerungebirge im Interesse einer zusammenhängenden Anbaufläche und rationelleren Arbeiterrekrutierung. Der brutale Zwang und die Übergriffe der Werber und Plantagenbesitzer verschärften die Lage derartig, dass die Kolonialregierung im Sommer 1901 eine Verordnung zur Regelung der Arbeiterverhältnisse im Schutzgebiet Kamerun vorbereitete, an deren Konzipierung auch die Mission beteiligt wurde. Das Ergebnis war die Arbeiterverordnung vom 14.2.1902, die die Anwerbung von Arbeitern von der schriftlichen Genehmigung des Gouverneurs abhängig machte, sofern sie nicht in unmittelbarer Nähe der Plantagen erfolgte, strafbare Handlungen der Agenten mit dem Entzug der Werbungserlaubnis bedrohte, die Werbung auf gesunde und arbeitsfähige Schwarze beschränkte, die Übersetzung des Inhalts der Arbeitsverträge den Plantagenbesitzern zur Pflicht machte und schließlich zur Kontrolle dieser Bestimmungen die Einrichtung von Arbeiterkommissaren anordnete. Die Praxis änderte sich allerdings nur wenig, da insbesondere Puttkamer die Arbeiterkommissare von der WAPV fernhielt und das Truck-System (z.T. in Form von Alkohol) weiterhin praktiziert wurde. Zwar ist es nicht zu einer vollständigen Proletarisierung der eingeborenen Bevölkerung gekommen, aber die Ansätze zu einer Kakaoproduktion durch afrikanische Bauern, wie sie in diesem Gebiet damals bereits bestanden, sind rücksichtslos zerstört worden.[32]

Zu diesem Zeitpunkt hatte bereits der konservative Stuttgarter Abgeordnete Schrempf zum ersten Mal offen im Reichstag (11.3.1901) auf die „Missstände in Kamerun" und das „System Puttkamer" hingewiesen. Seine Informationen entstammten im Wesentlichen einer zwölfteiligen anonymen Artikelserie über „Missstände in Kamerun" in der süddeutschen konservativen „Deutschen Reichs-Post", die eine breite Resonanz in der deutschen Öffentlichkeit gefunden hatte.[33]

Die Frontbildung von Basler Mission und in Westafrika engagierten ausgesprochenen Handelsfirmen unter Führung J. K. Vietors, die dem gleichen Zusammentreffen von Missions- und Handelsinteressen wie in Togo entsprach, sowie der direkte Vorstoß Schrempfs hatten die Präzisierung der Bestimmungen der Kronlandverordnung durch den neuen Kolonialdirektor Stuebel zur Folge, der den wegen seiner einseitigen Unterstützung der Konzessionsgesellschaften in Kamerun und Südwestafrika heftig attackierten, mediokren v. Buchka ablöste. Inhaltlich entsprach die Festlegung, dass „zweifellos den Eingeborenen das Land, auf welchem ihre Hütten stehen und welches sie in Bebauung haben, nicht ohne weiteres weggenommen und zu Kronland erklärt werden" kann, dem Standpunkt von Handel und Mission.

Anfang 1905 – nach wiederholter Abwesenheit Puttkamers – verschärften sich die Spannungen erneut. Seine Beamten ignorierten einfach die seit 1902 eingerichteten Landkommissionen und fuhren entgegen den Verfügungen der Kolonialregierung fort, nach dem Willen der Pflanzungsgesellschaften, insbesondere des omnipotenten Direktors der WAPV, Max Esser, und unter völliger Missachtung der Fristen die Dörfer der Eingeborenen in „Reservate" im Urwald, in Sumpf- oder wasserloses Gebiet zu verlegen. Mitunter blieben nicht einmal 2 ha pro Familie, obgleich mit der Zusatzverordnung vom 4.10.1903 6 ha als Mindestmaß vorgesehen waren. Für die Missionsgesellschaft stand es nach der Ausschaltung ihres Landkommissionsmitglieds durch den Gouverneur im Mai 1905 fest, dass nur noch die Abberufung Puttkamers die verhängnisvolle Entwicklung in Kamerun beenden konnte.

Motor der Kritik gegen das „System Puttkamer" in Kamerun („Puttkamerun") waren Alldeutsche und mittelständische Siedlungspolitiker wie der Kolonialpublizist Emil Th. Förster, Begründer des Deutschvolklichen Kolonialvereins, in dem sich Alldeutsche mit ihnen an sich völlig fernstehenden, missionsverbundenen Konzessionsgegnern wie J. K. Vietor zusammenfanden, und der Kolonialreferent des Alldeutschen Verbandes, Wilhelm Lattmann, Reichstagsabgeordneter der „Wirtschaftlichen Vereinigung", einer antisemitisch-konservativen Splitterpartei.

---

32 Vgl. A. Wirz, Vom Sklavenhandel, 203-207.

33 „Mißstände in Kamerun", Deutsche Reichs-Post Nr. 187 vom 13.8.1900 (ff.); Sten. Ber. 180, 1795f. – Verfasser der Artikelreihe war mit ziemlicher Sicherheit der in Kamerun tätige Geometer Scholze.

Auf Försters und Lattmanns Anregung fand am 24.5.1905 eine Konferenz von parlamentarischen Vertretern der Konservativen, der Deutsch-Sozialen, des Zentrums, des Bundes der Landwirte, der Reformpartei, der Christlich-Sozialen und von Missionsleitern statt, auf der man für eine großzügige Reservat-Politik und eine Erhaltung der wirtschaftlichen Kraft der Eingeborenen eintrat. Das Material, das Lattmann am nächsten Tag und verschiedentlich danach in den Reichstagsdebatten über die in Kamerun praktizierten Herrschaftsmethoden und die mit dem Pflanzungswesen verbundenen Missstände zur Verfügung stand, stammte sowohl aus Kreisen westafrikanischer Kaufleute (unter Führung der Handelskammer Bremen) als auch aus Basel. Letztlich gaben jedoch Puttkamers private Skandalaffären und die generellen Vorwürfe gegen seine Handhabung der Verwaltung und Rechtsprechung, vor allem von Seiten Erzbergers und der Sozialdemokratie, den Ausschlag für seinen Sturz. Seine Rechtsbeugungen waren besonders offenkundig geworden durch eine im Juni 1905 an den Reichstag gerichtete und am 10.2.1906 von der sozialdemokratischen Presse im vollen Wortlaut abgedruckte Petition der Akwa-Duala, in der sie sich über die Niederreißung ihrer Häuser, die ihnen auferlegten Zwangsarbeiten ohne Vergütung, die Willkürjustiz mit ihren drakonischen Strafen (Anwendung von Sippenhaft) und die wiederholte Verletzung der ihnen 1884 garantierten Rechte beschwerten (Dok. 23).[34]

Dok. 23: Misswirtschaft in „Puttkamerun" – Beschwerdebrief der Duala vom 19. Juni 1905 an den Reichstag über ihre Behandlung

An den allerdurchlauchtigsten allergnädigsten deutschen Reichstag Berlin.

Bonaku, Duala-Kamerun, den 19. Juni 1905.

Dem „Deutschen Reichstag" senden wir die unterzeichneten Häuptlinge von „Bonambla-Duala-Kamerun" dem heutigen Berichte beiliegend[1], unsere Beschwerden in nummerierten Bogen, um unsere hohen Herren des „deutschen Reichstag" in Kenntnis über sämmtlichen Unfug, der durch das Kaiserliche Gouvernement von „Kamerun" unter Leitung des Herrn Gouverneur *v. Puttkamer* hier bei uns verübt wird, besonders, was er bisher an unseren „King" und Häuptlingen und dem ganzen Volke gethan hat. Da solche Behandlungen, wie die beiliegenden Blätter schildern, *Unruhe im Lande* erregen, und dem Volke leicht Reiz zu Ungeziemtheiten geben, und wir Häuptlinge sowie das ganze Volk dem „deutschen Reiche" *nicht abhängig* [meint wohl *abgängig*] oder in irgend einen bösen Zustand kommen möchten, wie andere ungebildeten Völker es gleich *gemacht hätten*, haben wir für geratener ersehen, unserem „allerdurchlauchtigsten allergnädigsten deutschen Reichstag" die Mitteilung zu machen, damit dortseits *befohlen* sein möchte, daß zur Vermeidung etwaiger Unregelmäßigkeiten,

[34] Sten. Ber. 204, 6154ff., bes. 6161-6166 (Lattmann); ebd. 216, 2137ff. (zur Entlassung Puttkamers); ebd. 218, 4065f. (dto.); ebd. 222, 3387-3393 (zur Akwa Denkschrift, die Denkschrift: 3393-3399). – 23 der 27 Petenten wurden von Puttkamer wegen „Beleidigung" zu Zwangsarbeit sowie Haftstrafen zwischen 3 Monaten und 9 Jahren verurteilt, die Urteile jedoch später revidiert (nicht aufgehoben).

die Quälereien des hiesigen „deutschen Gouvernements" an uns und unserem „King" ein Ende nehmen möchten.
Derartigen Aufführungen des hiesigen „deutschen Gouvernements" erniedrigen das Land und verderben den guten Namen des „deutschen Reiches"!
Unser „King" ist für uns das *Oberhaupt des Landes*, wenn er nun so *viehisch* behandelt wird, so können die Gemüther des Volkes sich *niemals* beruhigen, und bringt eher nur *Zwietracht im Lande*!!!
Uns befriedigen Vorschlag über unsere Klagen, dürfen wir allerunterthänigst hier, wie folgt, unserem „allerdurchlauchtigsten allergnädigsten deutschen Reichstag" eröffnen, nämlich:
Den Herrn Gouverneur *v. Puttkamer*, dessen *Richtern, Bezirksamtmänner*, kurz *seine ganze Regierungsbesatzung* wollen wir *nicht* mehr hier haben.
Sämmtliche jetzige Gouvernementsbeamten des Schutzgebiets „Kamerun" bitten wir *fort räumen* zu wollen, denn ihre Regierung führen sie *nicht gut*, sie sind nicht gerechtfertig, ihre Art und Weise explotieren das Land.
Als Ersatz-Gouvernement bitten wir allerunterthänigst, uns *Consulat* anstatt Assessorismus senden zu wollen, *Assessorismus* wollen wir *nie wieder* haben, diese verderben die Regierung, und machen die *redliche „deutsche Macht"* zu einer *wucherischen* und *gäunerischen Macht*! – Also fort mit dem Assessorismus zum Ersatze: *Consulat*!
Da die schriftliche, die mündliche Vertretung nicht bis auf den letzten Punkt übernehmen kann, bitten wir unseren allerdurchlauchtigsten allergnädigsten „deutschen Reichstag" den von uns bevollmächtigten: *„Nyasam Akwa nya Bonambela"*, den Sohn unseres *„King Akwa von Bonambela"* zur Zeit wohnhaft in: *Altona (Elbe) Markstraße 2*, I zur Vervollständigung unserer Wünsche und mündlicher Erklärung unserer eingereichten Beschwerden vor den „deutschen Reichstag" laden zu wollen.
Wir bitten allergnädigst um Entschuldigung, daß unsere Beschwerden nicht früher gekommen sind, denn wir wußten die Adresse an den „deutschen Reichstag" noch nicht.
Vor Eröffnung der Untersuchung unserer eingereichten Beschwerden, bitten wir den „deutschen Reichstag" allerunterthänigst, die sämmtlichen hiesigen Beamten des Gouvernements sofort zu räumen, damit sie nicht vor Angst vor der ihnen bevorstehenden gerechten Gerichtsbarkeit noch etwas Argeres, das unseren gewünschten Frieden bricht, anrichten. [...]
Allerunterthänigst bitten wir, unseren allergnädigsten „Kaiser Wilhelm von *Deutschland und Kamerun etc. etc. etc.*" von uns höchlichst grüßen zu wollen, und „Ihm" mittheilen zu wollen, daß wir wiederholt sagen, wie damals, als Herr *„Dr. Nachtigall"* [sic] „Seine" *„deutsche Flagge"* in unserem Lande aufhieß, gesagt haben, daß wir von da an *deutsch sind und deutsch bleiben* werden bis an das Ende der Welt; wir machen uns *nie* dem „deutschen Reiche" abhängig sondern wollen uns stets befleißigen, treue „deutsche Unterthane" zu bleiben. – Ebenso bitten wir unsere „Kaiserin Augusta Victoria" und den „Kronprinzen Wilhelm des deutschen Reiches" und „Seine" Braut „Herzögin Cecilie von Mecklenburg-Schwerin" allerunterthänigst grüßen zu wollen, und unserem „Kronprinzen Wilhelm des deutschen Reiches" unsere nachträglichen allerunterthänigsten Gratulationen zu „Seiner" Verlobung bestellen zu wollen; der liebe Gott segne „Ihn und Seine Braut." -

Gleichzeitig senden wir unsere verbindlichsten Grüße an „Sie" unseren hohen Herren des „deutschen Reichstags" und zeichnen in Allerunterthänigkeit.

[Handzeichen des King Akwa von Bonambela sowie 27 weiterer Häuptlinge und Unterhäuptlinge]

Die Richtigkeit der Abschrift wird beglaubigt.
Bonaku, den 19. Juni 1905
G. A. a. Dibonge
„Mntiledi a Bonambela"
[Dolmetscher in Bonambela]

[1] Die Anlage enthält 24 Beschwerdepunkte, die sich u. a. gegen rechtswidrige Handlungen des Gouverneurs oder des Gouvernements, die Steuerbelastung, Enteignungen, Arbeits- und Steuerzwang, ungerechtfertigte Urteile und Bestrafungen sowie die exzessiven Auspeitschungen richteten.

Quelle: Stenographische Berichte über die Verhandlungen des Reichstags, Bd. 222, Berlin 1906, Anlage 294.

Mit Puttkamer war der Exponent der bedingungslosen Konzessionspolitik beseitigt. Die bisher weitgehend funktionslose Verwaltungsbürokratie begann allmählich, kolonialspezifische Aufgaben im Sinne der „negererhaltenden“ Politik Dernburgs zu verwirklichen. Gouverneur Seitz (1907-1910) unternahm Versuche, statt der früheren Gewaltherrschaft und brutalen Ausbeutung die Eingeborenen vor den exzessiven Forderungen der europäischen Unternehmungen zu schützen. Zukünftig mussten vor der Landvergabe der Bevölkerung ausreichende Reservate zugewiesen werden. Selbst Ansätze einer Mitbeteiligung der Schwarzen an der Verwaltung der Kolonie suchte er zu realisieren, scheiterte jedoch an den europäischen Interessen in der Kolonie, repräsentiert in den Handelskammern vor Ort und im Kolonialrat.[35]

Die Landpolitik und die „Arbeiterfrage“ blieben in Kamerun ein akutes Problem. Die fortschreitende Erschließung der Kolonie hatte das Arbeiterproblem enorm verschärft. Durch den Arbeitskräftebedarf der Pflanzungsunternehmen waren weite Zonen Kameruns entvölkert worden, und die schwere und ungewohnte Arbeit, die brutale Behandlung und die katastrophalen hygienischen Bedingungen ließen die Sterblichkeitsziffern auf den Plantagen bis zu 30%, vereinzelt darüber, ansteigen. Nicht nur die Pflanzer benötigten immer mehr Arbeitskräfte (1912 im Jahresdurchschnitt 17 827), auch die Verwaltung brauchte für den Wege- und Eisenbahnbau zunehmend eingeborene Arbeiter. Das betraf vor allem die Arbeiten an der 160 km langen Nordbahn von Duala nach den Manengubabergen (1911 fertig gestellt) und die 1910 begonnene Mittellandbahn von Duala über Edea an den mittleren Nyong. So waren im Jahr 1914 an der neuen Mittellandlinie 90 000

[35] Vgl. K. Hausen, Deutsche Kolonialherrschaft in Afrika. Wirtschaftsinteressen und Kolonialverwaltung in Kamerun vor 1914, Zürich, Freiburg Br. 1970, 239ff., bes. 252-255.

Menschen beschäftigt. Das gleiche Problem galt für die Trägerkolonnen; am Vorabend des Weltkrieges waren schätzungsweise allein 80 000 Personen auf der Route Kribi – Jaunde unterwegs (Abb. 15).

1913 brach im Reichstag unter Führung Erzbergers und des Christlich-Sozialen R. Mumm erneut die Diskussion über die Methoden der Pflanzer auf. Zwar war es 1902, 1909 und 1913 zu Ansätzen einer Arbeiterschutzgesetzgebung gekommen. Die Gouvernementsverordnung von 1902 betraf (unter dem Druck der Mission) die Einhaltung der Arbeitsruhe an Sonn- und Feiertagen, wobei genehmigte Ausnahmen statthaft blieben. Erst viel später (1909) wurden die Arbeitszeit auf 10 Stunden begrenzt, die Löhne auf 8-10 Mark im Monat festgelegt, die Ernährung genau bestimmt und die Arbeitsdisziplin fest umrissen. Die Anwesenheit eines Arztes bei 500 und eines Sanitäters bei 100 Beschäftigten wurde obligatorisch. Die Überwachung der hygienischen Einrichtungen in den Arbeiterquartieren durch hauptamtliche Arbeiterinspektoren (2) erfolgte erst 1914. Obwohl diese Schutzgesetzgebung im Vergleich zu anderen Kolonien Afrikas fortschrittlich war, änderte sie nur wenig an der desolaten sozialen Situation der Arbeiter in Kamerun. Basler Missionare haben die rücksichtslose Arbeiterbehandlung durch die Plantagenbesitzer und die immer mehr zu einer Angelegenheit der Behörden gewordene Arbeiteranwerbung geradezu als „eine neue Art der Sklaverei“ oder „Staats-Sklaverei“ bezeichnet.[36]

Die Berichte, die der christlich-soziale Abgeordnete Mumm in der Budgetkommission des Reichstages zur Plantagen- und Arbeiterfrage vorlegte, stammten allerdings nicht – wie vielfach behauptet worden ist[37] – von Basler Missionaren, sondern im Wesentlichen von Vietor, der selbst Mitglied und Förderer der Christlich-Sozialen war und dessen Teilhaber Freese in Kamerun persönlich recherchiert hatte. Ihm lagen Meldungen der Kaufleute vor, „dass ganze Strecken, besonders im Rio del Rey-Gebiet, von Männern vollständig entblößt seien, und dass im Edea-Bezirk die Leute einfach wie Sklaven weggefangen und mit Stricken zusammengekoppelt auf die Plantagen gebracht würden, und dass dadurch eine vollständige Flucht der Eingeborenen in den Busch entstanden sei“.[38]

Die westafrikanischen Händler um Vietor sowie nach anfänglichem Zögern die christlichen Missionen versorgten auch die politische Gruppierung von Christlich-Sozialen (Mumm) und Zentrum (Erzberger) mit Material zur *Enteignung der Duala* 1912/1914, wobei sich die Sozialdemokraten von vornherein der Opposition im Reichstag gegen diese Maßnahme anschlossen.[39] Seit 1910 bestanden konkrete Pläne,

---

36 Nach H. Gründer, Christliche Mission und deutscher Imperialismus, 160; vgl. P. Mandeng, Auswirkungen der deutschen Kolonialherrschaft in Kamerun. Die Arbeitskräftebeschaffung in den Südbezirken Kameruns während der deutschen Kolonialherrschaft 1884-1914, Hamburg 1973; die Arbeiterschutzgesetze für Kamerun bei J. Ruppel, Die Landesgesetzgebung für das Schutzgebiet Kamerun ..., Berlin 1912, bes. 972-987.

37 So K. Hausen, Deutsche Kolonialherrschaft, 288.

38 Nach H. Gründer, Christliche Mission und deutscher Imperialismus, 161.

39 Zur Enteignung der Duala: A. Wirz, Malaria-Prophylaxe und kolonialer Städtebau: Fortschritt als Rückschritt? Gesnerus 37 (1980), 215-234; H. Gründer, Christliche Mission und deutscher Imperialismus, 159-169.

Abb. 17: Rudolf Duala Manga Bell

die Duala gegen eine minimale Entschädigung (zwischen 40 Pfg. anfänglich und 2,10 Mark später, während der Preis für 1 m^2 Boden am Flussufer zu diesem Zeitpunkt über 20 Mark betrug) von ihren angestammten Wohnsitzen am linken Ufer des Kamerunflusses zu entfernen und, durch eine ein Kilometer breite freie Zone von dem alten Wohngebiet getrennt, außerhalb des Weichbildes der Stadt wieder anzusiedeln. Auf diese Weise sollte die Gemengelage von weißen und schwarzen Wohn- und Geschäftsvierteln (1913: 379 Weiße, 22 000 Afrikaner) beseitigt werden. Die Rassentrennung – Vorbild war eine entsprechende Regelung im Kongo – wurde „hygienisch" begründet (Ansteckung der Weißen durch Malaria erkrankte Duala und Undurchführbarkeit einer Chininprophylaxe), hatte aber neben rassistischen Motiven überwiegend wirtschaftliche Beweggründe: Die Verwaltung und die expandierende Industrie benötigten günstig gelegenes Bauland für eine raumintensive Infrastruktur (Hafen, Eisenbahn), zusätzlich sollten die Duala durch den Verlust der verkehrsgünstigen Uferlage noch stärker aus ihrer Rolle als Zwischenhändler gedrängt werden.

Gegen diese Enteignungspläne und -verfügungen wehrten sich die keineswegs antideutsch eingestellten Duala-Häuptlinge durch zahlreiche Petitionen an das Gouvernement und den Reichstag, durch Kontaktaufnahme mit deutschen Oppositionskräften und unter Zuhilfenahme von juristischem Beistand in Deutschland, durch Hilfegesuche an die Missionen, schließlich durch passiven Widerstand gegen die Enteignungsmaßnahmen.[40]

[40] Der Kameruner Historiker Engelbert Mveng sieht in der Widerstandsbewegung der Duala unter Rudolf Duala Manga den ersten Versuch einer nationalen Widerstandsbewegung zur

Erst als durch die an den Reichstag gerichtete Petition des Rechtsanwalts Halpert, den der linksliberale Publizist Hellmut von Gerlach den Duala als Rechtsbeistand empfohlen hatte, ersichtlich wurde, dass das gesamte Vorgehen der Regierung auf einem eklatanten Rechtsbruch beruhte – im Schutzvertrag (14.7.1884) war den Duala ausdrücklich zugesichert worden, dass sie nie aus ihrem Besitz vertrieben werden sollten –, veranlasste Kolonialstaatssekretär Solf eine Überprüfung der Enteignungsmaßnahmen auf übergroße Härten. Zwar vermochten Zentrum und Sozialdemokraten den Enteignungsplan noch einmal zu sistieren, nachdem die Willkür der Behörde in Kamerun und die Tatsache bekannt geworden waren, dass die Kolonialregierung ein Telegramm Rudolf Duala Mangas an den Reichstag beschlagnahmt und zurückgehalten hatte. Aber als der Duala-Häuptling in den Verdacht des „Hochverrats" geriet, weil erbitterte Äußerungen um eine mögliche Hilfsbitte an England oder Frankreich für die Tat genommen wurden und eine tatsächliche Aufforderung zur Revolte an einen befreundeten Sultan von diesem den Deutschen angezeigt worden war, distanzierten sich im Reichstag bis auf Sozialdemokraten und Polen alle Fürsprecher von ihm.

Die Missionare in Kamerun hielten den gegen Rudolf Duala Manga erhobenen Vorwurf des „Hochverrats" dagegen für äußerst unglaubwürdig. Vertreter aller drei deutschen Missionen (Basler, Pallottiner, Baptisten) intervenierten daher wiederholt zu seinen Gunsten in Berlin und Duala – vergeblich. Der Duala-Häuptling wurde in einem wegen des Kriegsausbruchs beschleunigten Verfahren zum Tode verurteilt und am 8.8.1914 mit seinem Sekretär und Verwandten Ngoso Din hingerichtet, während die Eingeborenen in eiliger Flucht Duala verließen. Eine bereits in Anfängen entstehende kleine europäisierte Elite, angestellt in der unteren Verwaltung, als Handlungsgehilfen und bei den Missionaren und im Gegensatz zu den traditionellen Herrschaftsstrukturen des Duala-Häuptlingssystems stehend, hat jedoch ihren Ursprung innerhalb der „kolonialen Situation" nicht vergessen und zu der vergleichsweise hohen Reputation der Deutschen nach dem Ersten Weltkrieg beigetragen. Allerdings dienten etwa die bewusst von dieser indigenen Bildungselite weiterhin verwandte deutsche Sprache und die „Hilferufe ... wegen Rückkehr der Deutschen", z.B. an den Völkerbund, vor allem als ein Mittel des indirekten Protestes gegen die französische Kolonialherrschaft. Denn ähnlich wie Togo war auch Kamerun nach Beendigung des Ersten Weltkrieges als sogenanntes B-Mandat des Völkerbundes zwischen England und Frankreich geteilt worden.

4. Deutsch-Ostafrika

Mit der Niederwerfung des „Araberaufstandes" von 1888/89 im küstennahen Bereich setzten in Ostafrika die effektive Besetzung des Hinterlandes und die Unterwerfung der Binnenstämme ein. Während der gemeinhin als Zeit „ruhiger" Ent-

Befreiung vom Kolonialismus (Histoire du Cameroun, Paris 1963, 344).

Abb. 18: Häuptling Mkwawa mit drei seiner Frauen

wicklung geltenden Jahre von 1890 bis zum Maji-Maji-Aufstand 1905 sind aber tatsächlich allein zwischen 1891 und 1897 insgesamt 61 größere „Strafexpeditionen" und Unterwerfungsfeldzüge geführt worden.[41] Größte Schwierigkeiten bereiteten den Deutschen zunächst die ihrerseits expansiven Hehe, die ihr Reich auf Kosten der Nyamwesi, dann der Ngoni erweitert hatten. Sie vernichteten am 17.8.1891 eine deutsche Expedition unter Leutnant v. Zelewski. Ihr kriegserfahrener Häuptling Mkwawa vermochte zwischen 1891 und 1898 den deutschen Expeditionen in einem Kleinkrieg, der nur zeitweilig von Friedensverhandlungen unterbrochen wurde, hinhaltenden Widerstand zu leisten, bevor er sich im Juli 1898 das Leben nahm, um nicht den Deutschen in die Hände zu fallen.

1892 bereitete Meli von Moschi einer deutschen Expedition ein Ende (10.6.1892). Erst danach konnte Gouverneur v. Schele (1893 bis 1895) unter Ausnutzung ethnischer Zersplitterung und lokaler Rivalitäten das Kilimandscharo-Gebiet „befrieden". Die Landschaften am Kilimandscharo blieben jedoch in der Folgezeit ein

[41] H. Loth, Deutsch-Ostafrika 1885-1906, in: H. Stoecker (Hg.), Drang nach Afrika ..., Berlin (O) 1977, 91; allgemein M. Pesek, Koloniale Herrschaft in Deutsch-Ostafrika. Expeditionen, Militär und Verwaltung seit 1880, Frankfurt a. M. 2005.

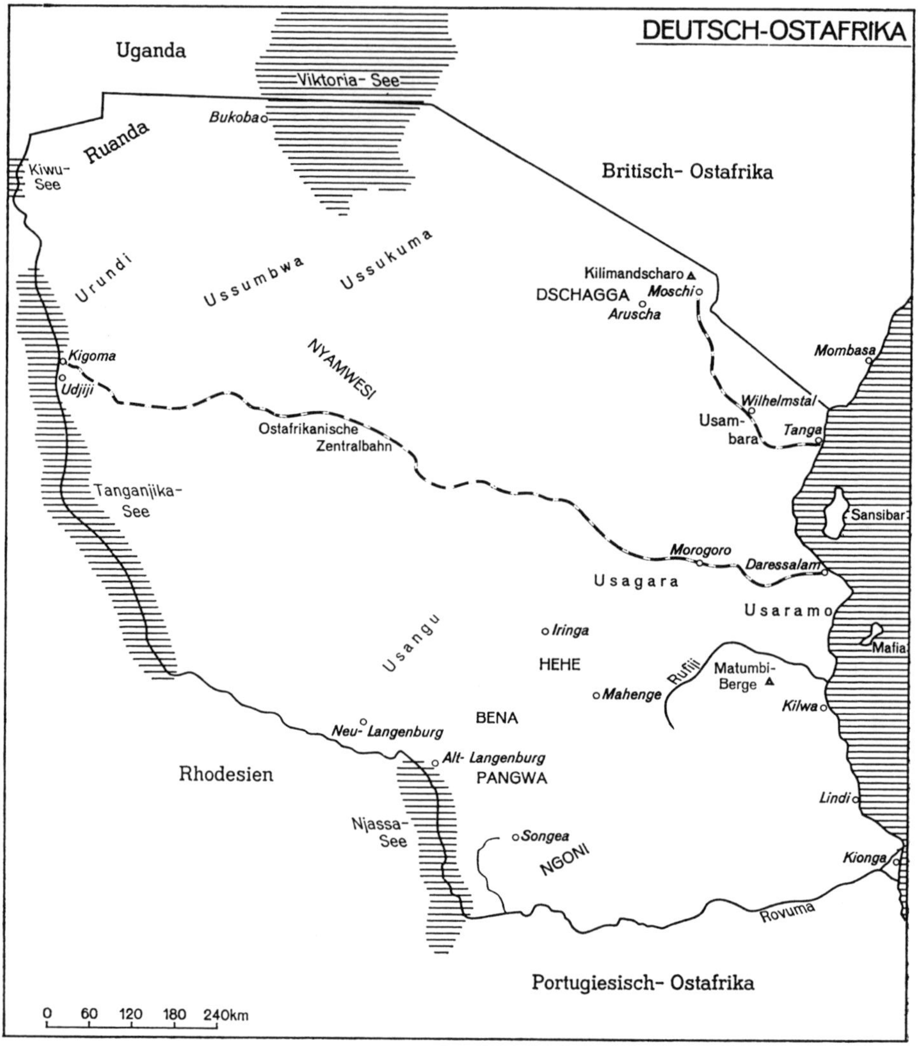
DEUTSCH-OSTAFRIKA
Uganda
Viktoria-See
Bukoba
Ruanda
Kiwu-See
Britisch-Ostafrika
Urundi
Ussumbwa
Ussukuma
Kilimandscharo
DSCHAGGA
Moschi
Aruscha
NYAMWESI
Kigoma
Udjiji
Mombasa
Wilhelmstal
Usambara
Tanga
Ostafrikanische Zentralbahn
Tanganjika-See
Sansibar
Morogoro
Daressalam
Usagara
Usaramo
Usangu
Iringa
Mafia
HEHE
Rufiji
Matumbi-Berge
Mahenge
Kilwa
BENA
Neu-Langenburg
Alt-Langenburg
PANGWA
Rhodesien
Lindi
Njassa-See
Songea
NGONI
Kionga
Rovuma
Portugiesisch-Ostafrika
0 60 120 180 240km

Gebiet andauernden Widerstandes und damit ständiger militärisch-bürokratischer Repressionen von Regierungsseite. Im Dezember 1899 griffen verschiedene Dschagga-Häuptlinge zusammen mit den Aruscha-Leuten die Militärstation in Moschi an. Die Reaktion des Gouvernements war eine radikale Niederschlagung der Dschagga-Opposition. 19 Todesurteile wurden gefällt, darunter das gegen Meli, und weitere Strafexpeditionen folgten.[42]

Ursache der Aufstände waren die unentgeltlichen Fronarbeiten der Eingeborenen, die brutale Härte der afrikanischen Söldner, etwa gegen weibliche Kettenarbeiter, die Auswirkungen der seit 1900 in Bargeld zu zahlenden Hüttensteuer auf das wirtschaftliche Leben der Bergbewohner („Manche verkauften ihr Kleinvieh für einen Spottpreis vor allem an Inder und Beludschen, die aus dem englischen Gebiet kamen und große Mengen von Ziegen und Schafen fortführten")[43] und das Verfahren bei ihrer Eintreibung sowie die zwangsweise Zusammenfassung der Dschagga in geschlossenen Dörfern im Interesse der Plantagenbesitzer. Die zunehmend weiße Besiedlung (Buren und deutsche Kleinbauern aus Südrussland) und die betrügerischen Lohnpraktiken europäischer Wirtschaftsunternehmen – die „Kilimandscharo-Straußenzuchtgesellschaft", mit 1600 ha (1908) die größte Landbesitzerin am Berg, schuldete ihren schwarzen Arbeitskräften allein 9 000 Rupien an Löhnen[44] – verschärften 1904/05 noch die Beunruhigung unter den Afrikanern. Bezeichnender Ausdruck dieser allgemeinen Angst der eingeborenen Häuptlinge und der Erbitterung der Bevölkerung am Kilimandscharo waren die Verzichtleistungen und die Flucht führender Stammeshäuptlinge seit dem Aufstand von 1899. Die kurz darauf vom Ausbruch des Maji-Maji-Aufstandes im Süden der Kolonie eintreffenden Nachrichten und die Aktivitäten von „Zauberern", die die katholische Mission beobachtete, verschärften zwar die schwelende Erregung, doch blieb es während des größten Aufstandes in der ostafrikanischen Kolonie am Kilimandscharo und im Norden ruhig.

Jeweils nach der Niederwerfung des indigenen Widerstandes sind kollaborationsbereite Herrscher bestätigt oder neu eingesetzt worden. In der sich entwickeln-

---

42 Die Erhebung des Dezember-Aufstandes 1899 als bloße „Steuerrevolte" gegen die Haus- und Hüttensteuer zu sehen (R. Tetzlaff, Koloniale Entwicklung und Ausbeutung. Wirtschafts- und Sozialgeschichte Deutsch-Ostafrikas 1885-1914, Berlin 1970, 50), dürfte eine zu enge Auffassung sein. Auch die Meinung, dass die deutsche Herrschaft bei den Dschagga „im ganzen klug und vorteilhaft" gewesen sei (ebd., 43 A. 26), hat wenig für sich. Während die Missionen beider Konfessionen die Hauptschuld für die Unruhe der deutschen Militärverwaltung anlasteten, sieht K. M. Stahl in einem grandiosen Intrigenspiel Mareales von Marangu – er hatte die Deutschen gegen Sina von Kiboscho und bei der Unterwerfung der Rombostämme des östlichen Kilimandscharo unterstützt und profitierte aus der Niederwerfung des Dezemberaufstandes gegenüber seinen mächtigsten politischen Gegnern (Sina, Meli) – die Hauptursache (History of the Chagga People of Kilimanjaro, London 1964, 195, 261ff.).

43 G. Althaus, Mamba-Anfang in Afrika, bearb. v. H. L. Althaus, Erlangen 1968, 77.

44 So Gouverneur v. Götzen in einem Schreiben vom 4.1.1906 an den Leipziger Missionsleiter v. Schwartz (H. Gründer, Christliche Mission und deutscher Imperialismus, 223 A. 149). Außerdem sparte die Gesellschaft durch die Arbeitsverträge nur mit den Häuptlingen bis zu einem Viertel des normalen Lohnes.

den Verwaltung sind sie zum Ortsvorsteher (Jumbe) ernannt worden, während als Vorsteher mehrerer Orte (Akiden) aufgrund ihres gehobenen Bildungsstandes und zur Verhinderung von Fraternisierungsversuchen zumeist ortsfremde Araber oder Suaheli eingesetzt wurden. Im Hinterland bedienten sich die Bezirksämter (zunächst und auch später im Innern unter militärischer Führung, dann unter ziviler Leitung) weiterhin kollaborationsbereiter Häuptlinge, deren Autorität durch äußere Zeichen – Flaggen, Häuptlingsstäbe, Häuptlingsbücher, rote Mützen – stabilisiert wurde und die für die Erfüllung ihrer Pflichten am Steuerertrag (mit 4-10%) beteiligt wurden. Die „Ordnung" wurde durch die „Kaiserliche Schutztruppe für Deutsch-Ostafrika" aufrechterhalten, die aus einer von Wissmann aufgestellten Truppe von afrikanischen Söldnern (anfangs zumeist Sudanesen) hervorgegangen war[45]. Diese „Askari" wurden im Vergleich zu den afrikanischen Plantagenarbeitern sehr hoch bezahlt, konnten bis zum Feldwebel aufsteigen (im Einzelfall bis zum Offizier) und erhielten nach dem Ausscheiden aus dem Dienst eine Rente (die noch in der Bundesrepublik ausbezahlt wurde).

In den dicht besiedelten, zentral regierten Hima-Staaten Ruanda und Urundi sowie im Gebiet westlich des Victoria-Sees (Bukoba) sind dagegen die eigenstaatlichen Organisationen weitgehend erhalten und sogenannte Residenturen eingerichtet worden. In diesen entlegenen und noch nicht als reif zur Ausbeutung angesehenen Gebieten bevorzugte man, nach dem Vorbild des nahe gelegenen englischen Uganda-Protektorats und wie im Norden Togos und Kameruns, die konservativ-stabilisierenden Methoden der indirekten Herrschaft, um die schwache Oberherrschaft mit Hilfe kollaborationswilliger Sultane aufrecht zu erhalten. Das autokratische Sultansregiment im Seengebiet verschärfte sich für die leibeigenen Untertanen noch, als dort mit der Einführung der geregelten Steuerzahlung in bar (1904) die Sultane und ihre Vasallen nicht übergangen werden konnten. In den westlichen Hima-Monarchien Ruanda und Urundi, die überhaupt erst seit 1896 (Urundi) bzw. 1899 (Ruanda) erschlossen werden konnten, wurden Steuern erst 1913/14 eingeführt. Hier beherrschten die Deutschen mit Unterstützung der dünnen, Vieh und Land besitzenden Führungsschicht der „hamitischen" Tutsi (Batutsi, Watussi) die von diesen unterworfenen Bantu-Bauern (Hutu, Bahutu) und pygmoiden Twa.

In Burundi begnügte sich Gouverneur v. Götzen (1901-1906) zunächst nur mit der Sicherung der strittigen Zone zum unabhängigen Kongostaat und trieb den Straßenbau voran, bevor der eigenmächtig vorgehende Hauptmann von Beringe mit Hilfe der Unterhäuptlinge die Schwäche der Zentralgewalt zu einer Unterwerfung des Herrschers Mwezi Gisabo ausnutzte (1903). Nach der Abberufung des Hauptmanns wegen Ungehorsams zwang sein Nachfolger v. Grawert die nunmehr gegen die Kolonialmacht aufbegehrenden Häuptlinge zur Anerkennung des Königs (*mwami*), der seinerseits trotz der Kollaboration eine brüchige Unabhängigkeit aufrecht zu erhalten suchte.

---

45 Vgl. T. Morlang, Askari und Fitafita. „Farbige" Söldner in den deutschen Kolonien, Berlin 2008.

In Ruanda hatte dagegen König Musinga (Yuhi III.) die Ankunft der Deutschen als eine willkommene Gelegenheit betrachtet, seine eigene usurpatorische Herrschaft weiter zu konsolidieren. Das politisch-gesellschaftliche Defensivbündnis zwischen dem *mwami* mit seiner zentralen und sakral gefestigten Königsgewalt und den deutschen Kolonialherren bestand noch 1902 im Hinblick auf die deutsche Seite aus 2 Offizieren und 25 Askari.

Zunächst als Bevollmächtigter, dann als Resident in Ruanda (1907 bis 1913), sah auch der gebürtige jüdische Arzt und Forscher Dr. Richard Kandt die bestehenden afrikanischen politischen Systeme als die beste Basis deutscher Autorität an. Er beschrieb die politische und soziale Situation Ruandas in den Termini des Feudalismus, mit dem König als Herrscher, den Tutsi als der Aristokratie des Landes und den Hutu als den gemeinen Untertanen.[46] Nach seiner Auffassung hatte das deutsche Herrschaftssystem keine andere Wahl, als dieses „feudale" Tutsi-Regiment zu stabilisieren und zu konservieren. Schon von daher hatte die deutsche Kolonialherrschaft kaum Auswirkungen auf die sozialen Strukturen Ruandas und Urundis. Da sich unter der belgischen Kolonialherrschaft nach 1918 die Klassenschranken noch verstärkten und das Kolonialsystem mithin auch später nicht zu einem „sozialen Wandel" beitrug, führte das Entstehen einer konkurrierenden Gegenelite (aus der Hutu-Klasse) und Gegenideologie (Bantu-Nationalismus) zum eruptiven Ausbruch der Rassengefühle im November 1959 und zur „*Parmehutu*"-Machtübernahme im Januar 1961.

Blieben die nordwestlichen Sultanate nahezu gänzlich außerhalb der kolonialen Erschließung, so begann im Nordosten, namentlich in den zentralen Wirtschaftsräumen am Kilimandscharo und in Usaramo, bereits zu Beginn der 90er Jahre eine rapide wirtschaftliche Entwicklung. Kolonialhandel und Plantagenkulturen sowie eine weiße Farmertätigkeit gingen voran, infrastrukturelle Maßnahmen wie Straßen- und Wegebau sowie der Eisenbahnbau folgten. Mit dem Bau der ersten deutschen Kolonialbahn vom Hafen Tanga in Richtung Victoria-See wurde bereits 1893 begonnen. 1899 übernahm die Regierung die wegen des chronischen Kapitalmangels der DOAG nicht vorankommende „Usambara-Eisenbahn" oder Nordbahn und führte sie bis 1912 nach Moschi weiter. 1905 wurde von der ostafrikanischen Eisenbahn-Gesellschaft, einer Gemeinschaftsgründung Berliner Großbanken, die „Ostafrikanische Zentralbahn" oder Tanganjikabahn begonnen, die 1914 Kigoma in der Nähe von Udjiji am Tanganjika-See erreichte. Während die vor allem aus politischen Gründen erbaute Nordbahn – sie lief parallel zur britischen Uganda-Bahn – vornehmlich von konservativen, siedlungsorientierten Kolonialisten gestützt wurde, war die Zentralbahn ein Lieblingsprojekt der Verwaltung und handelsökonomisch orientierter Kreise.

Mit der Inwertsetzung der Kolonie verschärfte sich auch in Deutsch-Ostafrika die „Arbeiterfrage". Bis 1905 existierte keine rechtlich feste Grundlage für eine zwangsweise Arbeiterrekrutierung. Da die Liebertsche Hüttensteuer (1.11.1897) mit ihrem indirekten Zwang und der möglichen Ablösung durch Naturalien oder

[46] Vgl. R. Kandt, Caput Nili. Eine empfindsame Reise zu den Quellen des Nils, Berlin ^{2}1905.

Arbeitsleistung nicht mehr ausreichte, bestimmte Götzen, vor die Alternative der Aufgabe der gerade eingeführten Baumwollkultur (mit ihren notwendigen Arbeitskräften) oder einer Erhöhung des Arbeitszwanges gestellt, mit der Steuerverordnung vom 22.3.1905, dass jeder erwachsene arbeitsfähige Mann im Binnenlande eine Kopfsteuer von drei Rupien zu entrichten hatte, was eine Erhöhung um das Vierfache bedeutete, da bis zum Inkrafttreten der Verordnung am 1.4.1905 nur jede Hütte (ca. 4 steuerpflichtige Personen) 3 Rupien zahlte. Auch konnte fortan die Steuer nicht mehr in Naturalien geleistet werden. Durch eine gleichzeitige besondere „Verordnung, betreffend die Heranziehung der Eingeborenen zu öffentlichen Arbeiten“ wurden den arbeitsfähigen Männern nicht nur Reinigung, Unterhalt und der Bau von öffentlichen Wegen zur unentgeltlichen Pflicht gemacht, sondern solche Personen, die ihre Kopf- und Hüttensteuer nicht bezahlen konnten, hatten unter Aufsicht Tributarbeiten – oft weit von ihren Familien entfernt – zu leisten. Diese Tributarbeiten wurden teilweise an Plantagenbesitzer weiterverkauft.

In der Kopf- und Hüttensteuer und ihrer rücksichtslosen Eintreibung durch die verhassten ortsfremden Akiden, in deren Händen exekutive und legislative Rechte lagen, oder durch Askari haben zeitgenössische Beobachter auch die Hauptursache für den Ausbruch des Maji-Maji-Aufstandes gesehen, der ja auch mit dem Überfall auf das Haus eines Akiden begann.

> „Die Ursache“ des Aufstandes, schrieb ein Angestellter der Diskonto-Gesellschaft aus Ostafrika am 3.10.1905, „ist in der Hauptsache die sogenannte Kopf- oder Hüttensteuer. Die Neger haben so gut wie keinen lohnenden Absatz für ihre Produkte des Feldes, ihre Rinder und Ziegen haben dieselben bis auf geringen Bestand zur Aufbringung der Steuer hergegeben und nur noch sehr wenige haben etwas Vieh. Wer die Steuer nicht bezahlen kann, muss für die Station fern von den Seinigen arbeiten und ist der Willkür der Askaris preisgegeben ... Diese sogenannte Tributarbeit ... hasst der Neger bis aufs tiefste, er muss sich derselben jedoch fügen, sonst wird ihm sein Vieh fortgenommen und seine Hütte mit allem, was darin ist, verbrannt ... Meine Ansicht geht dahin, dass wir nach dem bestehenden System Gefahr laufen, diese schöne Kolonie durch unsere eigene Schuld zu verlieren. Wir müssen erst lernen, den Neger richtig als Menschen und nicht als Vieh zu behandeln.“[47]

Die Situation verschlimmerte sich durch den allgemeinen administrativen Druck. Seit 1902 war mit der Errichtung von sogenannten Dorfschamben zum gemeinsamen Anbau von Baumwolle in dafür geeigneten Dörfern begonnen worden. Frauen und Männer, Freie und Sklaven hatten in gemeinsamer Arbeit eine bestimmte Fläche mit Baumwolle zu bebauen, wofür sie nur geringfügig entlohnt wurden. Schlimmer war jedoch, dass die Schwarzen auf ihren Verdienst so lange warten sollten, bis die Baumwolle in Hamburg verkauft und der Erlös in die Kolonie transferiert war – oft über ein Jahr. Nicht zufällig brach deshalb die Erhebung in einem Gebiet aus, das unter diesem Zwangsanbau schwer gelitten hatte und in dem die Subsistenzproduktion aufs Äußerste gefährdet war; fiel doch die Erhebung mit der staatlich fixierten Ernte zusammen.

---

[47] Wiedergegeben in R. Tetzlaff, Koloniale Entwicklung, 211f.

Abb. 19: Baumwollernte, bei der auch Kinder eingesetzt wurden (um 1910)

Weitere Vorschriften vervollständigten das System totaler Bevormundung. Die Jagd- und Waldschutzverordnung vom Juni 1903 verbot die Elefantenjagd und die traditionelle Netzjagd. Eine Pombesteuer sollte den Konsum des „Afrikanerbiers" eindämmen. In einer Antwort auf die geheime Umfrage zu den Ursachen des Aufstandes, die der oberste Marineoffizier bei allen im Aufstandsgebiet der Kolonie eingesetzten Marineeinheiten angeordnet hatte, wurde gerade auf diese administrative Gängelei aufmerksam gemacht:

> „Der Neger muss Steuern zahlen, muss bestimmte Bäume pflanzen, einige Arten seiner Ngoma (Tanz) sind ihm verboten, der Ort, wo er seine Hütte bauen soll, wird ihm zugewiesen, die Jagd ist ihm eingeschränkt, er muss produzieren, muss auf der Dorfshamba arbeiten und sieht sich um einen Teil des Lohnes, der zum Teil erst nach vielen Monaten, d.h. nach der Fassungskraft des Negers vorläufig gar nicht, gezahlt wird, von Jumben betrogen, seine Pombefeste werden ihm eingeschränkt, die Arbeitspombe wird unterdrückt."[48]

Als Ursache für den Aufstand wird man daher die allgemeine Unterdrückung der einheimischen Bevölkerung durch die Kolonialherren ansehen müssen. Er stellt

[48] Nach D. Bald, Afrikanischer Kampf gegen koloniale Herrschaft. Der Maji-Maji-Aufstand in Ostafrika, Militärgeschichtliche Mitteilungen 19 (1976), 27.

sich somit – zu diesem Ergebnis kam auch die von Gouverneur Götzen eingesetzte Untersuchungskommission[49] – als „das Resultat einer Summe von Einzelerscheinungen" dar: Hüttensteuer, Pombe-Taxe, Zwangsarbeit und Arbeitsbedingungen, Lohnbetrug, Straßenbau, Trägerdienste, die zahllosen Schutzbestimmungen für Wasser, Wald und Wild, das Benehmen der landesfremden Akiden und Askaris, der Schulzwang, der von den Afrikanern als ein Mittel zur Entfremdung ihrer Kinder von den tradierten Denk- und Glaubensinhalten empfunden und als Entzug ihrer Arbeitskraft betrachtet wurde, sowie die unkorrekten Methoden der indischen Händler. Bezeichnenderweise haben die Aufständischen vielerorts oft zuerst Inder, Araber oder Suaheli angegriffen, die Läden besaßen, erst dann Europäer, denen Baumwollpflanzungen gehörten. Der Aufstand war daher nicht nur ein antikolonialer Befreiungsversuch, sondern ihm hafteten auch Züge eines sozialrevolutionären Protestes an. Dass er auf den Süden begrenzt blieb, hing wohl in erster Linie mit dem Umstand zusammen, dass dieses Gebiet von der deutschen Kolonisation vor der Jahrhundertwende nur marginal berührt worden war, so dass das nachgeholte zügige Vorandringen noch vielfach Reaktionen primären Widerstandes bewirkte.

Der Aufstand, von dem die Missionare genauso überrascht waren wie die offiziellen Stellen, brach Ende Juli 1905 in den Matumbibergen nördlich von Kilwa als Bauernrevolte infolge des kollektiven Baumwollanbaus aus. Als allgemeine Reaktion auf das System fremder Herrschaft weitete er sich nahezu über den gesamten Süden des Kolonialgebietes aus und bedeutete, nicht zuletzt wegen der parallelen Ereignisse in Südwestafrika, eine ernste Erschütterung der deutschen Kolonialherrschaft. Hauptbetroffen waren die Bezirke Iringa, Kilwa, Langenburg, Lindi, Mahenge, Morogoro und Songea. Im Süden erreichte er die Grenze von Mosambik und im Westen das Nordufer des Njassasees[50].

Die inneren Gegensätze der einzelnen Stammesgruppen, die Furcht einzelner kollaborierender Häuptlinge und arabischer Händler, durch die Unterstützung der Aufständischen ihre bisherige soziale Stellung zu gefährden, sowie schließlich die jeweils unterschiedlichen Erfahrungen mit der Kolonialmacht haben allerdings von vornherein die antikoloniale Widerstandsfront zersplittert und die Unterwerfung des Aufstandes für die Kolonialherren erleichtert. Während etwa die kriegerischen Ngoni zu den Hauptträgern des Aufstandes gehörten, blieben die kaum weniger streitbaren Hehe aufgrund vorausgegangener Erfahrungen mit den überlegenen Deutschen, aber auch infolge des geringen Zugriffs des Kolonialstaates bzw. sogar einer gewissen Zufriedenheit mit der Rechtssicherheit schaffenden deutschen Ver-

---

49 Graf von Götzen, Denkschrift über die Ursachen des Aufstandes in Deutsch-Ostafrika 1905, in: Sten. Ber. 222, Nr. 194. – Vgl. insbesondere auch die Berichte der Afrikaner aus den betroffenen Gebieten in: Maji-Maji Research Project. Collected Papers, Dar es Salaam 1968 (vgl. Dok.25).

50 Vgl. F. Becker – J. Beez, Der Maji-Maji-Krieg in Deutsch-Ostafrika 1905-1907, Berlin 2005; H.-M. Hinz u. a. (Hg.), Mit Zauberwasser gegen Gewehrkugeln. Der Maji-Maji-Aufstand im ehemaligen Deutsch-Ostafrika vor 100 Jahren, Frankfurt a.M. 2006.

waltung, ruhig und schlossen sich sogar den Deutschen als Hilfstruppen an. Ebenso lag in der politisch bedingten Kollaboration von Teilen der Stammesführer im Aufstandsgebiet ein insgesamt die Einheitlichkeit und Wirksamkeit der Erhebung schwächender Faktor. So ist z.B. die Dankbarkeit des Sangu-Häuptlings Merere (IV. Ugandilwa) gegenüber den Deutschen, die seinen Todfeind Mkwawa beseitigt und ihm große Teile von Usangu zurück gegeben hatten, neben dem Widerstand seiner Verwandten und Unterhäuptlinge gegen ein Bündnis mit den Führern des Aufstandes sowie dem Erscheinen einer deutschen Truppe mit ausschlaggebend für seine Zusammenarbeit mit den Deutschen gewesen. Andererseits hatte die Auflehnung des mächtigen Bena-Häuptlings Mbeyela nur wenig mit dem Trank der „maji-maji-Medizin" zu tun, sondern entsprang, im Vorfeld des Aufstandes, seiner persönlichen Begehrlichkeit und der Bedrohung seiner politischen Position durch die Missionare: Mit Enttäuschung hatte er den Verlust seiner Autorität bei seinen Untertanen registriert, die christliche Namen annahmen, Anstalten zur Bildung eines gemeinsamen Siedlungsverbandes trafen und von „Gott" anstelle von „*Mosoka*" sprachen.

Hinsichtlich des Faktors der Missionierung und ihres „Erfolges" bei den Eingeborenen wird man ein von Zeit, Ort und politischen Umständen je verschiedenes Verhältnis von „Treue" und Abfall bzw. „Kollaboration" und Widerstand konstatieren müssen, wobei der Missionseinfluss sich insgesamt mäßigend und in Richtung eine Kooperation mit dem Kolonialregime auswirkte. Die Gründe für die Anhänglichkeit der schwarzen Christen an die Mission sind leicht ersichtlich: ihre Befreiung aus einem autokratischen Stammesregiment (obgleich die Missionare mitunter kaum weniger paternalistisch als die Stammeshäuptlinge auftraten), die wirtschaftliche Besserstellung durch die Mission, die es ihnen erlaubte, leichter ihre Steuern zu zahlen, und die Landfriedenspolitik der Mission. In mehreren Fällen haben Aufständische gezögert, Missionsstationen anzugreifen, und in Einzelfällen sogar Missionare unbehelligt abziehen lassen. Im Allgemeinen bekämpften sie jedoch auch die Missionare, weil sie Europäer waren und alle Weißen „gleich seien, alle Freunde von Steuern und Baumwolle".[51]

Die Mission war daher zunächst nicht im Unrecht, wenn sie die „Verschwörungstheorie" deutscher Kolonialbeamter, Siedler und rechtsstehender Politiker ablehnte, die von der Prämisse einer religiös-kultischen Organisation und geheimbündnerischen Tätigkeit ausging und den Aufstand als eine explosive politische Erhebung des schwarzen Mannes gegen den vordringenden weißen Mann, der die alten Lebensformen zerstörte, interpretierte. Die Aufständischen vollzögen das gleiche, wie es in einem Memorandum der Benediktinermission hieß, „was Hermann der Cherusker gegen die Römer tat", und die Mission verglich die Erhebung sogar mit der nationalen Auflehnung der Tiroler 1809 und derjenigen der Deutschen gegen Napoleon in den Freiheitskriegen von 1813.[52] Selbst Gouverneur v.

---

[51] J. Iliffe, The Organisation of the Maji Maji Rebellion, Journal of African History 8 (1967), 499.

[52] Siehe H. Gründer, Christliche Mission und deutscher Imperialismus, 228.

Götzen maß der Erhebung den Charakter eines „nationalen Kampfes gegen die Fremdherrschaft“ bei.[53] Mit dieser Interpretation als nationale Unabhängigkeitsbewegung gegen den westlichen Kolonialismus nahmen Mission und Gouverneur eine Deutung vorweg, die heute das nationale Selbstverständnis der Tansanier bestimmt (Dok. 24).[54]

Dok. 24: Kolonialismus und afrikanischer Nationalismus – Der nachmalige Staatspräsident Julius K. Nyerere am 20. Dezember 1956 vor dem Treuhandschaftsrat der UNO

In meinem Gesuch um eine Anhörung sagte ich, dass ich gern über die Gegebenheiten in Tanganyika[1], besonders hinsichtlich verfassungsmäßiger Veränderungen, sprechen würde. [...] Wie Sie alle wissen, war unser Land einmal eine deutsche Kolonie. Die Deutschen begannen zuerst i. J. 1885, das Land zu besetzen. Fünfzehn Jahre lang, zwischen 1885 und 1900, kämpfte mein Volk verzweifelt mit Pfeil und Bogen, mit Speeren und Keulen, mit Messern und rostigen Flinten, um die Deutschen nicht hereinzulassen. Aber die Übermacht war auf der anderen Seite. 1905, in der berühmten Maji-Maji-Rebellion, versuchte es mein Volk ein letztes Mal, die Deutschen zu vertreiben. Wieder war die Übermacht auf der anderen Seite. Die Deutschen warfen mit – für sie charakteristischer – Unbarmherzigkeit die Rebellion nieder, indem sie schätzungsweise 120 000 Menschen niedermetzelten.

Es gab keine nationalistische Bewegung, keine nationalistischen Aufwiegler, keine Demagogen westlicher Prägung oder umstürzlerische Kommunisten, die im Land umhergingen und gegen die Deutschen Unruhe stifteten. Die Menschen kämpften, weil sie nicht an das Recht des weißen Mannes glaubten, die Schwarzen zu regieren und zu zivilisieren. Sie erhoben sich nicht aus Angst vor einer terroristischen Bewegung oder einem abergläubischen Eid in einer großen Rebellion[2], sondern einem natürlichen Ruf folgend, einem Ruf des Geistes, der im Herzen aller Menschen aller Zeiten, ob gebildet oder ungebildet, ertönt, gegen Fremdherrschaft zu rebellieren. Es ist wichtig, dessen eingedenk zu sein [...], um den Charakter einer Nationalbewegung wie der meinen[3] zu verstehen. Ihre Funktion besteht nicht darin, den Geist der Rebellion zu schaffen, sondern ihn zu artikulieren und ihm eine neue Ausdrucksweise zu verleihen.

Der Kampf gegen die Deutschen bewies unserem Volk die Aussichtslosigkeit des Versuchs, ihre Herren mit Gewalt zu vertreiben. Es blieb ihm keine Hoffnung. Dann kam das Mandat unter dem Völkerbund. Die Ideale des Mandatssystems, wie sie in Artikel 22 der Völkerbundssatzung[4] zum Ausdruck kamen, hätten unserem Volk neue Hoffnung geben können. Aber die Versprechen des Mandats wurden dem Volk nicht erläutert, und, mit Ausnahme der Amtsführung unter Sir Donald Cameron[5], verwalteten alle britischen Gouverneure das Land, als ob es eine britische Kolonie wäre, und beuteten die Angst, die die deutsche Herrschaft dem Volk eingeflößt hatte, aus. Die Furcht vor gewaltsamer Rebellion war jetzt noch größer, da Tanganyika ja das einzige ostafrikanische Land gewesen war, auf dessen Boden während des Ersten Weltkrieges lange und erbitterte Schlachten geschlagen worden waren.

53 Graf von Götzen, Deutsch-Ostafrika im Aufstand, Berlin 1909, 63.

54 Vgl. u.a. I. N. Kimambo – A. J. Temu (Hg.), A History of Tanzania, Nairobi 1969, 116ff., 189ff.

Nach dem Zweiten Weltkrieg kam das Treuhandsystem. Unter dem Mandatssystem wurde anerkannt, dass die Interessen der Ureinwohner Tanganyikas an erster Stelle standen, und Sir Donald Cameron hatte dies während seines Gouvernements im Überfluss deutlich gemacht. Aber der tanganyikanische Siedler, der an den Diskussionen, die zur Treuhand-Satzung führten, teilgenommen hatte, sorgte dafür, dass diese Vorrangigkeit der Eingeboreneninteressen keineswegs zu ihrem Charakteristikum wurde.

---

1 aus dem Hauptteil des ehemaligen Schutzgebietes Deutsch-Ostafrika hervorgegangen, seit 1920 britisches Mandatsgebiet, seit dem 9. Dezember 1961 souverän. Im April 1964 schlossen sich Tanganyika und Sansibar zur Vereinigten Republik von T. und S. zusammen, die sich später den Namen Tansania gab.

2 bezieht sich auf den Mau-Mau-Aufstand (1948 ff.), der Verschwörung einer Geheimorganisation der Bantu in Kenia zur gewaltsamen Vertreibung der Weißen aus der Kolonie

3 die von J. K. Nyerere 1954 begründete *Tanganyica African National Union* (TANU), der lange Zeit einzigen nationalen Partei Tansanias

4 In diesem Artikel hieß es u.a., daß das „Wohlergehen und die Entwicklung“ derjenigen Völker, „die noch nicht imstande sind, sich unter den besonders schwierigen Bedingungen der heutigen Welt selbst zu leiten [...], eine heilige Aufgabe der Zivilisation“ bilden.

5 1925-1931 Gouverneur von Tanganyika, bemühte sich um indirekte Herrschaftsformen und eine Modernisierung der Verwaltung

Quelle: Julius K. Nyerere, Freedom and Unity (Uhuru na Umoja). A Selection from Writings and Speeches. 1952-65, Oxford 1966, S. 40 f.

Wenn die Missionare allerdings davon ausgingen, dass sie nur „zufällig“ in die „Empörung“ gegen das weiße Herrschaftssystem verstrickt waren, so ließen sie doch ihr eigenes enges Bündnis mit den Kolonialeroberern und ihre geradezu zentrale Rolle als Zerstörer tradierter Lebens- und vor allem religiös-politischer Kult- und Denkformen außer Acht. Das Christentum musste für die Eingeborenen zwangsläufig einem Frontalangriff auf ihre Religion und ihre Sitten, ihre Lebens- und Arbeitsauffassung, ja die Sozialstruktur ihrer Gesellschaft schlechthin gleichkommen (Initiationsriten, Polygynie, Ahnenverehrung, Häuptlingsherrschaft usw.). Die Anordnungen zum Abbruch der „*mahoka*“-Hütte des Nkosi-Mputa, eines Ortes zur Verehrung des Ngoni-Ahnenglaubens, durch den Stationsoberen von Peramiho zu Beginn der Missionierung stand z.B. in direktem Zusammenhang mit der Zerstörung des Altars und der Niederbrennung dieser Station durch den Ngoni-Häuptling während des Aufstands.[55]

Sicherlich war die Erhebung primär kein „religiöser“ Aufruhr. Er wäre sehr wahrscheinlich auch ohne den Maji-Maji-Kult ausgebrochen, und er entzündete sich ja an konkreten Unterdrückungsmaßnahmen wie dem erzwungenen Baumwollanbau. Aber seine erhebliche Ausdehnung, mit der Überwindung der Stammesgrenzen oder vorangegangener enger Stammesbündnisse, seine Intensität und seine antikoloniale Ideologie sind undenkbar ohne die – allerdings erst *während* des Aufstandes politisierte – stammesübergreifende Adaption und Verwandlung

---

55 H. Gründer, Christliche Mission und deutscher Imperialismus, 229.

von älteren gemeinsamen oder ähnlichen Glaubens- und Kulttraditionen sowie von durch das drückende Kolonialsystem verstärkten millenaren Prophetien wie dem Koleo-Kult.[56] Das *„maji“*, Wasser aus dem Rufiji-Fluss, vermischt mit Mais und Hirse, das in Amalgamierung vorherrschender Bantu-Rituale über den Körper gegossen und als „Medizin“ eingenommen wurde und das gegen die Kugeln der Weißen unverletzbar machen sollte, diente als politisches Kommunikationsmittel und wurde zugleich zum Symbol der gegenseitigen Bindung und Einheit. Diese religiös-chiliastische Ideologie hatte politisch zunächst noch eine Restauration der tradierten religiösen Herrschaftsstruktur zum Inhalt – daher die Gefährdung der Missionare, weil sie durch den von ihnen initiierten, tief reichenden Kulturwandel die ideologische Spaltung des Volksganzen bewirkt und damit das Prestige und den sozialen Status der alten Führungsschichten und der mit ihnen aufs engste verbundenen, einflussreichen religiösen „Berater“ untergraben hatten. Doch dann schreckte die neue, „göttlich“ inspirierte Führerschaft (Propheten), die als „Heilsbringer“ „viel stärker charismatisch und revolutionär“ und damit ideologisch fanatischer war, selbst nicht davor zurück, unentschlossene, konservative legalistisch-bürokratische Autoritäten zu beseitigen.[57]

Dok. 25: Der Aufstand aus einheimischer Sicht – Der 84-jährige Laurenti Fusi Gama aus Likuju Fusi über Ursachen, Verlauf und Folgen des Aufstandes im Land der Ngoni, 17. Mai 1968

Maji Maji – Ursachen: (1) Die Leute waren in Schwierigkeiten. Als die deutschen Beamten kamen, nahmen sie die Ngoni-Häuptlinge gefangen und legten ihnen Holzblöcke an. Dann wurden sie nach Songea (Ruhuwiko) gebracht. Jeder Häuptling wurde gezwungen, mit seinen Leuten beim Bau der Boma [Regierungsgebäude] in Songea mitzuhelfen, und das für zwei Jahre, bis die Boma fertig gestellt war. Das war ungefähr 1897.
(2) Zur gleichen Zeit nahmen die deutschen Askari [unsere] Frauen und machten sie zu den ihren. Es war wie Sklaverei. Die Ngoni-Häuptlinge, die sich an ihre einstige Macht erinnerten, begriffen, dass sie nun wie Sklaven behandelt wurden.
(3) Ebenso machten die deutschen Kolonialbeamten es den Ngoni-Führern unmöglich, weiterhin die Yao[1] zu attackieren, um sie in ihr Reich zu integrieren; stattdessen setzten sie gewaltsam ihre Macht durch.
Ankunft des Maji: Leute, die Indern und Deutschen als Träger von Songea zur Küste dienten, hatten bemerkt, dass die Wangindo[2] die Boma in Liwale mit allen Europäern und den von ihnen beschäftigten Afrikanern angegriffen hatten. (Die Europäer wurden Wapulupute genannt, was soviel hieß wie Leute, die nicht wie Afrikaner waren.)

[56] Vgl. J. F. Safari, Grundlagen und Auswirkungen des Aufstandes von 1905. Kulturgeschichtliche Betrachtungen zu einer Heilserwartungsbewegung in Tansania, Phil. Diss. Köln 1972. – Dass das Christentum den geistigen Nährboden für den Aufstand bereit gestellt hätte (so J. F. Safari, 106), ist allerdings eine wenig gerechtfertigte Behauptung.

[57] Dazu T. O. Ranger, Connexions between Primary Resistance Movements and Modern Mass Nationalism in East & Central Africa, Journal of African History 9 (1968), 437-453, 631-641, bes. 447.

Dann erreichten Songea Nachrichten, dass an der Küste (in Kilwa) Krieg herrschte, der auf dem Maji beruhte, einer gegen Kugeln schützenden Medizin.
Diese Neuigkeiten über das Maji waren von einem Mann namens Kinjala überbracht worden, der zuerst das Königreich Chabrumas[3] erreichte. Er informierte Chabruma, dass das Maji sehr wirksam sei und bereits viele Europäer an der Küste getötet worden seien. Deshalb war Chabruma der Meinung, dass er ebenfalls durch den Gebrauch des Maji die deutschen Beamten auf seinem Gebiet davonjagen und wie früher herrschen könne. Er nahm deshalb das Wasser. Das Wasser wurde in einer Flasche überbracht.
Einnahme des Maji: Das Wasser aus der Flasche wurde über Hände, Rücken und Brust gegossen. Dann nahm man Hirsestrünke oder *mbalika* und flocht daraus ein Gebinde in Form einer Krone, die man auf dem Kopf trug.
Miiko oder verbotene Dinge: Nach Verwendung des Maji war es für die Männer nicht erlaubt, mit Frauen zu schlafen. Alle rotfarbenen Hühner und Ziegen mussten geschlachtet werden. [...]
Beginn des Maji Maji-Aufstandes: Der Krieg begann in Kikole, wo [der Araber] Rashid Masud residierte. Er wurde angegriffen, weil er sich weigerte, das Wasser anzunehmen und weil er auf Seiten der deutschen Beamten war. Die Ngoni-Krieger hatten bei diesem ersten Sturmangriff keinen Erfolg.
Dann versuchten sie es ein zweites Mal und stellten fest, dass das Maji nicht wirksam war, und viele Leute wurden getötet. Die Ngoni-Krieger zerstreuten sich. Rashids Askaris, die als „Warugaruga"[4] bekannt waren, besaßen Feuerwaffen und bekämpften die Ngoni an vielen Orten. [Deshalb] hielten es die Ngoni für notwendig, sich zu ergeben. Bevor sie aufgaben, kämpften die Ngoni-Krieger bei Peramiho, wo sie eine Missionsstation nieder brannten. Sie kämpften auch bei Liganga und Namabengo, jedoch ohne Erfolg.
Die Ngoni dachten deshalb, dass ihr Scheitern dadurch bedingt war, dass einige Krieger mit Frauen geschlafen hatten, und auch, dass sie von der Maji Maji-Medizin betrogen worden waren.
Daraufhin beschlossen die Ngoni zu kapitulieren. Sie nahmen Vieh und Ziegen und gingen damit nach Songea und beugten ihr Haupt vor den deutschen Beamten als Zeichen der Aufgabe. [...]
Nach dem Aufstand: Viele gingen nach Mosambik [...] Mputa[5] und andere Anführer seines Königreiches wurden gefangengenommen und zur Boma (Songea-Stadt) gebracht, wo sie eingekerkert wurden. Im Januar 1906 wurden sie gehängt. Bei der ersten Exekution im Januar wurde Mputa zusammen mit 43 anderen Anführern gehängt. Im Februar wurden weitere 15 gehängt. Im März wurden weitere 20 gehängt. Im April wurden weitere 17 zusammen mit [Häuptling] Songea [Mbano] gehängt.
Diejenigen, die nicht gehängt wurden, wurden nach Tanga gebracht, wo sie beim Bau der dort beginnenden Eisenbahnlinie eingesetzt wurden.
Der Hunger war weitverbreitet. Die deutschen Beamten schleppten alle Nahrungsmittel fort und setzten viele Häuser in Brand. Das geschah auch durch die Soldaten des Rashid bin Masud. Auch lagen die Felder während des Maji Maji[-Aufstandes] brach. Viele starben daher vor Hunger. Andere flohen nach Matengo, Nyasa, oder an die Küste. Viele lebten in den Wäldern und ernährten sich von Baumwurzeln und wilden Früchten.

1 Gruppe von Bantustämmen im Gebiet des heutigen Malawi, Tansania und Mosambik
2 Ethnie westlich der Matumbi-Berge, dem Ursprungsgebiet des Aufstandes
3 Oberhäuptling im Norden des Ngoni-Gebietes; Omari Kinjala war ein Ngindo
4 (Kisuaheli) afrikanische Hilfskrieger, die nicht von den Deutschen ausgebildet und entlohnt wurden, sondern von den einzelnen Stämmen bzw. Stammesführern; ursprünglich Leibwache der Häuptlinge
5 Oberhäuptling Mputa Gama im Süden des Ngoni-Gebietes

Quelle: Maji Maji Research Project 1968. Collected Papers, University College, Dar es Salaam, Departement of History, 1968, Nr. 6/68/3/3/1.

Die Folgen des Aufstandes in Deutsch-Ostafrika waren ähnlich verheerend wie diejenigen nach dem Herero-Nama-Aufstand. Man schätzt weit über 75 000 Tote, wobei z.B. einem Missionsbericht zufolge die Anzahl der Pangwa von etwa 30 000 auf 1 000-1 500 dezimiert und in Ungoni, im Zentralgebiet der Aufstandsbewegung, die Bevölkerung auf die Hälfte reduziert wurde. Die nach dem Aufstand teilweise konsequent fortgesetzte Domestizierungspolitik – durch Aushungerung und eine Politik der verbrannten Erde – hat die Folgen des Aufstandes noch vergrößert.[58] Sie hat etwa im Gebiet der Ngoni, als Antwort auf die fortgesetzte Guerillataktik dieses selbstbewussten und kriegerischen Stammes, zur Vernichtung aller Nahrungsmittel und Vorräte geführt. Der Hunger verursachte unter ihnen wahrscheinlich mehr Tote als der Krieg selbst (über 5 000 Ngoni). Über 25% der Eingeborenenfrauen sollen aufgrund der Entbehrungen unfruchtbar geworden sein.[59]

Auf deutscher Seite schienen die dicht aufeinander folgenden Aufstände in Südwestafrika und Ostafrika einen kolonialpolitischen Lernprozess in Gang gesetzt zu haben. Das reformistisch-utilitaristische Programm des neuen Kolonialstaatssekretärs Dernburg und die „Rekonstruktionspolitik" Frhr. v. Rechenbergs, Diplomat, Katholik und erster Zivilgouverneur Deutsch-Ostafrikas (1906 bis 1912), kündigten einen radikalen Kurswechsel und eine Aussöhnung mit den Afrikanern an. Rechenbergs Beobachtung, dass eine Plantagenwirtschaft Arbeiter benötigte, was notwendigerweise zu Zwangsmethoden und damit zu Konflikten wie in Kamerun führen musste, während Handelskolonien nach dem Vorbild Togos verhältnismäßig ruhig blieben, bestimmte sein Vorhaben, Ostafrika zu einem entwickelten „Negerland unter deutscher Flagge" zu machen und die indigene *cash crop*-Produktion zu fördern. Er wollte keine Siedlungs- oder Plantagenkolonie, sondern ein „Land für Kaufleute, indische Händler und eingeborene Kulturen".

Zunächst hob Rechenberg daher das von der Kolonialverwaltung dekretierte System des Anbaus von Exportkulturen (Baumwolle) auf, in dem er eine Hauptursache des Aufstandes gesehen hatte. Die nahezu unbezahlte Zwangsarbeit auf

58 G. C. K. Gwassa und J. Iliffe setzen die Zahl der Toten insgesamt bei ca. 250 000 bis 300 000 an, was nach ihnen einem Drittel der Gesamtbevölkerung Deutsch-Ostafrikas vor dem Aufstand entsprechen würde (A Modern History of Tanganyika, Cambridge 1979, 199f.).
59 Ebd.

den Dorfschamben wurde abgeschafft, und die Schamben gingen in die alleinige Regie der einheimischen Oberschicht über. Auch das generelle Aufbringen der Kopf- und Hüttensteuer durch Zwangsarbeit wurde aufgehoben. Ein Landgesetz von 1907 verbot den weiteren Verkauf von Grund und Boden, der bereits von Schwarzen besetzt war, an weiße Siedler. Im Gefolge der Dernburgschen Reformpolitik suchte Rechenberg die diskriminierende Prügelstrafe einzugrenzen, zumindest ihre Anwendung gesetzlich festzulegen. Tatsächlich gingen die Prügel- und Rutenstrafen von 6 322 im Jahre 1905/06 auf 3 746 im Jahre 1908/09 zurück, bevor sie allerdings wieder stiegen und 1912/13 die Zahl 8 057 erreichten.[60]

Wie Dernburg lehnte es Rechenberg ab, die Zuwanderung von Indern in die Kolonie zu begrenzen (1900 3500, 1914 9000), weil sie den innerafrikanischen Handel förderten, was wiederum den Steuereinnahmen zugute kam. Da die Träger des Handels im Landesinnern fast ausschließlich Inder waren – sie hatten die Araber schon vor der deutschen Herrschaft weitgehend aus deren wirtschaftlicher Führungsstellung verdrängt und dominierten im Klein- und Zwischenhandel –, richteten sich seine Bestrebungen auf den Abbau der Handelsschwierigkeiten für diese Schicht, die gleichzeitig Arbeitskräfte und Motivationen innerhalb der afrikanischen Bevölkerung mobilisierte und als Bindeglied zwischen europäischem Handel und afrikanischen Produzenten und Konsumenten unentbehrlich war. Während der Gouverneur sie bei der Neustrukturierung der Verwaltung 1909/10 ins aktive und passive Wahlrecht für die Bezirksräte mit einbeziehen wollte, sahen die deutschen Siedler und Kaufleute in den genügsamen und agilen Indern eine ernsthafte Bedrohung („Juden Ostafrikas“). Erbittert reagierte das Organ der Siedler und Pflanzer in Ostafrika, die „Usambara-Post“, mit der Bemerkung, dass der „neuere Kurs“ darauf hinauslaufe, „Deutsch-Ostafrika zu einer Beamten-, Neger- und Inderkolonie zu machen, wo selbst der deutsche Ansiedler nichts zu suchen“ habe.[61] Im Reichstag attackierten die Sprecher der afrikanischen Siedler wie Eduard v. Liebert, Johannes Semler, Hermann Paasche und Otto Arendt die „negerfreundliche“ und „siedlerfeindliche“ Politik Dernburgs und Rechenbergs; dieser Kritik schloss sich die DKG in Versammlungen und durch Broschüren an.

Rechenberg war sich bewusst, dass seine Konzeption einer neutralen Verwaltung in einer multi-nationalen kolonialen Gesellschaft nur durch eine rigorose Verwaltungsreform durchgesetzt werden konnte. 1909 hob er daher die lokalen Selbstverwaltungsorgane, die 1901 gegründeten Kommunalverbände (mit Ausnahme der Stadträte von Tanga und Daressalam) auf, in denen die Europäer bislang auf Bezirksebene über die Verwendung von 50% der Hütten- und 20% der Gewerbesteuer verfügen und auf diese Weise auf Kosten der afrikanischen Bevölkerung fiskalische Mittel zu ihrem alleinigen Nutzen verbrauchen konnten. Die seinerzeit bestimmte Beteiligung der farbigen Bevölkerungsgruppe an diesen Kommunalverbänden, die der rassistisch-radikalkonservative Gouverneur v. Liebert unter dem

60 F. F. Müller, Kolonien unter der Peitsche. Eine Dokumentation, Berlin (O) 1962, Dok. Nr. 49.

61 Zitiert von E. v. Liebert am 18.3.1908 im Reichstag (Sten. Ber. 231, 4068).

Druck der Kolonialregierung zugelassen hatte, war schon von seinem „progressiveren" Nachfolger Götzen beseitigt worden. Rechenbergs weitgehende Vorstellungen von einem Repräsentationsorgan der schwarzen Bevölkerung oder eines Frauenwahlrechts scheiterten jedoch am Einspruch der Reichsbürokratie.[62]

Auf halbem Wege blieb auch die Förderung der afrikanischen Produktion stecken, obgleich ihr Aufschwung einen durchaus beachtlichen Anteil an der agrarischen Exportproduktion ausmachte (46% der Gesamtausfuhr).[63] Besonders hoch war ihr Anteil bei Baumwolle und Erdnüssen. Einheimische Farmer waren im Küstengebiet für den größten Teil des Kopra-Exports der Kolonie verantwortlich. Beim Kaffee, der von der Mission eingeführt worden war und der bis 1906 vorwiegend von deutschen Pflanzern angebaut wurde, holten die Afrikaner auf und erreichten einen 40-50%igen Anteil. Beim Kautschuk wurden sie allerdings, wenn auch erst 1913, von den europäischen Plantagen überflügelt. Allein bei der 1893 aus Florida eingeführten Sisalagave, die bald ein Drittel des Exports der Kolonie ausmachte, waren die Afrikaner nur zu einem geringen Maße beteiligt. Die Sisal-Agaven-Gesellschaft zahlte 1912 und 1913 25% Dividende. Heute gehört Sisal allerdings neben anderen, von den Deutschen eingeführten bzw. angebauten Pflanzen zu den wichtigsten Ausfuhrgütern Tansanias. Mit der wachsenden einheimischen Exportproduktion entwickelte sich neben den arabischen und indischen Händlern gleichzeitig eine afrikanische Händlerschicht, die die Produkte aus dem Inland zur Küste transportierte. Schließlich hat Rechenberg durch eine Reihe landwirtschaftlicher Versuchsstationen (Amani-Institut) und wissenschaftlicher Einrichtungen zum ökonomischen Fortschritt und zur Entwicklung der Kolonie beigetragen. Diese „Entwicklung" ging weitgehend zu Lasten des Kolonialstaates; denn auch in Deutsch-Ostafrika blieb die Handelsbilanz passiv: einer Ausfuhr von 35 Mill. Mark im Jahre 1913 stand eine Einfuhr von 53 Mill. Mark im selben Jahr gegenüber. Von den afrikanischen Kolonien Deutschlands erhielt Deutsch-Ostafrika nach Südwestafrika die höchsten Reichszuschüsse (122 Mill. Mark).

Rechenberg vermochte auch den wachsenden Zustrom weißer Siedler nicht zu verhindern. Hatte die Zahl der europäischen Pflanzer und Ansiedler 1905 erst 180 betragen, so stieg sie bis 1913 auf 882 (bei einer weißen Bevölkerung von 5 336). Namentlich am Kilimandscharo, wo fast ein Viertel der europäischen Bevölkerung lebte und das wirtschaftliche Hauptzentrum der Kolonie lag, waren die wirtschaftlichen und sozialen Verhältnisse zunehmend einem Wandlungsprozess unterworfen. Nach 1906 hatte überdies ein umfangreicher deutscher Plantagenbau eingesetzt, zu dem 1913 ein Gesamtareal von 542 124 ha gehörte, von dem allerdings nur 106 292 ha bebaut waren. Da Rechenberg diese Entwicklung nicht aufhalten konnte und auch die Unterstützung Dernburgs verlor – gegen seinen Willen bestimmte der Kolonialstaatssekretär, dass die Mehrheit der Gouverne-

---

62 Vgl. D. Bald, Deutsch-Ostafrika 1900-1914. Eine Studie über Verwaltung, Interessengruppen und wirtschaftliche Erschließung, München 1970, bes. 35-115.

63 Zur europäischen und afrikanischen Produktion vgl. R. Tetzlaff, Koloniale Entwicklung, 117-192, hier: 177; D. Bald, Deutsch-Ostafrika, 144-160.

mentsratsmitglieder aus Nicht-Beamten gebildet werden sollte –, ganz zu schweigen von dessen siedlerfreundlichem Nachfolger v. Lindequist (1910-1911), wurde aus der Kolonie zunehmend „ein Land des weißen Mannes“. Die 1914 im Arusch-Gebiet fertig gestellte Vermessung ergab z.B., dass ein Europäer durchschnittlich 74,5 ha Land bewirtschaften konnte, ein Afrikaner 0,85 ha; das war ein Verhältnis von 90 : 1.[64] Jedoch wurden die Dschagga durch die Landabgaben nicht proletarisiert (J. Iliffe). 1914 war in Deutsch-Ostafrika weniger als 1 Prozent des Bodens in europäischem Besitz.[65]

Allerdings zielte das rassenideologisch untermauerte Programm der Siedler darauf ab, durch Enteignung und Verhinderung von Bodenerwerb sowohl die „Arbeiterfrage“ zu lösen als auch gleichzeitig die seit 1906 im Wachsen begriffene Marktproduktion der Eingeborenen (Kaffee, Sisal, Kautschuk, Baumwolle, Erdnüsse, Sesam, Reis und Produkte der Viehhaltung) zurückzudrängen und die schwarzen Plantagenarbeiter, wie es ihnen vorschwebte, als billiges Produktionsmittel dem Status der Hörigen des frühen 19. Jahrhunderts in Deutschland anzugleichen.[66] Zumindest für weite Regionen des Kilimandscharo-Gebietes haben sie eine Umwandlung der Acker bebauenden und Vieh treibenden Schwarzen in Lohnarbeiter erreicht. 1913 waren beispielsweise am Kilimandscharo von 96 834 Dschagga 18 609 arbeitsfähige Männer; davon arbeiteten 10 589 auf europäischen Plantagen, 3 176 auf Missionsstationen, 400 als Beschäftigte des Bezirksamtes Moschi, 1282 als Gefolgsleute der Häuptlinge und 3 020 als Handwerker, Händler und Beschäftigte bei Indern sowie als nicht bei Fremden Tätige.[67]

Die unmittelbaren Folgen dieser Entwicklung waren auch in Deutsch-Ostafrika Enteignung, Arbeitszwang[68] und Misshandlung der Eingeborenen auf den Plantagen. Die Mortalitätsrate auf privaten Plantagen lag bei mindestens 7-10%, auf einzelnen Pflanzungen wie der Prinz-Albrecht-Plantage erreichte sie 26% und betrug nach den Angaben eines in Deutsch-Ostafrika tätigen Arztes sogar „oft über 50 v. H.“.[69] Da der indirekte Zwang durch die Steuern (3-6 Rupien) längst nicht die „Arbeiterfrage“ löste, wurden Arbeiter im „Zwangswege“ gestellt, während im Innern der Kolonie sogenannte Arbeiteranwerber geradezu offen Menschenraub

64 R. Tetzlaff, Koloniale Entwicklung, 108.

65 J. Iliffe, A Modern History of Tanganyika, 144f.

66 Zur Rassenideologie der Siedler vgl. v. a. D. Bald, Deutsch-Ostafrika, 128-130 u. passim; R. Tetzlaff, Koloniale Entwicklung, 97ff. u. passim.

67 R. Tetzlaff, Koloniale Entwicklung, 250; zur Landpolitik in Deutsch-Ostafrika im Allgemeinen und der Ansiedlung von Buren, Russen, Palästina-Deutschen usw. im Besonderen vgl. J. Koponen, Development for Exploitation. German colonial policies in Mainland Tanzania, 1884-1914, Helsinki/Hamburg ^{2}1995; P. Söldenwagner, Spaces of Negotiation. European Settlement and Settlers in German East Africa 1900-1914, München 2006.

68 Eine besonders wirkungsvolle Form des Arbeitszwanges stellte das – später formal von Gouverneur Schnee verbotene – sogenannte Wilhelmstal-System dar. Diesem Arbeitskartensystem („*cheti*“) zufolge hatte jeder Schwarze nachweislich 90 Tage im Jahr in einem privaten Betrieb oder für die Verwaltung abzuarbeiten.

69 R. Tetzlaff, Koloniale Entwicklung, 253.

Abb. 20: Missionsschule in Wuga (März 1914)

betrieben und ihre „Ware“ gegen ein vorher festgelegtes Kopfgeld an der Küste ablieferten.

1913 beschrieb der Weiße Vater van der Burgt mit handfestem Material, das Erzberger im Reichstag aufgreifen konnte, in einem Aufsehen erregenden Bericht in der liberalen „Kolonialen Rundschau“ die durch die Rekrutierung von Zehntausenden von Saison- und Wanderarbeitern („Kontraktarbeiter“) entvölkerten Dörfer und verwüsteten Felder in Unyamwesi und Ussukuma.[70] Er wies auf die verheerenden Folgen für die Familien- und Gesundheitsverhältnisse in den verlassenen Gegenden hin und geißelte die betrügerischen und brutalen Methoden konzessionierter Arbeiteranwerber und die rigorosen Praktiken gewinnsüchtiger Häuptlinge – „ein moderner Sklavenhandel“, wie es selbst in dem unveröffentlichten Manuskript zum regierungsoffiziellen Jahresbericht von Deutsch-Ostafrika für 1910/11 hieß.[71] So wie früher das Trägerwesen diese Landschaften entvölkert hat-

[70] Zur Entvölkerungsfrage Unjamwesis und Usumbwas, Koloniale Rundschau 5 (1913), 705-728, 6 (1914), 24-27; Sten. Ber. 294, bes. 7911ff. (Erzberger).

[71] H. Gründer, Christliche Mission und deutscher Imperialismus, 238.

te, sorgten jetzt Plantagenarbeit, Eisenbahnbau und Kautschukgewinnung für den freiwilligen oder erzwungenen Abzug der männlichen Bevölkerung, mit der Folge, dass z.B. in der Landschaft Ussumbwa die Einwohnerzahl in zwanzig Jahren von 12 000 auf 5 000 dezimiert wurde.

Mit der administrativen Erschließung der Kolonie und ihrer kommerziellen Inwertsetzung nach dem Aufstand trat indessen auch eine politisch-soziale Wende ein, die nicht nur auf einzelne Regionen des Landes beschränkt blieb. Denn nunmehr standen im gesamten Kolonialgebiet einer durch die radikale Veränderung der traditionellen sozialen und wirtschaftlichen Verhältnisse desorientierten, vor allem jugendlichen Bevölkerung zunehmend „positiv sanktionierte Rollen" im Bereich der Verwaltung, der Wirtschaft, in Einrichtungen der Infrastruktur und Landmelioration und nicht zuletzt im Bereich der Mission zur Verfügung. Die Erkenntnis, dass eine Realbildung zu den materiellen Voraussetzungen des Vorwärtskommens gehörte, bot einer nach einem Ausweg suchenden, nicht von der traditionellen Machtteilhabe profitierenden Elite („*new men*") die Chance der „Anpassung" und des „Aufstiegs" in der sich formierenden kolonialen Gesellschaft: Bildung stellte den Schlüssel zum wirtschaftlichen und sozialen Erfolg in der „kolonialen Situation" dar. Dieser geistige Umbruch umfasste vor allem die jüngere Generation, die aus den alten Stammesbindungen ausbrach und sich europäischen Wertmustern und Verhaltensnormen anzupassen suchte. Die Übernahme von Bildung sowie die Annahme des Christentums schienen so „beinahe als die Revolte einer ganzen Generation gegen die Alten" (J. Iliffe).[72]

Indikator dieses politisch-sozialen Wandlungsprozesses war in Ostafrika wie in allen anderen Kolonien das Schulwesen, das fast ausschließlich in den Händen der Mission lag. Es trug nicht nur erheblich dazu bei, dass das Kultur- und Wirtschaftsgefälle zwischen der seit Jahrhunderten von Arabern, Indern und Europäern erschlossenen Küste und dem unberührten Hinterland sich nicht zu sehr vergrößerte, sondern war auch Teil jener nach 1906 einsetzenden „Bildungsrevolution", die wesentliche Voraussetzungen des modernen Tansania schuf (u.a. das Kisuaheli als intertribales Idiom und afrikanische Amtssprache). Kurz vor Ausbruch des Ersten Weltkrieges besuchten in Deutsch-Ostafrika insgesamt 61 815 Schüler die katholischen, 46 730 Schüler die protestantischen Missionsschulen, gegenüber 6 200 Schülern in den Regierungsschulen, d.h., dass bei einer Bevölkerungszahl von 7 642 200 im Jahre 1913 ca. 1,5% der Bevölkerung eine Schule besuchte. Diese absolut gesehen bescheidenen, im relativen Vergleich zu den Jahren vor 1905 und im direkten Vergleich etwa zu den Nachbargebieten jedoch bemerkenswerten Zahlen – dem deutschen Schulwesen stand zum damaligen Zeitpunkt nichts Vergleichbares in Kenia, Uganda oder Nyasaland gegenüber[73] – symbolisieren einen Prozess, der unmittelbar nach dem Maji-Maji-Aufstand einsetzte und dessen Entwicklung über die deutsche

[72] J. Iliffe, The Age of Improvement and Differentiation (1907-1945), in: I. N. Kimambo – A. J. Temu (Hg.), A History of Tanganyika, 128.

[73] Vgl. übergreifend I. T. Krause, „Koloniale Schuldlüge"? Die Schulpolitik in den afrikanischen Kolonien Deutschlands und Britanniens im Vergleich, Hamburg 2007.

Kolonialzeit hinausreichte. Die Anfänge des modernen Tansania liegen daher wenigstens ebenso in der Herausforderung der Prinzipien der Häuptlingsautorität durch die vom Christentum mobilisierten „Untertanen" wie in der Aufstandsbewegung von 1905/06, die eher den Bruch mit der Vergangenheit besiegelte.

Einzig in Deutsch-Ostafrika haben schließlich die deutschen Kolonialtruppen mit ihren Askari den Engländern einen lang anhaltenden Widerstand leisten können, der sich mit dem Namen ihrs Kommandeurs Paul v. Lettow-Vorbeck verbindet.[74] Bei Kriegsausbruch war es Lettow-Vorbecks Ziel, größere Teile der gegnerischen Truppen in Ostafrika zu binden, um deren Einsatz auf dem europäischen Kontinent zu verhindern. Aus militärisch bedingter Notwendigkeit schuf er gleichzeitig die erste rassisch integrierte Armee moderner Kolonialkriege. In den beiden größten Gefechten des Krieges in Ostafrika (Tanga 1914, Mahiwa 1917) brachte er den Gegnern schwere Niederlagen bei, und trotz zunehmender feindlicher Übermacht vermochte er sich mit seiner fast völlig von der Außenwelt abgeschnittenen Schutztruppe (Stärke im März 1916: 15 107 Mann) bis zum Kriegsende zu halten. Nach Beginn der englischen Gegenoffensive unter General Jan Smuts im Frühjahr 1916 war er indes gezwungen, sich aus dem Norden der Kolonie zurückzuziehen und schließlich im November 1917 nach Portugiesisch-Ostafrika auszuweichen. Von dort marschierte er nach Norden, durch den Süden Deutsch-Ostafrikas nach Rhodesien. Am 25.11.1918 ergab er sich mit dem Rest seiner Truppe den Engländern in der Nähe des Städtchens Abercorn, südlich des Tanganjikasees. England erhielt auch den größten Teil des ehemaligen Deutsch-Ostafrika als B-Mandat des Völkerbundes (fortan Tanganyika). Ruanda und Urundi wurden Belgien zugesprochen, während das Kionga-Dreieck im Süden des Rovuma unter portugiesische Mandatsverwaltung kam.

5. Die pazifischen Kolonien

Die deutschen Schutzgebiete im pazifischen Raum wurden seinerzeit nach der landläufigen topographischen Einteilung in die westlich gelegenen mikronesischen und melanesischen Inseln „Deutsch-Neuguineas" und das zur östlichen polynesischen Inselwelt gehörende „Deutsch-Samoa" eingeteilt. Im Einzelnen umfasst *„Deutsch-Neuguinea"* dabei das melanesische Festlandsgebiet Kaiser-Wilhelmsland auf Neuguinea und den vorgelagerten Bismarck-Archipel, die Inseln Bougainville und Buka der Salomonen sowie die mikronesischen Eilande der Karolinen-, Marianen- (außer Guam) und Palau-Inseln, und schließlich die Marshall-Inseln mit

[74] Bio- und bibliographische Angaben bei H. Gründer, P. v. Lettow-Vorbeck, in: Neue Deutsche Biographie, Bd. 14, München 1985, 358f.; dazu E. Michels, „Der Held von Deutsch-Ostafrika". Paul von Lettow-Vorbeck. Ein preußischer Kolonialoffizier, Paderborn 2008; zum Krieg in Deutsch-Ostafrika die aspektreiche Studie von M. Pesek, Das Ende eines Kolonialreiches. Ostafrika im Ersten Weltkrieg, Frankfurt a. M. 2010.

der Insel Nauru. Alle diese Landfragmente machten insgesamt ein Gebiet von knapp 240 000 km^2 aus, von dem Kaiser-Wilhelmsland allein 185 650 km^2 umfasste. Die Zahl der eingeborenen Bewohner all dieser Inseln wurde 1911 auf ca. 600 000 geschätzt.[75]

Bei der Übernahme der Verwaltung Deutsch-Neuguineas durch das Deutsche Reich 1899 war die administrative Einteilung in zwei Hauptgebiete – das Festland und den Archipel – beibehalten worden. Die bei weitem größere wirtschaftliche Bedeutung des letzteren dokumentierte auch die Verlegung der Verwaltungszentrale nach Herbertshöhe (Kokopo), während ein Bezirksamt in Madang (Friedrich-Wilhelmshafen) für die Verwaltungsbelange auf dem Festland zuständig blieb. Seit März 1899 unterstand Deutsch-Neuguinea einem Gouverneur, dem 1903 ein Gouvernementsrat, zusammengesetzt aus Beamten, Vertretern der Wirtschaftsunternehmen und Missionaren, zur Seite trat. Die zunächst selbständig gebliebenen Marshall-Inseln wurden 1906 in die Verwaltung Deutsch-Neuguineas integriert und von einem Bezirkshauptmann verwaltet. Ein Netz von Bezirksämtern und Regierungsstationen überzog bis 1914 die weiträumige Inselwelt.

Der Aufbau einer effizienten Verwaltung sowie die Entwicklung Deutsch-Neuguineas überhaupt sind eng mit dem Namen seines langjährigen Gouverneurs Dr. Albert Hahl verbunden. Von November 1902 bis Juni 1914 stand er an der Spitze der Kolonie.

Der in Gern (Niederbayern) geborene Jurist Dr. Albert Hahl (1868 bis 1945) hatte bereits von 1896 bis 1898 als kaiserlicher Richter im Bismarck-Archipel amtiert und von 1899 bis 1901 als Vize-Gouverneur mit Sitz auf Ponape (Karolinen) den drei Bezirksämtern der Karolinen-, Marianen- und Palau-Inseln vorgestanden, bevor er am 20.11.1902 seine Ernennung zum Gouverneur von Deutsch-Neuguinea erhielt. Als er 1914 nach Deutschland zurückkehrte, gehörte er zu den Gouverneuren mit der längsten kolonialen Erfahrung. Nach seiner Pensionierung 1918 übernahm er die nach dem Verlust der Kolonien eher formale Position eines Direktors der Neuguinea-Kompanie. Er gehörte zu den aktiven Vertretern des Kolonialrevisionismus in der Weimarer Republik und im Dritten Reich, ohne sich jedoch der NSDAP anzuschließen.

Die Karriere dieses fähigen Kolonialbeamten begann mit seiner Tätigkeit als Kaiserlicher Richter auf der Gazelle-Halbinsel, gleichzeitig als Verwaltungsbeamter dem Landeshauptmann in Stephansort formal verantwortlich. In diesen Jahren schuf Hahl die Grundlagen eines Verwaltungssystems, das bis 1914 auf die gesamte Kolonie übertragen werden sollte. Ausgangspunkt seiner Maßnahmen war die verfahrene Situation, in die die Neuguinea-Kompanie mit ihrem Desin-

[75] Vgl. J. A. Moses, The German Empire in Melanesia 1884-1914. A German Self-Analysis, in: The History of Melanesia, Canberra-Port Moresby 1969, 45-75, hier: 45; M. Jacobs, German New Guinea, in: Encyclopaedia of Papua and New Guinea, Melbourne University Press 1972, 485-498 (beide Aufsätze auch für das Folgende); wichtigstes Nachschlagewerk für die gesamte „deutsche Südsee“: H. J. Hiery (Hg.), Die Deutsche Südsee 1884-1914. Ein Handbuch, Paderborn ^{2}2002.

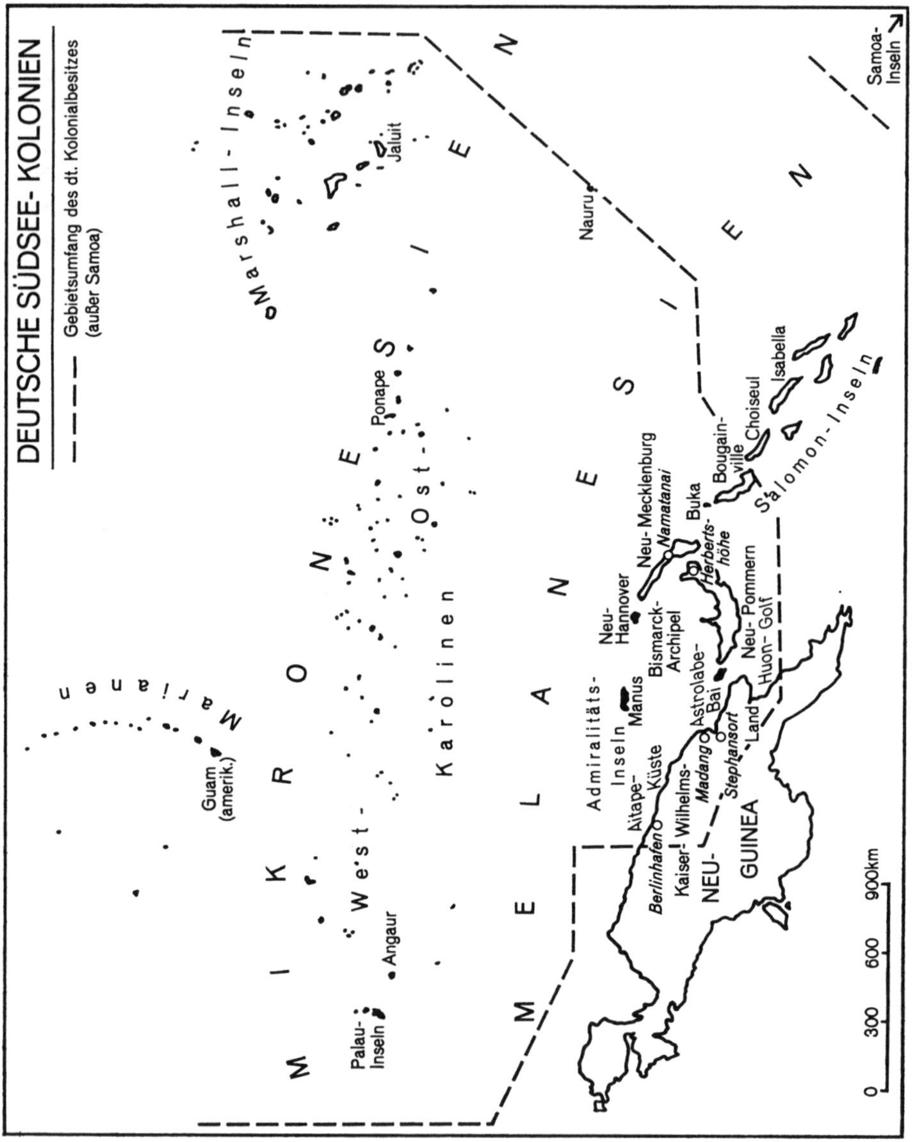

DEUTSCHE SÜDSEE-KOLONIEN
Gebietsumfang des dt. Kolonialbesitzes (außer Samoa)
MIKRONESIEN
MELANESIEN
Marianen
Guam (amerik.)
Palau-Inseln
Angaur
West-Karolinen
Ost-Karolinen
Ponape
Marshall-Inseln
Jaluit
Nauru
Admiralitäts-Inseln
Manus
Neu-Hannover
Bismarck-Archipel
Neu-Mecklenburg
Namatanai
Neu-Pommern
Herbertshöhe
Buka
Bougainville
Choiseul
Isabella
Salomon-Inseln
Samoa-Inseln
Aitape
Berlinhafen
Kaiser-Wilhelms-Küste
Madang
Stephansort
Astrolabe-Bai
Huon-Golf
Land
NEU-GUINEA
0 300 600 900km

Abb. 21: Albert Hahl mit einheimischer Frau (Tolai) und Kind

teresse an einer administrativen Erschließung der Kolonie, der rücksichtslosen Landpolitik und ihren rüden Arbeiterrekrutierungsmaßnahmen das gesamte Kolonialgebiet gebracht hatte und die zu den ständigen Erhebungen der eingeborenen Bevölkerung erheblich beitrug. Hahls Eintreten für die Belange der einheimischen Bevölkerung entsprang sicherlich auch einem wohlwollenden Interesse für die Ureinwohner, resultierte jedoch vor allem aus der ökonomisch motivierten Erkenntnis, dass, sollte das koloniale Engagement Deutschlands in diesem entlegenen Gebiet nicht ein nutzloses Unterfangen bleiben, der Eingeborene als Produzent und Arbeiter von Anfang an für den materiellen Fortschritt der Kolonie unabdingbar war. Primär aus dieser Einsicht entschloss sich Hahl zu einer konstruktiven Eingeborenenpolitik. Sie bestand erstens aus einer Einbeziehung der neuen Untertanen in die Verwaltung; zweitens aus Vorkehrungen zum Schutz der indigenen Landbesitzrechte; und drittens aus Maßnahmen, die die Eingeborenen enger in das wachsende Wirtschaftssystem der Kolonie integrieren sollten. Alle drei Komplexe, bei derer Durchsetzung Hahl der Verwaltung die Initiative zumaß, waren eng miteinander verbunden und zielten darauf ab, das Vertrauen der Einheimischen zu gewinnen. So hatte er sich bei seiner Ankunft zu der auf der Gazelle-Halbinsel vorherrschenden Ethnie der Tolai begeben, um ihre Sprache und Sitten kennenzulernen, wie er überhaupt durch ständige Reisen und

Visitationen den Kontakt zu den verschiedenen Volksgruppen seines weiten Amtsbereiches zu verbessern suchte.[76]

Die erste und bekannteste seiner Maßregeln im Zusammenhang mit den Verwaltungsmaßnahmen war die Ernennung von „farbigen Ortsvorstehern", sogenannten Luluais, die für „Ruhe und Ordnung" in ihren Dörfern zu sorgen hatten und die ein verbindendes und damit zugleich stabilisierendes Glied zwischen deutscher Verwaltung und einheimischer Gemeinschaft darstellten.[77] Sie waren für die wichtigsten Verwaltungsaufgaben und kleinere Rechtsstreitigkeiten verantwortlich, die in Übereinstimmung mit den traditionellen Gebräuchen zu regeln waren, während Landfragen und Ehesachen den „Gerichtstagen" Hahls vorbehalten blieben. Trotz der einmütigen Kritik der Europäer an dieser Form von eingeborener „Mitverwaltung" erwies sich das System direkter Herrschaft durch die Luluais – bedingt vergleichbar den Jumben afrikanischer Kolonien – als gleicher Weise effektiv für die innere Stabilisierung der Kolonie und die Erschließung des Inlandes. So verlangte Hahl den Bau von Straßen, wozu die Luluais bestimmte Quoten unbezahlter Arbeit abzustellen hatten. Sie erhielten andererseits gewisse Privilegien wie eine 10%ige Beteiligung an der 1906/07 eingeführten und von ihnen einzusammelnden Kopfsteuer. Als direkte Mandatsträger der Regierung dienten sie gleichzeitig der Paralysierung des Einflusses der traditionellen Sippenoberhäupter und der Integration der eingeborenen Bevölkerung in das koloniale Wirtschaftssystem. Sie wurden daher zunehmend zu unteren Verwaltungsfunktionären, die dem nächsten Stationsbeamten in jeder Beziehung verantwortlich waren. Um ihren möglichen Unzulänglichkeiten zu begegnen, gab ihnen Hahl später Assistenten bei, gewöhnlich aus dem Polizeidienst in ihre Dörfer zurückkehrende Söldner, die unter dem Namen „Tultuls" bekannt wurden. Da mit der Ausbreitung des Luluai-Systems die Ernennung in zunehmendem Maße zwangsmäßig geschah, blieben Konflikte zwischen den lokalen Dorfgemeinschaften und ihren „Regierungsortsvorstehern" allerdings nicht aus. Bis 1900 hatte Hahl 44 dieser neuen „Beamten" auf der Gazelle-Halbinsel (Neu-Pommern) und auf Neu-Lauenburg ernannt, den einzigen Gebieten, in denen man bis zur Jahrhundertwende von Ansätzen einer administrativen Erschließung sprechen konnte.

Eine wertvolle Hilfe bei der Durchsetzung eines Verwaltungssystems leisteten Hahl ferner die seit Jahrzehnten etablierten Missionen. Im gesamten Südsee-Raum sind sie noch vor den Händlern zu den wichtigsten und mächtigsten Vorläufern und Trägern der europäischen Penetration geworden. Sie haben nicht nur das Vertrauen in die weißen Kolonialherren gefördert und ihrer Landnahme vorgearbeitet, sondern die sicherlich größte Revolution in den Lebensgewohnheiten und Wertvorstellungen der Südseebewohner verursacht. Im Hinblick etwa auf die Pazifikation Deutsch-Neuguineas dürfte ihre Rolle entscheidender gewesen sein als die der

---

[76] Vgl. P. Biskup, Dr. Albert Hahl – Sketch of a German Colonial Official, Australian Journal of Politics and History 14 (1968), 342-357.

[77] E. Wolff-Posen, Der „farbige Ortsvorsteher" im Schutzgebiet Deutsch-Neuguinea, Zeitschrift für Kolonialpolitik, Kolonialrecht und Kolonialwirtschaft 6 (1904), 850-858.

Abb. 22: Einheimischer Ortsvorsteher („Luluai") mit Amtsmütze und Amtsstab als Autoritätskennzeichen im Kreis seiner Familie

Neuguinea-Kompanie. Auf der Gazelle-Halbinsel waren es wesleyanische Methodisten und französische Herz-Jesu-Missionare, die durch religiöse Unterweisung und Schulen erheblichen Einfluss gewonnen hatten, so dass sich die Kolonialregierung 1890 sogar gezwungen sah, den heftig konkurrierenden Missionen getrennte Missionsgebiete zuzuweisen. Das vehemente Vordringen der seit 1896 in Deutschland zugelassenen katholischen Herz-Jesu-Mission (Hiltruper Missionare) brachte jedoch schon 1899 die Aufhebung dieser nicht realisierbaren Eingrenzung des Missionsgebietes. Die katholische Mission baute auch die erste Straße auf der Gazelle-Halbinsel, und sie stand hinter den von Hahl Ende der 1890er Jahre unternommenen Antisklavereizügen gegen einzelne Dorfschaften an der Nordküste, deren Opfer die rückständigeren und wehrlosen Baining im Landesinneren waren. Das „Baining-Massaker" von 1904, die Ermordung von 10 Missionaren und Missionsschwestern der gleichen Mission durch eine Gruppe von Baining, geht andererseits auf ihre z.T. rigide koloniale, auf planmäßige Lebens- und Arbeitsweise gerichtete Missions- und Zivilisationsstrategie zurück[78].

Später als Gouverneur hat Hahl die Ausdehnung wirksamer Verwaltungskontrolle darüber hinaus durch ein System von Regierungsstationen an strategisch wichtigen Punkten der Kolonie ergänzt, die im Zusammenhang mit dem Luluai-System die brutalen Strafexpeditionen seines Vorgängers Rudolf v. Bennigsen (1899 bis 1902), Sohn des nationalliberalen Politikers und Oberpräsidenten, unnötig machen sollten. Dass sich dagegen die Polizeiaktionen in Deutsch-Neuguinea unter dem Hahlschen Regiment vermindert hätten, wird man allerdings nicht behaupten können. Auch war es für Hahl selbstverständlich, dass „Gewalt mit Gewalt" begegnet werden musste. Aber seine Pazifikationspolitik war doch in der Regel von der Aufnahme friedlicher Kontakte und von dem Bemühen um eine „politische" Lösung und eine Begrenzung von kriegerischen Konflikten begleitet. Sicher ist es in Einzelfällen zu gewalttätigen, selten jedoch wirklich kriegerisch zu nennenden Protesten gekommen, wobei Land„verkauf", Steuererhebung und der zwangsweise Einzug zum Straßenbau, seit 1903 für alle arbeitsfähigen Männer vier Wochen im Jahr Pflicht, die Hauptursachen waren. Im Allgemeinen hat die Bevölkerung der deutschen pazifischen Kolonien die Gegenwart der Weißen aber akzeptiert und sich auf deren Forderungen flexibel eingestellt.[79]

In der Landpolitik ist es Hahls Absicht schon als Kaiserlicher Richter gewesen, in Zukunft jegliche Veräußerung von Eingeborenenland ohne Einverständnis der Verwaltung unmöglich zu machen. Diese Intention erwies sich jedoch infolge Berliner Vorstellungen und der Pflanzeropposition als undurchführbar. Er forderte daher zunächst die Pflanzer auf, das zur Bebauung vorgesehene Land exakter zu bestimmen, um die Besitztitel in Grundbüchern festzuhalten. Als einen persönlichen Erfolg für ihn wird man es immerhin werten müssen, dass er vereinzelt Pflanzer zur Aufgabe dubioser Landtitel oder zur Annahme eines Ersatzes an anderer Stelle zu bewegen vermochte. Auf diese Weise konnten eine Reihe von „Reservaten" aus dem bereits an Europäer verkauften Land wieder heraus gelöst werden.

Nach 1899 lag das Recht, unbewohntes Gebiet in Besitz zu nehmen oder Land von den Einheimischen zu kaufen, ausschließlich in den Händen des Gouvernements. Beim Weiterverkauf achtete die Verwaltung sorgfältig darauf, dass keine Eingeborenenrechte verletzt und die geltenden Bestimmungen für den Kauf von Land, das von Einheimischen bewohnt oder genutzt wurde, eingehalten wurden.

---

78 Dazu H. Gründer, „...diese menschenfressenden und niedrigstehenden Völker in ein vollständig neues Volk umwandeln" – Papua-Neuguinea – eine letzte christliche Utopie, in: Historische Anstöße. Fs. W. Reinhard, hg. v P. Burschel u.a., Berlin 2002, 393-410.

79 Dazu grundlegend P. J. Hempenstall, Pacific Islanders under German Rule: a study in the meaning of colonial resistance, Canberra-Norwalk, Conn., 1978. – Dort auch (73-118) eine vorzügliche Analyse des Ponape-Konflikts (1910/11), der wohl größten Auseinandersetzung des deutschen Kolonialstaates mit den Eingeborenen im pazifischen Raum, die zum Einsatz von Marinetruppen zwang und mit mehreren Todesurteilen und der Deportation von 426 Ponapesen endete. – Inzwischen ergänzend Hermann Joseph Hiery, Das Deutsche Reich in der Südsee (1900-1921). Eine Annäherung an die Erfahrungen verschiedener Kulturen, Göttingen 1995.

Das Verfahren, die Besitztitel prüfen zu lassen und reservierte Bezirke für die Eingeborenen zu schaffen, für das Hahl vor 1899 von einer freiwilligen Zustimmung der Pflanzer abhängig war, erhielt 1903 Gesetzeskraft. Das reservierte Eingeborenenland bemaß sich dabei auf 1 ha pro Dorfbewohner. Zwischen 1903 und 1914 sind über 5 740 ha aus der an Europäer verkauften Landmasse wieder zur Siedlung und Bebauung an die Neuguineer zurückgegeben worden. Außerdem existierten 1914 70 Reservate im Umfang von 13 115 ha in Deutsch-Neuguinea.[80] Das Problem der Landfrage in Neuguinea lag allerdings in den alten Besitztiteln der Neuguinea-Kompanie oder den unter ihrer Verwaltung ausgegebenen Besitzrechten. Obwohl dieses Land, hauptsächlich auf der Gazelle-Halbinsel und bei Madang gelegen, später z.T. in die Grundbücher eingetragen wurde, unterblieb eine exakte Vermessung und Überprüfung, inwiefern die Besitztitel Eingeborenenrechten entgegenstanden. Hier wurden wegen des unrechtmäßigen Vorgehens oder ungeklärter Rechtsverhältnisse spätere (Land-)Konflikte grundgelegt.[81]

Zwischen 1900 und 1909 bestand indessen keine sonderliche Nachfrage nach Land, und selbst mit dem Zustrom neuer Siedler nach 1909 vergrößerte sich der Bedarf nicht übermäßig. Im Archipel, wo die meisten Plantagen lagen, wuchs das Pflanzungsland von 67 672 ha im Jahre 1905 auf 108 000 ha im Jahre 1913. Zu diesem Zeitpunkt umfasste das gesamte (registrierte) Plantagenland der Kolonie 180 000 ha, von denen nur 29 290 in Nutzung waren.

Auch im Hinblick auf die Plantagenarbeit der Eingeborenen suchte Hahl die größten Härten und Missbräuche abzustellen. Die 1901 und 1909 ergänzten Arbeiterverordnungen enthielten genaue Bestimmungen hinsichtlich der Rekrutierung von Arbeitern, der Höhe des Lohnes, der Dauer der Arbeit und der medizinischen Fürsorge.

Die Realität sah allerdings, schon infolge des riesigen Rekrutierungsgebietes im Archipel, zumeist anders aus. Während der Gouverneur bereit war, eine Rekrutierungsquote von 10% der jungen Männer eines Dorfes zu akzeptieren, lag der Anteil bei ihrer „Werbung“ in den hauptsächlichen Rekrutierungsgebieten wie Neu-Mecklenburg, der Gazelle-Halbinsel und an der Küste von Bougainville weit darüber. In dem Hauptrekrutierungsgebiet Neu-Mecklenburg haben z.B. 1914 ca. 70% der erwachsenen männlichen Bevölkerung gelegentlich auf europäischen Plantagen gearbeitet. Der ständige Arbeitermangel und der Einfluss der großen Plantagengesellschaften in Berlin verhinderten es, dass Hahl das Rekrutierungsmonopol der Neuguinea-Kompanie auf dem Festland und das Recht der DHPG, im Archipel Arbeiter für Samoa zu rekrutieren, eingrenzen konnte. Den Versuch, die weibliche Zwangsarbeit für das gesamte Schutzgebiet zu verbieten, musste er auf den nördlichen Teil Neu-Mecklenburgs und auf Neu-Hannover beschränken. Zwar gelang es, die Mortalitätsrate zu senken, aber die Prügelstrafe führte unver-

80 P. J. Hempenstall, Pacific Islanders, 144.

81 Vgl. im einzelnen P. Sack, Land Between Two Laws: Early European Land Acquisitions in New Guinea, Canberra 1973.

meidlich zu Auswüchsen, wenngleich formal die Disziplinarerlaubnis auf Beamte und einige Laienbrüder der Mission beschränkt wurde (1900, 1907). Die Wiederaufnahme der Anwerbung von Arbeitern in China und Südostasien, die die Neuguinea-Kompanie Anfang der 1890er Jahre versucht hatte und die Hahl bevorzugt hätte, stand 1914 vor einem erneuten Anlauf. Die seit 1906 eingeführte Kopfsteuer von 5 Mark bzw. 10 Mark (1910), die u.a. mehr Eingeborene in die europäischen Plantagen zwingen sollte, hat dagegen im Endeffekt mehr dazu beigetragen, dass die Eingeborenen ihre Kokosnuß-Plantagen vermehrten, als dass sie das Arbeiterproblem löste.

Zu Hahls direkten Maßnahmen, die die Eingeborenen verstärkt in das koloniale Wirtschaftssystem integrieren sollten, gehörte ihre Ermunterung zum Anbau von *cash crops*. Zwar hatten z.B. die Tolai bei Hahls Ankunft schon von sich aus Kokosnüsse für den Markt angepflanzt. Aber erst unter seiner Anleitung legten sie die erste „Eingeborenenplantage" an. Später gingen sie dann nach seinen Aufforderungen zur Anlage von Pflanzungen nach europäischem Muster über. Die Existenz eines Aufnahme bereiten Marktes für ihre Erzeugnisse, in erster Linie Kokosnüsse, kam allerdings seinen Plänen entgegen. Ohnedies erwiesen sich die Tolai als die großen Profiteure der „kolonialen Situation". Eine Auseinandersetzung der Kolonialmacht mit ihnen hatte 1893 mehr oder weniger mit einem Kompromiss geendet: die Tolai hatten erkannt, dass sie die Weißen nicht mehr vertreiben konnten, dass sie im Gegenteil bei einer Fortsetzung ihrer Opposition ihre dominierende Stellung als Zwischenhändler europäischer Handelsgüter und Waffen und als Lieferanten für die Versorgung der importierten Plantagenarbeiter verlieren würden, während auf der anderen Seite den Deutschen die Demonstration dieser Erkenntnis bei den Tolai nützlicher erschien als ein totaler Sieg. Die Tolai produzierten schließlich 1914 80% der eingeborenen Kopra-Produktion im Archipel und über 15% der Kopra-Exporte der Kolonie (1914 stammte fast die Hälfte des Kopra-Exports der Kolonie aus der Eingeborenenproduktion).[82] Über sie liefen mehr als ein Drittel der gesamten Konsumgüterimporte. Allein 1913 kauften sie für 240 000 Mark Kleider und Textilien. Einige Häuptlinge verdienten bis zu 300 Mark im Monat, und die Sparguthaben einzelner sollen weit über 10 000 Mark betragen haben.[83]

Demgegenüber gehörten z.B. die Volksgruppen um Madang auf dem Festland zu den Verlierern des kolonialen Prozesses. Zwar hatte auch ihnen 1904 die Niederschlagung einer Revolte die Aussichtslosigkeit aktiven Widerstandes offenkundig gemacht. Aber als eines der Hauptopfer der hemmungslosen Landpolitik der Neuguinea-Kompanie, an die sie den größten Teil ihres Landes verkauft hatten, war ihnen die Möglichkeit genommen, wie die Tolai auf der Gazelle-Halbinsel an dem wirtschaftlichen Aufschwung in der kolonialen Situation zu partizipieren. Sie verharrten jahrelang in passiver Renitenz und entzogen sich der Integration in die europäische Wirtschaft. Dass sie dennoch auf die materiellen Güter der Europäer

[82] P. J. Hempenstall, Pacific Islanders, 134.
[83] Ebd., 143.

und deren Fähigkeiten nicht verzichten wollten, demonstriert der bei ihnen mit der Revolte entstandene „*Cargo*“-Kult, in dem zwar die Hoffnung auf eine Rückkehr der eigenen Götter und der Vertreibung der Weißen durch sie lebte, die Götter ihnen aber die Annehmlichkeiten des europäischen „*way of life*“ und die Fähigkeiten der Weißen belassen bzw. übertragen sollten.

Schließlich hat Hahl noch zwei Bereichen seine besondere Aufmerksamkeit gewidmet, dem Ausbau des medizinischen und des erzieherischen Systems. 1913 waren über ein Fünftel der in der Kolonie beschäftigten Beamten Ärzte oder qualifizierte medizinische Assistenten, so dass jede Station mit einem Doktor versorgt werden konnte. Auch die großen Firmen und vor allem die Missionen beschäftigten Ärzte und Krankenhelfer. Weiter entfernte Dörfer wurden durch regelmäßige medizinische Patrouillen versorgt und Maßnahmen zur Hygieneverbesserung ergriffen. 1909 existierten drei Regierungs- und zwei Missionshospitäler. In den Hospitälern in Rabaul und Namatanai erhielten junge Eingeborene rudimentäre medizinische Kenntnisse. Nach wenigen Monate Ausbildung wurden sie als quasi medizinische Luluais („Heiltultuls“) in ihre Dörfer zurückgeschickt.

Gleicherweise wandte Hahl seine Aufmerksamkeit der schulischen Erziehung zu, die wie üblich fast gänzlich in den Händen der Mission lag. Er suchte die Missionen durch Vergabe von Subsidien zu einem sechsjährigen Grundschulsystem zu veranlassen, in dem mindestens 12 Wochenstunden der Unterweisung außerhalb des Religionsunterrichtes vorbehalten sein sollten. Als Unterrichtssprache diente die Muttersprache und später das Deutsche, das jedoch nie das gebräuchliche Pidgin-Englisch (*Tok Pisin*) zu verdrängen vermochte. 1914 gab es etwa 600 Grundschulen (einschließlich der 192 methodistischen Sonntagsschulen), sechs Handwerker- und eine Dolmetscherschule, zu denen 21 602 Schüler gingen. Nur 484 von ihnen besuchten die zwei Regierungsschulen, deren erste 1900 in Saipan, die zweite 1907 in Rabaul eingerichtet wurde. Die Scholarisationsquote lag mit 3,2% sogar noch über den meisten afrikanischen Kolonien mit Ausnahme von Deutsch-Südwest.

Die Politik Hahls, die zunehmend günstige Wirkungen zeitigte, vor allem jedoch wirtschaftliche Faktoren wie das Reifwerden der Palmen bei gleichzeitig steigenden Koprapreisen auf dem Weltmarkt sowie verbesserte Verbindungen nach Europa haben dann seit 1907/08 das Schutzgebiet Deutsch-Neuguinea allmählich aus dem Schatten der anderen Kolonien Deutschlands heraus treten lassen. Zwischen 1908 und 1914 zeichnete sich ein stetiger Aufschwung ab, der Wert der Exporte stieg von 1,7 Mill. Mark (1908) auf über 8 Mill. Mark an.[84] Dabei blieb Kopra der Hauptexportartikel der Kolonie, in weitem Abstand gefolgt von Kautschuk und Guttapercha, während die Inseln Nauru und Angaur (Palau-Gruppe) ansehnliche Mengen von Phosphaten (1913 300 000 t) produzierten. Bis auf 3 000 ha war die Anbaufläche von 29 290 ha den Kokospalmen vorbehalten. Alle Versuche des Gouvernements und der Neuguinea-Kompanie, eine Diversifikation der Kolonialprodukte zu erreichen, scheiterten schon an den guten Preisen für diesen Artikel

[84] Die Export-Import-Zahlen bei A. Hahl, Deutsch-Neuguinea, Berlin 1942, 88f.

auf dem Weltmarkt. Auch deshalb wandte man sich wohl erst in den letzten Jahren der deutschen Kolonialzeit der Entdeckung und dem Abbau von Bodenschätzen zu. Die Hauptgoldlager wurden allerdings nach der deutschen Kolonialzeit aufgefunden, während die Entdeckung von Ölquellen an der Grenze zu den niederländischen Kolonien, die mehr Interesse an Deutsch-Neuguinea in Berlin erweckte als alle Meldungen zuvor, für eine Erschließung zu spät kam.

Dok. 26: „… seine Bedürfnisse ausnutzen und allmählich steigern" – Otto Dempwolff, Arzt der Neuguinea-Kompanie, über die „Erziehung der Papua zu Arbeitern", 1898

Aus allem Gesagten resumire ich: Der Papua ist ein geborener Bodenbebauer, wie geschaffen zum Plantagenarbeiter, kräftig und durch Auslese und Vererbung angepasst dem Klima Neu-Guineas, friedlich und in gewissem Sinne auch fleissig und strebsam. Er arbeitet für sich selbst nur „der Not gehorchend, nicht dem eigenen Trieb", er hat nicht die Einsicht, dass er für seine unsichere Zukunft vorausarbeiten, nicht Überlegung, dass er durch Erwerb zu behaglichem Lebensgenuss kommen könnte. Durch die Berührung mit dem Weissen wird er weder verdorben noch dezimiert (zumal Spirituosen und Waffenabgabe gesetzlich verboten [sind]); aber die Kluft zwischen beiden Rassen ist zu gross, als dass der Papua dem Europäer nachahmen wollte. Er wird auch für den Europäer nichts arbeiten, um an dessen Kulturbestreben teilzunehmen, auch nicht aus irgendwelchen ideellen oder materiellen Motiven der Reflexion, sondern nur *aus Bedürfniss, aus Gewohnheit, aus Zwang.* […]
Das ist der Kernpunkt der ganzen Frage: anstatt dass der Eingeborene froh ist, die Kulturprodukte des Europäers für seine Arbeitsleistung erkaufen zu können, oder allenfalls für sein bisschen Feld- und Kunstprodukte einzutauschen, statt dessen zeigt der Weisse mitsamt den importierten Farbigen [gemeint sind chinesische, malaiische, javanische und melanesische Arbeiter] ein Verlangen nach allen Viktualien und Raritäten jener, als ob er ohne sie nicht leben könnte, und überfüttert die Tamul [Papua-Ethnie an der Astrolabe Bay] dafür mit seinen Waren. Die Folge davon ist denn auch eine unvernünftige Preissteigerung derart, dass eine Kokosnuss in Friedrich-Wilhelmshafen eine halbe Stange Tradetabak, in Stephansort deren zwei kostet (etwa 3 1/4 resp. 13 Pf. Wert), dass für Bogen und Pfeile im Tausch Messer hingegeben werden, dass für geflochtene Schilde aus Krakar mehrere Beile von den schlau gemachten Tamul verlangt sind. Das ist ein verkehrtes Verhältniss, unwürdig für den Europäer; *ein wirthschaftliches Paradoxon, dass nicht der Wilde, sondern der Weisse ökonomische Bedürfnisse zeigt, und sich so in gewissem Sinne als der wirthschaftlich schwächere dokumentiert.*
An diese Wurzel müsste die Hand gelegt werden, wenn man den Papua zur Arbeit erziehen will, von seinen Produkten muss man die Stationen möglichst emanzipieren, umgekehrt aber seine Bedürfnisse ausnutzen und allmählich zu steigern suchen. […]
Diesen schon jetzt vorhandenen Konsum wird man alsdann zu erweitern haben. Es lässt sich an verschiedenes anknüpfen. Der Papua schläft nachts am offenen Feuer, weil er friert. Er bedeckt sich mit Baumbaststoffen und ist begierig auf die leeren Reissäcke, die er etwa eintauschen kann. Kleider und Wolldecken sind zu teuere Artikel, aber ein dicht und kraus gewebter, billiger bunter Baumwollenstoff wird sich eher einbürgern lassen, als die dünnen „Lavalavas", mit denen sich die Melanesen bekleiden. Der Tamul hat unser Feuerzeug längst schätzen gelernt, er würde auch Lampen

als Beleuchtungsmittel acceptieren und Petroleum konsumieren – improvisieren doch die Melanesen sich aus Arzneiflaschen und Baumwollfäden ihre Nachtlampen [...] Auch Löffel, Essgeschirre und Hausgerät könnte[n] dem Papua lieb gemacht werden.
Endlich glaube ich, dass es auch gelingen würde, den Wettbewerb anzuregen und den Ehrgeiz bei einzelnen anzustacheln. Denn auch unter den Papua giebt es Begabtere, welche etwas von der Denkweise der Europäer besitzen und sich besser dünken als ihresgleichen: solche Leute unter den Jabim [Papua-Ethnie am Huon-Golf] sind die rechte Hand der Anwerber, die Aufseher ihrer Genossen auf den Pflanzungen, sie wären auch geeignet zu Vorarbeitern, quasi zu Unternehmern in Akkordarbeit. Diese herausfinden, emporziehen, ihren Erwerbsinn, ihren Ehrgeiz anfeuern, sie als Häuptlinge zu proklamieren und ihnen bei ihren Landleuten Respekt verschaffen: Das wäre der letzte Schritt, um übergehen zu können zu dem oben angedeuteten System der Holländer: *Ausnutzung der europäischen Herrschaft durch wirksame, verantwortliche Mittelpersonen (Häuptlinge) auf die in kleinen politischen Gebilden organisierten Eingeborenen zwecks Abgaben und Frohnarbeiten [sic] als Entgelt für Schutz und Verwaltung.*
[...]
Ich habe unterlassen, von der Berechtigung der Weissen, die Papua als Arbeiter „auszunutzen" zu sprechen. Es ist mir selbstverständlich, dass der Europäer, der allein es versteht, die Schätze der tropischen Wildnis zu heben und zu verwerten, auch das Recht hat, die Eingeborenen zu diesem der Gesamtheit nutzbringenden Geschäft heranzuziehen, und dass er dabei als die höhere Rasse die Herrschaft usurpiert, selbst mit seiner Intelligenz schafft und die niederen Rassen zur Verwertung ihrer Körperkraft veranlasst.
Ich will nur noch zwei andere Anschauungen hier berühren. Es wird in der Presse häufig von der Kulturmission der Europäer gesprochen, dass die Hauptaufgabe der Kolonisation sei, Humanität und Civilisation unter niederen Völkern zu verbreiten. Dem gegenüber ist zu erwidern, dass – ganz abgesehen von den Gesetzen, die auch den Eingeborenen schützen – es nur ein Gebot der Klugheit ist, das Menschenmaterial „human" zu behandeln, und dass Civilisation nicht durch Lehre und Beispiel, sondern durch Arbeit und Wettbewerb verbreitet wird.

Quelle: Dr. Otto Dempwolff, Die Erziehung der Papuas zu Arbeitern, Koloniales Jahrbuch, Bd. XI (1898), 6, 9 f., 11 f., 13 f.

Das wirtschaftlich dominante Unternehmen im Schutzgebiet blieb die Neuguinea-Kompanie. Aufgrund der Einsicht, dass eine Verbindung von Verwaltung und ökonomischer Ausbeutung die Kräfte einer Kolonialgesellschaft überstieg, und nach Übernahme der administrativen Verantwortlichkeit für Deutsch-Neuguinea durch das Reich 1899 konnte sich die Gesellschaft ausschließlich der wirtschaftlichen Seite ihrer pazifischen Unternehmungen zuwenden. Trotz der ständigen Hiobsbotschaften aus der Kolonie wegen des teilweise unwirtschaftlichen Landes, des unverträglichen Klimas sowie wegen des Arbeiterproblems und des Verlustes von Schiffen durch Taifune, hatte v. Hansemann seinen Traum eines „zweiten Java", in dem sich Tabak, Baumwolle, Kaffee und Kakao anbauen ließen, nicht aufgegeben. Um neue Plantagen anzulegen, begründete er sogar 1891 eine weitere Gesellschaft, die Astrolabe-Kompanie, die sich auf den Tabakanbau in der Nähe der Astrolabe-Bai spezialisierte. Sie wurde jedoch zu einem Misserfolg und musste sich 1896 mit der Muttergesellschaft zusammenschließen. Vor allem hatte sich die Rekrutierung von Chinesen aus Singapur und Javaner aus Holländisch-Ostindien als ein Fehlschlag erwiesen. „*In their haste to exploit the cheap labour of the East ... the Germans themselves were being exploited by labour recruiters in Surabaya and Singapore, who supplied them with regular contingents of sickly unemployables instead of strong, skilled labourers*" (S. G. Firth).[85] Die Arbeiterfrage blieb das Hauptproblem der Gesellschaft wie der gesamten kolonialwirtschaftlichen Tätigkeit in der Kolonie.

Obgleich der Tabakanbau bis zu Hansemanns Tod 1903 nicht gänzlich aufgegeben wurde, begann die Neuguinea-Kompanie seit Ende der neunziger Jahre mit der Anpflanzung von Kokosnuss-Plantagen bei Berlinhafen und auf der Gazelle-Halbinsel sowie dem Tauschhandel mit Kokosnüssen aus der Eingeborenenproduktion. Ihr Plantagengebiet erweiterte sie nach 1900 um das Neunfache. Die Erschließung von neuen Arbeiterrekrutierungsgebieten (sie bezahlte 6 Mark monatlich bei einer Laufzeit der Arbeitsverträge von drei Jahren) und der indirekte Zwang für die Eingeborenen, zur Aufbringung der Kopfsteuer Arbeit zu suchen, trugen neben einem besseren Management zu einer zunehmend erfolgreicheren Tätigkeit der Gesellschaft bei. Bei Kriegsausbruch gehörte ihr beinahe die Hälfte des von den Europäern erworbenen Bodens, und über ein Drittel der deutschen Pflanzer und Händler stand in ihren Diensten. 1913 konnte sie erstmals eine Dividende (5%) auswerfen, und die weiteren Aussichten (mit dem Reifwerden der Palmen) ließen sie 1914 ihr Kapital auf 11 Mill. Mark erhöhen. Sie war damit die größte Plantagengesellschaft in den deutschen Kolonien. Einen Weg, die Interessen der Eingeborenen mit ihren wirtschaftlichen Unternehmungen zu verbinden, hat die Gesellschaft dagegen nie gefunden. Die Einheimischen blieben für sie Teil der natürlichen Ressourcen des Landes, die es mit einem möglichst geringen Kostenaufwand auszubeuten galt.

Nach der Neuguinea-Kompanie gehörten die Hamburger Firmen Hernsheim & Co., die vornehmlich im Handel tätig war (1912/13 10,6% Dividende), sowie die Hamburgische Südsee-Aktiengesellschaft (Hasag), die aus den ausgedehnten Besitzungen der ersten Pflanzungsunternehmen in der Blanche-Bai der Emma Kolbe („*Queen Emma*") hervorging[86], zu den größeren Unternehmen. Die Jaluit-Gesellschaft machte ihre großen Geschäfte auf den mikronesischen Atollen (Marshall-Inseln, Nauru). Durch den Aufkauf anderer, ausländischer Firmen besaß sie in diesem Bereich nahezu ein Preis- und Marktmonopol. Kollaborationswillige Häuptlinge – in der mikronesischen Gesellschaft war im Gegensatz zur melanesischen Inselwelt das Häuptlingswort Gesetz – partizipierten an ihren Geschäften

---

85 The New Guinea Company, 1885-1899: a case of unprofitable imperialism, Historical Studies 15 (1972), 373.

86 „Queen Emma", Halbsamoanerin, reiche Unternehmerin und gesellschaftlicher Mittelpunkt der deutschen kolonialen Gesellschaft in Herbertshöhe, war in einer ihrer vier europäisch-legalen Ehen mit dem deutschen Pflanzer Paul Kolbe verheiratet (vgl. R. W. Robson, Queen Emma. The Samoan-American Girl..., QLD/Australia 1994).

durch ein Drittel der Kopra-Taxe und gelegentliche Fahrten auf deutschen Kreuzern. Die Jaluit-Gesellschaft, die u. a. mit Billigung des Reiches den Abbau der reichen Phosphatvorkommen auf Nauru gegen eine 10%ige Gewinnbeteiligung an die britische Pacific Phosphate Company übertragen hatte, zahlte denn auch die reichsten Dividenden, die je an deutsche Investoren im Pazifik ausgegeben wurden (1913 84%). Eine Reihe kleiner Firmen einschließlich der Außenposten der DHPG, unter ihnen britische und französische, sowie die Unternehmungen der Mission vervollständigten die Zahl der Plantagen- und Handelsunternehmen. Gerade die etablierten kleineren Unternehmen und die Missionen haben große Gewinne in der Südsee erzielt.

Die Missionen gehörten zum Teil auch zu den größten Landbesitzern der Kolonie. Die Steyler Mission, die auf dem Festland ihre Tätigkeit ausübte, hatte durch ausgedehnte Landkäufe entlang der Küste mehr Plantagen unter Kokospalmen stehen als die Neuguinea-Kompanie in diesem Gebiet. Die Herz-Jesu-Mission bewirtschaftete 32 000 acres auf der Gazelle-Halbinsel und im übrigen Archipel, zumeist Kokospalmen. Auch für die übrigen Missionsgesellschaften gehörte eine intensive Plantagenbautätigkeit zu den willkommenen Möglichkeiten einer Selbstfinanzierung.

Durch die Einführung eines allgemeinen 10%igen Wertzolls auf eingeführte Waren 1908 und den Ausfuhrzoll von 10 Mark pro t Kopra profitierte schließlich auch das Gouvernement von der wachsenden Prosperität der Kolonie. Die eigenen Einnahmen kletterten von 381 900 Mark (1908) auf veranschlagte 2 095 810 Mark im Budget für 1914. Die Einnahme aus der Kopfsteuer machte in diesem Rahmen 301 550 Mark aus. Hinzu kam nun ein steigendes Interesse des Reichs an der Kolonie. Hatte der Reichstag zwischen 1900 und 1909 insgesamt 9 452 928 Mark an Subsidien für Deutsch-Neuguinea bewilligt, von denen die 4 Mill. Mark Entschädigung für die Neuguinea-Kompanie abgezogen wurden, so hat die Kolonialregierung mit den 5 738 421 Mark für die fünf Jahre von 1910-1914 mehr an Unterstützung gewährt als für die gesamten zehn vorangegangenen Jahre.

Dagegen konnte von einer wirklichen administrativen Kontrolle des Schutzgebietes nur im Hinblick auf die Gazelle-Halbinsel und den nördlichen Teil von Neu-Mecklenburg die Rede sein. Trotz einer Serie von geographischen, anthropologischen und ethnologischen Expeditionen nach 1907, ausgerüstet von deutschen Museen und kolonialen und wissenschaftlichen Gesellschaften, die das steigende Interesse des Mutterlandes an der bis dahin stiefmütterlich behandelten Kolonie ebenfalls dokumentierten, standen das übrige Neu-Mecklenburg sowie weite Teile Neu-Pommerns, Bougainvilles und des Festlandes allenfalls unter nomineller Verwaltung. Bei Kriegsbeginn waren die Bezirke am Huon-Golf das einzige Gebiet auf dem Festland, in dem die Kontrolle stellenweise weiter als 50 km landeinwärts reichte. Die Admiralitätsinseln mit Manus, wo erst 1909 Luluais eingesetzt wurden, waren bis 1911 das Ziel jährlicher Strafexpeditionen. Auch das Festland blieb ein Gebiet ständiger kleinerer Konflikte. An der Aitapeküste im Norden des Festlandes übte die Verwaltung seit 1911 zwar eine formelle Kontrolle aus, war jedoch nicht in der Lage, in diesem Gebiet wie in großen Teilen Deutsch-Neuguineas die Kopfsteuer einzuführen.

Kleinere Siedler, die namentlich von Gouverneur Hahl zur Ausbalancierung des Einflusses der größeren Gesellschaften und zur Stärkung des Deutschtums in der Kolonie favorisiert wurden, kamen nur in geringer Zahl nach Deutsch-Neuguinea. Erst der Kopra-Boom und die Ermunterung durch die offizielle Politik zogen nach 1908 eine kleine Zahl an. Neben der Entfernung der Kolonie und dem Klima erwiesen sich insbesondere das von den Landgesetzen geforderte Anfangskapital von 20 000 Mark pro 100 ha (Land kostete bis 1914 5 Mark/ha bei Übernahme der Verwaltungskosten und des Preises an die eingeborenen Besitzer) sowie die Bestimmungen, innerhalb eines Jahres mit der Rodung des Bodens zu beginnen und nach 15 Jahren drei Viertel des Landes bebaut zu haben, als Hindernis für die kleinen Siedler. Hahl bot daher Landstücke um 100 ha für 1 Mark pro ha ohne weitere Kosten solchen Siedlern an, die sich bereits zwei Jahre in der Kolonie aufhielten oder Erfahrungen in tropischer Landwirtschaft andernorts gesammelt hatten. Auf diese Weise hatte er bis 1914 über hundert Siedler hauptsächlich in Neu-Mecklenburg, an der Baining-Küste von Neu-Pommern und an der Festlandküste westlich von Madang ansässig machen können. Zu diesem Zeitpunkt war die weiße Bevölkerung von 301 (1901) auf 1 137 angestiegen, die meisten Missionare, gefolgt von Pflanzern, Händlern und Regierungsbeamten. Hinzu kamen 1 377 Chinesen und 163 Malaien. Einige der Chinesen hatte Hahl an der spärlich bevölkerten Südküste Neu-Mecklenburgs angesiedelt. Überwiegend waren sie jedoch als Händler und Handwerker tätig.

Nicht nur, was den völligen Ausfall Deutsch-Neuguineas als erhofftes Siedlerland für deutsche Auswanderer anbetraf, auch hinsichtlich anderer Bereiche wie etwa der Arbeiterfrage gestalteten sich die Probleme der Kolonisierung in dem östlichen Schwerpunkt des pazifischen Kolonialbesitzes Deutschlands, in „*Deutsch-Samoa*“, durchaus ähnlich. Vor allem jedoch hing in diesem politisch und kulturell höher entwickelten Annex des deutschen Kolonialreiches die Entwicklung noch stärker als in Neuguinea von der Persönlichkeit des obersten Verwaltungsbeamten in der Kolonie ab. Es sollte sich als ein ausgesprochener Glücksgriff erweisen, dass die Wahl der Reichsregierung auf die Person des vorherigen Präsidenten der Munizipalität, Wilhelm Solf, fiel. Denn unter den Bedingungen der Zeit und den Möglichkeiten eines deutschen Kolonialbeamten konnte man sich – wie es der australische Historiker John A. Moses formuliert hat – kaum einen besseren Gouverneur für West-Samoa vorstellen.[87] Dass diese Sicht auch von den Betroffenen selbst geteilt wurde, belegt eine Botschaft des samoanischen Volkes aus dem Jahre 1923, als Solf knapp einem Erdbeben-Unglück in Yokohama entgangen war. Sie

[87] The Solf Regime in Western Samoa – Ideal and Reality, The New Zealand Journal of History 6 (1972), 42-56, hier: 56. – P. M. Kennedy nennt Solf „the best colonial administrator produced by Germany“ (The Samoan Tangle: A Study in Anglo-German-American Relations, 1878-1899, Dublin 1974, 272).

enthielt den Satz: „Doktor Solf möge bald wieder als Gouverneur nach Apia kommen.“[88]

Als Sohn eines Berliner Großindustriellen hatte Wilhelm Solf (1862 bis 1936) Philologie und Sanskrit studiert und nach dem Examen (Dr. phil.) und einer vorübergehenden Tätigkeit im Auswärtigen Amt noch ein Jura-Studium aufgenommen. Seine Karriere begann in der Kolonial-Abteilung des Auswärtigen Amtes. 1898 Bezirksrichter in Deutsch-Ostafrika und 1899 Munizipalitätspräsident in Apia, gehörten Solfs Gouverneurjahre in Samoa (1900-1911) neben denen Hahls (und Jesco von Puttkamers) zu den längsten in den deutschen Kolonien. 1911 wurde er Staatssekretär des Reichskolonialamtes, 1918 des Auswärtigen Amtes. Von 1920 bis 1928 amtierte er als Botschafter in Tokio. Um ihn und seine Frau Johanna bildete sich der Solf-Kreis, eine Widerstandsgruppe gegen Hitler.

Wenn Solf auch von der kulturellen „Mission“ der fortgeschritteneren Staaten Europas überzeugt war, hatten seine eher an die spätere Idee des *„native trusteeship“* gemahnenden paternalistischen Zivilisations- und Entwicklungsvorstellungen doch nur wenig mit dem Rassen-Superioritätsgefühl der Alldeutschen zu tun. Nach seinen Vorstellungen sollten die Einheimischen in ihrer kulturellen Identität weitgehend geschützt werden. Er hat diese Ansicht am 6. März 1913 im Reichstag eindrücklich formuliert: „Kolonisieren ist Missionieren, und zwar Missionieren in dem hohen Sinne der Erziehung zur Kultur. Aber nicht zur europäischen Kultur, sondern zu einer Kultur, die in dem Boden und in der Heimat der Eingeborenen Wurzel fassen kann und ihrem geistigen und seelischen Zuschnitt angepasst ist.“[89] Solf hat deswegen das ökonomische Motiv der Kolonisation nicht gerade gering geschätzt. Sein Bemühen galt gleichfalls dem Ziel, die Samoaner zu deutschen Untertanen zu „erziehen“, so dass sie mit ihrer Betätigung zur wirtschaftlichen Entwicklung des Mutterlandes beitrugen. In diesem kolonialen Prozess sollten die Eingeborenen aber nicht durch das koloniale Regiment vernichtet werden, sondern unter ihm prosperieren. Die deutsche Herrschaft suchte er möglichst gewaltlos durchzusetzen – die Errichtung einer Militärstation in Samoa hat er stets abgelehnt –, wobei das hervorstechendste Merkmal seiner Gouverneurstätigkeit die Geduld und Flexibilität war, mit der er vorging („Alle Radikalmittel sind von Übel, Zeit und Güte und Gerechtigkeit sind die besten Mittel in Samoa“).[90]

Als seine Hauptaufgabe hat Solf selbst die Versöhnung der Parteien, die Abschaffung des Königtums und die Brechung der Macht von Tumua und Pule, der gleichsam als samoanisches Parlament aufzufassenden Verbände der Häuptlingssprecher auf den Inseln Upolu und Savaii, angesehen. Zunächst einmal dekretierte er daher die Abgabe sämtlicher Feuerwaffen, die sich in den über zwanzig Jahren des Kon-

88 Ebd., 42.

89 Sten. Ber. 288, 4335.

90 E. v. Vietsch, Wilhelm Solf. Botschafter zwischen den Zeiten, Tübingen 1961, 65; neueste Solf-Biographie: P. J. Hempenstall – P. Tanaka Mochida, The Lost Man – Wilhelm Solf in German History, Wiesbaden 2005; neueste allgemeine Darstellung zu Samoa: S. Johag, Verwaltung von Deutsch-Samoa. Eine vergleichende verwaltungswissenschaftliche Analyse, Glienicke 2011.

fliktes untereinander und mit den europäischen Kolonialmächten in gewaltiger Zahl in den Händen der Samoaner angesammelt hatten. Bis Anfang 1901 sind daraufhin gegen eine Prämie über 1 500 Gewehre und eine beachtliche Munitionsmenge freiwillig abgeliefert worden. Dann ordnete er zur Verbesserung der in den voraufgegangenen Jahren gesunkenen Produktion an, dass jeder samoanische Landbesitzer künftig jährlich 50 Kokospalmen auf ungenutztem Grund anzupflanzen habe. Der Erfolg dieser Maßnahme sollte sich später zeigen. Schließlich führte er vom Januar 1901 an eine Kopfsteuer von 4 Mark jährlich für männliche Erwachsene ein, die später auf 12 bzw. 24 Mark für Landbesitzer angehoben wurde. Solf war dem Widerstand der Samoaner gegen diese Taxe dadurch begegnet, dass er ihnen die Verwendung der Gelder ausschließlich für die Eingeborenenverwaltung zusagte und die Einkommen der samoanischen Verwaltungsbeamten an die Steuer koppelte.

Diese Eingeborenen-Selbstverwaltung stellte indes nur noch ein Rudiment der bisherigen politischen Selbstverantwortlichkeit der Samoaner dar. Solf war keineswegs gewillt, die traditionellen Herrschaftsinstrumente Samoas, die gleichfalls für die Konflikte in der samoanischen Gesellschaft verantwortlich zeichneten, wieder zu restaurieren. Der deutsche Kaiser wurde gleichsam zum neuen Oberhaupt Samoas (*Tupu Sili*), der Gouverneur sein Vertreter, und Mataafa, seit Ende der neunziger Jahre der Führer der „deutschen" Partei, der den Titel eines *Alii Sili* („hoher Herr") erhielt, fungierte als verlängerter Arm der Verwaltung in samoanischen Angelegenheiten. Ihm stand eine Honoratiorenversammlung (faipule) zur Seite, in der die Vertreter der beiden Königslinien zusammen mit den Distrikthäuptlingen vertreten waren und die die Ambitionen des samoanischen Faktionalismus im Interesse der Kolonialverwaltung kanalisierte. Die Einteilung der traditionellen Distrikte in unabhängige administrative Einheiten sollte dabei gleichzeitig der Versöhnung der enttäuschten Eliten dienen wie den Königskandidaten die Unterstützung entziehen. Als „Beamter" der Kolonialregierung erhielt Mataafa ein Gehalt von 3 000 Mark jährlich, während der Gouverneur ihm als Zeichen seiner Würde einen vom deutschen Kaiser verliehenen und in Deutschland angefertigten Fliegenwedel überreichte. Mit seinem Tode 1912 ist sein allenfalls dekoratives Amt ohne Aufhebens verschwunden, an seine Stelle traten zwei Ratgeber. Auch die schließliche Abschaffung von Tumua und Pule per Dekret vom 14.8.1905, ein in der Tat revolutionärer Akt in der Geschichte Samoas, geschah ohne Protest. Der alte gesetzgebende Munizipalitätsrat, die politische Vertretung der Weißen in der Kolonie, ging quasi in dem nur beratenden Gouvernementsrat auf, in dem zum Ausgleich der nationalen Gegensätze auch zwei Engländer (von 7 Mitgliedern) vertreten waren.

Neben dem kolonialen Verwaltungsaufbau richtete sich das Hauptaugenmerk des Gouverneurs auf die Landfrage. Solfs Absicht ging langfristig dahin, die Eingeborenen in ihren Landrechten zu schützen und so wenig Land wie möglich an die eingewanderten Pflanzer abzutreten. Auch sollten die Samoaner zunehmend selbst für den Markt produzieren. 1903 setzte er eine Landkommission ein, die aus

Abb. 23: Mata'afa Josefo mit dem vom Kaiser verliehenen Fliegenwedel (August 1909)

dem Kaiserlichen Richter und teils weißen, teils eingeborenen Beisitzern bestand. Sie sollte die Landtitel überprüfen. 1907 schließlich ordnete er an, dass allein im sogenannten Pflanzungsgebiet um Apia Land verkauft oder verpachtet werden konnte. Außerhalb dieses Bereichs war nur eine Landverpachtung durch das Gouvernement möglich, wenn für die Bevölkerung kultivierbares Land von mindestens 1,39 ha pro Kopf übrig blieb. Kreditschulden wurden verboten.

Diese handelspolitisch motivierte koloniale Wirtschaftsauffassung sowie die von der Prärogative des Kolonialstaats bestimmten Verwaltungsmaßnahmen des Gouverneurs provozierten allerdings die Opposition der siedlungspolitisch orientierten Kolonialpolitiker in Deutschland und entsprechender Gegner des Gouverneurs in Samoa. Sie formierten sich 1903 mit dem alldeutschen „Pflanzerverein" unter dem katholischen Reserveleutnant und Kakao-Pflanzer Richard Deeken, der aufgrund persönlicher Beziehungen Rückendeckung beim Zentrum in Deutschland besaß. Deeken, dessen Gegnerschaft zu Solf bis in das Jahr 1901 zurückging, als der Gouverneur seine abstrusen Pläne zur Ausgestaltung des Südseeparadieses Deutsch-Samoa in eine deutsche Siedlungskolonie zurückgewiesen hatte, repräsentierte jene alldeutsche Gesinnung, die in den Kolonien allein den Nutzen für das eigene Volk sah und in der die Eingeborenen nur als billige Arbeitskräfte und Konsumenten deutscher Waren betrachtet wurden.[91] Ausdruck dieser Mentalität war eine auf Deekens Initiative hin verfasste Resolution des „Pflanzervereins", in der die Kolonialverwaltung aufgefordert wurde, einen achtmonatigen Arbeitszwang für die Eingeborenen einzuführen. Solf dachte jedoch gar nicht daran, die Samoaner zur Plantagenarbeit zu zwingen, da er zum einen deren Möglichkeiten eines wirksamen Widerstandes durchaus richtig einschätzte, zum anderen sich der Abhängigkeit der europäischen Wirtschaft von der einheimischen Produktion und Konsumtion voll bewusst war. Für ihn waren die Deekenschen Aktivitäten nichts anderes als eine „ungeschickte und lärmende Deutschhuberei".[92]

Dok. 27: Gewaltloser Paternalismus statt kolonialstaatliche Repression – Gouverneur Wilhelm Solf über seine „Eingeborenenpolitik" auf Samoa an den Geographen Siegfried Passarge, 29. Oktober 1906

Sehr geehrter Herr Professor!
Gestatten Sie mir, daß ich auf Ihre Anfrage von neulich noch einmal zurückkomme und zu der Antwort, die ich in der Sitzung [in Leipzig] gegeben habe, einiges hinzufüge. Ich würde Ihnen außerordentlich dankbar sein, wenn auch Sie mir Ihre Befürchtungen eingehender begründen könnten, als es in der Sitzung die Zeit erlaubte.
Ich wiederhole, daß ich einen Aufstand der Eingeborenen in Samoa gegen die Weißen für durchaus unwahrscheinlich halte. Im Bereich der Möglichkeiten liegt er natürlich. Immerhin neigt meine Überzeugung zu der Richtung der großen Unwahrscheinlichkeit und fast Ausgeschlossenheit hin. Der Vergleich der polynesischen Samoaner mit den Hereros oder Hottentotten fällt in jeder Beziehung *zugunsten der Samoaner* aus. Die Treulosigkeit der polynesischen Samoaner hat nichts Hinterhältiges. Sie sind treulos oder eigentlich mehr wankelmütig wie die Kinder. Die Samoaner sind mit der Art und Weise, wie ich sie behandle, wenn mich nicht alles täuscht, durchaus zufrieden. Es wäre falsch, wenn man den Pflanzern nachgeben und die Samoaner zu streng behandeln oder gar, wie oft stürmisch gefordert wird, mit Gewalt zum Arbeiten drängen würde. Die Faulheit der Samoaner ist sehr cum grano salis zu verstehen. Die Annahme, daß der Samoaner nicht arbeitet, ist falsch. In jedem samoanischen Dorfe, das für sich ein Gemeinwesen bildet, hat jede Klasse von Eingeborenen ihre überlieferungsgemäß bestimmte, zugeteilte Arbeit. Alte Frauen, junge Mädchen, alte Männer, junge Leute, jeder hat sein bestimmtes Arbeitspensum. Haus bauen, Boot bauen, Feld bestellen, Fischerei betreiben, Mattenflechten, Tapa [aus Baumrinde gefertigter Kleidungsstoff] bereiten und all die Verrichtungen, die das tägliche Leben mit sich bringt, sind durch uralte Überlieferungen genau abgegrenzt unter die einzelnen Gemeindegenossen verteilt. Jeder junge Samoaner, der für Pflanzer arbeitet, fehlt natürlich mit seiner Arbeit innerhalb seiner Gemeinde. Die Idee der Samoaner ist die, daß jeder, der außerhalb

[91] Vgl. R. Deeken, Manuia Samoa: Samoanische Skizzen und Beobachtungen, Oldenburg 1901; ders., Die Auswanderung nach den deutschen Kolonien ..., Berlin 1908.
[92] E. v. Vietsch, Wilhelm Solf, 70.

seiner Gemeinde arbeitet, seinen Verdienst der Gemeinde schuldet, da seine Tätigkeit für die Gemeinde in Fortfall kommt.
Daher das geringe Interesse der Samoaner, für Fremde zu arbeiten. Denn sie müssen ja, was sie verdienen, nach der kommunistischen Anschauung ihrer Gemeinde, dieser teilweise oder ganz übermitteln. Dazu kommt die Ansicht, daß Arbeiten als Knecht für Bezahlung als verächtlich gilt. Der Samoaner arbeitet als Mitglied der Familie, aber nicht als Diener. Das Wort für Diener (Tavini) hat eine ausgesprochen verächtliche Nebenbedeutung. Diese Anschauungen und die daraus resultierenden Verhältnisse mit Gewalt zu ändern, würde vielleicht zu einer Empörung der Eingeborenen gegen die Weißen führen, sicher zu einer Obstruktion, unter der die wirtschaftlichen Verhältnisse der Weißen sehr zu leiden hätten. Die Samoaner würden bei den Weißen nicht mehr kaufen, sich der gewöhnten Importartikel wie Kleiderstoffe, Salzfleisch, Eisenwaren usw. entschlagen und würden ihre Bedürfnisse wie früher aus den Produkten des Landes befriedigen. Vor allem würden sie das Kopraschneiden für die weißen Händler unterlassen. Das würde ein Ruin der Weißen bedeuten. Die Samoaner würden im Falle der Widerspenstigkeit gegen die Weißen auch Pflanzungen zerstören. Am Leben der Weißen würden sie sich nur im Falle der äußersten Empörung vergreifen.
Alle diese Erwägungen liegen den Ansiedlern, die nach Samoa kommen, um Geld zu verdienen, sehr fern, da sie die Samoaner als corpus vile [wertloser, geringer Mensch (auch Sache)] für ihre Erwerbsabsichten betrachten. Die Gefährlichkeit eines eventuellen Aufstandes ist dadurch verringert, daß die Samoaner sämtliche Feuerwaffen, die sie im Besitz hatten, abgeliefert haben. Es sind unter die Samoaner 200 Vogelflinten, d.h. einläufige Vorderlader, verteilt. Die Ausgabe von Munition wird streng und genau kontrolliert. Weiterhin wissen die Samoaner, daß sie auf die Dauer bei einem Aufstande doch den Kürzeren ziehen werden, da sie die Wirkung der Kanonen von den Kriegsschiffen genügend kennen. Auch ist zu bedenken, daß die Samoaner derartig untereinander zerfallen sind, daß ihre Einigung sehr schwer, ich glaube, unmöglich ist. Die Unbequemlichkeiten, die letzthin in den Zeitungen besprochen worden sind, sind Lappalien und aufgebauscht. Die Flucht eines Geisteskranken aus seinem Gewahrsam oder der Versuch, einen Häuptling aus dem Gefängnis zu befreien, sind lediglich vom Standpunkt der Polizei, nicht aber vom politischen Standpunkt aus zu betrachten. Größere Unbequemlichkeiten unter den Samoanern erwarte ich mit Sicherheit beim Ableben des höchsten Häuptlings Mataafa. Es sind ungefähr fünf Kandidaten für die Sukzession da. Der Umstand, daß Mataafa alt und gebrechlich ist, ist für mich in der Hauptsache maßgebend, meine Rückkehr in das Schutzgebiet für notwendig zu halten. Einer, der die politischen Fäden der Häuptlingsfamilien nicht in den Händen hat, wird nicht in der Lage sein, der Schwierigkeiten Herr zu werden, die nach dem Tode Mataafa's sicherlich entstehen werden.
(...)
Mit dem Ausdruck der vorzüglichsten Hochachtung

Solf

Quelle: Eberhard von Vietsch, Wilhelm Solf. Botschafter zwischen den Zeiten, Tübingen 1961, 349-351.

Mit seinen illusionären Vorstellungen von der Besiedlung Samoas mit deutschen Auswanderern, die bald reiche Pflanzer sein würden, verursachte Deeken vorübergehend ein wahres „Kakao-Fieber". Er lancierte außerdem die Gründung einer Kapitalgesellschaft, der „Deutschen Samoa-Gesellschaft", die 450 ha Land auf Upolu zum Kakao-, Kautschuk- und Kopra-Anbau erwarb. Dividende zahlte sie nie. Durch ein von fachkundiger Seite eingeholtes Gutachten hatte Solf inzwischen auch die Möglichkeiten und Grenzen von Pflanzungsvorhaben und Siedlungen auf Samoa prüfen lassen.[93]

Dank seiner Verbindungen vermochte Deeken auch entsprechenden Druck auf Solf auszuüben, seinen Widerstand gegen den Import von chinesischen Kulis zu lockern. Die Arbeiterfrage war auch in Deutsch-Samoa das zentrale Problem, da die Samoaner nicht einsahen, über ihre Bedürfnisse und eigenen Unternehmungen hinaus zu arbeiten. Solf wiederum lehnte eine unbegrenzte Einwanderung von chinesischen Fremdarbeitern ab, weil er im Interesse der Samoaner die Entstehung einer Mischrasse verhindern wollte, aber auch befürchtete, dass die fleißigen und nüchternen Chinesen bald den Handel der Kolonie dominieren würden. Daher sorgte er für eine Begrenzung der Arbeitsverträge für Chinesen auf maximal 3 Jahre. Doch vermochten selbst die bis 1914 nach Samoa importierten 2 184 Chinesen das Arbeiterproblem nicht zu lösen.[94]

Deeken ging in seiner Opposition gegen Solfs „staatsinterventionistischen" Kurs schließlich sogar so weit, den Wunsch der Samoaner nach einer eigenen Kopra-Kooperative für seine Absichten auszubeuten und sie zur Gründung einer Art Genossenschaft („*Cumpani*" oder „*Oloa*") zu ermuntern. Der tiefe Stand des Weltmarktpreises für Kopra 1904 war ihnen zu niedrig erschienen, so dass sie glaubten, zur Selbsthilfe greifen zu müssen. Dahinter stand gleichzeitig die Erwartung, dass sie mit ihrer finanziellen Selbständigkeit ihre politische Unabhängigkeit zurück gewinnen könnten.[95]

Wenn Solf auch die Unerfahrenheit der Samoaner in diesem Geschäft als Grund für seine restriktiven Maßnahmen gegen die „Cumpani" vorschob, war es doch entscheidender, dass die Gründung eine Kampfansage an das europäische Handelsmonopol darstellte, das jedoch eine der Grundvoraussetzungen des Kolonialismus war. Zugleich bedeutete für ihn die „Cumpani" eine machtpolitische Herausforderung und damit eine Gefährdung seiner paternalistischen Eingeborenenpolitik. Dort, wo die politische Suprematie des Kolonialstaates und die Festigung der deutschen Herrschaft gefährdet waren oder schienen, lagen naturgemäß auch die Grenzen der Solfschen Eingeborenenpolitik. Die erwähnte endgültige Abschaffung

93 F. Wohltmann, Pflanzung und Siedlung auf Samoa – Erkundungsbericht an das Kolonial-Wirtschaftliche Komitee zu Berlin, Berlin 1904.

94 Vgl. J. A. Moses, The Coolie Labour Question and German Colonial Policy in Samoa, 1900-14, in: ders. – P. M. Kennedy, Germany in the Pacific and Far East, 1870-1914, St. Lucia, Qld. 1977, 234-261.

95 Vgl. J. W. Davidson, Samoa mo Samoa: The Emergence of the Independent State of Western Samoa, Oxford 1967, 81f.

Abb. 24: Chinesische Kulis und deutsche Straßenbauaufseher, Upolu, um 1905

von Tumua und Pule, den beiden Zentralvertretungen der Samoaner, und ihre Ersetzung durch einen zweimal im Jahr tagenden bezahlten Deputiertenrat sowie die Verlegung des Schwerpunktes der Lokalverwaltung von den Distrikten in die Ortschaften, waren seine Reaktion auf den Vorfall. Mit dem Steigen der Koprapreise und der vorübergehenden Verbannung einiger Häuptlinge war zudem das Ende der Unruhen schnell erreicht.

In ihrer politischen Tendenz lebten die Ziele der „Cumpani"-Bewegung allerdings noch einmal in der traditionalistischen Lauaki-Rebellion 1908/09 kurzfristig auf.[96] Sie war der Versuch einer kleinen Minderheit der alten Pule-Partei mit ihrer Gefolgschaft auf Savaii unter Führung des „silberzüngigen" Häuptlingssprechers Lauaki, an die „glorreiche Zeit" der samoanischen Selbstregierung und die teilweise erfolgreiche Ausbalancierung der rivalisierenden europäischen Ansprüche anzuknüpfen, wobei wegen der zunehmenden Senilität Mataafas die Frage der Nachfolge den Auslöser für die Bewegung abgegeben haben mochte. Die „Rebellion" machte zwar schließlich sogar eine Flottendemonstration und die Verbannung der Anführer nötig, verlief aber ansonsten ohne Einsatz von Gewalt. Der größere Teil

96 Vgl. J. W. Davidson, Lauaki Namulau'ulu Mamoe: a traditionalist in Samoan Politics, in: ders. – D. Scarr (Hg.), Pacific Island Portraits, Canberra 1970, 267-299; P. J. Hempenstall, Pacific Islanders, 51ff.

der Samoaner stand auf Solfs Seite oder konnte durch sein geschicktes Verhandeln überzeugt werden. Zugute kam ihm überdies der samoanische Faktionalismus; denn die auf Restaurierung der alten gesetzgebenden Körperschaften gerichteten Bestrebungen des Lauaki-Anhangs, der ein samoanisches Königtum der vormaligen Tanu-Partei als politisch gleichberechtigten Partner der Deutschen erstrebte, verschärfte gleichzeitig den innersamoanischen Konflikt zwischen den ehemaligen Einrichtungen von Tumua und Pule. Innere Zwistigkeiten und vor allem divergierende Führungsansprüche, aber auch eine ultrakonservative Ideologie, die nicht mehr die Mehrheit des Volkes erfasste, haben in diesem Fall ebenfalls die Durchsetzung kolonialer Herrschaft erleichtert.

Dass diese rückwärts gerichtete Revolution nicht mehr Boden fassen konnte, war bis zu einem gewissen Grad die Folge der „christlichen Revolution", die mit der zumindest nominellen Bekehrung der meisten Samoaner etwa um 1905 einen Höhepunkt erreicht hatte. Zwar haben es gerade die Samoaner verstanden, die christlich geprägte Kultur des Westens mit ihrem eigenen Lebensstil (*fa'a Samoa*) zu verbinden („samoanisiertes Christentum"), aber besonders die materiellen Aspekte der westlichen Zivilisation schufen doch zunehmend veränderte Voraussetzungen und neue Formen der Elitenbildung. Die jüngere, gebildete und europäisierte Generation – mit einer Scholarisationsquote von 29,4% lag Samoa weit an der Spitze aller deutschen Kolonien –, die sich nicht mehr den Autoritätsstrukturen der traditionellen Gesellschaft unterordnen wollte und deshalb für die politischen Ziele Lauakis kein Interesse zeigte, wäre aber auch, hätte die deutsche Kolonialherrschaft fortgedauert, der Herausforderer des deutschen Kolonialregimes geworden. Konkret hatten überdies methodistische Missionare, wie ihre katholischen Konkurrenten schon immer aufs engste in das politische Schicksal Samoas verwoben, etliche Parteigänger Lauakis von dessen persönlich ehrgeizigen Zielen überzeugen und schließlich ihn selbst (der Diakon der methodistischen Gemeinde war) zur Aufgabe seiner Pläne bewegen können.

Mit dem Ende der Lauaki-Rebellion erfuhren die schon seit 1905 andauernde, verhältnismäßig friedliche Zeit sowie die steigende wirtschaftliche Entwicklung ihre Fortsetzung. Erstmals 1906 zeigte Deutsch-Samoa eine ausgeglichene Handelsbilanz. Von 1908 an konnte die Kolonie ihr Budget selbst finanzieren und war nicht mehr von Subsidien des Reiches abhängig. Die Samoaner partizipierten gleichfalls an diesem wirtschaftlichen Aufschwung. Zwischen 1905 und 1908 stammten durchschnittlich zwei Drittel der Kopra-Exporte aus ihrer Produktion, danach betrug dieser Anteil etwa drei Fünftel. Die Anbauflächen ihrer Plantagen überstiegen diejenigen der europäischen Pflanzungen um das Dreifache. Ermuntert durch einige europäische Pflanzungsgesellschaften, die mit dem Kakaoanbau begonnen hatten, gingen sie ebenfalls zur Anpflanzung dieser neuen *cash crop* über. Solf hatte nur mit indirekten Mitteln ihre Initiative gefördert. Durch Gesetze gegen falsche Gewichte und Maße schützte er sie überdies vor skrupellosen Kopra-Händlern. Bei gelegentlicher Arbeit auf den europäischen Plantagen verdienten die Samoaner aufgrund des Arbeitskräftemangels Löhne von drei Mark täglich zusätzlich Verpflegung.

Die deutschen Unternehmen zeigten gleichfalls einen – wenn auch nicht einheitlichen – Aufwärtstrend. Kleine Pflanzungsunternehmen wie die deutsche Samoa-Gesellschaft (1902), die Safata-Samoa-Gesellschaft (1903) und die Samoa-Kautschuk-Kompanie (1905) waren wenig erfolgreich. Dagegen vermochte die DHPG mit ihrem Land- und Arbeiterrekrutierungsmonopol in Neuguinea ihre vorherrschende Stellung zu behaupten. 1909 schüttete sie eine Dividende in Höhe von 28% aus. Ihr jährlicher Umsatz allein an Kopra überstieg nach der Jahrhundertwende zwei Mill. Mark und der Gewinn aus dem Anbau von Kakao und Kautschuk nahm ständig zu.

Der Anteil der Produktion aus Deutsch-Samoa und Deutsch-Neuguinea an der Bedarfsdeckung des Heimatlandes war dennoch verschwindend gering. Die deutschen Kopra-Importe aus den pazifischen Kolonien – ihr Hauptprodukt – machten 1910 und 1911 weniger als 8½% aus (48½% kamen aus den englischen Kolonien, 40% aus Holländisch-Ostindien). Die Phosphat-Minen deckten nur 5% des deutschen Bedarfs. Der gesamte Handel mit den pazifischen Kolonien belief sich auf weniger als 0,15% des deutschen Gesamthandels (1909), die Kapitalinvestitionen (bis 1912) auf weniger als 400 Mill. Mark.[97] Insgesamt brachten die deutschen Kolonien im Pazifik so wenig wie die afrikanischen ein Plus-Geschäft für das Deutsche Reich, wohingegen allerdings einige Firmen wie die DHPG und die Jaluit-Gesellschaft enorme Gewinne erzielten.

6. Kiautschou

Seit der Okkupation der Kiautschou-Bucht am 14. November 1897 betrachtete die Marineleitung diesen Stützpunkt (560 km^2) und das angrenzende „Interessengebiet" Shantung als ihr „Reich" und als Experimentierfeld für eine verbesserte Kolonialpolitik. Im Gegensatz zu den afrikanischen Kolonien, deren wirtschaftliche Ausnutzung sich bis dahin als wenig ertragreich erwiesen hatte und in denen es immer wieder zu Aufsehen erregenden Kolonialskandalen kam, sollte aus Kiautschou eine „Musterkolonie" werden, in der die Marine – so Großadmiral Alfred von Tirpitz noch in seinen „Erinnerungen" – „mit großem Zug in kleinem Rahmen" beweisen konnte, „wozu Deutschland imstande wäre"[98].

Der seit 1897 im Amt befindliche, höchst einflussreiche Staatssekretär des Reichsmarineamtes nahm daher an Kiautschou nicht nur als Flottenbasis ein spezielles Interesse, sondern zugleich als wirtschaftliches und kulturelles Unternehmen im Rahmen der deutschen Beteiligung am „Wettlauf" um den vorherrschenden macht- und kulturpolitischen Einfluß im Fernen Osten. Sein primäres Ziel war nicht der Erwerb von formellem Kolonialgebiet – deshalb wahrte er

[97] S. G. Firth, German Firms in the Pacific Islands, 1857-1914, in: J. A. Moses – P. M. Kennedy, (Hg.), Germany in the Pacific and Far East, 3.

[98] Leipzig 1919, 66.

auch stets Zurückhaltung gegenüber einer Erweiterung des „Pachtgebietes" –, sondern der Ausbau informeller Herrschaft im Wege navaler, kommerzieller und kultureller Vorherrschaft. In ähnlicher Weise wie Hongkong sollte Kiautschou, das „deutsche Hongkong", als Typus einer reinen Handelskolonie zum Ausgangspunkt der ökonomischen Durchdringung Chinas werden. An der weltpolitischen Peripherie beabsichtigte er somit die neue Rolle der deutschen Flotte und die erstarkte Wirtschaftsposition und höhere Leistungsfähigkeit des Deutschen Reiches, namentlich gegenüber England, dem mächtigsten Rivalen zur See, erstmals zu demonstrieren. Nebenbei sollte Tsingtao als besseres, „deutsches" Hongkong ein Stück Emanzipation und Selbstbestätigung der jungen deutschen Marine darstellen.

Die Verwaltung Kiautschous oblag daher von Anfang an nicht einer Handels- oder Kolonialgesellschaft und unterstand – im Gegensatz zu den anderen deutschen Kolonien – auch nicht dem Auswärtigen Amt bzw. dem Reichskolonialamt, sondern dem Reichsmarineamt. Ein Marineoffizier stand als „Gouverneur" an der Spitze der zivilen und militärischen Verwaltung. Die Zivilverwaltung gliederte sich in die eigentliche Landesverwaltung mit einem Zivilkommissar an der Spitze und einem „besonderen Kommissar" für chinesische Angelegenheiten. Ansonsten war die Landesverwaltung für Europäer und Chinesen getrennt. Die Chinesen behielten weitgehend ihre Rechte und Institutionen, aber weder die chinesische Zentral- oder Bezirksregierung noch die Einwohner des Pachtgebietes waren in irgendeiner Form an Verwaltung und Rechtsprechung beteiligt. Während die Leiter der Verwaltungszweige den Gouvernementsrat bildeten, wurde ein aus „ansässigen angesehenen Chinesen" bestehendes Komitee gebildet, das ebenfalls dem Gouverneur beratend zur Seite stand.

Militärisch übernahm ein rund 1 300 Mann starkes Bataillon der Marineinfanterie die Sicherung des am 25. April 1898 von Wilhelm II. zum kaiserlichen Schutzgebiet erklärten Pachtgebietes (Pachtvertrag vom 6. März 1898), das faktisch durchaus als Kolonie zu bezeichnen ist. Allerdings sollten von Anfang an Chinesen an der Aufrechterhaltung von Ruhe und Ordnung und dem Objektschutz beteiligt werden[99]. Bereits Anfang 1898 stellte die Verwaltung sechs Chinesen als Polizisten ein, ihre Zahl stieg bis Oktober 1899 auf 28. Zum gleichen Zeitpunkt setzte die Rekrutierung für die Etablierung einer sogenannten Chinesen-Kompanie ein. Die Stärke dieser in einer eigens errichteten Kaserne stationierten Einheit betrug 120 Soldaten, denen allerdings zugestanden werden musste, nicht – wie das vergleichbare „Chinesen-Regiment" in der britischen Kolonie Weihaiwei – außerhalb Chinas eingesetzt zu werden. Der Sold betrug zwischen 16 und 22 Mark, was

[99] Vgl. für das Folgende u. a. B. Leupold, Chinesen unter deutschem Recht: Das Justizwesen im Schutzgebiet, in: H.-M. Hinz – C. Lind (Hg.), Tsingtau, 143-145; K. Mühlhahn, Herrschaft und Widerstand. Interaktionen zwischen China und Deutschland, 1897-1914, München 2000, passim, bes. 219ff.; S. Biener, Das deutsche Pachtgebiet Tsingtau. Institutioneller Wandel durch Kolonisierung, Bonn 2001, 53ff.; T. Morlang, Askari und Fitafita, 137-146 (Die „Chinesenkompanie" in Kiautschou).

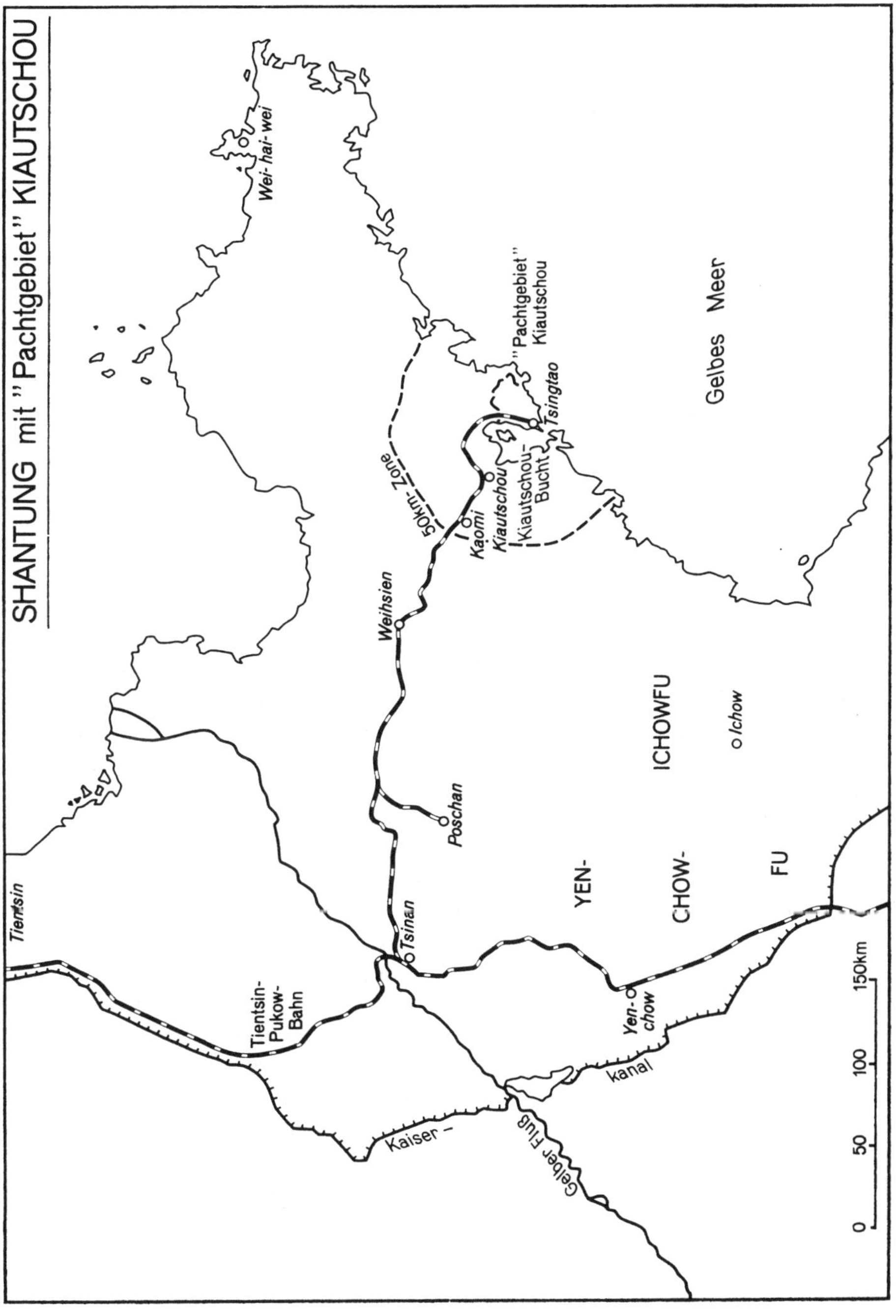

SHANTUNG mit "Pachtgebiet" KIAUTSCHOU

im Vergleich zum Lohnniveau in der Provinz Shantung nicht gering war, allerdings niedriger lag als das Salär eines chinesischen Kochs in europäischen Diensten. Die Kommandos der von drei deutschen Offizieren und zehn Unteroffizieren geführten Truppe wurden auf Deutsch gegeben, was die Anstellung von chinesischen Dolmetschern bedingte. Damit die deutschen Vorgesetzten die Chinesen überhaupt auseinander halten konnten, erhielt jeder Soldat eine Nummer, die er gut sichtbar auf der linken Schulter tragen musste. Auch im Schriftverkehr war fast nur die Rede vom Soldaten Nr. 80 oder vom Reiter Nr. 40. Obgleich die militärischen Fähigkeiten der chinesischen Söldner durchaus Anerkennung fanden – weniger ihre Charaktereigenschaften –, wurde die Einheit im November 1900 auf 56 Fußsoldaten und 12 Reiter reduziert, im September 1901 wurde sie vollständig aufgelöst, der Rest in die damit ca. 100 Mann starke Polizeitruppe eingegliedert. Letztlich war das Experiment einheimischer Söldner (vergleichbar den ostafrikanischen Askari) an der Unzuverlässigkeit der chinesischen Soldaten und der rigiden Strafjustiz von Seiten der Kolonialmachthaber gescheitert. Desertion, Erpressung von „Schutzgeldern“, Unterschlagung von Verwarnungsgeldern und Übergriffe gegen chinesische Frauen auf der einen Seite standen drakonische Prügelstrafen sowie empfindliche Geld- und Freiheitsstrafen und sogar die Todesstrafe auf der anderen Seite gegenüber.

Ohnehin waren die Strafen für Chinesen im Pachtgebiet äußerst drastisch, sogar höher als in Afrika. Während bei den Körperstrafen für die afrikanischen Kolonien 1896 ein Höchstmaß von 50 Schlägen dekretiert worden war, waren in Kiautschou bis 100 Schläge erlaubt. Selbst der Polizeichef verfügte über das Recht, Strafen bis zu 25 Hieben zu verhängen. Beim Strafverfahren musste der Angeklagte während der Verhandlung gefesselt und mit gesenkten Kopf vor dem Richter knien, was indessen dem chinesischen Verfahren entsprach; mit anderen Worten: deutsche Richter wollten in ihrer Amtsstellung chinesischen Mandarinen nicht nachstehen, und dies selbst noch, als die chinesische Rechtspflege diese Praxis abgeschafft hatte. Allerdings wurde die Todesstrafe gegenüber dem chinesischen Recht dahingehend abgemildert, dass die entehrendste Form – die Zerstückelung – durch die Enthauptung ersetzt wurde. Während Deutsche strafrechtlich allenfalls wegen maulkorbloser oder unversteuerter Hunde belangt wurden, waren z. B. 1912 allein 3 580 chinesische Strafsachen anhängig[100]. Bereits mit 50 Stockschlägen oder zwei Wochen Haft wurde bestraft, wer Sand vom Strand, etwa zu Bauzwecken, entnahm. Zum Eid waren Chinesen grundsätzlich nicht zugelassen. Aber selbst nicht straffällig gewordene Chinesen waren einer ständigen Kontrolle und Überwachung sowie diskriminierenden Reglementierungen unterworfen (Dok. 28). Nimmt man das Verhalten der Kolonialmacht gegenüber den kolonialen Untertanen als Bewertungsmaßstab, so wird man wohl kaum von einer „Musterkolonie“ sprechen können.

---

100 K. Mühlhahn, Herrschaft und Widerstand, 263.

Dok. 28: Chinesen: Menschen zweiter Klasse – Aus der „Chinesenordnung“ für Tsingtao, 14. Juni 1900

B. Allgemeine Vorschriften zur Aufrechterhaltung der Sicherheit und Ordnung.
§ 5. Zwischen 9 Uhr abends und Sonnenaufgang darf kein Chinese die Straße betreten, ohne eine brennende Laterne zu tragen oder sich vortragen zu lassen.
§ 6. Jede chinesische Bekanntmachung oder Proklamation, die an Häusern oder sonstwie öffentlich auf der Straße angeheftet werden soll, bedarf der Genehmigung des Kommissars für Chinesenangelegenheiten. Die Erlaubnis zur Anheftung ist zu versagen, falls der Inhalt die Ruhe und Ordnung zu gefährden geeignet ist.
§ 7. Jede Versammlung oder Beratung zu anderen als religiösen Zwecken bedarf der ausdrücklichen Genehmigung des Kaiserlichen Gouverneurs. Die Erlaubnis ist beim Kommissar für Chinesenangelegenheiten durch den Veranstalter der Versammlung und den Hausbesitzer, in dessen Hause die Versammlung abgehalten werden soll, einzuholen.
§ 8. Der Genehmigung des Kaiserlichen Gouverneurs bedürfen ferner:
a) öffentliche Durchzüge durch die Straßen des Stadtgebietes mit Ausnahme von Hochzeits- und Leichenzügen,
b) das Abbrennen von Feuerwerkskörpern,
c) Theateraufführungen und provisorische Theaterbauten. Dem Gesuche sind die Einzelheiten sowie die Namen der aufzuführenden Stücke beizufügen.
§ 9. Alle Bittschriften, Eingaben und Gesuche mit Ausnahme von Eingaben an das Gericht sind an den Kaiserlichen Gouverneur zu richten und in der Kanzlei des Kommissars für chinesische Angelegenheiten abzugeben.

Quelle: Die deutsche Kolonial-Gesetzgebung. Sammlung der auf die deutschen Schutzgebiete bezüglichen Gesetze, Verordnungen, Erlasse und internationalen Vereinbarungen, 5.Teil. 1899 bis 1900. Auf Grund amtlicher Quellen und zum dienstlichen Gebrauch hg.v. Alfred Zimmermann, Berlin 1901, 207 f.

Tatsächlich bezieht sich diese Formulierung denn auch auf die Investitions- und Entwicklungspolitik Kiautschous unter kolonialen Vorzeichen. Kernstück der veränderten Kolonialpolitik war eine damals äußerst fortschrittliche Bodenpolitik. Vorbild dafür waren sowohl die Ideen des amerikanischen Sozialreformers Henry George und der deutschen Bodenreformer um Adolf Damaschke als auch die aus anderen großen Hafenstädten Ostasiens wie Hongkong, Shanghai und Singapur und der Praxis einiger Firmen und auch der Mission gewonnenen praktischen Erfahrungen. So sollte die dortige verfahrene Entwicklung vermieden werden, dass allenthalben der verfügbare Grund und Boden aufgekauft und zu Mietshäusern „ausgeschlachtet“ wurde oder Spekulationsgewinnen unterlag. Das neue System sollte fortan allen Landspekulationen den Boden entziehen und die Ansammlung von Eigentum in toter Hand, dessen Verzinsung der Kolonie selbst nicht zu Nutzen kam, verhindern. Das wesentliche Element dieses Steuersystems war das Monopol des Gouvernements über den Kauf von Land von den chinesischen Eigentümern, die zuvor *in toto* enteignet worden waren, aber vertraglich auf dem Boden bleiben konnten, solange das Land nicht gebraucht wurde. Genaue Bestimmungen und

Steuererhöhungen sorgten dafür, dass die Bauvorhaben auch ausgeführt wurden und dass das Land tatsächlich zu dem Zweck verwendet wurde, zu dem es gekauft worden war. So bestimmte die Steuerverordnung vom 2.9.1898 (§ 3), dass der Grundsteuerwert, der sich zunächst nach dem an das Gouvernement gezahlten Kaufpreis richtete, nach dem 1.1.1902 in gewissen, später noch zu bestimmenden Zwischenräumen von einer Kommission stets neu abgeschätzt und festgesetzt werden sollte. Jedenfalls hatte der Käufer 6% des aktuellen Wertes des Landstückes an Steuern zu zahlen, und bei einem Weiterverkauf, bei dem die Verwaltung das Vorkaufsrecht besaß, war ein Drittel des Nettogewinns an das Gouvernement zu entrichten. Nach 25 Jahren kontinuierlichen Besitzes hätte der Besitzer ebenfalls 33% des Zeitwerts als Abgabe leisten müssen, wobei allerdings bei der Wertermittlung die Bebauung abgezogen wurde, so dass kein Investitionshemmnis entstand. Grundsteuer und Landverkäufe wurden denn auch neben dem Zoll die Haupteinnahmequellen des Schutzgebietes. Von Zeitgenossen ist die Landverordnung oft „als ein Stück praktischer Sozialpolitik" bezeichnet worden, wobei sich die Einschätzung vor allem auf die Rolle der Wertzuwachssteuer stützte.[101] Durch sie wurden in der Tat infolge der Unattraktivität des Immobiliengeschäftes die Bodenspekulationen eingedämmt, Investitionen vor allem in Form von Bebauungen gefördert und durch die Wertsteigerung mittelbar über die öffentliche Hand alle beteiligt – bis auf die Chinesen.

Zum Entwicklungsprogramm der Marine gehörte des Weiteren ein aufwendiges und teures, im China dieser Zeit einmaliges Aufforstungs- und Landkultivierungsprogramm des von starker Erosion bedrohten Gebietes. Gleicherweise fortschrittlich waren die hygienischen und medizinischen Maßnahmen. Strenge hygienische Vorschriften vom Warenverkauf bis zur Straßenreinigung und Abwässerbeseitigung wurden erlassen und ein modernes Kanalisations- und Trinkwasserversorgungssystem errichtet. Straßen wurden gepflastert und ein Netz von Verbindungen in die ländliche Zone des Pachtgebietes geschaffen. Ein Telegraphensystem und eine Funkstation wurden errichtet und der Hafen zu einem der modernsten in Ostasien ausgebaut. Zwar ist er gleichzeitig zu einer Marinebase ausgestaltet worden, die schließlich eine Besatzung von 2 300 Mann besaß. Aber seit 1906 wurden keine weiteren Truppen stationiert und die Armierung nicht vermehrt, um auch nach außen zu dokumentieren, dass Deutschland keine militärischen Ambitionen in Shantung besaß. Das einstige Fischerdorf Tsingtao rangierte schließlich an sechster Stelle der chinesischen Häfen und sollte 1931 nach Shanghai, Tientsin und Dairen

---

[101] H. Weicker, Kiautschou, das deutsche Schutzgebiet in Ostasien, Berlin ²1908, 106. – Zur deutschen Kolonialpolitik in Kiautschou bzw. Shantung v. a. J. E. Schrecker, Imperialism and Chinese Nationalism. Germany in Shantung, Cambridge, Mass., 1971; M. Leutner (Hg.), „Musterkolonie Kiautschou". Expansion des Deutschen Reiches in China. Deutsch-chinesische Beziehungen 1897-1914, Berlin 1997; K. Mühlhahn, Herrschaft und Widerstand in der „Musterkolonie" Kiautschou; A. S. Biener, Das deutsche Pachtgebiet Tsingtau in Schantung, 1897-1914.

zum viertwichtigsten Hafen in China werden. Es genoss den Ruf der gesündesten und saubersten Stadt in Ostasien.

Zwangsläufige Folge dieser enormen Investitionen und infrastrukturellen Maßnahmen war, dass Kiautschou zum teuersten Kolonialunternehmen Deutschlands wurde. Bis 1907 ging, einmal abgesehen von den Kosten der großen Aufstände in Afrika 1904/07, mehr Geld in dieses „Pachtgebiet" (102 337 442 Mark) als in jede andere Kolonie des Reiches. Bis 1913 hatte die Verwaltung über 200 Mill. Mark in Kiautschou investiert, von denen nur 36 Mill. Mark aus den lokalen Einnahmen stammten. Kiautschou entwickelte sich beachtlich, blieb aber Zuschusskolonie (1913/14 10,3 Mill. Mark). Die Einwohnerzahl von Tsingtao wuchs kontinuierlich von einigen Tausend zu Beginn der deutschen Herrschaft auf 55 700 im Jahre 1913; von diesen waren etwa 53 000 Chinesen.

Tirpitz' Bestrebungen richteten sich seit der Übernahme Kiautschous, schon wegen der geringen physischen Machtmittel Deutschlands im Fernen Osten, auf eine möglichst friedliche Durchdringung des angrenzenden „Interessengebietes", an deren Anfang der Bau der Eisenbahnlinie von Tsingtao nach der Provinzhauptstadt Tsinan stand und dessen geheimes Endziel das – allerdings bereits außerhalb dieses Gebietes liegende – Yangtsetal war. Ein deutsches Kommando-Unternehmen in Süd-Shantung (Ichowfu) im Frühjahr 1899, von den *„men on the spot"*, dem deutschen Gesandten in Peking und dem Gouverneur in Kiautschou, für notwendig erachtet, entsprach keineswegs seinen Vorstellungen von der wirtschaftlichen Erschließung der deutschen „Interessensphäre". Das gleiche galt für die andauernden Konflikte zwischen Missionaren und chinesischem Staat bzw. chinesischer Bevölkerung, die der von der Marine intendierten ruhigen Entwicklung des „deutschen Hongkongs" entgegen standen. Der Grund für die zunehmende Zurückhaltung von Reichsregierung und Marineleitung namentlich gegenüber der in Shantung vorherrschenden katholischen Mission lag in der Abneigung der Chinesen gegenüber den christlichen Missionen, die mit ihrem Anhang infolge der „Kapitulationen" Chinas seit den Opiumkriegen (1840ff.) Missionsfreiheit, Konsulargerichtsbarkeit und Exterritorialität genossen und auf diese Weise einen „Staat im Staate" bildeten. Dass sich aus dieser bevorrechtigten Stellung ständige Reibungen zwischen den Missionaren und den einheimischen Behörden sowie der Bevölkerung ergaben – Anfang 1901 sah sich das Auswärtige Amt sogar gezwungen, dem Gesandten in Peking einen eigenen Sachbearbeiter nur für Entschädigungsansprüche beizugeben –, war eine fast zwangsläufige Folge. „Nehmt euer Opium und eure Missionare fort, und ihr werdet willkommen sein", soll schon 1869 der Prinz Kung dem englischen Gesandten in Peking gesagt haben.[102]

102 Nach W. Franke, China und das Abendland, Göttingen 1962, 69; zur Rolle der Mission vgl. H. Gründer, Christliche Mission und deutscher Imperialismus, 276ff.

Dok. 29: Über die „Provokation" zur „Sanktion" – Der Missionar Richard Wilhelm über den *circulus vitiosus* von Gewalt und Sühneforderungen

Fragen wir nun nach den Erfolgen der Missionstätigkeit. Sie sind verschieden, je nach den Persönlichkeiten und den von ihnen angewandten Methoden. Es ist klar, daß, wenn ein noch so wohlmeinender Mann von beschränktem Gesichtskreis in ein hochkultiviertes Land wie China kommt und damit beginnt, die ganze, jahrtausende alte Kultur in Frage zu stellen und als Teufelswerk zu bezeichnen, er keinen Anhang unter den geistig hochstehenden Schichten finden wird. So waren es denn zunächst meist Menschen, die innerhalb des chinesischen Kulturzusammenhangs zu den Ausgestoßenen gehörten, die sich der Mission anschlossen. Die Mission bot finanzielle Vorteile, sie gewährte freie Verpflegung und Unterricht an ihre Zöglinge, oft bekamen die Eltern sogar noch eine Entschädigung, wenn sie ihre Kinder in die Missionsanstalten schickten. Auf diese Weise lassen sich überall Proselyten machen! Man kaufte kleine Mädchen auf, die von heruntergekommenen Eltern verstoßen waren. Man richtete Findelhäuser ein, in denen die kleinen Mädchen ernährt, gekleidet, erzogen und verheiratet wurden, und bald wurden diese Findelhäuser zu einem beliebten Versorgungsmittel für die Mädchen mittelloser Eltern. Als Prediger und Evangelisten fanden Gelehrte oft zweifelhafter Güte eine, wenn auch recht dürftig bezahlte Anstellung. – Diese „Lehrer" bekamen in der Regel geringere Gehälter als ein Koch oder eine Kinderfrau. – Ferner mischte sich die Mission – oft im besten Glauben – in die Prozeßangelegenheiten ihrer Konvertiten ein. Diese wußten oft als Christenverfolgungen hinzustellen, was in Wirklichkeit Erpressungsversuche auf ihrer Seite waren. Der Missionar aber benutzte in der Unkenntnis des Tatbestandes seine Stellung als Fremder, hinter dem die Macht der fremden Kanonenboote stand, um die Lokalbeamten zu zwingen, gegen ihr besseres Wissen dem christlichen Teil recht zu geben. Das alles wirkte anziehend auf zweifelhafte Elemente in der Bevölkerung. [...]
Ich selbst wurde einmal im Innern gefragt, wieviel der Eintritt in die evangelische Kirche koste. Als ich den Mann erstaunt fragte, was er meine, sagte er, er sei in Verlegenheit, weil er einen Prozeß hängen habe, und müsse in eine Kirche eintreten; er sei sich aber noch nicht klar, ob er in die Jesu Kiao (evangelische Kirche) oder die T'iäntschu Kiao (Himmelsherrn Kirche = katholische Kirche) oder die T'iälu Kiao (Eisenbahn Kirche) eintreten wolle. Er werde wohl die Eisenbahnkirche vorziehen, sie sei zwar etwas teurer als die anderen, aber auf der anderen Seite gehe sie auch viel rücksichtsloser vor (damals wurde in Schantung die Eisenbahn von Tsingtau nach Tsi[n]anfu gebaut). Das zeigt die Gesinnung jener Kreise.
Natürlich kam auf diese Weise weder das chinesische Volk noch die Mission zur Ruhe. Es war ein *Circulus vitiosus*. Der Missionar bedrängte den Beamten zugunsten seiner Christen und drohte mit Kanonenbooten oder sonstigen diplomatischen Eingriffen. Der Beamte gab nach und drückte auf die Bevölkerung, daß die Christen recht behielten. Die Bevölkerung endlich brach, wenn sich die Mißhandlungen gehäuft hatten, in irgendeinem lokalen Aufstand los, brannte die Missionsstationen nieder und schlug wohl auch einen Missionar tot. Dann griffen die fremden Mächte ein, entsandten Kanonenboote, führten Sanktionen durch – die Besetzung Tsingtaus war z.B. eine solche Sanktion –, und die Dinge begannen wieder von vorne.

Quelle: Richard Wilhelm, Die Seele Chinas, Berlin 1926, 221-224.

Im Programm des Staatssekretärs und seines Amtes spielten die christlichen (katholischen) Missionare, „bei den Chinesen die bestgehassten von allen Ausländern", wie es Prinz Heinrich, der kaiserliche Flottenchef, Anfang 1899 während einer Ostasien-Reise an seinen Bruder schrieb[103], aus diesem Grunde auch nur eine Rolle in der Schulpolitik. Nachdem die Steyler Mission ihre Schuldigkeit als probates Instrument bei der Ausschaltung des französischen Missionsprotektorates durch das Reich (1890) und bei der Annexion von Kiautschou (indem die China-Expedition als Sühneaktion für den Mord an den Missionaren hingestellt werden konnte) getan hatte, drohte sie durch ihr ständiges Konflikte verursachendes Wirken und infolge ihrer politischen Anmaßungen zu einem Hemmschuh der beabsichtigten „friedlichen" wirtschaftlichen Durchdringung „Deutsch-Chinas" zu werden. Das galt insbesondere für die Gebiete um die Shantung-Städte Ichow und Yenchow, die zum einen wichtige Einflussgebiete der Missionare waren, zum anderen 1899 zu bedeutenden Zentren der Boxerbewegung wurden. In dem Konflikt zwischen Missionaren und den „Boxern" (chin. *K'üan-fei*, „Faust-Rebellen") lag überdies ein wesentliches Element der 1900 ausbrechenden Boxer-Unruhen.

Die Boxerbewegung, die im Kontext der Jahrhunderte alten Tradition der unzähligen Sekten und Geheimbünde Chinas zu sehen ist, nahm ihren Ursprung in den Dorfmilizen, die in der Mitte des 19. Jahrhunderts vornehmlich zum Schutz gegen Räuberbanden entstanden waren.[104] Erst später entwickelte sie sich zu einer sozialrevolutionären Bewegung. Naturkatastrophen, soziale Verschlechterungen und Unzufriedenheit mit der fremden Regierung (der Mandschu), mit der sie sich schließlich verbündete, ließen ihre Reihen anschwellen. Allerdings bestand zwischen der Annexion von Kiautschou und der sich gleichzeitig im deutschen „Interessengebiet" vehement ausbreitenden Boxerbewegung und ihrer Konzentration im Raum Kaomi (wo die Bahnarbeiten begannen) kein alleiniger Kausalzusammenhang. Entscheidender für das Anwachsen der Unruhen als der bloße Umstand der deutschen Etablierung in Shantung war, dass diese Aktion den europäischen Großmächten das Startzeichen gab, sich gleichfalls in China einzurichten. In europäischen und ostasiatischen Zeitungen begann eine mit schonungsloser Offenheit geführte Diskussion über die weitere Einteilung von Interessensphären und die spätere Aufteilung des chinesischen Reiches. Auf chinesischer Seite führten diese Erörterungen und der „Wettlauf um die Konzessionen" zu einer allseitigen Reaktion (Hof, Regierung, öffentliche Meinung), wobei die deutsche Initiative zum „*scramble for China*" besonders herausgestrichen wurde.

Ein insgesamt höherer Stellenwert kommt allerdings den internen Schwierigkeiten Chinas infolge der Niederschlagung der Reformen von 1898 zu. Die Reformer

---

103 H. Gründer, Christliche Mission, 293.

104 Vgl. u.a. G. H. Dunstheimer, Le Mouvement des Boxers, Revue historique 231 (1964), 387-416; T. Grimm, Die Boxerbewegung in China. 1898-1901, Historische Zeitschrift 224 (1977), 615-634; S. Kuß – B. Martin (Hg.), Das Deutsche Reich und der Boxeraufstand, München 2002; M. Leutner – K. Mühlhahn (Hg.), Kolonialkrieg in China. Die Niederschlagung der Boxerbewegung 1900-1901, Berlin 2007.

hatten beabsichtigt, nach dem Vorbild Japans auch China durch eine Neuauslegung der konfuzianischen Klassiker und die Übernahme westlicher Bildung und Methoden schrittweise zu verändern. Die Reform-Edikte des Kaisers Kuang-hsü (1875-1908) offenbarten ihren progressiv-westlichen Charakter. Gegen diese „Überfremdung" mit westlichen Einflüssen richtete sich die Reaktion der militanten Ultrakonservativen unter Führung der alten Kaiserin-Witwe Tz'u-hsi (Cixi), die in der Lockerung und Aufgabe des alten Glaubens- und Traditionsgutes eine Untergrabung ihrer zugleich politischen und sozialen Monopolstellung sahen. Namentlich die „fremde" Religion wirkte als sozialrevolutionäres Ferment und gefährdete die althergebrachte bürokratisch-feudale Ordnung; denn die erstarkenden Christengemeinden bedrohten die tradierte Sozial- und Dorfstruktur und damit sowohl die kulturelle Hegemonie als auch das soziale Prestige der altkonservativ-feudalen Gentry. Sie (zer)störten nicht nur den religiös eingebetteten Familien- und Dorfverband durch ihre Abkehr von den überkommenen religiös-sozialen Wert- und Ordnungsvorstellungen, sondern wurden durch ihren Rückhalt bei den ausländischen Missionen auch im Rechts- und Staatsgefüge zu „Enklaven fremder Loyalität" (T. Grimm). Auch die „Boxer", als eine organisatorisch und ideologisch eminent religiöse und streng hierarchisch aufgebaute Bewegung, richteten sich mit ihrer zunehmenden Militanz gegen das Christentum als Hauptgegner, „antiimperialistisch" und „antichristlich" wurden seit der Boxererhebung zu synonymen Begriffen. Mit der Entmachtung der Reformer – die von Anfang an unter dem Einfluß amerikanischer und englischer Missionare gestanden hatten – brach eine neue Welle der Missionsfeindlichkeit durch, wobei schon die Selbsterhaltung des ultrakonservativen Regimes eine Freigabe des Fremdenhasses bedingte. Dieser richtete sich nunmehr gegen alle Ausländer, wie es auch in der Kampfparole „Unterstützt die Ch'ing (Mandschu), vernichtet die Fremden" zum Ausdruck kam.

Neben den genannten außen- und innenpolitischen Gründen waren sozioökonomische und soziokulturelle Veränderungen von nicht zu unterschätzender Bedeutung. Zu ihnen gehörten in Shantung neben dem für alle Provinzen zutreffenden Bevölkerungszuwachs eine Folge von verheerenden Dürre- und Hungerkatastrophen (u.a. durch Deichbrüche des Gelben Flusses) sowie Arbeitslosigkeit der Schiffer, Schleusenwärter, Speicherarbeiter und Schutzwächter an der Verkehrshauptschlagader der Provinz, dem Kaiserkanal, der infolge Versandung und Verlegung der Reistransporte über See an Bedeutung einbüßte. Wirtschaftliche Verschlechterungen brachten auch die zunehmenden auswärtigen Baumwollgarn- und Baumwolltuch- sowie Kerosinimporte. Die neuen Eisenbahnplanungen und -bauten, die nach 1897 gerade in der „deutschen" Provinz Shantung mit Vehemenz und Gewalt gegen örtliche Widerstandsakte (z.B. Kaomi) einsetzten, schufen zwar neue Arbeitsplätze und Verdienstmöglichkeiten, aber sie begannen auch die überwiegend bäuerlich-konservative Besitz- und Agrarstruktur nachteilig zu verändern. Sie verletzten vor allem die religiösen Gefühle der nicht von einer wachstumsgläubigen Wirtschaftsmentalität beeinflussten Bevölkerung. Die Öffnung einer Bergbaumine etwa störte nach ihrer Vorstellung die Götter und Geister, das *„feng-shui"* – wörtlich „Wind (und) Wasser“, gemeint ist die geomantisch zu verstehende Harmonie von Landschaft und ihrer Erschließung und Bebauung –, und rief Dürrekatastrophen oder Überschwemmungen hervor. Das gleiche galt für die (Sühne-)Kirchen, die mit ihren hochragenden neogotischen Türmen den „Himmel“ herausforderten („Es regnet nur deshalb nicht, und die Erde verdorrt nur deshalb, weil die christlichen Kirchen den Himmel verdunkeln“).[105]

Für alle Veränderungen sowie soziale und wirtschaftliche Not wurden die Fremden verantwortlich gemacht, die die prästabilierte Harmonie von religiös-kulturell aufgefasster Sozialordnung und magisch gesehener Natur zerstört hätten.

In der Boxerbewegung verbanden sich somit eine anfangs „primitive“ Rebellion aufgrund rein wirtschaftlicher Not oder sozialen Abstiegs sowie wirtschaftlich-sozialkonservative Protestbewegungen der Basis mit der reaktionären Hofkamarilla zu einer primär aus Fremden- und Christentumsfeindlichkeit genährten *Abwehrbewegung* (die erst als „abgebrochene Revolution“ kryptonationalistische Emanzipationsgedanken freisetzte). Erst als die Gentry die Führung in den Kampfverbänden der „Boxer“ – vielfach nur reine Räuberbanden – übernahm und den Kontakt zur reaktionären Führungsclique (Yü-hsien, Yü-lu, dem Generalgouverneur von Chihli, und schließlich zur Kaiserin-Witwe) herstellte, wurden die Missionsstationen und Christengemeinden, als physisch schwächstes Glied der Kette des westlichen Imperialismus, zum Hauptziel der Angriffe. Die „Boxerwirren“ und der „Boxerkrieg“ waren daher weder ein genuin religiöser Krieg, noch setzte sich in ihnen lediglich eine ausgesprochen antimodernistische „Maschinenstürmerei“ im Gefolge der westlichen wirtschaftlich-industriellen „Aufbrechung“ des Landes durch, sondern in ihnen manifestierte sich eine aus einer Reihe von Quellen – vornehmlich rückwärts gerichteter Art – gespeiste Abwehr-Ideologie gegen *jeden* westlichen Einfluß.

Insgesamt ist es während der Boxerwirren in Shantung weitgehend ruhig geblieben, da der Gouverneur Yüan Shih-k’ai, nicht zuletzt auf die Drohung der Deutschen hin, ihn zur Rechenschaft zu ziehen, den Schutz der Fremden zu garantieren vermochte, und da zum anderen das deutsche Gouvernement mit seinen, wenn auch geringen Truppen ein stabilisierendes Element darstellte. Der intrigante, nationalistisch-fortschrittliche und als deutschfreundlich geltende Yüan Shih-k’ai war im Dezember 1899 zum neuen Generalgouverneur von Shantung ernannt worden. Infolge seines energischen Durchgreifens – seine Elitetruppen waren von deutschen Instrukteuren ausgebildet worden – verlagerte sich der Schwerpunkt der fremdenfeindlichen Aktivitäten in die Provinz Chihli (heute Hopei). Hier sympathisierte der Gouverneur ebenso mit der Bewegung wie schließlich die Zentralregierung, die mit dem Fremdenhass ein Ventil für den Überdruck gefunden hatte, der aus ihren politischen Schwierigkeiten resultierte. Am 19. Juni 1900 erklärte sie unter dem Eindruck des teilweisen Erfolges der Boxer den europäischen Mächten den Krieg.

105 Zitat nach Kuo Heng-Yü, „Boxerbewegung“, in: China-Handbuch, hg. v. W. Franke, Düsseldorf 1974, 176.

Abb. 25: Bischof Johann Baptist von Anzer im Mandaringewand

Nach der Ermordung des deutschen Gesandten Freiherr von Ketteler fanden sich die betroffenen europäischen Staaten – nach anfänglichem Misstrauen – zu einer gemeinsamen Aktion zusammen. Aber erst am 25. September traf der von den Verbündeten akzeptierte militärische Oberbefehlshaber, Generalfeldmarschall von Waldersee, in Tientsin ein, über einen Monat nach der Einnahme Pekings durch ad hoc gebildete alliierte Truppen. Der „Weltmarschall" suchte daher durch brutale Nachhutgefechte und die Mitnahme erbeuteter chinesischer Kunstgegenstände einen Rest an Ruhm zu erwerben.[106]

Die „nachträgliche Genehmigung" bzw. die Frage der Indemnität für die eigenmächtig von der Reichsregierung unternommene Strafexpedition unter Graf Waldersee bildete auch für den Reichstag den Anlass, sich eingehender mit dem „China-Abenteuer" zu befassen. Im Zuge der z.T. heftigen Kritik an den militärischen Operationen und dem brutalen Vorgehen erhoben Sozialdemokraten und Freisinnige die Forderung, die staatliche Souveränität und Integrität Chinas durch den Rückzug der Truppen und die Aufgabe des Pachtgebietes wiederherzustellen. Au-

106 Er nahm u.a. die von Adam Schall von Bell um die Mitte des 17. Jahrhunderts erbauten astronomischen Instrumente aus dem Kaiserlichen Observatorium mit nach Deutschland. Sie wurden zeitweilig im Park von Sanssouci aufgestellt. Die Sozialdemokraten verlangten ihre Rückgabe, aber erst in Erfüllung des Art. 131 des Versailler Vertrags gab Deutschland sie an China zurück.

Abb. 26: Prinz Chun, der „Sühneprinz", verbeugt sich vor dem sitzenden Kaiser Wilhelm II.

gust Bebel brandmarkte, von Eugen Richter unterstützt, das Vorgehen der Regierung als „einen klipp und klaren Verfassungsbruch" – über den ja auch Hohenlohe stolperte – und schloss in seine Angriffe gegen die deutsche Chinapolitik die katholische Mission und vor allem ihren extrem nationalistischen Bischof Anzer mit ein, während auf die protestantische Mission nur einzelne Seitenhiebe fielen.[107] Die Mehrheit des Reichstags billigte jedoch das China-Unternehmen durch die Annahme des Zusatzetats. Namentlich das Zentrum erwies sich als die starke Stütze der Reichsregierung in der China-Debatte. Es sah in dem ganzen Kommando-Unternehmen auch keinen „Rachekrieg", sondern fasste es als „Sühne der begangenen Freveltat" und Unternehmen für die „europäische Zivilisation" und „christliche Religion" auf (Lieber).[108]

Die Entschädigung, die das Reich für die eigenen Kosten in China forderte (bis zum 1.5.1901 waren es 240 Mill. Mark), war erheblich. China wurde im sogenannten Boxer-Protokoll vom September 1901 neben der Entsendung einer Bußgesandtschaft unter dem Prinzen Chun, dem sogenannten Sühneprinzen[109], zur Zahlung von 90 Mill. Taels (etwa 280 Mill. Mark) Kriegsentschädigung verpflichtet; das waren 20% der gesamten Reparationen, wobei der deutsche Anteil nur von dem

107 Sten. Ber. 179, 20-36 (19.11.1900); Sten. Ber. 180, 1347, vgl. 1359-1363.

108 Sten. Ber. 179, 19 (19.11.1900).

109 Der Empfang der chinesischen Sühnedeputation in Potsdam ist dargestellt in Prinz Heinrich zu Schönburg-Waldenburg, Erinnerungen aus kaiserlicher Zeit, Leipzig ²1929, 182f., abgedruckt auch in H. Gründer, „...da und dort ein junges Deutschland gründen", Dok. 54.

russischen übertroffen wurde. Diese Bestimmungen des Protokolls und die Tatsache, dass sich das Reich im Boxeraufstand beträchtlich exponiert hatte, haben Deutschland einen lange nachwirkenden Prestigeverlust in China eingebracht, da die Sühneforderungen einen für das Reich der Mitte unvergesslichen Gesichtsverlust bedeuteten.

Abgesehen von diesen Sühneleistungen hat jedoch auf deutscher Seite keine ernsthafte Absicht zur Besetzung etwa ganz Shantungs bestanden. Auch an einer Aufteilung Chinas waren Auswärtiges Amt und Marineleitung letztlich nicht interessiert. Die Marineleitung (Berlin und Tsingtao) verhinderte überdies einen Rachefeldzug von Shantung aus gegen die Boxerbewegung. Das Primärziel wirtschaftlicher Expansion legte der deutschen Politik künftig größere politische Zurückhaltung auf. Jedenfalls wollte das Reich nicht noch einmal eine antichinesische Führungsrolle übernehmen und als meist gehasste fremde Macht in China dastehen. Aber auch die zunehmende außenpolitische Isolierung Deutschlands nach 1900 ließ das Prinzip der offenen Tür als die einzig sinnvolle Leitidee für eine wirtschaftlich orientierte deutsche Chinapolitik erscheinen. In einem Schreiben an Wilhelm II. vom 20.8.1900 hat Tirpitz diese langfristigen Absichten zu einem Plädoyer für die *Open Door*-Politik zusammengefasst:

> „Es empfiehlt sich auch vom größerpolitischen Standpunkte aus nicht, uns den Anschein zu geben, als ob wir in der Provinz Schantung weiter um uns greifen wollten. Andere Theile Chinas, vor allem das Yangtsegebiet, sind für den deutschen Handel viel wichtiger; die Politik der offenen Thür ist für seine Förderung das einzig Richtige. England würde uns Schantung gern überlassen, wenn wir dafür auf den Yangtse verzichten wollten. Wir müssen unseren politischen Einfluß in ganz China ausbreiten und dürften uns nicht auf diese kleine Ecke beschränken lassen. Schantung wird uns später sowieso als reife Frucht in den Schoß fallen, deshalb brauchen wir jetzt nicht die Hände danach auszustrecken“.[110]

Seit der Boxer-Rebellion geriet nicht nur die deutsche Fernostpolitik in die Defensive, sondern auch der deutsche Einfluß im „Interessengebiet“ Shantung verlor an Bedeutung, schon weil Berlin für diese Provinz nicht andere Interessenbereiche in China und ganz Ostasien aufgeben wollte wie namentlich das Yangtsetal. Das englisch-japanische Abkommen von 1902 markierte dann ebenso eine Schwächung der politischen Position des Reiches wie die Niederlage Russlands im russisch-japanischen Krieg 1904/05; denn der Sieg Japans bedeutete nicht nur eine ernst zu nehmende Konkurrenz von dieser Seite auf wirtschaftlichem Gebiet in Shantung, die Niederlage Russlands schmälerte auch Deutschlands Stellung als vermittelnder Faktor zwischen den beiden rivalisierenden Nationen und minderte seinen möglichen Rückhalt bei Russland gegenüber englischen Pressionen im Fernen Osten. Schließlich trug das wachsende Selbstbewusstsein der Chinesen nach der ersten Niederlage einer „weißen“ Nation und der neue chinesische Nationalismus im

110 Nach W. Stingl, Der Ferne Osten in der deutschen Politik vor dem ersten Weltkrieg, Frankfurt a. M. 1978, 334f.

Zuge der späten Ch'ing Reformen, die an den prowestlich-modernisierenden Reformversuch von 1898 anknüpften, zu einer Blockierung der deutschen Aktivitäten in der „Interessensphäre" bei.

So stellte die chinesische Provinzverwaltung schon aus Prinzip keine deutschen Berater ein, noch vergab sie lukrative Aufträge an die Deutschen. Auf diese Weise spielten sie, vor allem in militärischen Angelegenheiten, eine weitaus geringere Rolle, als sie möglicherweise ohne ihren Anspruch auf das „Interessengebiet" ausgeübt hätten. 1905 zogen sich die letzten deutschen Truppen aus dem Innern der Provinz zurück und überquerten nie wieder die Grenzen des „Pachtgebietes". Von den drei im Pachtvertrag projektierten Eisenbahnlinien konnte nur die erste von Tsingtao nach Tsinan gebaut werden. Die Chinesen verstanden es zunehmend, die Bestrebungen der Deutschen zur Ausbreitung ihres Einflusses via Eisenbahn erfolgreich zu konterkarieren. So gelang es ihnen z.B. bis 1907, das von der Shantung-Eisenbahngesellschaft entlang der Bahnlinie in Angriff genommene Post- und Telegraphensystem zu sabotieren. Bereits seit 1906 war Kiautschou, das bis dahin vergleichsweise unabhängig vom chinesischen Zollsystem gewesen war, in dieses integriert worden; 80% der Zolleinnahmen gingen seitdem an die chinesischen Behörden nach Peking, nur 20% an das Gouvernement.

Geschäftlich entwickelte sich die Shantung-Eisenbahngesellschaft, 1899 mit einem Grundkapital von 54 Mill. Mark gegründet, dagegen durchaus günstig. 1904 konnte die Shantung-Bahn von Tsingtao in die Provinzhauptstadt Tsinan mit Anschluss an das Kohlerevier bei Poschan in Normalspurweite eingleisig fertig gestellt werden (435 km), womit der Anschluss an die projektierte Tientsin-Pukow-Bahn, die Verbindung zwischen den Hauptstädten Peking und Nanking, gegeben war. Insbesondere der Personenverkehr – es gab Personenwagen 1. und 2. Klasse sowie Wagen der 3. Klasse für Chinesen, die der deutschen 2., 3. und 4. Klasse entsprachen – zeigte eine stetige Aufwärtsentwicklung. Der Frachtverkehr entwickelte sich anfangs nicht so schnell und günstig wie erhofft, was mit den Misserfolgen der Shantung-Bergbaugesellschaft im Kohlrevier von Weihsien zusammenhing. Dennoch stellten Kohle, Koks und Briketts das wichtigste Frachtgut der Bahn dar. Die stetige Aufwärtsentwicklung zeigt sich auch in der Dividendenzahlung für die Aktionäre der Shantung-Eisenbahn-Gesellschaft. Nachdem für das Jahr 1904 bereits 2% gezahlt worden waren, obgleich die Bahn noch kein volles Jahr in Betrieb war, stieg die Dividende von 3,25% im Jahr 1905 über 5% plus 1,5% Superdividende (1910) auf 5% plus 2,5% Superdividende im Jahr 1913.[111]

Dagegen sind aus deutscher Sicht die deutschen Bergbauunternehmungen in Shantung als ein völliger Fehlschlag zu bezeichnen. Das Vorkommen reicher Bodenschätze in Shantung, vor allem Steinkohle und Eisenerze, deren Abbau nach europäischen Methoden Ferdinand von Richthofen als lohnend angesehen hatte,

---

[111] V. Schmidt, Die deutsche Eisenbahnpolitik in Shantung 1898-1914. Ein Beitrag zur Geschichte des deutschen Imperialismus in China, Wiesbaden 1976, 92. Zur Entwicklung des Personenverkehrs, des Frachtgeschäftes, der Art der beförderten Güter sowie der Einnahmen ebd., 90-94.

war ja einer der maßgeblichen Gesichtspunkte bei der Entscheidung für Kiautschou als deutschen Stützpunkt in China gewesen. Das Reich hatte sich daher im Pachtvertrag ein Monopol für die Ausbeutung der bedeutendsten Steinkohlefelder gesichert, und gleichzeitig mit der Shantung-Eisenbahngesellschaft war 1899 von derselben deutschen Finanzgruppe die Shantung-Bergbaugesellschaft (Kapitaleinlage 12 Mill. Mark) als Kolonialgesellschaft mit Sitz in Tsingtao gegründet worden. Sie erschloss zunächst das 170 km von Tsingtao entfernt gelegene Weihsien-Kohlefeld, doch entsprach die seit 1903 mit modernsten Anlagen geförderte Kohle bei weitem nicht den Erwartungen. Als Kriegsschiffe mit der neuen Kohle Versuche machten, beklagte sich der Ingenieur, „dass die Kohle zu unökonomisch brenne, die Heizer beklagten sich, dass sie trotz des angestrengten Arbeitens kaum Dampf halten könnten, und der Kommandant beklagte sich, dass die Kohle sein weißes Schiff noch rußiger mache, als selbst japanische Kohle".[112] Die Absatzmöglichkeiten besserten sich erst nach der Errichtung einer Kohlewaschanlage und einer Brikettfabrik im Jahre 1906. Günstigere Bedingungen, d.h. reine Fettkohle in ungestörter Lagerung, bestanden dagegen in dem zweiten, seit 1906 bei Poschan in Betrieb genommenen Revier.

Dennoch erreichte die gesamte Kohleförderung im „Interessengebiet" Shantung 1908 nur etwa ein Fünftel der Jahresförderung eines größeren schlesischen Bergwerkes. Die insgesamt schlechte Qualität der Kohle (mit Ausnahme der in Poschan geförderten) verhinderte einen Verkauf in größeren Mengen an die Shantung-Eisenbahngesellschaft und an die Marine. Ein Export auf den ostasiatischen Markt fand so gut wie nie statt. Auch die Grabungen nach Gold, Silber, Kupfer, Zinn und Glimmer ergaben keinen lohnenden Abbau. Die Shantung-Bergbaugesellschaft blieb ein Verlustunternehmen, das nie Dividende zahlte. Als sie 1913 in der Shantung-Eisenbahngesellschaft aufging, betrug der Verlust 1 237 111 Mark. Nicht anders erging es der Deutsch-Chinesischen Seiden-Industrie-Gesellschaft, die 1902 eine moderne Seidenfabrikationsanlage in Kiautschou aufbaute. Sie schloss 1909 ihre Pforten. Allein kleinere deutsche Industrieunternehmen wie eine Bierbrauerei („Germania") und die Shantung-Eisenbahn-Gesellschaft arbeiteten mit Gewinn.

Eine stimulierende Wirkung hatten die deutschen Bergbauunternehmen und die Errichtung der Bahnlinie dagegen auf die chinesischen Betriebe, abgesehen davon, dass die kleineren chinesischen Gruben aufgrund des geringeren Kapitalaufwandes weitaus rentabler arbeiteten als die hochmodernen Anlagen der Shantung-Bergbau-Gesellschaft. Die Ausbeutung der einheimischen Bodenschätze durch die Ausländer provozierte die Anstrengungen der Chinesen und gab den Anstoß für einen moderneren, staatlich geförderten Bergbau in Shantung, wie er anderswo in China schon länger betrieben wurde, in Shantung aber ohne die Herausforderung durch den deutschen Imperialismus wahrscheinlich erst sehr viel später in Gang gesetzt worden wäre. Auf diese Weise wurde der chinesische Bergbau nicht nur zu einer der Ursachen des Misserfolgs der deutschen Bergbauunternehmungen, er übte

[112] H. Weicker, Kiautschou, das deutsche Schutzgebiet in Ostasien, Berlin ²1908, 145.

zugleich einen „dekolonisierenden Effekt" aus. Dieser Effekt lässt sich beispielsweise an der zunehmenden Eingrenzung der deutschen Bergbau-Privilegien ablesen. 1911 musste die Shantung-Bergbau-Gesellschaft nach ständigen Auseinandersetzungen mit den Provinzbehörden und der deutschfeindlichen Gentry auf alle ihre aus dem Pachtvertrag zustehenden Berggerechtsame außerhalb der Bergbaudistrikte verzichten. Ihr Monopol beiderseits der Tsingtao-Tsinan-Linie innerhalb der neutralen Zone hatte sie aufzugeben. Der Verlust dieser Monopolstellung bedeutete in der Tat ein evidentes Zeichen der Schwäche des Reichs in Shantung, wenn er auch den finanziellen Möglichkeiten der Bergbaugesellschaft entsprach.

Die Konzessionen der 1900 unter Führung des Hamburger Handelshauses Arnold, Karberg & Co gegründeten „Deutschen Gesellschaft für Bergbau und Industrie im Auslande" wurden, nach Jahren der Verhandlung, ebenfalls von 120 000 li^2 auf ganze 210 li^2 reduziert. Außerdem erhielt die Gesellschaft nicht einmal ein Monopol für diese Gebiete; sie sollte ganz unter chinesischer Verwaltung stehen und die chinesischen Bergbaugesetze anerkennen. Bevor sie ihre Unternehmungen überhaupt richtig in Gang setzen konnte, gab sie auf. Als schließlich der Vertrag für die Bahnlinie Tientsin-Pukow nach beinahe zehnjährigen Verhandlungen unterzeichnet wurde, konnten seine Bedingungen als die großzügigsten angesehen werden, die China je zuvor für eine Eisenbahn-Anleihe gewährt wurden. Die Kontrolle und der Betrieb der Linie befanden sich nicht in den Händen der Konzessionäre, sondern unterstanden der chinesischen Verwaltung. Selbst bei einem Defizit war es den ausländischen Geldgebern nicht erlaubt, die Bahn zu übernehmen. An der Geschichte der Tientsin-Pukow-Konzession mit den umfangreichen Einbußen an den vor 1900 erzwungenen Rechten und Optionen lässt sich das erstarkte Selbstwertgefühl der Chinesen und die schwindende Kraft des deutschen und europäischen (Eisenbahn-)Imperialismus in China am deutlichsten ablesen.

Auch im Handel über Kiautschou vermochte Deutschland seine Position anteilmäßig nicht zu verbessern. Bei den Einfuhren über Tsingtao lagen die Deutschen 1907 hinter den Japanern (50 bis 55%), den Engländern (20-25%) und den Amerikanern (15%) erst auf dem vierten Platz. Bis 1913 sank der deutsche Anteil am Handel über Tsingtao auf 8%.[113] Wenn die Exporte von und die Importe nach Kiautschou auch ständig gestiegen waren, so war dies doch nicht zu Deutschlands Gunsten geschehen. Wie Erzberger am 21.3.1908 im Reichstag bekundete, wollte er nicht leugnen, „dass die Aus- und Einfuhr in den Häfen sehr gestiegen (war), aber nicht zu unserem Vorteil, da wir alle Ausgaben, die wir für Kiautschou machten, im großen und ganzen den Japanern und Chinesen zu gute kommen lassen".[114] Tatsächlich erhielt Deutschland nur einen äußerst geringen Prozentsatz seiner Investitionen in der Provinz und seiner Kosten für den Ausbau Kiautschous zurück.

Aus deutscher Perspektive erwies sich das Abenteuer in Shantung somit als ein Fehlschlag. Zum einen wurde das Pachtgebiet nie zu dem lukrativen Investitionsge-

113 J. E. Schrecker, Imperialism and Chinese Nationalism, 234f.

114 Sten. Ber. 231, 4175.

biet, zu dem es die Kolonialbegeisterten gemacht und das sich Wirtschaft und Marine erhofft hatten. Tirpitz' Traum von einem ganz Ostasien beherrschenden Schwerindustriezentrum ging nie in Erfüllung. Der politische Gewinn und der wirtschaftliche Nutzen entsprachen bei weitem nicht den hohen Erwartungen bzw. den immensen Kosten. Aus der Einsicht, dass weder die machtpolitischen Pressionen noch die wirtschaftlichen Investitionen den erstrebten Zugang zum weiterhin verklärten China-Markt ermöglicht hatten, aber auch aus der offensichtlichen macht- und wirtschaftspolitischen Schwäche des Reiches in China, setzte die deutsche Politik deshalb zunehmend auf eine geänderte Form deutscher Weltpolitik, nämlich eine „deutsche Kulturmission" in China[115], wobei auch in dieser Beziehung der in Wirklichkeit defensive Zug hinter gesteigerter Dynamik und z.T. aggressiver Propaganda auffällt.

Erstmals 1902 hatte der deutsche Gesandte Frhr. Mumm von Schwarzenstein in einem grundsätzlichen Statement gegenüber Reichskanzler Bülow die Notwendigkeit einer deutschen „Kulturmission" in China begründet. Nach der Auffassung des Gesandten waren sämtliche vorangegangenen Versuche, „den kranken Mann des fernen Ostens durch äußere Mittel zu kurieren und zu einem brauchbaren Mitglied der großen Völkerfamilie umzuformen", fehlgeschlagen: „Weder die Eröffnung zahlreicher Häfen für den Handelsverkehr noch die Einführung von Dampfschiffen, Eisenbahnen und Telegraphen hatten sich bisher als wirksam erwiesen. Ebenso wenig hatten die auf eine Reihe von unglücklichen Kriegen folgenden Amputationen von Gebietsteilen vermocht, den ungefügen Koloss aus dem Schlafe zu rütteln". Erst durch die Demütigungen im Gefolge der Boxerbewegung sah der Gesandte den „Hochmut der leitenden Kreise" so hinreichend gebrochen, dass sie die proklamierte Überlegenheit der westlichen Bildung anerkannten.[116] Auf der gleichen Linie setzte 1907 sein Nachfolger, Graf Rex, die Argumentation fort, indem er eine großzügige deutsche Politik in China forderte, die Tsingtao zu einer Bildungsstätte für Chinesen auf allen Gebieten ausgestalten sollte. „Ich würde es für einen schweren Fehler halten", begründete er seine geplanten Maßnahmen für ein breit gefächertes Bildungsangebot, das die Chinesen zugleich mit der Annexion des Pachtgebietes versöhnen und die Schranken zur Bevölkerung niederreißen sollte, „wenn wir den Besitz von Kiautschou nicht in großem Maßstabe ausnützten. Lehren wir den (sic) Chinesen nicht die westliche Kultur, nun so werden es andere Länder tun. Heute würden wir noch die ersten auf dem Platze sein und einer wesentlichen Konkurrenz nicht ausgesetzt sein".[117] Mit diesem allerdings verfehlten Optimismus beantragte der Gesandte eine Million Mark und einen jährlichen Zuschuss des Reichstages.

Der Reichstag war jedoch keineswegs einhellig der Überzeugung, dass ein stärkeres – finanzielles – Engagement in China notwendig wäre. Der SPD-Abgeord-

---

[115] Vgl. R. vom Bruch, Weltpolitik als Kulturmission. Auswärtige Kulturpolitik und Bildungsbürgertum in Deutschland am Vorabend des Ersten Weltkrieges, Paderborn 1982.

[116] Mumm an Bülow, 10.4.1902, zit. n. H. Gründer, Christliche Mission und deutscher Imperialismus, 315.

[117] Rex an Bülow, 5.5.1907, ebd.

Abb. 27: Chinesische Schüler beim Chemieunterricht an der Deutsch-Chinesischen Hochschule

nete Ledebour verlangte in der Budgetkommission sogar eine Rückgabe des Pachtgebietes an China, und selbst Erzberger beurteilte die Bedeutung Kiautschous für Deutschland äußerst skeptisch. Nach seinen – an Bebel anschließenden – Bemerkungen im Reichstag hätte man mit den 110 Millionen Mark an bisherigen Subsidien für Kiautschou selbst „aus der Mark Brandenburg den schönsten Garten der Erde“ machen können.[118] Während der Reichstag nur 50 000 Mark zusätzlich bewilligte, stellte die Reichsregierung dem Gesandten aufgrund seines eindringlichen Berichtes eine vorerst einmalige Summe von 300 000 Mark zur Errichtung und Ausstattung von deutschen Lehranstalten für chinesische Schüler zur Verfügung. Nach dem Vorbild der Amerikaner die chinesischen Zahlungen aus der Boxer-Entschädigung (jährlich ca. 10 Mill. Mark) für kulturpolitische Zwecke zu verwenden, dazu konnte man sich allerdings nicht entschließen.

Als zentrales Projekt der deutschen „Kulturmission im großen Stil“, wie der „Ostasiatische Lloyd“, die Zeitung der nationalen Interessenlobby in China, schrieb[119], galt die Errichtung einer deutschen Universität in Tsingtao. Erklärtes

118 Sten. Ber. 231, 4175 (21.3.1908).
119 Hochschulen in Shantung und Tsingtau, Ostasiatischer Lloyd Nr. 29 v. 17.7.1908.

Ziel ihrer Propagandisten in Kiautschou war es, den „politischen" Plänen der vereinigten „American Presbyterian Mission" und der „English Baptist Mission" in Shantung (Shantung Christian University) entgegen zu wirken. Andererseits stellte die am 25.10.1909 eröffnete Deutsch-Chinesische Hochschule[120] das Ergebnis einer engen deutsch-chinesischen Kooperation dar. In ihrer Verwaltung trug sie der kulturellen Souveränität Chinas Rechnung und war schon von daher Ausdruck einer geänderten Kulturpolitik des Deutschen Reiches. 1914 zählte sie über 400 Studenten, unterrichtet von 26 deutschen und 6 chinesischen Lehrern.

Der Einfügung deutscher Kulturelemente in die chinesische Reformbewegung sollte auch die unter maßgeblicher Beteiligung des liberalen „Allgemeinen evangelisch-protestantischen Missionsvereins" und persönlichem Einsatz von Paul Rohrbach während der Revolution 1911 begründete Schu-Fan-Mädchenoberschule dienen (*Schu-Fan*: Vorbild edler Weiblichkeit). Auch hier waren es die Vorbilder amerikanischer und englischer Missionen und damit die Befürchtungen eines angelsächsischen Vorsprungs an Einfluss auf Familie und Schule, die die national-liberalen „Stifter" und Geldgeber, vor allem in Tsingtao ansässige Hamburger Firmen wie Arnold, Karberg & Co., Deutsch-Asiatische Bank, Carlowitz & Co., Hamburg-Amerika-Linie, Melchers & Co., Norddeutscher Lloyd und Siemssen & Co., zu dem Vorhaben bestimmten. Die deutsche Mädchenoberschule war hauptsächlich als Lehrerinnenseminar (mit seinem Multiplikatoreffekt) gedacht, um junge Mädchen „vorzugsweise der höheren Klassen Chinas" unter Ausschluss des Religionsunterrichts vom Lehrplan „im Geiste wahrer deutscher Kultur zu erziehen".[121] Insgesamt wurden in den siebzehn Jahren deutscher Herrschaft eine Gouvernementsschule, 26 Grundschulen, zehn Missionsschulen, vier Berufsschulen und eine „Spezialhochschule" errichtet[122].

Paul Rohrbach, Mitglied und Propagandaredner des „Allgemeinen evangelisch-protestantischen Missionsvereins", war es auch, der mit seinem Werk „Deutschland in China voran!" (1912) den propagandistischen Durchbruch für eine deutsche Kulturmission in China, die dem englischen, amerikanischen und japanischen Einfluß Widerpart bieten und neben dem wirtschaftlichen Einfluss dem deutsch-chinesischen Schulwesen die zentrale Rolle zuweisen wollte, erzielte. Für den betriebsamen Publizisten und Propagandisten des „Deutschen Gedankens in der Welt" und den Verfechter und Anhänger eines „Größeren Deutschlands" hatten Politik, Mission, Presse und privater Unternehmungsgeist rastlos und einmütig zusammen

[120] Sie bestand aus zwei Stufen, der Mittelschule, in etwa einem Gymnasium entsprechend, und der eigentlichen Hochschule, zu deren Besuch man die Mittelschule abgeschlossen haben mußte. Studiert werden konnte an vier Fakultäten Jura und Politik, Natur- und Ingenieurwissenschaft, Land- und Forstwissenschaft und Medizin. Angeschlossen waren Bibliotheken, Laboratorien und eine Modellfarm.

[121] Vgl. H. Gründer, Liberale Missionstätigkeit im ehemaligen „Pachtgebiet" Kiautschou (China), liberal 22 (1980), 522–529.

[122] Vgl. Chun-Shik Kim, Deutscher Kulturimperialismus in Kiautschou (China), 1898-1914, Wiesbaden 2004.

zu arbeiten, um Deutschland den „seiner Bedeutung entsprechenden Anteil" auf dem „zukunftsreichsten Boden" der Erde zu sichern. Denn ob die Deutschen ein „Weltvolk" würden, das hing nach Rohrbach allein von der Einsicht in die Notwendigkeit einer deutsch-christlichen Kulturmission in China ab. Die Mission konnte und sollte bei dieser Aufgabe als „Schrittmacher für die Interessen unserer nationalen Kultur unter fremden Völkern" dienen.[123]

Missionsschulen waren schon nach 1900 zum Schwerpunkt der sogenannten kulturellen Invasion des Westens geworden. Nahezu die gesamte Schultätigkeit im „Pacht"- und Interessengebiet lag in den Händen der drei deutschen Missionen (Steyler Mission, Berliner Missionsgesellschaft, Allgemeiner evangelisch-protestantischer Missionsverein). In bescheidenem Umfang bildeten auch die Gouvernementsschule und die deutsch-chinesische Hochschule chinesische Schüler aus. Die intensive Schulpolitik wurde durch medizinische und literarische Bemühungen unterstützt. Wenn Graf Rex allerdings 1907 gemeint hatte, Deutschland befände sich noch in der Vorhand bei seinem „kulturellen" Engagement, so zeigte die nahezu panische Reaktion auf die zunehmenden Aktivitäten der Engländer und Amerikaner, dass davon in keiner Weise die Rede sein konnte. Ohnehin nahmen sich die deutschen Schulen im Vergleich mit den englischen und amerikanischen in ganz China eher bescheiden aus. Gegenüber den über 100 000 Schülern in amerikanischen und englischen Lehranstalten fielen die etwa 5 400 Schüler der deutschen (Missions-)Schulen kaum ins Gewicht.[124] Die Scholarisationsquote im „Pachtgebiet" lag bei mageren 0,8%, der niedrigsten in allen deutschen Schutzgebieten. Als sich die Reichsregierung im Sommer 1914 schließlich entschloss, die Missionsschulen im Sinne ihrer Deutschtumspolitik durch finanzielle Zuwendungen stärker zu unterstützen, kamen diese Maßnahmen infolge des Kriegsausbruchs nicht mehr zum Tragen. Bereits am 27. August 1914 landeten japanische Truppen in Shantung, und am 7. November kapitulierte die kleine Besatzung des Stützpunktes vor einer gewaltigen Übermacht.

---

123 W. Mogk, Paul Rohrbach als Organisator der „Hamburg-Bremer-Spende" (1908-1912). Ein Beitrag zur Geschichte des Allgemeinen Evangelisch-Protestantischen Missionsvereins, in: Christ aus Weltverantwortung in der Herausforderung der Gegenwart, hg. v. W. Kersten-Thiele, Düsseldorf 1966, 118; vgl. ders., Paul Rohrbach und das „Größere Deutschland". Ethischer Imperialismus im Wilhelminischen Zeitalter. Ein Beitrag zur Geschichte des Kulturprotestantismus, München 1972, bes. 160-163.

124 Chen Chi, Die Beziehungen zwischen Deutschland und China bis 1933, Hamburg 1973, 146-149.

VII. Herrschaftsideologie und koloniale Praxis

Großmachtstreben, Siedlungspolitik und wirtschaftlicher Gewinn standen zweifelsohne im Vordergrund jeder kolonialen Expansion. Darüber hinaus hat es nicht an sendungsideologischen und kulturmissionarischen Rechtfertigungen gefehlt, die koloniale Herrschaft mit dem moralischen „Auftrag des weißen Mannes" begründet haben, weniger entwickelten Völkern die Segnungen europäisch-westlicher Zivilisation und des abendländischen Christentums zu bringen. Seit dem ausgehenden 19. Jahrhundert dienten vorrangig sozialdarwinistische Motive, denen zufolge der organische Überlebenskampf in den Bereich der Nationen und Völker übertragen wurde und die im Sinne eines „Naturgesetzes" verstanden wurden, als ideologische Erklärungsgrundlage für den Expansions*trieb*. Der Sozialdarwinismus vermischte sich zugleich mit älteren, kulturanthropologischen Vorstellungen, denen zufolge „Entwicklung" von den niedrig stehenden „Natur-" zu den höherwertigen „Kulturvölkern" stattfinde. Aus dem Gedankengut der evolutionären Kulturanthropologie und des axiomatischen Sozialdarwinismus ergab sich mithin die Rechtfertigung der Herrschaft der „weißen Rasse" und die Legitimierung der bevorzugten Stellung des eigenen Volkes („Herrenvolk"), was selbst – wie dies der Kolonialpropagandist Wilhelm Hübbe-Schleiden formuliert hat[1] – für die „Plebejer" dieser Rasse gegenüber den Angehörigen unterlegener Rassen galt.

Wie hatte man demzufolge mit den kolonial eroberten Völkern, den „Eingeborenen", umzugehen, wenn man sich selbst, wie es vorrangig die „Alldeutschen" taten, als „deutsche Edelrasse" verstand?

Die vorherrschende Sichtweise hinsichtlich der „Behandlung der Eingeborenen" manifestierte sich – erstens – in einem *paternalistischen* Standpunkt, wie ihn etwa der Afrikareisende und Kolonialoffizier Hermann von Wissmann in einem „Ratgeber" für den „Aufenthalt und Dienst" in den afrikanischen Schutzgebieten vertrat[2]. Wissmanns propagierter Devise des „streng, aber gerecht" lag die von der Evolutionstheorie beeinflusste Vorstellung zugrunde, der zufolge sich die Afrikaner noch im entwicklungsgeschichtlichen Stadium der „Kindheit" befänden – was sich nicht zuletzt in der gebräuchlichen Bezeichnung *boy* für Afrikaner jeden Alters niederschlug[3]. Selbstverständlich gingen auch die Vertreter eines gemäßigt-pater-

---

[1] W. Hübbe-Schleiden, Ethiopien. Studien über West-Afrika, Hamburg 1879, 294.

[2] H. von Wissmann, Afrika. Schilderungen und Rathschläge zur Vorbereitung für den Aufenthalt und Dienst in den deutschen Schutzgebieten, Berlin 1895.

[3] Dass diese „paternalistische" Erziehung allerdings auch der weißen „Herrin" zufallen konnte, darüber legen selbst die Anweisungen beredtes Zeugnis ab, die sich in dem „Praktischen Kochbuch" der Henriette Davidis finden, dem wohl meist benutzten Lehrbuch für die bürgerliche Küche des wilhelminischen Deutschlands (H. Davidis, Praktisches Kochbuch für die gewöhnliche und feinere Küche. Vollständig neu bearbeitet und erweitert von Rudolf Zäch, Reutlingen 1911, hier: 992 f.).

nalistischen Standpunktes in der Eingeborenenbehandlung von den geistigen und charakterlichen Defiziten der Afrikaner aus. Während sie aber immerhin auch „positive" Eigenschaften bei ihnen entdeckten und letztlich am „zivilisatorischen Auftrag" festhielten, wurden bei alldeutsch-rassistischen Kolonialverfechtern selbst widerwillig zugestandene musisch-künstlerische und gewisse „funktionale" Fähigkeiten der Afrikaner von dem Stereotyp des rohen, gewalttätigen und geistig bedürfnislosen „Wilden" überdeckt (Dok. 30).

Dok. 30: Über den „Charakter des westafrikanischen Negers" – Aus dem Artikel einer deutsch-nationalen Kolonialzeitschrift, 1907

Welches ist nun der Charakter des westafrikanischen Negers?
Sorglose Trägheit, rohe Sinnlichkeit, Eitelkeit, Prunkliebe, Leidenschaftlichkeit, Rücksichtslosigkeit, ja Grausamkeit; daneben auch Gutmütigkeit und tierische Anhänglichkeit und teilweise Unterwürfigkeit; Liebe zum Lärm, zur Musik – soweit sie diesen Namen verdient – und Spiel. Geistige Bedürfnisse hat der Neger nicht, Wissensdurst ist ihm fremd, hat er hinreichend zu essen und eine Pfeife Tabak, dann fehlt ihm nichts mehr. Sorgen für die Zukunft kennt er nicht und hat er Gelegenheit, Geld zu verdienen – als Angestellter bei der Regierung oder Kaufleuten, Pflanzern, Missionen – so weiß er es nicht zu verwerten und gibt es für unnütze, seiner kindlichen Phantasie entsprechende Dinge wieder aus. Wirklich zuverlässige Menschen, denen man ohne Aufsicht, in irgendeiner Weise eine Art Vertrauensposten überlassen könnte, gibt es unter ihnen nicht. Die sittliche Kraft geht ihnen ab, so dass sie, selbst wenn sie wollten – und der gute Wille ist manchmal zu finden – nicht könnten. Das Verantwortlichkeitsgefühl kann in ihnen, durch die infolge des wilden, ungezügelten Lebens erzeugte Verhärtung und Verrohung des Gefühls, nicht aufkommen.
Aber trotz dem Fehlen der geistigen Bedürfnisse schlummern in ihnen die geistigen Fähigkeiten und unter zweckmäßiger Leitung können sie ganz erkleckliches leisten. Musik und Kunstsinn sind ihnen – wenn auch nach unserem Maßstab sehr primitiv – nicht fremd. Das Gedächtnis ist im Allgemeinen gut, die Beobachtungsgabe ebenfalls vorhanden und um die Rednergabe werden sie von vielen Europäern beneidet. Allerdings, sobald es sich darum handelt, mit Hilfe des Verstandes etwas zu erfassen, zu forschen, zu überlegen, dann stecken sie; die Logik wird ihrem Egoismus, ihrer Trägheit angepasst.

Quelle: Dr. Friedrich Hey, Die Eingeborenen West-Afrikas und unsere Stellung zu ihnen, Die Deutschen Kolonien. Monatsschrift des Deutschvolklichen Kolonialvereins, 6. Jg., Nr. 2, Berlin 1907, 48.- Der Autor war seit 1895, zunächst als Missionsarzt, dann als Firmenarzt, an der Goldküste und in Kamerun tätig.

Wenn derartige Vorstellungen, die einem – zweitens – *radikal-rassistischen* Standpunkt entsprangen, auch hauptsächlich auf die Bewohner afrikanischer Kolonien gemünzt waren – Afrika stand eindeutig im Vordergrund der deutschen kolonialpolitischen Diskussion –, sind jedoch auch die Samoaner, die bereits zu Beginn des 19. Jahrhunderts eine umfassende Missionsschulausbildung genossen hatten, dem rassistischen Verdikt der begrenzten Bildungsfähigkeit nicht entgangen[4]; ließ sich doch auf diese Weise koloniale Herrschaft als notwendig und geradezu zwangsläufig legitimieren. Schließlich setzte sich selbst im Hinblick auf die sogenannten alten Kulturvölker wie die Chinesen, deren von den Reisenden des 18. Jahrhunderts gerühmte Kultur und Staatlichkeit zu einer wahren China-Begeisterung des Westens geführt hatte, der rassenideologische Gedanke politisch-kultureller Stagnation gegenüber der Dynamik Europas durch[5].

Klischeevorstellungen und Stereotype hinsichtlich der kolonisierten Völker blieben keineswegs auf alldeutsche Publizisten und die koloniale Trivialliteratur beschränkt. Vielmehr lieferten große Teile der Wissenschaften – wie die Völkerkunde, Kulturanthropologie, Geographie und Medizin[6] – die scheinbar wissenschaftlichen Grundlagen für die rassistische Ideologie der biologischen, geistigen und kulturellen Überlegenheit der weißen Rasse. Deshalb blieb für den Geographen und Schulbuchautor Alfred Kirchhoff (1838-1907), Vorstandsmitglied der „Deutschen Kolonialgesellschaft“ und einer der „Flotten-Professoren“, für die angeblich lebensuntüchtigen „Naturvölker“ nur die Alternative des Untergangs oder eines Helotendaseins im Dienst der „weißen Rasse“. Der „Daseinskampf“ und das „Recht des Stärkeren“ rechtfertigten für den körperlich debilen Kirchhoff die Unterdrückung der kolonialeroberten Völker, deren Untergang die „Herrenrasse [...] kühl bis ans Herz hinan“ zu verkraften habe[7] – eine Formulierung, mit der bekanntlich Heinrich Himmler eine ähnliche Haltung von den „germanischen“ Vollstreckern an der jüdischen „Rasse“ verlangte. Umgesetzt haben solche ideologisch-rassistischen Theoreme „Praktiker“ wie der Kolonialsöldner und Plantagenbesitzer August Boshart. Der vormalige bayerische Offizier Boshart stand im Dienst Léopolds II. von Belgien, der am Kongo ein den Eingeborenen gegenüber besonders feindliches Ausbeutungssystem errichtet hatte („Kongogräuel“). Boshart stellte die Afrikaner letztlich auf die Stufe von „Tieren“ und besaß – anders als etwa Wissmann – nicht mehr den geringsten *emotionalen* Bezug zu den Einheimischen; sein rassistisches Programm lief eindeutig auf die Vernichtung der kolonialeroberten Völker

---

4 Vgl. z.B. W[ilhelm] v[on] Bülow, Sind die Samoaner bildungsfähig? Deutsche Kolonialzeitung, 16. Jg. (1899), 57-58.

5 Vgl. H. C. Jacobs, Reisen und Bürgertum. Eine Analyse deutscher Reiseberichte aus China im 19. Jahrhundert. Der Fremde als Spiegel der Heimat, Berlin 1995.

6 Dazu u.a. F.-J. Schulte-Althoff, Studien zur politischen Wissenschaftsgeschichte der deutschen Geographie im Zeitalter des Imperialismus, Paderborn 1971; M. Gothsch, Die deutsche Völkerkunde und ihr Verhältnis zum Kolonialismus. Ein Beitrag zur kolonialideologischen und kolonialpraktischen Bedeutung der deutschen Völkerkunde in der Zeit von 1870 bis 1975, Baden-Baden 1984; P. Probst, „Den Lehrplan tunlichst noch durch eine Vorlesung über Negerpsychologie ergänzen“ – Bedeutung des Kolonialinstituts für die Institutionalisierung der akademisch-empirischen Psychologie in Hamburg, Psychologie und Geschichte 2 (1990), 25-36; W. U. Eckart, Medizin und Kolonialimperialismus. Deutschland 1884-1945, Paderborn 1997.

7 A. Kirchhoff, Darwinismus angewandt auf Völker und Staaten. Ein hinterlassenes Manuskript, hg. und mit einem Begleitwort versehen von Willi Ule, Halle a.S. 1910, bes. 72 f.

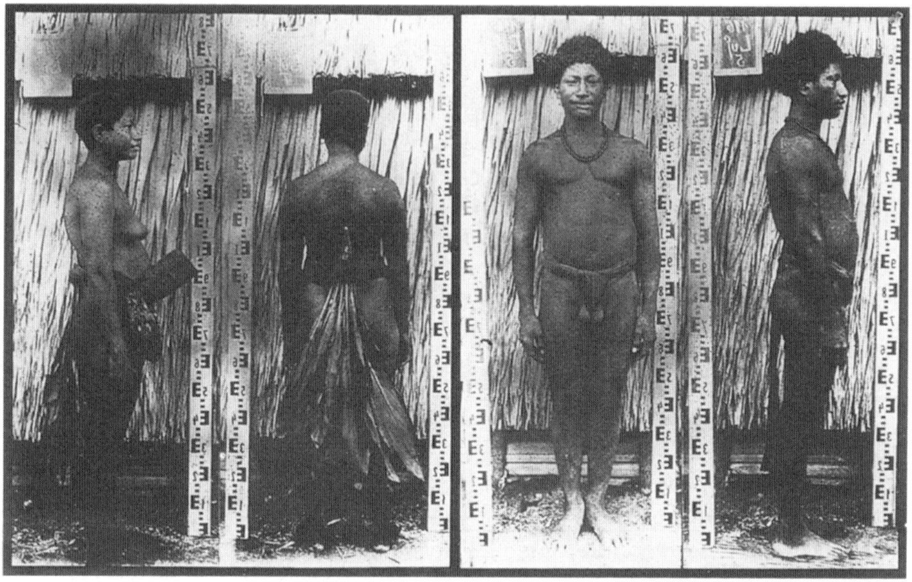

Abb. 28: Anthropometrische Aufnahmen von Einwohnern Neuguineas, Anfang des 20. Jahrhunderts

hinaus[8]. Ein anderer Plantagenunternehmer vom Schlage Bosharts, Julius Scharlach, der Besitzungen in Kamerun hatte, formulierte es ebenso: „Kolonisation [...] bedeutet nicht, die Eingeborenen zivilisieren, sondern sie zurückdrängen und schließlich vernichten“[9]. In solchen Auffassungen mit ihrer völligen Indifferenz gegenüber den Kolonisierten sowie dem Schritt vom territorial und politisch-kulturell eng begrenzten deutschen Nationalstaat zum Konzept des „völkischen“, ins Globale erweiterten „Rassenkampfes ums Überleben“, wie es vor allem von Carl Peters vertreten wurde, liegt in der Tat – im Sinne von Thomas Nipperdey – *ein* Kontinuitätsstrang deutscher (Kolonial-)Geschichte[10].

Gegen dieses radikal-rassistische Programm einiger Kolonialkonquistadoren, Plantagenunternehmer, Siedler und Kolonialchauvinisten, die von ihrem Herrenstandpunkt aus die „Zivilisierung“ der Eingeborenen mit Gewehr und Peitsche

8 Seine Stellungnahme findet sich in: F. Giesebrecht (Hg.), Die Behandlung der Eingeborenen in den deutschen Kolonien. Ein Sammelwerk, Berlin 1898, 39-47.

9 J. Scharlach, Koloniale und politische Aufsätze, hg. v. H. v. Poschinger, Berlin 1903, 27.

10 Vgl. C. Geulen, „The Final Frontier…“. Heimat, Nation und Kolonie um 1900: Carl Peters, in: B. Kundrus (Hg.), Phantasiereiche. Zur Kulturgeschichte des deutschen Kolonialismus, Frankfurt a. M. 2003, 35-55; H. Schneppen, Der Fall Karl Peters: Ein Kolonialbeamter vor Gericht, Zeitschrift für Geschichtswissenschaft 49 (2001), 869-885. – Th. Nipperdey, 1933 und Kontinuität der deutschen Geschichte, Historische Zeitschrift 227 (1978), 86-111.

verlangten, richtete sich die Opposition einer auf Handel und christliche Unterweisung gerichteten, sich erst allmählich Gehör verschaffenden Gruppe. Namhaftester Verfechter dieses – drittens – *humanitär-paternalistischen* Standpunktes in der Eingeborenenbehandlung war der Bremer Kaufmann Johann Karl Vietor. Eine gedeihliche Zukunft für die Kolonien sah er allein in einem „konsumfähigen", d. h. wirtschaftlich freien einheimischen Bauern- und Händlerstand[11]. Innerhalb der Kolonialwirtschaftsinteressen repräsentierte Vietor gegenüber der radikal-rassistischen Plantagen- und Konzessionspolitik den – schwächeren – Flügel, der sich für eine aufgeklärte „Eingeborenen(schutz)politik" einsetzte. Er beabsichtigte sogar, eine eigene politische Partei zu gründen, die die humanitären Gesichtspunkte in den Kolonien zu einem zentralen Programmpunkt machen sollte.

Der humanitär-paternalistischen Einstellung von Vietor, persönlich ja eng mit der Norddeutschen Missionsgesellschaft verbunden, lässt sich auch die Haltung der meisten Missionare zuordnen. Ohnedies hat auch die christliche Mission – insgesamt gesehen – die deutsche Kolonialpolitik begrüßt und propagandistisch unterstützt; war diese doch, wie es Joseph Schmidlin, Inhaber des ersten katholischen Missionslehrstuhls in Münster, freimütig eingestand, in hohem Maße eine zeitliche Begleiterscheinung des deutschen Kolonialismus (Dok. 8)[12]. Missionare haben daher – trotz mitunter heftiger Kritik an einzelnen Methoden des Vorgehens von Kolonialbeamten, Kolonialoffizieren und Siedlern – den Kolonialismus durch das christliche Untertanengebot (Röm 13) und die christliche Arbeitsethik (*ora et labora*) ideologisch und rituell abgesichert. Aus dem eigenen kulturellen Superioritätsgefühl und ihrer Beurteilung der Inferiorität der eingeborenen Kulturen, soweit sie überhaupt als „Kulturen" anerkannt wurden, entsprang für sie die Aufgabe, sich für die „minderbegabte Rasse" verantwortlich zu fühlen. Die Missionare verglichen daher die Einheimischen grundsätzlich mit „Kindern", denen sie als strenger, aber gerechter Vater gegenüber zu treten hatten und denen sie eine „väterliche Erziehung" angedeihen lassen wollten. Gleichzeitig diente die Doktrin vom Stadium der „Kindheit" der Eingeborenen, die dem unilinear-evolutionistischen Kulturmodell entsprach, allerdings zur Legitimierung eines mehr oder minder längerfristigen Abhängigkeitsverhältnisses, das auch im Stadium des „Erwachsenseins" seine inneren Bindungen zum weißen Kolonialherren bzw. Missionar nicht verlor[13].

Den „Systemwechsel" in der Kolonialpolitik, den Vietor 1906 im eigenen kolonialen Interesse Deutschlands angemahnt hatte, sollte der Reformkurs Bernhard Dernburgs (1865-1937) einleiten. Der dem Linksliberalismus nahestehende vormalige Bankier, erster Staatssekretär des 1907 neugeschaffenen Reichskolonialamts,

---

[11] J. K. Vietor-Bremen, Die nächsten Aufgaben unserer Kolonialpolitik, Hagen i.W. o. J. (1906/07); vgl. zu ihm auch oben das Togo-Kapitel, passim.

[12] J. Schmidlin, Die katholischen Missionen in den deutschen Schutzgebieten, Münster i. W. 1913, hier: 262f.

[13] Vgl. H.Gründer, Christliche Mission und deutscher Imperialismus. Eine politische Geschichte ihrer Beziehungen während der deutschen Kolonialzeit (1884-1914) unter besonderer Berücksichtigung Afrikas und Chinas, Paderborn 1982.

vertrat in der Eingeborenenpolitik den – viertens – *rational-utilitaristischen* Standpunkt, indem er fiskalisch-kolonialstaatliche Interessen und eine die Eingeborenen „erhaltende" Politik in Einklang zu bringen suchte. Nach den für die koloniale Entwicklung verheerenden Aufständen in Deutsch-Südwest und Deutsch-Ostafrika suchte er daher eine Eingeborenen*schutz*politik zu initiieren und setzte den auf kurzfristige wirtschaftliche Ausbeutung gerichteten Interessen die Ziele einer auf langfristige Verwaltung eingestellten Kolonialherrschaft gegenüber[14]. Realisiert werden konnte das Dernburgsche Reformprogramm allerdings nur ansatzweise.

Damit stellt sich die Frage des *„cui bono?"*. Mit anderen Worten: Wem sollte das Kolonialreich letztlich dienen und welche Rolle war den kolonialeroberten Völkern im Zusammenhang europäischer Weltbeherrschung zugedacht?

„Afrika den Afrikanern, aber uns die Afrikaner!" So hat es der Afrikaforscher Eugen Zintgraff formuliert, und in diesem Sinne hat der Kolonialarzt Ludwig Külz diese Aussage beifällig kommentiert. Seinem Diktum vorangestellt hatte Külz, dessen Schriften im Dritten Reich wieder Beachtung finden sollten, die Frage: „Wozu wollen wir den Neger erziehen?" und gleich unter Heranziehung des sozialdarwinistisch-rassistischen Gedankenguts die bündige Antwort mitgeliefert: „Zur Arbeit für uns" (Dok. 31). Die Diskussion, die sowohl einen theoretischen als auch einen praktischen Aspekt besaß, vollzog sich vor dem Hintergrund der deterministisch aufgefassten christlich-biblischen Arbeitsethik sowie dem Leistungsdenken der frühkapitalistischen Gesellschaft, während die auf Subsistenz und unmittelbaren Bedarf ausgerichtete indigene Naturalwirtschaft abgewertet wurde. So stellte nach dem Ende der Sklaverei die Suche nach einem effektiven, indirekten „Zwang zur Arbeit" das erste Ziel praktischer Kolonisation dar.

Dok. 31: „Erziehung des Negers zur Arbeit" – Ludwig Külz, Blätter und Briefe eines Arztes aus dem tropischen Deutschafrika, 1906

Wozu wollen wir den Neger erziehen? [...] Wir müssen uns zuvor zuerst eine zweite wichtige Frage beantworten, aber ehrlich beantworten; das ist die: Weshalb haben wir überhaupt Kolonien erworben? Antwort: Getrieben vom Kampfe ums Dasein, vom Expansionstriebe der Rasse, welcher der heimische Boden zu eng wird, getrieben von dem Willen, dem Mutterlande neue Quellen zuzuführen und neue Abflussgebiete zu verschaffen. Alle anderen Motive sind post festum hineingetragen worden, um dem nackten Kinde ein Mäntelchen umzuhängen. [...] Legen wir uns jetzt nochmals die

[14] B. Dernburg, Zielpunkte des Deutschen Kolonialwesens. Zwei Vorträge, Berlin 1907; vgl. W. Schiefel, Bernhard Dernburg, 1865-1937. Kolonialpolitiker und Bankier im wilhelminischen Deutschland, Zürich-Freiburg 1974. – Michael Schubert unterscheidet in seiner breit dokumentierten Studie „Der schwarze Fremde. Das Bild des Schwarzafrikaners in der parlamentarischen und publizistischen Kolonialdiskussion in Deutschland von den 1870er bis in die 1930er Jahre" (Stuttgart 2003) nur zwischen einem „kulturmissionarischen" und einem „sozialwissenschaftlichen" Rassismus, differenziert dann aber doch gelegentlich (z.B. 112) zwischen der „kulturmissionarischen Argumentation" und „einer ökonomisch-utilitaristischen [im Text: utilaristischen] Handelsagitation".

Frage vor: wozu sollen wir den Neger erziehen? Meine kurze und bündige Antwort lautet: zur Arbeit für uns. Tun wir das, so haben wir den materiellen Nutzen auf unserer und eine Veredlung der Eingeborenen auf der anderen Seite, denn Arbeit hat noch nie einen anderen als veredelnden Einfluß ausgeübt. Jede einzelne koloniale Bestrebung in der Eingeborenenpolitik, die dieses Endziel im Auge hat, kann uns willkommen sein; jede, die es hindert, muss als parasitär bekämpft werden. [...]
So schöpft der Neger, seinen eigenen Neigungen überlassen, zunächst nur von der Oberfläche der europäischen Kultur. Trotzdem halte ich's für möglich, dass man ihn mit Geduld in die Tiefe führen könnte, falls man überhaupt das Bestreben billigt, den Neger in größerem Umfange mit ihrem Wesen [der Kultur] wirklich vertraut zu machen. [...] Wenn ich es auch für möglich halte, dass man in vereinzelten Negerschädeln etwas Licht verbreitet, so möchte ich durchaus dahingestellt sein lassen, ob es verdienstlich ist, dies als wünschenswertes, allgemeines Ziel kolonialen Strebens zu preisen. Vielleicht wäre es besser, anstatt des Gehirns die Muskulatur des Schwarzen sich dienstbar zu machen, oder, wenn man schon seinen Schädel verwerten will, ihn mit Trägerlasten anstatt mit Kulturbegriffen zu beladen. [...]
Vor allem möchte ich nicht den Glauben erwecken, als wenn der Erziehungszeitraum, dessen der Neger bedarf, dem des Kindes gleichzusetzen sei. Jahrhunderte wird er für den Neger dauern, und hoffentlich wird er auch dann nicht seinem europäischen Lehrmeister über den Kopf wachsen, sondern dauernd im Vergleich zu ihm der Unmündige bleiben. ‚Afrika den Afrikanern!', sagt [Eugen] Zintgraff treffend, ‚aber uns die Afrikaner!'.

Quelle: Ludwig Külz, Blätter und Briefe eines Arztes aus dem tropischen Deutschafrika, Berlin 1906 (²1911, ³1943), 73 f., 23, 77.

In der Tat war die „Erziehung zur Arbeit" der Fundamentalsatz der deutschen Kolonialideologie und Kolonialpädagogik schlechthin – allerdings nicht nur der deutschen: „*Making the lazy nigger work*" galt für alle Kolonialideologien und betraf alle kolonial beherrschten Völker[15]. Dass die Angehörigen der „Naturvölker" zur Arbeit erst „erzogen" werden mussten, darüber herrschte praktisch ein Konsens zwischen allen kolonialen Gruppen bis hin zu den Missionaren. Während allerdings ideologische Verfechter eines rassistischen Herrenmenschentums und reine Ausbeuter wie August Boshart und Carl Peters die kolonial eroberten Völker auf Dauer dem Schicksal von „Muskelarbeitern" überantworten wollten[16], „Praktiker" wie der Kolonialarzt Otto Dempwolff die „Erziehung zur Arbeit" durch die schrittweise Weckung von „Bedürfnissen" zu erreichen beabsichtigten (Dok. 26), dachten die Missionare – unter Gleichsetzung von Arbeit und europäischer Zivilisation – durch

15 Vgl. u. a. Syed Hussein Alatas, The Myth of the Lazy Native. A Study of the Image of Malays, Filipinos and Japanese from the 16th to the 20th Century and its Function in the Ideology of Colonial Capitalism, London 1977; R. Gronemeyer (Hg.), Der faule Neger. Vom weißen Kreuzzug gegen den schwarzen Müßiggang, Reinbek bei Hamburg 1991; W. R. Lamparter, Erziehung zur Arbeit. Zum britischen und deutschen Kolonialismus im südlichen Afrika, Marburg 1999.

16 Vgl. C. Peters, Wirtschaftliche Kolonialpolitik (1906), in: ders., Gesammelte Schriften, Bd. 1, München-Berlin 1943, 430-438, bes. 436 f. sowie, für Boshart, Anm. 8.

Abb. 29: Frauen beim Auspellen der Kaffeebohnen auf der Herrnhuter Missionsplantage Kyimbila/Deutsch-Ostafrika

die „Erziehung zur Arbeit" die „Naturvölker" zumindest für eine ferne Zukunft zu einer selbständigen Produktion für den Markt zu befähigen; bot doch – diese Erfahrung hatten die christlichen Sendboten im industrialisierten Europa mit den aus den Kirchen ausziehenden Arbeitern gemacht – ein Plantagenproletariat wenig Aussicht für eine an christlicher Unterweisung interessierte Bevölkerung.

Von daher kam es gelegentlich – wie in Togo und Kamerun[17] – zu einem Zweckbündnis von Handels- und Missionsinteressen, dessen Ziel der „Arbeitserziehung" es war, anstelle eines proletarisierten Plantagenarbeitertums einen freien, leistungs- und konsumfähigen Handels-, Handwerker- und Bauernstand zu schaffen. In der Praxis bestimmte allerdings der koloniale Alltag selbst die Arbeitsstrategie der Missionare. Auch auf ihren Stationen haben in erster Linie christliche Arbeitsnormen und europäische Arbeitsdisziplin das Zusammenleben reguliert, so dass eine neue Zeiteinteilung und Arbeitsmoral den bisherigen Lebensrythmus der indigenen Bevölkerung veränderten. Von den Missionsstationen kamen nicht zuletzt die An-

[17] Vgl. Basler Mission (Hg.), Mission und Kolonialismus. Die Basler Mission und die Landfrage in Deutsch-Kamerun. Mit Beiträgen von H. Gründer, P. Jenkins, M. J. Njikam, Texte und Dokumente Nr. 7, November 1986; sowie die entsprechenden Passagen im Togo- und Kamerun-Kapitel.

Abb. 30: Titelblatt von A. Merenskys preisgekrönter Schrift

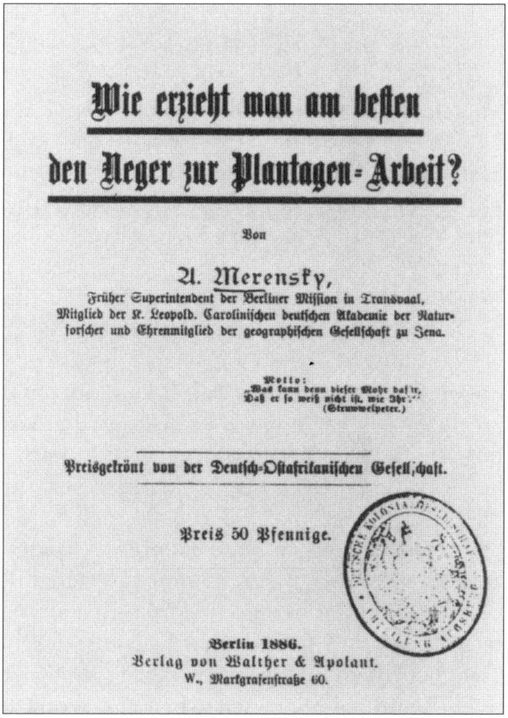

Wie erzieht man am besten den Neger zur Plantagen-Arbeit?

Von

A. Merensky,

Früher Superintendent der Berliner Mission in Transvaal, Mitglied der K. Leopold. Carolinischen deutschen Akademie der Naturforscher und Ehrenmitglied der geographischen Gesellschaft zu Jena.

Motto:
„Was kann denn dieser Mohr dafür,
Daß er so weiß nicht ist, wie Ihr?"
(Struwwelpeter.)

Preisgekrönt von der Deutsch-Ostafrikanischen Gesellschaft.

Preis 50 Pfennige.

Berlin 1886.
Verlag von Walther & Apolant.
W., Markgrafenstraße 60.

gestellten und Arbeiter, die Verwaltung und Wirtschaft dringend benötigten. Stolz zitierten die Missionare denn auch das ihnen von Kolonialbeamten und Kolonialunternehmern gewidmete Lob, „Neger, Kanaken und Chinesen zu nützlichen Menschen zu erziehen“[18].

Dass sich aber auch auf der indigenen Naturalwirtschaft aufbauen und aus ihr kolonialer Nutzen ziehen ließ, das haben weitsichtige Kolonialpolitiker wie die langjährigen Südsee-Gouverneure Wilhelm Solf auf Samoa und Albert Hahl auf Neuguinea durchaus erkannt. Zugleich wies Solf entschieden das Axiom von den „trägen“ und „faulen“ Naturvölkern zurück (Dok. 27). Auf eine einheimische Markt-Produktion und einen kolonialen Interessenausgleich setzte auch Albert Hahl, wobei er sich immer bewusst blieb, dass dies nur in einem langfristigen Prozess des sozialen, wirtschaftlichen und vor allem religiös-kulturellen Wandels geschehen konnte[19]. Die behutsamere „Eingeborenenpolitik“ der Gouverneure Solf und Hahl hat möglicherweise dazu beigetragen, derartige gewaltsame Erhebungen zu verhindern, wie sie aus dem deutschen Regiment in den afrikanischen Kolonien resultierten.

18 45. General-Versammlung der Katholiken Deutschlands 1898, Krefeld 1898, 155.

19 Vgl. A. Hahl, Gouverneursjahre in Neuguinea, Berlin 1937, 47.- Zu beiden Gouverneuren s. oben das Südsee-Kapitel.

In Afrika hatte sich die „Arbeiterfrage“ in dem Augenblick gestellt, als Arbeiterimporte aus bereits kolonisierten Gegenden wie dem Nigerdelta und der Goldküste sowie aus Liberia nicht mehr ausreichten; denn die Handelsgesellschaften brauchten in immer größerem Umfang Träger, die Plantagenbesitzer und Siedler Landarbeiter und die Verwaltung Arbeitskräfte zur Realisierung infrastruktureller Maßnahmen wie dem Wege-, Straßen-, Eisenbahn- und Hafenbau. Praktische Vorschläge zur „Erziehung des Negers zur Arbeit“ hatte schon 1886 der protestantische Missionar Alexander Merensky, der über Südafrika-Erfahrung verfügte, mit seinem Vorschlag der Einführung einer Hüttensteuer unterbreitet[20]. Seine Empfehlung wurde erstmals am 1. November 1897 durch Gouverneur Eduard von Liebert in Deutsch-Ostafrika in die Praxis umgesetzt. Die Höhe der Steuer betrug 12 Mark in Naturalien, Geld oder Zwangsarbeit. Am 22. März 1905 wurde die Hüttensteuer von Gouverneur Graf Adolf von Götzen in eine Kopfsteuer umgewandelt, was zu einer Verschärfung des Drucks auf die Afrikaner führte. Andere Kolonien folgten dem System direkter Steuern, die – nach dem Wegfall der Zahlung in Naturalien – in Geld oder Arbeit („Muskelsteuer“) abzuleisten waren. So hatten beispielsweise Afrikaner in Kamerun jährlich 6 Mark Steuer oder 30 Tage Arbeit bei Selbstverpflegung, in Togo ebenfalls 6, später 12 Mark Steuer oder 12 Tage Steuerarbeit zu leisten. Hinzu kamen eine ganze Reihe indirekter Steuern wie z. B. in Ostafrika auf das heimische Hirse-Bier sowie in Form – bezahlter oder unbezahlter – Zwangsarbeit. In Ostafrika mussten seit 1905 alle männlichen Bewohner, die nicht bei einem Europäer in Dienst standen, 24 Tage im Jahr auf den neueingerichteten Baumwollplantagen arbeiten – wohl die Hauptursache für den Maji-Maji-Aufstand von 1905[21].

Das gesamte Steuer-, Erziehungs- und Zwangsarbeitssystem wurde von einer rigiden „Prügelkultur“, wie es August Bebel einmal sarkastisch nannte, begleitet. Selbst für geringfügige Vergehen hatten die Afrikaner die übliche Strafe von „fünfundzwanzig Schlägen“ zu erdulden. „*Twenty-five*“ war z. B. die einzige englische Wendung, die der ostpreußische Feldwebel Julius von Piotrowski kannte, der für seine Prügelorgien in Togo berüchtigt war. „*Soso*“ nannten ihn daher die Ewe, was soviel heißt wie: „Der, der viel haut“[22].

---

[20] A. Merensky, Wie erzieht man am besten den Neger zur Plantagen-Arbeit? Preisgekrönt von der Deutsch-Ostafrikanischen Gesellschaft, Berlin 1886; dazu C. Cohen, „The Natives Must First Become Good Workmen“: Formal Educational Provision in German South West and East Africa Compared, Journal of Southern African Studies 19 (1993), 115-133; E. G. Norris, Die Umerziehung des Afrikaners. Togo 1895-1938, München 1993; A. Markmiller, „Die Erziehung des Negers zur Arbeit“. Wie die koloniale Pädagogik afrikanische Gesellschaften in die Abhängigkeit führte, Berlin 1995; S. Conrad, Globalisierung und Nation im Deutschen Kaiserreich, München 2006, 74-93 bzw. 123.

[21] Zur rechtlichen Situation der „eingeborenen“ Arbeitskräfte und den tatsächlichen Verhältnissen ausführlich P. J. Schröder, Gesetzgebung und „Arbeiterfrage“ in den Kolonien. Das Arbeitsrecht in den Schutzgebieten des Deutschen Reiches, Münster 2006.

[22] Zit. n. T. von Trotha, Koloniale Herrschaft. Zur soziologischen Theorie der Staatsentstehung am Beispiel des „Schutzgebietes Togo“, Tübingen 1994, 4.

Zwar unternahm die Kolonialregierung 1896, als Folge der mit den Namen Leist, Wehlan und Peters verbundenen Prügelexzesse, den ersten vorsichtigen Versuch, die Befugnisse und Zuständigkeiten für die Verhängung von Prügel- und Todesstrafen zu regeln[23]. Aber die Maßnahme blieb in vielen Punkten inkonsequent und beseitigte erst recht nicht die Zusammenfassung von exekutiven und judikativen Befugnissen in den Händen der Kolonialherren. Vielmehr verzeichneten die Züchtigungen in allen Kolonien eher eine Zunahme – in Kamerun verzwölffachten sich die Zahlen sogar. Weit unter den afrikanischen Ziffern lagen demgegenüber die gemeldeten Strafen in der Südsee, in Samoa wurde überhaupt nicht geprügelt[24]. Die einzige größere Erhebung in der deutschen Südsee, der Aufstand auf der Karolinen-Insel Ponape 1910, geht bezeichnenderweise auf einen aus Deutsch-Ostafrika versetzten Bezirksamtmann zurück, der die einheimische Bevölkerung mit Prügelstrafen zum Wegebau anhalten wollte. Höchste deutsche Kolonialbeamte haben in einem amtlichen Briefwechsel sogar jahrelang darüber gestritten, ob die Flusspferdpeitsche oder das Tauende das „humanere" Werkzeug zur Züchtigung der Afrikaner sei[25]. Dass auch die Kolonialjustiz von einem einseitigen Herrenstandpunkt urteilte, verdeutlichen die Zahlen über die verhängten Freiheits- und Todesstrafen in den Kolonien[26]. Für viele Afrikaner, die die deutsche Kolonialzeit noch miterlebt haben, sind daher insbesondere der rigide Arbeitszwang und das Prügelunwesen in dauerhafter Erinnerung geblieben (vgl. Dok. 20).

Bestimmte der Rassismus den Herrscher und den Untertan und sorgte die „Erziehung zur Arbeit" für die „Nutzbarmachung" dieses Untertans, war es konsequent, dass der „schwarze Untertan" niemals zum „schwarzen Bruder" werden konnte, wie es der Tropenmediziner Hans Ziemann (1865-1939) formuliert hat (Dok. 32). Zugleich warnte er vor einer Rassenvermischung, wofür er – wie üblich – die portugiesischen Kolonien als warnendes Beispiel heranzog. Nun gab es in allen deutschen Kolonien zusammengenommen gerade einmal 166 „gemischtrassische" Ehen, davon in Südwestafrika im Jahr 1908 42 legale Ehen zwischen Weißen und Schwarzen[27]. Um diese „Rassenmischehen", wie man im Anschluss an die konfessionelle „Mischehe" formulierte, ging es im Grunde bei der nach der Jah-

[23] Die deutsche Kolonial-Gesetzgebung. Sammlung der auf die deutschen Schutzgebiete bezüglichen Gesetze, Verordnungen, Erlasse und internationalen Vereinbarungen. Auf Grund amtlicher Quellen und zum dienstlichen Gebrauch hg. v. Alfred Zimmermann, Bd. II, 1893-1897, Berlin 1898, Nr. 194; generell M. Schröder, Prügelstrafe und Züchtigungsrecht in den deutschen Schutzgebieten Schwarzafrikas, Münster 1997.

[24] Zu den Zahlen für Afrika und die Südsee siehe H. J. Hiery, Das Deutsche Reich in der Südsee, 110.

[25] Auszugsweise abgedruckt in H. Gründer, „...da und dort ein junges Deutschland gründen", Dok. 100. – Uwe Timm hat diesen Briefwechsel weitgehend wortgetreu in seinen kolonialkritischen Roman „Morenga" (München 1978) eingefügt.

[26] Dazu ebenfalls die Aufstellung bei H. J. Hiery, Das Deutsche Reich in der Südsee, 123.

[27] Zu den Zahlen siehe Th. Grentrup, Die Rassenmischehen in den deutschen Kolonien und das kanonische Recht, Archiv für katholisches Kirchenrecht 94 (1914), 3-34; allgemein F. Becker (Hg.), Rassenmischehen – Mischlinge – Rassentrennung. Zur Politik der Rasse im deutschen Kolonialreich, Wiesbaden 2004.

hundertwende anhebenden kolonialpolitischen Diskussion über die „Rassenvermischung" auch gar nicht; lebten doch über 90 Prozent der Europäer in den Kolonien in Konkubinatsverbindungen. Aber die Mischehe war nun einmal der am ehesten verwaltungs- und verordnungsmäßig „fassbare" Ansatzpunkt für die postulierte „Reinheit der Rasse".

Dok. 32: „Schwarze Untertanen" statt „schwarze Brüder" – Der Tropenmediziner und Kolonialarzt Hans Ziemann über eine strikte Rassentrennung in Afrika, 1907

Ehe ich zur Erörterung meines Themas gehe, möchte ich bemerken, dass wir uns hier nur mit den tropischen Gegenden Afrikas, dem größeren Teile dieses Erdteils, beschäftigen wollen. Gemeint ist natürlich nicht die physische Eroberung, sondern eine Eroberung im sozialen und hygienischen Sinne. Ich hoffe allerdings beweisen zu können, dass wir in diesem Sinne Afrika durchaus noch nicht für die weiße Rasse erobert haben, ferner, dass auch die Negerrasse in der Gesamtheit dieses Ziel noch nicht völlig erreicht hat, dass aber die Möglichkeit für die farbige Rasse dazu gegeben ist, unter gewissen Einschränkungen auch für die weiße. [...]
Die Schwierigkeiten bei dieser Eroberung des tropischen Afrika ergeben sich bisher durch a) die Eigenheiten des tropischen Klimas, b) durch den Tropen eigene Krankheiten und auch sonstige Umstände, die für die weiße wie farbige Rasse schädlich sind. [...]
Was nützt uns in Afrika eine Fülle kolonialer Werte, wenn nicht genügend Eingeborene da sind, um jene Werte zu ernten bzw. sie dieselben aus Faulheit verkommen lassen. Jedenfalls ist bisher an vielen Orten Afrikas die Menge der eingeborenen Bevölkerung ganz erheblich überschätzt worden.
Ohne genügende Zahl von Eingeborenen kommen wir auch mit Eisenbahnen und Ausbau der Wege allein nicht weiter. [...]
Vor allem ist mit größter Energie gegen das Zustandekommen einer Mischbevölkerung zu wirken, indem man immer mehr weiße Frauen hinaus sendet. Der Eingeborene soll und darf nicht unser Bruder werden, und bin ich auch daher im Gegensatze zu der englischen Anschauung der Meinung, daß man dem Farbigen keine höheren oder mittleren Berufe öffnen darf. Wir können unsere Humanität der farbigen Rasse gegenüber in anderer Beziehung in schönster und reinster Weise betätigen. Die starke Mischung der Portugiesen in Angola mit den dortigen Negern müsste uns ein warnendes Beispiel geben. Wir erziehen uns sonst nur selber ein farbiges, gebildetes, stets unzufriedenes Proletariat. Es ist unser welthistorischer Beruf, daß wir in Afrika herrschen sollen nicht über schwarze Brüder, sondern über schwarze Untertanen.

Quelle: Hans Ziemann, Wie erobert man Afrika für die weiße und farbige Rasse? Beihefte zum Archiv für Schiffs- und Tropenhygiene, Bd. XI (1907), Beih. 5, 5, 7, 27.

Hinter dieser Forderung standen letztlich tief reichende psychologische Ängste vor einer „rassischen Degeneration" – „*Verkaffern*" bzw. „*Verkanakern*" waren die zeitgenössischen Schlagworte – und dem sich daraus angeblich zwangsläufig ergebenden Verlust der politischen und ökonomischen Herrschaft. In diesem Zusammenhang galten gerade „Mischlinge" als ein besonders unzuverlässiges und aufrührerisches Potential, das zukünftig als Mitbewerber um die Herrschaft auftreten konnte. Die scheinbaren „Beweise" für die Richtigkeit solcher Vorstellungen lieferten die Vertreter der Rassenkunde. Einer ihrer bedeutendsten Verfechter in Deutschland in der ersten Hälfte des 20. Jahrhunderts war der Anthropologe und Eugeniker Eugen Fischer (1874-1967). Im Jahr 1908 führte der Anthropobiologe – der später die nationalsozialistische Bevölkerungs- und Rassenpolitik maßgeblich beeinflussen sollte – eine Untersuchung an der Mischlingsbevölkerung Deutsch-Südwestafrikas durch, als deren Ergebnis er bestimmte geistige und körperliche Merkmale auf unveränderliche Rassenunterschiede zurückführte. Selbst gegenüber der Hauptethnie seiner Untersuchung, den Rehobother Bastards, die sich im Herero-Nama-Krieg von 1904/07 als besonders loyale Verbündete der deutschen Kolonialmacht erwiesen hatten, hatte er nur sein sentimental kaschiertes sozialdarwinistisches Credo der Rassentrennung und schließlich sogar Vernichtung übrig[28].

Ohnehin war die „Siedlungskolonie" Deutsch-Südwest geradezu geprägt vom „Rassengegensatz" zwischen Weiß und Schwarz. Nicht von ungefähr ist in der europäischen Expansionsgeschichte die Zielsetzung der Europäer in *Siedlungs*kolonien selten auf ein Zusammenleben mit den Einheimischen ausgerichtet gewesen; vielmehr wurden in der Regel die ursprünglichen Bewohner vernichtet, verdrängt oder versklavt – letzteres in neuerer Zeit in Form der Bildung einer farbigen Arbeiterschicht. Darauf lief letztlich auch das radikale „Pulver- und Blei-Programm" vieler südwestafrikanischer Siedler hinaus, die sich dabei nicht nur gegen jede nationale Identität und persönliche Freiheit der Schwarzafrikaner wehrten, sondern selbst die geringen Reformansätze des kolonialen „Fürsorgestaates" heftig attackierten.

Literarischer Ausdruck für die radikale Lösung der „Eingeborenenfrage" im Sinne des uneingeschränkten Herrschaftsanspruchs der weißen Rasse ist das Buch der südwestafrikanischen Farmersfrau Ada Cramer mit dem bezeichnenden Titel „Weiß oder Schwarz". Ihr Mann, Ludwig Cramer, hatte, indem er sich auf das „väterliche Züchtigungsrecht" berief, mehrere Afrikaner so schwer misshandelt, daß einige von ihnen bzw. ihre ungeborenen Kinder an den Folgen dieser „Behandlung" starben. Das am 4. April 1913 in zweiter Instanz ergangene Urteil des Windhoeker Obergerichts gegen den Farmer lautete: vier Monate Gefängnis und 2 700 Mark Geldstrafe sowie die Übernahme der Hälfte der Gerichtskosten. Selbst gegen dieses skandalöse Urteil liefen die Ansiedlerschaft und die nicht minder rabiate Gattin mit ihrem Buch Sturm[29]. Das gegen die Kolonialverwaltung gerichtete Pamphlet der Ada Cramer verdeutlicht neben dem schrankenlosen Rassenhass der Autorin jedoch noch einige weitere Aspekte: die nach dem Herero-Nama-Auf-

---

28 E. Fischer, Die Rehobother Bastards und das Bastardisierungsproblem beim Menschen, Jena 1913, bes. 300-304; dazu N. C. Lösch, Rasse als Konstrukt. Leben und Werk Eugen Fischers, Frankfurt/M. 1997.

29 A. Cramer, Weiß oder Schwarz. Lehr- und Leidensjahre eines Farmers in Südwest im Lichte des Rassenhasses, Berlin [1913]; dazu H. und L. Helbig, Mythos Deutsch-Südwest. Namibia und die Deutschen, Weinheim-Basel 1983, 169 ff.

stand traumatische Züge annehmende, geradezu pathologische Furcht der weißen Siedler vor der „anonymen Mehrheit“ der Afrikaner, die allmähliche, von den Weißen nur erahnte Reorganisation der alten Stammesstrukturen sowie die keineswegs „totale“ Unterwerfung der Einheimischen[30].

Der Aufstand von 1904, der zu einer weiteren Radikalisierung des Siedlerverhaltens führte, war jedenfalls der Anlass für das Gouvernement in Südwest, 1905 die standesamtliche Eheschließung von Europäern und Afrikanern unter Einschluss der Bastards zu verbieten. Im Oktober 1906 untersagte der siedlerfreundliche Gouverneur Friedrich von Lindequist, nach Auseinandersetzungen mit der Rheinischen Mission, auch die kirchliche Trauung. Schließlich erklärte das Windhoeker Obergericht – in einem rechtswidrigen Akt – selbst alle *vor* dem Verbot geschlossenen Mischehen für ungültig. Mit der Übernahme dieser kolonialrechtlichen Apartheidsbestimmung in die im Februar 1909 in Kraft tretende Selbstverwaltungsordnung verloren nicht nur alle im Konkubinat mit einer „Eingeborenen“ lebenden Gemeindemitglieder – wer wollte das im Zweifelsfall feststellen? – das Wahlrecht, sondern eben auch diejenigen, die im Vertrauen auf Sitte und Rechtsstaatlichkeit eine einheimische Frau geheiratet hatten und deren Frau und Kinder nach dem deutschen Indigenatsgesetz vom 1. Februar 1870 deutschen Staatsangehörigen gleichgestellt waren, die aber nun den Status von „Eingeborenen“ erhielten. Welche moralischen Konflikte das Mischehenverbot erzeugen konnte, vor allem, welche politischen, gesellschaftlichen und wirtschaftlichen Konsequenzen die Mischehen-Verordnungen und der Verlust des Wahlrechts für diejenigen wenigen Farmer besaßen, die an dem christlich und gesetzlich legitimierten Institut der Ehe festhielten, davon zeugt die Eingabe des Farmers Carl Becker gegen die Annullierung seiner Ehe mit einer Rehobother Bastardfrau (Dok. 19). Zugleich dokumentiert sie die ganze Widersprüchlichkeit der deutschen Herrschafts- und Rassenideologie.

Mischehenverbote hat man auch in Togo und Deutsch-Ostafrika ins Auge gefasst bzw. eine restriktive Handhabung praktiziert. *Verordnungs*charakter erhielten sie über Südwestafrika hinaus nur noch für Samoa (17.1.1912). Das Mischehenverbot für Samoa, das von Kolonialstaatssekretär Solf persönlich ausging, besaß dort allerdings keine rückwirkende Kraft. Überdies wurden die Nachkommen aus bis dahin als legitim angesehenen Mischehen zu „Weißen“ erklärt. Schließlich konnten Einheimische, die fließend deutsch sprechen und europäische Bildung nachweisen konnten, auf Antrag den Europäern gleichgestellt werden („Kulturdeutsche“), was der Praxis in anderen europäischen Kolonien entsprach („Kulturfranzosen“, „Kulturportugiesen“ bzw. *asimilados,* usw.*).* In der ohnehin an den samoanischen Lebensstil (*fa'a Samoa*) angepassten und insgesamt gegenüber Afrika rassentoleranten weißen Gesellschaft Samoas gab es zudem eine wesentlich stärkere Gruppe, die sich gegen das Rassenmischehenverbot zur Wehr setzte, wobei gegebenenfalls system-

30 Vgl. J. Zimmerer, Deutsche Herrschaft über Afrikaner. Staatlicher Machtanspruch und Wirklichkeit im kolonialen Namibia, Münster 2001.

immanente Argumente – wie die „arische“ Herkunft der Polynesier – die Grundlage für den Widerspruch bildeten[31].

Gerechtfertigt haben die einsetzende Segregations- und Apartheidspolitik vor allem kolonialrassistische Kreise. Aber auch eine im Kaiserreich so namhafte Persönlichkeit wie der Publizist und Kolonialschriftsteller Paul Rohrbach (1869-1956), immerhin von Hause aus Theologe und bis 1911 Mitglied der Fortschrittlichen Partei, vertrat einen Rassismus, der geradezu präfaschistisch zu nennen ist[32]. Mischehen waren allerdings selbst in Missionskreisen unerwünscht („vom Übel“) und wurden vom kulturellen und pastoralen Standpunkt aus abgelehnt. Ohnehin sind selbst die Missionare nicht völlig immun gegenüber rassisch-sozialdarwinistischen Vorstellungen geblieben. Sicherlich waren sie keine ausgesprochenen Rassisten, sondern eher kleinbürgerliche Moralisten, die einen kulturellen Gradualismus vertraten. Zunehmend mischten sich jedoch segregationale Vorstellungen und Handlungsweisen in dieses ordnungstheologisch-kulturell fundierte Superioritätsbewusstsein. Mit Sorgfalt ließen weiße Pastoren die Bänke vor dem Gottesdienst der Europäer abwischen oder verboten vornehmlich in Europäerzentren den Einheimischen das Betreten der Hausveranda. Noch in der deutschen Kolonialzeit bemühten sich die Missionare beider Konfessionen – vornehmlich in Südwestafrika – um den Bau eigener Kirchen und eine getrennte Pastoration für Weiße und Schwarze[33].

Aber aus naturrechtlichen und christlich-ethischen Gründen wies die Mission letztlich, im Verein mit Sozialdemokraten, Zentrum und Freisinnigen, die diskriminierende Forderung nach einem gesetzlichen Verbot der Rassenmischehe zurück[34]. Ein koloniales Mischehen*gesetz* ist daher im Reichstag vor 1914 nicht zustande gekommen, was marxistische Historiker und selbst heutige Interpreten indes nicht gehindert hat, in den kolonialen „Mischehenverboten“ von 1905/12 Vorläufer der NS-Rassengesetze zu sehen. Abgesehen davon, daß ein „Rassenmischehen*gesetz* – wie gesagt – im Kaiserreich nie verabschiedet, sogar abgelehnt wurde und die diesbezüglichen deutschen kolonialpolitischen Konzeptionen durchaus Parallelen und Vorbilder in den Kolonial- und Apartheidsbestimmungen anderer Kolonialmächte besitzen – ganz im Sinne des englischen Slogans: *„Lord*

[31] Vgl. Dr. Thieme, Die Halbweißen-Frage in Samoa, Berliner Tageblatt, 43. Jg., Nr. 155 vom 26. März 1914, Morgen-Ausgabe.

[32] P. Rohrbach, Koloniale Rassen- und Ehefragen, in: Die Hilfe Nr. 19 vom 9. Mai 1912, 291-293.

[33] Vgl. H. Gründer, Christliche Mission und deutscher Imperialismus, bes. 339 ff.

[34] Amandus Acker, Zur Frage der Rassenmischehe, Koloniale Rundschau 4 (1912), 462-468; vgl. auch F.-J. Schulte-Althoff, Rassenmischung im kolonialen System. Zur deutschen Kolonialpolitik im letzten Jahrzehnt vor dem Ersten Weltkrieg, Historisches Jahrbuch 105 (1985), 52-94; C. Essner, „Wo Rauch ist, da ist auch Feuer“ – Zu den Ansätzen eines Rassenrechts für die deutschen Kolonien, in: W. Wagner (Hg.), Rassendiskriminierung, Kolonialpolitik und ethnisch-nationale Identität. Referate des 2. Internationalen Kolonialgeschichtlichen Symposiums 1991 in Berlin, Münster-Hamburg 1992, 145-160b; F. Becker, Kolonialherrschaft, Rassentrennung und Mission in Deutschland, in: ders. u.a. (Hg.), Politische Gewalt in der Moderne. Fs. für Hans-Ulrich Thamer, Münster 2003, 133-163.

made the Whites, Lord made the Blacks, but the Devil made the halfcasts" –, unterschieden sich die rassistischen Feindbilder in Kaiserreich und Drittem Reich auch rechtsformal und rechtswirklich. Das beachtenswerte Fazit von Birthe Kundrus, die sich wiederholt mit diesem Thema beschäftigt hat, lautet denn auch: „Berücksichtigt man alle diese Übereinstimmungen und Differenzen in Ideologie, Gesetzgebung, Verfolgungspraxis, Staatsverfassung und Raumkontexten, dann war der Weg von Windhoek nach Nürnberg weit, sehr weit"[35].

Erst mit der Rassengesetzgebung der Nationalsozialisten wurde das Thema der „rassischen" Mischehe wieder akut. Ausgehend von dem Herrschaftsanspruch des weißen „Herrenvolkes", beabsichtigte man in dem projektierten Kolonialimperium eine Politik der strikten „Segregation" und „Rassenhygiene" zu betreiben, der zufolge der Kontakt zwischen Europäern und Schwarzen auf ein Minimum reduziert und die schwarze Bevölkerung „arteigen", d. h. auf einer primitiven Stufe, erhalten werden sollte. Mit den intendierten Apartheidsgesetzen sollte eine völlig getrennte, rassisch orientierte, koloniale Klassengesellschaft etabliert werden, in der die Afrikaner, unter Erhaltung ihrer „artgemäßen Kultur", einzig als „Arbeiterreservoir" dienen sollten[36]. Eine deutsche Massenansiedlung in Afrika lag dagegen, wegen der Gefahr eines „weißen Proletariats", ebenso wenig im Interesse des NS-Staates wie jede missionarische Arbeit und schulische Bildung. Indessen gehörten die rassistischen Kolonialpläne der Nationalsozialisten zu jenem „Kolonialismus ohne Kolonien", in dessen Rahmen von 1938 an das größte inexistente Kolonialreich der Geschichte verwaltet wurde.

---

35 B. Kundrus, Von Windhoek nach Nürnberg? Koloniale „Mischehenverbote" und die nationalsozialistische Rassengesetzgebung, in: dies. (Hg.), Phantasiereiche. Zur Kulturgeschichte des deutschen Kolonialismus, Frankfurt a. M. 2003, 110-131, hier: 126; dies., Moderne Imperialisten. Das Kaiserreich im Spiegel seiner Kolonien, Köln 2003, bes. 220 Anm. 8 u. 277 ff. (sie führt sieben bzw. zehn Gründe gegen eine einlinige „Kontinuitätsthese" an).

36 Siehe dazu auch den Schlussteil des folgenden Kapitels..

VIII. Koloniale Kriegszieldiskussion und Kolonialrevisionismus nach 1918

Der deutsche „Kolonialismus ohne Kolonien" setzte im Grunde bereits im Ersten Weltkrieg ein, da das Reich seine Kolonien schon bald nach Kriegsausbruch verlor. Der Verlust der deutschen Schutzgebiete bedeutete jedoch keineswegs, dass die Kolonien aus dem Blickfeld der deutschen Politik zurückgetreten wären. Vielmehr gingen die aus der Kolonialdiskussion der Vorkriegszeit stammenden Vorstellungen eines „größeren Deutschland" nunmehr als koloniale Kriegsziele in die allgemeine deutsche Kriegszielpolitik ein.[1] Bereits im August 1914 fanden innerhalb der Reichsleitung Besprechungen über die Abrundung und Erweiterung des deutschen Kolonialbesitzes in Afrika statt, wobei allerdings Kolonialstaatssekretär Solf bei seinem Vorschlag einer Aufteilung der afrikanischen Kolonien Frankreichs, Belgiens und Portugals nicht gleichzeitig eine größere territoriale Expansion Deutschlands in Europa im Auge hatte, sondern – wie im „Mittelafrika"-Konzept der Diplomaten vor 1914 – auf ein „weltpolitisches" Arrangement mit England hoffte. In seinem Mittelafrika-Programm sollte Deutschland vom neutralen Portugal Angola und die Nordhälfte von Mosambik erhalten, dazu den belgischen Kongo mit dem Minengebiet von Katanga und Französisch-Äquatorialafrika bis auf die Höhe des Tschadsees. Togo sollte um Dahomey und im Norden um einen Teil Senegambiens bis Timbuktu erweitert werden, so dass der Lauf des Niger die Nordgrenze dieses überdimensionierten mittelafrikanischen Kolonialreiches gebildet hätte. Im Falle eines Sieges über England dachte Solf allerdings, wie er – freilich erst im September 1916 – gegenüber dem Staatssekretär des Auswärtigen, von Jagow, äußerte, an eine Erweiterung dieses mittelafrikanischen Kolonialbesitzes um das wirtschaftlich bedeutende Nigeria als gleichzeitigem Verbindungsglied zwischen den vorgesehenen deutschen Westbesitzungen Togo – Timbuktu und den östlich gelegenen Gebieten am Tschadsee.[2]

Diese Abrundung im Norden durch eine Annexion Nigerias hatte Erzberger schon Anfang September 1914 angestrebt, als er Reichskanzler Bethmann Hollweg seine Pläne für ein „großes deutsches Zentralafrika" entwickelte, das sich von Daressalam über Duala bis nach Senegambien erstrecken sollte.[3] Auch einige führende Sozialdemokraten wie Eduard David vertraten ähnliche Konzeptionen. Einfluß-

1 Zum Folgenden F. Fischer, Griff nach der Weltmacht. Die Kriegszielpolitik des kaiserlichen Deutschland 1914/1918, Sonderausgabe Düsseldorf 1967, 87ff., 258ff., 299ff., 516ff.; H. Stoecker, Der erste Weltkrieg, in: ders., Drang nach Afrika. Die koloniale Expansionspolitik und Herrschaft des deutschen Imperialismus in Afrika von den Anfängen bis zum Ende des zweiten Weltkrieges, Berlin (O) 1977, 229-242.

2 F. Fischer, Griff nach der Weltmacht, 92.

3 Erzberger an Bethmann Hollweg, 2. 9.1914, Bundesarchiv Koblenz: Nachlass Erzberger Nr. 27; auszugsweise in H. Gründer, „...da und dort ein junges Deutschland gründen", Dok. 112.

Das deutsche Kolonialreich in Afrika
nach Aufteilung des
französischen, belgischen u. portugiesischen Besitzes
ALGERIEN
TRIPOLITANIEN
Fessan
Mauretanien
OBER SENEGAL UND NIGER
NORD NIGERIA
KAMERUN
GOLF VON GUINEA
ANGLO-ÄGYPT
ANGOLA
DEUTSCH SÜDWEST AFRIKA
BETSCHUANALAND-PROTEKTORAT
KAPLAND
Deutsch
Britisch
Französisch
Belgisch
Italienisch
Portugiesisch
Spanisch
Türkisch

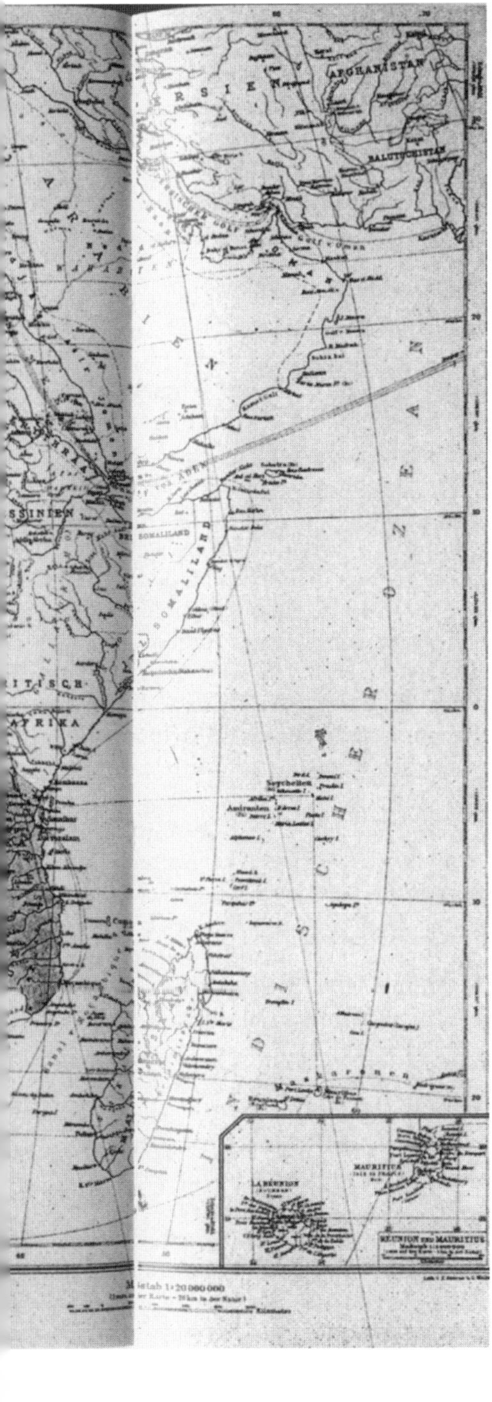

Abb. 31: Das projektierte deutsche Kolonialreich in Afrika („Mittelafrika"), 28. August 1914

reiche Repräsentanten der deutschen Kolonialbewegung, so der Präsident der Deutschen Kolonialgesellschaft, Herzog Johann Albrecht zu Mecklenburg, gingen indessen noch weit über die Vorstellungen Erzbergers oder Davids hinaus, wenn sie in ihrem Plädoyer für ein geschlossenes Kolonialreich in Afrika die Übernahme des gesamten französischen und belgischen Kolonialbesitzes im subsaharischen Afrika sowie des portugiesischen mit Ausnahme des südlichen Mosambik und des britischen mit Ausnahme Südafrikas verlangten.[4]

Der Plan der „Schaffung eines zusammenhängenden mittelafrikanischen Kolonialreiches“ ist denn auch von Reichskanzler Bethmann Hollweg in sein „Septemberprogramm“ aufgenommen worden. Gegenüber dieser im Sinne einer „Politik der Diagonalen“ verstandenen Denkschrift, die auf der Linie der wirtschaftlich motivierten liberalen Imperialisten lag, ging die Kriegszieldenkschrift des Vorsitzenden des annexionistischen und siedlungskolonialistischen Alldeutschen Verbandes, Claß, von vornherein von der Aneignung nahezu aller Kolonien der besiegten Länder aus. An die Spitze seiner Wünsche auf kolonialem Gebiet stellte er die alte alldeutsche Lieblingsidee der Annexion der marokkanischen Westküste (vgl. Dok. 14), die auch zu den Kriegszielprogrammen deutscher Handels- und Schifffahrtsinteressenten und Schwerindustrieller wie z.B. Thyssen gehörte. Auf den islamischen nordafrikanischen Raum zielten überdies wie auf Indien – wenig erfolgreiche – Insurgierungsbestrebungen des Deutschen Reiches.

Kolonialpolitiker, Kolonialpublizisten und kolonial interessierte Wirtschaftskreise sahen das „deutsche Mittelafrika“ in direkter Verbindung zu dem im Mittelpunkt der Kriegszieldiskussion stehenden, primär wirtschaftlich motivierten „Mitteleuropa“-Programm. „Mittelafrika“ sollte als Ergänzungsraum für das politisch-ökonomisch vom Reich dominierte Groß-Deutschland bzw. Mitteleuropa dienen (Rohstoffquellen, Absatzmärkte, Arbeitskräfte). Aber auch militärische – günstigere Verteidigung eines einheitlichen Kolonialbesitzes – und weltpolitische Gesichtspunkte spielten eine Rolle. Die im Hinblick auf eine „Abrundung“ des deutschen Kolonialbesitzes wiederholt auftauchende Frage, ob die Wiederherstellung oder gar Ausdehnung der deutschen Positionen in Ostasien und im Pazifik gegenüber dem Mittelafrika-Projekt zurückzutreten habe, stieß allerdings auf den heftigen Widerstand direkt an diesen Gebieten interessierter Gruppen und Interessenverbände. So forderte beispielsweise eine Denkschrift des Hamburger Ostasiatischen Vereins vom Januar 1915 als „Kriegsziele“ nicht nur die Rückgabe Kiautschous (oder eine Kompensation für seinen Verlust), sondern darüber hinaus die Abtretung Tongkings, die Internationalisierung der englischen und französischen Konzessionen in den Vertragshäfen, die Abtretung der französischen Konzession in Shanghai an Deutschland und die Übertragung möglichst vieler englischer, französischer und belgischer Eisenbahn- und Bergwerksrechte an Deutschland.[5] Die alte Vorstellung von den 600 Millionen Konsumenten lebte ungebrochen weiter.

---

4 H. Stoecker, Der erste Weltkrieg, 230-232.

5 H. Gründer, „...da und dort ein junges Deutschland gründen“, Dok. 115.

Im Laufe des Krieges sollten die kolonialen Kriegszielprogramme sowie die Kriegszieldiskussion insgesamt ein Spiegelbild der politisch-militärischen Hoffnungen und Erwartungen bleiben. So „reduzierte“ die Reichsleitung im Zuge der Friedensinitiativen des Herbstes 1916 ihre kolonialen Ziele auf die „Bildung eines kompakten Kolonialreiches in Afrika“, wobei immerhin an die Aufgabe Kiautschous und der Südseeinseln gedacht war. Einem noch weiteren Entgegenkommen des Reichskanzlers mit der bloßen Forderung nach Rückgabe der deutschen Kolonien, bei einer Aufgabe von Kiautschou, der Karolinen und der Marianen bzw. „eine(r) allgemeine(n) koloniale(n) Verständigung“, stellte allerdings die OHL – neben der Forderung nach Rückgabe *aller* ehemaligen Kolonien – den Anspruch auf den Kongostaat entgegen. Das Reichskolonialamt präzisierte sein „Mittelafrika-Programm“ zu diesem Zeitpunkt auf „Tropisch-Afrika“ hin, wobei vornehmlich an die wirtschaftlich ertragreicheren Gebiete gedacht war, „da der Kongo und die portugiesischen Kolonien zunächst nichts einbringen werden“.[6] Demgegenüber sah der Admiralstab maritime Stützpunkte zur Sicherung des noch zu erwerbenden Mittelafrika als unabdingbar an.[7]

Allerdings hat Solf im Juni 1917 in einer Rede vor der Deutschen Kolonialgesellschaft in Leipzig noch einmal – als Friedensfühler gegenüber England unter Aufgabe der Annexionsziele vor allem in Frankreich und Belgien – ein koloniales „Alternativprogramm“ zu den maximalen Kriegszielprogrammen namentlich der OHL, der Kriegszielmehrheit des Reichstages sowie der Alldeutschen entworfen. Er ging nurmehr, wie im Juni 1914 in dem zwischen Deutschland und England paraphierten Abkommen vorgesehen, von dem Erwerb der portugiesischen Kolonien sowie eines Teils des Kongo (Katanga) aus, der ja von Belgien schon einmal zum Verkauf angeboten worden war. Im Falle des Gelingens dieses Projektes eines starken zentralafrikanischen Kolonialreiches erklärte sich Solf bereit, Deutsch-Südwestafrika an die Südafrikanische Union abzutreten und die Kolonien in der Südsee gegebenenfalls aufzugeben.[8]

Das gemäßigte Programm des Kolonialstaatssekretärs besaß jedoch in der Reichsleitung und der nationalistischen Öffentlichkeit keine Realisierungschancen, und Solf selbst ist bald wieder von möglichen Verzichtleistungen abgerückt, namentlich was die Südseebesitzungen anbetraf. Das koloniale Kriegszielprogramm blieb bis nach 1918 im Wesentlichen das alte: „Ein großes afrikanisches Kolonialreich quer durch Afrika mit Marinestützpunkten an den Küsten des Indischen und Atlantischen Ozeans“.[9] In diesem Rahmen kannten die staatlichen Zielsetzungen und alldeutschen Forderungen kaum Grenzen, insbesondere, nachdem mit der Militärdiktatur der dritten OHL der auf „Lebensraum im Osten“ gerichtete Annexionismus und der alldeutsche Siedlungskolonialismus offizielle Politik geworden waren und radikal-konservative Konzepte den eher gemäßigten ökonomischen

---

6 F. Fischer, Griff nach der Weltmacht, 263.
7 Ebd., 264, 300f.
8 Ebd., 301.
9 Ebd., 516-520, hier: 517 (Ludendorff).

Imperialismus verdrängten. Alldeutsche Plädoyers für Siedlungskolonien in Osteuropa und im Nahen Osten standen nunmehr gleichberechtigt neben Forderungen nach Kolonialland in Afrika und China. Bezeichnenderweise beauftragte Ludendorff für den Aufbau seiner projektierten deutschen Siedlungskolonie „Krim-Taurien" den ehemaligen Gouverneur von Deutsch-Südwestafrika und Staatssekretär des Reichskolonialamtes, Friedrich von Lindequist. Innerhalb der Kriegszielpolitik Deutschlands spielten die kolonialen Ziele insgesamt freilich nur eine untergeordnete Rolle, schon weil man bei einem künftigen Sieg ohnehin die Kolonien der Gegner als Verfügungsmasse ansah.

Die militärische Niederlage und Kapitulation des Reiches beendeten schließlich die koloniale Kriegszieldiskussion. Nun waren es die Alliierten, die die deutschen Kolonien aufteilten. Nachträglich wurden diese Gebiete den neuen Herren vom Völkerbund formell als „Mandatsgebiete" übertragen.

Gegen diese in Wirklichkeit verschleierte Annexion der deutschen Kolonien legte die deutsche Nationalversammlung bereits am 1. März 1919 scharfen Protest ein. Sie verwahrte sich gegen die einseitige Änderung der mit den 14 Punkten Wilsons angenommenen gemeinsamen Grundlagen für den Friedensvertrag und forderte „die Wiedereinsetzung Deutschlands in seine kolonialen Rechte".[10] Deutete schon der Umstand, dass der Entschließung ein gemeinsamer Antrag je eines Abgeordneten von SPD, Zentrum, DDP, DVP und DNVP zugrunde lag, auf eine breite Interessenharmonie in dieser Frage hin, so stellte seine Annahme mit 414 gegen 7 Stimmen in der Tat ein eindrucksvolles und nahezu einstimmiges Votum für den Kolonialrevisionismus dar; stimmten doch jetzt sogar mehrere Vertreter der USPD für die Vorlage. Auch in Zukunft sollte die koloniale Revisionsforderung – wenn auch weitgehend nur noch verbal – von einem einmütigen politischen Konsensus der politischen Parteien der Weimarer Republik, mit Ausnahme der KPD und der USPD, getragen werden, der in dieser Breite vor 1914 nie erreicht worden ist.

Die Versailler Friedensverhandlungen zerstörten indes die letzten – auch kolonialen – Illusionen der Deutschen. Nicht zuletzt unter Berufung auf die Anschuldigungen Erzbergers und Noskes im Reichstag gegen die Verfehlungen der deutschen Kolonialpolitik und die Unzulänglichkeiten der deutschen kolonialen Verwaltungsmethoden konstatierten die alliierten und assoziierten Mächte, dass „Deutschlands Versagen auf dem Gebiete der kolonialen Zivilisation (...) zu deutlich klargestellt worden" sei, als dass man die „dreizehn bis vierzehn Millionen Eingeborenen von neuem einem Schicksal überlassen" könne, „von dem sie durch den Krieg befreit worden" seien.[11] Dieser moralische Vorwurf der kolonialen Misswirtschaft und der verfehlten Eingeborenenpolitik war der Kern dessen, was hinfort in Deutschland als „koloniale Schuldlüge" bezeichnet werden sollte, die wie-

10 H. Poeschel, Die Kolonialfrage im Frieden von Versailles. Dokumente zu ihrer Behandlung, Berlin 1920, 87.

11 Ebd., 22.

Abb. 32: Titelbild von Paul von Lettow-Vorbecks auflagenstarkem Erlebnisbericht des ostafrikanischen Feldzuges von 1914/18

derum ein Eckpfeiler des gesamten Revisionssyndroms der Weimarer Republik war. Am 28. Juni 1919 mussten die deutschen Minister Hermann Müller und Johannes Bell den Friedensvertrag unterzeichnen, der zugleich die Abtretung der ehemaligen deutschen Schutzgebiete beinhaltete.

Als Folge wurde 1920 das Reichskolonialamt aufgelöst und seine bisherigen Angelegenheiten einer Kolonial-Zentralverwaltung im Reichsministerium für Wiederaufbau übertragen. Der Nachfolgeinstitution des Reichskolonialamtes wurde allerdings die Aufgabe gestellt, wie es in einer ministeriellen Mitteilung hieß: „die Weiterentwicklung der abgetretenen Schutzgebiete, die Entwicklung der kolonialen Frage überhaupt und die Möglichkeit der Wiedererlangung von Kolonialbesitz zu verfolgen".[12] Darüber hinaus unterstützte sie die propagandistisch tätigen Kolonialverbände sowie die Kolonialgesellschaften mit finanziellen Mitteln. Im Ergebnis erhielten vor allem die großen kommerziellen Kolonialunternehmen beträchtliche Zuwendungen in Form von Beihilfen und Teil-, Zwischen- und

12 A. Rüger, Der Kolonialrevisionismus der Weimarer Republik, in: H. Stoecker (Hg.), Drang nach Afrika, 255.

Endentschädigungen bzw. – nachdem sie nach und nach ihre Tätigkeit wieder aufnehmen konnten oder neue Handelsfirmen in die Kolonialgebiete drängten – sogenannte Wiederaufbaudarlehen. Insgesamt sollen den Kolonialunternehmen rund 34 Mill. Mark an staatlichen Geldern zur Verfügung gestellt worden sein.[13]

Auch auf sonstige Weise suchte man den kolonialen Gedanken in der Bevölkerung wach zu halten. „Nicht vergessen, sondern stets daran denken" und „was deutsch war, muss wieder deutsch werden", waren offizielle Parolen, mit denen an die koloniale Vergangenheit erinnert wurde und unter denen der koloniale Anspruch Deutschlands weiterlebte.[14] Erlasse zur „Pflege des kolonialen Gedankens" an Schulen – z.B. am 25.10.1919 durch den sozialdemokratischen preußischen Kultusminister Haenisch – erfolgten ebenso wie am 20.10.1927 der Chef der Heeresleitung, von Hammerstein, die „Kolonialaufklärung des Heeres" verfügte. Die Hauptschaffensperiode in der deutschen Kolonialismus-Literatur lag eindeutig in dieser nachkolonialen Phase (Höhepunkt 1938/1939). Keine sich national orientierende Persönlichkeit, Partei oder Organisation und keine sich national verstehende Regierung unterließ es, sich zur kolonialen Revision als Teil des „Kampfes gegen Versailles" zu bekennen. Noch ein am 30. Mai 1941 von dem ehemaligen deutschnationalen Oberbürgermeister von Leipzig, Carl Friedrich Goerdeler, entworfener, zur Übermittlung an die britische Regierung bestimmter Friedensplan sah hinsichtlich der als Grundlage für Verhandlungen verfolgten Ziele u.a. vor: „Rückgabe der deutschen Kolonien oder gleichwertiger Kolonialgebiete unter gleichzeitiger Einrichtung eines internationalen Mandatarsystems für alle Kolonien".[15]

Für die breitere Öffentlichkeit geriet die Kolonialfrage indessen immer mehr in den Hintergrund. Nach 1925 mehrten sich überdies Stimmen, die – auch angesichts der Zunahme des nationalistischen Emanzipationsprozesses in den Kolonien und im Hinblick auf den Erwerb von politischen Sympathien bei diesen Völkern für Deutschland als nichtkolonisierende Macht – Zweifel am kolonialen Auftrag des weißen Mannes anmeldeten oder zumindest vom traditionellen „formellen" Imperialismus der europäischen Mächte zu einem Programm wirtschaftlicher Durchdringung ohne politische Herrschaft gelangen wollten (Dok. 34).[16]

So blieb die engagierte und kompromisslose Vertretung der kolonialen Revisionsforderungen weitgehend auf die kolonialen Interessenverbände, allen voran die „Deutsche Kolonialgesellschaft" (DKG), beschränkt. Sie rekrutierte sich fast ausschließlich aus den administrativen, wirtschaftlichen und militärischen Führungs-

[13] Ebd., 264.

[14] Zitate nach K. Hildebrand, Vom Reich zum Weltreich. Hitler, NSDAP und koloniale Frage 1919-1945, München 1969, 53.

[15] W. Hofer (Hg.), Der Nationalsozialismus. Dokumente 1933-1945, überarb. Nachdr. Frankfurt a. M. 1983, 340.

[16] Vgl. u.a. Braucht Deutschland Kolonien? Europäische Gespräche. Hamburger Monatshefte für Auswärtige Politik, 5. Jg. (1927), 609-676; Für oder gegen Kolonien. Eine Diskussion in 10 Aufsätzen von Freunden und Gegnern des kolonialen Gedankens mit einem Vorwort von Gouverneur a.D. Th. Seitz und Schlußwort von Dr. P. Rohrbach, Berlin 1928.

schichten sowie aus akademisch gebildeten Kreisen des Bürgertums, wobei die hohe Zahl ehemaliger Kolonialbeamter und schon vor dem Krieg kolonial interessierter Kreise ebenso auffällig wie charakteristisch ist; zeigte sich an diesem Übergewicht der Erben des wilhelminischen kolonialen Establishments doch, dass in der Kolonialbewegung vornehmlich Personen vertreten waren, die persönliche Interessen – materieller wie ideeller Art – an der Rückgabe der Kolonien hatten. Unter Führung der DKG, die in der zweiten Hälfte der zwanziger Jahre durchschnittlich 25 000 Mitglieder in ca. 250 Sektionen umfasste (1919 noch 34 000 Mitglieder), stand auch die 1922 gegründete „Koloniale Reichsarbeitsgemeinschaft" (KORAG), die als Dachverband sämtliche kolonialrevisionistischen Aktivitäten koordinierte.[17]

Vertreter dieser kleinen, jedoch gut organisierten Gruppen kolonial interessierter Aktivisten waren auch in fast allen Parteien des Reichstags vertreten. Sie stießen in der Regel auf größte Bereitschaft, wenn es darum ging, etwa vor Wahlen ein Bekenntnis zum Kolonialgedanken abzulegen, wenn nicht ohnehin das Eintreten für eine koloniale Revision im Parteiprogramm fixiert war. Noch im Mai 1925 wurde auf Initiative Heinrich Schnees (DVP) eine „Interfraktionelle Koloniale Vereinigung" gegründet, an der alle Parteien mit Ausnahme der Kommunisten beteiligt waren. Selbst in der SPD gab es eine kolonialfreundliche Gruppe innerhalb des sogenannten revisionistischen Flügels (u.a. Max Cohen-Reuß, Noske, Quessel, Winnig, K.-V. Müller), die ganz offen für das Recht Deutschlands auf Kolonien eintrat. Aber die große Mehrheit der Partei stand der Kolonialfrage doch eher ablehnend gegenüber, und die Parteiprogramme verwarfen prinzipiell die „Ausbeutung der Kolonialvölker". Parteivorstand und Reichstags-Fraktion plädierten allerdings für die Zuteilung von Völkerbundmandaten. Auf der Konferenz der Sozialistischen Internationale im August 1919 (Luzern) setzten die deutschen Vertreter immerhin eine Resolution durch, in der es hieß, daß die Internationale, da nun einmal „das Koloniesystem aufrecht erhalten" bleibe, die Fortnahme der deutschen Kolonien als „eine Ungerechtigkeit und ein(en) Fehler" ansehe.[18] Gleichzeitig verlangten sie, dass Deutschland die Möglichkeit gegeben werde, ein Mandatar des Völkerbundes zu werden. Dem schloss sich das Programm des Görlitzer Parteitages (1921) an. Auch auf dem Internationalen Sozialistenkongress in Brüssel (1928) traten die deutschen Sozialdemokraten für die deutsche Kolonialforderung ein.

Am ehesten fand der Kolonialrevisionismus noch in der rechtsliberalen Deutschen Volkspartei eine parteipolitische Vertretung. Diese Partei des nationalen mittleren und Großbürgertums mit einer engen Verbindung zur Schwerindustrie besaß in ihrem kolonialpolitischen Sprecher Dr. Heinrich Schnee (1871-1949), dem ehemaligen Kolonialbeamten und letzten Gouverneur von Deutsch-Ostafrika, zu-

---

[17] Ein Überblick über die wichtigsten kolonialen Verbände bei W. W. Schmokel, Der Traum vom Reich. Der deutsche Kolonialismus zwischen 1919 und 1945, Gütersloh 1967, 15-19; ferner J. Esche, Koloniales Anspruchdenken in Deutschland im Ersten Weltkrieg, während der Versailler Friedensverhandlungen und in der Weimarer Republik (1914-1933), Hamburg 1989.

[18] Zit. n. H. Poeschel, Die Kolonialfrage, 236f.

gleich den rührigsten Vertreter des Weimarer Kolonialrevisionismus. In Reden, Referaten, Eingaben an die Reichsregierung und in seinem breiten Schrifttum pochte der auch im Ausland angesehene deutsche Kolonialfachmann (Herausgeber des „Koloniallexikons", 1920) immer wieder darauf, dass der Anspruch auf Rückgabe der Kolonien „eine Forderung der deutschen Ehre", „eine Forderung des Rechts" und gleichzeitig „eine Lebensnotwendigkeit für das deutsche Volk" sei.[19] Schnees „Koloniale Schuldlüge", das 1924 erschienene Standardwerk des Kolonialrevisionismus, ins Englische, Französische, Spanische und Italienische übersetzt, brachte es mit seiner 12. Auflage von 1940 immerhin auf 50 000 Exemplare. Keine der anderen kolonialrevisionistischen Schriften erreichte eine auch nur annähernd vergleichbare Auflagenstärke.

Dok. 33: Die „Bibel" der Kolonialrevisionisten – Heinrich Schnee, Die koloniale Schuldlüge, 1924

So stellt das Vorgehen der Alliierten in bezug auf die deutschen Kolonien einen dreifachen Betrug dar. Betrogen ist einmal das deutsche Volk. Die Alliierten hatten durch die Vorspiegelung eines Friedens auf Grund der 14 Punkte des Präsidenten [Woodrow] Wilson in ihm den Irrtum erregt, daß eine unparteiische Schlichtung der kolonialen Ansprüche unter Berücksichtigung der Interessen der Eingeborenen erfolgen werde; an Stelle dessen ist die Wegnahme und Verteilung der deutschen Kolonien lediglich nach machtpolitischen Gesichtspunkten erfolgt, zum Teil selbst auf Grund von Geheimverträgen, welche zur Zeit der Schaffung dieser Vertragsgrundlage durch die Lansing-Note[1] bereits vorlagen.

Betrogen sind ferner die Eingeborenenbevölkerungen der deutschen Kolonien. Die Alliierten hatten im Krieg das Selbstbestimmungsrecht der Völker auf ihre Fahnen geschrieben; [David] Lloyd George hatte wiederholt öffentlich versprochen, daß, bevor irgendein Mandat über die bisherigen deutschen Kolonien einer Nation übertragen werden würde, die Eingeborenen-Häuptlinge und Stämme befragt werden sollten. [...] Tatsächlich ist die Verteilung erfolgt, ohne daß die Wünsche der Eingeborenen irgendwie dabei berücksichtigt wären. [...]

Endlich ist die Öffentlichkeit getäuscht worden. Es wurde der Irrtum erregt, als ob bei der Entscheidung über die deutschen Kolonien moralische Gründe maßgebend gewesen seien. [...] Während Macht- und Wirtschaftsinteressen der beteiligten Staaten ausschließlich für die Aneignung deutschen Kolonialbesitzes maßgebend waren, erklärten sie der Welt gegenüber, eine heilige Aufgabe der Zivilisation erfüllen zu wollen. [...]

Der Inhalt der kolonialen Schuldlüge läßt sich kurz dahin zusammenfassen: Ein militärisches Deutschland habe in brutaler Gewaltherrschaft die von ihm unterjochten Eingeborenenvölker mißhandelt und sei auf die Schaffung von Stützpunkten zur Bedrohung anderer Nationen ausgegangen. [...]

Gewiß sind in den deutschen Kolonien, wie in den Kolonien aller anderen Länder, Fälle von Eingeborenenmißhandlungen und auch von Grausamkeiten vorgekommen.

[19] Die deutschen Kolonien vor, im und nach dem Weltkrieg, Leipzig 1939, 161f.

Aber absolut unstatthaft ist es, diese Fälle zu verallgemeinern und der deutschen Kolonialverwaltung, im Gegensatz zu andern, Härten oder Grausamkeiten vorzuwerfen. Gewiß sind im Reichstag von Abgeordneten Vorwürfe in bezug auf Eingeborenenbehandlung erhoben worden, aber in welchem Parlament von Kulturnationen ist das nicht geschehen? Es würde nicht schwer sein, sowohl aus englischen wie aus französischen Parlamentsverhandlungen, wie aus einzelnen Fällen, die in Gerichtsverhandlungen oder auf sonstige Weise der Öffentlichkeit bekannt geworden sind, ähnliche Bilder zu entwerfen [...].

Welche Folgerungen ergeben sich aus diesen Tatsachen? Die Wegnahme der deutschen Kolonien ist begründet auf die Behauptung von Deutschlands Versagen in der kolonialen Zivilisation und von seinem aggressiven kolonialen Imperialismus. Diese Behauptung ist mit allem, was drum und dran hängt, als Lüge erwiesen worden. Damit fällt die Grundlage fort, auf der die Alliierten den auf die Kolonien bezüglichen Teil des Versailler Friedens aufgebaut haben. Es fallen auch die Gründe weg, mit denen die Alliierten Deutschland und der Welt gegenüber ihr Verfahren betreffend die deutschen Kolonien gerechtfertigt haben. Es ergibt sich daraus die Forderung nach Rückgabe der deutschen Kolonien an Deutschland.

1 Note des US-Außenministers Robert Lansing (1915-1920) vom 5.11.1918, mit deren Annahme Deutschland, unabhängig von der Kriegsschuldfrage, die Verpflichtung zur Wiedergutmachung der Kriegsschäden übernommen habe

Quelle: Heinrich Schnee, Die koloniale Schuldlüge, München [2]1927, 22 f., 33, 51 f., 101 f.

Im Vergleich zur DVP schien sich dagegen der anfängliche koloniale Enthusiasmus der linksliberalen Deutschen Demokratischen Partei gegen Ende der zwanziger Jahre abzuschwächen. Die ohnedies durch ein Spannungsfeld von demokratischem Nationalismus und internationalem Friedensdenken geprägte Partei hatte sich zunächst eindeutig zum kolonialen Revisionismus bekannt; die Wiedergewinnung des deutschen Kolonialbesitzes bildete einen Hauptpunkt des außenpolitischen Parteiprogramms von 1920. Sah man einerseits den Besitz von Kolonien als „eine Frage des Rechts, der nationalen Ehre und der politischen, wirtschaftlichen und kulturellen Gleichberechtigung und Selbstbestimmung" Deutschlands an (W. Külz)[20], also primär als eine nationale Frage, so kam nach und nach in der Partei eine stärkere Diskussion um die politische und moralische Rechtfertigung des Kolonialismus auf. Ebenso wie die Frage nach dem tatsächlichen Nutzen von Kolonien vermochte auch sie jedoch nicht, die Partei zu einer generellen Abkehr vom kolonialen Gedanken zu führen.

Auch die katholischen Volksparteien Zentrum und BVP engagierten sich nur mäßig in der Kolonialfrage (das Zentrum vor allem in der Person seines Kolonialfachmannes Johannes Bell); zumindest war die Begeisterung in diesen beiden Par-

20 J. C. Heß, „Das ganze Deutschland soll es sein". Demokratischer Nationalismus in der Weimarer Republik am Beispiel der Deutschen Demokratischen Partei, Stuttgart 1978, 113, vgl. 241-251.

teien für eine Rückgewinnung der Kolonien weniger groß als in den anderen bürgerlichen Parteien. Für die bürgerlich-antidemokratische Deutschnationale Volkspartei spielten hingegen mehr allgemeine machtpolitisch-nationalistische als sachliche Motive die entscheidende Rolle für ihr koloniales Engagement. Dagegen zeigten die „Völkischen" zumeist nur geringes Interesse für koloniale Rückgabeforderungen, und zwar sowohl aus ideologischen Gründen – viele von ihnen hielten den klassischen Kolonialismus für überholt – als auch aus der Erkenntnis heraus, dass er nur eine „stumpfe Waffe" gegen die Republik bot.

Im Reichstag kam es nur selten zu großen Kolonialdebatten. Anlass, gelegentlich die deutschen Kolonialansprüche vorzutragen und auf die deutsche Gleichberechtigung und Gleichbehandlung zu pochen, boten allenfalls die großen Debatten um die Locarno-Verträge und um den Beitritt Deutschlands zum Völkerbund, aber auch alliierte Maßnahmen hinsichtlich der ehemaligen deutschen Kolonien, etwa die britischen Absichten Ende der zwanziger Jahre, das Mandatsgebiet Tanganyika, das vormalige Deutsch-Ostafrika, mit den anderen englischen Kolonien enger zusammen zu schließen (*closer union*). Zu grundsätzlichen Kontroversen wie vor 1914 kam es bei diesen Gelegenheiten kaum, da der kolonialpolitische Konsensus unter den Parteien alles in allem anhielt. Dieser Konsens, der hauptsächlich von liberalen und konservativen Gruppen getragen wurde, erstreckte sich mithin auf Parteien, Wirtschaftsverbände und die Regierung in gleicher Weise, wobei letztere mit der kolonialen Bewegung arbeitsteilig Hand in Hand arbeitete. Denn während das Auswärtige Amt es als seine Pflicht auffasste, bei allen sich bietenden internationalen Gelegenheiten in vorsichtiger Weise auf den deutschen kolonialen Anspruch hinzuweisen, vertrat die Kolonialbewegung – mit finanzieller Unterstützung der Regierung – die kolonialen Forderungen propagandistisch in der Öffentlichkeit.

Dabei hatten sich die Argumente gegenüber der Propaganda im Kaiserreich nur geringfügig verschoben, sieht man einmal davon ab, dass – vornehmlich in der ersten Hälfte der zwanziger Jahre – die Hauptenergien auf die Widerlegung der „kolonialen Schuldlüge" gerichtet waren. Der kolonialen Betätigung wurde weiter eine ökonomische, soziale (kaum sozialimperialistische), nationale und kulturelle Bedeutung zugeschrieben. Die „Lebensnotwendigkeit" von Rohstoff- und Absatzmärkten und Siedlungsgebieten für eine wachsende Bevölkerung sowie die Ausbreitung des Deutschtums gehörten weiterhin zum Arsenal der kolonialpolitischen Ideologie und kolonialagitatorischen Argumentation. Der Unterschied zu den Gründen der alten Kolonialpropagandisten lag vielleicht noch am ehesten darin, dass den frühen Kolonialverfechtern die Frage des Exports, den Weimarer Revisionisten die des Imports wichtiger war und dass das demographische Argument wesentlich aggressiver vorgetragen wurde („Volk ohne Raum"). Übersehen wurde weiterhin geflissentlich, dass der Anteil der deutschen Kolonien am deutschen Außenhandel vor 1914 verschwindend gering gewesen war und dass es die für Deutschland nach eigenen Angaben wichtigsten Rohstoffe (z.B. Mineralöl, Kohle, Baumwolle, Gummi, Eisenerz, andere mineralische Rohstoffe) in den nunmehrigen

Mandatsgebieten entweder überhaupt nicht oder allenfalls in ganz geringen Mengen gab. Deutschlands Wirtschaftsprobleme konnten daher nur durch eine Wiederbelebung des Welthandels, nicht durch Kolonialwirtschaft und/oder Auswanderung gelöst werden.[21]

Die Sichtweise der Kolonialpropagandisten artikulierte sich auch im Standpunkt Stresemanns, der noch am ehesten als politischer Vertreter eines regierungsamtlichen kolonialen Revisionismus gelten könnte.[22] Die Forderung nach Rückgabe der Kolonien war jedenfalls fester Bestandteil seiner Außenpolitik. Bereits am 1. April 1924 war im Auswärtigen Amt wieder eine Kolonialabteilung eingerichtet worden, und der Außenminister versicherte zwei Monate später dem Reichstagspräsidenten: „Die kolonialen Ansprüche Deutschlands werden stets aufrecht erhalten und bei passender Gelegenheit geltend gemacht werden."[23] Im November desselben Jahres bestätigte Stresemann die von seiner Kolonialabteilung in Abstimmung mit kolonial interessierten Kreisen erarbeiteten „Richtlinien unserer Kolonialpolitik", in denen eine Mandatsübertragung für Tanganyika, Kamerun und Togo anvisiert und die „Aufrechterhaltung des kolonialen Willens im deutschen Volke durch jede Art geeigneter Propaganda" als politisches Ziel betrachtet wurden. Allerdings sollte „in dieser delikaten Frage außerordentlich vorsichtig" vorgegangen werden, um die Reparationsverhandlungen mit den Westmächten nicht zu erschweren.[24]

Nach dem Inkrafttreten des Dawes-Plans am 1.9.1924 hielt die Reichsregierung den Zeitpunkt zur Geltendmachung „kolonialer Ansprüche" für gekommen. Während der Gespräche um den Sicherheitspakt warf Stresemann deshalb ganz bewusst die Frage der Rückerstattung der Kolonien auf. Taktische innenpolitische Rücksichten spielten hierbei ohne Zweifel eine gewichtige Rolle mit; dominierten doch konservative und nationalistische Führungskräfte in der deutschen Kolonialbewegung. Wenngleich das Kolonialthema dem Außenminister so zugleich als ein propagandistischer Schachzug in seinen Auseinandersetzungen mit den Deutschnationalen diente, spricht jedoch vieles dafür, dass der ehemalige Nationalliberale Stresemann selbst der ehrlichen Überzeugung war, dass Deutschland nicht nur ein moralisches Recht zu kolonialer Betätigung habe, sondern dass kolonialer Besitz für die weitere Zukunft Deutschlands sowohl im Hinblick auf das wirtschaftliche Wohlergehen als auch für die Rolle des Deutschtums in der Welt unabdingbar sei. In internen Stellungnahmen fand diese Überzeugung wiederholt ihren Ausdruck.[25] Auch in dem geheimen Memorandum, das Deutschland am 20.9.1924 an die im Völkerbundsrat vertretenen Regierungen richtete und in dem es seine Bereitschaft zum Beitritt in den Völkerbund erklärte, hieß es u.a., dass Deutschland erwarte,

21 Vgl. W. W. Schmokel, Der Traum vom Reich, 63, 68f.

22 Vgl. A. J. Crozier, Die Kolonialfrage während der Locarno-Verhandlungen und danach. Ein Essay über die Beziehungen zwischen Großbritannien und Deutschland 1924-1927, in: W. Michalka – M. M. Lee (Hg.), Gustav Stresemann, Darmstadt 1982, 324-349.

23 Nach A. Rüger, Der Kolonialrevisionismus, 259.

24 Ebd., 259-261.

25 A. J. Crozier, Die Kolonialfrage, 330ff.

„zu gegebener Zeit aktiv an dem Mandatssystem des Völkerbundes beteiligt zu werden".[26]

Der Vorstoß der Reichsregierung in der kolonialen Frage wurde zugleich von einer breiten kolonialpropagandistischen Aktivität begleitet. Schon im April hatte man den vierzigsten Jahrestag der Gründung der deutschen Kolonien durch Bismarck gefeiert. Kurz vor dem Schritt der Regierung tagte der Deutsche Kolonialkongress in Berlin (17./18.9.1924), der damit an die großen Kolonialkongresse von 1902, 1905 und 1910 anknüpfte. Vom 30.3. bis 8.4.1925 fanden die Berliner Kolonialwoche und Kolonialausstellung statt, zu denen Reichskanzler Dr. Luther und Stresemann Beiträge lieferten. Mehrere Großkundgebungen von kolonialen Verbänden folgten.

Obwohl Stresemann darüber hinaus in einem anonymen Artikel im „Hamburger Fremdenblatt" vom 14.9.1925 die koloniale Revision ausdrücklich als einen Teil der allgemeinen Außenpolitik der Regierung definierte, die darauf abziele, „Deutschlands Anspruch auf koloniale Betätigung durchzusetzen und wieder Kolonialbesitz zu erhalten"[27], besaß die Kolonialfrage für ihn doch zu keinem Zeitpunkt den Stellenwert einer politischen *conditio sine qua non*. Es verwundert daher auch nicht, dass die auf Ausgleich bedachte und kaum als kolonialrevisionistisch im strengsten Sinne zu bezeichnende Politik Stresemanns in kolonialen Kreisen auf wenig Gegenliebe stieß, z.T. aufs schärfste verurteilt wurde. So hatte sich der Außenminister im Vorfeld der Konferenz von Locarno z.B. in einem Brief an Schnee gegen den Vorwurf zur Wehr zu setzen, „daß innerhalb des Auswärtigen Amtes nur ein geringes Interesse für die koloniale Sache vorhanden sei".[28] Geradezu vernichtend fiel das Urteil des Kolonialrevisionisten Ludwig Scholz über die kolonialpolitischen Ergebnisse von Locarno aus. Scholz vertrat die Auffassung, man habe dort „offiziell nur ‚um die Übertragung eines Mandats' und ‚um eine Mitbeteiligung an der Mandatsverwaltung' gebeten. Damit aber hat man m.E. von offizieller Seite ein zweites Mal auf die Rückgabe unserer Kolonien verzichtet und das nur zu unserem Schaden erfundene Mandatssystem anerkannt".[29]

In der Tat hatte die Reichsregierung in der Schlussphase der Verhandlungen, die zur Locarno-Konferenz führten, nicht zuletzt unter dem Eindruck der gänzlich ablehnenden englischen Haltung, darauf verzichtet, die Kolonialfrage zu einem ausdrücklichen Verhandlungsgegenstand zu machen. Auch bei den dezidiert-kolonialrevisionistischen Initiativen im Zusammenhang mit der Erfüllung des Young-Planes (v.a. durch H. Schacht)[30] war Stresemann das Klima bei den Reparationsverhandlungen wichtiger als die Kolonialforderungen, so dass es merklich zu einer

---

26 Das Memorandum ist abgedruckt in Ursachen und Folgen ..., Bd. VI, Berlin o. J., 476-478.

27 G. Stresemann, Vermächtnis. Der Nachlaß in drei Bänden, hg. v. H. Bernhard, Berlin 1932, II, 172.

28 Vermächtnis II, 296, vgl. auch 213.

29 Nach E. G. Jacob, Deutsche Kolonialpolitik in Dokumenten, Leipzig 1938, 522f.

30 Vgl. hierzu W. W. Schmokel, Der Traum vom Reich, 91f.; H. Pogge von Strandmann, Deutscher Imperialismus nach 1918, in: D. Stegmann – B.-J. Wendt – P.-Chr. Witt (Hg.), Deutscher Kon-

Abkühlung in den arbeitsteiligen Beziehungen zwischen Auswärtigem Amt und Kolonialgesellschaft kam. Von einer aktiven und konsequenten Politik hinsichtlich der Rückgewinnung der deutschen Kolonien konnte demnach kaum die Rede sein.

Dennoch lotete die Reichsregierung auch zukünftig immer wieder aus, ob Großbritannien etwa zur Abtretung seines Mandats „für irgendeine ehemalige deutsche Kolonie, z.B. Kamerun“ bereit wäre. Am 9. September 1927 gelang es ihr zumindest – freilich nicht mehr als ein Prestigegewinn –, einen deutschen Vertreter in die Ständige Mandatskommission des Völkerbundes zu bringen, und im Laufe der zweiten Hälfte der zwanziger Jahre erreichte die deutsche Diplomatie nach und nach die Aufhebung aller besonderen Verbote und Einschränkungen für die Betätigung und Niederlassung deutscher Staatsangehöriger und Unternehmen in den Mandaten und Kolonien der Alliierten. Der Fortfall dieser Beschränkungen erwies sich in der Tat als ein beträchtlicher wirtschaftlicher Fortschritt; denn nach der Öffnung der Kolonien und Mandate überstieg das Volumen des Kolonialhandels rasch das Vorkriegsniveau, wenn auch die Werte infolge der fallenden Preise abnahmen.[31]

Dok. 34: Soll Deutschland Kolonialpolitik treiben? – Eine Umfrage aus dem Jahr 1927

1. Soll das Deutsche Reich den Erwerb von Kolonien anstreben? Aus welchen Gründen ja, aus welchen Gründen nein?
2. Soll eine koloniale Betätigung des Deutschen Reiches unter der Form des Kolonial-Mandats angestrebt werden? Aus welchen Gründen ja, aus welchen Gründen nein?
3. Soll das Deutsche Reich sich darauf beschränken, für seine Angehörigen und für seinen Rohstoffbezug in fremden Kolonien wie in den Mandatsgebieten volle Gleichberechtigung mit den anderen Nationen zu fordern?

a) Dr. Konrad Adenauer, Oberbürgermeister der Stadt Köln

Zu Frage 1. Das Deutsche Reich muß unbedingt den Erwerb von Kolonien anstreben. Im Reiche selbst ist zu wenig Raum für die große Bevölkerung. Gerade die etwas wagemutigen, stark vorwärtsstrebenden Elemente, die sich im Lande selbst nicht betätigen konnten, aber in den Kolonien ein Feld für ihre Tätigkeit finden, gehen uns dauernd verloren. Wir müssen für unser Volk mehr Raum haben und darum Kolonien.

Zu Frage 2. Die koloniale Betätigung des Deutschen Reichs unter der Form des Kolonial-Mandats ist natürlich weniger wünschenswert als der Besitz eigener Kolonien. Man sollte m.E. zunächst das Kolonial-Mandat anstreben, um wenigstens einen Schritt weiterzukommen, darüber aber das Ziel, eigene Kolonien frei zu besitzen, niemals aus dem Auge lassen.

Zu Frage 3. Die Antwort ergibt sich aus meiner Stellungnahme zu Frage 1.

servativismus im 19. und 20. Jahrhundert, Bonn 1983, 288f.; P. Krüger, Die Außenpolitik von Weimar, Darmstadt 1985, 480ff.

31 A. Rüger, Der Kolonialrevisionismus, 264; H. Pogge von Strandmann, Deutscher Imperialismus nach 1918, 288.

c) General Berthold von Deimling, Kolonialtruppenoffizier im Kaiserreich und Pazifist in der Weimarer Republik
Als altem Afrikakämpfer ist mir der Verlust unserer Kolonien, namentlich der unseres Südwestafrika, besonders nahegegangen. Und die Lüge von der deutschen Kolonialschuld verurteile ich auf das Schärfste. Trotzdem aber kann ich bei Deutschlands jetziger Lage eine Propaganda für Wiedergewinnung von Kolonien nicht befürworten, und zwar hauptsächlich aus folgenden Gründen:
Der Siedlungs- und wirtschaftliche Nutzen unserer Kolonien war – was vielfach gar nicht bekannt ist – verhältnismäßig nur gering. Wenn es hoch kommt, lebten 25 000 Deutsche in den Kolonien und von unserer gesamten Ein- und Ausfuhr, die 1913 etwa 10 Milliarden betrug, kamen auf die Kolonien 53 Millionen an Einfuhr und 57 Millionen an Ausfuhr.
Das Reichsbudget enthielt an Ausgaben allein für Ostafrika, Kamerun und Togo 97,9 Millionen.
Welche Summen müßte Deutschland in die Kolonien stecken, um sie wieder aufzuziehen, zu entwickeln und zu erhalten! Soll das deutsche Volk noch mehr Steuern bezahlen, als es für den verlorenen Krieg ohnehin schon zahlen muß? Könnten wir den Aufwand verantworten angesichts des Wohnungselends und der sozialen Not weiter Kreise im eigenen Land?
Außenpolitisch würde die Forderung von Kolonien die Reibungsflächen mit den Nachbarstaaten nur noch vermehren. Wir haben wahrlich hart genug zu kämpfen um die Rheinlandräumung und die allgemeine Abrüstung. Sollen wir uns diesen Riesenkampf selbst noch erschweren?
Und noch eines kommt hinzu: die mächtige Bewegung, die die Völker Asiens und Afrikas ergriffen hat zur Wiedererlangung ihrer Selbständigkeit. Auf dem Kongreß der farbigen Völker, der im Februar 1927 in Brüssel tagte, hat der Afrikaneger Samgor [richtig: Léopold Sédar Senghor, senegalesischer Staatsmann und Dichter] in leidenschaftlicher Rede die Parole verkündet: „Afrika den Afrikanern!" Diese elementare Bewegung der unterdrückten Völker wird – wie bereits in China und Indien – so auch in Afrika in nicht zu ferner Zeit zu Zusammenstößen mit den weißen Eindringlingen führen. Wollen wir wieder Kolonialkriege – diesmal an der Seite von Frankreich und England – führen zur Unterdrückung der Neger, wo wir doch selbst um unsere eigene Selbständigkeit auf das schwerste noch auf Jahre hinaus zu ringen haben werden?
Wir haben das Recht der Selbstbestimmung der Völker auf unseren Schild erhoben. Dieses Recht müssen wir auch den farbigen Völkern gegenüber respektieren. Man darf sich bei Betrachtung des Kolonialproblems nicht von Stimmungen und falscher Prestigesucht leiten lassen, sondern nur von praktischen und realen Gesichtspunkten. Das Kolonialzeitalter hat sich überlebt. Auch auf diesem Gebiet ist eine neue Zeit angebrochen. Ihre Zeichen müssen erkannt werden, wenn wir nicht unabsehbaren Schaden erleiden wollen.
Deshalb: Hände weg von den Kolonien!

d) Professor Dr. Albert Einstein, Physiker und Nobelpreisträger
Die Sachverständigen scheinen darüber einig zu sein, daß man durch Urbarmachung von *noch* nicht kultiviertem Boden sowie durch Intensivierung von Bodenflächen, durch Parzellierung von Latifundienbesitz sowohl die Zahl der im Ackerbau beschäf-

tigten Menschen als auch den Gesamtertrag des Bodens auf dem Gebiet des Deutschen Reichs ganz erheblich steigern könnte. Ich halte diese innere Kolonisierung für nützlicher, sicherer und sympathischer als die in Ihrer Anfrage ins Auge gefaßte Kolonisierung von Staats wegen auf überseeischem Boden.

e) Thomas Mann, Schriftsteller
Soviel ich sehe, sind die Zeiten imperialistischer Kolonialausbreitung endgültig vorüber. Die Idee der Freiheit und Selbstbestimmung ist überall erwacht und wird sich nicht wieder zur Ruhe legen. Ich glaube, daß die Ereignisse viele Deutsche gelehrt haben, unsere Freiheit von kolonialem Gepäck als einen Vorteil zu empfinden. Der ruhmlose und innerlich behinderte Verlauf jüngster Kolonialkriege war nicht neiderregend, das englische Weltherrentum atmet schwer, und die Sympathien der Geister sind auf Seiten Gandhis. Im Ganzen hat man den Eindruck, daß Europa, dessen aristokratische Naivität gebrochen ist, die Rolle des Heilbringers, der sich bereichert, nicht mehr mit natürlichem Anstande zu spielen vermag. Angesichts der Unsicherheit aller Dinge scheint es mir das geringste Wagnis, die dritte Frage zu bejahen und dafür zu stimmen, daß Deutschland „für seine Angehörigen und für seinen Rohstoffbezug in fremden Kolonien wie in den Mandatsgebieten volle Gleichberechtigung mit den anderen Nationen fordere".

Quelle: Europäische Gespräche. Hamburger Monatshefte für Auswärtige Politik, 5. Jg. (1927), S. 610, 624-626, 652.

Als Folge des im Schwinden begriffenen Konsenses zwischen Reichsregierung und den Parteien einerseits und der Kolonialbewegung andererseits orientierte sich letztere nunmehr noch stärker zur nationalistischen Rechten hin. Mit dem Eintritt des alten Kolonialkämpfers und ehemaligen Freikorpsführers Franz Ritter v. Epp (1868-1946) sowie des vormaligen Gouverneurs von Deutsch-Ostafrika und radikalkonservativen Siedlungspolitikers Eduard von Liebert in die NSDAP (1928 bzw. 1929) war die personale Verbindung von kolonialer und nationalsozialistischer Bewegung hergestellt.

Nach der „Machtübernahme" Hitlers stießen weitere Kolonialenthusiasten wie Hjalmar Schacht, Heinrich Schnee und der Direktor der Deutschen Bank, Kurt Weigelt, zu den Nationalsozialisten. In der Weimarer Zeit hatten diese sogenannten wilhelminischen Imperialisten noch auf die Realisierung ihrer kolonialrevisionistischen Ziele im Wege einer konservativ-gemäßigten, wirtschaftlich akzentuierten Variante deutscher Großmachtpolitik gehofft und dabei auf die republikanischen Parteien gesetzt. Im Grunde strebten sie eine außenpolitische Restauration Deutschlands in den Grenzen des einst machtvollen Hohenzollernreiches an, um als Folge einer starken und hegemonialen Stellung auf dem Kontinent die Voraussetzungen für ein erneutes Ausgreifen nach Übersee und natürlich für den Rückerwerb der deutschen Kolonien zu schaffen.

Diese *konservativen* „wilhelminischen Imperialisten" waren aber weder radikale Rassisten noch lehnten sie, wie die Nationalsozialisten, jegliche Form von deutscher Kulturmission ab. Eine politische Meinung wie die Schnees, durchaus ein

Gegner der „Rassenvermischung", man müsse „die Anschauungen und Sitten der (indigenen) Völker erforschen und berücksichtigen", da man „auf die Dauer erfolgreich nur mit ihnen und durch sie regieren" könne, war in der nationalsozialistischen Kolonialideologie ebenso undenkbar, wie umgekehrt das Verbot der Eheschließung zwischen Europäern und Polynesierinnen durch Kolonialstaatssekretär Solf (1912) nicht zu dem Schluss führen kann, „im deutschen Kolonialreich (habe es) also ‚Nürnberger Gesetze' bereits vor dem Ersten Weltkrieg" gegeben.[32] Eher schon gab es eine Verbindungslinie von den alldeutsch-imperialistischen, ebenfalls rassistischen kolonialen Siedlungsideologen des Kaiserreichs zu den neuen kontinentalen, extrem rassistischen Expansionisten („Ritt gen Osten").[33] Die These vom mangelnden Lebensraum des deutschen Volkes, wie sie Hans Grimm in seinem als völkisch-politischen Erziehungsroman geschriebenen „Volk ohne Raum" (1926) mit bewusster Tendenz darlegte, bot allerdings einen Anknüpfungspunkt für beide koloniale Richtungen. Doch hofften die gemäßigten „wilhelminischen Imperialisten" noch, die Nationalsozialisten von ihrer Ablehnung von Siedlungskolonien in Übersee abbringen und deren Ostexpansion für eine überseeische Kolonialpolitik „umpolen" zu können („Fahrt über See"). Die Fehleinschätzung ihrer Möglichkeiten hat bei ihnen später oft zu einer inneren Distanzierung vom Nationalsozialismus geführt. Die Unterstützung des Nationalsozialismus von Seiten konservativer und liberaler bürgerlicher Kreise und die Annäherung der kolonialen Bewegung an die ostexpansionistischen Vorstellungen der Hitler-Bewegung sind freilich keineswegs nur taktisch bestimmt gewesen.

Wenn schließlich der bürgerliche Kolonialrevisionismus auf die Nationalsozialisten setzte, so war deren Haltung zur Kolonialfrage doch nicht von vornherein eindeutig und sollte auch in Zukunft für die national-konservativen Kolonialanhänger durchaus widersprüchlich bleiben. Zwar hatte schon der dritte Punkt des Parteiprogramms der NSDAP vom 25.2.1920 gelautet: „Wir fordern Land und Boden (Kolonien) zur Ernährung unseres Volkes und zur Ansiedlung unseres Bevölkerungsüberschusses", wobei jedoch dieser Anspruch auf „Kolonien" räumlich nicht präzisiert war. 1922 deutete Alfred Rosenberg in einem Aufsatz über „Wesen, Grundsätze und Ziele der NSDAP" an, dass mit diesem Programmpunkt – vermutlich von Anton Drexler, dem „Gründer der NSDAP", in das Konzept des Parteiprogramms eingefügt – „sowohl die Forderung nach europäisch-kontinentaler als auch nach überseeisch-kolonialer Expansion" gemeint sei; eine nähere Fixierung der erstrebten Gebiete hielt er „unter den gegenwärtigen Umständen" für nicht möglich (oder sinnvoll).[34] Während der bereits Anfang der dreißiger Jahre eliminierte Flügel der revolutionären „Sozialisten" um die Gebrüder Strasser

32 H. Schnee, Braucht Deutschland Kolonien? Leipzig 1921, 39; H. Stoecker, Die deutsche Kolonialherrschaft in Afrika vor 1914, in: ders. (Hg.), Drang nach Afrika, 169.

33 Bezeichnenderweise war für Heinrich Claß, den Vorsitzenden des Alldeutschen Verbandes, die Kolonisation in Übersee „die am wenigsten erwünschte Form der deutschen Kolonisation" (Daniel Frymann [d. i. H. Claß], Wenn ich der Kaiser wär', Leipzig [3]1912, 143).

34 Vgl. K. Hildebrand, Vom Reich zum Weltreich, 55, s. auch 49.

Abb. 33: Propaganda-Postkarte aus dem Jahr 1934

in ihrem antikapitalistischen Ressentiment gegen die „Plutokratien“ des Westens und damit gegen das Versailler System schließlich jede Form kolonialer und imperialistischer Unterdrückung verwarf und die „Radikalagrarier“ um den Reichsbauernführer Richard Walther Darré kolonialimperialistische Pläne als „rassegefährdende Allerweltspolitik“ bekämpften[35], setzte auch Hitler in „Mein Kampf“ der als halbherzig betrachteten „Kolonial- und Handelspolitik der Vorkriegszeit“ das Postulat einer deutschen „Bodenpolitik der Zukunft“ in Europa gegenüber.[36]

Nach dem Machtantritt verschwanden jedoch die radikalen Töne von einst, in denen der „Führer“ der Bewegung die Kolonialforderung als Relikt der wilhelminischen Epoche verworfen hatte; denn nunmehr war er in der Kolonialfrage zunächst noch stärker zu innenpolitischer Rücksichtsnahme auf die Revisionswünsche weiter Kreise der Bevölkerung gezwungen. Um einerseits diesen politischen

35 Vgl. ebd., 237-247, 314-329; ders., Deutsche Außenpolitik 1933-1945. Kalkül oder Dogma? Stuttgart [4]1980, 19-29.

36 Mein Kampf, 469.-473. Aufl. München 1939, 152, 689f., 730, 732, 741f. (Zitatauszüge), 754.

Rückhalt im bürgerlich-nationalen Lager nicht zu gefährden, andererseits aber nicht seinen außenpolitischen Kurs des momentanen Ausgleichs mit England aufs Spiel zu setzen, erfolgte eine gewisse „Arbeitsteilung“, indem den Kolonialverbänden die koloniale Propaganda überlassen, eine „unmittelbare amtliche Propaganda“ jedoch untersagt wurde. Die Ostexpansion und die Siedlung im Osten erhielten eindeutig den Vorrang (27.11.1933).[37] Zugleich wurde aber am 5. Mai 1934 das 1932 eingerichtete Kolonialreferat der NSDAP zu einem selbständigen „Kolonialpolitischen Amt“ der Reichsleitung der Partei erhoben, dessen Leitung Epp übernahm.

Hitler hat seine Expansionspläne im Grunde zu keinem Zeitpunkt auf den Kontinent eingeschränkt. Zwar sah er im Osten Europas das vorrangige Ziel der deutschen Expansion, aber keineswegs ihren Endpunkt. Zunächst war er allerdings zur Erreichung seiner kontinentalen Vorhaben bereit, aus taktischen Gründen – vor allem um eines (vorübergehenden) Bündnisses mit England willen – kolonialen und maritimen „Verzicht“ zu leisten. Die koloniale Expansion sollte nach seinen Vorstellungen erst in einer späteren Etappe der stufenweisen Machtausdehnung Deutschlands verwirklicht werden. In der Außenpolitik des Dritten Reiches nahm die Kolonialfrage gemäß dem Hitlerschen „Programm“ somit eine Doppelrolle ein: sie war zugleich Mittel und Ziel. Bis in das Jahr 1935 hinein betrieb der „Führer“ eine Politik der kolonialen und maritimen Enthaltung, um auf diese Weise zu dem gewünschten Übereinkommen mit Großbritannien, d.h. „freie Hand“ in Europa, zu gelangen. Ab März 1935 trat aber „neben die Politik der kolonialen Konzessionen eine Taktik der kolonialen Sanktionsdrohungen“.[38] Hitler stellte nun koloniale Forderungen, ohne sie jedoch zu präzisieren, um diese taktisch eingesetzte „Waffe“ nicht zu entschärfen („kolonial drohen, um kontinentale Ziele zu erreichen“).

In dieser Phase erfolgte auch der Prozess der endgültigen „Gleichschaltung“ der Kolonialverbände (November 1935-November 1936). Die Deutsche Kolonialgesellschaft und der bereits im Sommer 1933 als Rechtsnachfolger der KORAG gegründete Reichskolonialbund, beide bis dahin unter dem Vorsitz von Gouverneur a.D. Heinrich Schnee, wurden nun mit dem Kolonialpolitischen Amt der Reichsleitung der NSDAP gleichgeschaltet, nachdem sich die konservativ-bürgerliche Deutsche Kolonialgesellschaft am 13.6.1936 – ebenso wie zuvor die übrigen Kolonialverbände – selbst aufgelöst hatte. Die Leitung des Reichskolonialbundes (1941 2,1 Mill. Mitglieder) wurde Epp übertragen, der gleichzeitig seine Stellung als Leiter des Kolonialpolitischen Amtes beibehielt. Dadurch befanden sich die Organisation der Kolonialbewegung und die koloniale Propaganda nunmehr völlig in den Händen Hitlers, der in ihnen ein gefügiges und zugleich wirkungsvolles Masseninstrument seiner ab 1936 immer wieder vorgetragenen Kolonialforderungen besaß.

Ende 1937 begann Hitler dann seine Politik gegenüber London zu variieren. Zwar versuchte er einerseits, weiterhin zu einer Übereinkunft mit den Briten zu gelangen, jedenfalls (vorerst) nicht in offenen Gegensatz zu ihnen zu geraten, ord-

---

37 K. Hildebrand, Vom Reich zum Weltreich, 279f.

38 Vgl. K. Hildebrand, Vom Reich zum Weltreich, 741-744, hier: 742.

nete die britische Seemacht andererseits aber in die Reihe der Gegner ein. Nach den Blitzfeldzügen im Osten, Norden und Westen Europas hoffte Hitler erneut auf einen Ausgleich mit England auf der Basis der „Teilung der Welt". Einer deutschen Hegemonie auf dem Kontinent einschließlich einiger Kolonien in Afrika sollte die englische Suprematie zur See entsprechen. Von einem völligen kolonialen Verzicht war also keine Rede mehr. Im September und Oktober 1940 schien die Verwirklichung eines deutschen Kolonialreiches in Mittelafrika – der Traum der deutschen Kolonialenthusiasten seit den 1880er Jahren – endlich bevor zu stehen.

Schon im Frühsommer 1940 waren im Auswärtigen Amt in Verbindung mit dem Kolonialpolitischen Amt der NSDAP sowie vom Oberkommando der Wehrmacht und von der Marine die ersten konkreten Pläne für ein in sich geschlossenes großes deutsches Kolonialreich in Zentralafrika entwickelt worden, nachdem die „kolonialen Vorbereitungen" bereits Ende 1937 eingesetzt hatten und Anfang 1939 auch offiziell von Hitler gebilligt worden waren. Die kolonialpolitische Schulung und die verwaltungspolitische Planung für die Kolonien befanden sich bereits in einem fortgeschrittenen Stadium. Im März 1940 gab der „Führer" die Anweisung, „die Arbeiten für die künftige Kolonialverwaltung mit Nachdruck zu fördern und die Vorbereitungen für die Einrichtung eines Reichskolonialamtes zu treffen". Daneben stellten auch interessierte Kreise der Wirtschaft wie die Deutsche Bank und die IG-Farben Überlegungen hinsichtlich des künftigen afrikanischen Kolonialbesitzes an, wobei ihre überdimensionierten Vorstellungen von einem deutschen Kolonialreich in vielfacher Beziehung an die im Ersten Weltkrieg entstandenen kolonialen Kriegszieldenkschriften erinnerten, an die sie im Einzelfall auch direkt anknüpften.[39] Selbst die Missionen reklamierten unter Hinweis auf ihre einstige kulturelle Arbeit eine Rückkehr in ihre alten Tätigkeitsfelder.

Das geplante „Mittelafrikanische Reich" sollte sich vom Atlantischen bis zum Indischen Ozean erstrecken und soweit wie möglich nach Süden reichen. Im Falle einer friedlichen Teilung mit einem nicht besiegten England sollten an Deutschland gelangen: die früheren deutschen Kolonien, Belgisch- und Französisch-Kongo, Französisch-Äquatorialafrika mit dem Tschadsee-Gebiet. Im Falle eines Sieges über England dachte man ferner an Uganda, Sansibar, den südlichen Teil von Kenia (Nairobi), Nigeria, die Goldküste, Dahomey sowie die Stützpunkte Dakar und Bathurst im Senegal. Die Marine forderte darüber hinaus u.a. noch die Besetzung der Inseln Ascension, Tristan da Cunha, St. Helena sowie der Komoren, Seychellen, Amiranten, Maskarenen sowie Madagaskars. Der „Erwerb" Madagaskars sollte nicht aus kolonialpolitischen Gründen erfolgen, sondern „zwecks Ansiedlung der Juden". Nach dem Eintritt in den Krieg gegen die Sowjetunion entschied Hitler jedoch, dass die Juden nicht mehr nach Madagaskar verbracht werden sollten, sondern der Osten für die „Endlösung" vorgesehen werden sollte.[40] Mit der Ver-

---

39 Vgl. R. Lakowski, Der zweite Weltkrieg, in: H. Stoecker, (Hg.), Drang nach Afrika, 315-319.

40 Vgl. das Schreiben des Legationsrats Franz Rademacher, Leiter des Referats Judenfragen im AA, an den Gesandten Ernst Bielfeld, Leiter der Politischen Abteilung X (u.a. Afrika) im AA, 10. 2.1942, Politisches Archiv des Auswärtigen Amtes Berlin: Büro Unterstaatssekretär, Kolonien,

wirklichung dieser – ständig erweiterten oder geänderten – Pläne wäre der afrikanische Kontinent, wie es K. Hildebrand formuliert hat, „eine deutsche Kolonie, und – vielleicht noch entscheidender – der Atlantik, durch das geplante Stützpunktsystem der Marine gesichert, ein *mare germanicum*" geworden.[41]

Dok. 35: NS-Rassenlehre und Kolonialismus – Rudolf Asmis, Abteilungsleiter im Kolonialpolitischen Amt der NSDAP, über „deutsche Eingeborenenpolitik in den tropischen Kolonien", 1941

Jegliche Eingeborenenpolitik in tropischen Ländern hat davon auszugehen, daß ohne Mitwirkung der Eingeborenen keine Nutzung und keine Entwicklung tropischen Landes möglich ist [sic]. Die Entscheidung, welche Stellung den Eingeborenen in dem gesamten Leben einer Kolonie eingeräumt wird, wird damit zum Kernpunkt, ja zum Fundament jeder Kolonialpolitik in tropischen Gebieten. Wenn Deutschland Kolonien haben wird, wird es naturgemäß die Grundsätze des Nationalsozialismus auch auf die Verwaltung seines Kolonialbesitzes anwenden. Die Lehre des Nationalsozialismus enthält zwei Grundsätze, die auch die gesamte Eingeborenenbehandlung in unseren künftigen Kolonien entscheidend bestimmen:

Die Rassenlehre und die Lehre von der Anerkennung der völkischen Eigenart jeglichen Volkstums.

Hierzu tritt weiter als richtunggebendes Gesetz für die Zielsetzung der gesamten deutschen Kolonialtätigkeit der Satz, daß Verwaltung und Entwicklung einer deutschen Kolonie in Zukunft nicht Selbstzweck sind, sondern daß sie den Interessen des Mutterlandes zu dienen und sich alle Maßnahmen in der Kolonie diesen Interessen unterzuordnen haben.

Aus diesen drei Fundamentalsätzen ergeben sich zwangsläufig alle Richtlinien, alle Maßnahmen für die Behandlung der Eingeborenen in einer Kolonie des nationalsozialistischen Deutschland.

Die Rassenlehre verlangt die Reinerhaltung der eigenen Rasse auch unter einer farbigen Bevölkerung. Dieses Verlangen macht besondere Schutzmaßnahmen notwendig. Die wichtigste ist die Trennung der beiden Rassen. Es gibt keine Volksgemeinschaft zwischen der weißen und der farbigen Bevölkerung einer Kolonie, sondern nur eine Schutzgemeinschaft für beide Teile der Bevölkerung. Eine Vermischung beider Rassen muß verhindert werden. So werden die eheliche und die außereheliche Verbindung zwischen Angehörigen der weißen und der farbigen Bevölkerung verboten und unter Strafe gestellt. Auch in gesellschaftlicher Beziehung wird die Trennung durchgeführt. Auf dem Gebiet des Rechts und der Gerichtsbarkeit gelten für die deutsche Bevölkerung andere Vorschriften als für die Farbigen. Unterricht und Erziehung der Farbigen werden nach anderen Gesichtspunkten gelenkt als Unterricht und Erziehung der deut-

1937-1942; allgemein M. Brechtken, „Madagaskar für die Juden". Antisemitische Idee und politische Praxis 1885-1945, München ²1998.

41 Vom Reich zum Weltreich, 674f.; A. Hillgruber, Hitlers Strategie. Politik und Kriegführung 1940-1941, München ²1982, 246f.; D. van Laak, Imperiale Infrastruktur. Deutsche Planungen für eine Erschließung Afrikas 1880 bis 1960, Paderborn 2004, bes. 303-323; K. Linne, Deutschland jenseits des Äquators? Die NS-Kolonialplanungen für Afrika, Berlin 2008.

schen Kinder. Die Schulen und Unterrichtsanstalten für farbige Kinder sind von denen für weiße Kinder getrennt.
Aber auch die Rassen der Farbigen werden geschützt. Die Stämme der Eingeborenen sollen in sich möglichst rein erhalten bleiben. Eine Vermischung mit anderen farbigen Rassen wird daher nach Möglichkeit verhindert.
Die Lehre von der Anerkennung der völkischen Eigenart jedes Volkes bedingt die Anerkennung der völkischen Eigenart der Eingeborenen. Nicht die Assimilierung der Eingeborenen, nicht die Übertragung europäischer Lebensformen und europäischen Lebensinhalts auf die Eingeborenen kann Sinn und Ziel der von Deutschland gelenkten Entwicklung der Eingeborenen sein. Derartige Versuche haben überall nur zu unechter Halbheit geführt. Auch die übrigen Kolonialmächte haben sich mit den Ergebnissen einer derartigen Eingeborenenpolitik nur aus einer gewissen Passivität abgefunden. In einer deutschen Kolonie kann es sich künftig nur darum handeln, die Eingeborenen in ihrem eigenen Volkstum zu erhalten und aus diesem heraus zu entwickeln. Diesem Ziel hat in erster Linie der Unterricht für die Eingeborenen zu dienen. Erziehungsziel und Erziehungsmethode im Unterricht für Eingeborene haben daher eine grundlegende Änderung gegenüber der früheren Zeit zu erfahren. Der Unterricht hat grundsätzlich von der Muttersprache oder der sie ersetzenden und zum Teil verdrängenden Verkehrssprache auszugehen. Eine Zulassung zu Unterrichts- und Erziehungsanstalten in Deutschland kommt nicht in Frage.
Noch wichtiger als der Unterricht aus dem eigenen Volkstum heraus ist die Pflege dieses Volkstums in der angestammten Religion. Eine Christianisierung der Eingeborenen, eine bewußte Ausbreitung der christlichen Religion unter den bisher noch nicht für das Christentum gewonnenen Eingeborenen ist als mit dem Grundsatz der Erhaltung ihres Volkstums im Widerspruch stehend abzulehnen. Soweit die Eingeborenen aber bereits Christen geworden sind, ist anzustreben, daß sie sich in eigenen Gemeinden unter eigenen Eingeborenenpriestern zusammenschließen. Die Frage der Zulassung von Missionsgesellschaften in die deutschen Kolonien wird daher nicht von religiösen Gesichtspunkten, sondern von dem Bedürfnis der Verwaltung her, sprach- und landeskundige Mittler zu den Eingeborenen zu haben, zu beurteilen sein.
Das dritte wesentliche Moment für die Erhaltung des eigenen Volkstums ist die Erhaltung des eigenen Rechts. Es muß dafür gesorgt werden, daß die Eingeborenen nach ihrem überlieferten Stammesrecht weiterleben und in dem ihnen geläufigen Verfahren auch ihre Rechtsansprüche verfolgen können. Die eingeborenen Stammesautoritäten werden in ihren Stellungen zu erhalten und zu festigen sein. Soweit es irgend geht, wird ihnen die Verwaltung der betreffenden Bezirke zu überlassen sein, und die deutsche Verwaltung wird, wo praktisch verwertbare Stammesorganisationen noch bestehen, sich bei der Durchsetzung ihrer Verwaltungsaufgaben dieser Stammesorganisationen bedienen. Nur wo diese bereits verschwunden oder gänzlich einflußlos geworden sind, wird die deutsche Verwaltung unmittelbar auf den einzelnen Eingeborenen durch eigene Organe einzuwirken haben. Aber auch hier wird sie sich bemühen, neue Eingeborenenvertretungen ins Leben zu rufen. [...]
So wird mit der Wiederaufnahme deutscher kolonialer Tätigkeit eine neue Epoche in der Erschließung und Entwicklung Afrikas durch die europäischen Nationen beginnen. Die nationalsozialistische Kolonialverwaltung wird gerade auf dem Gebiet der Eingeborenenpolitik zeigen, daß die Befolgung der an den Anfang gestellten drei Richtsätze

möglich ist und trotzdem Afrika die Ergänzung Europas sein kann, daß auf afrikanischem Boden Weiße und Farbige unter glücklichen Lebensbedingungen nebeneinander leben können, ohne daß es zu einer Vermischung der beiden Rassen kommt, und daß trotz dieses Nebeneinanderlebens auf demselben Raum jeder Bevölkerungsteil in seinem Kern seine Eigenart bewahren kann, mag auch eine gewisse Auswirkung des deutschen Volkstums auf das der Eingeborenen nicht zu vermeiden sein.

Quelle: Deutscher Kolonial-Dienst. Ausbildungsblätter des Kolonialpolitischen Amtes der Reichsleitung der NSDAP, 6. Jg., Nr. 6 vom 15.6.1941, 81-82.

Obgleich die Nationalsozialisten die Forderung der Kolonialrevisionisten nach Rückgabe der ehemaligen deutschen Kolonien nunmehr *expressis verbis* aufnahmen und auch im Hinblick auf das anvisierte mittelafrikanische Großreich eine weitgehende inhaltliche Übereinstimmung mit den territorialen Kriegszielprogrammen des Ersten Weltkriegs nicht zu übersehen ist, sollte sich nach ihren Vorstellungen die künftige Kolonialpolitik doch inhaltlich von der vor 1914 betriebenen unterscheiden.[42] Ausgehend von dem Herrschaftsanspruch des weißen „Herrenvolkes“ beabsichtigte man in dem neuen Kolonialimperium eine Politik der strikten „Segregation und Rassenhygiene“ zu betreiben, der zufolge der Kontakt zwischen Europäern und Schwarzen auf ein Minimum reduziert werden sollte (Dok. 35). Es war vorgesehen, die schwarze Bevölkerung „arteigen“, d.h. auf einer primitiven Stufe, zu erhalten. Das Kolonialpolitische Amt entwarf von diesen Voraussetzungen her 1940 in Zusammenarbeit mit dem Reichsjustizministerium und anderen Stellen in Anlehnung an die Nürnberger Gesetze von 1935 ein „Kolonialblutschutzgesetz“[43], und für Weiße und Eingeborene wurde eine getrennte, rassisch orientierte Gerichtsbarkeit vorgesehen. Zwischen Deutschen und Afrikanern bestand, wie der Entwurf eines „Reichskolonialgesetzes“ vorsah, keine Volksgemeinschaft, sondern lediglich eine „Schutzgemeinschaft“. Zur Durchsetzung der NS-Rassepolitik forderte das Rassenpolitische Amt die Einsetzung von „Rassenpolitikern“ in den Verwaltungen der Kolonie.

Da das künftige koloniale Imperium einzig als wirtschaftlicher Ergänzungsraum des unter deutscher Herrschaft stehenden „neuen Europa“ gedacht war – als Rohstofflieferant und als ein riesiger Absatzmarkt –, hätte die Funktion der Schwarzen allein darin bestanden, die Herrschaft der Weißen anzuerkennen und ihnen als Arbeiter zur Verfügung zu stehen. Gesetzliche Arbeitspflicht und Arbeitsbuch waren daher ebenso vorgesehen wie die Zusammendrängung in Eingeborenenre-

[42] Vgl. A. Kum'a N'Dumbe III, Pläne zu einer nationalsozialistischen Kolonialherrschaft in Afrika, in: Aspekte deutscher Außenpolitik im 20. Jahrhundert. Aufsätze Hans Rothfels zum Gedächtnis, hg. W. Benz – H. Graml, Stuttgart 1976, 165-192; ders., Was wollte Hitler in Afrika? NS-Planungen für eine faschistische Neugestaltung Afrikas, Frankfurt a. M. 1993; K. Linne, Weiße <Arbeitsführer> im <Kolonialen Ergänzungsraum>. Afrika als Ziel sozial- und wirtschaftspolitischer Planungen in der NS-Zeit, Münster 2002.

[43] A. Kum'a N'Dumbe III, Was wollte Hilter in Afrika, 270f.; auch abgedruckt in H. Gründer, „...da und dort ein junges Deutschland gründen“, Dok. 130.

servaten (als „Arbeiterreservoir"). Daneben wurde allerdings – zur Verhinderung einer vollen Proletarisierung der Afrikaner – immer wieder ausdrücklich die Erhaltung einer kleinbäuerlichen Grundlage der Eingeborenen in ihrem Stammesgebiet und auf der Basis einer „artgemäßen Kultur" gefordert. Jegliche Schulbildung hatte auf die Vermittlung europäischen Lehrstoffes zu verzichten und an der Grenze zur Höheren Schule zu enden. Rassegesetzgebung und eine staatlich gelenkte „koloniale Wirtschaft" bildeten mithin die Basis der nationalsozialistischen Kolonialideologie und der geplanten Kolonialherrschaft. Eine deutsche Massenansiedlung in Afrika lag wegen der Gefahr eines „weißen Proletariats" nicht im Interesse des NS-Staates.

Spätestens Ende Oktober 1940 war das Projekt eines deutschen Kolonialreiches in Mittelafrika jedoch bereits wieder „aus dem Bereich der ‚realen' Politik Hitlers zu Reißbrettkonstruktionen und politischen Sandkastenspielen der Ministerialbürokratie des Auswärtigen Amtes abgesunken" (A. Hillgruber)[44]; denn mit dem Beginn des Russlandfeldzuges interessierten ihn die Kolonialprobleme nur noch am Rande. Zwar blieb, besonders im Hinblick auf die Vereinigten Staaten, ein gewisses strategisches Interesse an Nordwestafrika bestehen; aber dieses hatte nur noch wenig mit den weltmachtpolitischen Mittelafrika-Projekten der Kolonialdiskussion zu tun. Für Hitler bedeuteten Kolonien – im Gegensatz zum Auswärtigen Amt – zu keinem Zeitpunkt eine Alternative zum „Lebensraum im Osten". Afrika sollte nach seinen eigenen Worten vom 22. Februar 1942 erst wieder an dem Tag interessant werden, wenn er „Europa fest organisiert" habe.[45] Anfang 1943 musste Hitler schließlich dem für ihn ungünstigen Kriegsverlauf Rechnung tragen. In seinem Auftrag teilte Reichsleiter Bormann dem Leiter des Kolonialpolitischen Amtes am 26.1.1943 mit, daß „die Tätigkeit des Kolonialpolitischen Amtes und die des Reichskolonialbundes bis zum 15.2.1943 völlig stillzulegen" seien.[46] Der Traum von einem deutschen Reich in Afrika, seit den 1880er Jahren eine Hoffnung deutscher Kolonialschwärmer, war endgültig ausgeträumt.

[44] Hitlers Strategie, 248f.
[45] Nach K. Hildebrand, Vom Reich zum Weltreich, 720.
[46] Ebd., Dok. 83.

IX. Die deutsche Kolonialzeit – Bilanz einer Ära

Blickt man zurück auf die erwartungsvollen Argumente der frühen Kolonialdiskussion, so wird man nicht umhin können zu konstatieren, daß nahezu sämtliche Vorstellungen von einer „Krisentherapie" durch koloniale Expansion, waren sie nun sozialökonomischer, nationalpsychologischer oder sozialideologischer Art, unerfüllt blieben. Bereits Anfang der 1890er Jahre erwies sich die Hoffnung, den Bevölkerungsdruck durch gelenkte Massenauswanderung aufzufangen und in die eigenen Kolonien zu leiten – dem gegenüber dem Export- und Absatzgedanken vergleichsweise stärksten Argument der Kolonialpropagandisten –, als Fehlspekulation. Das hing vorab mit dem für den Übergang zur industriellen „Bevölkerungsweise" charakteristischen Absinken der Geburtenziffern noch vor dem Ersten Weltkrieg zusammen.[1] Gleichzeitig lief Mitte der 1890er Jahre (1893) die letzte der großen überseeischen Massenauswanderungswellen aus, was wiederum mit den sinkenden Chancen in dem überseeischen Hauptauswanderungsland USA seit Anfang der 1890er Jahre und der wachsenden Attraktivität der expandierenden industriellen Arbeitsmärkte in Mittel- und Westdeutschland zusammenhing.[2] Aus dem einstigen Auswanderungsland Deutschland, in dem gerade die bevölkerungspolitischen und nationalideologischen Faktoren des Wanderungsgeschehens eine so zentrale Rolle gespielt hatten, schien sich zu Beginn des 20. Jahrhunderts ein Einwanderungsland zu entwickeln, dessen Bedarf an zusätzlichen Arbeitskräften so rapide anstieg, dass vereinzelt nunmehr sogar der Import von chinesischen Kulis oder Arbeitskräften aus den afrikanischen Kolonialgebieten empfohlen wurde. Da die Trendperiode wirtschaftlicher Wachstumsstörungen sowie die strukturelle Agrarkrise, beide seit Mitte der 1870er Jahre zur Verunsicherung einer auf gleichmäßiges Wachstum ausgerichteten Wirtschaftsmentalität beitragend, ebenfalls Mitte der neunziger Jahre durch eine bis zum Vorabend des Ersten Weltkrieges anhaltende industrielle Hochkonjunkturphase und stetigere Agrarkonjunktur abgelöst wurden, verloren auch die primär sozialpsychologisch deutbaren wirtschaftsideologischen Argumente der Kolonialpropaganda an Werbekraft, die von einer unmittelbaren stabilisierenden Wirkung des Außenhandels durch die Erschließung von

[1] Eine vorzügliche „Bilanz" der deutschen Kolonialherrschaft – der dieses Kapitel teilweise verpflichtet ist – zieht K. J. Bade, Die Deutsche Kolonialexpansion in Afrika, bes. 35ff.

[2] K. J. Bade hat erstmals eigene Ergebnisse zur historischen Arbeitsmarkt- und sozialhistorischen Migrationsforschung fruchtbringend in die Kolonialgeschichtsschreibung eingebracht, vgl. u.a. Massenwanderung und Arbeitsmarkt im deutschen Nordosten von 1880 bis zum Ersten Weltkrieg: überseeische Auswanderung, interne Abwanderung und kontinentale Zuwanderung, Archiv für Sozialgeschichte 20 (1980), 265-323; ders., German Emigration to the United States and Continental Immigration to Germany in the Late Nineteenth and Early Twentieth Centuries, Central European History 13 (1980), 348-377; sowie der bereits in Kap. II, Anm. 3 genannte Aufsatz.

nationalen Kolonialmärkten ausgegangen waren. Mitte der 1890er Jahre waren somit schon von den objektiven Gegebenheiten her sowohl die Klagen über den Menschen- und Kapitalverlust durch überseeische Auswanderung als auch die Hoffnung auf die Konjunktur stabilisierende Wirkungen durch eigene Kolonien gegenstandslos geworden – was ihre hartnäckigsten Verfechter freilich nicht daran hinderte, sich ihrer – bewusst oder unbewusst – weiterhin zu bedienen.

Zu den dominanten endogenen Faktoren traten Hemmnisse der Peripherie hinzu, als sich zeigte, dass fast sämtliche deutschen Schutzgebiete aus klimatischen Gründen zur „Massenansiedlung“ ungeeignet waren. Die Auswanderung in die Kolonialgebiete erforderte überdies ein nicht unbeträchtliches Startkapital. Schließlich kann die Ansicht des Vaters von Heinrich Schnee, „dass die Kolonien als Betätigungsfeld für verkrachte Existenzen oder für solche seien, die irgend etwas in der Heimat gesündigt hätten“, durchaus als repräsentativ für die öffentliche Meinung des Kaiserreichs gelten.[3] So gewannen die „Schutzgebiete“ nie eine sonderliche Anziehungskraft für auswanderungswillige Deutsche. Selbst in der dritten und stärksten Auswanderungswelle des 19. Jahrhunderts (1880 bis 1893), die mit dem Beginn der deutschen Kolonialära parallel lief, wanderten über 90% der Deutschen (fast 1,8 Mill.) weiterhin in die USA aus. Demgegenüber gingen bis 1914 weniger als 24 000 Deutsche in die Kolonien – eine im Vergleich verschwindend geringe Zahl, die der damaligen Einwohnerzahl einer Mittelstadt entsprach.[4] Keine Kolonie, nicht einmal Deutsch-Südwestafrika, das die Hälfte aller in den deutschen Kolonien lebenden Weißen beheimatete, nahm somit eine ins Gewicht fallende Auswanderung auf.

Auch hinsichtlich der nationalen und sozialen Integrationswirkungen, die die Kolonialexpansion ausüben sollte, blieben die Erwartungen unerfüllt. Abgesehen vielleicht von jenem kurzzeitigen „Kolonialrausch“ 1884, den Bismarck geschickt für seine Wahlpropaganda einzusetzen wusste, erreichte die Kolonialbewegung nie das Ausmaß einer großen nationalen Massenbewegung. Vielmehr traten Desillusionierung und Desinteresse an die Stelle des vorübergehenden Kolonialenthusiasmus. Die von Hübbe-Schleiden mit großem Aufwand betriebene Gründung einer Partei, in der sich die koloniale Bewegung sammeln und formieren konnte, schei-

---

3 Erinnerungen, 9f., s. auch 23. – Dass diese Auffassung eine reale Grundlage besaß, belegt W. Petter für die Kolonialoffiziere an zahlreichen Beispielen (Militärische Einwirkungen auf die deutsche Kolonialverwaltung in Afrika, 1884-1918. Ziele und Ergebnisse, in: Actes du 4° Colloque International d'Histoire Militaire, hg. v. d. Commission Internationale d'Histoire Militaire, Ottawa 1979, 231); vgl. auch H. J. Hiery, Eliten in Elysium ? Anmerkungen zur deutschen Kolonialelite, in: M. A. Denzel (Hg.), Deutsche Eliten in Übersee (16. bis 20. Jahrhundert), St. Katharinen 2006, 423-442.

4 Die weiße Bevölkerung in den deutschen Schutzgebieten verteilte sich 1913 wie folgt: Deutsch-Südwestafrika 14 830, Deutsch-Ostafrika 5 336, Kamerun 1 871, Togo 368, also Afrika insgesamt 22 405; ferner Deutsch-Neuguinea 1 427 (davon Kaiser-Wilhelmsland und Bismarck-Archipel 968, Karolinen und Marianen 459), Samoa 557, also in der Südsee insgesamt 1 984; dazu in Kiautschou 4 470. D.h. in den deutschen Kolonien lebten 28 859 Weiße, davon waren 23 952 Deutsche.

terte geradezu kläglich, während L. Bamberger am 4. Februar 1891 im Reichstag überrascht feststellen musste, „daß eigentlich niemand mehr ein Kolonialenthusiast hier noch sein will".[5] Auch die Mitgliederzahlen der kolonialen Vereine deuten auf keine große nationale Begeisterung für die Kolonien hin. In der Deutschen Kolonialgesellschaft stiegen sie nur allmählich, begleitet von zeitweiliger Stagnation oder gar Rückschritt, und die hohe Fluktuationsrate weist auf den raschen Wechsel von im Augenblick durch organisierte Propaganda gewecktem Interesse und nachfolgender enttäuschter Abwendung hin.[6] Mit ihren schließlich ca. 42 000 Mitgliedern (1914) rangierte die DKG weit hinter dem über 1 Mill. Mitglieder zählenden „Flottenverein". Selbst die aufwendigen Kolonialkongresse von 1902, 1905 und 1910 in Berlin, als große Demonstrationen für den Kolonialgedanken gedacht, kamen weniger im Zeichen nationaler Sammlung zustande als aus der Furcht bei den kolonialen Protagonisten, infolge von „Kolonialverdrossenheit" und „Kolonialmüdigkeit" im eigenen Volk beim kolonialen Verteilungskampf der Nationen zu kurz zu kommen. Eine nationalideologische Integrationsfunktion bewirkten demgegenüber schon eher die alldeutsche Bewegung und der Flottenenthusiasmus, wohingegen die Kolonialfrage, die einen ständigen innenpolitischen Konfliktstoff bot, mehr dem Import von peripheren Kolonialproblemen in das Reich als dem Export von deutschen Problemen an die koloniale Peripherie diente.

Erst recht ließ sich der „revolutionäre Zündstoff" nicht in die Kolonien ableiten. Der „Export der sozialen Frage" in die Kolonien gelang nicht einmal in Ansätzen. Nicht nur, dass sich die als gesellschaftliche Bedrohung empfundene „soziale Frage" durch die fortschreitende Einbindung der Arbeiterschaft in den Industrialisierungsprozess und damit in die industrielle Massengesellschaft allmählich entspannte; die Sozialdemokratie fügte sich auch selbst über den Revisionismus – auch und gerade in der Kolonialfrage – in die bürgerliche Gesellschaft ein.[7] Mithin blieben die Vorstellungen einer sozialdefensiven Integrationsfunktion der Kolonialexpansion gleichfalls ein Trugbild. Die sozialideologischen kolonialen Argumente spielten daher auch in der Weimarer Republik so gut wie keine Rolle mehr. Dagegen verloren die rein ökonomischen Begründungen – Kolonien als Rohstoffbasen und Absatzmärkte für eine expandierende Industriegesellschaft – selbst nach dem Verlust der Kolonien nur bedingt an Zugkraft, obgleich die „Ergebnisse" im Kaiserreich alles andere als überzeugend gewesen waren.

Denn angesichts der hohen Erwartungen, die die frühe Expansionsagitation in den Handel mit den Kolonien gesetzt hatte, sah die Bilanz der deutschen Kolonialwirtschaft geradezu mager aus. Standen bei einem Gesamtvolumen von 8,7 Mrd. Mark in den Jahren 1910/13 die Exporte in die anderen europäischen Länder mit

5 Sten. Ber. 115, 1298.

6 Vgl. K. J. Bade, Friedrich Fabri, 305ff., bes. 308f.

7 K. J. Bade, Die deutsche Kolonialexpansion in Afrika, 37; vgl. auch M. Oberlack, „Zwischen Internationalismus und Eurozentrismus" – Die deutsche Sozialdemokratie und das Problem einer „humanen Kolonialpolitik", in: H. Gründer (Hg.), Geschichte und Humanität, Münster ²1994, 49-60.

6,3 Mrd. Mark bei weitem an der Spitze, gefolgt von den Exporten nach Amerika (USA, Argentinien, Brasilien, Chile) mit 1,4 Mrd. Mark, so gingen im gleichen Zeitraum, in dem Deutschland über ein Kolonialgebiet von fast 3 Mill. km^2 mit einer Bevölkerung von rund 12 Mill. Einwohnern verfügte, nur Exporte für 51,9 Mill. Mark in die Kolonien. Auf den Europa-Export entfielen folglich 72,4%, auf den Amerika-Export 17,3%, während der deutsche Kolonialexport nur 0,6% des gesamten Außenhandelsvolumens ausmachte. Selbst der deutsche Afrika-Export unter Ausschluss der deutschen Kolonien und Marokkos, der insgesamt 136,3 Mill. Mark betrug, übertraf mit 1,6% Anteil am deutschen Gesamtexport den Handelsverkehr mit den eigenen Kolonien um fast das Dreifache.

Im Hinblick auf den Anteil der Kolonialgebiete am deutschen Gesamtimport verhielt es sich nicht anders: bei einem Gesamtvolumen von 10 Mrd. Mark kamen 1910/13 5,5 Mrd. Mark aus den anderen europäischen Ländern, 2,6 Mrd. Mark aus Amerika und nur 49,8 Mill. Mark aus den deutschen Kolonien. Der Europa-Import machte mithin 54,8%, der Amerika-Import 26,3%, der Gesamtimport aus den deutschen Kolonien aber nur 0,5% aus. In diesem Fall übertraf der Afrika-Import ohne deutsche Kolonien und Marokko bei einem Gesamtvolumen von 339 Mill. Mark, d.h. einem Anteil von 4% am deutschen Gesamtimport, den gesamten deutschen Kolonialimport sogar um das Achtfache.[8] Angesichts dieser Vergleichszahlen kann die deutsche Kolonialpolitik nur einen minimalen Effekt auf den Außenhandel des Deutschen Reiches ausgeübt haben. Diese Feststellung dürfte sich auch dann kaum ändern, wenn man die Bedeutung der Kolonialländer für die Lieferung bestimmter Produkte mit in Rechnung stellt. Die importierten Mengen deckten in der Regel nur einen sehr geringen Teil des Inlandsbedarfs an diesen Gütern. Abgesehen vom Kupfer und den Diamanten Deutsch-Südwestafrikas gab es unter den Produkten der deutschen Kolonien keinen Artikel, der Deutschlands Stellung auf dem Weltmarkt stärkte oder zukünftig gravierend verbessert hätte. Die Kolonien bildeten daher zu keinem Zeitpunkt ein wirksames „Ventil“ für die deutsche Wirtschaft, d.h. eine langfristige Konjunkturstütze, schon gar nicht in der konjunkturellen Abschwungphase.

Diese Aussage gilt ebenso uneingeschränkt für den deutschen Kapitalexport. Schon die Tatsache, dass der deutsche Nettokapitalexport zwischen 1880 und 1913, abgesehen vom Jahr 1905 mit dem einmalig hohen Wert von 1,1 Mrd. Mark, ziemlich gleichförmig um ein Niveau von etwa 400 Mill. Mark pendelte, widerspricht der (Monopolkapitalismus-)These Lenins, dass der Kapitalexport der imperialistischen Länder seit der Jahrhundertwende „besonders wichtige Bedeutung“ gewann. Welcher Anteil an den gesamten Auslandsanlagen Deutschlands, die sich am Vorabend des Ersten Weltkriegs auf ca. 24 Mrd. Mark beliefen, auf die deutschen Kolonien entfiel, ist im einzelnen schwierig zu ermitteln. Jedenfalls scheint nur

---

8 P. Hampe, Die ökonomische Imperialismustheorie, 179; vgl. W. O. Henderson, Studies in German Colonial History, London 1962, 33-57; L. H. Gann – P. Duignan, The Rulers of German Africa, 162-193 („But in metropolitan terms the empire remained of marginal importance both for the nation's economy and for German society“).

China eine gewisse Bedeutung als Anlagegebiet gehabt zu haben (1904 waren dort ca. 350 Mill. Mark angelegt). In den gesamten deutschen Kolonien „arbeiteten“ vor Kriegsausbruch mit ca. 500 Mill. Mark lediglich etwa 2% des deutschen Auslandskapitals.[9] Innerhalb der deutschen Kapitalausfuhr spielten die Kolonien mithin ebenfalls eine äußerst bescheidene Rolle, abgesehen davon, dass die Kapitalanleger eher gedrängt als freiwillig in den Schutzgebieten investierten.

Betrachtet man darüber hinaus die Aufwendungen der deutschen Kolonialverwaltung und fügt ihnen gar die – teilweise über Anleihen gedeckten – enormen Kosten für die Niederschlagung der Erhebungen vornehmlich in Deutsch-Südwest (585 Mill. Mark), in Deutsch-Ostafrika sowie in China (240 Mill. Mark) hinzu und vergleicht dieses Resultat mit den Einnahmen des Reiches aus Steuern und Zöllen, so wird man nicht umhin können, die deutschen Kolonien als nationales Verlustgeschäft anzusehen (Reichszuschüsse 1884-1914: 646 Mill. Mark).[10] Auch die Tatsache, dass sich hinsichtlich der deutschen Kolonialwirtschaft nach den schwierigen Anfangsjahren eine Besserung gerade in den Jahren vor dem Krieg anzubahnen schien, ablesbar an der Entwicklung hin zu ausgeglicheneren Zahlungsbilanzen, ändert an diesem Ergebnis nur wenig; denn die hohen Anfangskosten und die im Zuge eines eher treuhänderischen kolonialen Denkens nach dem Ersten Weltkrieg als gleichbleibend hoch anzusehenden Folgekosten hätten sich – rein rechnerisch – kaum bis zur Emanzipation der Kolonien „amortisiert“.

Es wäre allerdings verfehlt, das deutsche koloniale Abenteuer wirtschaftlich als reines Verlustgeschäft abzubuchen. Denn der öffentlichen Kosten-Nutzen-Rechnung steht im Hinblick auf eine kolonialwirtschaftliche Bilanz die private Seite des kolonialen Geschäftes gegenüber. Wenn es selbst in diesem Bereich nicht an Verlusten gefehlt hat, abgesehen von den hohen Anfangsinvestitionskosten, so dürfte doch eine vergleichsweise kleine Zahl von Kolonialunternehmern und Kolonialfinanciers ganz beträchtliche Gewinne aus den Kolonien gezogen haben. Für einzelne Interessenten wie Großreeder, Großhandelsfirmen, Plantagenunternehmer und Kolonialspekulanten ist der Kolonialismus unzweifelhaft ein einträgliches Geschäft gewesen. „So betrachtet erschiene“, wie es Klaus J. Bade unter Verwendung einer Formel von Friedrich Stampfer formuliert hat, „die wirtschaftliche Bilanz der deutschen Kolonialherrschaft (...) im Lichte einer Privatisierung der Gewinne bei einer Sozialisierung der Verluste, die diese Gewinne ermöglichten“.[11]

Außenpolitisch hat die deutsche Kolonialpolitik, vor allem das Streben nach einem größeren Kolonialbesitz, mehrmals Anlass zu politischen Auseinandersetzungen gegeben. Sie sind jedoch im Stile kolonialdiplomatischer Konvenienz immer wieder – auf Kosten der Kolonialvölker – gelöst worden. Die Kolonialfrage hat, selbst in den brisanten Marokkokrisen, nur geringfügig zu einer Verschärfung

---

9 P. Hampe, Die ökonomische Imperialismustheorie, 180-182; H.-U. Wehler, Bismarck und der Imperialismus, 411.

10 Im einzelnen: Togo 3,5 Mill., Kamerun 48 Mill., Deutsch-Südwest 278 Mill., Ostafrika 122 Mill., Neuguinea 19 Mill., Samoa 1,5 Mill., Kiautschou 174 Mill. Mark.

11 Die deutsche Kolonialexpansion in Afrika, 38.

der weltpolitischen Gegensätze vor dem Ersten Weltkrieg beigetragen. Nachdem die überseeischen Machtbezirke weitgehend abgesteckt waren und der Spielraum Deutschlands hinsichtlich kolonialer Erwerbungen schrumpfte, stellten die Pläne einer wirtschaftlichen Durchdringung Europas („Mitteleuropa") einen politisch wesentlich explosiveren Zündstoff dar als die Frage der Kolonien. Die Kolonialpolitik hat weder primär die Verflechtung Deutschlands in die Weltpolitik bewirkt noch war sie nach der Jahrhundertwende der vorrangige Aspekt der deutschen Weltpolitik.

Dok. 36: „Kolonialgräuel" und „Humanitätsschwindel" – Ein kolonialkritisches Fazit

Kolonisation ist also eine wunderschöne Sache und „des Schweißes der Edlen wert". Was kann es auch Erhabeneres geben auf dem Erdenrund, als „im Dienste der Menschheit" den armen, unzivilisierten Wilden die Segnungen der Kultur zu bringen und der europäischen Gesittung den Weg zu bereiten!? – Eine famose Phrasenbrühe! – Das Rezept zu derselben ist in dem humanitären Kochbuche der Kulturköche zu finden. Wirft man dann noch die hohe, heilige Mission des Christentums, welche die in Götzenanbetung versunkenen Heiden mit dem Evangelium zu beglücken sich Mühe gibt, in denselben Topf hinein, dann erhält man als Resultat ein Mixtum compositum, an dem sich die heidnischen Wilden und wilden Heiden schon lange den Magen verdorben haben. Ja, gewiss! Die ernste Kulturarbeit ernster Kulturträger verdient in der Tat die allerhöchste Anerkennung. Aber leider sind diese „ernsten Kulturträger" dünn gesät unter den Kolonisatoren, und der „Schweiß der Edlen" perlt nicht auf jedermanns Stirne. Die „ernste Kulturarbeit" spielte stets das Aschenbrödel unter den Aufgaben, welche die kolonisierenden Nationen zu lösen bestrebt waren. Reine, selbstlose Motive gaben selten den Anlaß zu kolonisatorischen Bestrebungen. Die ganze Missionstätigkeit, die immer so gerne in möglichst idealem Lichte erscheinen möchte, das Paradestück der christlichen Kirche, erweist sich schließlich doch nur als das traurige Produkt der unlauteren Konkurrenzkämpfe von religiösen Cliquen. Und die politische Kolonisation, welche unter dem Schlachtrufe „Pro Patria" ins Feld zieht, arbeitet, wie leider die ganze moderne Staatsmaschine, einzig und allein in die Taschen der heimatlichen Bourgeoisie. Das sogenannte *Kolonialsystem* bedeutet also nicht anderes als: methodische Ausbeutung der kolonisierten Länderstrecken zum Besten der Plutokratie des kolonisierenden Landes. Der Profit ist das Punktum saliens [springender Punkt] aller Kolonisationen. Der Profit ist aber auch die Quelle alles Bösen auf Erden. Er hat die tollsten Leidenschaften in die menschliche Gesellschaft getragen und die Dämonen des Hasses und der Zwietracht entfesselt.

Auch das Kolonialwesen der europäischen Mächte krankt an dieser furchtbaren Seuche. Gewinnsucht und Despotismus in trautem Vereine haben in den Kolonien ihr Domizil aufgeschlagen. In Europa freilich, wo die Gesetze mit eiserner Faust die tierischen Instinkte niederhalten und auch den gar zu wüsten Ausschreitungen des Kapitalismus ein Paroli bieten, da gibt man sich gerne der angenehmen Selbsttäuschung hin, daß Christentum und Zivilisation in den anderen Erdteilen ein wundertätiges Werk vollbringen. In Europa blüht auch der Humanitätsschwindel. In Europa schlagen hysterische Weiber und einige männliche Kakerlaken die tollsten humanitären Purzelbäu-

me. In Europa schwärmt man noch für Kulturträger und Missionare und strickt rosarote Höschen und Strümpfe für die armen gar zu tief dekolletierten Heidenkinder. In Europa sind ja auch Kultur und Zivilisation zu Hause und desgleichen die Nächstenliebe und die stilgerechten Bücklinge. „Europens übertünchte Höflichkeit" ist keine bloße Phrase. In Europa haben die Anstreicher ihr Handwerk gelernt, und der Firnis glänzt, wenn er gut gemischt und aufgetragen ist.
Aber dort draußen, im wilden Land, will man die Probe aufs Exempel machen, da versagt plötzlich der ganze künstliche Mechanismus der heutigen Gesellschaftsform, der in Europa so vortrefflich funktioniert. Draußen, da werden Kultur und Zivilisation zum Teufel gejagt, da pfeift man auf Recht und Gesetz, auf Anstand, Sitte und Moralkodex, da gibt sich jeder, wie er ist, da bricht hervor mit elementarer Gewalt, was bisher unter den Fittichen der europäischen Lügenkultur mit eingezogenen Krallen schlummerte, da triumphiert – die Bestie im Menschen.

Quelle: Franz Giesebrecht, „Kolonialgreuel". Kulturhistorische Studie, Neue Deutsche Rundschau 6 (1895), 153 f.

Was nun die „inhaltliche" Seite der deutschen Kolonialzeit anbetrifft, so wird es noch schwieriger, generalisierende Aussagen über den spezifisch *deutschen* kolonialen Zugriff, die Funktionsweise der deutschen Kolonialherrschaft und vor allem deren Nachwirkungen auf die kolonisierten Völker zu machen, letzteres nicht nur wegen der kurzlebigen deutschen Kolonialepoche. Ganz ohne Zweifel blieb die zeitliche „Verspätung" des deutschen Kolonialismus und die Unerfahrenheit der Deutschen als Kolonialmacht – die eben kein „Indien" besaßen, das ihnen Erfahrungen in der Behandlung unterworfener Völker vermittelt hätte – nicht ohne Folge für den deutschen *„way of colonialism"*. Der im Zeichen der verspäteten Reichsgründung als nationale Verpflichtung empfundene Zwang zum „Aufholen" oder gar zum „Bessermachen" – vornehmlich gegenüber dem zugleich bewunderten und geschmähten englischen Vorbild – führte ganz unbestreitbar zu einer gewissen „Hektik", deren Schattenseite eine vor allem in den Anfangsjahren rigide Eingeborenenpolitik war. Dieser Hang zum „Perfektionismus" – in seiner Zeit und selbst noch nach 1918 vielfach auch von außerdeutschen Beobachtern mit gewisser Bewunderung bedacht – manifestierte sich u.a. in einer Tendenz zur Überbürokratisierung („Assessorismus"), die sich erst mit den Dernburgschen Verwaltungsreformen milderte. Ansonsten zeigte die lokale Kolonialverwaltung keine grundlegenden Unterschiede zu den Verwaltungssystemen anderer Mächte – sie war nicht autoritärer als die französische oder belgische Regierungsweise (Gann-Duignan) –, mit der Ausnahme, dass sich, im Vergleich zu Frankreich und Portugal, die Deutschen wie die Engländer nie um eine politische Assimilation ihrer Kolonialuntertanen bemühten.[12]

[12] Zur Verwaltung der Kolonien: E. R. Huber, Deutsche Verfassungsgeschichte seit 1789, Bd. IV: Struktur und Krisen des Kaiserreiches, Stuttgart 1969, 604-634; vgl. auch K. Hausen, Deutsche Kolonialpolitik in Afrika, 23-140, sowie für den sozialgeschichtlichen Hintergrund L. H. Gann – P. Duignan, The Rulers of German Africa, 45-149.

Namentlich in der ersten Phase der deutschen Kolonialherrschaft, die etwa mit dem Sturz Bismarcks endete, war das deutsche Vordringen eher durch mehr oder weniger planloses Konquistadoren- und Abenteurertum und eine unruhig experimentierende, auf das eingeborene „Kapital" wenig Rücksicht nehmende Wirtschaft gekennzeichnet. Erst nach dieser „Experimentierphase", die mit der Brechung des primären Widerstandes oft zusammenfiel, setzte eine sowohl systematischere verwaltungsmäßige Erschließung als auch wirtschaftliche *„mise en valeur"* der Kolonien, letztere verstärkt um die Jahre 1896/97, ein.[13] Diese zweite, in der Sprache der Zeit „heroische" Phase, in der es um die Stabilisierung der Machtverhältnisse in der „kolonialen Situation" ging („Eroberungsphase"), endete indes in dem Fiasko der postprimären Erhebungen in Afrika, des Herero-Nama- und des Maji-Maji-Aufstandes sowie der schweren Unruhen in Südostkamerun (1904-06). Zugleich schlug die Krise in Afrika, die zur Reichstagsauflösung und in den sogenannten Hottentottenwahlen (25.1.1907) zu einer Verschiebung der Machtkonstellation im Reichstag führte, erstmals auch auf die inneren Verhältnisse in Deutschland durch, wobei mit der Politisierung der Kolonialkrise erstmalig die Afrikaner als „mithandelnde Subjekte" in die innere deutsche Geschichte traten.[14]

Die Krise, die sich gleichzeitig in der Aufdeckung einer ganzen Reihe von Kolonialskandalen offenbarte, nötigte wiederum zu einer Korrektur der bisherigen deutschen Kolonialpolitik und Kolonialwirtschaft. Diese „Reformphase" ist eng verbunden mit dem Namen des linksliberalen Bankiers Bernhard Dernburg (1865 bis 1937), der zugleich an die Spitze des neugeschaffenen Kolonialstaatssekretariats (17.5.1907) trat. Dernburgs Programm einer kolonialpolitischen und kolonialwirtschaftlichen Neuorientierung zielte nunmehr auf eine „wissenschaftlichere", d.h. rationalere Kolonialpolitik ab. Reformen in der kolonialen Verwaltung in Richtung einer autonomeren und selbstbewussteren Administration, staatliche Entwicklungsprogramme für die Kolonialwirtschaft und Anreize für den überseeischen Kapitalexport sollten zum Gedeihen der Kolonien beitragen. Zu den „Erhaltungsmitteln" künftiger Kolonisation – gegenüber den bis dahin angewandten „Zerstörungsmitteln" – gehörten für Dernburg „ebenso der Missionar wie der Arzt, die Eisenbahn wie die Maschine, also die fortgeschrittene theoretische und angewandte Wissenschaft auf allen Gebieten". Aber auch dem Schutz der einheimischen

---

[13] Es ist üblich geworden, die deutsche Kolonialzeit in drei Entwicklungsphasen einzuteilen (vgl. u.a. W. Baumgart, Die deutsche Kolonialherrschaft in Afrika. Neue Wege der Forschung, Vierteljahrsschrift für Sozial- und Wirtschaftsgeschichte 58, 1971, 469f.). Diese Dreiteilung ist von K. J. Bade mit den Begriffen „Experimentierphase", „Eroberungsphase" und „Reformphase" ausführlicher charakterisiert worden (vgl. Das Kaiserreich als Kolonialmacht, hier: 99ff.; ferner ders., Imperialismus und Kolonialmission: das kaiserliche Deutschland und sein koloniales Imperium, in: ders. [Hg.], Imperialismus und Kolonialmission. Kaiserliches Deutschland und koloniales Imperium, Wiesbaden 1982, 1-28, hier: 3ff., sowie ders., Deutschlands koloniales Abenteuer 1884-1914/18, Universitas 39, 1984, 1259-1270).

[14] Vgl. W. Reinhard, „Sozialimperialismus" oder „Entkolonisierung der Historie"? Kolonialkrise und „Hottentottenwahlen" 1904-1907, Historisches Jahrbuch 97/98 (1978), 384-417.

Bevölkerung als des „wichtigsten Aktivums" der deutschen Kolonialwirtschaft kam in seinem Reformprogramm eine zentrale Bedeutung zu. Daher trat er zugleich, freilich unter dem Primat wirtschaftlicher Prosperität der Kolonien und damit politisch-ökonomischer Überlegungen der Metropole, für eine „negererhaltende" Politik ein.[15]

Wenngleich sich in der kolonialen Wirklichkeit, zumindest für die eingeborenen Völker, zunächst nur verhältnismäßig wenig änderte, so setzte mit Dernburgs kolonialpolitischem und kolonialwirtschaftlichem Reformkurs doch eine konsequentere Gesetzgebung ein (Ansätze zu einem wirksamen Arbeiterschutz), die vielen Auswüchsen des Kolonialsystems die Spitze nahm. Insofern leitete die „Ära Dernburg" tatsächlich eine Wende in der deutschen Kolonialgeschichte und damit eine dritte und letzte Phase ein, die nunmehr durch eine stetigere, rationalere und effektivere Entwicklung gekennzeichnet war. Das Programm von Kolonialregierung und Kolonialverwaltung, das darauf abzielte, die Eingeborenen so zu „heben" – wie der zeitgemäße Ausdruck lautete –, dass die Metropole aus ihrer Überproduktion Gewinn zog, deckte sich fortan noch stärker mit den langfristigen politisch-sozialökonomischen Zielen von Handel und Mission, die für die Schaffung eines freien, marktfähigen Bauernstandes eintraten. Da eine versklavte, um ihre bloße Existenz besorgte „Arbeiterschaft" keinen Boden für eine auf Bedarf (Handel) und religiöse Erziehung (Mission) gerichtete Gesellschaft bildete, sollte eine indigene *cash crop*-Produktion die Kolonisierten sozial und wirtschaftlich auf eigene Füße stellen und ihre „Proletarisierung" unterbinden.

Eine solche Entwicklung entsprach aber nicht dem sozialdarwinistischen Kolonialprogramm der Plantagenunternehmer und dem radikalen „Pulver und Blei"-Programm der Siedler, die von ihrem Herrenstandpunkt aus die „Zivilisierung" der Eingeborenen mit der Nilpferdpeitsche verlangten. Gegenüber dem „aufgeklärten" Kolonialismus des Staates strebten Pflanzer und Siedler, in Abwehr kolonial-staatsinterventionistischer Reglementierungen und des kolonialstaatlichen „Fürsorge"-Konzepts, danach, durch Enteignungen und die Verhinderung jeglichen Bodenerwerbs sowohl die „Arbeiterfrage" zu lösen als auch die unter der neuen kolonialen Wirtschaftspolitik im Anwachsen begriffene Marktproduktion der Eingeborenen zurückzudrängen. Mit der Zunahme der europäischen Besiedlung in einzelnen Kolonien (Deutsch-Südwestafrika) wuchs ihr Einfluss, so dass sich die Art und Weise des kolonialen Zugriffs aus dem Parallelogramm der divergierenden Kräfte von kurzfristigen wirtschaftlichen Ausbeutungsinteressen und den Zielen einer auf langfristige Landesverwaltung eingestellten Kolonialherrschaft ergab. Mit dem Sieg der kolonialen Reformpartei im Reichstag im Frühjahr 1914 und der Übernahme ihrer Vorstellungen durch Kolonialstaatssekretär Solf zeichnete sich diese Kraftprobe noch kurz vor Ausbruch des Ersten Weltkriegs ab.[16]

15 Zielpunkte des Deutschen Kolonialwesens. Zwei Vorträge, Berlin 1907, 6f., 9 (vorangegangenes Zitat); vgl. W. Schiefel, Bernhard Dernburg, 30-142.

16 Sten. Ber. 294, 7897ff.; vgl. W. D. Smith, The German Colonial Empire, 219.

Die Entwicklung in ausgesprochenen Siedlungskolonien wie Deutsch-Südwestafrika ist daher kaum oder nur bedingt mit derjenigen in Handelskolonien wie Togo oder gar Samoa zu vergleichen, wobei es dahingestellt sein mag, ob die Ursache dafür bei so fähigen Gouverneuren wie Graf Zech und Solf lag – die keinen Vergleich mit der besten Tradition britischer Kolonialbeamten zu scheuen brauchen – oder ob ihre Struktur von vornherein ein pragmatisch-aufgeklärtes Regiment bedingte. Selbst innerhalb *derselben* Kolonie konnten die Erfahrungen der Einheimischen mit dem deutschen Kolonialismus höchst unterschiedlich sein. Ohnedies reichten die Wirtschaftsstrukturen im deutschen Kolonialimperium von Handels- über Plantagen- zu Siedlungskolonien, die Herrschaftsstrukturen von der formell-direkten Territorialherrschaft hin bis zur indirekten Herrschaft nach dem Residenturprinzip wie in Ruanda und Urundi – das zugleich die indigenen Strukturen am wenigsten tangierte, aber ebenso wenig einen sozialen Wandel involvierte –, während das Reich in weiten Teilen Deutsch-Neuguineas zu keiner Zeit über die von ihm beanspruchten Gebiete eine administrativ und politisch wirksame Kontrolle auszuüben vermochte.

Die Folge war, daß auch die Kolonialisierten deutsche koloniale Herrschaft jeweils unterschiedlich erfahren haben (und bis heute eine unterschiedliche Erinnerung an diese Zeit überliefern). Das gilt erst recht für jene indigenen Herrschaftseliten oder Stämme, die mit der Kolonialmacht „kollaborierten“, sei es, um ihre eigene Herrschaft gegenüber bedrohenden Mächten von außen oder konkurrierenden Kräften im Innern zu sichern, zu stabilisieren oder auszubauen, sei es, um sich in der „kolonialen Situation“ neue wirtschaftliche Einkünfte oder politische Herrschaftsbereiche zu sichern. Als Beispiele können die Tolai in Deutsch-Neuguinea ebenso wie die islamischen Fulbe in Kamerun gelten, die ein System etablierten, das man als kolonialen „Subimperialismus“ bezeichnen kann. Auch die Tyrannei dominierender Ethnien oder die Suprematie bestimmter Kasten, die bis zur Versklavung der beherrschten Völker reichen konnten, schufen Voraussetzungen und den Nährboden für eine Kollaboration. Die „neuen Herren“ wurden daher nicht nur als Unterdrücker empfangen oder betrachtet. Nach der politischen Entmachtung der traditionellen Herrschaftsgruppen kam ihre koloniale Landfriedenspolitik zudem breiteren Schichten zugute, so dass sich das festgefügte präkoloniale Sozialsystem einer „offeneren“ Gesellschaft nähern konnte: Nicht an der traditionellen Machtteilhabe partizipierende Gruppen erhielten Chancen des sozialen Aufstiegs und der politischen Emanzipation.

Gleichzeitig wussten die Kolonisierten den zwangsläufigen politischen, sozialen und ökonomischen Wandel teilweise zu ihrem Vorteil zu nutzen, so dass sich europäische Kultur mit traditionellen Wert- und Glaubensvorstellungen vermischte, wodurch sich neue kulturelle Identitäten bildeten.

Daher erscheint es wenig angemessen, von einer *totalen* Zerstörung der soziokulturellen Identität der kolonisierten Völker zu reden und den Kolonialismus einseitig als „Faschismus an der Peripherie“ (P. Schmitt-Egner) zu charakterisieren. Unzweifelhaft enthielt er, wo er in einer rassenideologischen Axiomatik fußte oder auf einer „völkischen" Siedlungsagitation („Volk ohne Raum") beruhte oder in eine anonyme Kolonialbürokratie degenerierte, „Elemente totaler Herrschaft" (H. Arendt). Hier liegen sicherlich sowohl Parallelen als auch Verbindungslinien zum Nationalsozialismus vor. Andererseits entwickelte auch die deutsche Kolonialherrschaft nach der machtpolitischen „Klärung" der Herrschaftsbeziehungen, nach der es für die kolonialisierten Völker kein Zurück mehr gab, bereits Ansätze einer von außen aufgezwungenen „Entwicklungspolitik". Diese koloniale „Entwicklungsdiktatur" ging naturgemäß von den Interessen der Metropole aus und orientierte sich zweifelsohne einseitig am westlichen „Modernisierungsmodell". Die besondere „Dialektik des Kolonialismus" (D. K. Fieldhouse) lag freilich darin begründet, dass das koloniale Entwicklungs- und Schulungsprogramm zwar den präkolonialen Entwicklungsprozess radikal unterbrach, zugleich aber die Voraussetzungen und Instrumente für den späteren Emanzipationskampf sowie für die kulturelle und politische Reintegration in eine größere Gemeinschaft schuf und somit das formell-direkte koloniale System selbst wieder aufhob. An diesem dialektischen Prozess war die deutsche Kolonialherrschaft ebenso beteiligt wie an den nachwirkenden Folgen.

Verzeichnis der leitenden Kolonialbeamten

A Dirigenten und Direktoren der Kolonialabteilung des Auswärtigen Amtes und der Staatssekretäre des Reichskolonialamtes.

1. Dr. Friedrich Richard Krauel, Dirigent, 1.4.1890-30.6.1890
2. Dr. Paul Kayser, Dirigent seit 1.7.1890, *Direktor* 27.3.1894 bis 14.10.1896
3. Dr. Oswald Frhr. v. Richthofen, 15.10.1896-31.3.1898
4. Dr. Gerhard v. Buchka, 31.3.1898-6.6.1900
5. Dr. Oscar Wilhelm Stuebel, 12.6.1900-16.11.1905
6. Erbprinz Ernst zu Hohenlohe-Langenburg, ad interim 16.11.1905 bis 5.9.1906
7. Bernhard Dernburg, ad interim seit 5.9.1906, *Staatssekretär* des neuen Reichskolonialamtes 17.5.1907-9.6.1910
8. Dr. Friedrich v. Lindequist, 9.6.1910-6.11.1911
9. Dr. Wilhelm H. Solf, ad interim vom 4.11.1911, Staatssekretär 20.12.1911-13.12.1918
10. Dr. Johannes Bell, 13.2.-20.6.1919

B Die obersten Verwaltungsbeamten in den Kolonien

Deutsch-Ostafrika

1. Reichskommissar:
Hauptmann Hermann Wissmann, 8.2.1889-21.2.1891

2. Gouverneure
Frhr. Julius v. Soden, 14.2.1891-15.9.1893
Frhr. Friedrich v. Schele, 15.9.1893-25.2.1895
Dr. Hermann v. Wissmann, 26.4.1895-3.12.1896
Eduard v. Liebert, 3.12.1896-12.3.1901
Graf Adolf v. Götzen, 12.3.1901-15.4.1906
Frhr. Albrecht v. Rechenberg, 15.4.1906-22.4.1912
Dr. Heinrich Schnee, seit 22.4.1912

Kamerun

1. Kais. Kommissar:
ad interim mit Charakter als Konsul Dr. Max Buchner, 14.7.1884 bis 17.5.1885

2. Gouverneure:
Frhr. Julius v. Soden, 26.5.1885-14.2.1891
Eugen v. Zimmerer, 15.4.1891-13.8.1895
Jesco v. Puttkamer, 13.8.1895-9.5.1907
Dr. Theodor Seitz, 9.5.1907-27.8.1910
Dr. Otto Gleim, 28.8.1910-29.1.1912
Karl Ebermaier, seit 29.1.1912

Togo

1. Kais. Kommissare:
Ernst Falkenthal, Juni 1885-1887
Eugen v. Zimmerer, 3.8.1888-14.4.1891

2. Landeshauptleute (seit Nov. 1893):
Jesco v. Puttkamer, Kommissar seit 16.12.1891, Landeshauptmann Nov. 1893-13.8.1895

3. Gouverneure (seit April 1898)
August Köhler, Landeshauptmann 18.11.1895-18.4.1898, Gouverneur bis zu seinem Tod 20.1.1902
Waldemar Horn, 1.12.1902-11.5.1905
Graf Julius v. Zech, 11.5.1905-7.11.1910
Edmund Brückner, 31.3.1911-19.6.1912
Herzog Adolf Friedrich zu Mecklenburg, seit 19.6.1912

Deutsch-Südwestafrika

1. Kais. Kommissare:
ad interim Dr. Heinrich Ernst Göring, Mai 1885-Aug. 1890
ad interim Curt v. François, seit März 1891, seit Nov. 1893 Landeshauptmann bis 15.3.1894

2. Gouverneure (seit April 1898):
Theodor Leutwein, ad interim 15.3.1894, etatmäßig vom 27.6.1895; Gouverneur 18.4.1898-19.8.1905
Dr. Friedrich v. Lindequist, 19.8.1905-20.5.1907
Bruno v. Schuckmann, 20.5.1907-20.6.1910
Dr. Theodor Seitz, seit 28.8.1910

Deutsch-Neuguinea[17]

(Altes Schutzgebiet:
Kaiser-Wilhelmsland, Bismarck-Archipel, Salomon-Inseln)

1. Landeshauptleute der Neuguinea-Kompanie:
Admiral a. D. Frhr. Georg v. Schleinitz, 17.5.1885 (im Schutzgebiet eingetroffen 10.6.1886) – März 1888
Geh. Oberpostrat Reinhold Kraetke, 1.3.1888-31.10.1889

2. Kais. Kommissare:
Gustav v. Oertzen, 1885-1886
Regierungsrat Fritz Rose, ad interim 21.8.1889, etatmäßig 30.9.1890 bis 15.6.1892

3. Landeshauptleute der Kompanie:

---

[17] 1885-Mai 1889: Die Neuguinea-Kompanie stellt und besoldet den „Landeshauptmann". Mai 1889-Aug. 1892: Die Reichsregierung stellt den „Kais. Kommissar", die Kompanie besoldet ihn. Sept. 1892-März 1899: Die Kompanie stellt und besoldet den „Landeshauptmann". – 1. April 1899: Das Reich übernimmt die Hoheitsrechte und stellt und besoldet die Verwaltungsbeamten.

bisheriger Kanzler des Kommissariates Georg Schmiele, 20.6.1892-1895
komm. Korvettenkapitän a. D. Hugo Rüdiger, 15.2.-28.8.1896
komm. Curt v. Hagen, 9.10.1896-13.8.1897
komm. Rechtsanwalt Hugo Skopnik, 11.9.1897-1898

4. Gouverneure:
Rudolf v. Bennigsen, 26.3.1899-19.6.1902
Dr. Albert Hahl, seit 10.11.1902
Dr. Eduard Haber, seit Mai 1914 vertretungsw., 1915/17-1918

Marshall-Inseln[18]

1. Kais. Kommissare:
Gustav v. Oertzen, 1885-1886
Konsul Dr. Wilhelm Knappe, 1886-1888
Vizekonsul Dr. Franz Sonnenschein, 1888-1890
Vizekonsul Max Biermann, April 1890-1891
Dr. Wilhelm Schmidt, März 1892-1893

2. Kais. Landeshauptleute:
Dr. Georg Irmer, 10.12.1893-März 1898
Eugen Brandeis, ad interim 24.3.1898 (etatmäßig seit 22.2.1900)-28.3.1906

Samoa

Gouverneure:
Dr. Wilhelm H. Solf, 25.1.1900-19.12.1911
Dr. Erich Schultz-Ewerth, seit 19.6.1912

Kiautschou

Gouverneure (dem Reichsmarineamt unterstellt):
Kapitän z. S. Oskar Truppel, Febr.-Apr. 1898
Kapitän z. S. Carl Rosendahl, 7.3.1898[19]-10.10.1898
Kapitän z. S. Paul Jaeschke, 19.2.1899-27.1.1901
Kapitän z. S. Oskar (v.) Truppel, 20.2.1901-17.8.1911
Kapitän z. S. Alfred Meyer-Waldeck, seit 19.8.1911

---

[18] Seit 21. Jan. 1888 werden die Kommissare von der Regierung gestellt, von der Jaluit-Gesellschaft besoldet. 1. April 1906: Das Reich übernimmt die gesamte Verwaltung. Die Inseln werden von einem dem Gouverneur von Neuguinea unterstehenden Bezirkshauptmann verwaltet. (Nach A. Zimmermann, Geschichte der Deutschen Kolonialpolitik, Berlin 1914, 312-315, mit Ergänzungen.)

[19] ernannt; angetreten 16. 4. 1898

Bibliographie (Stand 1984)

Bibliographische Hilfsmittel

Afrika-Biographie. Verzeichnis des wissenschaftlichen Schrifttums in deutscher Sprache aus den Jahren 1960/1961ff., Bonn 1963ff.

Afrika-Schrifttum. Bibliographie deutschsprachiger wissenschaftlicher Veröffentlichungen über Afrika südlich der Sahara, Bd. I: Text, Wiesbaden 1966, Bd. II: Index, 1971.

Africa South of the Sahara. Index to Periodical Literature, 1900-1970, vol. 1-4, Boston, Mass. 1971, First Supplement 1973.

Asamani, J. O., Index Africanus, Stanford, Cal. 1975.

Bestmann, Theodore, A World Bibliography of African Bibliographies, überarb. u. hg. v. J. D. Pearson, Oxford 1975.

Bibliotheca Missionum, 21. Bd.: Missions-Literatur von Australien und Ozeanien, 1525-1950, Freiburg 1955.

Bridgman, Jon, Clarke, David E., German Africa. A Select Annotated Bibliography. Hoover Institution Bibliographical Series, Stanford, Cal. 1965.

Brose, Maximilian, Die deutsche Kolonialliteratur von 1884-1895, Berlin 1897 (für die folgenden Jahre im von G. Meinecke herausgegebenen Kolonialen Jahrbuch, Jg. X, 1897ff.).

Carlson, Andrew R., German Foreign Policy, 1890-1914, and Colonial Policy to 1914: a Handbook and Annotated Bibliography, Metuchen, N.Y. 1970.

Decharme, Pierre, Bibliographie critique de la colonisation allemande, Paris 1900.

De Lancey, Mark W. u. Virginia H., A Bibliography of Cameroon, New York, London 1975 (African Bibliography Series, Bd. 4).

Dickson, Diane, Doson, Carol, World Catalogue of Theses on the Pacific Islands, Canberra 1970.

Dippold, Max F., Une bibliographie du Cameroun. Les écrits en langue allemande, Burgau 1971 (= Veröffentlichung des Instituts für Soziale Zusammenarbeit, Freiburg i. Br.).

Dröscher, Gustav (Bearb.), Deutsche Kolonien. Ein Bücherverzeichnis, Leipzig 1939.

Franz, Eckhart G., Geissler, Peter, Das Deutsch-Ostafrika-Archiv. Inventar der Abteilung „German Records" im Nationalarchiv der Vereinigten Republik Tansania, Dar-es-Salaam, Marburg a. d. Lahn 1973.

Gann, L. H., Duignan, Peter (Hg.), Colonialism in Africa, Bd. 5: A Bibliographical guide to Colonialism in Sub-Saharan Africa, Cambridge 1973 (380-410: German Africa).

Gunzenhäuser, Max, Bibliographie zur Außenpolitik und Kolonialpolitik des Deutschen Reiches, 1871-1914, Stuttgart 1943.

Halstead, John, Porcari, Serafino, Modern European Imperialism: A Bibliography of Books and Articles 1815-1972, 2 Bde., Boston, Mass., 1974.

Hess, Robert L., Coger, Dalvan M., A Bibliography of Primary Sources for Nineteenth-Century Tropical Africa as Recorded by Explorers, Missionaries, Traders, Travelers, Administrators, Military Men, Adventurers, and Others, Stanford, Cal. 1973.

Hoffmann, Rainer, Bücherkunde zur chinesischen Geschichte, Kultur und Gesellschaft, München 1973.

Hundsdörfer, Volkhard, Küper, Wolfgang, Bibliographie zur sozialwissenschaftlichen Erforschung Tanzanias, München 1974.

International African Bibliography, London 1971ff.

International African Bibliography 1973-1978. Books, articles and papers in African studies, hg. v. J. D. Pearson, London 1982.

Köhler, Jochen, Deutsche Dissertationen über Afrika. Ein Verzeichnis für die Jahre 1918-1959, Bonn 1962.

Koloniales Schrifttum. Mitteilungen der Deutschen Kolonialbibliothek, Bd. 1, München 1938.

Kolonialschrifttum, München 1942.

Martin, Helmuth, Pflug, Günther (Hg.), Deutsche Fernostbibliographie 1980. Deutschsprachige Veröffentlichungen über Ost-, Zentral- und Südostasien, München 1982.

Martineau, A., Rousier, P., Tramond, J. (Hg.), Bibliographie d'Histoire Coloniale (1900-1930), Paris 1932.

Maurer, Barbara, Schwarz, Klaus, Hochschulschriften zu Schwarzafrika, 1960-1978. Deutschland, Österreich, Schweiz, Freiburg i. Br. 1979 (= Materialien zur Afrikakunde 1).

Mohammadou, Eldridge, Catalogue des archives coloniales allemandes du Cameroun (I: Le Service des archives nationales de Yaoundé), deutsch-französisch, Yaoundé 1972.

Moses, John A., Kennedy, Paul M. (Hg.), Germany in the Pacific and Far East, 1870-1914, St. Lucia, Queensland, 1977 (hier: 385-409).

NNB. Namibische National-Bibliographie, hg. v. Eckard Strohmeyer, Basel 1978ff.

Ofori, Patrick E., Christianity in Tropical Africa: A Selective Annotated Bibliography, Nendeln/Liechtenstein 1977.

Pogge von Strandmann, Hartmut, Smith, Alison, The German Empire in Africa and British Perspectives: A Historical Essay, in: P. Gifford – W. R. Louis (Hg.), Britain and Germany in Africa. Imperial Rivalry and Colonial Rule, New Haven 1967, 709-795.

Quellen zur Geschichte Afrikas südlich der Sahara in den Archiven der Bundesrepublik Deutschland, hg. v. Internationalen Archivrat, Zug 1970.

Real, Jürgen, Verwaltung des deutschen Schutzgebietes Togo 1884-1914, (Findbuch), Koblenz 1980.

Shulman, Frank Joseph, Doctoral Dissertations on China, 1971-1975. Bibliography of Studies in Western Languages, Seattle, Wash. 1978.

Siemers, Günther, China vom Opiumkrieg bis zur Gegenwart. Eine einführende Bibliographie, Hamburg 1974.

Verzeichnis der kolonialwissenschaftlichen Schriften und Aufsätze von Mitgliedern und Mitarbeitern im Kolonial-Institut der Hansischen Universität zu Hamburg, Hamburg 1939.

Witsch, Josef (Bearb.), Kolonialkunde und Kolonialpolitik. Ein Führer durch das Kolonial-Schrifttum der Ernst-Abbe-Bücherei und Lesehalle zu Jena, Jena 1938.

Handbücher, Forschungsberichte, Zeittafeln, Lexika, Gesetzessammlungen, Atlanten

Bade, Klaus J., Imperialismusforschung und Kolonialhistorie, Geschichte und Gesellschaft 9 (1983), 138-150.

Baumgart, Winfried, Die deutsche Kolonialherrschaft in Afrika. Neue Wege der Forschung, Vierteljahrsschrift für Sozial- und Wirtschaftsgeschichte 58 (1971), 468-481.
Die deutsche Kolonialgesetzgebung, Berlin 1884-1914.
Dülffer, Jost, Deutsche Kolonialherrschaft in Afrika, Neue Politische Literatur 26 (1981), 458-473.
Fitzner, Rudolf, Deutsches Kolonial-Handbuch, 2 Bde, Berlin ²1901.
Heydt, August von der, Kolonial-Handbuch, Berlin 1913.
Hertslet, Edward, The Map of Africa by Treaty, showing the various political and territorial changes which have taken place since the general peace of 1814. With numerous maps and notes, 3 Bde, London ³1909, Nachdruck 1967.
Jacob, Ernst Gerhard, Deutsche Kolonialkunde 1884-1934, Dresden 1934 (2. Aufl.: Deutsche Kolonialkunde, Dresden 1940).
Kienitz, Ernst (Hg.), Zeittafel zur deutschen Kolonialgeschichte, München 1941.
Lange, Fritz (Hg.), Deutscher Kolonial-Atlas, 21. Aufl. Berlin 1939.
Langhans, Paul, Justus Perthes alldeutscher Atlas, Gotha 1903.
Meyer, Hans (Hg.), Das Deutsche Kolonialreich. Eine Länderkunde der deutschen Schutzgebiete, Bd. I: Ostafrika und Kamerun, Leipzig, Wien 1909; Bd. II: Togo, Südwestafrika, Schutzgebiete in der Südsee und Kiautschougebiete, ebd. 1910.
Nohlen, Dieter, Nuscheler, Franz (Hg.), Handbuch der Dritten Welt, 8 Bde, 2. überarb. u. erg. Aufl. Hamburg 1982ff.
Ohm, Thomas, Wichtige Daten der Missionsgeschichte, Münster ²1961.
Riebow, O. von, Zimmermann, Alfred (Hg.), Die Deutsche Kolonialgesetzgebung. Sammlung der auf die deutschen Schutzgebiete bezüglichen Gesetze. Aufgrund amtlicher Quellen und zum dienstlichen Gebrauch, 2 Bde, Berlin 1893 u. 1898.
Ruppel, Julius, Die Landesgesetzgebung für das Schutzgebiet Kamerun. Sammlung der in Kamerun zur Zeit geltenden völkerrechtlichen Verträge, Gesetze, Verordnungen und Dienstvorschriften mit Anmerkungen und Register, Berlin 1912.
Schnee, Heinrich (Hg.), Deutsches Koloniallexikon, 3 Bde, Leipzig 1920 (mehrere spätere unv. Faksimile-Reprints, zuletzt 2011).
Spellmeyer, Hans, Deutsche Kolonialpolitik im Reichstag, Stuttgart 1931.
Sprigade, Paul – Max Moisel (Bearb.), Großer deutscher Kolonialatlas, Berlin 1915 (Faksimile-Reprint Braunschweig 2002).
Zorn, Philipp, Sassen, Franz Josef (Hg.), Deutsche Kolonialgesetzgebung, Berlin ²1913.

Quellen, Quelleneditionen

Behnen, Michael, Quellen zur deutschen Außenpolitik im Zeitalter des Imperialismus, Darmstadt 1977.
Bericht über die Verhandlungen des Allgemeinen Deutschen Kongresses zur Förderung überseeischer Interessen in Berlin vom 13.-16. Sept. 1886, Berlin 1886.
Boelcke, Willi A., So kam das Meer zu uns. Die preußisch-deutsche Kriegsmarine in Übersee, 1822-1914, Frankfurt a. M., Berlin 1981.
Deutschland und seine Kolonien im Jahre 1896. Amtlicher Bericht über die erste deutsche Kolonialausstellung, hg. v. Arbeitsausschuß der deutschen Kolonialausstellung, Berlin 1897.
Die deutsche Kolonialpolitik. Aktenstücke, 3 Bde, Berlin 1902-1907.

Die große Politik der europäischen Kabinette 1871-1914. Sammlung der Diplomatischen Akten des Auswärtigen Amtes. Im Auftrage des Auswärtigen Amtes hg. v. Johannes Lepsius, Albrecht Mendelssohn-Bartholdy, Friedrich Thimme, 40 Bde, Berlin 1923-1929.

Fenske, Hans (Hg.), Im Bismarckschen Reich 1871-1890, Darmstadt 1978.

Ders., Unter Wilhelm II., Darmstadt 1982.

Gründer, Horst, Der moderne Imperialismus. Unterrichtsmaterialien für die Sekundarstufe II, Düsseldorf [5]1990, 2. Druck.

Grütter, Werner, Brandt, Hartwig (Hg.), Der Imperialismus von 1870 bis 1914, Paderborn 1982.

Jacob, Ernst Gerhard (Hg.), Deutsche Kolonialpolitik in Dokumenten. Gedanken und Gestalten aus den letzten fünfzig Jahren, Leipzig 1938.

Ders., Kolonialpolitisches Quellenheft. Die deutsche Kolonialfrage 1918-1935. Mit einem Geleitwort von Gouverneur Dr. Schnee, Bamberg 1935.

Koloniale Reichstagsreden, 3 Bde, Berlin 1902-1907.

Mommsen, Wolfgang J. (Hg.), Der Imperialismus. Seine geistigen, politischen und wirtschaftlichen Grundlagen, Hamburg 1977.

Stenographische Berichte über die Verhandlungen des Deutschen Reichstags nebst Anlagen, 1884ff.

Verhandlungen der Deutschen Kolonialkongresse 1902 (1905, 1910, 1924) zu Berlin, Berlin 1903 (1906, 1910, 1924).

Verhandlungsberichte über die Sitzungen des Gouvernementsrates vom 20. bis 23. Juni 1912, Dar es Salaam 1912 (ff.).

Übergreifende Darstellungen, Kolonialismusproblematik

Albertini, Rudolf von, Dekolonisation. Die Diskussion über die Verwaltung und Zukunft der Kolonien 1918-1960, Zürich 1966.

Ders., Europäische Kolonialherrschaft 1880-1940, Zürich-Freiburg i. Br. 1976 (hierin A. Wirz über die deutschen Kolonien in Afrika: 302-326).

Ders., Colonialism and Underdevelopment: Critical Remarks on the Theory of Dependency, in: L. Blusse, H. L. Wesseling, J. D. Winius (Hg.), History and Underdevelopment. Essays on Underdevelopment and European Expansion in Asia and Africa, Leiden 1980, 42-52.

Ansprenger, Franz, Auflösung der Kolonialreiche, München 1966, [3]1977.

Balandier, Georges, Die koloniale Situation: Ein theoretischer Ansatz, in: Rudolf von Albertini (Hg.), Moderne Kolonialgeschichte, Köln-Berlin 1970, 105-124.

Baumgart, Winfried, Der Imperialismus. Idee und Wirklichkeit der englischen und französischen Kolonialexpansion 1880-1914, Wiesbaden 1975.

Césaire, Aimé, Über den Kolonialismus, Berlin 1968.

Fanon, Frantz, Les Damnés de la terre, Paris 1961, dt. Reinbek b. Hamburg 1969.

Fieldhouse, David K., Die Kolonialreiche seit dem 18. Jahrhundert, Frankfurt 1965 (= Fischer-Weltgeschichte 29).

Ders., Colonialism 1870-1945, New York-London 1981.

Gerwin, Jos, Mergner, Gottfried (Hg.), Innere und äußere Kolonisation. Zur Geschichte der Ausbreitung Europas auf die übrige Welt (I), Oldenburg 1982.

Gerwin, Jos, Mergner, Gottfried, Koetsier, Jos (Hg.), Alltäglichkeit und Kolonialisierung. Zur Geschichte der Ausbreitung Europas auf die übrige Welt (II), Oldenburg 1983.

Grohs, Gerhard, Stufen afrikanischer Emanzipation. Studien zum Selbstverständnis westafrikanischer Eliten, Stuttgart-Berlin-Köln-Mainz 1967.
Hampe, Peter, Die ökonomische Imperialismustheorie. Kritische Untersuchungen, München 1976.
Leclerc, Gérard, Anthropologie und Kolonialismus, Frankfurt a. M. 1976.
Memmi, A., Der Kolonisator und der Kolonisierte. Zwei Porträts, Frankfurt a. M. 1980.
Mommsen, Wolfgang J., Imperialismustheorien. Ein Überblick über die neueren Imperialismustheorien, Göttingen ²1980.
Nuscheler, Franz, Ziemer, Klaus, Politische Herrschaft in Schwarzafrika. Geschichte und Gegenwart, München 1978.
Panikkar, Kavalam Madhava, Asien und die Herrschaft des Westens, Zürich 1955.
Robinson, Ronald, Non-European foundations of European imperialism: sketch for a theory of collaboration, in: Studies in the theory of imperialism, hg. v. Roger Owen – Bob Sutcliffe, London 1972, 117-142.
Rodney, Walter, How Europe Underdeveloped Africa, London 1972 (dt. Afrika. Die Geschichte einer Unterentwicklung, Berlin 1975).
Schinzinger, Francesca, Die Kolonien und das Deutsche Reich. Die wirtschaftliche Bedeutung der deutschen Besitzungen in Übersee, Wiesbaden 1984.
Senghaas, Dieter (Hg.), Imperialismus und strukturelle Gewalt. Analysen über abhängige Reproduktion, Frankfurt a. M. ²1973.
Wesseling, H. L. (Hg.), Expansion and Reaction, Leiden 1978.

Gesamtdarstellungen zur deutschen Kolonialgeschichte, deutsche Kolonialideologie

Bade, Klaus J., Das Kaiserreich als Kolonialmacht: Ideologische Projektionen und historische Erfahrungen, in: J. Becker – A. Hillgruber (Hg.), Die deutsche Frage im 19. und 20. Jahrhundert, Augsburg 1983, 91-108.
Baglione, Frank Michael, Mysticism and Domination. Theories of Self-Preservation, Expansion and Racial Superiority in German Imperialist Ideology, Phil. Diss. (Masch.) Tufts University 1981.
Brunschwig, Henri, L'expansion allemande outre-mer du XVe siècle à nos jours, Paris 1957.
Cornevin, Robert, Histoire de la Colonisation Allemande, Paris 1969, dt. Goslar 1974.
Gothsch, Manfred, Die deutsche Völkerkunde und ihr Verhältnis zum Kolonialismus. Ein Beitrag zur kolonialideologischen und kolonialpraktischen Bedeutung der deutschen Völkerkunde in der Zeit von 1870 bis 1975, Baden-Baden 1984.
Graudenz, Karlheinz, Die deutschen Kolonien. Geschichte der deutschen Schutzgebiete in Wort, Bild und Karte. Dokumentation und Bildmaterial Hanns Michael Schindler, München 1982.
Gründer, Horst, Christliche Mission und deutscher Imperialismus. Eine politische Geschichte ihrer Beziehungen während der deutschen Kolonialzeit (1884-1914) unter besonderer Berücksichtigung Afrikas und Chinas, Paderborn 1982.
Hassert, Kurt, Deutschlands Kolonien. Erwerbungs- und Entwicklungsgeschichte, Landes- und Volkskunde und wirtschaftliche Bedeutung unserer Schutzgebiete, Leipzig 1899.
Henderson, William Otto, Studies in German Colonial History, London 1962.
Smith, Woodruff D., The Ideology of German Colonialism 1840-1914, Journal of Modern History 46 (1974), 641-662.

Ders., The German Colonial Empire, Chapel Hill 1978.
Timm, Uwe, Deutsche Kolonien, München 1981 (Bildband).
Townsend, Mary Evelyn, The Rise and Fall of Germany's Colonial Empire 1884-1918, New York 1930, dt. Leipzig 1932.
Westphal, Wilfried, Geschichte der deutschen Kolonien, München 1984.
Winfield, Judith A., Carl Peters and Cecil Rhodes. A Comparative Study of Imperialist Theory and Practice, Phil. Diss. (Masch.) University of Connecticut 1972.
Zimmermann, Alfred, Geschichte der deutschen Kolonialpolitik, Berlin 1914.

Zur Vorgeschichte der deutschen Kolonien

Fenske, Hans, Die deutsche Auswanderung in der Mitte des *19.* Jahrhunderts – Öffentliche Meinung und amtliche Politik, Geschichte in Wissenschaft und Unterricht 24 (1973), 221-236.
Ders., Imperialistische Tendenzen in Deutschland vor 1866. Auswanderung, überseeische Bestrebungen, Weltmachtträume, Historisches Jahrbuch 97/98 (1978), 337-383.
Marschalck, Peter, Deutsche Überseewanderung im 19. Jahrhundert. Ein Beitrag zur soziologischen Theorie der Bevölkerung, Stuttgart 1973.
Petter, Wolfgang, Die überseeische Stützpunktpolitik der preußisch-deutschen Kriegsmarine 1859-1883, Freiburg i. Br. 1975.
Schramm, Percy Ernst, Deutschland und Übersee. Der deutsche Handel mit anderen Kontinenten, insbesondere Afrika, von Karl V. bis zu Bismarck. Ein Beitrag zur Geschichte der Rivalität im Wirtschaftsleben, Braunschweig 1950.
Sieveking, Heinrich, Hamburger Kolonisationspläne 1840-42, Preußische Jahrbücher 86 (1896), 149-170.
Sommerlad, Theo, Der deutsche Kolonialgedanke und sein Werden im 19. Jahrhundert, Halle a. d. S. 1918.
Winkel, Harald, Der Texasverein. Ein Beitrag zur Geschichte der deutschen Auswanderung im 19. Jahrhundert, Vierteljahrsschrift für Sozial- und Wirtschaftsgeschichte 55 (1968), 348-372.

Expansionsagitation, organisierte Kolonialbewegung

Bade, Klaus J., Friedrich Fabri und der Imperialismus in der Bismarckzeit. Revolution – Depression – Expansion, Freiburg i. Br. 1975.
Bonhard, Otto, Geschichte des Alldeutschen Verbandes, Leipzig – Berlin 1920.
Chickering, Roger, We Men Who Feel Most German. A Cultural Study of the Pan-German League 1886-1914, London 1984.
Fabri, Friedrich, Bedarf Deutschland der Colonien? Eine politisch-ökonomische Betrachtung, Gotha 1879.
Gründer, Horst, „Gott will es" – Eine Kreuzzugsbewegung am Ende des 19. Jahrhunderts, Geschichte in Wissenschaft und Unterricht 28 (1977), 210-224.
Klauß, Klaus, Die Deutsche Kolonialgesellschaft und die deutsche Kolonialpolitik von den Anfängen bis 1895, Phil. Diss. (Masch.) Berlin (O) 1966.
Krätschell, Hermann, Karl Peters 1856-1918. Ein Beitrag zur Publizistik des imperialistischen Nationalismus in Deutschland, Phil. Diss. FU Berlin 1959.

Krieger, Ursula, Hugo Zöller. Ein deutscher Journalist als Kolonialpionier, Würzburg 1940.

Kruck, Alfred, Geschichte des Alldeutschen Verbandes 1890-1939, Wiesbaden 1954.

Müller, Helmut, Fieber, Hans-Joachim, Die Deutsche Kolonialgesellschaft, in: Die bürgerlichen Parteien in Deutschland, hg. v. einem Redaktionskollektiv unter Leitung von D. Fricke, Leipzig 1968, Bd. 1, 390-407.

Peters, Carl, Gesammelte Schriften, 3 Bde, München – Berlin 1943.

Pierard, Richard Victor, The German Colonial Society, 1892-1914, Phil. Diss. (Masch.) University of Iowa 1964.

Ders., A Case Study in German Economic Imperialism: The Colonial Economic Committee, 1896-1914, Scandinavian Economic History Review 16 (1968), 155-167.

Pogge von Strandmann, Hartmut, Nationale Verbände zwischen Weltpolitik und Kontinentalpolitik, in: Marine und Marinepolitik im kaiserlichen Deutschland, hg. v. H. Schottelius und W. Deist, Düsseldorf 1972, 296-317.

Schilling, Konrad, Beiträge zu einer Geschichte des radikalen Nationalismus in der Wilhelminischen Ära 1890-1909. Die Entstehung des radikalen Nationalismus, seine Einflußnahme auf die innere und äußere Politik des deutschen Reiches und die Stellung von Regierung und Reichstag zu seiner politischen und publizistischen Aktivität, Phil. Diss. Köln 1968.

Wernecke, Klaus Dieter, Der Wille zur Weltgeltung. Außenpolitik und Öffentlichkeit am Vorabend des Ersten Weltkrieges, Düsseldorf 1970.

Wertheimer, Mildred S., The Pan-German League, 1890-1914, New York 1924.

Koloniale Interessen, Parteien und Kolonialismus

Ascher, Abraham, Imperialists within German Social Democracy prior to 1914, Journal of Central European Affairs 20 (1961), 397-422.

Ders., „Radical" Imperalists within German Social Democracy 1912-1918, Political Science Quarterly 76 (1961), 555-579.

Bachem, Karl, Vorgeschichte, Geschichte und Politik der deutschen Zentrumspartei. Zugleich ein Beitrag zur Geschichte der katholischen Bewegung sowie zur allgemeinen Geschichte des neueren und neuesten Deutschland, 9 Bde, Köln 1927-1932.

Böhm, Eckehard, Überseehandel und Flottenbau. Hanseatische Kaufmannschaft und deutsche Seerüstung 1879-1902, Hamburg 1972.

Calwer, Richard, Kolonialpolitik und Sozialdemokratie, Sozialistisch, Monatshefte 11 (1907), 192-200.

Dix, Arthur, Sozialdemokratie, Militarismus und Kolonial-Politik auf den Sozialisten-Kongressen 1907, Berlin [1907].

Düding, Dieter, Der Nationalsoziale Verein 1896-1903. Der gescheiterte Versuch einer parteipolitischen Synthese von Nationalismus, Sozialismus und Liberalismus, München – Wien 1972.

Faber, Karl-Georg, Zur Vorgeschichte der Geopolitik. Staat, Nation und Lebensraum im Denken deutscher Geographen vor 1914, in: H. Dollinger – H. Gründer – A. Hanschmidt (Hg.), Weltpolitik – Europagedanke – Regionalismus. Festschrift für Heinz Gollwitzer zum 65. Geburtstag, Münster 1982, 389-406.

Gottwald, Herbert, Zentrum und Imperialismus. Zur Geschichte der Wandlung des Zentrums beim Übergang zum Imperialismus in Deutschland, Phil. Diss. (Masch.) Jena 1965.

Hampe, Peter, Sozioökonomische und psychische Hintergründe der bildungsbürgerlichen Imperialbegeisterung, in: Klaus Vondung (Hg.), Das wilhelminische Bildungsbürgertum. Zur Sozialgeschichte seiner Ideen, Göttingen 1976, 67-79.

Holl, Karl, List, Günter (Hg.), Liberalismus und imperialistischer Staat. Der Imperialismus als Problem liberaler Parteien 1890-1914, Göttingen 1975.

Jaeger, Hans, Unternehmer in der deutschen Politik (1890-1918), Bonn 1967.

Kühne, Horst, Die Ausrottungsfeldzüge der „Kaiserlichen Schutztruppen in Afrika" und die sozialdemokratische Reichstagsfraktion, Zeitschrift für Militärgeschichte 18 (1979), 206-216.

Lorenz, Ina Susanne, Eugen Richter. Der entschiedene Liberalismus in wilhelminischer Zeit 1871 bis 1906, Husum 1980.

Mansfeld, Alfred (Hg.), Sozialdemokratie und Kolonien, mit Beiträgen von Eduard Bernstein u.a., Berlin 1919.

Morsey, Rudolf, Die deutschen Katholiken und der Nationalstaat zwischen Kulturkampf und Erstem Weltkrieg, Historisches Jahrbuch 90 (1970), 31-64.

Nishikawa, Masao, Zivilisierung der Kolonien oder Kolonisierung durch Zivilisation? Die Sozialisten und die Kolonialfrage im Zeitalter des Imperialismus, in: J. Radkau – I. Geiss (Hg.), Imperialismus im 20. Jahrhundert, Gedenkschrift für George W. F. Hallgarten, München 1976, 87-112.

Noske, Gustav, Kolonialpolitik und Sozialdemokratie, Stuttgart 1914.

Nußbaum, Manfred, Vom „Kolonialenthusiasmus" zur Kolonialpolitik der Monopole. Zur deutschen Kolonialpolitik unter Bismarck, Caprivi, Hohenlohe, Berlin (O)1962.

Pehl, Hans, Die deutsche Kolonialpolitik und das Zentrum (1884-1914), Phil. Diss. Limburg 1934.

Schröder, Hans-Christoph, Sozialismus und Imperialismus. Die Auseinandersetzung der deutschen Sozialdemokratie mit dem Imperialismusproblem und der „Weltpolitik" vor 1914, Teil I, Hannover 1968.

Ders., Sozialistische Imperialismusdeutung. Studien zu ihrer Geschichte, Göttingen 1973.

Ders., Gustav Noske und die Kolonialpolitik des Deutschen Kaiserreichs, Berlin – Bonn 1979.

Schulte-Althoff, Franz-Josef, Studien zur politischen Wissenschaftsgeschichte der deutschen Geographie im Zeitalter des Imperialismus, Paderborn 1971.

Seeber, Gustav, Zwischen Bebel und Bismarck. Zur Geschichte des Linksliberalismus in Deutschland 1871-1893, Berlin 1965.

Stern, Fritz, Gold und Eisen. Bismarck und sein Bankier Bleichröder, Frankfurt a. M. – Berlin 1978.

Theiner, Peter, Sozialer Liberalismus und deutsche Weltpolitik. Friedrich Naumann im Wilhelminischen Deutschland (1860-1919), Baden-Baden 1983.

Washausen, Helmut, Hamburg und die Kolonialpolitik des Deutschen Reiches, 1880-1890, Hamburg 1968.

Weinberger, Gerda, Die deutsche Sozialdemokratie und die Kolonialpolitik, Zeitschrift für Geschichtswissenschaft 15 (1967), 402-423.

Winkelmann, Ingeburg, Die bürgerliche Ethnographie im Dienste der Kolonialpolitik des Deutschen Reiches (1870-1918), Phil. Diss. (Masch.) Berlin (O)1966.

Zeender, John K., The German Center Party 1890-1906, Philadelphia 1976.

Bismarck und der Kolonialismus, seine Nachfolger

Aydelotte, William O., Bismarck and British Colonial Policy, 1883-1885, Philadelphia 1937, Reprint 1974.

Ders., Wollte Bismarck Kolonien? in: Deutschland und Europa. Festschrift für Hans Rothfels, hg. v. W. Conze, Düsseldorf 1951, 41-68.

Bade, Klaus J., Antisklavereibewegung in Deutschland und Kolonialkrieg in Deutsch-Ostafrika 1888-1890: Bismarck und Friedrich Fabri, Geschichte und Gesellschaft 3 (1977), 31-58.

Crowe, Sybil E., The Berlin West African Conference, 1884-1885, London 1942.

Grube, Jochen, Bismarcks Politik in Europa und Übersee. Seine „Annäherung" an Frankreich im Urteil der Pariser Presse 1883-1885, Bern – Frankfurt a. M. 1975.

Hagen, Maximilian von, Bismarcks Kolonialpolitik, Stuttgart-Berlin. 1923.

Hallgarten, George W. F., War Bismarck ein Imperialist? Die Außenpolitik des Reichsgründers im Licht der Gegenwart, Geschichte in Wissenschaft und Unterricht 22 (1971), 257-265; Wehler, H.-U., Noch einmal: Bismarcks Imperialismus, ebd. 23 (1972), 226ff.; Hallgarten, G. W. F., Wehler, der Imperialismus und ich, ebd., 296ff.

Henning, Hansjoachim, Bismarcks Kolonialpolitik – Export einer Krise?, in: K. E. Born (Hg.), Gegenwartsprobleme der Wirtschaft und der Wirtschaftswissenschaft, Tübingen 1978, 53-83.

Hillgruber, Andreas, Bismarcks Außenpolitik, Freiburg i. Br. 1972.

Kennedy, Paul M., German Colonial Expansion in the Late Nineteenth Century: Has the „Manipulated Social Imperialism" been antedated, Past and Present 54 (1972), 134-141.

Miers, Suzanne, The Brussels Conference of 1889-1890: The Place of the Slave Trade in the Policies of Great Britain and Germany, in: Britain and Germany in Africa. Imperial Rivalry and Colonial Rule, hg. v. P. Gifford – W. R. Louis, New Haven-London 1967, 83-118.

Pflanze, Otto, Bismarcks Herrschaftstechnik als Problem der gegenwärtigen Historiographie, Historische Zeitschrift 234 (1982), 560-599.

Pogge von Strandmann, Hartmut, Domestic Origins of Germany's Colonial Expansion under Bismarck, Past and Present 42 (1969), 140-159.

Raschdau, Ludwig, Unter Bismarck und Caprivi. Erinnerungen eines deutschen Diplomaten aus den Jahren 1885-1894, Berlin 1939.

Richter, Werner, Bismarck, Frankfurt a. M. 1962.

Taylor, A. J. P., Germany's First Bid for Colonies, 1884-1885, London 1938.

Turner, Henry Ashby, Bismarck's Imperalist Venture: Anti-British in Origin? in: P. Gifford – W. R. Louis (Hg.), Britain and Germany in Africa. Imperial Rivalry and Colonial Rule, New Haven-London 1967, 47-82.

Wehler, Hans-Ulrich, Bismarck und der Imperialismus, Köln-Berlin 1969, München ^{4}1976.

Kolonialverwaltung, Kolonialreform

Crothers, George Dunlap, The German Elections of 1907, New York 1941.

Dernburg, Bernhard, Zielpunkte des Deutschen Kolonialwesens. Zwei Vorträge, Berlin 1907.

Doerr, Friedrich, Deutsches Kolonialzivilprozeßrecht, Leipzig 1914.

Epstein, Klaus, Erzberger and the German Colonial Scandals, 1905-1910, English Historical Review 74 (1959), 637-663.

Ders., Matthias Erzberger und das Dilemma der deutschen Demokratie. Frankfurt a. M.-Berlin-Wien 1976.

Erzberger, Matthias, Die Kolonial-Bilanz. Bilder aus der deutschen Kolonialpolitik auf Grund der Verhandlungen des Reichstages im Sessionsabschnitt 1905/06, Berlin 1906.

Florack, Franz, Die Schutzgebiete, ihre Organisation in Verfassung und Verwaltung, Tübingen 1905.

Frank, Walter, Der Geheime Rat Paul Kayser. Neues Material aus seinem Nachlaß, Historische Zeitschrift 168 (1943), 302-335, 541-563.

Gann, Lewis H., Duignan, Peter, The Rulers of German Africa, 1884-1914, Stanford, Cal. 1977.

Dies., African Proconsuls. European Governors in Africa, Stanford, Cal. 1978 (Schnee, Zech).

Hoffmann, E., Verwaltung und Gerichtsverfassung der deutschen Schutzgebiete, Leipzig 1908.

Hoffmann, Hermann von, Deutsches Kolonialrecht, Leipzig 1907.

Hoffmann, Walter K. H., Vom Kolonialexperten zum Experten der Entwicklungszusammenarbeit. Acht Fallstudien zur Geschichte der Ausbildung von Fachkräften für Übersee in Deutschland und der Schweiz, Saarbrücken-Fort Lauderdale 1980.

Huber, Ernst Rudolf, Deutsche Verfassungsgeschichte seit 1789, Bd. 4: Struktur und Krise des Kaiserreichs, Stuttgart 1969, 604-634.

Kade, Eugen, Die Anfänge der deutschen Kolonial-Zentralverwaltung, Würzburg-Aumühle 1939.

Kucklentz, Karl, Das Zollwesen der deutschen Schutzgebiete in Afrika und der Südsee, Berlin 1914.

Lackner, Horst, Koloniale Finanzpolitik im Deutschen Reichstag (von 1880-1919), Rechts- und Staatswiss. Diss. Königsberg 1939, Berlin 1939.

Petter, Wolfgang, Das Offizierkorps der deutschen Kolonialtruppen 1889-1918, in: H. H. Hofmann (Hg.), Das deutsche Offizierkorps 1860-1960, Boppard a. Rh. 1980, 163-174.

Ders., Militärische Einwirkungen auf die deutsche Kolonialverwaltung in Afrika, 1884-1918. Ziele und Ergebnisse, in: Commission Internationale d'Histoire Militaire (Hg.), Actes du 4e Colloque Internationale d'Histoire Militaire, Ottawa 1979, 26-43.

Pierard, Richard V., The Dernburg Reform Policy and German East Africa, Tanzania Notes and Records 67 (1967), 31-38.

Pogge von Strandmann, Hartmut, The Kolonialrat. Its Significance and Influence on German Politics 1890 to 1906, Phil. Diss. (Masch.) Oxford 1970.

Reinhard, Wolfgang, „Sozialimperialismus" oder „Entkolonisierung der Historie"? Kolonialkrise und „Hottentottenwahlen" 1904-1907, Historisches Jahrbuch 97/98 (1978), 384-417.

Schack, Friedrich, Das deutsche Kolonialrecht in seiner Entwicklung bis zum Weltkriege, Hamburg 1923.

Schiefel, Werner, Bernhard Dernburg. 1865-1937. Kolonialpolitiker und Bankier im wilhelminischen Deutschland, Zürich – Freiburg 1974.

Schlimm, Karl, Das Grundstücksrecht in den deutschen Kolonien, Leipzig-Reudnitz 1905.

Schulte-Althoff, Franz-Josef, Koloniale Krise und Reformprojekte. Zur Diskussion über eine Kurskorrektur in der deutschen Kolonialpolitik nach der Jahrhundertwende, in: H. Dollinger – H. Gründer – A. Hanschmidt (Hg.), Weltpolitik – Europagedanke – Regionalimus. Festschrift für Heinz Gollwitzer zum 65. Geburtstag, Münster 1982, 407-426.

Spidle, J. W., The German Colonial Civil Service: Organization, Selection and Training, Phil. Diss. (Masch.) Stanford University 1972.

Stengel, Karl von, Die Rechtsverhältnisse der deutschen Schutzgebiete, Tübingen 1901.

Tesch, Johannes, Die Laufbahn der deutschen Kolonialbeamten: Ihre Pflichten und Rechte, Berlin ^{6}1912.

Westphal, Günther, Der Kolonialrat, 1890-1907. Ein Beitrag zur Geschichte der Herausbildung des imperialistischen Kolonialsystems, Phil. Diss. (Masch.) Berlin (O)1964.

Koloniale Herrschaftsbeziehungen, koloniale Mentalität, Eingeborenenpolitik

Bleicher, Thomas, Das Abenteuer Afrika – Zum deutschen Unterhaltungsroman zwischen den Weltkriegen, in: W. Bader – J. Riesz (Hg.), Literatur und Kolonialismus. Bd. 1: Die Verarbeitung der kolonialen Expansion in der europäischen Literatur, Frankfurt a. M. 1983, 251-290.

Buchner, Max, Aurora colonialis, Bruchstücke eines Tagebuches aus dem ersten Beginn unserer Kolonialpolitik 1884/85, München 1914.

Christadler, Marieluise, Zwischen Gartenlaube und Genozid. Kolonialistische Jugendbücher im Kaiserreich, in: aus politik und zeitgeschichte, B 21/77, 28. Mai 1977, 18-36.

Giesebrecht, Franz (Hg.), Die Behandlung der Eingeborenen in den deutschen Kolonien. Ein Sammelwerk, Berlin 1897.

Ittameier, Carl, Die Erhaltung und Vermehrung der Eingeborenen-Bevölkerung. Preisgekrönte Bearbeitung der Eduard Woermann-Preisaufgabe, Hamburgische Universität. Abhandlungen aus dem Gebiet der Auslandskunde, Bd. 13, Hamburg 1923.

Külz, Ludwig, Blätter und Briefe eines Arztes aus dem tropischen Deutschafrika, Berlin 1906 (^{2}1911, ^{3}1943[!]).

Liebert, Eduard von, Aus einem bewegten Leben, München 1925.

Mamozai, Martha, Herrenmenschen. Frauen im deutschen Kolonialismus, Reinbek-Hamburg 1982.

Methner, Wilhelm, Unter drei Gouverneuren. 16 Jahre Dienst in deutschen Tropen, Breslau 1938.

Oetker, Karl, Die Negerseele und die Deutschen in Afrika. Ein Kampf gegen Missionen, Sittlichkeitsfanatismus und Bureaukratie vom Standpunkt moderner Psychologie, München 1907.

Paczensky, Gert von, Weiße Herrschaft. Eine Geschichte des Kolonialismus, München 1979 (vorher unter dem Titel „Die Weißen kommen", Hamburg 1970).

Perbandt, C. v., Richelmann, G., Schmidt, Rochus, u.a., Hermann von Wissmann. Deutschlands größter Afrikaner. Sein Leben und Wirken unter Benutzung des Nachlasses, Berlin 1906.

Reuss, Martin, The Disgrace and Fall of Carl Peters: Morality, Politics, and „Staatsräson" in the Time of Wilhelm II, Central European History 14 (1981), 110-141.

Scharlach, Julius, Koloniale und politische Aufsätze und Reden, hg. v. Heinrich von Poschinger, Berlin 1903.

Schmitt-Egner, Peter, Kolonialismus und Faschismus. Eine Studie zur historischen und begrifflichen Genesis faschistischer Bewußtseinsformen am deutschen Beispiel, Gießen-Lollar 1975.

Schütze, Waldemar, Schwarz gegen Weiß, Berlin o. J. (1908).

Sebald, Peter, Malam Musa – Gottlob Adolf Krause (1850-1938). Forscher – Wissenschaftler – Humanist. Leben und Lebenswerk eines antikolonial gesinnten Afrika-Wissenschaftlers unter den Bedingungen des Kolonialismus, Berlin (O)1972.

Seitz, Theodor, Vom Aufstieg und Niederbruch deutscher Kolonialmacht. Erinnerungen, 3 Bde, Karlsruhe 1927-1929.

Solf, Wilhelm H., Kolonialpolitik. Mein politisches Vermächtnis, Berlin 1919.

Steins, Martin, Das Bild des Schwarzen in der europäischen Kolonialliteratur 1870-1918, Frankfurt a. M. 1972.

Vietsch, Eberhard von, Wilhelm Solf. Botschafter zwischen den Zeiten, Tübingen 1961.

Vogt, Wilhelm, Die Entwicklung der Eingeborenenpolitik in den deutschen Kolonien, Phil. Diss. Greifswald 1927, Gießen 1927.

Warmbold, Joachim, „Ein Stückchen neudeutsche Erd'". Deutsche Kolonial-Literatur. Aspekte ihrer Geschichte, Eigenart und Wirkung, dargestellt am Beispiel Afrikas, Frankfurt a. M. 1982.

Kultur- und Bildungspolitik, Mission, kolonialärztliche Tätigkeit, koloniale Infrastruktur

Bade, Klaus J. (Hg.), Imperialismus und Kolonialmission. Kaiserliches Deutschland und koloniales Imperium, Wiesbaden 1982.

Berg, Ludwig, Die katholische Heidenmission als Kulturträger, 3 Bde, Aachen ²1927.

Bruch, Rüdiger vom, Weltpolitik als Kulturmission. Auswärtige Kulturpolitik und Bildungsbürgertum in Deutschland am Vorabend des Ersten Weltkrieges, Paderborn 1982.

Die Deutsche Evangelische Ärztliche Mission nach dem Stande des Jahres 1928. Im Auftrage des Verbandes der Vereine für ärztliche Mission hg. v. Deutschen Institut für ärztliche Mission in Tübingen, Stuttgart 1928.

Düwell, Kurt, Link, Werner (Hg.), Deutsche auswärtige Kulturpolitik seit 1871, Köln 1981.

Fiedler, Klaus, Christentum und afrikanische Kultur. Konservative Missionare in Tanzania 1900-1940, Gütersloh 1983.

Hammer, Karl, Weltmission und Kolonialismus. Sendungsideen des 19. Jahrhunderts im Konflikt, München 1978.

Hanf, Theodor, Erziehung und politischer Wandel in Schwarzafrika, in: Dieter Oberndörfer (Hg.), Systemtheorie, Systemanalyse und Entwicklungsländerforschung, Berlin 1971, 517-573.

Mehnert, Wolfgang, Schulpolitik im Dienste der Kolonialherrschaft des deutschen Imperialismus in Afrika (1884-1914), Habil. Schrift (Masch.) der Phil. Fak. Leipzig 1965.

Mirbt, Carl, Mission und Kolonialpolitik in den deutschen Schutzgebieten, Tübingen 1910.

Mogk, Walter, Paul Rohrbach und das „Größere Deutschland". Ethischer Imperialismus im Wilhelminischen Zeitalter. Ein Beitrag zur Geschichte des Kulturprotestantismus, München 1972.

Osteraas, Gary Lynn, Missionary Politics in Cameroon, 1884-1914, Phil. Diss. (Masch.) Columbia University 1972.

Ploeg, Arie J. van der, Education in Colonial Africa. The German Experience, Comparative Education Review 21 (1977), 91-109.

Schlunk, Martin, Die Schulen für Eingeborene in den deutschen Schutzgebieten am 1. Juni 1911. Auf Grund einer statistischen Erhebung der Zentralstelle des Hamburgischen Kolonialinstituts dargestellt, Hamburg 1914.

Schmidlin, Josef, Die katholischen Missionen in den deutschen Schutzgebieten, Münster 1913.

Weichert, Ludwig, Das Schulwesen deutscher evangelischer Missionsgesellschaften in den deutschen Kolonien, Berlin 1914.

Afrika allgemein

Ajayi, J. F. Ade, Crowder, Michael, History of West Africa, Bd. II, London 1974.

Ashiwaju, Michael, German economic and political penetration of Nigeria 1840 to 1900, Phil. Diss. (Masch.) Leipzig 1968.

Bade, Klaus J., Die deutsche Kolonialexpansion in Afrika: Ausgangssituation und Ergebnis, in: Walter Fürnrohr (Hg.), Afrika im Geschichtsunterricht europäischer Länder. Von der Kolonialgeschichte zur Geschichte der Dritten Welt, München 1982, 13-47.

Bertaux, Pierre, Afrika. Von der Vorgeschichte bis zu den Staaten der Gegenwart, Frankfurt a. M. 1966 (= Fischer Weltgeschichte 32).

Brownlie, Ian, African Boundaries. A Legal and Diplomatic Encyclopaedia, London 1979.

Cornevin, Robert, The Germans in Africa before 1918, in: Colonialism in Africa 1870-1960, Bd. I: The History and Politics of Colonialism 1870-1914, hg. v. L. H. Gann and P. Duignan, London-New York 1969, 293-324.

Crowder, Michael, West Africa under Colonial Rule, London 1968.

Diehn, Otto, Kaufmannschaft und deutsche Eingeborenenpolitik in Togo und Kamerun von der Jahrhundertwende bis zum Ausbruch des Weltkrieges. Dargestellt unter besonderer Berücksichtigung des Bremer Afrikahauses J. K. Vietor, Phil. Diss. (Masch.) Hamburg 1956.

Gann, Lewis H., Duignan, Peter (Hg.), Colonialism in Africa, 5 Bde, Cambridge 1969-1975; Bd. 1: The History and Politics of Colonialism 1870-1914, Cambridge 1969 (darin: Robert Cornevin, The Germans in Africa before 1918, 383-419), Bd. IV: The Economics of Imperialism, ebd. 1975 (darin: L. H. Gann, Economic Development in Germany's African Empire, 1884-1914, 213-255).

Gifford, Prosser, Louis, William Roger (Hg.), Britain and Germany in Africa. Imperial Rivalry and Colonial Rule, New Haven – London 1967.

Jacob, Ernst Gerhard, Grundzüge der Geschichte Afrikas, Darmstadt 1966.

Ki-Zerbo, Josef, Histoire de l'Afrique Noire, Paris 1978, dt. Wuppertal 1979, Frankfurt a. M. [2]1981.

Müller, Hartmut, Bremen und Westafrika. Wirtschafts- und Handelsbeziehungen im Zeitalter des Früh- und Hochkolonialismus 1841 bis 1941, Jahrbuch der Wittheit zu Bremen. 15 (1971), 45-92; 17 (1973), 75-148.

Oliver, Roland, Mathew, Gervase (Hg.), History of East Africa, Bd. 1, Oxford 1963; Bd. 2, hg. v. Vincent Harlow und E. M. Chilver, Reprint 1968, Bd. 3, hg. v. D. A. Low und Alison Smith, 1976.

Stoecker, Helmut (Hg.), Drang nach Afrika. Die koloniale Expansionspolitik und Herrschaft des Deutschen Imperialismus in Afrika von den Anfängen bis zum Ende des zweiten Weltkrieges, Berlin (O) 1977.

Ustorf, Werner, Humanität und Freihandel. Hanseatische Exportfirmen und Kolonialpolitik am Beispiel Togos und Kameruns, Entwicklungspolitische Korrespondenz 5-6 (1977), 14-19.

Wilson, Henry S., The imperial experience in sub-Saharan Africa since 1870, London 1977.

Südwestafrika

Bertelsmann, Werner, Die deutsche Sprachgruppe Südwestafrikas in Politik und Recht seit 1915, Windhoek 1979.

Bley, Helmut, Kolonialherrschaft und Sozialstruktur in Deutsch-Südwestafrika 1894-1914, Hamburg 1968.

Bridgman, Jon M., The Revolt of Hereros, Berkeley 1981.

Clarence-Smith, W. G., Moorsom, R., Underdevelopment and Class-Formation in Ovamboland, 1845-1915, Journal of African History 16 (1975), 365-381.

De Vries, Johannes L., Namibia-Mission und Politik (1880-1918). Der Einfluß des deutschen Kolonialismus auf die Missionsarbeit der Rheinischen Missionsgesellschaft im früheren Deutsch-Südwestafrika, Neukirchen-Vluyn 1980.

Drechsler, Horst, Südwestafrika unter deutscher Kolonialherrschaft. Der Kampf der Herero und Nama gegen den deutschen Imperialismus (1884-1915), Berlin (O)1966.

Driessler, Heinrich, Die Rheinische Missionsgesellschaft in Südwestafrika, Gütersloh 1932.

Engel, Lothar, Die Stellung der Rheinischen Missionsgesellschaft zu den politischen und gesellschaftlichen Verhältnissen Südwestafrikas und ihr Beitrag zur dortigen kirchlichen Entwicklung bis zum Nama-Herero-Aufstand 1904-1907, Theol. Diss., Hamburg 1972.

Ders., Kolonialismus und Nationalismus im deutschen Protestantismus in Namibia 1907-1945. Beiträge zur Geschichte der deutschen evangelischen Mission und Kirche im ehemaligen Kolonial- und Mandatsgebiet Südwestafrika, Bern-Frankfurt/M. 1976.

Ermacora, Felix, Namibia/Südwestafrika, München 1981.

Esterhuyse, J. H., South West Africa 1880-1894. The Establishment of German Authority in South West Africa, Cape Town 1968.

Fehr, Eugen, Namibia. Befreiungskampf in Südwestafrika, Freiburg i. Ue. 1973.

Goldblatt, I., History of South West Africa from the beginning of the nineteenth century, Cape Town 1971.

Helbig, Helga, Helbig, Ludwig, Mythos Deutsch-Südwest. Namibia und die Deutschen, Weinheim 1983.

Hintrager, Oskar, Südwestafrika in der deutschen Zeit, München 1955.

Hubrich, Heinrich Georg, Melber, Henning, Namibia – Geschichte und Gegenwart zur Frage der Dekolonisation einer Siedlungskolonie, Bonn 1977.

Jenny, Hans, Südwestafrika. Land zwischen den Extremen, Stuttgart ^{5}1975.
Kienetz, Alvin, Nineteenth-Century South West Africa as a German Settlement Colony, Phil. Diss. Minnesota 1976.
Ders., The Key Role of Orlam Migration in the Early Europeanization of South West Africa, International Journal of African Historical Studies 10 (1977), 553-572.
Lau, Brigitte, The Emergence of Kommando politics in Namaland, Southern Namibia 1800-1870, Cape Town 1982.
Leser, Hartmut, Namibia, Stuttgart 1982.
Leutwein, Theodor, Elf Jahre Gouverneur in Deutsch-Südwestafrika, Berlin 1906.
Löwis of Menar, Henning von, Namibia im Ost-West-Konflikt, Köln 1983.
Loth, Heinrich, Die christliche Mission in Südwestafrika. Zur destruktiven Rolle der Rheinischen Missionsgesellschaft beim Prozeß der Staatsbildung in Südwestafrika (1842-1893), Berlin (O) 1963.
Lüderitz, Carl August (Hg.), Die Erschließung von Deutsch-Südwestafrika durch Adolf Lüderitz. Akten, Briefe und Denkschriften, Oldenburg 1945.
Malan, J. S., Peoples of South West Africa/Namibia, Pretoria-Cape Town 1980.
Melber, Henning, Schule und Kolonialismus: Das formale Erziehungswesen Namibias, Hamburg 1979.
Ders. (Hg.), Namibia – Kolonialismus und Widerstand, Bonn 1981.
Mzimela, Sipo Elijah, Nazism and Apartheid: The Role of the Christian Churches in Nazi Germany and Apartheid South Africa, Phil. Diss. (Masch.) New York University 1980.
Nachtwei, Winfried, Namibia. Von der antikolonialen Revolte zur nationalen Bewegung. Geschichte der ehemals deutschen Kolonie Südwestafrika, Mannheim 1976.
Namibia: Die Aktualität des kolonialen Verhältnisses, Bremen 1982 (= Diskurs. Bremer Beiträge zur Wissenschaft und Gesellschaft, Bd. 6).
Rohrbach, Paul, Deutsche Kolonialwirtschaft, Bd. 1: Südwestafrika, Berlin 1907.
Sander, Louis, Geschichte der Deutschen Kolonial-Gesellschaft für Südwest-Afrika, 2 Bde, Berlin 1910-1912.
Schrank, Gilbert Isaac, German South West-Africa: Social and Economic Aspects of its History, 1884-1915, Phil. Diss. (Masch.) New York University 1974.
Schüssler, Wilhelm, Adolf Lüderitz, Bremen 1936.
Sollars, James W., African Involvement in the Colonial Development of German South West Africa, 1883-1907, Phil. Diss. (Masch.) University of Washington 1972.
Sudholt, Gert, Die deutsche Eingeborenenpolitik in Südwestafrika. Von den Anfängen bis 1904, Hildesheim, New York 1975.
S.W.A. Wissenschaftliche Gesellschaft (Hg.), Die Ethnischen Gruppen Südwestafrika, Windhoek o. J. (1965).
Vedder, Heinrich, Das alte Südwestafrika. Südwestafrikas Geschichte bis zum Tode Mahareros. Nach den besten schriftl. und mündl. Quellen erzählt, Berlin 1934 (fotomech. Repr. Johannesburg 1963).
Wallenkampf, Arnold Valentin, The Herero Rebellion in South West Africa, 1904-1906. A Study in German Colonialism, Phil. Diss. Los Angeles 1969, Ann Arbor 1977.
Weber, Otto von, Geschichte des Schutzgebietes Deutsch-Südwest-Afrika, Windhoek o. J.
Wege, Fritz, Zur Entstehung und Entwicklung der Arbeiterklasse in Südwestafrika während der deutschen Kolonialherrschaft, Phil. Diss (Masch.) Halle/S. 1966.
Wieden, Helge Bei der, Wollschafzucht in Deutsch-Südwestafrika, Vierteljahrsschrift für Sozial- und Wirtschaftsgeschichte 58 (1971), 67-87.

Witbooi, Hendrik, Afrika den Afrikanern! Aufzeichnungen eines Nama-Häuptlings aus der Zeit der deutschen Eroberung Südwestafrikas 1884-1894, hg. v. Wolfgang Reinhard, Berlin-Bonn 1982.

Togo

Adick, Christel, Pädagogische Idylle und Wirtschaftswunder im deutschen Schutzgebiet Togo. – Zur Entstehung eines kolonialen Bildungswesens in Afrika, Die dritte Welt. Vierteljahresschrift zum wirtschaftlichen, kulturellen, sozialen und politischen Wandel, 5 (1977), 27-46.
Dies., Bildung und Kolonialismus in Togo. Eine Studie zu den Entstehungszusammenhängen eines europäisch geprägten Bildungswesens in Afrika am Beispiel Togos (1850-1914), Weinheim 1981.
Cornevin, Robert, Histoire du Togo, Paris 1959.
Darkoh, M. B. K., Togoland under the Germans: Thirty Years of Economic Development (1884 to 1914), Nigerian Geographical Journal 10 (1967), 107-122.
Debrunner, Hans W., A Church between Colonial Powers. A Study of the Church in Togo, London 1965.
Full, August, Fünfzig Jahre Togo, Berlin 1935.
Gärtner, Karl, Togo. Finanztechnische Studie über die Entwicklung des Schutzgebiets, Darmstadt 1924.
Knoll, Arthur J., Togo under Imperial Germany 1884-1914. A Case Study in Colonial Rule, Stanford, Cal., 1978.
Müller, Karl, Geschichte der katholischen Kirche in Togo, Kaldenkirchen, Rhld. 1958.
Norris, Edward Graham, The Hausa Kola Trade through Togo, 1899-1912: Quantifications, Paideuma 30 (1984), 161-184.
Nußbaum, Manfred, Togo – eine Musterkolonie? Berlin (O) 1962.
Rivinius, Karl J., Akten zur katholischen Togo-Mission. Auseinandersetzung zwischen Mitgliedern der Steyler Missionsgesellschaft und deutschen Kolonialbeamten in den Jahren 1903-1907, Neue Zeitschrift für Missionswissenschaft 35 (1979), 58-69, 108-132, 171-190.
Sebald, Peter, Die Kriegsziele der deutschen Togo-Interessenten im ersten Weltkrieg, Wissenschaftliche Zeitschrift der Humboldt-Universität zu Berlin, Gesellschafts- und sprachwiss. Reihe, 13. Jg., 1964, 872-875.

Kamerun

Ardener, Edwin, Ardener, Shirley, Warmington, W. A., Plantation and Village in the Cameroons, Oxford 1960.
Austen, Ralph A., Duala versus Germans in Cameroon: economic dimension of a political conflict, Revue Française d'Histoire d'Outre-Mer 64 (1977), 477-497.
Ballhaus, Jolanda, Die Gesellschaft Nordwest-Kamerun. Ein Beitrag zur Geschichte der kolonialen Konzessionspolitik des deutschen Imperialismus von der Jahrhundertwende bis zum ersten Weltkrieg, Phil. Diss. (Masch.) Berlin (O) 1966.
Dies., Die Landkonzessionsgesellschaften, in: H. Stoecker (Hg.), Kamerun unter deutscher Kolonialherrschaft. Studien, Bd. 2, Berlin (O) 1968, 99-179.

Berger, Heinrich, Mission und Kolonialpolitik. Die katholische Mission in Kamerun während der deutschen Kolonialzeit, Immensee 1978.
Braukämper, Ulrich, Der Einfluß des Islam auf die Geschichte und Kulturentwicklung Adamauas. Abriß eines afrikanischen Kulturwandels, Wiesbaden 1970.
Brutsch, J.-R., Les Traités Camerounais, Études Camerounaises 47-48 (1955), 1-32.
B.(rutsch), J.-R., Autour du Procès de Rudolf Duala Manga, Études Camerounaises 51 (1956), 44-51.
Chilver, E. M., Zintgraff's Explorations in Bamenda, Adamawa and the Benue Lands 1889-1892, Buea 1966.
Ders., Paramountcy and Protection in the Cameroons: The Bali and the Germans, 1889-1913, in: Britain and Germany in Africa. Imperial Rivalry and Colonial Rule, hg. v. P. Gifford – W. R. Louis, New Haven-London 1967, 479-511.
Dippold, Max F., L'Image du Cameroun dans la littérature coloniale allemande. Essai sur une littérature coloniale et ses survivances (1880-1943-1969), Yaoundé 1971.
Dominik, Hans, Vom Atlantik zum Tschadsee. Kriegs- und Forschungsfahrten in Kamerun, Berlin 1908.
Essiben, Madiba, Colonisation et Evangélisation en Afrique. L'Héritage scolaire du Cameroun 1885-1956, Bern 1980.
Friedländer, Marianne, Die deutsche Kolonialpolitik in Kamerun vo ihren Anfängen bis 1914, Wissenschaftliche Zeitschrift der Humboldt-Universität Berlin, Gesellschafts- und sprachwissenschaftliche Reihe, 5. Jg., 1955/56, 309-328.
Halldén, Erik, The Culture Policy of the Basel Mission in the Cameroons 1886-1905, Lund 1968.
Hausen, Karin, Deutsche Kolonialherrschaft in Afrika. Wirtschaftsinteressen und Kolonialverwaltung in Kamerun vor 1914, Zürich, Freiburg i. Br. 1970.
Hurault, Jean, Une phase de la conquête allemande du Cameroun: l'occupation de Banyo (1902), Revue Française d'Histoire d'Outre-Mer 61 (1974), 579-593.
Imbert, Jean, Le Cameroun, Paris 1973.
Jaeck, Hans-Peter, Die deutsche Annexion, in: Helmut Stoecker (Hg.), Kamerun unter deutscher Kolonialherrschaft. Studien, Bd. 1, Berlin (O) 1960, 33-87.
Laburthe-Tolra, Philippe, Minlaaba, Lille-Paris 1977.
Mandeng, Patrice, Auswirkungen der deutschen Kolonialherrschaft in Kamerun. Die Arbeitskräftebeschaffung in den Südbezirken Kameruns während der deutschen Kolonialherrschaft 1884-1914, Hamburg 1973.
Michel, Marc, Les Plantations allemandes du Mont Cameroun 1885-1914, Revue Française d'Histoire d'Outre-Mer 57 (1969), 183-213.
Mveng, Engelbert, L'histoire du Cameroun, Paris 1963.
Owona, Adalbert, La naissance du Cameroun (1884-1914), Cahiers d'Études Africaines 13 (1973), 16-36.
Passarge, Siegfried, Adamaua. Bericht über die Expedition des Deutschen Kamerun-Komitees in den Jahren 1893/94, Berlin 1895.
Puttkamer, Jesco von, Gouverneursjahre in Kamerun, Berlin 1912.
Rudin, Harry R., Germans in the Cameroons 1884-1914. A Case Study in Modern Imperialism, London 1938.
Rüger, Adolf, Der Aufstand der Polizeisoldaten (Dezember 1893), in: Helmut Stoecker (Hg.), Kamerun unter deutscher Kolonialherrschaft. Studien, Bd. 1, Berlin (O) 1960, 97-147.
Ders., Die Entstehung und Lage der Arbeiterklasse unter dem deutschen Kolonialregime in Kamerun (1895-1905), in: ebd., 149-233.

Ders., Die Widerstandsbewegung des Rudolf Manga Bell in Kamerun in: Études africaines/Afrika-Studien, hg. v. W. Markov, Leipzig 1967, 107-128.
Schömann, Hartmut, Der Eisenbahnbau in Kamerun unter deutscher Kolonialherrschaft, Phil. Diss. (Masch.) Berlin (O) 1965.
Shu, Solomon Neba, The Collaboration Policy in Cameroon Education 1910-1931 (a study in the policy of collaboration between government and voluntary agencies), Phil. Diss. (Masch.) London 1972.
Skolaster, Hermann, Die Pallottiner in Kamerun, 25 Jahre Missionsarbeit, Limburg 1924.
Stoecker, Helmuth (Hg.), Kamerun unter deutscher Kolonialherrschaft. Studien, 2 Bde, Berlin (O) 1960 bzw. 1968.
Winkler, Hella, Das Kameruner Protektorat 1906-1914, in: H. Stoecker (Hg.), Kamerun unter deutscher Kolonialherrschaft. Studien, Bd. 1, Berlin (O) 1960, 243-286.
Wirz, Albert, Vom Sklavenhandel zum kolonialen Handel. Wirtschaftsräume und Wirtschaftsformen in Kamerun vor 1914, Freiburg i. Br. 1972.
Ders., Malaria – Prophylaxe und kolonialer Städtebau: Fortschritt oder Rückschritt? Gesnerus 37 (1980), 215-234.

Deutsch-Ostafrika

Austen, Ralph Albert, Northwest Tanzania under German and British Rule. Colonial Policy and Tribal Politics, 1889-1939, New Haven-London 1968.
Bair, Henry Martin jr., Carl Peters and German Colonialism: A Study in the Ideas and Actions of Imperialism, Phil. Diss. (Masch.) Stanford, Cal., 1968.
Bald, Detlef, Deutsch-Ostafrika 1900-1914. Eine Studie über Verwaltung, Interessengruppen und wirtschaftliche Erschließung, München 1970.
Ders., Afrikanischer Kampf gegen koloniale Herrschaft. Der Maji-Maji-Aufstand in Ostafrika, Militärgeschichtliche Mitteilungen 19 (1976), 23-50.
Ders., Die Reformpolitik von Gouverneur Rechenberg. Koloniale Handelsexpansion und indische Minderheit in Deutsch-Ostafrika, in: D. Oberndörfer (Hg.), Africana Collecta II, Düsseldorf 1971, 242-261.
Baumann, Oscar, In Deutsch-Ostafrika während des Aufstandes, Reise der Dr. Hans Meyer'schen Expedition in Usambara, Wien, Olmütz 1890.
Ders., Usambara und seine Nachbargebiete. Allgemeine Darstellung des Nordöstlichen Deutsch-Ostafrika und seiner Bewohner auf Grund einer im Auftrage der Deutsch-Ostafrikanischen Gesellschaft im Jahre 1890 ausgeführten Reise, Berlin 1891.
Baumgarten, Johannes, Ostafrika, der Sudan und das Seengebiet. Land und Leute. Naturschilderungen, charakteristische Reisebilder und Scenen aus dem Volksleben. Aufgaben und Kulturerfolge der christlichen Mission, Sklavenhandel. Die Antisklavereibewegung, ihre Ziele und ihr Ausgang. Kolonial-politische Fragen der Gegenwart. Nach den neuesten und besten Quellen, Gotha 1890.
Becker, Carl Heinrich, Materialien zur Kenntnis des Islam in Deutsch-Ostafrika, Der Islam 2 (1911), 1-48 (erneut unter dem Titel „Von Werden und Wesen der islamischen Welt“, Leipzig 1932 = Islamstudien 2).
Bell, R. M., The Maji-Maji Rebellion in the Liwale District, Tanganyika Notes and Records 28 (1950), 38-57.
Birken, Andreas, Das Sultanat Zanzibar im 19. Jahrhundert, Phil. Diss Tübingen 1971.

Büttner, Kurt, Die Anfänge der deutschen Kolonialpolitik in Ostafrika. Eine kritische Untersuchung an Hand unveröffentlicher Quellen, Berlin (O) 1959.

Büttner, Kurt, Loth, Heinrich (Hg.), Philosophie der Eroberer und koloniale Minderheiten in Ostafrika 1884-1918, Berlin (O) 1981.

Chrétien, Jean-Pierre, La révolte de Ndungutse (1912). Forces traditionelles et pression coloniale au Rwanda allemand, Revue française d'Histoire d'Outre-Mer 59 (1972), 645-680.

Ders., Mworoha, Pierre Emile (fälschlich Mwareka im Titel), Mwezi Gisabo et le maintien d'une fragile indépendence au Burundi, in Julien, Charles-André u.a. (Hg.), Les Africains, Bd. II, Paris 1977, 251-276.

Cooper, Frederick, Plantation Slavery on the East Coast of Africa in the Nineteenth Century, Phil. Diss. (Masch.) Yale University 1974.

Des Forges, Alison L., Defeat is the Only Bad News: Rwanda under Musinga, 1896-1931, Phil. Diss. (Masch.) Yale University 1972.

Dukes, Jack Richard, Helgoland, Zanzibar, East Africa: Colonialism in German Politics, 1884-1890, Phil. Diss. Illinois 1970.

Eberlie, R. F., The German Achievement in East Africa, Tanganyika Notes and Records 55 (1960), 181-214.

Eggert, Johanna, Missionsschule und sozialer Wandel in Ostafrika. Der Beitrag der deutschen evangelischen Missionsgesellschaften zur Entwicklung des Schulwesens in Tanganyika 1891-1939, Bielefeld 1970.

Ekemode, Gabriel O., German rule in north-east Tanzania, 1885-1914, Phil. Diss. University of London 1973.

Franke, Jürgen, Die Dschagga im Spiegel der zeitgenössischen Berichte 1885-1916. Ein Beitrag zur Geschichte der Dschagga während der deutschen Kolonialzeit, Diss. (Masch.) Leipzig, Sektion Afrika- und Nahostwissenschaften, 1974.

Götzen, Adolf Graf von, Deutsch-Ostafrika im Aufstand 1905/06, Berlin 1909.

Gray, John M., Anglo-German Relations in Uganda, 1890-1892, Journal of African History 1 (1960), 281-297.

Gwassa, G. C. K., The German Intervention and African Resistance in Tanzania, in: A History of Tanzania, hg. v. I. N. Kimambo – A. J. Temu, Nairobi 1969, 85-122.

Henderson, William Otto, German East Africa 1884-1918, in: History of East Africa, Bd. II, hg. v. Vincent Harlow – E. M. Chilver, Oxford 1965, 123-162.

Hornsley, George, German Educational Achievement in East Africa, Tanganyika Notes and Records 62 (1964), 83-90.

Iliffe, John, The Organisation of the Maji-Maji Rebellion, Journal of African History 8 (1967), 495-512.

Ders., Tanganyika under German Rule 1905-1912, Cambridge 1969.

Ders., The Effects of the Maji Maji Rebellion of 1905-1906 on German Occupation Policy in East Africa, in: Britain and Germany in Africa. Imperial Rivalry and Colonial Rule, hg. v. P. Gifford – W. R. Louis, New Haven-London 1967, 557-575.

Ders., The Age of Improvement and Differentiation (1907-1945), in: I. N. Kimambo – A. J. Temu (Hg.), A History of Tanzania, Nairobi 1969, 123-160.

Ders., A Modern History of Tanganyika, Cambridge 1979.

Kaniki, M. H. Y., (Hg.), Tanzania under Colonial Rule, London 1980.

Kieran, J. A., Abushiri and the Germans, in: B. A. Ogot (Hg.), Hadith 2, Nairobi 1970, 157-201.

Kimambo, Isaria N., Temu, A. J. (Hg.), A History of Tanzania, Nairobi 1969.

Krebs, Siegfried, Zwangsarbeit in der ehemaligen deutschen Kolonie Ostafrika, Wissenschaftliche Zeitschrift der Karl-Marx-Universität Leipzig, Gesellschafts- u. Sprachwissenschaftliche Reihe, 9. Jg., 1958/60, 395-400.

Langheld, Wilhelm, Zwanzig Jahre in deutschen Kolonien, Berlin 1909.

Loth, Heinrich, Die „neue" Politik des deutschen Imperialismus und der Widerstandskampf in Tanganyika (1906-1918), in: Nationalismus und Sozialismus im Befreiungskampf der Völker Asiens und Afrikas, hg. v. H. Krüger, Berlin (O) 1970, 151-161.

Ders., Antikoloniale Traditionen Tansanias im Kampf gegen den deutschen Imperialismus. Unveröffentlichte Dokumente zur „islamischen Bewegung", Wissenschaftliche Zeitschrift der Karl-Marx-Universität Leipzig, Gesellschafts- und Sprachwissenschaftliche Reihe 17 (1968), 85-90.

Ders., Griff nach Ostafrika. Politik des deutschen Imperialismus und antikolonialer Kampf. Legende und Wirklichkeit, Berlin (O) 1968.

Louis, William Roger, Ruanda-Urundi 1884-1919, Oxford 1963.

Ders., The Anglo-German Hinterland Settlement of 1890 and Uganda, Uganda Journal 27 (1963), 71-83.

Maji Maji Research Project 1968. Collected Papers, University College, Dar es Salaam, Departement of History, 1968.

Marsh, Zoe, Kingsnorth, G. W., An Introduction to the History of East Africa, Cambridge 1963.

Mirtschink, Bernhard, Zur Rolle christlicher Mission in kolonialen Gesellschaften. Katholische Missionserziehung in „Deutsch-Ostafrika" Frankfurt a. M. 1980.

Müller, Fritz Ferdinand, Deutschland – Zanzibar – Ostafrika. Geschichte einer deutschen Kolonialeroberung 1884-1890, Berlin (O) 1959.

Niesel, Hans-Joachim, Kolonialverwaltung und Missionen in Deutsch Ostafrika 1890-1914, Phil. Diss. FU Berlin 1971.

Nolan, Francis Patrick, Christianity in Unyamwezi 1878-1928, Phil Diss. (Masch.) Cambridge 1977.

Oliver, Roland, The Missionary Factor in East Africa, London 1952, ^{2}1965.

Oliver, Roland, Mathew, Gervase (Hg.), History of East Africa, Bd. 1, Oxford 1963; Bd. 2, hg. v. V. Harlow – E. M. Chilver, Reprint 1968; Bd. 3, hg. v. D. A. Low-A. Smith, 1976.

Raum, O. F., German East Africa: Changes in African Life under German Administration, 1892-1914, in: History of East Africa, Bd. II, hg. v. V. Harlow – E. M. Chilver, Oxford 1965, 163-207.

Redmayne, Alison, Mkwawa and the Hehe wars, Journal of African History 9 (1968), 409-436.

Rodemann, H. William, Tanganyika, 1890-1914: Selected Aspects of German Administration, Phil. Diss. (Masch.) University of Chicago 1961.

Ryckmans, P., Une Page d'Histoire Coloniale. L'occupation allemande dans l'Urundi, Bruxelles 1953.

Safari, Joseph F., Grundlagen und Auswirkungen des Maji-Maji-Aufstandes von 1905. Kulturgeschichtliche Betrachtungen zu einer Heilserwartungsbewegung in Tansania, Phil. Diss. Köln 1972.

Schmidt, Rochus, Geschichte des Araberaufstandes in Ost-Afrika. Seine Entstehung, seine Niederwerfung und seine Folgen, Frankfurt a. O. 1892.

Schnee, Heinrich, Als letzter Gouverneur in Deutsch-Ostafrika, Erinnerungen, Heidelberg 1964.

Schulte-Althoff, Franz-Josef, Koloniale Reformpolitik und Partikularinteressen. Zur Diskussion über die Rolle der Inder in Deutsch-Ostafrika, Saeculum 32 (1981), 146-171.

Schweitzer, Georg, Emin Pascha. Eine Darstellung seines Lebens und Wirkens mit Benutzung seiner Tagebücher, Briefe und wissenschaftlichen Aufzeichnungen, Berlin 1898.

Singleton, Michael, Why was Gieseke killed? Cultures et développement 8 (1976), 646-665.

Stahl, Kathleen M., History of the Chagga People of Kilimanjaro, London 1964.

Stuhlmann, Franz, Mit Emin Pascha ins Herz von Afrika, Berlin 1894.

Tetzlaff, Rainer, Koloniale Entwicklung und Ausbeutung. Wirtschafts- und Sozialgeschichte Deutsch-Ostafrikas 1885-1914, Berlin 1970.

Trimingham, John Spencer, Islam in East Africa, Oxford 1964.

Volkens, Georg, Der Kilimandscharo. Darstellung der allgemeineren Ergebnisse eines fünfzehnmonatigen Aufenthalts im Dschaggalande, Berlin 1897.

Wagner, J., Deutsch-Ostafrika. Geschichte der Gesellschaft für deutsche Kolonisation und der Deutsch-Ostafrikanischen Gesellschaft nach den amtlichen Quellen, Berlin 1886.

Watson, T., Education in German East Africa, in: Religious Studies Papers, University of East Africa, Makerere Institute of Social Research (Social Science Council Conference 1968/69), 85-104.

Weidner, Fritz, Die Haussklaverei in Ostafrika, geschichtlich und politisch dargestellt, Jena 1915.

Wright, Marcia, Local Roots of Policy in German East Africa, Journal of African History 9 (1968), 621-630.

Dies., Chief Merere and the Germans, Tanzania Notes and Records 69 (1968), 41-49.

Dies., German Missions in Tanganyika 1891-1941. Lutherans and Moravians in the Southern Highlands, Oxford 1971.

Deutsche Südsee

Baaken, Hildegard, Die Karolinen-Frage 1885, Phil. Diss. (Masch.) Köln 1963.

Bade, Klaus J., Colonial Missions and Imperialism: The Background to the Fiasco of the Rhenish Mission in New Guinea, Australian Journal of Politics and History 21 (1975), 73-94.

Beck, Hanno, Germania in Pacifico. Der deutsche Anteil an der Erschließung des Pazifischen Beckens, Mainz 1970.

Biskup, Peter, Dr. Albert Hahl – Sketch of a German Colonial Official, Australian Journal of Politics and History 14 (1968), 342-357.

Ders., Foreign Coloured Labour in German New Guinea. A Study in Economic Development, Journal of Pacific History 5 (1970), 85-107.

Brown, Richard Gary, Germany, Spain, and the Caroline Islands, 1885-1899, Phil. Diss. (Masch.) University of Southern Mississippi 1976.

Davidson, J. W., Samoa mo Samoa. The Emergence of the Independent State of Western Samoa, Oxford (University Press) 1967.

Detzner, Hermann, Vier Jahre unter Kannibalen. Von 1914 bis zum Waffenstillstand unter deutscher Flagge im unerforschten Innern von Neuguinea, Berlin 1920.

Dodge, Ernest S., Islands and Empires. Western Impact on the Pacific and East Asia, University of Minnesota Press / Minneapolis and Oxford University Press / London 1976.

Ehrlich, Paul Mark, „The Clothes of Men". Ponape Island and German Colonial Rule, 1899-1914, Phil. Diss. (Masch.) State University of New York at Stony Brook 1978.

Ellison, J. W., The Partition of Samoa. A Study in Imperialism and Diplomacy, Pacific Historical Review 8 (1939), 259-288.

Firth, Stewart G., The New Guinea Company, 1885-1899: a case of unprofitable imperialism, Historical Studies 15 (1972), 361-377.

Ders., German Recruitment and Employment of Labourers in the Western Pacific before the First World War, Phil. Diss. (Masch.) Oxford 1973.

Ders., Arbeiterpolitik in Deutsch-Neuguinea vor 1914, in: J. Hütter u.a. (Hg.), Tradition und Neubeginn. Internationale Forschungen zur deutschen Geschichte im 20. Jahrhundert, Köln 1975, 481-489.

Ders., Governors versus Settlers: The Dispute over Chinese Labour in German Samoa, The New Zealand Journal of History 11 (1977), 155-179.

Ders., New Guinea under the Germans, Melbourne 1982.

Fischer, Hans, Die Hamburger Südsee-Expedition. Über Ethnographie und Kolonialismus, Frankfurt a. M. 1981.

Gilson, Richard Phillip, Samoa 1830 to 1900. The Politics of a Multi-Cultural Community, Oxford (University Press) 1970.

Hahl, Albert, Deutsch-Neuguinea. Koloniale Fragen im Dritten Reich, Berlin 1936.

Ders., Gouverneursjahre in Neuguinea, Berlin 1937.

Hempenstall, Peter J., The Reception of European Missions in the German Pacific Empire: The New Guinean Experience, Journal of Pacific History 10 (1975), 46-64.

Ders., Pacific Islanders under German Rule. A Study of the Meaning of Colonial Resistance, Australian National University Press, Canberra 1978.

Herkner, Walther, Drei Systeme kolonialer Herrschaft auf Samoa, Jur. Diss. (Masch.) Erlangen 1951.

Hezel, F. X., Catholic Missions in the Caroline and Marshall Islands, Journal of Pacific History 5 (1970), 213-227.

Hilliard, David, Colonialism and Christianity: the Melanesian Mission in the Solomon Islands, Journal of Pacific History 9 (1974), 93-116.

Jacobs, M. G., Bismarck and the Annexation of New Guinea, Historical Studies (Australia and New Zealand) 5 (1951), 14-26.

Ders., German New Guinea, in: P. Ryan (Hg.), Encyclopaedia of Papua and New Guinea, Melbourne 1972, 485-498.

Jaspers, Reiner, Die missionarische Erschließung Ozeaniens. Ein quellengeschichtlicher und missionsgeographischer Versuch zur kirchlichen Gebietsaufteilung in Ozeanien bis 1855, Münster 1972.

Ders., Kolonialismus und Missionstätigkeit – erläutert an der Religionsgrenzziehung auf New Britain nach 1890, in: „... denn ich bin bei euch" (Mt 28, 20). Perspektiven im christlichen Missionsbewußtsein heute. Festgabe für Josef Glazik und Bernward Willeke zum 65. Geburtstag, hg. v. Hans Waldenfels, Zürich, Einsiedeln, Köln 1978, 169-182.

Kennedy, Paul M., Anglo-German Relations in the Pacific and the Partition of Samoa, 1885-1899, Australian Journal of Politics and History 17 (1971), 56-62.

Ders., Bismarck's Imperialism: The Case of Samoa, 1880-1890, The Historical Journal 15 (1972), 261-283.

Ders., The Samoan Tangle: A Study in Anglo-German-American Relations, 1878-1900, Dublin 1974.
Koskinen, Aarne A., Missionary Influence as a Political Factor in the Pacific Islands, Helsinki 1953.
Laracy, Hugh, Marists and Melanesians. A History of Catholic Missions in the Salomon Islands, Canberra 1976 (Australian National University Press 1976).
Ders., Church and State in German Samoa: The Solf-Broyer Dispute, The New Zealand Journal of History 12 (1978), 158-167.
Moses, John A., The German Empire in Melanesia, in: The History of Melanesia, Canberra-Port Moresby 1969, 45-58.
Ders., The Solf Regime in Western Samoa – Ideal and Reality, The New Zealand Journal of History 6 (1972), 42-56.
Ders., Kennedy, Paul M. (Hg.), Germany in the Pacific and Far East, 1870-1914, St. Lucia, Queensland, 1977.
Neuhauss, Richard, Deutsch Neu-Guinea, 3 Bde, Berlin 1911.
Pilhofer, Georg, Johann Flierl, der Bahnbrecher des Evangeliums unter den Papua, Neuendettelsau ^{2}1956.
Ders., Die Geschichte der Neuendettelsauer Mission in Neuguinea, 3 Bde, Neuendettelsau 1961-1963.
Sack, Peter G., Land between two Laws. Early European Land Acquisitions in New Guinea, Canberra 1973.
Ders., Sack, Bridget R., The Land Law of German Guinea. A Collection of Documents, Canberra 1975.
Snow, Philip, Waine, Stefanie, The People from the Horizon. An illustrated history of the Europeans among the South Sea Islanders, Oxford 1979.
Treue, Wolfgang, Die Jaluit-Gesellschaft, Tradition 7 (1962), 107-123.
Ders., Die Jaluit-Gesellschaft auf den Marschall-Inseln 1887-1914. Ein Beitrag zur Kolonial- und Verwaltungsgeschichte in der Epoche des deutschen Kaiserreichs, Berlin 1976.
Watters, R. E., The Transition of Christianity in Samoa, Historical Studies (Australia and New Zealand) 8 (1959), 392-399.
Weck, Alfred, Deutschlands Politik in der Samoafrage, Leipzig 1933.
Wolff, E., Das Recht am Grund und Boden im Schutzgebiet von Deutsch Neu Guinea, Zeitschrift für Kolonialpolitik 9 (1907), 465-504.

Kiautschou

Brandt, Max von, Dreiunddreißig Jahre in Ost-Asien. Erinnerungen eines deutschen Diplomaten, Bd. III: China 1875-1893, Leipzig 1901.
Briessen, Fritz van, Grundzüge der deutsch-chinesischen Beziehungen, Darmstadt 1977.
Bruns, Alfred (Hg.), Ein Westfale in China. Briefe und Fotografien 1895-1900. Der Nachlaß Robert Löbbecke, Iserlohn, bearb. v. G. Bettge, Münster 1982.
Bornemann, Fritz, Die Angliederung von Kiaochow (Tsingtao) an das Vikariat Süd-Shantung, Zeitschrift für Missionswissenschaft und Religionswissenschaft 54 (1970), 81-100.
Ders., Der selige P. J. Freinademetz 1852-1908. Ein Steyler China-Missionar. Ein Lebensbild nach zeitgenössischen Quellen, Bozen 1977.

Burdick, Charles Burton, The Japanese siege of Tsingtau. World War I in Asia, Hamden, Conn., 1976.

Chen Chi, Die Beziehungen zwischen Deutschland und China bis 1933, Hamburg 1973.

Ch'en, Jerome, The Nature and Characteristics of the Boxer Movement. A Morphological Study, London 1960.

Ders., Yuan Shih k'ai 1859-1916. Brutus assumes the Purple, Stanford, Cal., 1961.

Ders., The Origin of the Boxers, in: Studies in the Social History of China and South-East Asia. Essays in Memory of Victor Purcell, hg. v. J. Ch'en and N. Tarling, Cambridge 1970, 57-84.

Chesneaux, Jean, China from the Opium Wars to the 1911 Revolution, Hassocks, Suss. 1977.

Chi-ming Hou, Foreign Investment and Economic Development in China, 1840-1937, Cambridge, Mass., 1965.

Cordier, Henri, Historie des Relations de la Chine avec les Puissances Occidentales 1860-1900, 3 Bde, Paris 1901-1902 (dt. Übers. Hu Schöng, Der Imperialismus und Chinas Politik, Berlin 1959).

Drechsler, Karl, Deutschland – China – Japan 1933-1939. Das Dilemma der deutschen Fernostpolitik, Berlin 1964.

Dunstheimer, Georges, Le mouvement des Boxers, Revue historique 231 (1964), 387-416.

Fabritzek, Uwe G., Gelber Drache – Schwarzer Adler, München, Gütersloh, Wien 1973.

Fan, Wön-lan, Neue Geschichte Chinas, Bd. I: 1840-1901, Berlin (O) 1959.

Franke, Wolfgang, Zur antiimperialistischen Bewegung in China, Saeculum 5 (1954), 337-358.

Ders., China und das Abendland, Göttingen 1962.

Ders., (Hg.), China-Handbuch, Düsseldorf 1974.

Ders., Das Jahrhundert der chinesischen Revolution. 1851-1949, München, Wien ^{2}1980.

Franzius, G., Kiautschou. Deutschlands Erwerbung in Ostasien, Berlin 1898.

Franz-Willing, Georg, Neueste Geschichte Chinas. 1840 bis zur Gegenwart, Paderborn 1975.

Grimm, Tilemann, Die Boxerbewegung in China 1898-1901, Historische Zeitschrift 224 (1977), 615-634.

Gründer, Horst, Liberale Missionstätigkeit im ehemaligen deutschen „Pachtgebiet" Kiautschou (China), liberal 22 (1980), 522-529.

Hanson, Eric Osborne, The Chinese State and the Catholic Church: The Politics of Religion within the Confucian-Sectarian Dynamic, Phil. Diss. (Masch.) Stanford University 1976.

Hermann, Heinrich, Chinesische Geschichte, Stuttgart 1912.

Hesse-Wartegg, Ernst von, Schantung und Deutsch-China. Von Kiautschou ins Heilige Land von China und vom Jangtsekiang nach Peking im Jahre 1898, Leipzig 1898.

Irmer, Julius, Kiautschou. Die diplomatische Vorbereitung der Erwerbung 1894-1898, Köln 1932.

Kindermann, Gottfried-Karl, Der Ferne Osten in der Weltpolitik des industriellen Zeitalters, München 1970.

Kuepers, Jacobus Joannes Antonius Mathias, China und die katholische Mission in Süd-Shantung 1882-1900. Die Geschichte einer Konfrontation, Steyl 1974.

Kung-chuan Hsiao, A modern China and a New World. K'ang Yu-wei, Reformer and Utopian, 1858-1927, Seattle-London 1975.

Kuo-chi Lee, Die chinesische Politik zum Einspruch von Shimonoseki und gegen die Erwerbung der Kiautschou-Bucht, Phil. Diss. Hamburg 1966, gedr. Münster 1966.

Lessel, Emil von, Böhmen, Frankreich und China 1866-1901. Erinnerungen eines preußischen Offiziers, Köln, Berlin 1981.

Loch, Werner, Die imperialistische deutsche Chinapolitik 1898-1901 und die militärische Intervention gegen den Volksaufstand der Ihotwan, Phil. Diss. (Masch.) Leipzig 1960.

Lodwick, Kathleen Lorraine, Chinese, Missionary, and International Efforts to End the Use of Opium in China, 1890-1916, Phil. Diss. (Masch.) Arizona 1976.

Martin, Bernd (Hg.), Die deutsche Beraterschaft in China 1927-1938. Militär, Wirtschaft, Außenpolitik, Düsseldorf 1981.

Möller, Matthias, Deutschlands Chinapolitik vom Einspruch von Shimonoseki bis zur Erwerbung von Kiautschou, Phil. u. Naturwiss. Diss. Münster/W. 1927.

Mogk, Walter, Paul Rohrbach als Organisator der „Hamburg-Bremer-Spende“ (1908-1912). Ein Beitrag zur Geschichte des Allgemeinen Evangelisch-Protestantischen Missionsvereins, in: Christ aus Weltverantwortung in der Herausforderung der Gegenwart. Eine Festgabe zum 70. Geburtstag von Prof. Dr. theol. Gerhard Rosenkranz, hg. v. W. Kersten-Thiele, Düsseldorf 1966, 110-137.

Mohr, Friedrich Wilhelm, Handbuch für das Schutzgebiet Kiautschou, Tsingtau 1911.

Moltmann, Günter u.a., Soziale Protestbewegungen in Asien in der Zeit des Imperialismus, Geschichte in Wissenschaft und Unterricht 29 (1978), 345-374, bes. 359-366 (T. Grimm).

Purcell, Victor, The Boxer Uprisings: A Background Study, Cambridge 1963.

Richthofen, Ferdinand von, Shantung und seine Eingangspforte Kiautschou, Berlin 1898.

Rivinius, Karl J., Mission und Politik. Eine unveröffentlichte Korrespondenz zwischen Mitgliedern der „Steyler Missionsgesellschaft“ und dem Zentrumspolitiker Carl Bachem, St. Augustin 1977.

Ders., Die katholische Mission in Süd-Shantung. Ein Bericht des Legationssekretärs Speck von Sternburg aus dem Jahr 1895 über die Steyler Mission in China, St. Augustin 1979.

Rohrbach, Paul, Deutschland in China voran! Berlin-Schöneberg 1912.

Sattler-von Sivers, Gabriele, Die Reformbewegung von 1898, in: P. J Opitz (Hg.), Chinas große Wandlung. Revolutionäre Bewegungen im 19. und 20. Jahrhundert, München 1972, 55-81.

Schmidt, Vera, Die deutsche Eisenbahnpolitik in Shantung 1898-1914. Ein Beitrag zur Geschichte des deutschen Imperialismus in China, Wiesbaden 1976.

Schrameier, Wilhelm, Aus Kiautschous Verwaltung. Die Land-, Steuer- und Zollpolitik des Kiautschougebietes, Jena 1914.

Schrecker, John E., Imperialism and Chinese Nationalism. Germany in Shantung, Cambridge, Mass., 1971.

Sösemann, Bernd, Die sog. Hunnenrede Wilhelms II., Historische Zeitschrift 222 (1976), 342-358.

Stingl, Werner, Der Ferne Osten in der deutschen Politik vor dem Ersten Weltkrieg, 2 Bde, Frankfurt a. M. 1978.

Stoecker, Helmuth, Deutschland und China im 19. Jahrhundert. Das Eindringen des deutschen Kapitalismus, Berlin (O) 1958.

Tan, Chester C., The Boxer Catastrophe, New York 1955.

Waldersee, Alfred Graf von, Denkwürdigkeiten des General-Feldmarschalls Alfred Grafen von Waldersee. Auf Veranlassung des Generalleutnants Georg Grafen von Waldersee bearb. u. hg. von Heinrich Otto Meisner, Bd. 3: 1900-1904, Stuttgart, Berlin 1923.
Walle, Heinrich, Das deutsche Kreuzergeschwader in Ostasien 1897-1914; politische Absichten und militärische Wirkung, in: Der Einsatz von Seestreitkräften im Dienste der Auswärtigen Politik, hg. v. Deutschen Marine-Institut (Red. H. Walle), Herford 1983, 32-60.
Weicker, Hans, Kiautschou, Das deutsche Schutzgebiet in Ostasien, Berlin ^{2}1908.
Wilhelm, Salomone (Hg.), Richard Wilhelm. Der geistige Mittler zwischen China und Europa, Düsseldorf, Köln 1956.
Wilhelmy, Emil, China – Land und Leute. Illustrierte Geschichte des Reiches der Mitte, Berlin 1904.
Wirth, Benedicta, Imperialistische Übersee- und Missionspolitik, dargestellt am Beispiel Chinas, Münster 1968.
Witte, Johannes, Ostasien und Europa. Das Ringen zweier Weltkulturen, Tübingen 1914.
Yu-Wen Jen, The Taiping Revolutionary Movement, New Haven, London 1973.
Yü, Wen-tang, Die deutsch-chinesischen Beziehungen von 1860-1880, Bochum 1982.

Navalismus, Weltpolitik, Imperialismus

Altrichter, Helmut, Konstitutionalismus und Imperialismus. Der Reichstag und die deutsch-russischen Beziehungen 1890-1914, Frankfurt/M. 1977.
Baumgart, Winfried, Deutschland im Zeitalter des Imperialismus (1890-1914). Grundkräfte, Thesen und Strukturen, 4. erg. Aufl. Frankfurt a. M. 1982.
Berghahn, Volker, Der Tirpitz-Plan. Genesis und Verfall einer innenpolitischen Krisenstrategie, Düsseldorf 1971.
Deist, Wilhelm, Flottenpolitik und Flottenpropaganda. Das Nachrichtenbureau des Reichsmarineamts 1897-1914, Stuttgart 1976.
Eley, Geoff, Sammlungspolitik, Social Imperialism and the Navy Law of 1898, Militärgeschichtliche Mitteilungen 15 (1974), 29-63.
Fischer, Fritz, Krieg der Illusionen. Die deutsche Politik 1911-1914, Düsseldorf 1969.
Frauendienst, Werner, Deutsche Weltpolitik. Zur Problematik des Wilhelminischen Reiches, Welt als Geschichte 1 (1959), 1-39.
Friedjung, Heinrich, Das Zeitalter des Imperialismus 1884-1914, 3 Bde, Berlin 1919-1922.
Geiss, Imanuel, German Foreign Policy 1871-1914, London 1975.
Gollwitzer, Heinz, Geschichte des weltpolitischen Denkens, Bd. II: Zeitalter des Imperialismus und der Weltkriege, Göttingen 1982.
Gründer, Horst, Religionsprotektorate und europäische Mächterivalitäten im Zeitalter des Imperialismus, Geschichte in Wissenschaft und Unterricht 34 (1983), 416-433.
Grupp, Peter, Deutschland, Frankreich und die Kolonien. Der französische „Parti colonial" und Deutschland von 1890-1914, Tübingen 1980.
Hallgarten, George W. F., Imperialismus vor 1914. Die soziologischen Grundlagen der Außenpolitik europäischer Großmächte vor dem Ersten Weltkrieg, 2 Bde, München ^{2}1963.

Hölzle, Erwin, Die Selbstentmachtung Europas. Das Experiment des Friedens vor und im Ersten Weltkrieg, Göttingen 1975.

Kaulisch, Baldur, Alfred von Tirpitz und die imperialistische deutsche Flottenrüstung, Berlin (O) 1982.

Kennedy, Paul M., The Rise of the Anglo-German Antagonism 1860 to 1914, London 1980.

Koch, Hansjoachim W., Der Sozialdarwinismus. Seine Genese und sein Einfluß auf das imperialistische Denken, München 1973.

Langer, William L., The Diplomacy of Imperialism 1890-1902, New York [2]1960, 637-639.

Mommsen, Wolfgang J. (Hg.), Der moderne Imperialismus, Stuttgart, Berlin, Köln, Mainz 1971.

Ders., Der europäische Imperialismus. Aufsätze und Abhandlungen, Göttingen 1979.

Sell, Manfred, Die deutsche öffentliche Meinung und das Helgolandabkommen im Jahre 1890, Phil. Diss. Köln, Berlin-Bonn 1926.

Tirpitz, Alfred von, Erinnerungen, Leipzig 1919.

Winzen, Peter, Bülows Weltmachtkonzept. Untersuchungen zur Frühphase seiner Außenpolitik 1897-1901, Boppard a.Rh. 1977.

Marokko, „Mittelafrika", Südafrika

Böhme, Helmut, Katanga in der deutschen Welt- und Kolonialpolitik, in: Wissenschaft, Wirtschaft und Technik. Festschrift für W. Treue, hg v. K.-H. Manegold, München 1969, 204-209.

Drechsler, Horst, Deutsche Versuche, das deutsch-englische Abkommen von 1898 über die portugiesischen Kolonien zu verwirklichen, Zeitschrift für Geschichte 9 (1961), 1619-1631.

Guillen, Pierre, L'Allemagne et le Maroc de 1870 à 1905, Paris 1967.

Hatton, P. H. S., Harcourt and Solf: the Search for an Anglo-German Understanding through Africa, 1912-1914, European Studies Review 1 (1971), 123-145.

Loth, Heinrich, Kolonialismus und „Humanitätsintervention". Kritische Untersuchung der Politik Deutschlands gegenüber dem Kongostaat (1884-1908), Berlin (O) 1966.

Müller-Burbach, Carina, Die deutschen Mittelafrikapläne bis 1914, in: ergebnisse 1, Hamburg 1978, 70-129.

Nissen, Holger, Südafrika im politischen Kalkül des kaiserlichen Deutschland. Zur Geschichte der deutsch-englischen Beziehungen 1884-1902, in: ergebnisse 1, Hamburg 1978, 15-69.

Oncken, Emily, Panthersprung nach Agadir. Die deutsche Politik während der zweiten Marokkokrise, Düsseldorf 1981.

Penner, C. D., Germany and the Transvaal before 1896, Journal of Modern History 12 (1940), 31-58.

Pogge von Strandmann, Hartmut, Rathenau, die Gebrüder Mannesmann und die Vorgeschichte der Zweiten Marokkokrise, in: Deutschland und die Weltpolitik des 19. und 20. Jahrhunderts (Festschrift Fritz Fischer zum *65.* Geburtstag), hg. v. I. Geiss – B. J. Wendt, Düsseldorf 1973, 251-270.

Rathmann, Lothar, Zur Ägyptenpolitik des deutschen Imperialismus vor dem Ersten Weltkrieg, in: Geschichte und Geschichtsbild Afrikas, Berlin 1960, 73-99.

Schreuder, D. M., The Scramble for Southern Africa, 1877-1895. The Politics of Partition Reappraised, Cambridge 1980.
Vincent-Smith, G. D., The Anglo-German Negotiations over the Portuguese Colonies in Africa 1911-1914, Historical Journal 17 (1974), 620-629.
Willequet, Jacques, Le Congo belge et la Weltpolitik (1894-1914), Brüssel 1962.

Naher Osten, Bagdadbahn

Bensinger, Gad J., Palestine in German Thought and Action, 1871-1914, Phil. Diss. (Masch.) Chicago, Ill. 1971.
Carmel, Alex, Die Siedlungen der württembergischen Templer in Palästina 1868-1918. Ihre lokalpolitischen und internationalen Probleme, Stuttgart 1973.
Gründer, Horst, Die Kaiserfahrt Wilhelms II. ins Heilige Land 1898. Aspekte deutscher Palästinapolitik im Zeitalter des Imperialismus, in: H. Dollinger – H. Gründer – A. Hanschmidt (Hg.), Weltpolitik – Europagedanke – Regionalismus. Festschrift für Heinz Gollwitzer zum 65. Geburtstag, Münster 1982, 363-388.
Holborn, Hajo, Deutschland und die Türkei 1878-1890, Berlin 1926.
Jaeckh, Ernst, Der goldene Pflug. Lebensernte eines Weltbürgers, Stuttgart 1954.
Kampen, Wilhelm van, Studien zur deutschen Türkeipolitik in der Zeit Wilhelms II., Phil. Diss. (Masch.) Kiel 1968.
Manzenreiter, Johann, Die Bagdadbahn als Beispiel für die Entstehung des Finanzimperialismus in Europa 1872-1903, Bochum 1982.
Mejcher, Helmut, Die Bagdadbahn als Instrument deutschen wirtschaftlichen Einflusses im Osmanischen Reich, Geschichte und Gesellschaft 1 (1975), 447-481.
Ders., Schölch, Alexander (Hg.), Die Palästina-Frage 1917-1948. Palästina als Problem internationaler und regionaler Politik von der „Balfour Declaration" bis zum Ende der britischen Mandatszeit, Paderborn 1980.
Rathmann, Lothar, Die Nahostexpansion des deutschen Imperialismus vom Ausgang des 19. Jahrhunderts bis zum Ende des Ersten Weltkriegs, Phil. Habil. (Masch.) Leipzig 1961.
Roth, Erwin, Preußens Gloria im Heiligen Land. Die Deutschen und Jerusalem, München 1973 (populärwissenschaftlich).
Schöllgen, Gregor, Imperialismus und Gleichgewicht. Deutschland, England und die orientalische Frage 1871-1914, München 1984.
Schulte, Bernd F., Vor dem Kriegsausbruch 1914. Deutschland, die Türkei und der Balkan, Düsseldorf 1980.
Wallach, Jehuda L. (Hg.), Germany and the Middle East 1835-1939. International Symposium April 1975, Tel-Aviv (1975) (= Jahrbuch des Instituts für Deutsche Geschichte, Beiheft 1).

Mittel- und Südamerika

Blancpain, Jean-Pierre, Les Allemands au Chile, Köln 1974.
Brunn, Gerhard, Deutschland und Brasilien (1889-1914), Köln 1971.
Fluck, Julius, Die Entwicklung der deutsch-brasilianischen Handelsbeziehungen von 1871-1931, Wirtsch. u. sozialwiss. Diss. Köln 1951.

Hell, Jürgen, Die Politik des Deutschen Reiches zur Umwandlung Südbrasiliens in ein überseeisches Neudeutschland (1890-1914), Phil. Diss. (Masch.) Rostock 1966.

Hood, Miriam, Gunboat diplomacy, 1895-1905. Great power pressure in Venezuela, London 1983.

Kannapin, Klaus, Die deutsch-argentinischen Beziehungen von 1891-1914 unter besonderer Berücksichtigung der Handels- und Wirtschaftsbeziehungen und der Auswanderungspolitik, Phil. Diss. (Masch.) Berlin 1968.

Katz, Friedrich, Deutschland, Diaz u. die mexikanische Revolution, 1870-1920, Berlin 1964.

Schaefer, Jürgen, Deutsche Militärhilfe in Südamerika: Militär und Rüstungsinteressen in Argentinien, Bolivien und Chile vor 1914, Düsseldorf 1974.

Schottelius, Herbert, Mittelamerika als Schauplatz deutscher Kolonisationsversuche 1840-1865, Phil. Diss. Hamburg 1939.

1. Weltkrieg

Fischer, Fritz, Griff nach der Weltmacht. Die Kriegszielpolitik des kaiserlichen Deutschland 1914/1918, Kronsberg/Ts. 1977 (Athenäum/Droste Taschenbuch 7203).

Kersten, Dietrich, Die Kriegsziele der Hamburger Kaufmannschaft im Ersten Weltkrieg. Ein Beitrag zur Frage der Kriegszielpolitik im kaiserlichen Deutschland 1914-1918, Phil. Diss. (Masch.) Hamburg 1963.

Louis, William Roger, Das Ende des deutschen Kolonialreiches. Britischer Imperialismus und die deutschen Kolonien 1914-1919, Düsseldorf 1971 (Original-Ausgabe unter dem Titel: Great Britain and Germany's Lost Colonies 1914-1919, Oxford 1967).

Sebald, Peter, Die Kriegsziele der deutschen Togo-Interessenten im ersten Weltkrieg, Wiss. Zeitschrift der Humboldt Universität zu Berlin, Gesellschafts- u. sprachwiss. Reihe, Jg. 13 (1964), 872-875.

Schnee, Heinrich, Deutsch-Ostafrika im Weltkriege. Wie wir lebten und kämpften, Leipzig 1919.

Stoecker, Helmuth, Der erste Weltkrieg, in: ders., Drang nach Afrika. Die koloniale Expansionspolitik und Herrschaft des deutschen Imperialismus in Afrika von den Anfängen bis zum Ende des zweiten Weltkrieges, Berlin (O) 1977, 229-242.

Kolonialrevisionismus in der Weimarer Republik, Kolonialfrage im 3. Reich

Crozier, Andrew J., Die Kolonialfrage während der Locarno-Verhandlungen und danach. Ein Essay über die Beziehungen zwischen Großbritannien und Deutschland 1924-1927, in: W. Michalka – M. M. Lee (Hg.), Gustav Stresemann, Darmstadt 1982, 324-349.

Ders., Imperial Decline and the Colonial Question in Anglo-German Relations 1919-1939, European Studies Review 11 (1981), 207-242.

Fieber, H.J., Die Kolonialgesellschaften – ein Instrument der deutschen Kolonialpolitik in Afrika während der Weimarer Republik, Zeitschrift für Geschichtswissenschaft 1961, Sonderheft, 210-219.

Hauner, Milan, Did Hitler Want a World Dominion? Journal of Contemporary History 13 (1978), 15-32.

Henke, Josef, England in Hitlers politischem Kalkül 1935-1939, Boppard a. Rh. 1973.

Hildebrand, Klaus, Vom Reich zum Weltreich. Hitler, NSDAP und koloniale Frage 1919-1945, München 1969.

Ders., Deutsche Außenpolitik 1933-1945. Kalkül oder Dogma, 4. erg. Aufl., Stuttgart 1980.

Hillgruber, Andreas, Hitlers Strategie. Politik und Kriegführung 1940-1941, München [2]1982.

Ders., Deutsche Großmacht- und Weltpolitik im 19. und 20. Jahrhundert, Düsseldorf 1979.

Hinnenberg, Wolfgang, Die deutschen Bestrebungen zur wirtschaftlichen Durchdringung Tanganyikas 1925-1933. Ein Beitrag zur Geschichte der deutschen Kolonialpolitik in der Weimarer Republik, Phil. Diss. Hamburg 1973.

Krebs, Siegfried, „Neue" Kolonialpolitik und koloniale Siedlung in Tanganyika. Ein Beitrag gegen die neokolonialistische Verfälschung der Geschichte der deutschen Kolonialpolitik in der Zeit der Weimarer Republik, Phil. Diss. (Masch.) Leipzig 1964.

Kühne, Horst, Faschistische Kolonialideologie und Zweiter Weltkrieg, Berlin (O) 1962.

Kum'a N'Dumbe III, Alexandre, Pläne zu einer nationalsozialistischen Kolonialherrschaft in Afrika, in: Aspekte deutscher Außenpolitik im 20. Jahrhundert. Aufsätze Hans Rothfels zum Gedächtnis, hg. v. Wolfgang Benz – Hermann Graml, Stuttgart 1976, 165-192.

Ders., Hitler voulait l'Afrique. Le projet du IIIe Reich sur le continent africain, Paris 1980.

Lakowski, Richard, Die Kriegsziele des faschistischen Deutschland im transsaharischen Afrika, Phil. Diss. (Masch.) Berlin (O) 1970.

Louis, William Roger, Colonial Appeasement 1936-1938, Revue Belge de Philologie et d'Histoire 49 (1971), 1175-1191.

Martin, William S., The Colonial-Mandate Question at the Paris Peace Conference of 1919: The United States and the Disposition of the German Colonies in Africa and the Pacific, Phil. Diss. (Masch.) University of Southern Mississippi 1982.

Pogge von Strandmann, Hartmut, Deutscher Imperialismus nach 1918, in: D. Stegmann – B.-J. Wendt – P. Chr. Witt (Hg.), Deutscher Konservativismus im 19. und 20. Jahrhundert. Fs. f. Fritz Fischer zum 75. Geburtstag, Bonn 1983, 281-293.

Rich, Norman, Hitler's War Aims, Bd. 2: The Establishment of the New Order, London 1974.

Rüger, Adolf, Die kolonialen Bestrebungen des deutschen Imperialismus in Afrika (Vom Ende des ersten Weltkrieges bis zur Locarno-Konferenz), ungedr. Habil.-Schrift Berlin (O) 1969.

Ders., Der Kolonialrevisionismus der Weimarer Republik, in: Drang nach Afrika. Die koloniale Expansionspolitik und Herrschaft des deutschen Imperialismus in Afrika von den Anfängen bis zum Ende des zweiten Weltkrieges, hg. v. H. Stoecker, Berlin (O) 1977, 243-279.

Schmokel, Wolfe W., Dream of Empire. German Colonialism 1919-1945, New Haven 1964, dt. Gütersloh 1967.

Schnee, Heinrich, Die koloniale Schuldlüge, München [2]1927, [12]1940.

Schöllgen, Gregor, Der Irrweg einer Tradition. Grundlagen der britischen Deutschlandpolitik 1937/38, Historische Zeitschrift, Beih. 8 (1983), 117-134.

Weinberg, Gerhard L., German Colonial Plans and Policies 1938-1942 in: Geschichte und Gegenwartsbewußtsein. Historische Betrachtungen und Untersuchungen. Fs. f.

Hans Rothfels zum 70. Geburtstag, hg. v W. Besson u. F. Frhr. Hiller von Gaertringen, Göttingen 1963. 462-491.

Ergänzungsbibliographie zur 2. bis 6. Auflage

Aas, Norbert – Harald Sippel, Konflikte im kolonialen Alltag. Eine rechtshistorische Untersuchung der Auseinandersetzungen des Siedlers Heinrich Karl Langkopp mit der Kolonialverwaltung in Deutsch-Ostafrika (1910-1915), Bayreuth 1992.

Aas, Norbert (Bearb.), Kolonialgeschichte im Familienalbum. Frühe Fotos aus der Kolonie Deutsch-Ostafrika, München 1992.

Aas, Norbert, Koloniale Entwicklung im Bezirksamt Lindi (Deutsch-Ostafrika). Deutsche Erwartungen und regionale Wirklichkeit, Bayreuth 1989.

Adick, Christel – Wolfgang Mehnert, Deutsche Missions- und Kolonialpädagogik in Dokumenten. Eine kommentierte Quellensammlung aus den Afrikabeständen deutschsprachiger Archive 1884-1914, Frankfurt a. M. 2001.

Altena, Thorsten, „Ein Häuflein Christen mitten in der Heidenwelt des dunklen Erdteils". Zum Selbst- und Fremdverständnis protestantischer Missionare im kolonialen Afrika 1884-1918, Münster 2003.

Anderson, Ross, The Forgotten Front: The East Africa Campaign 1914-1918, Stroud 2004.

Arndt, Susan (Hg.), AfrikaBilder. Studien zu Rassismus in Deutschland, Münster 2001.

Arnold, Bernd, Steuer und Lohnarbeit im Südwesten von Deutsch-Ostafrika, 1891 bis 1916. Eine historisch-ethnologische Studie, Münster-Hamburg 1995.

Artelt, Jork, Tsingtau. Deutsche Stadt und Festung in China 1897-1914, Düsseldorf 1984.

Avornyo, Raphael Quarshie, Deutschland und Togo (1847-1987), Frankfurt a. M. 1989.

Bade, James N. (Hg.),The German Connection: New Zealand and German-Speaking Europe in the Nineteenth Century, Auckland – Oxford 1993.

Bader, Hans Jürgen – Dagmar Krone, Der Abwehrkampf der afrikanischen Bevölkerung Nordkameruns (1886-1892), Militärgeschichte 26 (1987), 235-241.

Baer, Martin – Olaf Schröter, Eine Kopfjagd. Deutsche in Ostafrika. Spuren kolonialer Herrschaft, Berlin 2001.

Baldus, Manfred, Reichskolonialkirchenrecht. Über die religionsrechtliche Lage in den Schutzgebieten des Deutschen Reiches 1884-1919, Neue Zeitschrift für Missionswissenschaft 44 (1988), 2-18.

Barth, Boris, Die deutsche Hochfinanz und die Imperialismen. Banken und Außenpolitik vor 1914, Stuttgart 1995.

Bauer, Wolfgang, Tsingtau 1914 bis 1931: Japanische Herrschaft, wirtschaftliche Entwicklung und die Rückkehr der deutschen Kaufleute, München 2000.

Baumgart, Winfried (Hg.), Bismarck und der deutsche Kolonialerwerb 1883-1885. Eine Quellensammlung, Berlin 2011.

Baumgart, Winfried, Bismarcks Kolonialpolitik, in: Johannes Kunisch (Hg.), Bismarck und seine Zeit, Berlin 1992, 141-153.

Baur, Georg, China um 1900. Aufzeichnungen eines Krupp-Direktors, hg. v. Elisabeth Kaske, Wien-Köln 2005.

Becher, Jürgen, Dar es Salaam, Tanga und Tabora. Stadtentwicklung in Tansania unter deutscher Kolonialherrschaft (1885-1914), Stuttgart 1997.

Bechhaus-Gerst, Marianne – Mechthild Leutner – Hauke Neddermann (Hg.), Frauen in den deutschen Kolonien, Berlin 2009.

*Bechhaus-Gerst, Marianne – Reinhard Klein-Arendt (Hg.),*Die (koloniale) Begegnung: AfrikanerInnen in Deutschland 1880-1945, Frankfurt a. M. 2003.

Bechhaus-Gerst, Marianne (Hg.), Koloniale und postkoloniale Konstruktionen von Afrika und Menschen afrikanischer Herkunft in der deutschen Alltagskultur, Frankfurt a. M. 2006.

Bechhaus-Gerst, Marianne, Treu bis in den Tod. Von Deutsch-Ostafrika nach Sachsenhausen – Eine Lebensgeschichte, Berlin 2007.

Becker, Felicitas – Jigal Beez, Der Maji-Maji-Krieg in Deutsch-Ostafrika 1905-1907, Berlin 2005.

Becker, Frank (Hg.), Rassenmischehen – Mischlinge – Rassentrennung. Zur Politik der Rasse im deutschen Kolonialreich, Wiesbaden 2004.

Becker, Frank, Kolonialherrschaft, Rassentrennung und Mission in Deutsch-Südwestafrika, in: Politische Gewalt in der Moderne, hg. v. Frank Becker u.a., Münster 2003, 132-163.

*Becker, Klaus – Jürgen Hecker (Hg.),*1884-1984. Vom Schutzgebiet bis Namibia. Interessengemeinschaft deutschsprachiger Südwester, Windhoek 1985.

Becker, Winfried, Kulturkampf als Vorwand: Die Kolonialwahlen von 1907 und das Problem der Parlamentarisierung des Reiches, Historisches Jahrbuch 106 (1986), 59-84.

Beer, Karl-Theo, Samoa – eine Reise in den Tod. Briefe des Ober-Matrosen Adolph Thamm S. M. Kanonenboot Eber 1887-1889, Hamburg 1997.

Beez, Jigal, Geschosse zu Wassertropfen. Sozio-religiöse Aspekte des Maji-Maji-Krieges in Deutsch-Ostafrika (1905-1907), Köln 2003.

Bendikat, Elfi, Organisierte Kolonialbewegung in der Bismarck-Ära, Brazzaville – Heidelberg 1984.

Bennigsen, Rudolf von, The German Annaxation of the Caroline, Palau & Mariana Islands, übers., ann. u. eingef. von Dirk H. R. Spennemann, Saipan 2003.

Benninghoff-Lühl, Sibylle, Deutsche Kolonialromane 1884-1914 in ihrem Entstehungs- und Wirkungszusammenhang, Bremen 1983.

Bergner, Felicitas, Ethnographisches Sammeln in Afrika während der deutschen Kolonialzeit. Ein Beitrag zur Sammlungsgeschichte deutscher Völkerkundemuseen, Paideuma 42 (1996), 225-235.

Berman, Russell A., Enlightenment of Empire. Colonial Discourse in German Culture, Lincoln 1998.

Berman, Russell A., German Colonialism, Another Sonderweg? The European Studies Journal 16 (1999), 25-36.

Bernhardt, Günter – Jürgen Scheffler (Hg.), Reisen – Entdecken – Sammeln. Völkerkundliche Sammlungen in Westfalen-Lippe, Bielefeld 2001.

Besier, Gerhard, Mission und Kolonialismus im Preußen der Wilhelminischen Ära, Kirchliche Zeitgeschichte 5 (1992), 239-253.

Biener, Annette S., Das deutsche Pachtgebiet Tsingtau in Schantung, 1897-1914, Institutioneller Wandel durch Kolonisierung, Bonn 2001.

Bindseil, Reinhart, A propos de Caput Nili (1904) de Richard Kandt, in: Pierre Halen (Hg.), L'Afrique centrale dans les littératures européennes, Bremen 1999, 147-162.

Bindseil, Reinhart, Das Hutu-Tutsi-Problem in Ruanda aus deutscher historischer Sicht, in: Papa Samba Diop – Hans-Jürgen Lüsebrink (Hg.), Littératures et Sociétés Africaines, Tübingen 2001, 287-297.

Bindseil, Reinhart, Deutsche Forschungsreisende in Ruanda 1890-1914, in: Ulrich Löber – Elisabeth Rickal (Hg.), Ruanda. Begleitpublikation zur gleichnamigen Wanderausstellung des Landesmuseums Koblenz, Landau 1991, 125-131, 133-137.

Bindseil, Reinhart, Ruanda im Lebensbild des Offiziers, Afrikaforschers und Kaiserlichen Gouverneurs Gustav Adolf von Götzen (1866-1910), Berlin 1992.

Bindseil, Reinhart, Ruanda und Deutschland seit den Tagen Richard Kandts. Begegnungen und gemeinsame Wegstrecken. Historischer Abriß der deutsch-ruandischen Beziehungen mit einer biographischen Würdigung des einstigen deutschen kaiserlichen Residenten, Berlin 1988.

Bitoto-Abeng, Nazaire, Von der Freiheit zur Befreiung. Die Kirchen- und Kolonialgeschichte Kameruns, Frankfurt a. M. 1989.

Boehlke-Itzen, Janntje, Kolonialschuld und Entschädigung. Der deutsche Völkermord an den Herero (1904-1907), Frankfurt a. M. 2004.

Bösch, Frank, Öffentliche Geheimnisse. Skandale, Politik und Medien in Deutschland und Großbritannien 1880-1914, München 2009 (zu den Kolonialskandalen: 264-310).

Boetzinger, Vera, „Den Chinesen ein Chinese werden". Die deutsche protestantische Frauenmission in China 1842-1952, Wiesbaden 2004.

Boin, Margitta, Die Erforschung der Rechtsverhältnisse in den „Schutzgebieten" des Deutschen Reiches, Münster 1996.

Boller, Markus, Kaffee, Kinder, Kolonialismus. Wirtschafts- und Bevölkerungsentwicklung in Buhaya (Tansania) in der deutschen Kolonialzeit, Münster 1994.

Braun, Thomas, Die Rheinische Missionsgesellschaft und der Missionshandel im 19. Jahrhundert, Erlangen 1992.

Bräuner, Harald – Mechthild Leutner, „Im Namen einer höheren Gesittung!" Die Kolonialperiode 1897-1914, in: Mechthild Leutner – Dagmar Yü-Dembinski (Hg.), Exotik und Wirklichkeit. China in Reiseberichten vom 17. Jahrhundert bis zur Gegenwart, München 1990, 41-52.

Bräunlein, Peter, „Neu-Deutschland muß wohl größer sein". Der deutsche Kolonialismus in Liedern, in: Geschichte lernen 50 (1996), 48-51.

Brehl, Medardus, Vernichtung als Arbeit an der Kultur. Kolonialdiskurs, kulturelles Wissen und der Völkermord an den Herero, Zeitschrift für Genozidforschung 2 (2000), 8-28.

Brehl, Medardus, Vernichtung der Herero. Diskurse der Gewalt in der deutschen Kolonialliteratur, Paderborn 2007.

Bridgman, Jon M. – Leslie J. Worley, Genocide of the Hereros, in: Century of Genocide. Eyewitness Accounts and Critical Views, hg. v. Samuel Totten – William S. Parson – Israel W. Charny, New York – London 1997, 3-40.

Brogiato, Heinz Peter u.a., Paul Langhans und seine Wandkarte der deutschen Kolonien in Afrika (1908), in: Harald Leisch (Hg.), Perspektiven der Entwicklungsländerforschung. Festschrift für Hans Hecklau, Trier 1995, 81-102.

Brose, Winfried – Ulrich van der Heyden (Hg.), Mit Kreuz und deutscher Flagge. 100 Jahre Evangelium im Süden Tanzanias. Zum Wirken der Berliner Mission in Ostafrika, Münster 1993.

Bruchhaus, Eva-Maria – Leonard Harding (Hg.), Hundert Jahre Einmischung in Afrika, Hamburg 1986.

Bückendorf, Jutta, „Schwarz-Weiss-Rot über Ostafrika!" Deutsche Kolonialpläne und afrikanische Realität, Münster 1997.

Bühler, Andreas Heinrich, Der Namaaufstand gegen die deutsche Kolonialherrschaft in Namibia von 1904-1913, Frankfurt a. M. 2003.
Bührer, Tanja, Staatsstreich im Busch. Paul von Lettow-Vorbeck (1870-1964), in: Stig Förster u. a. (Hg.), Kriegsherren der Weltgeschichte, München 2006, 287-304.
Carmel, Alex – Ejal Jakob Eisler (Hg.), Der Kaiser reist ins Heilige Land. Die Palästinareise Wilhelms II. 1898, Stuttgart 1999.
Carreras, Sandra – Günther Maihold (Hg.), Preußen und Lateinamerika. Im Spannungsfeld von Kommerz, Macht und Kultur, Münster-Hamburg 2004.
Chen, Xiaochun, Mission und Kolonialpolitik. Studie über die deutsche katholische Mission in Süd-Shandong, Münster 1992.
Chickering, Roger, „Casting their gaze more broadly“. Women's Patriotic Activism in Imperial Germany, Past and Present 118 (1988), 156-185.
Christmann, Helmut – Peter Hempenstall – Dirk Anthony Ballendorf, Die Karolinen-Inseln in deutscher Zeit. Eine kolonialgeschichtliche Fallstudie, Münster – Hamburg 1991.
Christmann, Helmut (Hg.), Kolonisation und Dekolonisation, Schwäbisch Gmünd 1989.
Christmann, Helmut, Zur Rolle der Kaiserlichen Marine in den deutschen Kolonialgebieten der Südsee, Marine-Rundschau 1987, 156-162.
Ciarlo, David, Visualizing Colonialism and Consuming Race in German Mass Culture, 1885-1914, Phil. Diss. University of Wisconsin, Madison 2002.
Cohen, Cynthia, ‚The Natives Must First Become Good Workmen‘: Formal Educational Provision in German South West and East Africa Compared, Journal of Southern African Studies 19 (1993), 115-133.
Conrad, Sebastian – Jürgen Osterhammel (Hg.), Das Kaiserreich transnational. Deutschland in der Welt 1871-1914, Göttingen 2004.
Conrad, Sebastian, Deutsche Kolonialgeschichte, München 2008.
Conrad, Sebastian, Globalisierung und Nation im Deutschen Kaiserreich, München 2006.
Cordes, Meike, Pockenbekämpfung und Impfmaßnahmen in den ehemaligen deutschen Kolonien in Afrika am Beispiel Togos, Med. Diss. Hannover 1992.
Crozier, Andrew J., Appeasement and Germany's Last Bid for Colonies, London 1988.
Cunha, Jorge Luiz da, Rio Grande do Sul und die Kolonisation. Ein Beitrag zur Geschichte der deutsch-brasilianischen Auswanderung und der deutschen Siedlung in Südbrasilien zwischen 1824 und 1914, Santa Cruz do Sul 1995.
Czaplinski, Marek, Biurokracja Niemieckiego Imperium Kolonialnego. Charakterystyka Urzedników Kolonialnych (Die Bürokratie des Deutschen Kolonialreiches. Charakteristik der Kolonialbeamten), Wroclaw 1985.
Czaplinski, Marek, Niemiecka polityka kolonialna (Deutsche koloniale Politik), Poznan 1992.
Czaplinski, Marek, The German Colonial Service: Image and Reality, Africana Bulletin (Warsaw) 34 (1987), 107-119.
Dabag, Mihran – Horst Gründer – Uwe-K. Ketelsen (Hg.), Kolonialismus. Kolonialdiskurs und Genozid, München 2004.
Dabringhaus, Sabine, Der Boxeraufstand in China (1900/01): Die Militarisierung eines kulturellen Konflikts, in: Eva-Maria Auch – Stig Förster (Hg.), „Barbaren“ oder „Weiße Teufel“. Kulturkonflikte und Imperialismus in Asien vom 18. bis zum 20. Jahrhundert, Paderborn 1997, 123-144.
Dauber, Heinrich (Hg.), „Nicht als Abentheurer bin ich hierhergekommen...“ 100 Jahre Entwicklungs-„Hilfe“. Tagebücher und Briefe aus Deutsch-Ostafrika 1896-1902, Frankfurt a. M. 1991.

Davis, Margrit, Public Health and Colonialism. The Case of German New Guinea, 1884 to 1914, Wiesbaden 2002.

Dedering, Tilman, ‚A Certain Rigorous Treatment of All Parts of the Nation'. The Annihilation of the Herero in German South West Africa, 1904, in: Mark Levene – Penny Roberts (Hg.), The Massacre in History, New York-Oxford 1999, 205-222.

Dedering, Tilman, The German-Herero War of 1904. Revisionism of Genocide or Imaginary Historiography? Journal of Southern African Studies 19 (1993), 80-88.

Demhardt, Imre J., Deutsche Kolonialgesellschaft, 1888 – 1918. Ein Beitrag zur Organisationsgeschichte der deutschen Kolonialbewegung, Wiesbaden 2002.

Demhardt, Imre Josef, Deutsche Kolonialgrenzen in Afrika. Historisch-geographische Untersuchungen ausgewählter Grenzräume von Deutsch-Südwestafrika und Deutsch-Ostafrika, Hildesheim 1997.

Diefenbacher, Albert, Psychiatrie und Kolonialismus. Zur „Irrenfürsorge" in der Kolonie Deutsch-Ostafrika, Frankfurt a. M.-New York 1985.

Dietrich, Anette (Hg.), Weiße Weiblichkeiten. Konstruktionen von „Rasse" und Geschlecht im deutschen Kolonialismus, Bielefeld 2007.

Djomo, Esaïe, „Des Deutschen Feld, es ist die Welt!" – Pangermanismus in der deutschen Literatur des Kaiserreichs, dargestellt am Beispiel der deutschen Koloniallyrik. Ein Beitrag zu Literatur im historischen Kontext, St. Ingbert 1992.

Djomo, Esaïe, Imperiale Kulturbegegnung als Identitätsstiftungsprozess. Studien zu Literatur, Kolonialität und Postkolonialität, St. Ingbert 2011.

Döpp, Dietrich, Humanitäre Abstinenz oder Priorität des Geschäfts? – Die Diskussion um die Legitimität des kolonialen Alkoholhandels in der deutschen Öffentlichkeit (1885-1914), in: Horst Gründer (Hg.), Geschichte und Humanität, Münster-Hamburg ^{2}1994, 121-135.

Drechsler, Horst, Aufstände in Südwestafrika. Der Kampf der Herero und Nama 1904 bis 1907 gegen die Kolonialherrschaft, Berlin (O) 1984.

Drechsler, Horst, Südwestafrika unter deutscher Kolonialherrschaft. Die großen Land- und Minengesellschaften, 1885-1914, Stuttgart 1995.

Dreyer, Ronald F., The Mind of Official Imperialism. British and Cape Government Perceptions of German Rule in Namibia from the Helgoland-Zanzibar Treaty to the Kruger Telegram (1890-1896), Essen 1987.

Duchhardt, Heinz, Afrika und die deutschen Kolonialprojekte der 2. Hälfte des 17. Jahrhunderts, Archiv für Kulturgeschichte 68 (1986), 119-133.

Due colonialismi a confronto: Italia e Germania nella loro espansione oltremare sino alla Prima guerra mondiale, in: Annali dell'Istituto storico italo-germanico in Trento XXIV (1998), Bologna 1999, 113-304.

Dülffer, Jost, Kolonialismus ohne Kolonien. Deutsche Kolonialpläne 1938, in: Franz Knipping – Klaus-Jürgen Müller (Hg.), Machtbewußtsein in Deutschland am Vorabend des Zweiten Weltkrieges, Paderborn 1984, 247-270.

Eckart, Wolfgang U., Medizin und Kolonialimperialismus: Deutschland 1884-1945, Paderborn 1996.

Eckart, Wolfgang U., Robert Koch und die Bekämpfung der Malaria in „Kaiser-Wilhelms-Land" (Deutsch-Neuguinea) 1899/1900, Sandorama, 1993, H.1, 35-40.

Eckart, Wolfgang Uwe, Arzneimittelerprobung in der ehemaligen deutschen Kolonie Togo, Forum Wissenschaft 1988, 29-35.

Eckart, Wolfgang Uwe, Deutsche Ärzte in China 1897-1914. Medizin als Kulturmission im Zweiten Deutschen Kaiserreich, Stuttgart – New York 1989.

Eckart, Wolfgang Uwe, Die Medizin und das „Größere Deutschland“. Kolonialpolitik und Tropenmedizin in Deutschland, 1884-1914, Berichte zur Wissenschaftsgeschichte 13 (1990), 129-139.

Eckart, Wolfgang Uwe, Leprabekämpfung und Aussätzigenfürsorge in den afrikanischen „Schutzgebieten“ des Zweiten Deutschen Kaiserreichs, 1884-1914, Leverkusen o. J.

Eckart, Wolfgang Uwe, Malariaprävention und Rassentrennung. Die ärztliche Vorbereitung und Rechtfertigung der Duala-Enteignung 1912-1914, History and Philosophy of the Life Sciences 10 (1988), 363-378.

Eckart, Wolfgang Uwe, Medicine and German Colonial Expansion in the Pacific: the Caroline, Mariana, and Marshall Islands, in: R. MacLeod – M. Lewis (Hg.), Disease, Medicine, and Empire. Perspectives on Western Medicine and the Experience of European Expansion, London – New York 1988, 80-102.

Eckart, Wolfgang Uwe, Von der Idee eines „Reichsinstituts“ zur unabhängigen Forschungsinstitution – Vorgeschichte und Gründung des Hamburger Instituts für Schiffs- und Tropenkrankheiten, 1884-1901, in: Rüdiger vom Bruch – Rainer A. Müller (Hg.), Formen außerstaatlicher Wissenschaftsförderung im 19. und 20. Jahrhundert. Deutschland im europäischen Vergleich, Stuttgart 1990, 31-52.

Eckert, Andreas, Die Duala und die Kolonialmächte. Eine Untersuchung zu Widerstand, Protest und Protonationalismus in Kamerun vor dem Zweiten Weltkrieg, Münster 1992.

Eckert, Andreas, Grundbesitz, Landkonflikte und kolonialer Wandel. Douala 1880 bis 1960, Stuttgart 1999.

Eckl, Andreas, „S'ist ein übles Land hier“. Zur Historiographie eines umstrittenen Kolonialkrieges. Tagebuchaufzeichnungen aus dem Herero-Krieg in Deutsch-Südwestafrika 1904 von Georg Hillebrecht und Franz Ritter von Epp, Köln 2005.

Eirola, Martti, The Ovambogefahr. The Ovamboland Reservation in the Making – Political Responses of the Kingdom of Ondonga to the German Colonial Power 1884-1910, Rovaniemi 1992.

El-Tayeb, Fatima, Schwarze Deutsche. Der Diskurs um „Rasse“ und nationale Identität 1890-1933, Frankfurt a. M. 2001.

Engelhard, Jutta Beate – Peter Mesenhöller (Hg.), Bilder aus dem Paradies. Koloniale Fotografie aus Samoa 1875-1925, Marburg 1995.

Erbar, Ralph, Ein „Platz an der Sonne“? Die Verwaltungs- und Wirtschaftsgeschichte der deutschen Kolonie Togo 1884-1914, Stuttgart 1991.

Eriksen, Tore Linné, The Political Economy of Namibia. An Annotated Critical Bibliography, Uddevalla 1985.

Esche, Jan, Koloniales Anspruchsdenken in Deutschland im Ersten Weltkrieg während der Versailler Friedensverhandlungen und in der Weimarer Republik (1914 bis 1933), Phil. Diss. Hamburg 1989.

Essner, Cornelia, Berlins Völkerkunde-Museum in der Kolonialära. Betrachtungen zum Verhältnis von Ethnologie und Kolonialismus in Deutschland, in: Berlin in Geschichte und Gegenwart. Jahrbuch des Landesarchivs Berlin 1986, 65-94.

Essner, Cornelia, Der Kampf um das Kolonialgericht oder Kolonialgesetzgebung als Verfassungsproblem, Historische Mitteilungen 5 (1992), 78-95.

Essner, Cornelia, Deutsche Afrikareisende im neunzehnten Jahrhundert. Zur Sozialgeschichte des Reisens, Wiesbaden 1985.

Essomba, Philip, Cameroun entre la France et L'Allemagne de 1919 à 1932, Strasbourg 1984.

Falkenberg, Rainer (Hg.), Constantin von Hanneken. Briefe aus China 1879-1886. Als deutscher Offizier im Reich der Mitte, Köln 1998.

Farwell, Byron, The Great War in Africa 1914-1918, New York 1986.

Fenske, Hans, Ungeduldige Zuschauer. Die Deutschen und die europäische Expansion 1815-1880, in: Wolfgang Reinhard (Hg.), Imperialistische Kontinuität und nationale Ungeduld im 19. Jahrhundert, Frankfurt a. M. 1991, 87-123, 136-140.

Fertig, Georg, Transatlantic Migration from the German-Speaking Parts of Central Europe, 1600-1800: Proportions, Structures, and Explanations, in: Nicholas Canny (Hg.), Europeans on the Move. Studies on European Migration, 1500-1800, Oxford 1994, 192-235.

Fesser, Gerd, Der Traum vom Platz an der Sonne. Deutsche „Weltpolitik" 1897-1914, Bremen 1996.

Fichtner, Axel, Die völker- und staatsrechtliche Stellung der deutschen Kolonialgesellschaften des 19. Jahrhunderts, Frankfurt a. M. 2002.

Fiedler, Matthias, Zwischen Abenteuer, Wissenschaft und Kolonialismus. Der deutsche Afrikadiskurs im 18. und 19. Jahrhundert, Köln 2005.

Fisch, Maria, Der Caprivizipfel während der deutschen Zeit 1890-1914, Köln 1996.

Fischer, Hans Jörg, Die deutschen Kolonien. Die koloniale Rechtsordnung und ihre Entwicklung nach dem ersten Weltkrieg, Berlin 2001.

Fletcher, Roger, Revisionism and Empire. Socialist Imperialism in Germany 1897 -1914, London 1984.

Forkl, Hermann, Von Kapstadt bis Windhuk. „Hottentotten" oder Khoekhoen? Die Rehabilitierung einer Völkergruppe. Katalog zur gleichnamigen Ausstellung, Linden-Museum Stuttgart 2007.

Förster, Larissa – Dag Henrichsen – Michael Bollig (Hg.), Namibia – Deutschland: eine geteilte Geschichte. Widerstand, Gewalt, Erinnerung, Köln 2004.

Förster, Stig – Wolfgang J. Mommsen – Ronald Robinson (Hg.), Bismarck, Europe and Africa. The Berlin Africa Conference and the Onset of Partition, Oxford 1988.

Friedeburg, Robert von, Konservativismus und Reichskolonialrecht. Konservatives Weltbild und kolonialer Gedanke in England und Deutschland vom späten 19. Jahrhundert bis zum Ersten Weltkrieg, Historische Zeitschrift 263 (1996), 345-393.

Friedrich, Elisabeth Ina, Die Steuer als Instrument der deutschen Bodenpolitik in Tsingtau (1898-1914): Triebkräfte, Ziele, Ergebnisse, Bonn 1992.

Friedrichsmeyer, Sara – Sara Lennox – Susanne Zantop (Hg.), The Imperialist Imagination. German Colonialism and Its Legacy, Ann Arbor 1998.

Fritz, Jean-Claude, La Namibie indépendante. Les coûts d'une décolonisation retardée, Paris 1991.

Fröhlich, Michael, Imperialismus. Deutsche Kolonial- und Weltpolitik 1880-1914, München 1994.

Fröhlich, Michael, Von Konfrontation zur Koexistenz: Die deutsch-englischen Kolonialbeziehungen in Afrika zwischen 1884 und 1914, Bochum 1990.

Fuhrmann, Malte, Der Traum vom deutschen Orient. Zwei deutsche Kolonien im Osmanischen Reich 1851-1918, Frankfurt a. M. 2006.

Fuhrmann, Wolfgang, Die ‚Kinematographenkampagne' der Deutschen Kolonialgesellschaft, Jahrbuch für Europäische Überseegeschichte 3 (2003), 115-136.

Gerlach, Hans-Henning – Andreas Birken, Deutsche Kolonien und deutsche Kolonialpolitik, z.Zt. 5 Bde., Königsbronn 1995ff.

Gerwarth, Robert – Stephan Malinowski, Der Holocaust als „kolonialer Genozid"? Europäische Kolonialgewalt und nationalsozialistischer Vernichtungskrieg, Geschichte und Gesellschaft 33 (2007), 439-466.

Geulen, Christian, Wahlverwandte, Rassendiskurs und Nationalismus im späten 19. Jahrhundert, Hamburg 2004.

Gewald, Jan Bart, Herero Heroes: A Socio-Political History of the Herero of Namibia, 1890-1923, Ohio 1998.

Giblin, James – Jamie Monson (Hg.), Maji Maji: Lifting the Fog of War, Amsterdam 2010.

Giesen, Dieter, Kolonialpolitik zwischen Irritation und Illusion. Prolegomena zu einer Rechts- und Sozialgeschichte deutscher Kolonialbestrebungen im Pazifik am Beispiel Samoas (1857-89), in: Dieter Wilke (Hg.), Festschrift zum 125jährigen Bestehen der Juristischen Gesellschaft zu Berlin, Berlin – New York 1984, 177-226.

Göbel, Peter, Bahnbrechend und vergessen. Die sächsische Afrika-Expedition 1731-1733, in: Tunesien – Wasser, Wüste, weiter Süden, Bremen 1992, 61-66.

Gondorf, Bernhard, Das deutsche Antisklaverei-Komitee in Koblenz. Eine Episode in der deutschen Kolonialgeschichte, Koblenz 1991.

Gouda, Frances, Das „unterlegene" Geschlecht der „überlegenen" Rasse. Kolonialgeschichte und Geschlechterverhältnisse, in: Hanna Schissler (Hg.), Geschlechterverhältnisse im historischen Wandel, Frankfurt – New York 1993, 185-203.

Gränzer, Sieglinde, „Die Kolonie braucht Frauen": Zur Migration deutscher Frauen nach Afrika (1884-1914), in: Monika Blaschke – Christiane Harzig (Hg.), Frauen wandern aus: Deutsche Migrantinnen im 19. und 20. Jahrhundert, Bremen 1990, 183-197.

Grienig, Ingrid, Farmarbeiter in Deutsch-Südwestafrika, in: Mission und Gewalt. Der Umgang christlicher Missionen mit Gewalt und die Ausbreitung des Christentums in Afrika und Asien in der Zeit von 1792 bis 1918/19, hg. v. Ulrich van der Heyden – Jürgen Becher, Stuttgart 2000, 435-447.

Grohmann, Marc, Exotische Verfassung: Die Kompetenzen des Reichstags für die deutschen Kolonien in Gesetzgebung und Staatsrechtswissenschaft des Kaiserreichs (1884-1914), Tübingen 2001.

Gronemeyer, Reimer (Hg.), Der faule Neger. Vom weißen Kreuzzug gegen den schwarzen Müßiggang, Hamburg 1992.

Grosse, Pascal, Kolonialismus, Eugenik und bürgerliche Gesellschaft in Deutschland 1850-1918, Frankfurt a. M. 2000.

Großfeld, Bernhard – Margitta Wilde, Josef Kohler und das Recht der deutschen Schutzgebiete, Rabels Zeitschrift für ausländisches und internationales Privatrecht 58 (1994), 59-75.

Gründer Horst, Deutscher Kolonialismus – zwischen deutschem Sonderweg und europäischer Globalisierung, Jahrbuch für Europäische Überseegeschichte 10 (2010), 146 -161.

Gründer, Horst, „...da und dort ein junges Deutschland gründen". Rassismus, Kolonien und kolonialer Gedanke vom 16. bis zum 20. Jahrhundert, München 1999, 3. Aufl. 2006.

Gründer, Horst, „...diese menschenfressenden und niedrigstehenden Völker in ein vollständig neues Volk umwandeln" – Papua-Neuguinea – eine letzte christliche Utopie, in: Historische Anstöße. Festschrift für Wolfgang Reinhard zum 65. Geburtstag, hg. v. Peter Burschel u.a., Berlin 2002, 393-410.

Gründer, Horst, „Neger, Kanaken und Chinesen zu nützlichen Menschen erziehen" – Ideologie und Praxis des deutschen Kolonialismus, in: Überseegeschichte. Beiträge der jüngeren Forschung. Festschrift anläßlich der Gründung der Forschungsstiftung für vergleichende europäische Überseegeschichte 1999 in Bamberg, hg. v. Thomas Beck – Horst Gründer – Horst Pietschmann – Roderich Ptak, Stuttgart 1999, 254-266.

Gründer, Horst, Der Kolonialismus der Bilder – Das deutsche Beispiel, in: Die Ferne im Blick. Westfälisch-lippische Sammlungen zur Fotografie aus Mission und Kolonien, hg. v. Günter Bernhardt, Bönen/Westfalen 2006, 226-243.

Gründer, Horst, Genozid oder Zwangsmodernisierung? Der moderne Kolonialismus in universalgeschichtlicher Perspektive, in: Genozid und Moderne, Bd.1: Strukturen kollektiver Gewalt im 20. Jahrhundert, hg. v. Mihran Dabag und Kristin Platt, Opladen 1998, 135-151.

Gründer, Horst, Imperialismus und deutscher Kolonialismus in Afrika, in: Namibia – Deutschland: Eine geteilte Geschichte. Widerstand – Gewalt – Erinnerung, hg. v. Rautenstrauch-Joest-Museum Köln 2004, 26-43.

Gründer, Horst, Kolonialismus und Marxismus. Der deutsche Kolonialismus in der Geschichtsschreibung der DDR, in: Alexander Fischer – Günther Heydemann (Hg.), Geschichtswissenschaft in der DDR, Band II: Vor- und Frühgeschichte bis neueste Geschichte, Berlin 1990, 671-709.

Gründer, Horst, Kulturkampf in Übersee. Katholische Mission und deutscher Kolonialstaat in Togo und Samoa, Archiv für Kulturgeschichte 69 (1987), 453-472.

Gründer, Horst, Richard Wilhelm – Deutscher liberaler Imperialist und Freund Chinas, Jahrbuch für Europäische Überseegeschichte 9 (2009), 183-197.

Gruner, Hans, Vormarsch zum Niger. Die Memoiren des Leiters der Togo-Hinterland-expedition (1894/95), hg. v. Peter Sebald, Berlin 1997.

Grüntzig, Johannes W. – Heinz Mehlhorn, Expeditionen ins Reich der Seuchen. Medizinische Himmelfahrtskommandos der deutschen Kaiser- und Kolonialzeit, München 2005.

Grupp, Peter, Deutschland und der Kolonialismus – bundesrepublikanische Neuerscheinungen zu einem Geschichtsjubiläum, in: Wolfgang Michalka (Hg.), Die deutsche Frage in der Weltpolitik, Stuttgart 1986, 105-126.

Haberberger, Simon, Kolonialismus und Kannibalismus. Fälle aus Deutsch-Neuguinea und Britisch-Neuguinea 1884-1914, Wiesbaden 2007.

Hafeneder, Rudolf, Deutsche Kolonialkartographie 1884-1919, 2 Bde, Euskirchen 2008.

Hagemann, Albrecht, Südafrika und das „Dritte Reich". Rassenpolitische Affinität und machtpolitische Rivalität, Frankfurt a. M. 1989.

Hahl, Albert, Gouverneursjahre in Neuguinea. Überarb. Neuaufl., hg. v. Wilfried Wagner, Hamburg 1997.

Hamann, Christof (Hg.), Afrika – Kultur und Gewalt. Hintergründe und Aktualität des Kolonialkrieges in Deutsch-Südwestafrika. Seine Rezeption in Literatur, Wissenschaft und Populärliteratur (1904-2004), Iserlohn 2005.

Hardach, Gerd, Bausteine für ein größeres Deutschland: Die Annexionen der Karolinen und Marianen 1898-1899, Zeitschrift für Unternehmensgeschichte 33 (1988), 1-21.

Hardach, Gerd, Deutscher Imperialismus in der Südsee: Die Marianen 1899 bis 1914, in: Wilfried Wagner (Hg.), Strukturwandel im Pazifischen Raum, Bremen 1988, 269-299.

Hardach, Gerd, König Kopra: Die Marianen unter deutscher Herrschaft 1899-1914, Stuttgart 1990.

Hardach, Gerd, Südsee und Nanyo: Deutsch-japanische Rivalität in Mikronesien, 1885-1920, in: Josef Kreiner – Regine Mathias (Hg.), Deutschland – Japan in der Zwischenkriegszeit, Bonn 1990, 1-26.

Harms, Volker (Hg.), Andenken an den Kolonialismus. Eine Ausstellung des Völkerkundlichen Instituts der Universität Tübingen, Tübingen 1984.
Hartwig, Dieter, Maritime Aspekte im Denken und Handeln Friedrichs des Großen, in: Friedrich der Große und das Militärwesen seiner Zeit, hg. v. Johann Christoph Allmayer-Beck u.a., Herford-Bonn 1987, 93-119.
Hasse, Rolf, Tansania – Das koloniale Erbe, Augsburg 2005.
Haupt, Werner, Deutschlands Schutzgebiete in Übersee 1884-1918. Berichte – Dokumente – Fotos und Karten, Friedberg 1984.
Havemann, Nils, Spanien im Kalkül der deutschen Außenpolitik von den letzten Jahren der Ära Bismarcks bis zum Beginn der Wilhelminischen Weltpolitik (1883-1899), Berlin 1997.
Hecker, Helmuth, Kolonialforschung und Studentenschaft an der „Hansischen Universität" im II. Weltkrieg. Die NSDStB-Kameradschaft ‚Hermann von Wißmann' und die ‚Übersee- und Kolonial-Arbeitsgemeinschaft', Baden-Baden 1986.
Heese, Thorsten, „...und über fernen Gauen lichter Pracht soll segenrauschend Deutschlands Banner wehen". Kolonialismus und Bewußtseinsbildung in Osnabrück, Osnabrücker Mitteilungen 101 (1996), 197-261.
Heine, Peter – Ulrich van der Heyden (Hg.), Studien zur Geschichte des deutschen Kolonialismus in Afrika. Festschrift zum 60. Geburtstag von Peter Sebald, Pfaffenweiler 1995.
Helm, Hans-Georg, Deutsche Marineärzte in Tsinanfu. Eine kommentierte Quellenedition zur Geschichte des deutschen Marinesanitätswesens im Marinepachtgebiet Kiautschou, Hannover 1994.
Hempenstall, Peter J. – Paula Tanaka Mochida, The Lost Man – Wilhelm Solf in German History, Wiesbaden 2005.
Henderson, William Otto, Vorgeschichte zur deutschen Kolonisation, in: Wirtschafts- und sozialgeschichtliche Forschungen und Probleme. Karl Erich Born zur Vollendung des 65. Lebensjahres zugeeignet, hg. v. Hansjoachim Henning – Dieter Lindenlaub – Eckhard Wandel, St. Katharinen 1987, 18-47.
Henn, Alexander, Reisen in vergangene Gegenwart. Geschichte und Geschichtlichkeit der Nicht-Europäer im Denken des 19. Jahrhunderts: Die Erforschung des Sudan, Berlin 1988.
Herold, Heiko, Deutsche Kolonial- und Wirtschaftspolitik in China. 1840 bis 1914. Unter besonderer Berücksichtigung der Marinekolonie Kiautschou, Köln 2004.
Herwig, Holger H., Germany's Vision of Empire in Venezuela, 1871-1914, Princeton 1986.
Hess, K. A. – K. J. Becker (Hg.), Vom Schutzgebiet bis Namibia 2002, Windhoek-Göttingen 2002.
Heyden, Ulrich van der – Joachim Zeller (Hg.), „...Macht und Anteil an der Weltherrschaft". Berlin und der deutsche Kolonialismus, Münster 2005.
Heyden, Ulrich van der – Joachim Zeller (Hg.), Kolonialismus hierzulande. Eine Spurensuche in Deutschland, Erfurt 2008.
Heyden, Ulrich van der – Joachim Zeller (Hg.), Kolonialmetropole Berlin. Eine Spurensuche, Berlin 2002.
Heyden, Ulrich van der, Rote Adler an Afrikas Küste. Die brandenburgisch-preußische Kolonie Großfriedrichsburg an der westafrikanischen Küste, Berlin 1993.
Hiery, Hermann J. – Hans-Martin Hinz (Hg.), Alltagsleben und Kulturaustausch: Deutsche und Chinesen in Tsingtau 1897-1914, Berlin 1999.

Hiery, Hermann J. – John M. MacKenzie (Hg.), European Impact and Pacific Influence. British and German Colonial Policy in the Pacific Islands and the Indigenous Response, London–New York 1997.

Hiery, Hermann J. (Hg.), Die deutsche Südsee 1884-1914. Ein Handbuch, Paderborn [2]2003.

Hiery, Hermann, Das Deutsche Reich in der Südsee (1900-1921). Eine Annäherung an die Erfahrungen verschiedener Kulturen, Göttingen 1995.

Hiery, Hermann, Der Kaiser, das Reich und der Kolonialismus. Anmerkungen zur Entstehung des deutschen Imperialismus im 19. Jahrhundert, in: Franz Bosbach u.a. (Hg.), Imperium/Empire/Reich. Ein Konzept politischer Herrschaft im deutsch-britischen Vergleich, München 1999, 155-166.

Hiery, Hermann J., Eliten in Elysium? Anmerkungen zur deutschen Kolonialelite, in: Markus A. Denzel (Hg.), Deutsche Eliten in Übersee (16. bis frühes 20. Jahrhundert), St. Katharinen 2006, 423-442.

Hiery, Hermann, Die Schatten der Vergangenheit: Papua-Neuguinea und der steinige Weg zur nationalen Selbstfindung, Internationales Asienforum 25 (1994), 127-147.

Hiery, Hermann, The Madang „Revolt“ of 1904 – a chimera, in: Small wars and insurgencies 4 (1993/94), No.2.

Hiery, Hermann, The Neglected War: The German South Pacific and the Influence of World War I, Honolulu 1995.

Hiery, Hermann, West Samoans between Germany and New Zealand 1914-1921, War & Society 10 (1992), 53-80.

Hillebrecht, Werner, Namibia in Hochschulschriften. Eine Bibliographie zu namibischen Angelegenheiten aus allen Wissensgebieten unter Einschluß deutscher Kolonialpolitik und internationalen Rechts 1851-1984, Basel 1985.

Hinz, Hans-Martin – Christoph Lind (Hg.),Tsingtau. Ein Kapitel deutscher Kolonialgeschichte in China 1897-1914, Katalog Deutsches Historisches Museum Berlin 1998.

Hinz, Hans-Martin u. a. (Hg.), Mit Zauberwasser gegen Gewehrkugeln. Der Maji-Maji-Aufstand im ehemaligen Deutsch-Ostafrika vor 100 Jahren, Frankfurt a. M. 2006.

Hoffmann, Florian, Okkupation und Militärverwaltung in Kamerun. Etablierung und Institutionalisierung des kolonialen Gewaltmonopols, 2 Teile, Göttingen 2006.

Honke, Gudrun, Als die Weißen kamen. Ruanda und die Deutschen 1885-1919, Wuppertal 1990.

Honold, Alexander – Klaus R. Scherpe (Hg.), „Mit Deutschland um die Welt“. Eine Kulturgeschichte des Fremden in der Kolonialzeit, Stuttgart 2004.

Honold, Alexander – Oliver Simons (Hg.), Kolonialismus als Kultur, Literatur, Medien, Wissenschaft in der deutschen Gründerzeit des Fremden, Tübingen-Basel 2002.

Hoppe, Brigitte, Naturwissenschaftliche und zoologische Forschungen in Afrika während der deutschen Kolonialbewegung bis 1914, Berichte zur Wissenschaftsgeschichte 13 (1990), 193-206.

Horstmann, Johannes (Hg.), Die Verschränkung von Innen-, Konfessions- und Kolonialpolitik im Deutschen Reich vor 1914, Schwerte 1987.

Huang, Fu-teh, Qingdao. Chinesen unter deutscher Herrschaft 1897-1914, Bochum 1999.

Hubatsch, Walther – Ute Hagen – Helge Bei der Wieden, Die Schutzgebiete des deutschen Reiches, in: Grundriß zur deutschen Verwaltungsgeschichte 1815-1945, hg. v. Walther Hubatsch, Band 22: Bundes- und Reichsbehörden, Marburg 1983, 352-570.

Huber, Hansjörg Michael, Koloniale Selbstverwaltung in Deutsch-Südwestafrika. Entstehung, Kodifizierung und Umsetzung, Frankfurt a.M. 2000.
Hücking, Renate – Ekkehard Launer, Aus Menschen Neger machen. Wie sich das Handelshaus Woermann in Afrika entwickelt hat, Hamburg 1986.
Hull, Isabel V., Absolute destruction. Military culture and the practice of war in Imperial Germany, Ithaca, NY 2006.
Hundt, Michael, Woraus nichts geworden. Brandenburg-Preußens Handel mit Persien (1668-1720), Hamburg 1997.
Huppertz, Aloys, Deutsche Herz-Jesu-Priester in Kamerun (1912-1915), Bonn-Oberkassel 1992.
Hyrkkänen, Markku, Sozialistische Kolonialpolitik. Eduard Bernsteins Stellung zur Kolonialpolitik und zum Imperialismus 1882-1914, Phil. Diss. Tampere 1986.
Isobe, Hiroyuki, Medizin und Kolonialgesellschaft. Die Bekämpfung der Schlafkrankheit in den deutschen „Schutzgebieten" vor dem Ersten Weltkrieg, Münster 2009.
Jacobs, Hans C., Reisen und Bürgertum. Eine Analyse deutscher Reiseberichte aus China im 19. Jahrhundert. Der Fremde als Spiegel der Heimat, Berlin 1995.
Jing, Chunxiao, Mit Barbaren gegen Barbaren. Die chinesische Selbststärkungsbewegung und das deutsche Rüstungsgeschäft im späten 19. Jahrhundert, Münster 2002.
Johag, Stefan, Verwaltung von Deutsch-Samoa. Eine vergleichende verwaltungswissenschaftliche Analyse, Glienicke/Berlin 2011.
Jung, Sang Su, Deutschland und das Gelbe Meer. Die deutsche Weltpolitik in Ostasien 1897-1902, Düsseldorf 1996.
Junge, Peter, Bibliographie deutscher Kolonialzeitschriften, Bremen 1985.
Kabagema, Innocent, Ruanda unter deutscher Kolonialherrschaft 1899-1916, Frankfurt a. M. 1993.
Kaminski, Gerd, Der Boxeraufstand – entlarvter Mythos, Wien 2000.
Karaschewski, Jörg M., Flaggen in den deutschen Schutzgebieten, Norderstedt 2005.
Kaulich, Udo, Die Geschichte der ehemaligen Kolonie Deutsch-Südwestafrika (1884-1914), Frankfurt a. M. ²2003.
Kim, Chun-Shik, Deutscher Kulturimperialismus in China. Deutsches Kolonialschulwesen in Kiautschou (China) 1898-1914, Wiesbaden 2004.
Klein, Uschi – Timm Zeiger, Palau als Naturschutzpark: Die Entstehung einer Idee, in: Volker Harms (Hg.), „Südseebilder". Begegnungen mit einem Mythos. Materialien zu einer Ausstellung des Völkerkundlichen Instituts Tübingen, Tübingen 1992, 59-65.
Klemke, Ulrich, „Eine Anzahl überflüssiger Menschen". Die Exilierung politischer Straftäter nach Übersee. Vormärz und Revolution 1848/49, Frankfurt a. M. 1994.
Kloosterhuis, Jürgen, „Friedliche Imperialisten". Deutsche Auslandsvereine und auswärtige Kulturpolitik, 1906-1918, 2 Teile, Frankfurt a. M. 1994.
Klotzbach, Kurt, Die Solms-Papiere zur deutschen Kolonisation von Texas, Wyk auf Foehr 1990.
Knoll, Arthur J. – Hermann J. Hiery, The German Colonial Experience. Select Documents on German Rule in Africa, China, and the Pacific 1884-1914, University Press of America 2010.
Knoll, Arthur J. – Lewis H. Gann (Hg.), Germans in the Tropics. Essays in German Colonial History, New York 1987.

Köhler, Michael, Akkulturation in der Südsee. Die Kolonialgeschichte der Karolinen-Inseln im pazifischen Ozean und der Wandel ihrer sozialen Organisation, Frankfurt a. M. 1982.

Koller, Christian, „Von Wilden aller Rassen niedergemetzelt". Die Diskussion um die Verwendung von Kolonialtruppen in Europa zwischen Rassismus, Kolonial- und Militärpolitik (1914-1930), Stuttgart 2001.

Koltermann, Till – Marcus Plehn, „An der Grenze von Afrika" – Medizin und Pharmazie auf der preußischen Insel Arguin 1684-1722, Geschichte der Pharmazie 57 (2005), 1-10.

Koltermann, Till Philip, Zur brandenburgischen Kolonialgeschichte: die Insel Arguin vor der Küste Mauretaniens, Brandenburgische Entwicklungspolitische Hefte 28 (1999).

Köpke, Wulf – Bernd Schmelz (Hg.), Hamburg: Südsee. Expedition ins Paradies, Hamburg 2003.

Koponen, Juhani, Development for Exploitation. German colonial policies in Mainland Tanzania, 1884-1914, Helsinki-Hamburg 1995.

Kopp, Thomas, Theorie und Praxis des deutschen Kolonialstrafrechts, in: Rüdiger Vogt – Peter Sack (Hg.), Kolonisierung des Rechts. Zur kolonialen Rechts- und Verwaltungsordnung, Baden-Baden 2001, 71-93.

Kost, Klaus, Die Einflüsse der Geopolitik auf Forschung und Theorie der Politischen Geographie und ihrer Terminologie unter besonderer Berücksichtigung von Militär- und Kolonialgeographie, Bonn 1988.

Krause, Ingo Till, „Koloniale Schuldlüge"? Die Schulpolitik in den afrikanischen Kolonien Deutschlands und Britanniens im Vergleich, Hamburg 2007.

Krautwurst, Udo Rainer, Tales of the ‚Land of Stories'. Settlers and Antimodernity in German South West Africa, 1884-1914 (Namibia), Phil. Diss. University of Connecticut 1997.

Krech, Hans, Die Kampfhandlungen in den ehemaligen deutschen Kolonien in Afrika während des 1. Weltkrieges (1914-1918), Berlin 1999.

Kreissler, Françoise, L'action culturelle allemande en Chine. De la fin du XIXe siècle à la Seconde Guerre mondiale, Paris 1989.

Krone, Dagmar, Forschungsreisen und Kolonialpolitik am Vorabend der kolonialen Aufteilung Afrikas, Zeitschrift für Geschichtswissenschaft 34 (1986), 807-813.

Krone, Dagmar, Geographische Forschung und Kolonialpolitik. Das Beispiel der Afrikanischen Gesellschaft in Deutschland (1878-1889), Phil. Diss. B. Magdeburg 1985.

Krüger, Gesine, Kriegsbewältigung und Geschichtsbewußtsein. Realität, Deutung und Verarbeitung des deutschen Kolonialkriegs in Namibia 1904-1907, Göttingen 1999.

Krug, Alexander, „Der Hauptzweck ist die Tötung von Kanakern". Die deutschen Strafexpeditionen in den Kolonien der Südsee 1872-1914, Tönning 2005.

Kühme, Walter, Die Krankheit des Kolonialismus. Ein Beitrag zur politischen Ökologie der deutschen Kolonialherrschaft in Ostafrika 1885-1918, Marburg 1996 (2 Microfiche).

Kum'a N'Dumbe III, Alexandre, Was wollte Hitler in Afrika? NS-Planungen für eine faschistische Neugestaltung Afrikas, Frankfurt a. M. 1993.

Kum'a N'dumbe (III), Alexandre (Hg.), L'Afrique et l'Allemagne de la Colonisation à la Cooperation 1884-1986. Le Cas du Cameroun, Yaoundé 1986.

Kundrus, Birthe (Hg.), Phantasiereiche. Zur Kulturgeschichte des deutschen Kolonialismus, Frankfurt a. M. 2003.

Kundrus, Birthe, Moderne Imperialisten. Das Kaiserreich im Spiegel seiner Kolonien, Köln 2003.

Kuo, Heng-yü – Mechthild Leutner (Hg.), Deutschland und China. Beiträge des Zweiten Internationalen Symposiums zur Geschichte der deutsch-chinesischen Beziehungen, Berlin 1991, München 1993.

Kuo, Heng-yü, Von der Kolonialpolitik zur Kooperation. Studien zur Geschichte der deutsch-chinesischen Beziehungen, München 1986.

Kuß, Susanne – Bernd Martin (Hg.), Das Deutsche Reich und der Boxeraufstand, München 2002.

Kuß, Susanne, Deutsches Militär auf kolonialen Kriegsschauplätzen. Eskalation von Gewalt zu Beginn des 20. Jahrhunderts, Berlin 2010.

Küster, Emma – Gustav Küster, Briefe aus Togo 1903/04 und 1913, hg. v. Uwe Schott, Münster 2000.

Laak, Dirk van, Imperiale Infrastruktur. Deutsche Planungen für eine Erschließung Afrikas, 1880 bis 1960, Paderborn 2004.

Laak, Dirk van, Über alles in der Welt. Deutscher Imperialismus im 19. und 20. Jahrhundert, München 2005.

Laburthe-Tolra, Philippe, „Christianisme et ouverture au monde“. Le cas du Cameroun. Revue française d'histoire d'outre-mer 75 (1988), 207-221.

Lahme, Rainer, Deutsche Außenpolitik 1890-1894. Von der Gleichgewichtspolitik Bismarcks zur Allianzstrategie Caprivis, Göttingen 1990.

Lamparter, Wilfried R., Erziehung zur Arbeit. Zum britischen und deutschen Kolonialismus im südlichen Afrika, Marburg 1999.

Lamping, H. – U. Jäschke (Hg.), Föderative Raumstrukturen und wirtschaftliche Entwicklungen in Namibia, Frankfurt a. M. 1993.

Langbehn, Volker, German Colonialism, Visual Culture, and Modern Memory, Oxford 2010.

Langbehn, Volker – Mohammad Salama (Hg.), German Colonialism: Race, The Holocaust, and Postwar Germany, Columbia University Press 2011.

Längin, Bernd G., Die deutschen Kolonien. Schauplätze und Schicksale 1884-1918, Hamburg 2004.

Langner, Rainer-K., Das Geheimnis der großen Wüste. Auf den Spuren des Saharaforschers Gerhard Rohlfs, Frankfurt a. M. 2004.

Lau, Brigitte, Conflict and Power in 19th-Century Namibia, The Journal of African History 27 (1986), 29-39.

Lau, Brigitte, Southern and Central Namibia in Jonker Africaner's Time, Windhoek 1987.

Lau, Brigitte, Uncertain certainties: The Herero-German War of 1904, Mibagus. Journal of Free Thought and Culture 1989, Nr.2, 4-8.

Lauber, Wolfgang (Hg.), Deutsche Architektur in Kamerun 1884-1914. Deutsche Architekten und Kameruner Wissenschaftler dokumentieren die Bauten der deutschen Epoche in Kamerun/Afrika, Stuttgart 1988.

Lauber, Wolfgang (Hg.), Deutsche Architektur in Togo 1884-1914. Ein Vorbild für ökologisches Bauen in den Tropen, Stuttgart 1993.

Lederer, Claudia, Die rechtliche Stellung der Muslime innerhalb des Kolonialrechtssystems im ehemaligen Schutzgebiet Deutsch-Ostafrika, Würzburg 1994.

Leitzbach, Christian, Matthias Erzberger. Ein kritischer Beobachter des Wilhelminischen Reiches 1895-1914, Frankfurt a. M. 1998.

Lennert, Gernot, Kolonisationsversuche Brandenburgs, Preußens und des Deutschen Reiches in der Karibik, in: Sandra Carreras – Günther Maihold (Hg.), Preußen und Lateinamerika. Im Spannungsfeld von Kommerz, Macht und Kultur, Münster 2004, 9-30.

Leutner, Mechthild – Klaus Mühlhahn (Hg.), Kolonialkrieg in China. Die Niederschlagung der Boxerbewegung 1900-1901, Berlin 2007.

Leutner, Mechthild (Hg.), „Musterkolonie Kiautschou": Expansion des Deutschen Reiches in China. Deutsch-chinesische Beziehungen 1897-1914. Quellensammlung, Berlin 1997.

Leutner, Mechthild (Hg.), Politik, Wirtschaft, Kultur. Studien zu den deutsch-chinesischen Beziehungen, Münster 1996.

Lewerenz, Susann, Die Deutsche Afrika-Schau (1935-1940). Rassismus, Kolonialrevisionismus und postkoloniale Auseinandersetzungen im nationalsozialistischen Deutschland, Frankfurt a. M. 2006.

Lindner, Ulrike u. a. (Hg.), Hybrid Cultures – Nervous States. Germany and Britain in a (Post)colonial world, Amsterdam 2011.

Linne, Karsten, Deutschland jenseits des Äquators? Die NS-Kolonialplanungen für Afrika, Berlin 2008.

Linne, Karsten, Weiße <Arbeitsführer> im <Kolonialen Ergänzungsraum>. Afrika als Ziel sozial- und wirtschaftspolitischer Planungen in der NS-Zeit, Münster 2002.

Lösch, Niels C., Rasse als Konstrukt. Leben und Werk Eugen Fischers, Frankfurt/M. 1997.

Loth, Heinrich, Koloniale und missionarische Interessen in Deutsch-Ostafrika, Zeitschrift für Mission 17 (1992), 207-217.

Lowe, John, The Great Powers, Imperialism and the German Problem 1865-1925, London 1994.

Lugan, Bernard, Cette Afrique qui était allemande, Paris 1990.

Mainzer, Hubert – Herward Sieberg (Hg.), Der Boxerkrieg in China 1900-1901. Tagebuchaufzeichnungen des späteren Hildesheimer Polizeioffiziers Gustav Paul, Hildesheim 2001.

Mann, Erick J., Mikono ya damu: „Hands of Blood". African Mercenaries and the Politics of Conflict in German East Africa, 1888-1904, Frankfurt a. M. 2002.

Markmiller, Anton, „Die Erziehung des Negers zur Arbeit". Wie die koloniale Pädagogik afrikanische Gesellschaften in die Abhängigkeit führte, Berlin 1995.

Martin, Bernd, The Prussian Expedition to the Far East (1860-1862), The Journal of the Siam Society 78 (1990), 35-42.

Marx, Christoph, „Völker ohne Schrift und Geschichte". Zur historischen Erfassung des vorkolonialen Schwarzafrika in der deutschen Forschung des 19. und frühen 20. Jahrhunderts, Stuttgart 1988.

Maß, Sandra, Weiße Helden, schwarze Krieger. Zur Geschichte kolonialer Männlichkeit in Deutschland 1918-1964, Köln 2006.

Matz, Klaus Jürgen, Das Kolonialexperiment des Großen Kurfürsten in der Geschichtsschreibung des 19. und 20. Jahrhunderts, in: Gerd Heinrich (Hg.), „Ein sonderbares Licht in Teutschland". Beiträge zur Geschichte des Großen Kurfürsten von Brandenburg (1640-1688), Berlin 1990,191-202.

Matzat, Wilhelm, Neue Materialien zu den Aktivitäten des Chinesenkommissars Wilhelm Schrameier in Tsingtau. Zum 100jährigen Jubiläum der Tsingtauer Land- und Steuerordnung am 2.9.1998, Bonn 1998.

Mayer, Martin, Geheime Diplomatie und öffentliche Meinung. Die Parlamente in Frankreich, Deutschland und Großbritannien und die erste Marokkokrise 1904-1906, Düsseldorf 2002.

Mayer, Wolfgang – Franz Metzger – Jürgen Wilhelmi, Schwarz-Weiß-Rot in Afrika. Die deutschen Kolonien 1883-1918, Puchheim 1985.

Meier, Axel, Die kaiserliche Palästinareise 1898. Theodor Herzl, Großherzog Friedrich I. von Baden und das jüdische Protektorat, Konstanz 1998.

Melber, Henning (Hg.), Genozid und Gedenken. Namibisch-deutsche Geschichte und Gegenwart, Frankfurt a. M. 2005.

Melber, Henning, Kontinuitäten totaler Herrschaft: Völkermord und Apartheid in „Deutsch-Südwestafrika", Jahrbuch für Antisemitismusforschung, Bd. 1, Frankfurt a. M. 1992, 91-116.

Menzel, Gustav, C. G. Büttner: Missionar, Sprachforscher und Politiker in der deutschen Kolonialbewegung, Wuppertal 1992.

Mergenthal, Frank, „Ohne Knüffe und Püffe geht es da nicht ab." Die „Hottentottenwahlen" 1907 im Regierungsbezirk Düsseldorf, Siegburg 1995.

Metzger, Chantal, L'Allemagne et l'Afrique au XXème-Siècle, in: David Birmingham u.a., L'Europe et L'Afrique de 1914 à 1970, Paris 1994, 7-105.

Meyer zu Hoberge, Cathrin, Strafkolonien – „eine Sache der Volkswohlfahrt"? Die Diskussion um die Einführung der Deportation im Deutschen Kaiserreich, Münster-Hamburg 1999.

Meyn, Rolf, Abstecher in die Kolonialliteratur. Gustav Frenssens Peter Moors Fahrt nach Südwest, in: Kay Dohnke – Dietrich Stein (Hg.), Gustav Frenssen in seiner Zeit, Heide 1997, 316-346.

Michels, Eckard, „Der Held von Deutsch-Ostafrika". Paul von Lettow-Vorbeck. Ein preußischer Kolonialoffizier, Paderborn 2008.

Michels, Eckard, Ein Feldzug – zwei Perspektiven? Paul von Lettow-Vorbeck und Heinrich Schnee über den Ersten Weltkrieg in Ostafrika, in: Michael Epkenhans u. a. (Hg.), Militärische Erinnerungskultur, Paderborn 2006, 152-168.

Michels, Stefanie, Imagined power contested. Germans and Africans in the upper Cross River area of Cameroon 1887-1915, Münster 2004.

Michels, Stefanie, Schwarze deutsche Kolonialsoldaten. Mehrdeutige Reproduktionsräume und früher Kosmopolitismus in Afrika, Bielefeld 2009.

Midel, Monika, Fulbe und Deutsche in Adamaua (Nord-Kamerun) 1809-1916. Auswirkungen afrikanischer und kolonialer Eroberung, Frankfurt a. M. 1990.

Mischek, Udo, Der Funktionalismus und die nationalsozialistische Kolonialpolitik in Afrika – Günter Wagner und Diedrich Westermann, Paideuma 42 (1996), 141-150.

Mitchell, Nancy, The Danger of Dreams. German and American Imperialism in Latin America, Chapel Hill-London 1999.

Möhle, Heiko (Hg.), Branntwein, Bibeln und Bananen. Der deutsche Kolonialismus in Afrika – Eine Spurensuche in Hamburg, Hamburg 1999.

Möhlig, Wilhelm J. G. (Hg.), Frühe Kolonialgeschichte Namibias 1880-1930, Köln 2000.

Morlang, Thomas, „Die Kerls haben ja nicht mal Gewehre". Der Untergang der Zelewski-Expedition in Deutsch-Ostafrika im August 1891, Militärgeschichte 11 (2001), 22-28.

Morlang, Thomas, „Die Wahehe haben ihre Vernichtung gewollt". Der Krieg der „Kaiserlichen Schutztruppe" gegen die Hehe in Deutsch-Ostafrika 1890-1898, in: Kolonialkriege. Studien zur militärischen Gewalt im Zeichen des Imperialismus, hg. v. Thoralf Klein – Frank Schumacher, Hamburg 2006, 80-108.

Morlang, Thomas, „Ich habe die Sache satt hier, herzlich satt". Briefe des Kolonialoffiziers Rudolf von Hirsch aus Deutsch-Ostafrika 1905-1907, in: Militärgeschichtliche Zeitschrift 61 (2002), 489-521.

Morlang, Thomas, „Keine Schonung". Der Naulila-Zwischenfall und die deutschen Strafexpeditionen gegen das neutrale Portugiesisch-Angola 1914/15, Militärgeschichte 8 (1998), 43-48.

Morlang, Thomas, „Prestige der Rasse" contra „Prestige des Staates" – Die Diskussionen über die Befugnisse farbiger Polizeisoldaten gegenüber Europäern in den deutschen Kolonien, in: Zeitschrift für Geschichtswissenschaft 49 (2001), 498-509.

Morlang, Thomas, Askari und Fitafita. „Farbige" Söldner in den deutschen Kolonien, Berlin 2008.

Morlang, Thomas, Die Polizei-Truppe Deutsch-Neuguineas 1887-1914, in: Archiv für Polizeigeschichte 4 (1993), 39-43, 73-81.

Mühlhahn, Klaus, Herrschaft und Widerstand in der „Musterkolonie" Kiautschou. Interaktionen zwischen China und Deutschland, 1897-1914, München 2000.

Mühlhahn, Klaus, Power and Resistance in Qingdao: Interactions between Germany and China, 1897-1914, in: China and the World in the Twentieth Century, hg. v. Chihsiung Chung, Taipei 2001, 403-454.

Müller, Franz Lorenz, Imperialist Ambitions in Vormärz and Revolutionary Germany: the Agitation for German Settlement Colonies Overseas, 1840-1849, German History 7 (1999), 346-368 (dt. Der „Traum von der Weltmacht". Imperialistische Ziele in der deutschen Nationalbewegung von der Rheinkrise bis zum Ende der Paulskirche, Jahrbuch der Hambach Gesellschaft 6, 1996/97, 99-183).

Müller, Herbert Landolin, Islam, Gihad („Heiliger Krieg") und Deutsches Reich. Ein Nachspiel zur wilhelminischen Weltpolitik im Maghreb 1914-1918, Phil. Diss. Freiburg i. Br. 1991.

Naarmann, Bernhard, Koloniale Arbeit unter dem Roten Kreuz. Der „Deutsche Frauenverein vom Roten Kreuz für die Kolonien" zwischen 1888-1917, Med. Diss. Münster 1986.

Naucke, Wolfgang, Deutsches Kolonialstrafrecht 1886 1918, Rechtshistorisches Journal 7 (1988), 297-315.

Nestvogel, Renate – Rainer Tetzlaff (Hg.), Afrika und der deutsche Kolonialismus. Zivilisierung zwischen Schnapshandel und Bibelstunde, Hamburg 1987.

Neutsch, Cornelius, Zur Bedeutung der Reichspostdampferlinien nach Ostasien und Australien für den internationalen Postverkehr, in: „Vom rechten Maß der Dinge". Beiträge zur Wirtschafts- und Sozialgeschichte. Fs. für Harald Witthöft z. 65. Geb., hg. v. Rainer S. Elkar u.a., St. Katharinen 1996, 755-772.

Nordbruch, Claus, Völkermord an den Herero in Deutschsüdwestafrika – Widerlegung einer Lüge, Tübingen 2004.

Norris, Edward Graham, Die Umerziehung des Afrikaners. Togo 1895-1938, München 1993.

Norris, Edward Graham, Die Unfähigkeit der Entwicklungshilfe aus ihrer eigenen Geschichte zu lernen: Die vergessenen Erfahrungen der deutschen kolonialen Ackerbauschule, in: Entwicklungshilfe und ihre Folgen. Ergebnisse empirischer Untersuchungen in Afrika, hg. v. T. Bierschenk – G. Elwert, Frankfurt a. M.–New York 1993, 143-154.

Norris, Edward Graham, Germany's Strategy of the Incitement of Muslims to Insurgency during the First World War: Its Implementation and Failure in Adamawa (Northern Cameroon and Nigeria), Sozialanthropologische Arbeitspapiere (Institut für Ethnologie der Freien Universität Berlin), Berlin 1990.

Noyes, John K, Colonial Space: Spatiality in the Discourse of German South-West Africa 1885-1915, Chur 1992.

Nuhn, Walter, Feind überall. Guerillakrieg in Südwest. Der Große Nama-Aufstand 1904-1908, Bonn 2000.

Nuhn, Walter, Flammen über Deutschost. Der Maji-Maji-Aufstand in Deutsch Ostafrika 1905-1906, die erste gemeinsame Erhebung schwarzafrikanischer Völker gegen weiße Kolonialherrschaft. Ein Beitrag zur deutschen Kolonialgeschichte, Wilhelmshaven 1991.

Nuhn, Walter, Kamerun unter dem Kaiseradler. Geschichte der Erwerbung und Erschließung des ehemaligen deutschen Schutzgebietes Kamerun. Ein Beitrag zur deutschen Kolonialgeschichte, Köln 2000.

Nuhn, Walter, Kolonialpolitik und Marine. Die Rolle der Kaiserlichen Marine bei der Gründung und Sicherung des deutschen Kolonialreiches 1884-1914, Bonn 2002.

Nuhn, Walter, Sturm über Südwest. Der Hereroaufstand von 1904 – Ein düsteres Kapitel der deutschen kolonialen Vergangenheit Namibias, Koblenz 1989.

Oberlack, Markus, „Zwischen Internationalismus und Eurozentrismus" – Die deutsche Sozialdemokratie und das Problem einer „humanen Kolonialpolitik", in: Horst Gründer (Hg.), Geschichte und Humanität, Münster – Hamburg ^{2}1994, 49-60.

Oermann, Nils Ole, Mission, Church and State Relations in South West Africa under German Rule (1884-1915), Stuttgart 1999.

Oguntoye, Katharina, Eine afro-deutsche Geschichte: zur Lebenssituation von Afrikanern und Afro-Deutschen in Deutschland von 1884-1950, Berlin 1997.

Okupa, Effa, Carrying the Sun on our Backs. Unfolding German Colonialism in Namibia from Caprivi to Kasikili, Münster 2006.

Oloukpona-Yinnon, Adjaï Paulin, „...Notre Place au Soleil" ou l'Afrique des Pangermanistes (1878-1918), Paris – Lomé 1985.

Oloukpona-Yinnon, Adjaï Paulin, La Révolte des Esclaves Mercenaires Douala 1893, Bayreuth African Studies Series 10 (1987).

Oloukpona-Yinnon, Adjaï Paulin, Unter deutschen Palmen. Die „Musterkolonie" Togo im Spiegel deutscher Kolonialliteratur (1884-1944), Frankfurt a. M. 1998.

Osterhammel, Jürgen, Forschungsreise und Kolonialprogramm. Ferdinand von Richthofen und die Erschließung Chinas im 19. Jahrhundert, Archiv für Kulturgeschichte 69 (1987), 150-195.

Osterhaus, Andreas, Europäischer Terraingewinn in Schwarzafrika. Das Verhältnis von Presse und Verwaltung in sechs Kolonien Deutschlands, Frankreichs und Großbritanniens von 1894 bis 1914, Frankfurt a. M. 1990.

Oxford Preston, Diana, Rebellion in Peking. Die Geschichte des Boxeraufstandes, Stuttgart 2001.

Pabst, Martin, Mission und Kolonialpolitik. Die Norddeutsche Missionsgesellschaft an der Goldküste und in Togo bis zum Ausbruch des Ersten Weltkrieges, München 1988.

Paice, Edward, Tip & Run. The Untold Tragedy of the Great War in Africa, London 2008.

Perras, Arne, Carl Peters and German Imperialism 1856-1918. A Political Biography, Oxford 2004.

Pesek, Michael, Das Ende eines Kolonialreiches. Ostafrika im Ersten Weltkrieg, Frankfurt a. M. 2010.

Pesek, Michael, Koloniale Herrschaft in Deutsch-Ostafrika. Expeditionen, Militär und Verwaltung seit 1880, Frankfurt a. M. 2005.

Peters, Walter, Baukunst in Südwestafrika 1884-1914. Die Rezeption deutscher Architektur in der Zeit von 1884 bis 1914 im ehemaligen Deutsch-Südwestafrika (Namibia), Windhoek 1981.

Phillips, John A. S., Deutsch-englische Komödie der Irrungen um Südwestafrika. Eine Studie zu Bismarcks Kolonialpolitik und deren Folgen, Pfaffenhofen 1986.
Plagemann, Volker (Hg.), Übersee – Seefahrt und Seemacht im Deutschen Kaiserreich, München 1988.
Pogge von Strandmann, Hartmut, Imperialismus vom Grünen Tisch: Deutsche Kolonialpolitik zwischen wirtschaftlicher Ausbeutung und ‚zivilisatorischen' Bemühungen, Berlin 2009.
Pohl, Manfred, Von Stambul nach Bagdad. Die Geschichte einer berühmten Eisenbahn, München 1999.
Pohle, Jürgen, Deutschland und die überseeische Expansion Portugals im 15. und 16. Jahrhundert, Münster 2000.
Poley, Jared, Decolonization in Germany. Weimar Narratives of Colonial Loss and Foreign Occupation, 2. Aufl. Oxford 2007.
Pommerin, Reiner – Michael Fröhlich (Hg.), Quellen zu den deutsch-britischen Beziehungen 1815-1914, Darmstadt 1997.
Probst, Paul, „Den Lehrplan tunlichst noch durch eine Vorlesung über Negerpsychologie ergänzen" – Bedeutung des Kolonialinstituts für die Institutionalisierung der akademisch-empirischen Psychologie in Hamburg, Psychologie und Geschichte 2 (1990), 25-36.
Pyck, Falco – Armin Schwarze, Namibia. Der lange Weg in die Unabhängigkeit. Von kolonialer Fremdherrschaft zur staatlichen Souveränität, Bochum 1991.
Pyenson, Lewis, Cultural Imperialism and Exact Sciences. German Expansion Overseas, 1900-1930, Frankfurt a. M. 1985.
Ratenhof, Udo, Die Chinapolitik des Deutschen Reiches 1871-1945. Wirtschaft, Rüstung, Militär, Boppard 1987.
Reichert-Burikukiye, Christiane, Gari la moshi – Modernität und Mobilität. Das Leben mit der Eisenbahn in Deutsch-Ostafrika, Münster 2005.
Reinbothe, Roswitha, Kulturexport und Wirtschaftsmacht. Deutsche Schulen in China vor dem Ersten Weltkrieg, Frankfurt a. M. 1992.
Reinhard, Wolfgang, Eingeborenenpolitik in Südwestafrika 1842 bis 1915. Der deutsche Weg zur Apartheid, in: Sabine Weiss (Hg.), Historische Blickpunkte. Festschrift für Johann Rainer zum 65. Geburtstag, Innsbruck 1988, 543-556.
Reinhard, Wolfgang, Geschichte der europäischen Expansion, Band 4: Dritte Welt Afrika, Stuttgart 1990.
Reinke-Kunze, Christine, Die Geschichte der deutschen Reichs-Post-Dampfer-Verbindungen zwischen den Kontinenten 1886-1914, Herford 1994.
Richter, Jan Stefan, Die Orientreise Kaiser Wilhelms II. 1898. Eine Studie zur deutschen Außenpolitik an der Wende zum 20. Jahrhundert, Hamburg 1997.
Richter, Klaus, Deutsches Kolonialrecht in Ostafrika 1885-1891, Frankfurt a. M. 2001.
Riehl, Axel T. G., Der „Tanz um den Äquator". Bismarcks antienglische Kolonialpolitik und die Erwartung des Thronwechsels in Deutschland 1883 bis 1885, Berlin 1993.
Rivinius, Karl J., Traditionalismus und Modernisierung. Das Engagement von Bischof Augustin Henninghaus auf dem Gebiet des Bildungs- und Erziehungswesens in China (1904-1914), Nettetal 1993.
Rosenbach, Harald, Das deutsche Reich, Großbritannien und der Transvaal (1896-1902). Anfänge deutsch-britischer Entfremdung, Göttingen 1993.
Roth, Karl Heinz, Zwangsarbeit und Kolonialismus – Das Beispiel Deutschland, in: Bruni Höfer – Heinz Dietrich – Klaus Meyer (Hg.), Das Fünfhundertjährige Reich. Emanzipation und lateinamerikanische Identität: 1492-1992, Berlin ^{2}1990, 249-265.

Rüdiger, Klaus H., Die Namibia-Deutschen. Geschichte einer Nationalität im Werden, Stuttgart 1993.

Ruppenthal, Jens, Kolonialismus als „Wissenschaft und Technik". Das Hamburger Kolonialinstitut 1908 bis 1919, Stuttgart 2007.

Rwankote, Matias Mulumbar, Ostafrika in den Zielvorstellungen der Reichspolitik und der verschiedenen Interessengruppen im Rahmen der kolonialen politischen Aktivitäten in der Zeit der Weimarer Republik, Phil. Diss. Köln 1985.

Sack, Peter, Grundzüge der Rechts- und Verwaltungsordnung im deutschen Kolonialreich, in: Rüdiger Vogt – Peter Sack (Hg.), Kolonisierung des Rechts. Zur kolonialen Rechts- und Verwaltungsordnung, Baden-Baden 2001, 41-68.

Sack, Peter, Phantom History. The Rule of Law and the Colonial State: The Case of German New Guinea, Canberra, ACT 2001.

Sack, Peter, Racism and Colonial Law: the Legal Position of „Natives" in German New Guinea, in: Werner Krawietz u.a. (Hg.), Sprache, Symbole und Symbolverwendungen in Ethnologie, Kulturanthropologie, Religion und Recht. Festschrift für Rüdiger Schott zum 65. Geburtstag, Berlin 1993, 399-429.

Sadji, Amadou Booker, Das Bild des Negro-Afrikaners in der Deutschen Kolonialliteratur (1884-1945). Ein Beitrag zur literarischen Imagologie Schwarzafrikas, Berlin 1985.

Santos Lopes, Marília dos, Afrika. Eine neue Welt in deutschen Schriften des 16. und 17. Jahrhunderts, Stuttgart 1992.

Sauer, Walter (Hg.), K.u.k. kolonial. Habsburgermonarchie und europäische Herrschaft in Afrika, Wien 2002.

Scheps, Birgit, Annotierte Bibliographie ethnographischer Quellen aus der deutschen Kolonialzeit Neuguineas und über Kaiser-Wilhelm-Land, den Bismarckarchipel und die deutschen Salomoninseln, Bautzen 1991.

Scheps, Birgit, Das verkaufte Museum. Die Südsee-Unternehmungen des Handelshauses Joh. Ces. Godeffroy & Sohn, Hamburg und die Sammlungen „Museum Godeffroy", Keltern-Weiler 2005.

Scheulen, Peter, Die „Eingeborenen" Deutsch-Südwestafrikas. Ihr Bild der deutschen Kolonialzeitschriften von 1884 bis 1918, Köln 1998.

Schildknecht, Jörg, Bismarck, Südwestafrika und die Kongokonferenz, Münster-Hamburg 2000.

Schinzinger, Francesca, Die Bedeutung der Eisenbahnen in den deutschen Kolonien für die deutsche Wirtschaft, in: Wirtschaft, Gesellschaft, Unternehmen. Fs. f. Hans Pohl z. 60. Geb., hg. v. Wilfried Feldenkirchen u.a., Bd. 1, Stuttgart 1995, 360-376.

Schinzinger, Francesca, Die Familie Perrot: „Wirtschaftsbürger" in den deutschen Kolonien, in: Karl Möckl (Hg.), Wirtschaftsbürgertum in den deutschen Staaten im 19. und beginnenden 20. Jahrhundert, München 1996, 397-417.

Schinzinger, Francesca, Die Samoa-Vorlage. Die wirtschaftliche Bedeutung des Südpazifiks für das Deutsche Reich, in: Werner Kreisel u.a. (Hg.), Neuseeland im pazifischen Raum, Aachen 1992, 99-124.

Schlottau, Rolf, Deutsche Kolonialrechtspflege. Strafrecht und Strafmacht in den deutschen Schutzgebieten 1884 bis 1914, Frankfurt a. M. 2007.

Schmidt, Rochus, Deutschlands Kolonien, ihre Gestaltung, Entwicklung und Hilfsquellen. Nachdruck der Ausgabe von 1898, Augsburg 1999.

Schmidt, Vera, Aufgabe und Einfluß der europäischen Berater in China. Gustav Detring (1842-1913) im Dienste Li Hung-changs, Wiesbaden 1984.

Schmidt, Wilhelm R. – Irmtraud D. Wolcke-Renk, Deutsch-Südwest-Afrika. Fotos aus der Kolonialzeit 1884-1918, Erfurt 2001.

Schmidt-Lauber, Brigitta, Die abhängigen Herren: Deutsche Identität in Namibia, Münster-Hamburg 1995.

Schmitt, Eberhard – Friedrich Karl von Hutten (Hg.), Das Gold der Neuen Welt. Die Papiere des Welser-Konquistadors und Generalkapitäns von Venezuela Philipp von Hutten 1534-1541, Hildburghausen 1996.

Schmuhl, Hans-Walter, Deutsche Kolonialherrschaft und Ethnogenese in Ruanda, 1897-1916, Geschichte und Gesellschaft 26 (2000), 307-334.

Schnall, Uwe, S. M. S. Falke als Stationär vor Westafrika 1892/93. Der Reisebericht des Johannes Onno Friedrich Abels, Deutsches Schiffahrtsarchiv 10 (1987), 181-244.

Schneider, Hannes, Die ehemaligen deutschen Kolonien (Schutzgebiete) in Afrika und ihre Eisenbahnen, Nachrichten der Deutschen Gesellschaft für Eisenbahngeschichte Nr. 158 (2000), 11-23.

Schneppen, Heinz, Der Fall Karl Peters: Ein Kolonialbeamter vor Gericht, Zeitschrift für Geschichtswissenschaft 49 (2001), 869-885.

Schneppen, Heinz, Sansibar und die Deutschen. Ein besonderes Verhältnis 1844-1966, Münster-Hamburg 2003.

Schoonover, Thomas David, Germany in Central America: Competitive Imperialism, 1821-1929, Tuscaloosa 1998.

Schröder, Martin, Prügelstrafe und Züchtigungsrecht in den deutschen Schutzgebieten Schwarzafrikas, Münster 1997.

Schröder, Norbert, Hamburgs Schnapsfabrikanten und der deutsche Kolonialismus in Westafrika, Zeitschrift des Vereins für Hamburgische Geschichte 76 (1990), 83-116.

Schröder, Peter J., Gesetzgebung und „Arbeiterfrage" in den Kolonien. Das Arbeitsrecht in den Schutzgebieten des deutschen Reiches, Berlin 2006.

Schroeter, Helmut – Roel Ramaer, Die Eisenbahnen in den einst deutschen Schutzgebieten. Ostafrika, Südwestafrika, Kamerun, Togo und die Schantung-Eisenbahn – damals und heute, Krefeld 1993.

Schubert, Michael, Der schwarze Fremde. Das Bild des Schwarzafrikaners in der parlamentarischen und publizistischen Kolonialdiskussion in Deutschland von den 1870er bis in die 1930er Jahre, Stuttgart 2003.

Schubert, Werner (Hg.), Ausschuß für Rechtsfragen der Bevölkerungspolitik (1934-1940) und Ausschuß für Kolonialrecht zusammen mit den Entwürfen des Kolonialpolitischen Amts (1937-1941). Sachverständigenbeirat für Bevölkerungs- und Rassenpolitik im Reichsministerium des Inneren (1933/1939), Frankfurt a. M. 2001.

Schubert, Werner, Das imaginäre Kolonialreich. Die Vorbereitung der Kolonialgesetzgebung durch den Kolonialrechtsausschuß der Akademie für Deutsches Recht, das Reichskolonialamt und die Reichsministerien (1937-1942), Zeitschrift der Savigny-Stiftung für Rechtsgeschichte 115 (1998), 86-149.

Schult, Volker, Abenteurer und Sultane. Der Sulu-Archipel in den Philippinen und deutsche Kolonialinteressen, Internationales Asienforum 30 (1999), 237-270.

Schulte-Althoff, Franz Josef, Rassenmischung im kolonialen System. Zur deutschen Kolonialpolitik im letzten Jahrzehnt vor dem Ersten Weltkrieg, Historisches Jahrbuch 105 (1985), 52-94.

Schulte-Varendorff, Uwe, Kolonialheld für Kaiser und Führer. General Lettow-Vorbeck – Mythos und Wirklichkeit, Berlin 2006.

Schürings, Hildegard, Rwandische Zivilisation und christlich-koloniale Herrschaft, Frankfurt a. M. 1992.

Schütte, Heinz, Der Ursprung der Messer und Beile. Gedanken zum zivilisatorischen Projekt rheinischer Missionare im frühkolonialen Neuguinea, Hamburg 1995.

Schwarz, Maria-Theresia, „Je weniger Afrika, desto besser". Die deutsche Kolonialkritik am Ende des 19. Jahrhunderts. Eine Untersuchung zur kolonialen Haltung von Linksliberalismus und Sozialdemokratie, Frankfurt a. M. 1999.

Sebald, Peter, Die Eroberung der deutschen Kolonie Togo im August 1914, Militärgeschichte 27 (1988), 464-473.

Sebald, Peter, Togo 1884-1914. Eine Geschichte der deutschen „Musterkolonie" auf der Grundlage amtlicher Quellen, Berlin (O) 1988.

Seeberg, Karl-M., Der Maji-Maji-Krieg gegen die deutsche Kolonialherrschaft. Historische Ursprünge nationaler Identität Tansanias, Berlin 1989.

Seelemann, Dirk Alexander, The Social and Economic Development of the Kiaochou Leasehold (Shantung, China) under German Administration, 1897-1914, Phil. Diss. (Masch.) Toronto 1982.

Seligmann, Matthew S., Rivalry in Southern Africa, 1893-99. The Transformation of German Colonial Policy, Basingstoke 1998.

Senger und Etterlin, Stefan von, Neu-Deutschland in Nordamerika. Massenauswanderung, nationale Gruppenaussiedlungen und liberale Kolonialbewegung 1815-1860, Baden-Baden 1991.

Siegert, Bernd, Deutsche Ärzte als Forschungsreisende in Afrika im 19. Jahrhundert bis zum Eintritt des zweiten Kaiserreichs in den Kreis der Kolonialmächte im Jahre 1884, Med. Diss. Münster 1991.

Simmer, Götz, Gold und Sklaven. Die Provinz Venezuela während der Welser-Verwaltung (1528-1556), Berlin 2000.

Simtaro, Dadja Halla-Kawa, Le Togo „Musterkolonie". Souvenirs de l'Allemagne dans la Société Togolaise, 2 Bde., Aix-en-Provence 1982.

Sippel, Harald, Der Deutsche Reichstag und das „Eingeborenenrecht". Die Erforschung der Rechtsverhältnisse der autochthonen Völker in den deutschen Kolonien, Rabels Zeitschrift für ausländisches und internationales Privatrecht 61 (1997), 714-738.

Sippel, Harald, Neuere Untersuchungen zur kolonialen Rechts- und Verwaltungsgeschichte ehemaliger britischer und deutscher Überseegebiete, Zeitschrift für Neuere Rechtsgeschichte 27 (2005), 77-92.

Smidt, Karen, „Germania führt die deutsche Frau nach Südwest". Auswanderung, Leben und soziale Konflikte deutscher Frauen in der ehemaligen Kolonie Deutsch-Südwestafrika 1884-1920. Eine sozial- und frauengeschichtliche Studie, Wildenthal 2001.

Smith, Woodruff D., Colonialism and Colonial Empire, in: Roger Chickering (Hg.), Imperial Germany. A Historical Companion, London 1996, 430-453.

Sobich, Frank Oliver, „Schwarze Bestien, rote Gefahr". Rassismus und Antisozialismus im deutschen Kaiserreich, Frankfurt a. M. 2006.

Soénius, Ulrich S., Koloniale Begeisterung im Rheinland während des Kaiserreiches, Köln 1992.

Söldenwagner, Philippa, Spaces of Negotiation. European Settlement and Settlers in German East Africa 1900-1914, München 2007.

Speitkamp, Winfried, Deutsche Kolonialgeschichte, Stuttgart 2005.

Sperling, Walter, Zur Darstellung der deutschen Kolonien im Erdkundeunterricht (1890-1914) mit besonderer Berücksichtigung der Lehrmittel, Internationale Schulbuchforschung 11 (1989), 387-410.
Spraul, Gunter, Der „Völkermord" an den Herero. Untersuchungen zu einer neuen Kontinuitätsthese, Geschichte in Wissenschaft und Unterricht 39 (1988), 713-739.
Sprigade, Paul – Max Moisel (Bearb.), Großer deutscher Kolonialatlas. Ndr. der Orig.-Ausgabe Berlin 1901-1915, neu hg. v. Wolfgang Crom für die Staatsbibliothek Berlin, Braunschweig 2002.
Steen, Andreas, Deutsch-chinesische Beziehungen (1911-1927). Vom Kolonialismus zur „Gleichberechtigung". Eine Quellensammlung, Berlin 2006.
Steltzer, Hans Georg, Die Deutschen und ihr Kolonialreich, Frankfurt a. M. 1984.
Stichler, Hans-Christian, Das Gouvernement Jiaozhou und die deutsche Kolonialpolitik in Shandong 1897-1909. Ein Beitrag zur Geschichte der deutsch-chinesischen Beziehungen, 2 Bde, Phil. Diss. (Masch.) Berlin 1989.
Stichler, Hans-Christian, Zur Entstehung des Verwaltungsapparates des Schutzgebietes Jiaozhou als Instrument kolonialer Machtausübung des deutschen Kaiserreiches, in: asien, afrika, lateinamerika 14 (1986), 788-798.
Stolz, Thomas – Christina Vossmann – Barbara Dewein (Hg.), Kolonialzeitliche Sprachforschung. Die Beschreibung afrikanischer und ozeanischer Sprachen zur Zeit der deutschen Kolonialherrschaft, Berlin 2011.
Strizek, Helmut, Geschenkte Kolonien. Ruanda und Burundi unter deutscher Herrschaft, Berlin 2006.
Struve, Walter, Germans and Texans. Commerce, Migration and Culture in the Days of Lone Star Republic, Austin 1996.
Stuchtey, Benedikt, Die europäische Expansion und ihre Feinde. Kolonialismuskritik vom 18. bis in das 20. Jahrhundert, München 2010.
Sun, Lixin, Das Chinabild der deutschen protestantischen Missionare des 19. Jahrhunderts. Eine Fallstudie zum Problem interkultureller Begegnung und Wahrnehmung, Marburg 2002.
Tall, Aminatou, Reise und Forschung im westlichen Afrika. Deutschsprachige Reiseliteratur im 19. und 20. Jahrhundert, Frankfurt a. M. 2005.
Tang, Shao-cheng, Deutschlandbilder Chinas von 1870 bis 1989 unter besonderer Berücksichtigung der Perzeption der VR China zur deutschen Frage, Frankfurt a. M. 1993.
Tiebel, André, Die Entstehung der Schutztruppengesetze für die deutschen Schutzgebiete Deutsch-Ostafrika, Deutsch-Südwestafrika und Kamerun (1884-1898), Frankfurt a. M. 2008.
Trepsdorf, Daniel K. W., Afrikanisches Alter Ego und europäischer Egoismus. Eine komparative Studie zur Selbst- und Fremdenperzeption im Wilhelminischen Deutschland und Spätviktorianischen Großbritannien, Dresden 2006.
Trotha, Trutz von, Intermediäre Rechtsordnung. Zur Organisation der „Häuptlingsgerichtsbarkeit" in der deutschen Kolonie Togo, 1884-1914, in: Werner Krawietz u.a. (Hg.), Sprache, Symbole und Symbolverwendungen in Ethnologie, Kulturanthropologie, Religion und Recht. Festschrift für Rüdiger Schott zum 65. Geburtstag, Berlin 1993, 431-453.
Trotha, Trutz von, Koloniale Herrschaft. Zur soziologischen Theorie der Staatsentstehung am Beispiel des „Schutzgebietes Togo", Tübingen 1994.
Trotha, Trutz von, Stationen: Ein Beitrag zur Theorie der Staatsentstehung auf der Grundlage der deutschen Kolonialherrschaft über Togo in Westafrika, 1884-1914, in:

Hans Oswald (Hg.), Macht und Recht. Festschrift für Heinrich Popitz zum 65. Geburtstag, Opladen 1990, 197-218.
Trotha, Trutz von, Was war Kolonialismus? Einige zusammenfassende Befunde zur Soziologie und Geschichte des Kolonialismus und der Kolonialherrschaft, Saeculum 55 (2004), 49-95.
Trotha, Trutz von, Zur Entstehung von Recht. Deutsche Kolonialherrschaft und Recht im „Schutzgebiet Togo", 1884-1914, Rechtshistorisches Journal 7 (1988), 317-346.
Tschapek, Rolf Peter, Deutscher Imperialismus und die portugiesischen Kolonien. Deutsches Interesse an Portugals südafrikanischen Kolonien vom ausgehenden 19. Jahrhundert bis zum Ausbruch des Ersten Weltkrieges, Stuttgart 2000.
Ustorf, Werner, Die Missionsmethode Franz Michael Zahns und der Aufbau kirchlicher Strukturen in Westafrika (1862-1900). Eine missionsgeschichtliche Untersuchung, Erlangen 1989.
Vieweg, Burkhard, Macho Porini – Die Augen im Busch. Kautschukpflanzer Karl Vieweg in Deutsch-Ostafrika. Authentische Berichte 1910-1919, Weikersheim 1996.
Voeltz, Richard A., German Colonialism and the South West Africa Company, 1894-1914, Athens/Ohio 1988.
Voeltz, Richard A., The European Economic and Political Penetration of South West Africa, 1884-1892, The International Journal of African Historical Studies 17 (1984), 623-639.
Vogt, Andreas, Von Tsaobis bis Namutoni. Die Wehrbauten der deutschen Schutztruppe in Deutsch-Südwestafrika von 1884-1915, Göttingen-Windhoek 2002.
Vogt, Martin, Brandenburg in Übersee, in: Christof Dipper – Martin Vogt (Hg.), Entdeckungen und frühe Kolonisation, Darmstadt 1993, 345-379.
Voigt, Johannes H., Die Deportation – ein Thema der deutschen Rechtswissenschaft und Politik im 19. und 20. Jahrhundert, in: Andreas Gestrich – Gerhard Hirschfeld – Holger Sonnabend (Hg.), Ausweisung und Deportation. Formen der Zwangsmigration in der Geschichte, Stuttgart 1995, 83-101.
Voigt, Rüdiger – Peter Sack (Hg.), Kolonisierung des Rechts. Zur kolonialen Rechts- und Verwaltungsordnung, Baden-Baden 2001.
Volberg, Heinrich, Deutsche Kolonialbestrebungen in Südamerika nach dem Dreißigjährigen Kriege, insbesondere die Bemühungen von Johann Joachim Becher, Köln 1977.
Volckmar, Herbert F. L., Germany's East African Campaign 1914-1918. Recollections, translated, ed. and annotated by Kurt Volckmar, Valencia/Ca. 2001.
Volz, Andreas, Auswirkungen der deutschen Kolonialherrschaft in Kamerun (1884-1916) auf die autochthone Bevölkerung am Beispiel der Bakwiri am Kamerunberg, Historisches Jahrbuch 109 (1989), 421-451.
Wächter, H. Jürgen, Naturschutz in den deutschen Kolonien in Afrika (1884-1918), Münster 2009.
Wächter, Katja-Maria, Die Macht der Ohnmacht. Leben und Politik des Franz Ritter von Epp (1868-1946), Frankfurt a. M. 1999.
Wackerbeck, Lothar, Die deutschen Kolonialgesellschaften: ihre Entstehung, Entwicklung und Sonderstellung im Gesellschaftsrecht, Jur. Diss. Münster 1977.
Wagner, Norbert B., Die deutschen Schutzgebiete. Erwerb, Organisation und Verlust aus juristischer Sicht, Berlin 2002.
Wagner, Wilfried (Hg.), Kolonien und Missionen. Referate des 3. Internationalen Kolonialgeschichtlichen Symposiums 1993 in Bremen, Münster-Hamburg 1994.

Wagner, Wilfried (Hg.), Rassendiskriminierung, Kolonialpolitik und ethnisch-nationale Identität. Referate des 2. Internationalen Kolonialgeschichtlichen Symposiums 1991 in Bremen, Münster-Hamburg 1992.

Walgenbach, Katharina, „Die weiße Frau als Trägerin deutscher Kultur“. Koloniale Diskurse über Geschlecht, >Rasse< und Klasse im Kaiserreich, Frankfurt a. M. 2005.

Walle, Heinrich, Deutschlands Flottenpräsenz in Ostasien 1897-1914. Das Streben um einen „Platz an der Sonne“ vor dem Hintergrund wirtschaftlicher, machtpolitischer und kirchlicher Interessen, Jahrbuch für Europäische Überseegeschichte 9 (2009), 127-158.

Walz, Gotthilf, Die Entwicklung der Strafrechtspflege in Kamerun unter deutscher Kolonialherrschaft 1884-1914, Jur. Diss. Freiburg i.Br. 1980.

Wareham, Eveleyn, Race and Realpolitik. The Politics of Colonisation in German Samoa, Frankfurt a. M. 2002.

Warmbold, Joachim, Germania in Afrika, Frieda Freiin von Bülow, „Schöpferin des deutschen Kolonialromans“, Jahrbuch des Instituts für deutsche Geschichte 15 (1986), 309-336.

Warner, Torsten, Planung und Entwicklung der deutschen Stadtgründung Qingdao (Tsingtau) in China. Der Umgang mit dem Fremden, Diss. Technische Universität Hamburg-Harburg 1996.

Wassink, Jörg, Auf den Spuren des deutschen Völkermordes in Südwestafrika. Der Herero-Nama-Aufstand in der deutschen Kolonialliteratur. Eine literarhistorische Analyse, München 2004.

Weckner, Felix, Strafrecht und Strafrechtspflege für Afrikaner und ihnen gleichgestellte Farbige in Deutsch-Ostafrika, Hamburg 2010.

Wedi-Pascha, Beatrix, Die deutsche Mittelafrika-Politik 1871-1914, Pfaffenweiler 1992.

Weigend, Guido G., German Settlement Patterns in Namibia, Geographical Review 75 (1985), 156-169.

Wendt, Reinhard, Vom Kolonialismus zur Globalisierung. Europa und die Welt seit 1500, Paderborn 2007.

Wieben, Uwe, Carl Peters. Das Leben eines deutschen Kolonialisten, Rostock 2000.

Wildenthal, Lora, German Women for Empire, 1884-1945, Durham-London 2001.

Wildenthal, Lora, The Places of Colonialism in the Writing and Teaching of Modern German History, The European Studies Journal 16 (1999), 9-23.

Winter, Hans-Christoph, Identität in Verwandlung, Dissens und Oktroi. Zur juristischen Problematik der „Schutzverträge“ der Carl-Peters-Gruppe in Ostafrika 1884/85, Paideuma 35 (1989), 301-313.

Wippich, Rolf-Harald (Hg.), Heinz van der Laan. Erinnerungen an Tsingtau. Die Erlebnisse eines deutschen Freiwilligen aus dem Krieg in Ostasien 1914, Tokio 1999.

Wippich, Rolf-Harald, Japan als Kolonie? Max von Brandts Hokkaidô-Projekt 1865/67, Hamburg 1997.

Wippich, Rolf-Harald, Japan und die deutsche Fernostpolitik 1894-1898. Vom Ausbruch des Chinesisch-Japanischen Krieges bis zur Besetzung der Kiautschou-Bucht. Ein Beitrag zur Wilhelminischen Weltpolitik, Wiesbaden 1987.

Wirz, Albert – Andreas Eckert – Katrin Bromber (Hg.), Alles unter Kontrolle. Disziplinierungsprozesse im kolonialen Tansania (1850-1960), Köln 2003.

Wolter, Udo, unter Mitarbeit von Paul Kaller, Deutsches Kolonialrecht – ein wenig erforschtes Rechtsgebiet, dargestellt anhand des Arbeitsrechts der Eingeborenen, Zeitschrift für Neuere Rechtsgeschichte 17 (1995), 201-244.

Wood, Brian (Hg.), Namibia 1884-1984: Readings on Namibia's History and Society. Selected Papers and Proceedings on the International Conference on „Namibia 1884-1984: 100 Years of Foreign Occupation – 100 Years of Struggle", London 10-13 sept. 1984, London – Lusaka 1988.

Yi Huang, Der deutsche Einfluß auf die Entwicklung des chinesischen Bildungswesens von 1871 bis 1918. Studien zu den kulturellen Aspekten der deutsch-chinesischen Beziehungen in der Ära des Deutschen Kaiserreichs, Frankfurt 1995.

Ying Sun, Aus dem Reich der Mitte in die Welt hinaus. Die chinesischen Gesandtschaftsberichte über Europa unter besonderer Berücksichtigung Deutschlands von 1866 bis 1906, Frankfurt/M. 1997.

Zache, Hans, Die Deutschen Kolonien in Wort und Bild. Nachdr. d. Ausg. v. 1926, Wiesbaden 2004.

Zantop, Susanne M., Kolonialphantasien im vorkolonialen Deutschland (1770-1870), Berlin 1999.

Zeller, Joachim, „Deutschlands größter Afrikaner". Zur Geschichte der Denkmäler für Hermann von Wißmann, Zeitschrift für Geschichtswissenschaft 44 (1996), 1089-1111.

Zeller, Joachim, „Wie Vieh wurden Hunderte zu Tode getrieben und wie Vieh begraben". Fotodokumente aus dem deutschen Konzentrationslager in Swakopmund/Namibia 1904-1908, Zeitschrift für Geschichtswissenschaft 49 (2001), 226-243.

Zeller, Joachim, Das Reiterdenkmal in Windhoek/Namibia. Ein deutsches Kolonialdenkmal im Wandel der Zeiten, Zeitschrift für Geschichtswissenschaft 43 (1995), 773-794.

Zeller, Joachim, Kolonialdenkmäler und Geschichtsbewußtsein. Eine Untersuchung der kolonialdeutschen Erinnerungskultur, Frankfurt a. M. 2000.

Zeuske, Michael – Jörg Ludwig, Im Zeichen des „Kolumbianischen Austausches": Amerika und Europa (17./18. und Beginn des 19. Jh.). Aspekte einer Geographie der Kolonialwaren in deutschen Regionen, asien, afrika, lateinamerika 20 (1993), 605-645.

Zeuske, Michael, Bajo la bandera prusiana: Comercio alemán y política comercial de Prusia en las Indias Occidentales (1815-1871), in: ders., Transformación, reforma y revolución en la historia América Latina. Venezuela y Cuba, 1750-1898: Ensayos de historia comparada, Caracas 1995, 235-289.

Zeuske, Michael, Preußen, die „deutschen Hinterländer" und Amerika. Regionales, „Nationales" und Universales in der Geschichte der „Rheinisch-Westindischen Compagnie" (1820-1830), Scripta mercaturae 26 (1992), 50-89.

Zimmerer, Jürgen – Joachim Zeller (Hg.),Völkermord in Deutsch-Südwestafrika. Der Kolonialkrieg (1904-1908) in Namibia und seine Folgen, Berlin 2003.

Zimmerer, Jürgen, Das portugiesische Kolonialreich in der Außenpolitik des deutschen Kaiserreiches. Die deutsch-britischen Teilungspläne von 1898 und 1913, in: Portugal, Indien und Deutschland. Akten der V. Deutsch-Portugiesischen Arbeitsgespräche, Köln – Lisboa 2000, 484-494.

Zimmerer, Jürgen, Deutsche Herrschaft über Afrikaner. „Südwest" 1905-1915, Münster-Hamburg 2001.

Zimmerer, Jürgen, Die Geburt des <Ostlandes> aus dem Geiste des Kolonialismus. Die nationalsozialistische Eroberungs- und Beherrschungspolitik in (post-)kolonialer Perspektive, Sozial.Geschichte. Zeitschrift für historische Analyse des 20. und 21. Jahrhunderts, N.F., 19 (2004), 10-43.

Zimmerer, Jürgen, Holocaust und Kolonialismus. Beitrag zu einer Archäologie des genozidalen Gedankens, Zeitschrift für Geschichtswissenschaft 51 (2003), 1098-1119.
Zimmermann, Andrew, Anthropology and Antihumanism in Imperial Germany, Chicago 2001.
Zollmann, Jakob, Koloniale Herrschaft und ihre Grenzen. Die Kolonialpolizei in Deutsch-Südwestafrika 1894-1915, Göttingen 2010.
Zurstrassen, Bettina, „Ein Stück deutscher Erde schaffen" Koloniale Beamte in Togo (1884-1914), Frankfurt a. M. 2008.

Ergänzungsbibliographie 2012 bis 2017

Abermeth, Katharina, Heinrich Schnee. Karrierewege und Erfahrungswelten eines deutschen Kolonialbeamten, Kiel 2017.

Afanvi, Apegnoyou, Rudolf Asmis (1879-1945). Kolonialrecht und wissenschaftliche Betätigung als präventive Alternativen für die deutsche Kolonialpolitik in der ersten Hälfte des 20. Jahrhunderts, Frankfurt am Main 2013.

Akakpo, Kuassi A., Discours et contre-discours sur le Togo sous l'empire allemand, Paris 2014.

Bade, James N., Karl Hansen's Samoan War Diaries, August 1914-May 1915. A German Perspective on New Zealand's Military Occupation of German Samoa, Frankfurt a. M. 2011.

Bechhaus-Gerst, Marianne - Anne-Kathrin Horstmann (Hg.), Köln und der deutsche Kolonialismus. Eine Spurensuche, Köln/Weimar/Wien 2013.

Berman, Nina – Klaus Mühlhahn – Patrice Nganang (Hg.), German Colonialism Revisited. African, Asian and Oceanic Experiences, Ann Arbor 2014.

Bindseil, Reinhart, Ruanda in den Lebensbildern deutscher Forschungsreisender 1892 – 1918, Bonn 2012.

Bommarius, Christian, Der Gute Deutsche. Die Ermordung Manga Bells in Kamerun 1914, Berlin 2015.

Bowersox, Jeff, Raising Germans in the Age of Empire: Youth and Colonial Culture, 1871 – 1914, Oxford 2013.

Bührer, Tanja, Die Kaiserliche Schutztruppe für Deutsch-Ostafrika. Koloniale Sicherheitspolitik und transkulturelle Kriegführung 1885 bis 1918, München 2011.

Bülow, Frieda Freiin von, Reisescizzen und Tagebuchblätter aus Deutsch-Ostafrika [1889], hg. v. Katharina von Hammerstein, Berlin 2012.

Denzel, Markus A., Wirtschaftliche Wechselbeziehungen zwischen Reichsterritorien und Übersee in der Frühen Neuzeit, in: Kapitäne, Konsuln, Kolonisten. Beziehungen zwischen Mecklenburg und Übersee, hg. v. Matthias Manke, Lübeck 2015, S. 39–64.

Deutscher Kolonialismus, Fragmente seiner Geschichte und Gegenwart, hg. v. Deutschen Historischen Museum, Katalog Berlin 1916.

Ebner, Timm, Nationalsozialistische Kolonialliteratur. Koloniale und antisemitische Verräterfiguren „hinter den Kulissen des Welttheaters", Paderborn 2016.

Emmerich, Alexander, Die Geschichte der Deutschen in Afrika. Von 1600 bis in die Gegenwart, Köln 2013.

Froehlich, Susanne (Hg.), Als Pioniermissionar in das ferne Neu Guinea. Johann Flierls Lebenserinnerungen, 2 Bde., Wiesbaden 2015.

Gissibl, Bernhard, The Nature of German Imperialism. Conservation and the Politics of Wildlife in colonial East Africa, New York/Oxford 2016.

Gräbel, Carsten, Die Erforschung der Kolonien. Expeditionen und koloniale Wissenskultur deutscher Geographen, 1884 – 1919, Wetzlar 2015.

Gründer, Horst – Hermann Hiery (Hg.), Deutschland und seine Kolonien. Ein Überblick, Berlin 2. Aufl. 2018.

Habermas, Rebecca, Skandal in Togo. Ein Kapitel deutscher Kolonialherrschaft, Frankfurt a. M. 2016.

Hasse, Rolf, Deutsche Spuren in Ostafrika, Augsburg 2012.
Heyden Ulrich van der (Hg.), Otto Friedrich von der Groeben. Orientalische Reise-Beschreibung des Brandenburgischen Adelichen Pilgers Otto Friedrich von der Gröben: Nebst der Brandenburgischen Schifffahrt nach Guinea, und der Verrichtung zu Morea, Marienwerder 1694, neu hg. und eingeleitet, Hildesheim/Zürich/New York 2013.
Heyden Ulrich van der, Jan Conny – Fairy Tale or True Chapter in Prussia's Colonial History in West Africa? in: Lundt, Bea – Ulrich Marzolph (Hg.), Narrating (Hi) stories. Storytelling in/about West-Africa, Wien/Berlin 2015, S. 113-149.
Hiery, Hermann, Inselmissionare. Die Verbreitung des Christentums in und aus der pazifischen Inselwelt, in: Klaus Koschorke – Adrian Hermann (Hg.), Polyzentrische Strukturen in der Geschichte des Weltchristentums, Wiesbaden 2014, S. 205-213.
Hillebrecht, Werner, Hendrick Witbooi and Samuel Maharero. The Ambiguity of Heroes, in: Jeremy Silvester (Hg.), Re-Viewing Resistance in Namibian History, Windhoek 2015, S. 38-54.
Hoffmann, Wiebke, Ein alter Afrikaner. Der Kaufmann Johann Karl Vietor zwischen Bremen und Afrika, Bremen 2012.
Hofmann, Michael, Deutsche Kolonialarchitektur und Siedlungen in Afrika, Petersberg 2012.
Kirchen, Christian, Emin Pascha. Arzt – Abenteurer – Afrikaforscher, Paderborn 2014.
Kößler, Reinhart, Namibia and Germany. Negotiating the Past, Windhoek/Münster 2015.
Kreienbaum, Jonas, „Ein trauriges Fiasko". Koloniale Konzentrationslager im südlichen Afrika 1900–1908, Hamburg 2015.
Langbehn, Volker (Hg), German Colonialism, Visual Culture, and Modern Memory, New York 2012.
Lindner, Ulrike, Koloniale Begegnungen. Deutschland und Großbritannien als Imperialmächte in Afrika 1880 – 1914. Frankfurt a. M. 2011.
Loosen, Livia, Deutsche Frauen in den Südsee-Kolonien des Kaiserreichs. Alltag und Beziehungen zur indigenen Bevölkerung, 1884-1949, Bielefeld 2014.
Mark, Rudolf A., Im Schatten des „Great Game". Deutsche „Weltpolitik" und russischer Imperialismus in Zentralasien 1871 – 1914, Paderborn 2012.
Morlang, Thomas, Rebellion in der Südsee. Der Aufstand auf Ponape gegen die deutschen Kolonialherren 1910/11, Berlin 2011.
Mückler, Hermann, Kolonialismus in Ozeanien, Wien 2012.
Mückler, Hermann, Die Marshall-Inseln und Nauru in deutscher Kolonialzeit. Südsee-Insulaner, Händler und Kolonialbeamte in alten Fotografien, Berlin 2016.
Mückler, Hermann, Der Kolonial-Regierungsrat Erwin Steinbach: Der Beginn medizinischer Versorgung auf den Marshall-Inseln 1891 – 1894, Jahrbuch für Europäische Überseegeschichte 16 (2017), S. 115-134.
Olpen, Bernhard, Johann Karl Vietor (1861–1934). Ein deutscher Unternehmer zwischen Kolonialismus, sozialer Frage und Christentum, Stuttgart 2014.
Schaper, Ulrike, Koloniale Verhandlungen. Gerichtsbarkeit, Verwaltung und Herrschaft in Kamerun 1884-1916. Frankfurt/New York 2012.
Schilling, Britta, Postcolonial Germany. Memories of Empire in a Decolonized Nation, Oxford 2014.
Schöfert, Arne, Der Reichskolonialbund und seine kolonialrevisionistische Propagandatätigkeit zwischen 1933 und 1943, Greiz 2012.

Sebald, Peter (Hg.), Valentin Massow. Die Eroberung von Nordtogo 1896 – 1899. Tagebücher und Briefe, Bremen 2014.

Speitkamp, Winfried, Geschichte des deutschen Kolonialismus. Ein historischer Überblick, in: Thomas Stolz u.a. (Hg.), Sprache und Kolonialismus. Eine interdisziplinäre Einführung zu Sprache und Kommunikation in kolonialen Kontexten, Berlin 2016, S. 29–50.

Speitkamp, Winfried, Otto von Bismarck und die Kolonialpolitik – ein Ausweg aus der Wirtschaftskrise? In: Michael Epkenhans – Ulrich von Hehl (Hg.), Otto von Bismarck und die Wirtschaft, Paderborn 2013, S. 59-76.

Stamm, Malte, Das koloniale Experiment. Der Sklavenhandel Brandenburg-Preußens im transatlantischen Raum 1680–1718, Düsseldorf 2011.

Thode-Arora, Hilke: From Samoa with Love? Samoa-Völkerschauen im Kaiserreich. Eine Spurensuche, München 2014.

Trütken-Kirsch, Heinz-Jürgen, Gesandter im Dienste Seiner Majestät. Zur politischen Instrumentalisierung des Clemens von Ketteler (1853 – 1900), Westfälische Zeitschrift 164 (2014), S. 47-78.

Zeigerer, Merle, Kriegsberichterstatter in den deutschen Kolonialkriegen in Asien und Afrika. Augenzeugen, Anstifter, Komplizen, Kiel 2016.

Zeller, Joachim, Kunst und Kolonialismus. Das Afrikabild des Bildhauers Fritz Behn, Jahrbuch für Europäische Überseegeschichte 16 (2017), S. 135-158.

Zimmerer, Jürgen (Hg.): Kein Platz an der Sonne. Erinnerungsorte der deutschen Kolonialgeschichte, Frankfurt a.M. 2013.

Zollmann, Jakob, Naulila 1914. World War I in Angola and International Law. A Study in (Post-)Colonial Border Regimes and Interstate Arbitration, Baden-Baden 2016.

Bildnachweis

Archiv der Berliner Missionsgesellschaft (Abb. 18)
Archiv der Brüder-Unität Herrnhut (Abb. 29)
Archiv der Pallottiner-Mission Limburg a. d. Lahn (Abb. 15-17)
Archiv SVD Rom (Abb. 25)
Bartolosch, Thomas u. a., Vom Westerwald nach Amerika, Hachenburg 1996 (Abb. 2)
Bildarchiv Preußischer Kulturbesitz Berlin (Abb. 1, 33)
Bilder aus dem Paradies. Koloniale Fotografie aus Samoa 1875-1925, Köln 1995 (Abb. 24)
Bundesarchiv-Bildarchiv Koblenz (Abb. 20)
Historisches Archiv Krupp Essen (Abb. 26)
Illustrierte Zeitung, 83. Bd. (1884), Nr. 2151 (Abb. 6), Nr. 2891 (Abb. 10)
Jahrbuch für Europäische Überseegeschichte 3, 2003 (Abb. 28)
Kolonie und Heimat. Jg. 1913 (Abb. 9)
Längin, Bernd G., Die deutschen Kolonien. Schauplätze und Schicksale 1884-1918, Hamburg 2004 (Abb. 8)
Lettow-Vorbeck, General [Paul] von, Heia Safari! Deutschlands Kampf in Ostafrika, Leipzig 1920 (Abb. 32)
Linden Museum Stuttgart (Abb. 22)
Merensky, Alexander, Wie erzieht man am besten den Neger zur Plantagen-Arbeit? Berlin 1886 (Abb. 30)
Mergenthal, Frank, „Ohne Knüffe und Püffe geht es da nicht ab." Die „Hottentotten-wahlen"1907 im Regierungsbezirk Düsseldorf, Siegburg 1995 (Abb. 5)
Peters, Carl, Lebenserinnerungen, Hamburg 1918 (Abb. 7)
Politisches Archiv des Auswärtigen Amtes Berlin (Abb. 31)
Staatsarchiv Bremen (Abb. 4, 13, 14)
Timm, Uwe, Deutsche Kolonien, München 1981 (Abb. Titelbild, 12, 19)
Übersee-Museum Bremen (Abb. 23)
ullstein-bild Berlin (Abb. 27)
Vereinigte Ev. Mission Wuppertal (Abb. 3, 11)
Volkerkundemuseum Berlin-Dahlem (Abb. 21)

Personenregister

Sachregister